Multiperspektivische Ökonomik

Bettina Burger-Menzel

Multiperspektivische Ökonomik

Menschenbilder - Systemansätze - Steuerungsideen

 Springer Gabler

Bettina Burger-Menzel
VWL, Wettbewerbs- und Strukturpolitik
Technische Hochschule Brandenburg
Brandenburg an der Havel, Deutschland

ISBN 978-3-658-48616-7   ISBN 978-3-658-48617-4 (eBook)
https://doi.org/10.1007/978-3-658-48617-4

Die Deutsche Nationalbibliothek verzeichnet diese Publikation in der Deutschen Nationalbibliografie; detaillierte bibliografische Daten sind im Internet über https://portal.dnb.de abrufbar.

Planung/Lektorat: Margit Schlomski
Springer Gabler ist ein Imprint der eingetragenen Gesellschaft Springer Fachmedien Wiesbaden GmbH und ist ein Teil von Springer Nature.
Die Anschrift der Gesellschaft ist: Abraham-Lincoln-Str. 46, 65189 Wiesbaden, Germany

Für Carlota Pérez und Dirk Messner.
Danke für die kognitiven Räume, die sich durch
Euch öffnen,
und für die Menschlichkeit, mit der Ihr diese
Welten teilt.

Para Carlota Pérez y Dirk Messner.
Gracias por los espacios cognitivos que se abren
a través de Ustedes
y por la calidad humana con la que comparten
estos mundos.

Vorwort

Es gibt viele gute volkswirtschaftliche Fachbücher. Warum ein weiteres andenken? Vermutlich, weil alle das Buch schreiben möchten, das sie sich wünschen, aber noch nicht gefunden haben.

- Ich habe mir ein Buch gewünscht, das mir den komplexen Menschen verständlich macht. Denn der Mensch ist nicht nur rational. Er ist auch emotional, oft kognitiv gestresst und trifft Fehlentscheidungen.
- Zudem sollte mir das Buch helfen, die Komplexität von Wirtschaftssystemen auszuleuchten. Denn Systeme sind nicht nur kontrollierbar und gleichgewichtig, wie Teile der Volkswirtschaftslehre sie modellieren. Sie sind auch dynamisch und oft genug unvorhersehbar instabil. Dahinter stecken politökonomische Interessenkonflikte ebenso wie der Umgang der Menschheit mit dem System Erde.
- Und schließlich sollte mir das Buch zumindest im Ansatz aufzeigen, wie sich komplexe Menschen in einem komplexen System so beeinflussen lassen, dass dessen Transformation besser gelingt. Die entsprechende ‚Governance‘ muss sich daran messen lassen, ob wir Menschen ein wie auch immer geartetes gutes Leben führen können, ohne durch unser Handeln das Überleben der heutigen und der kommenden Generationen zu gefährden.
- Solch ein Buch habe ich mir gewünscht. Nun habe ich es geschrieben. Ob es mir gelungen ist, beurteilen Sie, liebe Leserinnen und Leser.

Das Thema ‚multiperspektivische Ökonomik‘ macht nicht nur die disziplinäre Volkswirtschaftslehre relevant (Mainstream-Ökonomik). Es macht auch die interdisziplinäre Volkswirtschaftslehre unverzichtbar (Schnittstellen-Ökonomik). Die Mainstream-Ökonomik liefert uns vor allem Systemeinblicke, die aus logisch mathematischen Lösungsräumen stammen, in denen der Mensch seine Komplexität annahmegemäß verliert. Die Schnittstellen-Ökonomik wiederum steuert Erkenntnisse bei, die uns den komplexen Menschen besser verstehen lassen, während das Systemische in den Hintergrund tritt. Die Mainstream- und Schnittstellen-Ökonomik thematisch zusammenzuführen, hat allerdings

Hindernisse. Denn: Abgesehen von unterschiedlichen Fragestellungen und Herangehensweisen können sich in beiden Erkenntniswelten ‚Silos' bilden, also theoretische, methodische oder empirische Spezialisierungen, die sich nur schwer mit anderen Forschungsfeldern verzahnen lassen. Hinzukommt das Phänomen, dass Teilbereiche – mehr oder minder offensichtlich – ‚kognitiv dichtmachen' können, also den Erkenntnisbeitrag anderer Bereiche von sich weisen. Dies gilt selbst für die Schnittstellen-Ökonomik.

Ich bin an der Universität Mannheim fast ausschließlich in der mathematischen Mainstream-Ökonomik ausgebildet worden und erinnere noch heute den Kommentar eines Professors, als ich ihm von meiner Teilnahme an einem interdisziplinären Arbeitstreffen erzählte: „Ach, Sie gehen zu einem Schwätzer-Seminar?!" Doch ich bin eine Antwortsuchende. Und ich hatte Stipendien, die mir den Weg ebneten, und sage Danke: Hier vor allem dem Institute for Humane Studies an der US-amerikanischen George Mason Universität und seinen Netzwerkpartnern, dem Deutschen Akademischen Austauschdienst sowie dem Käte Hamburger Kolleg/Centre for Global Cooperation Research der Universität Duisburg-Essen, wo ich als Senior Research Fellow die inhaltliche Reise antrat, aus der – rund zehn Jahre später – dieses Buch hervorgegangen ist. Auch treffe ich auf meinem Weg immer wieder wundervolle Kolleginnen und Kollegen, die mich auf der Suche nach Antworten im gemeinsamen Austausch inspirieren.

Die Idee des Buchs ist, Einzelerkenntnisse aus den verschiedenen Bereichen der Volkswirtschaftslehre zusammenzuführen, um Antwortideen für die Steuerung komplex adaptiver Systeme zu finden. Hierfür eine Buchlogik zu entwickeln, die beim Lesen mitnimmt und nicht abhängt, ist wie eine Bergtour. Es gibt Aufs und Abs und hin und wieder scheint die Luft dünn. Denn bei dem Versuch, über Komplexitätsökonomik zu schreiben, gibt es eine Menge Erzählfäden, die an ihren jeweiligen Modellwelten kleben und/oder sich schnell ineinander verknäulen. Ein besonderer Dank gilt daher meinem volkswirtschaftlichen Kollegen, Ulrich Brasche, für seine engagiert kritische Kommentierung des Manuskripts und den sich anschließenden Gedankenaustausch. Beides war in Teilen wie ein frischer Wind, so dass sich einige der Bausteine in meinem Kopf neu sortieren konnten. Ein weiterer Dank geht an meine Kollegen Winfried Pfister, der auf formal logische Aussagen schaute, und Andreas Klose für den soziologischen Blick. Eine Reflexionswelt wird der Idee des Buchs besser gerecht als das Abfragen von Lerninhalten. Daher nutze ich mit dem INSEL-Experiment eine didaktische Idee, die ich für meine Studierenden in der Corona-Zeit entwickelt habe. Denn auch die Pandemie-Zeit war turbulent. Ein Coach blickt noch einmal anders auf Reflexionsfragen und ich danke Beate Haverkamp vom Conversio-Institut. Sie half, den INSEL-Gedanken an das Buch anzupassen. Und ohne Frau Carina Reibold und Frau Margit Schlomski vom Springer Gabler Verlag, die sich auf dieses Abenteuer eingelassen und es unterstützt haben, gäbe es dieses Buch nicht. Auch hierfür meinen Dank.

Ich habe in der ‚Wir'-Form geschrieben, weil sie meinen Wunsch ausdrückt, diese für mich spannende Entdeckungsreise mit Ihnen zu teilen, liebe Leserinnen und Leser. Und mit dem Genderdoppelpunkt habe ich mich für eine inklusive Sprache entschieden, was zum Inhalt des Buchs passt. Ausnahmen bilden genderneutrale Varianten, die sich auf eine modelltheoretische Sprache zurückführen lassen. Für alle Fehler, die bei solch einem thematisch umfänglichen Erstaufschlag verbleiben, bin ich verantwortlich. In der Auseinandersetzung mit den unterschiedlichen Denkweisen und Theorierichtungen habe ich Grenzen gespürt, die ich mit diesem Buch eigentlich überschreiten wollte. Gleichwohl sind es genau diese Grenzbereiche, die für mich die Erkenntnisreise lohnend gemacht haben. Dass dies nicht überrascht, liegt an der wissenschaftlichen Freude, Neues zu erkunden und zu lernen.

Dieses Buch ist gedacht für Kolleginnen und Kollegen der Volkswirtschaftslehre und ihre Studierenden, die in neuen oder neu dargestellten Zusammenhängen einen Mehrwert sehen, für Lehrende der Sekundarstufe oder Erwachsenenbildung und für diejenigen, die in Unternehmen, Verbänden, Politik, Verwaltung oder zivilgesellschaftlichen Organisationen beratend aktiv sind. Ich hoffe sehr, dass dieses Buch beim Lesen fruchtbare Denkanstöße gibt. Denn die kausale Dichte und Schnelllebigkeit unserer Welt erfordern – auch mit Blick auf die Nachhaltigkeit – neue Sichtweisen und den Mut zu offenen Dialogräumen.

Brandenburg an der Havel, Deutschland, den 23. Oktober 2025   Bettina Burger-Menzel

Inhaltsverzeichnis

1 **Kick-off: Über die Aussagekraft der Volkswirtschaftslehre** 1
   1.1   Über Erkenntnislücken und Erkenntnispotenziale 1
   1.2   Über die Beispielwelt der Nachhaltigkeit 7
   Literatur 9

Teil I   **Menschenbilder – Eigenschaften, Fähigkeiten, motivationale**
         Kräfte und der Blick auf die Nachhaltigkeit

2 **Menschenbilder: Über den komplexen Menschen und die**
   Interdisziplinarität 13
   2.1   Warum nutzen wir Menschenbilder und gibt es die Idee vom
         nachhaltigen Menschen? 14
   2.2   Welche Sichten auf den Menschen hat die Volkswirtschaftslehre? 20
   2.3   Welche Disziplinen erweitern den volkswirtschaftlichen Blick und
         was bedeutet interdisziplinäres Lernen? 27
   2.4   Welche menschenbildbezogenen Merkmalskategorien werden
         im Folgenden diskutiert? 33
   2.5   Kommen Sie mit auf eine Gedankenreise! Das
         INSEL-Menschenbild: Die Reise beginnt. 36
   Literatur 37

3 **Mainstream-Ökonomik: Wenn der Mensch (eingeschränkt) rational**
   entscheidet 41
   3.1   Was macht rationale Entscheidungsfindung perfekt? 42
   3.2   Wie hängen Rationalität und Informationsgrade zusammen? 46
   3.3   Was sind intelligente Heuristiken? 54
   3.4   Wer ist der Homo oeconomicus? 55
   3.5   Wer ist der eingeschränkt rationale Entscheider? 60

3.6   Was kann die Mainstream-Ökonomik mit ihrer Idee vom rationalen
      Menschen leisten und was nicht?................................. 63
3.7   Erste Etappe: Treffen Sie Ihre Mitreisenden – Die Rationalen 68
Literatur... 68

**4   Identitätsökonomik: Wenn der Mensch zusätzlich das Miteinander
      braucht**.. 71
4.1   Was lernen wir von der Soziologie über Identität? 72
4.2   Wie hängen soziale Identität und Emotionen zusammen?. 77
4.3   Warum brauchen Menschen Geschichten und kleine Welten? 81
4.4   Wer ist der Homo socialis? 85
4.5   Was kann die Identitätsökonomik mit ihrer Idee vom moralischen
      Menschen leisten und was nicht?................................ 90
4.6   Zweite Etappe: Treffen Sie Ihre Mitreisenden – Die
      Beziehungsorientierten 93
Literatur... 94

5   Verhaltensökonomik: Wenn das ‚Ich‘ zusätzlich aus ‚Vielen‘ besteht...... 97
5.1   Was lernen wir von der Psychologie und Kognitionswissenschaft
      über das Selbst?... 98
5.2   Wie hängen Kognition und (intrinsische) Motivation zusammen? 103
5.3   Warum wirken intuitive Heuristiken kognitiv verzerrend? 107
5.4   Wer ist das multiple Selbst?.................................. 112
5.5   Was kann die Verhaltensökonomik mit ihrer Idee vom komplexen
      Menschen leisten und was nicht?................................ 117
5.6   Dritte Etappe: Treffen Sie Ihre Mitreisenden – Die Unberechenbaren 121
Literatur... 122

**Teil II   Von Menschenbildern zu Systemansätzen – Markt, Staat,
           Systemwettbewerb und der Wunsch nach einem guten Leben**

6   Systemansätze: Über Menschen in politökonomischen Ordnungen 127
6.1   Was ist ein (Wirtschafts-)System und wodurch stiften
      marktwirtschaftliche Ordnungen Sinn?.......................... 128
6.2   Wie hängen Systemansätze und Menschenbilder zusammen
      und was ist systemische Rivalität?............................. 133
6.3   Was ist ein gutes Leben und lässt sich Nachhaltigkeit systemisch
      verankern? 141
6.4   Welche anderen Disziplinen erweitern den volkswirtschaftlichen
      Blick auf Systemisches und was ist anders bei der
      Institutionenökonomik?....................................... 148

6.5   Welche systemischen Merkmalskategorien werden im Folgenden
        diskutiert und warum konzentrieren wir uns dabei auf
        Produktmärkte?   153
6.6   Kommen Sie mit auf eine Gedankenreise! Das INSEL-System:
        Das gesellschaftliche Miteinander entsteht..   157
Literatur.   160

**7   Mainstream-Ökonomik: Wenn Produktmärkte systemisch effizient
      funktionieren sollen**   163
7.1   Was macht Wettbewerb systemisch bedeutsam?   164
7.2   Stärke: Wodurch lässt rationales Verhalten die Märkte funktionieren?   169
7.3   Schwäche: Wann lässt rationales Kalkül Märkte versagen?   180
7.4   Wie lassen sich die Ergebnisse systemisch einordnen?.   194
7.5   Was lernen wir von der Mainstream-Ökonomik über die Ratio in
        Produktmärkten und was nicht?.   196
7.6   Vierte Etappe: Entscheiden Sie Ihre Systemparameter – Bürgerliche
        Eigenverantwortung   199
Literatur.   200

**8   Politikökonomik: Wenn Produktmärkte zusätzlich Fairness
      produzieren sollen**   205
8.1   Was macht Umverteilungen wirtschaftssystemisch bedeutsam und
        wann ist ein Staat fragil?   206
8.2   Stärke: Wodurch kann moralisches Verhalten das Systemergebnis
        verbessern?.   213
8.3   Schwäche: Wann wirken Umverteilungsmechanismen
        wohlfahrtsschädlich?   234
8.4   Wie lassen sich die Ergebnisse systemisch einordnen?.   254
8.5   Was lernen wir von der Politikökonomik über die Moral
        in Systemen und was nicht?.   258
8.6   Fünfte Etappe: Entscheiden Sie Ihre Systemparameter – Soziale
        Gerechtigkeit   262
Literatur.   263

**9   Evolutionsökonomik: Wenn Produktmärkte zusätzlich zur
      gesellschaftlichen Zukunftsfähigkeit beitragen sollen**   269
9.1   Was macht gemeinsames Lernen systemisch bedeutsam und
        wie funktionieren Paradigmenwechsel?.   270
9.2   Stärke: Was macht ein Innovationssystem und seine Akteure
        überlebensfähig?   279
9.3   Schwäche: Wann sind ein Innovationssystem und seine Akteure
        fehlangepasst?   298
9.4   Wie lassen sich die Ergebnisse systemisch einordnen?.   315

9.5 Was lernen wir von der Evolutionsökonomik über Komplexität in marktwirtschaftlichen Systemen und was nicht?.................... 320

9.6 Sechste Etappe: Entscheiden Sie Ihre Systemparameter – Gesellschaftliche Motivationskräfte............................. 324

Literatur.. 325

Teil III   Von Systemansätzen zur ganzheitlichen Systemsteuerung – Regulierung, Kulturentwicklung, Nudging und die Offenheit für multiple Zukünfte

10   Systemsteuerung: Über netzwerkbasierte Governance und multiple Zukünfte 337

10.1 Wie lassen sich Menschenbilder und Systemansätze zu einer netzwerkbasierten Governance verknüpfen?..................... 339

10.2 Was unterscheidet die Steuerungsrichtung ‚Green Growth‘ von ‚Degrowth‘ und wie zukunftsoffen müssen wir sein?............ 343

10.3 Welchen Mix an Instrumentenarten braucht die ganzheitliche Steuerung von Netzwerken? 351

10.4 Wann ist die netzwerkbasierte Governance gelungen? 357

10.5 Was diskutieren wir im Folgenden und warum? 363

10.6 Kommen Sie mit auf eine Gedankenreise! Die INSEL-Steuerung: Das System entwickelt sich. 365

Literatur.. 367

11   Komplexitätsökonomik: Wenn es um Ideen für die Steuerung komplex adaptiver Systeme geht.................................... 371

11.1 Wie erklärt sich der Übergang von der Evolutions- zur Komplexitätsökonomik? 372

11.2 Wie funktioniert netzwerkbasierte Regulierung und wann ist sie gelungen?.. 376

11.3 Wie funktioniert netzwerkbasierte Kulturentwicklung und wann ist sie gelungen?.. 391

11.4 Wie funktioniert netzwerkbasiertes Nudging und wann ist es gelungen?... 411

11.5 (Zwischen-)Fazit zur heuristischen Steuerung komplex adaptiver Systeme 425

11.6 Siebte Etappe: Konzeptionieren Sie Ihren Steuerungsansatz – Der neue Lösungsraum...................................... 434

Literatur.. 435

**12 Touch-down: Über die Volkswirtschaftslehre in transformativen
     Zeiten** 443
     12.1   Über Erkenntnisgewinne und blinde Flecken 443
     12.2   Über integrativen Forschungsoptimismus 451
     Literatur. 454

Stichwortverzeichnis. 455

Abbildungsverzeichnis

Abb. 2.1   Erkenntnisgeleitet vom Menschenbild zum Verhaltensmodell und zurück 18

Abb. 2.2   Die Volkswirtschaftslehre und ihre (inter-)disziplinäre Sicht auf den Menschen 31

Abb. 3.1   Transformationsfunktion -> Vom Zielbeitrag zum Nutzenwert. 45

Abb. 3.2   Mögliche Entscheidungsmodelle nach Informationsgrad 47

Abb. 3.3   Transformationsfunktion -> Vom Nutzenwert zum Risikonutzenwert 49

Abb. 3.4   Bedürfnispyramide nach Maslow und der eingeschränkt rationale Mensch 62

Abb. 4.1   Transformationsfunktion -> Vom Risikonutzenwert zum erweiterten Risikonutzenwert 79

Abb. 4.2   Bedürfnispyramide nach Maslow und der soziale Mensch 88

Abb. 5.1   Vereinfachtes Schema kognitiver Prozesse 101

Abb. 5.2   Motivation als Struktur und Prozess 107

Abb. 5.3   Transformationsfunktion -> Vom erweiterten Risikonutzenwert zum ‚neuen Erwartungsnutzen‘ 111

Abb. 5.4   Bedürfnispyramide nach Maslow und das multiple Selbst 116

Abb. 6.1   Wertehierarchie mit SOLL-IST-Wirkungsrichtung 148

Abb. 6.2   Die Volkswirtschaftslehre und ihre (inter-)disziplinäre Sicht auf Systeme. 150

Abb. 7.1   Funktionsfähiger Wettbewerb als Mittel zum Zweck 170

Abb. 7.2   Öffentliche Güter -> Von der reinen zur unreinen Ausprägung. 190

Abb. 8.1   Verteilungsnormen der sozialen Marktwirtschaft 210

Abb. 8.2   Stärken der umverteilenden Koordination 215

Abb. 8.3   Schwächen der umverteilenden Koordination 239

Abb. 9.1 Nationale Innovationssysteme und ihre Netzwerke. 281
Abb. 9.2 Institutionelles Unternehmertum: Beispiel einer bolivianischen
          FLOSS-Initiative 297
Abb. 9.3 Innovationssysteme, Kontextebenen und der Faktor Psychologie. 319

Abb. 10.1 Netzwerkbasierte Governance: Ihre Dimensionen und
          Subsidiaritätsarten 359

Abb. 11.1 Instrumentelle Wechselwirkungen der netzwerkbasierten Governance . . . 376
Abb. 11.2 Strukturdefizite als Ursache von Politikinkohärenz. 388

Tabellenverzeichnis

Tab. 2.1 Kategorien für das Ergebnisraster der Folgekapitel 3 bis 5 34

Tab. 3.1 Entscheidungsmatrix mit Zielbeiträgen 45

Tab. 6.1 Ranking ausgewählter Länder – BIP nach Kaufkraftparität
(in Bio. US $; aufgerundet) 143

Tab. 6.2 Ranking ausgewählter Länder – Index der menschlichen
Entwicklung (HDI; aufgerundet) 145

Tab. 6.3 Ranking ausgewählter Länder – Glücksindex (aufgerundet) 145

Tab. 6.4 Ranking ausgewählter Länder – Index nachhaltiger
Entwicklungsziele (SDGI; aufgerundet) 147

Tab. 6.5 Kategorien für das Ergebnisraster der Folgekapitel 7 bis 9 153

Tab. 10.1 Inhaltliche Schwerpunkte des Folgekapitels 365

Tab. 11.1 Maßnahmen zur Stärkung der politischen Legitimität
netzwerkbasierter Governance 385

Tab. 11.2 Maßnahmen zur Stärkung der politischen Glaubwürdigkeit
netzwerkbasierter Governance 385

Tab. 11.3 Politikkohärenz als potenzielle Gelingensmaßnahme 390

Tab. 11.4 Maßnahmen zur Stärkung der normativen Legitimität
netzwerkbasierter Governance 403

Tab. 11.5 Maßnahmen zur Stärkung der normativen Glaubwürdigkeit
netzwerkbasierter Governance 404

Tab. 11.6 Narrative Kohärenz als potenzielle Gelingensmaßnahme 410

Tab. 11.7 Maßnahmen zur Stärkung der praktischen Legitimität
netzwerkbasierter Governance 420

Tab. 11.8 Maßnahmen zur Stärkung der praktischen Glaubwürdigkeit
netzwerkbasierter Governance 420

Kick-off: Über die Aussagekraft der Volkswirtschaftslehre

„The ideas of economists and political philosophers, both when they are right and when they are wrong, are more powerful than is commonly understood. Indeed the world is ruled by little else."

John Maynard Keynes (1936, S. 383): The General Theory of Employment, Interest and Money

1.1 Über Erkenntnislücken und Erkenntnispotenziale

Die **Volkswirtschaftslehre (VWL)** ist Teil der Wirtschaftswissenschaften. Sie will verstehen, wie Menschen knappe Ressourcen so nutzen können, dass ein gutes (materielles) Leben möglich ist. In der westlichen Welt erleben wir, was dies bedeuten kann. Wir haben eine moderne Medizin und werden immer älter. Wir haben einen Überfluss an Konsumgütern und eine entwickelte Infrastruktur. Wir haben ein breites Angebot an (Weiter-)Bildung und eine lebendige Kulturlandschaft. Kurzum: Wir leben in Wohlstand.

Hinter dem deutschen Wohlstand steckt der Systemansatz der **sozialen Marktwirtschaft**. Und die Volkswirtschaftslehre hat – zumindest theoretisch diskursiv – bei deren Geburt geholfen. Im Kern geht es um eine „funktionsfähige und menschenwürdige Ordnung der Wirtschaft, der Gesellschaft, des Rechts und des Staates" (Eucken 1940/1989, S. 239). Dabei soll der Staat individuelle Handlungsfreiheit und Wettbewerb schützen (marktwirtschaftliche Steuerung) und den gesellschaftlichen Zusammenhalt auch sozialpartnerschaftlich festigen (soziale Gerechtigkeit).

Doch die Volkswirtschaftslehre ist **in die Kritik geraten**:

© Der/die Autor(en), exklusiv lizenziert an Springer Fachmedien Wiesbaden GmbH, ein Teil von Springer Nature 2025
B. Burger-Menzel, *Multiperspektivische Ökonomik*,
https://doi.org/10.1007/978-3-658-48617-4_1

- Sie sei **zu formalisiert** und ignoriere mit ihrer Suche nach prognostizierbaren Verhaltensparametern, dass der Mensch oft unvernünftig und mehrdeutig handelt und zudem wandelbar ist.
- Sie sei **zu wertefrei**, um sozio-ökologischen Phänomenen gerecht zu werden, und reduziere das gute Leben auf das rein Materielle.
- Sie sei **unterkomplex**, weil sie von Entwicklungen ausgehe, die zu einem Gleichgewicht zurückfinden, und damit ausblende, dass Systeme außer Kontrolle geraten können.

In der Folge wird der Volkswirtschaftslehre ein **Teilversagen bei bestimmten Phänomenen** zugeschrieben. Denn sie sei unfähig, diese ausreichend zu erfassen und proaktive Maßnahmen vorzuschlagen:

- Es geht um **Unvernunft und spekulative Blasen auf den Finanzmärkten** und um den Eindruck in der Öffentlichkeit, dass diese – zum Schaden der Wohlfahrt – nicht rechtzeitig erkannt werden.
- Es geht um einen **Materialismus, der den gesellschaftlichen Zusammenhalt gefährdet**.
    - Von ‚Aufmerksamkeitsökonomie' ist die Rede, weil sich selbst private Momente in Daten und darüber in Geld umwandeln lassen, und vom ‚Champagner-Glas' der Einkommensverteilung, wenn sich immenser Reichtum in den Händen weniger konzentriert.
    - Hinzukommt, dass die traditionelle Volkswirtschaftslehre die Erde als reine Umweltgüter betrachtet, die ausgebeutet werden können, solange dies effizient geschieht, was die Welt in Klimaschädiger und Klimabetroffene spaltet.
- Es geht um **sich häufende Schockereignisse** wie Pandemien, Extremwetterlagen und Kriege. Des Weiteren destabilisiert sich die Weltordnung und noch ist unklar, welche Machtallianzen sich auf welche Weise durchsetzen werden (z. B. Multipolarisierung). All dies wird in volkswirtschaftlichen Ansätzen nicht ausreichend berücksichtigt, kann sich aber ökonomisch erheblich auswirken. Zudem leben wir in einer technoökonomischen Welt, die sich selbst beschleunigt (z. B. durch künstliche Intelligenz). Einzelstaaten und globale Ordnung scheinen mit der Bewältigung multipler Krisen und einer verantwortungsvollen Zukunftsausrichtung überfordert, was dem Populismus in die Hände spielt.

Neue Herausforderungen brauchen **neue Denkräume**:

- Dies gilt erstens für die **volkswirtschaftliche Forschung**, die sich die erkenntnistheoretischen Fragen stellen muss: Was kann und soll die Volkswirtschaftslehre an Erkenntnissen hervorbringen? Welche Eigenschaften und Fähigkeiten schreibt sie dem Menschen zu? Was will sie über Gruppenprozesse und Machtfragen dazulernen? Wie lassen sich die Ergebnisse in eine systemische Betrachtung überführen? Wie lassen sich die Ergebnisse ethisch einordnen und bewerten? Und wie belastbar sind

Schlussfolgerungen, wenn sie mit der politökonomisch globalen und planetaren Komplexität abgeglichen werden, die uns umgibt?

- Dies gilt zweitens für die **volkswirtschaftliche Politikberatung**, die sich systemisch auswirkt. Bannas und Herrmann-Pillath (2020, S. 19) stellen hierzu fest: „Das, was wir heute vorfinden, ist in den meisten Ländern (und dazu zählt auch China) eine kapitalistische, und eben keine marktwirtschaftliche Wirtschaftsform – auch in Deutschland nicht, wo die Soziale Marktwirtschaft kurz nach ihrer Einrichtung zu einem kapitalistischen Wohlfahrtsstaat degeneriert ist"; in solch einem Staat sind Ökonomisches und persönliche Bereicherung zum Selbstzweck geworden (Kapitalismus) und Soziales wird als reine Existenzsicherung verstanden (Wohlfahrtsstaat). In der sozialen Marktwirtschaft hingegen wird die Ökonomie als Teilsystem verstanden und als Mittel zum gesellschaftlichen Zweck. Und Soziales heißt, über die Existenzsicherung hinaus kollektive Fähigkeiten einzuüben, damit eine Gesellschaft Krisen annehmen und zukunftsfähig mit ihnen umgehen kann.

Vor diesem Hintergrund müssen wir besser verstehen, was es inhaltlich und methodisch bedeutet, wenn wir den Menschen als Akteur und sein Miteinander in Systemen als komplex annehmen (**Komplexitätsökonomik**). Mit Komplexität ist gemeint, dass vielzählige und vielfältige Elemente in einer Beziehung zueinanderstehen, Wechselwirkungen oft noch unverstanden sind und gegensätzliche Zustände zeitgleich erfüllt sein können. Solche Systeme sind schwer zu steuern und können in einen deutlich veränderten und meist (noch) unbekannten Zustand kippen, wenn Grenzwerte überschritten werden. Die Volkswirtschaftslehre hat das Potenzial, die hierfür benötigten Lösungsräume neu zu denken. Die Erkenntnisbausteine, die wir brauchen, sind allerdings stark verstreut. Denn eine Wissenschaft, die so alt ist wie die Volkswirtschaftslehre, ist theoretisch, methodisch und empirisch stark spezialisiert. Dies birgt die Gefahr, dass Erkenntnis-Silos entstehen, also nebeneinanderstehende Wissensbereiche, die wie verfeindete Geschwister wirken und nicht länger konstruktiv miteinander reden.

Dieses Buch soll dazu beitragen, Volkswirtschaftslehre in die Zukunft zu denken, indem wir wichtige **VWL-Wissensbereiche durchlässig machen und miteinander verknüpfen**:

- Hierfür lassen wir das Modellspezifische zurücktreten, damit das **Konzeptionelle** sichtbar wird.
- Und wir nehmen einen Perspektivwechsel vor, der den **verschiedenen VWL-Sichtweisen eine gleichberechtigte Stimme** gibt. Dabei unterscheiden wir grob zwischen der Mainstream-Ökonomik, also der disziplinären Volkswirtschaftslehre, und der Schnittstellen-Ökonomik, die von anderen Forschungssichtweisen profitiert.
- Hinzukommt die **ethische Reflexion**, also die moralphilosophische Seite der Volkswirtschaftslehre, die in den vergangenen Jahrzehnten teilweise in Vergessenheit geraten ist. Ein solcher Wertediskurs deckt auf, dass es normativ ist, wenn die Volkswirtschaftslehre …

- … bestimmte **Maßstäbe auswählt**, um empirische Ergebnisse zu bewerten (z. B. materieller Lebensstandard versus menschlicher Entwicklungsindex versus Glücksindex);
- … eine bestimmte **Handlungsrichtung empfiehlt**, was bei transformativen Empfehlungen bedeutet, dass das Wirtschaftssystem in Richtung A oder B oder C gesteuert wird (z. B. karbonisiertes Wachstum versus grünes Wachstum versus Degrowth);
- … nicht hinterfragt, **was mit individuellen und gesellschaftlichen Wertehaltungen passiert**, wenn durch die Transformation Jobs und Einkommen verloren gehen und der Handlungskontext komplex wird.

Das **Buch hat drei Teile**. Im ersten Teil geht es um die Sicht auf den Menschen und im zweiten Teil um das wirtschaftliche und gesellschaftliche Miteinander in Systemen. In jedem dieser Buchteile führen wir in den Kontext ein, bevor wir stufenweise den Komplexitätsgrad erhöhen Der dritte Teil stellt ausgewählte Steuerungsideen vor, bei denen es um den komplexen Menschen in komplexen Systemen geht.

Im **ersten Buchteil** geht es um die Fragen: Wer bin ich? Oder: Wie denkt und entscheidet der Mensch? Wir werten aus, was wir von der Mainstream- und Schnittstellen-Ökonomik über **Menschenbilder** lernen können. Drei Stufen zeigen für die Welt der Zukunftsunsicherheit, was es attributiv bedeutet, wenn der Mensch (i) sich rein von der Ratio leiten lässt (entscheidungstheoretische Mainstream-Ökonomik), (ii) zusätzlich moralisch reflektiert (Identitätsökonomik) und (iii) am Ende auch motivational und kognitiv komplex ist (Verhaltensökonomik). Im Einzelnen:

- **Kap. 2**: Startpunkt des Einführungskapitels ist die unterschiedliche Sichtweise der Mainstream- oder Schnittstellen-Ökonomik auf den Menschen und wie es zu dieser Unterschiedlichkeit gekommen ist. Wir klären, was die Wissenschaft unter einem Menschenbild versteht und welche Beiträge die Interdisziplinarität und mit ihr die Identitäts- und Verhaltensökonomik leisten können. Das Kapitel schließt, indem wir Merkmalskategorien vorbereiten, die uns helfen sollen, die Menschenbilder der Folgekapitel vergleichend einzuordnen.
- **Kap. 3**: Wir arbeiten mit den Annahmen der Mainstream-Ökonomik und ihrem (eingeschränkt) rationalen Menschen und veranschaulichen ein ökonomisches Kalkül, das sich von der Ratio leiten lässt. Und wir diskutieren, was mit solch rational wissensbasierten Entscheidungen passiert, wenn die Informationssicherheit verschwindet und durch eine Welt aus Risiko oder eine vollständige Blackbox ersetzt wird.
- **Kap. 4**: Wir öffnen die Tür zur Soziologie, deren grundlegende Erkenntnisse die Identitätsökonomik nutzt. Der Mensch entwickelt gruppenorientierte Präferenzen und richtet seine Entscheidungen aktionsorientiert aus. Denn für ihn ist es wichtig, sich zugehörig zu fühlen und von der Gruppe akzeptiert zu werden. Hierfür nimmt er sogar in Kauf, sich ökonomisch schlechter zu stellen, selbst bei Entscheidungen, die in die Zukunft gerichtet sind.

- **Kap. 5**: Abschließend führen wir in die Verhaltensökonomik ein, die große Schnittstellen zur Psychologie und Kognitionswissenschaft ausgeprägt hat. Der Mensch denkt und entscheidet jetzt auf eine Weise, die kognitiv verzerrt sein kann. Und er kann aus seinem Inneren heraus Motivationskräfte entwickeln, welche die Entscheidungsrichtung nicht länger vorhersehbar machen. Die Mikrofundierung verliert an Aussagekraft, zumal in unbekannten Lösungsräumen.

Im **zweiten Buchteil** geht es um die Fragen: Wer sind wir? Oder: Wie leben und arbeiten wir Menschen zusammen? Wir werten aus, was wir von der Mainstream- und Schnittstellen-Ökonomik über **Systemansätze** erfahren. Drei Stufen zeigen für die Welt der Zukunftsunsicherheit, was es systemisch bedeutet, wenn ein Wirtschaftssystem (i) sich ausschließlich wettbewerblich koordiniert (einzelmarktbezogene Mainstream-Ökonomik), (ii) zusätzlich sozial umverteilt und mit dem Politiksystem wechselwirkt (Politikökonomik) und (iii) schließlich zu einem Innovationssystem wird, das von Komplexität ausgeht und über das gemeinsame Lernen wirkt (Evolutionsökonomik). Im Einzelnen:

- **Kap. 6**: Startpunkt des Einführungskapitels ist eine Reise durch die Ideengeschichte, die aufzeigt, wie Menschenbilder sich mit Systemansätzen verknüpfen lassen. Wir klären, was die Wissenschaft unter System und (Wirtschafts-)Ordnung versteht und welche Beiträge die Interdisziplinarität und mit ihr die Politik- und Evolutionsökonomik leisten können. Auch in diesem Buchteil schließen wir das Kapitel, indem wir Merkmalskategorien ableiten. Diese sollen helfen, die Systemansätze der Folgekapitel vergleichend zu rastern.
- **Kap. 7**: Wir arbeiten mit dem wettbewerbspraktischen Ansatz der Mainstream-Ökonomik und ihrem eingeschränkt rationalen Menschen und diskutieren, welche positiven und negativen Wirkungen die wettbewerbliche Koordination auf den Produktmärkten entfalten kann. Im Kern geht es um den funktionsfähigen Wettbewerb, der als Mittel angesehen wird, um den gesellschaftlichen Grundwerten wie Freiheit, Wohlfahrt und Gerechtigkeit zuzuarbeiten.
- **Kap. 8**: Wir öffnen die Tür zur Politologie und hinterfragen, wann Marktergebnisse als sozial unerwünscht gelten und wie sich solche Anspruchshaltungen auch ökonomisch begründen lassen. Wir wollen verstehen, wie Umverteilungsmechanismen politisch entschieden werden und wann sich Systemergebnisse dadurch verbessern oder verschlechtern. In der Folge ist der gesellschaftliche Zusammenhalt nicht länger ein rein ökonomisch erklärbares Phänomen. Auch soziokulturelle Faktoren und (Zukunfts-)Ängste, die auf Erstere einwirken, werden bedeutsam.
- **Kap. 9**: Wir sind auf der letzten Stufe unserer Systemanalyse angekommen. Wir führen in die Evolutionsökonomik und ihren innovationssystemischen Ansatz ein. Es geht um das Lernen und Experimentieren in Wissensnetzwerken und am Ende um vielfältige Verhaltensweisen in einem komplex adaptiven System, um dieses auf neue Lösungsräume auszurichten. Wir diskutieren, was solch ein Ansatz braucht, um zu gelingen, und was ihn scheitern lässt.

Im **dritten Buchteil** wird aus den Mainstream- und Schnittstellen-Ansätzen eine einzige Sichtweise. Die Volkswirtschaftslehre ist für den betrachteten Kontext ganzheitlich geworden. Die Fragen lauten: Was macht unser Miteinander zukunftsfähig? Oder: Wie muss ein komplex adaptives System gesteuert werden, damit Akteure aus Wissenschaft und Wirtschaft, Gesellschaft und Staat vor allem unbekannte Herausforderungen besser meistern können?

- **Kap. 10**: Startpunkt des Einführungskapitels ist, das Bisherige (Teil 1 und Teil 2) konzeptionell zu rahmen. Hierfür verwenden wir einen heuristischen Steuerungsansatz, den wir als ‚netzwerkbasierte Governance' beschreiben. Die Steuerung selbst braucht eine Ausrichtung. Wir veranschaulichen dies anhand der Zukunftsvorstellung der Nachhaltigkeit und ihrer potenziellen Strategien, zu denen das grüne Wachstum (green growth) und die Dematerialisierung (degrowth) zählen. Abschließend werden die Instrumentenarten der netzwerkbasierten Governance vorgestellt, um die es im Folgekapitel geht: Regulierung, Kulturentwicklung und Nudging. Um deren Ergebnisse bewerten zu können, werden die Kriterien der Legitimität und Glaubwürdigkeit vorgeschlagen.
- **Kap. 11**: Aus der Evolutionsökonomik wird die Komplexitätsökonomik. Wir erläutern für jede Instrumentenart der netzwerkbasierten Governance, welche Einflussgrößen sie nutzt und zu welchen Steuerungsdilemmata es kommen kann. Denn nicht nur die jeweiligen Einflussgrößen beeinflussen sich gegenseitig. Ganzheitlich betrachtet sind auch Regulierung, Kulturentwicklung und Nudging wirkungsverbunden. Wir verwenden daher verschiedene Dimensionen von Legitimität und Glaubwürdigkeit, um Leitplanken einer gelungenen Governance (good governance) abzuleiten. Ein Anwendungsbeispiel pro Instrumentenart konkretisiert den jeweiligen Steuerungskontext.

Das **Buch hat seine Grenzen**. Das Thema ist facettenreich und inhaltlich und methodisch herausfordernd. Die entsprechende Forschungslandschaft ist immens groß. Dies gilt für die Volkswirtschaftslehre ebenso wie für die Disziplinen, von denen sie sich befruchten lässt, und hat Konsequenzen für die Vorgehensweise: Wir arbeiten nur mit Erkenntnisbausteinen, die weitgehend akzeptiert und für den jeweiligen Bereich der Mainstream- oder Schnittstellen-Ökonomik relevant sind. Die Vorgehensweise ist konzeptionell eklektisch. Auf vertiefende Fachkontroversen wird verzichtet.

Dieses Buch ist wie eine spannende Reise, auf der solche Erkenntnisbausteine identifiziert, eingeordnet und diskutiert werden, die helfen, um sich **in unserer schnelllebigen und kausal dichten Welt besser zurechtzufinden**. Dies betrifft die Sicht auf den Menschen und unser systemisches Verständnis. Anstelle von Lernfragen wird daher ein Reflexionsraum angeboten, der Leserinnen und Leser zum Selbst- und Weiterdenken einladen soll. Die Welt der Nachhaltigkeit nutzen wir durchgängig, um die Inhalte greifbar zu machen.

1.2   Über die Beispielwelt der Nachhaltigkeit

Nachhaltigkeit beschreibt ein Handeln, durch das die Menschheit die planetaren Lebensgrundlagen der jetzigen und künftigen Generationen schützt. Das fängt bei kleinen Entscheidungen im Alltag an, bei denen Menschen nicht zwangsläufig über den eigenen Tellerrand schauen, und reicht bis zum großen Ganzen. Dann geht es um planetare Belastungsgrenzen, die bei ihrem Überschreiten auf den menschlichen Lebensraum rückwirken und das menschliche Überleben herausfordern.

Dieses Buch will die Mainstream- und Schnittstellen-Ökonomik auch darüber integrieren, dass wir durchgängig **eine einzige Anwendungswelt** nutzen. Es gibt mehrere Gründe, warum sich die Nachhaltigkeit hierfür eignet:

- Erstens ist Nachhaltigkeit für die Volkswirtschaftslehre ein relevantes Thema. Denn ob der Mensch nachhaltig ist, zeigt sich in seinem ökonomischen Handeln (z. B. **kohlenstoffbasiertes Weltwirtschaftsmodell**).
  - Wie viele **Ressourcen** nutzt der Mensch wofür? Wie viele Folgekosten seiner Entscheidungen trägt er selbst oder externalisiert er, so dass Dritte diese Kosten tragen müssen?
  - Noch dominiert der Eindruck, dass der Mensch sich nicht entschieden genug auf den Weg in Richtung Nachhaltigkeit macht. Und dies auf einer Erde, die nicht länger menschenleer, sondern menschenvoll ist. Wir leben im Zeitalter des **Anthropozäns**. Die Erdbevölkerung hat zum Jahreswechsel 2022/2023 die Marke von 8 Mrd. überschritten und für die Zukunft sind 9,4 bis 10 Mrd. (2050) und 8,9 bis 12,4 Mrd. (2100) prognostiziert (UN 2022, S. 27).
  - Die Menschheit stößt folglich immer stärker an **planetare Belastungsgrenzen**. Denn – bei unveränderten Verhaltensweisen – werden mehr und mehr Menschen auch mehr und mehr in die großen Zirkulationssysteme der Erde eingreifen und die Reproduktionskräfte der terrestrischen und aquatischen Ökosysteme weiter herabsetzen. Relevanz haben nach Rockström et al. (2009, 2023) vor allem der Klimawandel, die Ozeanversauerung und der Ozonabbau, die Abholzung und andere Landnutzungsänderungen, das Artensterben und die schwindenden Süßwasserressourcen, die Veränderungen der globalen Phosphor- und Stickstoffkreisläufe sowie die Verschmutzung durch Chemikalien und die Partikelverschmutzung der Atmosphäre. Der Handlungsdruck ist da und lässt sich illustrieren, beispielsweise anhand des Erdüberlastungstags des Global Footprint Network.

Deutschland und der Erdüberlastungstag

Beim Erdüberlastungstag (earth overshoot day) wird berechnet, wann die Menschheit die nachhaltig nutzbaren Ressourcen eines Jahres aufgebraucht hat. Dabei geht es um die **Aufnahmekapazität der Erde für Müll und Emissionen ebenso wie um ihren**

Regenerationsbedarf. Dieser wird rechnerisch dem menschlichen Ressourcenverbrauch bei derzeitiger Wirtschafts- und Lebensweise gegenübergestellt. Das Konzept des Erdüberlastungstages stammt ursprünglich von Andrew Simms, Politikökonom und Mitglied der britischen ‚New Economics Foundation'. Letztere arbeitet – wie der World Wide Fund For Nature (WWF), das Worldwatch-Institut und andere Partner – mit dem Global Footprint Network zusammen, einer Nicht-Regierungsorganisation mit Hauptsitz in den USA. Sie hat den Erdüberlastungstag als Kennzahlensystem quantifiziert und gibt ihn jährlich bekannt (Global Footprint Network; Homepage):

- Für das Jahr 2025 wurde als **globaler Erdüberlastungstag** der 24. Juli ermittelt, was bedeutet, dass die Weltbevölkerung 1,8 Planeten braucht, um ihren Ressourcenbedarf zu decken.
- In **Deutschland** fiel der Tag auf den 3. Mai 2025. Unser Land braucht somit rechnerisch etwa drei Erden pro Jahr, wenn wir unseren Ressourcenverbrauch nicht mindern. ◄

- Vor diesem Hintergrund ist zweitens **jede Erkenntnis wichtig, um die Ergebnislücke zu schließen**, die zwischen dem besteht, was wir Menschen (vor allem in der westlichen Welt) nachhaltig leisten sollen, und dem, was wir tatsächlich tun. Dies macht die gesamte Volkswirtschaftslehre relevant.
  - Von der **Mainstream-Ökonomik** können wir beispielsweise lernen, was Umweltgüter (z. B. Luft) zu besonderen Gütern macht, so dass selbst rationale Menschen sie vergeuden, obwohl sie knapp sind.
  - Die **Schnittstellen-Ökonomik** wiederum liefert uns Einsichten, warum sich der Mensch mit der Nachhaltigkeit kognitiv und motivational schwertut und wie dies durch Gruppenzugehörigkeiten beeinflusst wird. Dies reicht von individuellen Alltagsentscheidungen (z. B. Mülltrennung) bis hin zu Entscheidungen auf supranationaler Ebene (z. B. Emissionsreduktion), die in ganzen Ländern Verhaltensmuster ‚einfrieren' können.
- Drittens bietet uns die Beispielwelt der Nachhaltigkeit eine Dimension, die uns hilft, die spezifischen Modellbezüge der Mainstream- und Schnittstellen-Ökonomik auszublenden, um zum Konzeptionellen vorstoßen zu können, also weitgehend ‚modellneutral' zu argumentieren. Die Rede ist vom **Grad an Zukunftsunsicherheit**.
  - Nachhaltigkeit erfordert einfache Entscheidungen der kurzen Frist (z. B. Energieeinsparung bei gleichbleibender Technik) ebenso wie **komplexe Entscheidungen der langen Frist** (z. B. Dekarbonisierung der Gesamtwirtschaft). Dabei ist anzunehmen, dass sich Individuen, Gruppen oder Gesellschaften in einem Handlungsraum, der für sie kontrollierbar ist, anders verhalten als in einem Handlungsraum, in dem sie auf (teilweise) Unbekanntes treffen. Wir können folglich allein über den Grad der Zukunftsunsicherheit vielfältige menschliche und systemische Phänomene kontextualisieren, was die Einbettung (inter-)disziplinärer Bezüge erleichtert.

– In der Gesamtschau muss der Mensch – neben der menschengemachten Systemkomplexität – allerdings berücksichtigen: Auch die **Erde ist ein komplexes System**, dessen Eigenschaften und Wirkungsrichtungen noch unzureichend verstanden
sind, während wir darauf einwirken. Ein Beispiel liefert das sich häufende El Niño-
Phänomen, bei dem die Oberflächentemperatur des Ozeans großräumig ansteigt,
weil der Klimawandel die sonst ganzjährigen Passatwinde abschwächt oder ausblei-
ben lässt, wodurch Fischbestände abwandern und es in ganzen Erdteilen zu Extremwetterlagen kommt (UBA 2008, S. 4–5, 10); auch andere Prozesse wie das Schmelzen des Eisschilds, die Instabilität der Sahel-Zone oder der Kollaps des Amazonas-
Regenwalds werden als mögliche Kipppunkte diskutiert. Lebensbedingungen
können sich folglich unumkehrbar verändern und unsere Anpassungskräfte übersteigen, wenn wir planetare Systemgrenzen überschreiten.

Das Buch schließt mit der Frage, was die Volkswirtschaftslehre in Zeiten transformativer
Nachhaltigkeit leisten kann und was nicht (Kap. 12). Damit endet unsere Erkenntnisreise,
die der Gedanke trägt, dass wir die Komplexität des Menschen und die Komplexität des
menschlichen Miteinanders verstehen müssen, um konzeptionell in die Zukunft zu denken. Immer mitgedacht: Die Nachhaltigkeit, weil sie relevant ist. Und weil sie uns hilft,
Inhalte im Individual-, Gruppen- und Gesellschaftskontext greifbar zu machen und der
Mainstream- und der Schnittstellen-Ökonomik gleichberechtigt Raum zu geben. Denn
grundsätzlich gilt: Wir brauchen den Erkenntnisgewinn der gesamten Volkswirtschaftslehre für **Themen, bei denen es erkenntnistheoretisch und -praktisch um das
Ganze** geht.

Literatur

Bannas, Stephan, und Herrmann-Pillath, Carsten (2020): Marktwirtschaft: Zu einer neuen Wirklich-
keit, Schäffer-Poeschel Verlag, Stuttgart
Eucken, Walter (1940/1989): Die Grundlagen der Nationalökonomie, Springer, Berlin
Keynes, John Maynard (1936): The General Theoy of Employment, Interest and Money, Macmil-
lan, London
Rockström, Johan, Gupta, Joyeeta, Qin, Dahe, u. a. (2023): Safe and just Earth system boundaries,
in: Nature, Vol. 619, 6. Juli, S. 102–111, https://www.nature.com/articles/s41586-023-06083-8,
Zugriff 08.05.2024
Rockström, Johan, Steffen, Will, Noone, Kevin, u. a. (2009): Planetary Boundaries: Exploring the
Safe Operating Space for Humanity, in: Ecology and Society 14(2): 32, o. S., https://www.stock-
holmresilience.org/download/18.8615c78125078c8d3380002197/1459560331662/
ES-2009-3180.pdf, Zugriff 26.04.2020
UBA (Umweltbundesamt) (2008): Kipp-Punkte im Klimasystem, Dessau, https://www.umweltbun-
desamt.de/sites/default/files/medien/publikation/long/3283.pdf, Zugriff 24.05.2023
UN (United Nations) (2022): World Population Prospects 2022, Department of Economic and Social Affairs, UN DESA/POP/2021/TR/NO. 3, Summary of Results, New York, https://www.un.
org/development/desa/pd/sites/www.un.org.development.desa.pd/files/wpp2022_summary_of_
results.pdf, Zugriff 19.05.2023

Homepages

Global Footprint Network (Homepage): Past Earth Overshoot Days, https://overshoot.footprintnetwork.org/newsroom/past-earth-overshoot-days/, Zugriff 09.06.2025

Global Footprint Network (Homepage): Country Overshoot Days 2025, https://overshoot.footprintnetwork.org/newsroom/country-overshoot-days/, Zugriff 09.06.2025

Teil I

Menschenbilder – Eigenschaften, Fähigkeiten, motivationale Kräfte und der Blick auf die Nachhaltigkeit

Menschenbilder: Über den komplexen Menschen und die Interdisziplinarität

2

„In den letzten Jahrhunderten pflegte man sich den Menschen als ein vernünftiges Wesen vorzustellen, das in seinem Handeln von seinem Selbstinteresse bestimmt wird. Selbst Schriftsteller wie Hobbes, der die Machtgier und Feindseligkeit als die treibenden Kräfte im Menschen ansah, erklärte, sie seien die logische Konsequenz des Selbstinteresses: Da die Menschen alle gleich und daher vom gleichen Wunsch nach Glück beseelt seien und da nicht genug Güter vorhanden seien, um sie alle gleichmäßig zufriedenzustellen, müßten sie notwendigerweise miteinander kämpfen und nach Macht streben, um sicherzustellen, daß sie auch in Zukunft genießen könnten, was sie gegenwärtig besäßen.

Aber das Menschenbild von Hobbes traf bald nicht mehr zu. Je mehr es dem Bürgertum gelang, die Macht der früheren politischen und religiösen Herrscher zu brechen, je besser es den Menschen gelang, die Natur zu meistern und je mehr Millionen Menschen wirtschaftlich unabhängig wurden, um so mehr glaubte man an eine rationale Welt und an den Menschen als Vernunftwesen. [...]

Als der Faschismus an die Macht kam, waren die meisten weder theoretisch noch praktisch darauf vorbereitet. Sie konnten einfach nicht glauben, daß der Mensch einen solchen Hang zum Bösen, eine solche Machtgier, eine solche Mißachtung der Rechte der Schwachen und ein solches Verlangen nach Unterwerfung bekunden konnte. [...]

[N]achdrücklich lehne ich jene Theorien ab, die außer Acht lassen, dass der Faktor ‚Mensch' eines der dynamischen Elemente im gesellschaftlichen Prozess ist".

Erich Fromm (1941/2000, S. 13–14, 19): Die Furcht vor der Freiheit

Lernkontext

Dieses Kapitel führt in Teil 1 des Buchs ein und bereitet die Kap. 3, 4 und 5 vor. Dabei geht es um die volkswirtschaftliche Sicht auf den Menschen, bei der sich die Mainstream-Ökonomik von der Schnittstellen-Ökonomik deutlich unterscheidet. Wir klären, was die Wissenschaft unter einem Menschenbild versteht und warum die

Arbeit mit solchen Menschenbildern nützlich ist. Und wir diskutieren, was Interdisziplinarität bedeutet und von welchen anderen Disziplinen die Volkswirtschaftslehre lernen kann. Das Kapitel schließt mit den Merkmalskategorien, die uns in den Folgekapiteln helfen, unsere Ergebnisse zu rastern, während wir den Menschen schrittweise komplexer machen. Mit diesem Wissensstand starten wir in den zweiten Teil des Buchs, wenn es um die Frage geht, wie Menschen in politökonomischen Systemen zusammenleben und -arbeiten.

Kapitel 2 …

- erläutert, was ein Menschenbild ist und wofür es genutzt wird (Abschn. 2.1);
- klärt, welche unterschiedlichen Sichten es innerhalb der Volkswirtschaftslehre gibt und wie sie sich als Ansatz aus zwei Denksystemen vereinfacht abgrenzen lassen (Abschn. 2.2);
- zeigt auf, was eine interdisziplinäre Forschung an Erkenntnissen hervorbringen kann und von welchen Disziplinen die Identitätsökonomik und die Verhaltensökonomik lernen (Abschn. 2.3);
- schlussfolgert aus den Gesamterkenntnissen von Kap. 2, welche Merkmalskategorien uns helfen, die Ergebnisse der Kap. 3, 4 und 5 vergleichbar zu machen (Abschn. 2.4);
- bietet mit Hilfe des INSEL-Experiments an, die neuen Erkenntnisse persönlich zu reflektieren (Abschn. 2.5).

Schlüsselbegriffe: Erkenntnisforschung, Menschenbilder, Verhaltensmodelle, Mainstream-Ökonomik, rationales Entscheiden, Schnittstellen-Ökonomik, intuitives Entscheiden, Interdisziplinarität, Identitätsökonomik, Verhaltensökonomik

2.1   Warum nutzen wir Menschenbilder und gibt es die Idee vom nachhaltigen Menschen?

Zusammenfassung

Die Wissenschaft – einschließlich der Volkswirtschaftslehre – trifft unterschiedliche Annahmen über das menschliche Wesen (Attribute). Im Ergebnis liegen Menschenbilder vor, die von einem reduzierten Verständnis des Menschen bis hin zu einer realitätsnahen Beschreibung reichen. Dabei geht es um Attribute wie Eigenschaften, Fähigkeiten und motivationale Verfasstheiten, aus denen sich (inter-)disziplinäre Aussagen ableiten lassen, wie Menschen handeln können und wollen. Ein Menschenbild, das in ein Verhaltensmodell eingebunden ist, hilft dann, menschliches Ver-

halten in einem bestimmten Handlungsumfeld konsistent zu erklären und gegebenenfalls zu steuern. Dies gilt auch für die Diskussion des nachhaltigen Menschen (Homo sustinens). All dies zeigt, dass Menschenbilder nicht nur beschreibend
und erklärend, sondern auch normativ verwendet werden und dass sich die Sicht auf
den Menschen über die Zeit wandelt.

Menschenbilder, also die Sichten auf den Menschen, sind nichts Ungewöhnliches. Wir
kennen sie aus dem Alltag, wenn wir uns selbst und Andere (un-)bewusst stereotypisieren.
Doch wie arbeitet die Wissenschaft mit Menschenbildern? Welche menschlichen Wesenszüge finden aus welchen Gründen Beachtung?

Im Alltag sind wir alle Philosoph:innen. Wir plausibilisieren, was um uns herum und in
uns geschieht und tauschen uns mit Anderen darüber aus. Die wissenschaftliche Forschung unterscheidet sich davon grundsätzlich. Dies liegt an ihrem Niveau der Abstrak-
tion, ihren Anforderungen an logisches Denken und Argumentieren sowie an ihrer Forderung, dass sich alle Ansichten – auch die eigenen – kritisch hinterfragen lassen müssen
(z. B. Popper 1993, 1994; Pies und Hübscher 2023). ‚Mutter' aller Wissenschaften ist
daher die **Erkenntnisforschung**. Sie beschäftigt sich mit der Art und Weise, wie Erkenntnisse über die Welt zustande kommen und was daraus für die Wissenschaft folgt. An ihren
Qualitätsstandards muss sich jede Erkenntnisgewinnung messen lassen. Dies gilt auch für
die Diskussion, wie mit Menschenbildern gearbeitet wird.

▶ **Erkenntnisforschung (Epistemologie)** hinterfragt, wie Wissen und somit Erkenntnisgewinn entstehen. Sie unterscheidet sich vom alltäglichen Nachdenken durch ihre Wissenschaftlichkeit. Deren Elemente sind die Theoriebildung (kausale Grundannahmen), die
Methodik (Nachweisansatz) und eine reflexive Logik, die alles kritisch hinterfragt. Dies
schließt die Überlegung ein, was aus den Ergebnissen geschlussfolgert werden kann und
was nicht.

Menschenbilder helfen uns bei der Erkenntnisgewinnung. Denn ein **Menschenbild** besteht aus inhaltlich bedeutsamen Annahmen über den Menschen (Siebenüner 2001, S. 13):
Diese Annahmen werden Merkmale (Attribute) genannt; sie richten unsere Wahrnehmung
aus, damit wir uns „in der Welt und im Umgang mit anderen Menschen" orientieren können. Einige Beispiele:

- Halten wir einen Menschen für **selbstsüchtig**, dann hat er Vergnügen am Besitz und
  strebt hedonistisch danach, immerfort seine physische und psychische Lust zu erfüllen.
  Er will haben und nicht teilen, was der Sozialphilosoph Erich Fromm auf die Formel
  bringt: „Ich bin, was ich habe und was ich konsumiere" (Fromm 1976/2011, S. 43).

- Halten wir einen Menschen für **sozial**, dann ist sein Identitätserleben auch davon abhängig, wie es seinen Mitmenschen geht, was sich auf sein ökonomisches Handeln auswirkt (Akerlof und Kranton 2010, S. 4).
- **Zusätzlich können wir hinterfragen**: Ist der Mensch eher gut oder böse? Friedliebend oder aggressiv? Bewusst handelnd oder triebgesteuert? Zukunftsgerichtet oder gegenwartsorientiert? Welche Merkmale sind angeboren oder erlernt? Und so weiter. Im Ergebnis entsteht ein Menschenbild.

Auch die Wissenschaft nutzt Menschenbilder. Sie sind vor allem für die **Sozial- und Geisteswissenschaften** relevant, zu denen die Volkswirtschaftslehre gehört. Denn für sie sind menschliche Verhaltensweisen Phänomene, die es wissenschaftlich zu entschlüsseln gilt. Eine solche Entschlüsselung kann die disziplinäre Sicht der jeweiligen Wissenschaft ausdrücken, was sich in Namen wie der ‚soziologische Mensch' (Homo sociologicus; z. B. Dahrendorf 1968), der ‚psychologische Mensch' (Homo psychologicus; z. B. Cohen 1970) und der ‚ökonomische Mensch' (Homo oeconomicus; z. B. Becker 1962, Simon 1983) spiegelt (Siebenhüner 2001, S. 14). Oder es werden fächerübergreifende Erkenntnisse genutzt, um zu einem Attributsverständnis zu gelangen (Burger-Menzel 2016, S. 24–27): Beispiele hierfür sind das ‚multiple Selbst' (z. B. Elster 1985/1987), der Homo narrans (z. B. Fisher 1987), der ‚Homo oeconomicus maturus' (z. B. Frey 1997), der ‚Homo sustinens' (Siebenhüner 2001), der ‚Homo culturalis' (z. B. Goldschmidt und Nutzinger 2009), der ‚Homo socialis' (z. B. Akerlof und Kranton 2010) oder der ‚Homo reciprocans' (z. B. Messner et al. 2013), die sich in Teilen attributiv überschneiden. Wir vertiefen in den Folgekapiteln den ökonomischen Menschen, den Homo socialis und das multiple Selbst. Denn sie eignen sich für unser Erkenntnisziel, die menschliche Komplexität stufenweise zu erhöhen.

▶ **Menschenbilder** entstehen aus allgemeinen Annahmen über die menschliche Natur und den Menschen als Kulturwesen (Attribute). Die wissenschaftliche Sicht auf den Menschen kann sowohl fachspezifisch sein als auch die Denkweisen anderer Fachrichtungen einbinden und nutzen.

Die Vielfältigkeit menschlicher Attribute lässt sich besser in den Griff bekommen, wenn wir sie kategorisieren. Hierfür ist eine Unterscheidung in Eigenschaften und Fähigkeiten sinnvoll (Erpenbeck 2010, S. 81):

- Bei **Eigenschaften** geht es um genetische Anlagen, die sich im Verhalten auswirken, aber kaum gezielt trainieren lassen. Sie beziehen sich auf angeborene Merkmale und sind keine Fähigkeiten. Sie können diesen bestenfalls zugrunde liegen. Menschliche Eigenschaften können sich während der Lebensspanne verändern. Ein Beispiel ist die Kreativität. So stellen Genovard et al. (2006 in Burger-Menzel 2011, S. 269) bei Menschen, die ihre Kreativität zum Beruf machen, spezifische Persönlichkeitsmerkmale fest. Hierzu zählen beispielsweise eine große Vorstellungskraft, Unabhängigkeit, Intelligenz, Intuition, Originalität, Sensitivität, Selbstgenügsamkeit und eine misstrauische Natur. Alle Menschen haben somit Eigenschaften, allerdings in unterschiedlichen Ausprägungen.

- Von Persönlichkeitseigenschaften kann nicht auf Fähigkeiten bzw. Kompetenzen rückgeschlossen werden (Erpenbeck 2010, S. 81). Denn **Fähigkeiten** beziehen sich auf das Handlungspotenzial eines Menschen (z. B. Kommunikationsfähigkeit). Handelt eine Person nicht, bleiben Kompetenzen unsichtbar. Fähigkeiten beschreiben also, was Handelnde grundsätzlich geistig oder physisch tun können. Sie lassen sich gezielt beeinflussen und durch Erziehung und lebenslange (Weiter-)Bildung entwickeln.
- Erpenbeck (2010, S. 82) weist zu Recht auf die **empirische Herausforderung** hin, dass entweder von Eigenschaften auf Handlungsergebnisse geschlossen wird oder von Handlungsergebnissen auf Kompetenzen. Gene und Kultur können zudem evolutionär zusammenwirken, was die Soziobiologie untersucht (Bowles und Gintis 2011/2013, S. 15). Wir gehen im Folgenden daher nicht getrennt auf Eigenschaften und Fähigkeiten ein, es sei denn, der Inhalt erfordert dies.

Ob ein Mensch seiner Kreativität Ausdruck verleiht oder seine Kompetenzen (weiter-)entwickelt … Dahinter steckt die Frage, was ihn dazu motiviert. Dabei wird zwischen **extrinsischer und intrinsischer Motivation** unterschieden:

- Ist eine Motivation **extrinsisch**, wird sie von Dritten stimuliert (z. B. Belohnung).
- Ist eine Motivation **intrinsisch**, motiviert sich der Mensch aus seinem Inneren heraus (z. B. Entdeckungslust).
- Motivationale Kräfte sind also äußere und innere Einflussfaktoren, die den Menschen zu einem zielgerichteten Verhalten veranlassen. Kommt der Anreiz von außen, muss er allerdings auf eine **motivationale Verfasstheit** treffen, die das gewünschte Handeln auslöst und aufrechterhält (Ryan und Deci 2000, S. 16). Denn die innere und die äußere Motivation stehen in einem komplexen Spannungsverhältnis zueinander. So kann beispielsweise eine intrinsisch motivierte Kreativität verdrängt werden (crowding-out effect), wenn in ihrem Handlungsumfeld mit monetären Belohnungen gearbeitet wird oder Kontrolle und Zeitdruck herrschen (Burger-Menzel 2011, S. 270). Motivation ist somit mehr als ein Motiv (vgl. Abschn. 5.2).

Die Kombination menschlicher Attribute produziert Phänomene, die sich – anders als in den Naturwissenschaften – meist nicht als gesetzesmäßiger Zusammenhang erklären lassen. Elster (2007, S. 8) kommentiert dies für die Sozialwissenschaften wie folgt: „The social sciences offer few if any law-like explanations […]. The relation between explanans and explanandum is not one-one or many-one, but one-many or many-many". Menschenbilder haben daher nach Siebenhüner (2001, S. 16–17, 20) eine deskriptiv-explikative und eine normative Funktion und eignen sich **handlungstheoretisch**, um „menschliches Handeln zu beschreiben und im Rahmen eines konsistenten Aussagensystems zu erklären und zu Gestaltungshinweisen zu verdichten". So beobachten wir beispielsweise, dass Menschen Geschichten erzählen, und versuchen wissenschaftlich zu enträtseln, warum sie dies tun. Oder wir überlegen, welche Attribute ein Mensch braucht, um nachhaltig zu handeln; wir entwickeln also eine Sollvorstellung vom Menschen, die sich auf die Frage bezieht, was dem menschlichen Leben den Sinn und eine prägende Richtung vorgibt.

Handlungstheorien lassen sich zu **Verhaltensmodellen** weiterentwickeln (Siebenhüner 2001, S. 21–22). Treffen sie auf die reale Welt, wird – soweit möglich – methodisch beobachtet, gemessen, interpretiert und vorhergesagt, wie sich ausgewählte menschliche Wesenszüge in einem bestimmten Handlungsumfeld (z. B. systemischer Kontext) auswirken.

▶ **Verhaltensmodelle** suchen menschliches Verhalten in einem bestimmten Handlungsumfeld (Kontext) konsistent zu erklären und gegebenenfalls zu steuern. Solch ein Handlungsumfeld kann unterschiedlich komplex beschrieben werden (z. B. politökonomischer Systemansatz).

Ist das Ergebnis unbefriedigend, geht es in eine ‚**Korrekturschleife**' (siehe Abb. 2.1; stark vereinfacht nach Grundidee von Siebenhüner 2001, S. 22). So kann die Ausgangsfrage der Untersuchung ebenso verändert werden wie die kausalen Grundannahmen, die über das Menschenbild in das Handlungsmodell einfließen. Und/oder der methodische Ansatz ist zu überdenken.

Ziel ist zu erkennen, welche menschlichen Attribute für ein bestimmtes Handlungsumfeld aussagekräftig und gegebenenfalls beeinflussbar sind. Denn bei Themen wie der Nachhaltigkeit ist der Mensch selbst (noch) das Problem, so de Vries (2013, S. 297): „Many of the issues raised in sustainability science are so difficult to tackle because of the role of humans". Es überrascht daher nicht, dass auch das **Menschenbild des nachhaltigen Menschen** (Homo sustinens) unter dem Brennglas der Wissenschaft liegt. Schließlich bedeutet Nachhaltigkeit, die vorhandenen Erdressourcen zu bewahren. Dies bedeutet vor allem in der westlichen Welt, dass der Mensch …

- seine **eigene Lebensweise** deutlich verändern muss (Mikroebene);
- sein **kollektives Verhalten** als Gruppe (Mesoebene) und als Gesellschaft (Makroebene) neu ausrichten muss;
- mit den **sozialen Härten lösungsorientiert umgehen** muss, die den Umbau von Wirtschaft und Gesellschaft (im Sinne einer Transformation) be- oder verhindern können.

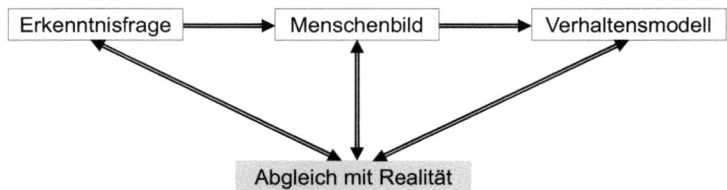

Abb. 2.1 Erkenntnisgeleitet vom Menschenbild zum Verhaltensmodell und zurück

Es geht somit um die Frage, welche Eigenschaften, Fähigkeiten und motivationalen Kräfte ein Mensch benötigt, der mit seinem Verhalten einen Beitrag leisten soll, um die Lebensgrundlagen der jetzigen und künftigen Generationen ökologisch, sozial und ökonomisch zu erhalten. Das **Menschenbild des nachhaltigen Menschen** beschreibt somit eine Sollvorstellung (normatives Menschenbild), um daraus möglichst viele Lösungsideen abzuleiten.

Idealtypische Attribute des Homo sustinens

Idealtypisch gibt es den nachhaltigen Menschen. Siebenhüner (2001, S. 253–312) beschreibt ihn wie folgt: Der Homo sustinens fühlt sich seinen Mitmenschen und der Natur emotional und verantwortungsvoll verbunden und setzt sich auf nichtopportunistische und aktive Weise für beide ein. Dabei hat er ein gefestigtes Selbst, das ihn auch im Kontext größerer Gruppen ausgeprägt handlungsfähig macht. Er kann systemisch denken, aus Zukunftsvisionen Handlungsfolgen entwickeln und im praktischen und ethischen Diskurs entsprechende Perspektivwechsel vornehmen. In einer Welt voller Unsicherheiten ist und bleibt er lernfähig und kreativ, um Erkenntnisse in neue Lösungen zu übersetzen.

Attributiv bedeutet dies: Der nachhaltige Mensch ist …

1. ausgeprägt handlungsfähig und selbstbestimmt;
2. sozial und ökologisch verantwortungsvoll;
3. kooperationsfähig;
4. kommunikationsfähig und empathisch;
5. kognitiv fähig zu vernetztem und antizipativem Denken;
6. lernfähig und kreativ;
7. emotional;
8. naturbezogen.

Der Mensch ist nicht nur genetisch in der Lage, nachhaltige Lösungen hervorzubringen (z. B. kreative Handlungsdisposition). Er ist auch kulturell beeinflussbar (z. B. Bildungsverständnis). Dabei wird aus Eigenschaften und Fähigkeiten im Inneren ein Selbst, das mit der Umwelt wirkmächtig interagiert und hierzu intrinsisch motiviert ist. Um dies zu erreichen, **durchläuft der Mensch Entwicklungs- und Lernstufen**, auch im Sinne lebenslangen Lernens, so der Autor. ◄

Wissenschaftliche Strömungen wie der kritische Posthumanismus sehen den Menschen durchaus in der Lage, im Zeitalter digitaler und ökologischer Transformation kritisch und kreativ darüber nachzudenken, „wer oder was wir [Menschen] im Prozess des Werdens eigentlich sind" (Braidotti 2014, S. 17, in WBGU 2019, S. 37). Für den Wissenschaftlichen Beirat der Bundesregierung Globale Umweltveränderungen (WBGU 2019, S. 34) sind solche Vorstellungen allerdings (noch) eine „emanzipatorische Hoffnung". Denn der

Mensch braucht, um seine Potenziale zu entfalten, ein geeignetes **gesellschaftliches Umfeld** (vgl. Kap. 6, 7, 8 und 9). Dieses ist unverzichtbar, damit eine radikale Transformation die Mitglieder der Gesellschaft so formt, dass sie „tun wollen, was sie tun sollen"; Fromm (1976/2011, S. 164) nennt dies den „Gesellschafts-Charakter". Ein solcher Gesellschafts-Charakter kann durch politische Revolutionen entstehen oder durch Erziehung. Beide Wege haben eigene Herausforderungen (Fromm 1976/2011, S. 164–165):

- Bei **politischen Revolutionen** muss sich die neue Elite erst aus dem Gesellschafts-Charakter lösen, von dem sie (un-)bewusst geprägt ist, damit sie neue Regeln schafft und nicht alte Bedingungen reproduziert.
- Und sollen **menschliche Wesenszüge erzieherisch entwickelt** werden, um „eine wahrhaft humane Gesellschaft zu errichten", besteht die Gefahr, dass sich Veränderungen auf das Kleine begrenzen; oder die Erziehung bleibt unwirksam, weil „geistige Werte gepredigt, aber ganz andere praktiziert werden".

Im Sinne einer zivilisatorischen Hoffnung sind Forschung und Bildung in der Lage, den Menschen kapazitativ und motivational ‚mitzunehmen‘, wenn es um die Nachhaltigkeit geht. Daher plädiert der WBGU (2011, S. 351–352) für eine Transformationsforschung und -bildung, um die planetaren Herausforderungen besser verstehen und bewältigen zu können; und er plädiert für eine **transformative Forschung und Bildung**, um Bewusstsein zu schaffen, zu inspirieren und Verhaltensweisen neu einzuüben. Daraus entstehen wieder neue Sichten auf den Menschen. Denn Menschenbilder wandeln sich über die Zeit. Das Ganze zeigt uns, dass Menschenbilder und (polit-)ökonomische Systemansätze eng miteinander verzahnt sind. Wir bilden dies mit dem ersten Buchteil (Menschenbilder) und dem zweiten Buchteil (Systemansätze) ab.

2.2   Welche Sichten auf den Menschen hat die Volkswirtschaftslehre?

Zusammenfassung

Für die Volkswirtschaftslehre (VWL) ist der Mensch jemand, der seine Bedürfnisse bei knapper Ressourcenlage optimal zu befriedigen sucht. Wie die VWL dies untersucht und diskutiert, hat eine beeindruckende Bandbreite an Ansätzen hervorgebracht. Auf der einen Seite konzentriert sich die mathematisierte Mainstream-Ökonomik auf den rationalen Menschen, was eine Mikrofundierung inmitten systemischer Wechselwirkungen erlaubt. Auf der anderen Seite will die Schnittstellen-Ökonomik wissen, wie der Mensch ganzheitlich funktioniert, was sich am besten in kleinen Welten experimentell ausloten lässt. Die verbindende Sicht lässt sich vereinfacht als Dichotomie aus zwei Denksystemen beschreiben, die als ‚schnelles Denken – langsames Denken' populär geworden ist. Mit Menschen-bildern zu arbeiten, ist für die VWL wissenschaftlich nützlich. Denn dies erzwingt, ausgewählte Attribute begrifflich und als Verhaltensweise zu klären sowie ent-sprechende Vorannahmen und Erklärungsansätze konsistent und plausibel und – wenn möglich – empirisch überprüfbar aufzubereiten. Die Arbeit mit Menschen-bildern hat allerdings Herausforderungen, zu denen das Risiko der selektiven Vor-gehensweise und die Schwierigkeit der Werturteilsfreiheit zählen. Daher verlangt die Erkenntnisforschung auch von der Volkswirtschaftslehre, Wertehaltungen offenzulegen.

Als Teil der Geistes- und Sozialwissenschaften befasst sich die Volkswirtschaftslehre (VWL) mit dem menschlichen Handeln. Wie sieht sie den Menschen? Und wohin führt uns diese Frage, wenn sie unterschiedliche Bereiche der Volkswirtschaftslehre stellen?

Der Mensch in der **Volkswirtschaftslehre** ist ein Handelnder (Akteur), der materielle Bedürfnisse (z. B. Nahrungsmittel) und immaterielle Bedürfnisse (z. B. Kulturerlebnis) hat und diese bei knappen Ressourcen befriedigen will. Spannende Erkenntnisse beziehen sich daher auf die Fragen, ob der Mensch durch sein Handeln sowohl sich selbst als auch seinen Tauschpartner besserstellt (Mikroebene) und unter welchen Bedingungen dies selbst für das Handeln in Gruppen (Mesoebene) und auf der gesellschaftlichen Ebene (Makroebene) gilt.

Mit jeder Ebene nimmt die Zahl der möglichen Erklärungsfaktoren zu: Vom Einzel- über den Marktbezug bis hin zur Gesamtwirtschaft. Bei diesem Themenspektrum über-rascht es nicht, dass die Volkswirtschaftslehre **unterschiedliche Forschungsrichtungen** ausgeprägt hat. Dies gilt auch für ihre Sichten auf den Menschen. Wir unterscheiden hier vereinfachend zwischen der Mainstream-Ökonomik, deren Menschenbild disziplinär ge-prägt ist, und der Schnittstellen-Ökonomik, die attributiv interdisziplinär arbeitet. Beide produzieren wertvolle Einsichten, wie der Mensch denkt und entscheidet.

Wie kommt es zu den unterschiedlichen Sichten auf den Menschen? Beginnen wir mit der **Mainstream-Ökonomik**. Diese bietet eine anspruchsvolle Erkenntniswelt an, die sich stark an der physikalisch-mechanistischen Tradition der Naturwissenschaften orientiert. Dahinter steckt der Wunsch, Gesetzmäßigkeiten im menschlichen Handlungsraum entde-cken und so kontrollieren zu können, dass sich für den Menschen die Lebensqualität ver-bessert (Keizer 2015, S. 67), was sich vor allem auf das materielle Leben bezieht. Ihre Werkzeuge sind die klassische Logik, Mathematik und Statistik. Je mehr es bei der Ana-lyse um Märkte und Gesamtwirtschaften geht, desto kausal dichter wird das Ganze. Um dennoch zu Aussagen zu gelangen, werden Einzelgrößen zusammengefasst (Aggrega-tion), die als gleichartig und somit homogen gelten können. Dies gilt auch für den Men-schen, der als ‚gleichartig rational' angenommen wird.

▶ **Mainstream-Ökonomik** ist ein Teilbereich der Volkswirtschaftslehre. Sie erforscht, wie der Mensch seinen Lebensraum optimal nutzen kann. Dabei ist die Sicht auf den Menschen vorherrschend, dass alle Akteure rational denken und handeln und materiell-monetäre Bedürfnisse dominieren.

Handeln alle Menschen gleichartig rational, lässt sich das Handlungsergebnis auf der Meso- und Makroebene im Ergebnis aufsummieren. Diese Mikrofundierung wird in der Wissenschaft **methodologischer Individualismus** genannt. Der Mensch wird dadurch zu einem „vereinfachende[n] Konstrukt, welches das Handeln ökonomischer Akteure mathematisch erklärbar sowie vorhersagbar machen soll" (Saßmannshausen 2009, S. 61).

Die **Theorien rationalen Handelns** (rational choice economics) zählen zu den bekanntesten Ansätzen der Volkswirtschaftslehre mit Vertretern wie Knight (1921), Nash (1950), Samuelson (1952), von Neumann und Morgenstern (1944/1953), Becker (1976) und Simon (1983). Ihre Varianten unterscheiden sich unter anderem darin, wie Nutzen und Präferenzen formalisiert und inhaltlich verstanden werden und ob eine Interaktion als Spiel aufgefasst wird (vgl. Abschn. 3.2), wobei sich bei den spieltheoretischen Ansätzen die Umweltzustände aus dem Verhalten aller Spieler ergeben. Dabei steht die Rationalität als menschliches Attribut im Vordergrund.

- Handeln wir rational, nehmen wir uns die Zeit, die nötig ist, um alle verfügbaren **Handlungsmöglichkeiten (Optionen) gründlich zu durchdenken**. Auf diese Weise können Fehler vermieden werden, die wir später bedauern. Beispiele liefern Rechtsvorschriften. Weber (2020, S. 11) nennt die europäische Richtlinie 2005/29/EG zum Umgang mit unlauterem Wettbewerb als Beispiel: Deren „Leitbild vom Durchschnittsverbraucher orientiert sich am neoklassischen Homo Oeconomicus-Modell. Der Verbraucher gilt als ‚mündig'. Er ist damit in gesteigertem Maße für sich selbst verantwortlich, womit quasi eine Verpflichtung einhergeht, verfügbare Informationen zutreffend zu verarbeiten". Durchschnittsverbraucher:innen denken somit kompetent und informiert kritisch über Verhalten und Bedürfnisse nach und übernehmen Eigenverantwortung für ihre Einkaufsentscheidungen. Wir kennen das Ganze auch als umgangssprachlichen Ratschlag, wenn uns jemand vor übereiltem Handeln warnt und uns bittet, ‚noch eine Nacht über einer bestimmten Entscheidung zu schlafen'.
- Ein solch vernunftgeleitetes Entscheiden weist Dimensionen wie reflektierend, deduzierend, bewusst, kontrolliert, regelgeleitet und angestrengt auf (Pfister et al. 1998/2017, S. 346). Dabei bedienen wir uns unseres Verstands, wobei **Verstand und Vernunft** nicht immer trennscharf verwendet werden. Verstand ist der allgemeinere Begriff. Denn Verstand meint „das generelle Erkenntnisvermögen des Menschen und seine Fähigkeit zum Vernunftgebrauch" (Hügli und Lübcke 1997, S. 652, in Siebenhüner 2001, S. 266). Vernunft hingegen hat mit einer praktischen und somit zweckvollen Tätigkeit des Menschen zu tun (Siebenhüner 2001, S. 267).

▶ **Rationales Entscheiden** umschreibt den gedanklichen Prozess, bei dem Informationen zweckvoll verarbeitet werden. Es weist Dimensionen wie reflektierend, deduzierend, bewusst, kontrolliert, regelgeleitet und angestrengt auf.

Die Schnittstellen-Ökonomik sieht das menschliche Attribut der Rationalität überbetont. Schließlich kommt es in der Mainstream-Ökonomik zu Prognosefehlern und Erklärungslücken zwischen modellhaftem und tatsächlichem Verhalten, die selbst nach Modellkorrekturen weiterbestehen. Ein möglicher Grund: Menschen nehmen die Welt als offen veränderbar wahr und verhalten sich so ungleichförmig, dass sich die menschliche Realität nicht gesetzesmäßig beschreiben lässt. Keizer (2015, S. 68) nennt hierzu beispielhaft **drei Phänomene, die sich auf das menschliche Verhalten auswirken**:

*   Unser Wissen über die Realität verändert sich ständig und dadurch auch das, was für uns Realität ist (**Reflexivität des Wissens**).
*   Wissen ist ein soziales Phänomen, weil Wissensaustausch Sprache und ein konzeptionelles Verständnis braucht und sich beides mit der Zeit wandelt (**kulturelle Fluidität des Wissens**).
*   Wir brauchen einen inneren Bezugsrahmen, um das Beobachtete interpretieren und einordnen zu können (**Subjektivität des Wissens**).

Um den Menschen attributiv der Realität anzunähern, arbeitet die **Schnittstellen-Ökonomik** mit Disziplinen wie der Soziologie oder der Kognitionspsychologie zusammen. Sie lotet den Menschen experimentell im Labor oder im realen Umfeld aus und nutzt hierfür Ansätze, welche die Methodik der Mainstream-Ökonomie ergänzen und nicht ersetzen. Mit Blick auf den zweiten Buchteil und das Systemische sei hier allerdings angemerkt, dass einige Bereiche der Schnittstellen-Ökonomie zwar den Untersuchungsgegenstand interdisziplinär erweitern, aber weiterhin mit der Rationalitätsannahme arbeiten (z. B. Neue Politische Ökonomie; vgl. Abschn. 8.3).

▶ **Schnittstellen-Ökonomik** bezeichnet einen Teilbereich der Volkswirtschaftslehre, der – im Vergleich zur Mainstream-Ökonomik – von einer breiten (humanistisch) menschlichen Bedürfnislage und einem relativ komplexen Lösungsverhalten des Menschen ausgeht. Dabei sind eine interdisziplinäre Sicht auf den Menschen und die Abkehr von der Rationalitätsannahme vorherrschend.

Wird die Rationalitätsannahme aufgehoben, akzeptieren wir, dass die menschliche Wahrnehmung nicht länger wie ein Apparat funktioniert, der Interpretationen und Bewertungen ausschließlich unter der Verwendung von logischen Regeln und Denkanstrengungen weiterverarbeitet. Hinzukommt nun eine Wahrnehmung, über die beständig und aktiv Eindrücke gefiltert und unbewusst und schnell interpretiert und bewertet werden. Es geht um ein **intuitives Entscheiden**, das sich durch Adjektive wie automatisch, assoziativ, unbewusst, unkontrolliert, erlernt (also eingeübt) und mühelos beschreiben lässt (Pfister et al. 1998/2017, S. 346). Die umgangssprachliche ‚Bauchgefühl'-Entscheidung kommt also nicht zwangsläufig aus dem Bauch.

▶ **Intuitives Entscheiden** bezeichnet einen Entscheidungsprozess, über den Eindrücke schnell aufgenommen und bewertet werden. Es weist Dimensionen wie automatisch, assoziativ, unbewusst, unkontrolliert, erlernt (also eingeübt) und mühelos auf.

Da Intuition und Gefühle dem rationalen Erkenntnisprozess vorgeschaltet sind, werden sie vereinfachend als System 1 bezeichnet. Das nachgeschaltete und vernunftgeleitete Entscheiden heißt System 2. Diese **Dichotomie aus zwei Denksystemen** geht auf Stanovich und West (2000) zurück und ist durch Daniel Kahneman als ‚schnelles Denken' und ‚langsames Denken' populär geworden (Stanovich und West 2000 in Kahnemann 2002, S. 450).

• Normalerweise arbeiten **beide Systeme Hand in Hand**, wobei System 2 die Bewertungen von System 1 ausnahmsweise korrigiert.
• System 1 kann das System 2 jedoch auch fehlleiten oder sogar ignorieren (z. B. bei extrem starken Emotionen). Im Ergebnis gibt es **kognitive Abkürzungen** (cognitive shortcuts), die verhaltensverzerrend wirken können (z. B. Burger-Menzel 2016, S. 48).

Der Mensch kann **beide Denksysteme durchaus umfänglich auslasten**, wie das Illustrationsbeispiel zur Nachhaltigkeit zeigt. Es geht um das menschliche Attribut der Zukunftsfähigkeit, das – als Kompetenz – beispielsweise mit Hilfe der Szenariotechnik eingeübt wird (vgl. Abschn. 10.2). Im Fokus stehen Aspekte wie die ‚Imagination unbekannter Zukünfte' oder das ‚Experimentieren mit neuen Beschreibungen (frames)'.

Das Attribut Zukunftsfähigkeit

Zukunftsfähigkeit beschreibt die Fähigkeit, **blinde Flecken systematisch herauszustellen**, „um in der Imagination unbekannter Zukünfte sowie der kritischen Auseinandersetzung mit Aktivitäten in der Gegenwart mit neuen Beschreibungen (frames) experimentieren zu können", so der Internationale Sozialwissenschaftliche Rat (International Social Science Council (ISSC)) und die Organisation der Vereinten Nationen für Bildung, Wissenschaft und Kultur (United Nations Educational, Scientific and Cultural Organization (UNESCO)) im Jahr 2013 (in WBGU 2019, S. 35). Hierzu gehört, dass der digitale Mensch die große Transformation der Nachhaltigkeit „als gesellschaftlichen Such- und Gestaltungsprozess legitimiert und realisiert" (WBGU 2019, S. 34). ◀

Ist der Mensch **zukunftsfähig**, ist er in der Lage, – wie mit einer Zeitmaschine – gedanklich in das Unbekannte zu reisen, um aus fernen und verschiedenen Szenarien strategisch zurückzudenken (z. B. verschiedene Grade an Klimaerwärmung, diverse soziale Betroffenheiten). Dadurch lassen sich unterschiedliche Entwicklungspfade in die eigene ‚kognitive Landkarte' einbetten und (narrativ) plausibilisieren. Im Ergebnis kann sich der

Mensch besser auf Störereignisse einstellen (z. B. steigende Zahl an Extremwetterlagen). Zukunftsfähigkeit braucht folglich eine offene Haltung und ein Handeln, das experimentell und sozial wirkmächtig neue Wege einschlägt.

Wir machen die Dichotomie aus zwei Denksystemen zum Ausgangspunkt unserer Folgekapitel, in denen wir die menschlichen Attribute stufenweise der Realität annähern (vgl. Kap. 3, 4 und 5): Die Mainstream-Ökonomik konzentriert sich darauf, wie ein rationaler Mensch mit seinem Lebensraum optimal umgeht. Für die Schnittstellen-Ökonomik fließt in die Entscheidung über die Lebensgestaltung zusätzlich ein, dass sich Menschen von der Gemeinschaft beeinflussen lassen, der sie angehören, und/oder von der Auseinandersetzung mit sich selbst. Menschsein und Gesellschaften werden daher in der Schnittstellen-Ökonomik meist ganzheitlich betrachtet. Dadurch lassen sich die Ergebnisse auf höheren Ebenen in der Regel nicht vollständig durch das aggregierte Verhalten Einzelner erklären. Das Ganze ist mehr als die Summe seiner Teile, was als **methodologischer Holismus** bezeichnet wird. Es entstehen inner- und zwischenmenschliche Wechselbeziehungen, die komplex sind.

Für die Volkswirtschaftslehre ist die Arbeit mit Menschenbildern nützlich und herausfordernd zugleich. Zu der **wissenschaftlichen Nützlichkeit** zählt, dass jedes Attribut mit seiner Offenlegung begrifflich und als mögliche Verhaltensweise geklärt werden muss. Nehmen Forschende beispielsweise an, dass Menschen rein rational handeln, dann dürfen Intuition und Gefühle keine Rolle spielen. Auch darf die Gesamtheit der ausgewählten Merkmale nicht beliebig zusammengestellt und gehandhabt werden. Vielmehr müssen die entsprechenden Vorannahmen und Erklärungsansätze konsistent und plausibel und – wenn möglich – empirisch überprüfbar sein, also für die Gewinnung von Daten geeignet (Siebenhüner 2001, S. 13).

Die Arbeit mit Menschenbildern hat **Herausforderungen**. Zu diesen zählen vor allem das Risiko einer selektiven Vorgehensweise und die Schwierigkeit, werturteilsfrei zu arbeiten. Siebenhüner (2001, S. 12) weist zu Recht darauf hin, dass wir die Wirklichkeit reduzieren, wenn wir Menschenbilder nutzen. Auch die Wissenschaft greift aus der Fülle von Attributen nur solche heraus, die sie für konzeptionell relevant und modellhaft geeignet hält. Dies löst durchaus heftige Kontroversen aus, wie das Beispiel der Mainstream-Ökonomik zeigt. Für diese ist das Modellieren eines Entscheiders attraktiv, der eine Ratio wie eine ‚intellektuelle Maschine‘ und ein ‚perfektes Erinnerungsvermögen‘ hat; denn damit lässt sich besser rechnen, so Schelling (1984, S. 239). Friedman (2001/2004, S. 17–18) nennt hierfür drei Gründe:

- Ein rationales Verhalten lässt sich besser voraussagen als ein andersartiges.
- Bei Marktergebnissen kommt es auf die Summe aller Verhaltensweisen an; ist „irrationales Verhalten nach dem Zufallsprinzip verteilt", dann „können sich seine Auswirkungen unter dem Strich ausgleichen".
- Marktteilnehmer üben bestimmte Rollen aus (z. B. Unternehmer), für die sie sich gezielt eignen, so dass sie „wissen, was sie tun – in der Regel und im Durchschnitt".

Aus Sicht der Mainstream-Ökonomik sind unrealistische Annahmen über den Menschen folglich „**methodische Werkzeuge**" und „gerechtfertigt, solange sie nur zu brauchbaren Vorhersagen der Ergebnisse menschlichen Handelns führen" (Saßmannshausen 2009, S. 70). Eine Disziplin wie die Volkswirtschaftslehre genügt sich dann selbst, während sie in neue und anspruchsvolle Erkenntnisräume vorstößt. Da das Menschenbild idealtypisch und empirisch nicht fassbar ist, ist der Anspruch der Mainstream-Ökonomik jedoch begrenzt, mit ihren Ergebnissen die reale Welt vollständig zu erklären. „Denn selbst wenn man mit solchen Modellen tatsächlich zu pragmatischen Ergebnissen gelangen würde, liefern sie doch keinerlei Erkenntnisgewinn zur Frage, warum und wie es [menschlich] zu diesen Ergebnissen kommt", schlussfolgert Saßmannshausen (2009, S. 70). Ausgeblendet wird, was nicht vernunftgeleitet entschieden wird. Da ein Menschenbild meist auch „voranalytisch" festlegt, wie sich der Mensch in seinem sozialen Umfeld verhält, kann der Erklärungsbeitrag sozialer Prozesse unterschätzt werden (Siebenhüner 2001, S. 16). Auch geht es nicht um Moral.

Damit kommen wir zu einer grundsätzlichen Herausforderung: Die Arbeit mit Menschenbildern erfolgt **meist nicht werturteilsfrei**. Denn Menschenbilder beschreiben und erklären nicht nur. Sie können auch eine Wertehaltung ausdrücken, einen normativen Entwurf darüber, wie Forschende ihre jeweilige Welt sehen und verstehen.

- Es kann also passieren, dass Forschende, die mit Menschenbildern arbeiten, ihre **eigene Denkprägung** in diese einfließen lassen (Siebenhüner 2001, S. 18). Eine solche Denkprägung kann beispielsweise in Studienzeiten entstanden sein, wenn bestimmte Ansätze die Lehre bestimmen. So zeigen empirische Nachweise, dass Studierende der Wirtschaftswissenschaften, die mit dem Homo oeconomicus ausgebildet wurden, sich egoistischer und weniger kooperativ als Studierende anderer Fachrichtungen verhielten; dabei konnte methodisch ausgeschlossen werden, dass dies schon vor dem Studienstart für sie typisch war (Siebenhüner 2001, S. 146–147).
- Zudem ist die Mainstream-Ökonomik nur vermeintlich wertefrei. Denn hinter dem methodologischen Individualismus steckt – oft unausgesprochen – der **normative Individualismus**. Es geht um den Grundwert der individuellen Freiheit, den sich westliche Gesellschaften mit der Aufklärung erkämpft haben.
  - Danach wird der Mensch nicht nur als methodisch gleichartig diskutiert. Er gilt auch als **normativ gleichwertig**: Das Individuum soll frei (im Gegensatz zu gruppen- und ständegebunden) und autonom (im Gegensatz zu fremdbestimmt) sein. Grundsätzlich gilt dann, dass ein gemeinschaftliches Handeln nur gerechtfertigt ist, wenn zuvor Individualbelange ausreichend abgewogen werden. Denn Individualbelange müssen nicht zwangsläufig mit den Interessen einer Gruppe übereinstimmen. Dies betrifft staatsbürgerliche Rechte und Pflichten (demokratische Freiheit) ebenso wie die Rechte und Pflichten, die Menschen als Wirtschaftsakteure ausüben (marktwirtschaftliche Freiheit).
  - Im Sinne Immanuel Kants (1785/2016) ist ein Akteur dann nicht nur in der Lage, sich seines Verstandes ohne Leitung eines anderen zu bedienen; er ist als vernunftgeleiteter Akteur auch **der Moral verpflichtet**. Dies geht durchaus über die reine

Betonung der Freiheit hinaus. Denn handeln wir moralisch vernunftgeleitet, entscheiden wir uns für eine Option nicht, um Etwas zu erlangen, sondern weil wir damit das ‚moralisch Richtige' tun. Vor diesem Hintergrund ist Kant für Sedlacek (2011, S. 252) ein Lehrer, der strengste moralische Prinzipien vertritt (strictest moral teacher); denn für Kant ist ein Akt nur dann moralisch, wenn der Handelnde hierfür nicht nach Belohnung strebt.

- Holistische Methodikansätze sind mit einer philosophischen Wertediskussion (implizit) verknüpft, die sich mit der Wirklichkeit des Seins und der Welt beschäftigt und mit dem, was wir davon wahrnehmen. Es geht also darum, sich über außen- und innenweltliche Phänomene im Zusammenhang mit dem Ganzen zu verständigen und über deren Sinn und Wert auszutauschen (**normativer Holismus**). Dazu gehört Abstraktes wie die göttliche Existenz und das Transzendentale, das nicht wahrnehmbar ist (Metaphysik). Für unsere Illustrationswelt der Nachhaltigkeit schließt dies beispielsweise die Frage ein, ob nicht nur der Mensch das Recht auf eine Existenz in Würde haben soll, sondern auch andere Lebewesen oder sogar ganze Ökosysteme. Vor diesem Hintergrund nimmt der Mensch auf der Erde nicht länger eine besondere Stellung ein und ist bereit, die Errungenschaften der Aufklärung und des Humanismus entsprechend auszuweiten (WBGU 2019, S. 37).

Die methodische Entscheidung, ein Menschenbild attributiv zu verkürzen, darf daher nicht isoliert betrachtet werden. Im Sinne der Wissenschaftlichkeit müssen Forschende die **eigene Wertehaltung offenlegen**. Hierfür ist die Erinnerung hilfreich, dass die Volkswirtschaftslehre moralphilosophischen Ursprungs ist. Von diesem Ursprung hat sich die Mainstream-Ökonomik allerdings umso weiter entfernt, je stärker sie sich auf ihre mathematisierte Methodenwelt konzentriert hat. Oder wie Sedlacek (2011, S. 269–270) es formuliert: „The study of economics has shifted from a moral science to merely a mathematically allocative science. I am convinced that it should have developed the latter but not neglected the former. Had it continued to devote the same amount of mental energy to ethical questions, it would be plausible to believe that some of the ‚dead end' questions that appear in the study of economics, and in the study of political economy in particular, would be clearer. Economics in general has been surprisingly uncommunicative with the ethical sciences it originated from".

2.3 Welche Disziplinen erweitern den volkswirtschaftlichen Blick und was bedeutet interdisziplinäres Lernen?

Zusammenfassung

Hinter der Interdisziplinarität steckt ein erkenntnistheoretisches Lernen über Fächergrenzen hinweg. Dabei wird die Welt und mit ihr der Mensch als Phänomen kritisch hinterfragt, um sich neue Kausalzusammenhänge und/oder Nachweisansätze zu erschließen. Die fächerübergreifende Zusammenarbeit kann von einem neuen Kontextbewusstsein bis hin zur Integration von Erkenntnissen reichen. Letzteres ist bei der Schnittstellen-Ökonomik gegeben. Während die Identitätsökonomik von der Soziologie lernt, profitiert die Verhaltensökonomik vor allem von der Psychologie und der Kognitionswissenschaft. Ihre Sichten sind in den Menschenbildern des ‚Homo socialis‘ und des ‚multiplen Selbst‘ abgebildet. Aber Interdisziplinarität kann auf Hindernisse stoßen. Einerseits kann eine ganzheitliche Betrachtung (z. B. komplexer Mensch) zu so vielen Erklärungssträngen führen, dass Ergebnisse und Schlussfolgerungen für eine Interpretation und Vorhersage zu offen sind. Andererseits kann sich eine wissenschaftliche Gemeinschaft auf ihrem Erkenntnispfad einschließen und dadurch eine fachübergreifende Erkenntnisoffenheit (in Teilen) verweigern.

Die Erkenntnisse anderer Disziplinen können die volkswirtschaftliche Forschung voranbringen. Wie lernen Forschende verschiedener Fachdisziplinen voneinander? Und macht Interdisziplinarität die Ergebnisinterpretation leichter oder schwerer?

Forschende können auf verschiedene Weise von anderen Disziplinen profitieren. Im einfachsten Fall werden sie sich eines fachfremden Forschungskontexts bewusst. Die eigentliche **Interdisziplinarität** beginnt, wenn sich Forschende neuen Erkenntnissen gegenüber öffnen und hierzu den Dialog mit Kolleg:innen aus anderen Disziplinen suchen. Und die Kooperation ist integrativ, wenn die entsprechenden Erkenntnisse in die eigene Disziplin zurückgeführt und dort verankert werden oder es sogar zu einem gemeinsamen Erkenntnisgewinn kommt.

- Im Fall der Integration nutzen Forschende ihre verschiedenen Kenntnisse und Perspektiven, um erklärende Aussagen über einen Teil der Realität neu zu entwickeln (**Theorienbildung**). Dabei können beispielsweise attributive Modellannahmen (z. B. rationales Entscheiden) in ein anderes Fachgebiet übertragen oder neue attributive Modellannahmen (z. B. rationales plus intuitives Entscheiden) vereinbart werden.
- Und/oder es geht um die **Methodenentwicklung** (z. B. Verbesserung qualitativer Verfahren).
- Ständig kommen in beiden Feldern neue Erkenntnisse hinzu, auf die sich der Zugriff – durch Digitalisierung und ‚Open-Access‘-Ansätze – verbessert hat. Auf die **Unterscheidung** zwischen Inter- und Multidisziplinarität wird in diesem Buch verzichtet, da Letztere unterschiedlich verstanden wird (z. B. Keizer 2015, S. 11).

▶ **Interdisziplinarität** in der Wissenschaft ist gegeben, wenn Vertreter:innen verschiedener und voneinander unabhängiger Fachrichtungen (gemeinsam) einen Erkenntnisgewinn erarbeiten, indem sie die jeweiligen epistemologischen Elemente wie disziplinäre Denkweise und/oder Theorien und/oder Methodiken zusammenführend nutzen und weiterentwickeln.

Interdisziplinarität hilft folglich, wesentlichen Einflussgrößen anders auf die Spur zu kommen, was den Blick der Forschenden erneuert und weitet. Dies hilft nicht nur der Forschung selbst. Es hilft auch der Politik, wenn sie zum Empfänger solcher Erkenntnisse wird, wie das **Transferbeispiel wissenschaftlicher Beratungsgremien** zeigt. Hierzu zählt der bereits erwähnte WBGU als Wissenschaftlicher Beirat der Bundesregierung. Da er zum komplexen Thema Nachhaltigkeit berät, arbeiten in dem Gremium Kolleg:innen verschiedener Disziplinen zusammen, wie das Illustrationsbeispiel zeigt.

Der WBGU

Der WBGU setzt sich fachübergreifend zusammen (vgl. WBGU; Homepage: Aktuelle Beiratsmitglieder). In der Beiratsperiode 2020–2024 sind über seine Mitglieder folgende Fachrichtungen vertreten: Materialwissenschaften, Medizin, Ökologie, Ökophysiologie und Klimaforschung, Rechtswissenschaften, Soziologie, Umweltingenieurswesen sowie die Wirtschaftswissenschaften. Der Beratungsauftrag zum Thema Nachhaltigkeit ist anspruchsvoll und umfänglich (vgl. WBGU; Homepage: Auftrag):

„Der Wissenschaftliche Beirat der Bundesregierung Globale Umweltveränderungen (WBGU) wurde 1992 als **unabhängiges wissenschaftliches Beratergremium** eingerichtet. In Gutachten soll der WBGU

- globale Umwelt- und Entwicklungsprobleme analysieren,
- Forschung zur global nachhaltigen Entwicklung auswerten, Forschungsdefizite aufzeigen und Impulse für die Wissenschaft geben,
- im Sinne von Frühwarnung auf neue Problemfelder hinweisen,
- globale Nachhaltigkeitspolitik bewerten,
- Handlungs- und Forschungsempfehlungen geben,
- durch Presse- und Öffentlichkeitsarbeit soll der WBGU das Bewusstsein für die Herausforderungen global nachhaltiger Entwicklung fördern". ◄

In der Wissenschaft selbst können sich interdisziplinäre Ansätze als neue Hauptrichtung allerdings oft schwer durchsetzen.

- Dies liegt einerseits daran, dass integrierte Ansätze ein (zu) **großes Spektrum an möglichen Erklärungsgrößen** liefern. Die Erkenntnisse sind dann zwar theoretisch spannend und wertvoll. Empirisch kann es aber zu Erfassungsproblemen kommen (Siebenhüner 2001, S. 158). Und/oder es werden methodische Weiterentwicklungen erforderlich, weil sich das Ganze in gängige Methoden nicht einbetten lässt, und dies braucht seine Zeit.
- Andererseits können **wissenschaftliche Gemeinschaften pfadabhängig** handeln. Dann entwickeln diese Gemeinschaften Mechanismen, die be- oder verhindern, dass sich solche Alternativen etablieren, die Abweichungen von der gewohnten Sehweise sind. Dies gilt auch für die Volkswirtschaftslehre.

- Keizer nennt als Beispiel die 1980er-Jahre, als die Mainstream-Ökonomik als domi-nante Forschungsrichtung sogar bekämpft, dass Ansätze wie die Verhaltensöko-nomik sich darin etablieren können. Dies hat **dogmatische Konsequenzen für Studium und Lehre**. Keizer (2015, S. XII) bezeichnet die Mainstream-Ökonomik daher als orthodox (im Gegensatz zu heterodox) und beschreibt deren Alltag mit den Worten, dass „heterodox economics was not taught, and even forbidden as part of [the] literature lists".
- Eine solche Pfadabhängigkeit **beeinflusst auch Forschungskarrieren**. Denn für Forscher:innen ist es reputierlich, in bestimmten Zeitschriften zu publizieren. Diese akzeptieren meist nur wenige der eingereichten Artikel. Forschungsarbeiten zu plat-zieren, die nicht die gewohnte Sehweise bedienen, braucht folglich Herausgeber:in-nen und Gutachter:innen, die offen für Ungewohntes sind, was Häring und Douglas (2012, S. 26) kritisch bewerten: „It is not easy for scholars challenging the ortho-doxy to find a leading journal that will publish their articles. The editors of the jour-nals are economist who have made their name within the orthodoxy. […] As the eco-nomic mainstream is dominant almost to the point of monopoly, chances are slim that a dissenting economist would be paired with a sympathetic referee".

Ein **Paradigmenwechsel** – also die Etablierung einer neuen Sichtweise – fällt leichter, wenn für die Erklärung eines bestimmten Phänomens der eigene Ansatz, die eigene theo-retische Schule oder sogar die eigene Disziplin nicht länger ausreichen. So scheint die Mainstream-Ökonomik mit ihrer Sicht auf den Menschen und ihrer Betonung rationaler Optimierungsprozesse dort an Grenzen zu stoßen, wo der Mensch nichts aus der Vergan-genheit lernt (z. B. Finanzmarktkrisen) und/oder künftige Bedrohungen ignoriert (z. B. Folgen des Klimawandels). Dabei darf nicht ausgeblendet werden, dass wir der Mainstream-Ökonomik eine Vielfalt wichtiger Einsichten verdanken (vgl. Kap. 3 und 7). Und es darf nicht übersehen werden, dass sich einige ihrer Vertreter:innen schon früh für menschliche Irrtümer interessiert haben. Dies ist in der Makroökonomik beispielsweise bei Keynes (1936/2007) der Fall, der vom tierischen Instinkt der Menschen ausgeht (ani-mal spirits), und bei Minsky (1982), der massenpsychologisch verstärkten Prozessen nachspürt und damit die verhaltensökonomische Finanzmarkttheorie inspiriert.

Im ersten Teil des Buchs geht es darum, die menschliche Komplexität besser zu verste-hen und dabei verschiedene Sichtweisen und Beiträge wertzuschätzen, seien sie von der Mainstream-Ökonomik oder der Schnittstellen-Ökonomik (siehe Abb. 2.2). In **drei Stufen** (vgl. Kap. 3, 4, und 5) diskutieren wir, was es attributiv bedeutet, wenn der Mensch (i) sich rein oder eingeschränkt von der Ratio leiten lässt (entscheidungstheoretische Mainstream-Ökonomik), (ii) zusätzlich moralisch reflektiert (Identitätsökonomik) und (iii) am Ende motivational und kognitiv komplex ist (Verhaltensökonomik).

Welche Disziplinen sind für die Schnittstellen-Ökonomik besonders fruchtbar, um ihr jeweiliges Menschenbild anzureichern? Beginnen wir mit der **Identitätsökonomik**, die sich für die Erkenntnisse der Soziologie begeistert.

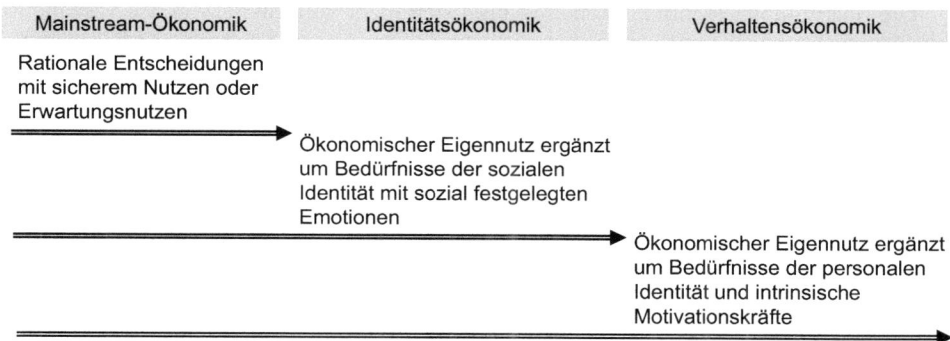

Abb. 2.2 Die Volkswirtschaftslehre und ihre (inter-)disziplinäre Sicht auf den Menschen

- Die **Soziologie** analysiert den Menschen als ein Wesen, das in der Regel aus einem Beziehungsgeflecht heraus handelt. Sie schaut also auf das menschliche Zusammenleben und -wirken. So wird beispielsweise analysiert, wie Werte und Normen entstehen und das soziale Verhalten beeinflussen. Oder es wird untersucht, warum sich bestimmte Strukturen und Prozesse in Gemeinschaften herausbilden.
- Was den **Grad an Interdisziplinarität** betrifft, ist der gemeinsame Erkenntnisgewinn begrenzt. Der Einfluss der Soziologie führt jedoch zu einem spezifischen Menschenbild der Identitätsökonomik, das ‚Homo socialis‘ genannt wird. Dieser Mensch empfindet seine soziale Einbettung als Nutzen, was sich auf sein ökonomisches Handeln auswirkt. Er handelt nicht länger rein zielorientiert, sondern beginnt auch darauf zu achten, ob und wie sich seine Handlungsweise mit seiner sozialen Einbettung verträgt (Aktionsorientierung). Dabei werden Emotionen ausgelöst, die das Verhalten beeinflussen.
- Der Mensch überprüft nun – beispielsweise über das **Geschichtenerzählen** – sein Verhältnis zur Welt. Der Homo socialis ist folglich auch ein Homo narrans. Und das Erzählte muss plausibel sein, wenngleich nicht im formal-logischen Sinn. Dies ist nicht nur für den Erzähler wichtig, sondern auch für den Adressaten einer Geschichte, der darauf mit Interaktion und Dialog antwortet. Akerlof und Shiller (2009, S. 51) nennen dies ein „reciprocal storytelling", über das Informationen leichter erinnert und in ökonomische Handlungsweisen einfließen können. Für den Wirtschaftsnobelpreisträger George Akerlof ist solch ein Identitätsverständnis mitentscheidend dafür, wie sehr Menschen bestimmte Präferenzen ausprägen und leben (wollen): „… what people care about, and how much they care about it, depends in part on their identity" (Akerlof and Kranton 2010, S. 10).

▶ **Identitätsökonomik** ist eine wirtschaftswissenschaftliche Schnittstellendisziplin, die Erkenntnisse der Soziologie nutzt und mit dem Menschenbild des Homo socialis arbeitet. Sie geht davon aus, dass eine soziale Identität existiert, die sich verhaltenslenkend auf das ökonomische Entscheiden der Akteure auswirkt.

Die relativ junge Identitätsökonomik lässt sich nicht vollständig von der Verhaltens-ökonomik abgrenzen, da Letztere ebenfalls soziale Phänomene diskutiert. Allerdings tut sie dies vor allem aus (kognitions-)psychologischer Sicht. Denn die **Verhaltensökonomik** wurde und wird stark von der Psychologie und der Kognitionswissenschaft befruchtet.

- Die **Psychologie** will Einflüsse verstehen, die dem Menschen umgangssprachlich ‚auf das Gemüt schlagen' oder ‚die Seele berühren'. Es geht um ein allgemeines Verständnis (z. B. Emotionen und Motivation) ebenso wie um ausgewählte Aspekte. Hierzu zählen beispielsweise Persönlichkeitsmodelle, die Wechselwirkung von Erleben und körperlichen Abläufen oder die Entwicklung der Psyche über die Lebenszeit hinweg.
- Die **Kognitionsforschung** befasst sich damit, wie und warum Menschen sensorische Signale aufnehmen, verarbeiten, speichern und als Information oder Wissen abrufen. Hierzu lassen sich Strukturen und Prozesse unterscheiden (z. B. Übergänge zwischen System 1 und System 2). Solche Kognitionsprozesse laufen in der Regel widerspruchs-frei ab. Sie können jedoch auch verzerrt ablaufen, was die Lernmotivation und das Ler-nen beeinflusst. In den Neurowissenschaften wird die Kognition ebenfalls untersucht. Im Vordergrund steht hier allerdings, wie Neuronen und andere Zelltypen funktionieren und wie sich ihre neuronale Vernetzung auf den Vollzug von Lebensvorgängen aus-wirkt. Sie wird in diesem Buch weitgehend ausgeblendet.
- Die Verhaltensökonomik arbeitet **mit diesen und weiteren Fremddisziplinen stärker integrierend** als die Identitätsökonomik. So hat eine Arbeitsgruppe, die fachlich bunt gemischt war, bereits Mitte der 1980er-Jahre das Menschenbild des ‚multiplen Selbst' entwickelt (Elster 1985/1987, S. IX): Zu der Arbeitsgruppe mit Namen „Working Group on Rationality" zählen neben Jon Elster, Professor für Politische Wissenschaften und Philosophie, weitere Vertreter:innen der Philosophie (z. B. Amélie Oksenberg Rorty), der Mathematik (Ulrich Krause), der Ökonomik (z. B. Thomas C. Schelling), ein klinischer Psychiater (George Ainslie) und Psychologen wie Amos Tversky, lang-jähriger Weggefährte seines Fachkollegen Daniel Kahneman. Die Ergebnisse der Arbeitsgruppe helfen, den Mensch als mehrdeutig und somit auch unberechenbar han-delnd zu verstehen.

▶ **Verhaltensökonomik** ist eine wirtschaftswissenschaftliche Schnittstellendisziplin, die vor allem mit der Psychologie und Kognitionsforschung kooperiert. Während die Psycho-logie Aspekte der (multiplen) Selbstidentität untersucht, beschäftigt sich die Kognitions-wissenschaft mit der Verarbeitung von Informationen im Rahmen (vielfältiger) Wahrneh-mungs-, Denk- und Entscheidungsprozesse.

Heutzutage ist die Verhaltensökonomik sichtbar und anerkannt, was nicht zuletzt meh-rere **Wirtschaftsnobelpreise** dokumentieren, insbesondere an Daniel Kahneman (2002), Thomas C. Schelling (2005) und Richard Thaler (2017). Der frühe Wirtschafts-nobelpreis an Herbert Simon (1976), der den Menschen als nur eingeschränkt rational annimmt, wird dieser Anerkennungsrichtung durchaus zugeschlagen. Denn Simon hielt

Weiterentwicklungen in der Ökonomik für unzureichend, wenn kognitive Herausforderungen ausgeblendet werden.

Allerdings kann auch der Verhaltensökonomik eine **Verhärtung ihrer Sichtweise** vorgeworfen werden. Denn sie scheint unbelehrbar pessimistisch zu sein, wenn sie die kognitiven Fähigkeiten des Menschen bewertet. So besteht nach Daniel Kahneman und Richard Thaler wenig Hoffnung, dass Menschen lernen können, kompetent mit Risiken umzugehen, was von experimentellen Bildungsforscher:innen bestritten wird (z. B. Bauer et al. 2022, S. 188–189).

2.4   Welche menschenbildbezogenen Merkmalskategorien werden im Folgenden diskutiert?

> **Zusammenfassung**
> Dieses Kapitel hat in den ersten Teil des Buchs eingeführt. Die Einführung endet, indem wir aus unseren Erkenntnissen menschenbildbezogene Ergebniskategorien bilden. Die Kategorien sollen uns helfen, die Menschenbilder der Mainstream-, Identitäts- und Verhaltensökonomik in Kap. 3, 4, und 5 zu erfassen und im Ergebnis zu rastern. Die attributiven Ausprägungen des nachhaltigen Menschen dienen der Illustration.

Zum Abschluss klären wir: Welche Attribute wählen wir für unsere Diskussion in Kap. 3, 4 und 5 aus? Und wie lässt sich diese Auswahl begründen?

Ziel der Folgekapitel ist aufzuzeigen, was sich an menschlichen Denk- und Handlungsweisen ändert, wenn wir von der Mainstream-Ökonomik zur Identitätsökonomik und schließlich zur Verhaltensökonomik übergehen. Wir wollen folglich unterschiedliche Ausprägungen über alle Ökonomikbereiche rastern und vergleichen können. Hierfür brauchen wir **attributive Kategorien** (siehe Tab. 2.1; linke Spalte, inspiriert von Siebenhüner 2001). Um diese Kategorien abzuleiten, gehen wir noch einmal schrittweise durch die Kernaussagen von Kapitel 2 durch. Lassen Sie uns ‚im Kopf' eines menschlichen Entscheiders starten und uns zu seiner Interaktionswelt hinarbeiten:

- **Entscheidungsstruktur**: Wichtig für uns ist erstens die Unterscheidung, welches Denksystem aktiviert ist, wenn der Mensch Entscheidungen trifft. Dabei bezieht sich rationales Entscheiden auf das System 2 und intuitives Entscheiden auf das System 1. Wir nennen dieses Kriterium ‚Entscheidungsstruktur', da es um etwas kognitiv Strukturelles geht.
- **Entscheidungsprozesse**: Zweitens können System 1 und 2 unterschiedlich stark ausgelastet sein. Dies hängt davon ab, wie komplex mit (sensorischen) Informationen ko-

Tab. 2.1 Kategorien für das Ergebnisraster der Folgekapitel 3 bis 5

Wie ‚tickt' der Mensch annahmegemäß in der Mainstream- und Schnittstellen-Ökonomik?	Wie ‚tickt' der nachhaltige Mensch? (Idealtypisierung)
Entscheidungsstruktur: Wie (nicht-)rational darf der Mensch im jeweiligen Ökonomikbereich per Annahme denken?	Der nachhaltige Mensch … … hat gefühlsmäßig getragene Einsichten zu Mitmenschen und Natur und einen bewussten Umgang mit Wissen und Können;
Entscheidungsprozesse: Wie kognitiv (unter-)komplex ist die jeweilige Entscheidungsfindung modelliert?	… verfügt über kognitiv komplexe Entscheidungsprozesse, da er vernetzt denken und Zukunft antizipieren kann;
Entscheidungsperspektive: Wie (un-) eigennützig ist der jeweilige Entscheider ausgerichtet?	… engagiert sich aktiv und auf nicht-opportunistische Weise für Mitmenschen und Natur;
Entscheidungspräferenzen: Auf welche (nicht-)ökonomischen Bedürfnisse bezieht sich die jeweilige Nutzenvorstellung?	… hat nicht nur ökonomische, sondern auch zwischenmenschliche und naturbezogene Bedürfnisse;
Entscheidungsmotivation: Welche (inneren) Motivationskräfte werden verhaltenswirksam?	… hat zwischenmenschliche Normen in sein Selbst integriert und reagiert darauf, ist aber aufgrund seines gefestigten Selbst auch innerlich zum Handeln motiviert;
Entscheidungsdiskurs: Wie dialog(un-)fähig ist der jeweilige Entscheider?	… unterstützt kommunikativ, dass Nachhaltigkeitsprozesse von der Gesellschaft getragen werden müssen;
Entscheidungsraum: Wie pfad(un-)abhängig werden Entscheidungen getroffen?	… weiß, dass sein Umfeld sich ständig verändert und er lernfähig und kreativ sein muss, um neue Lösungen entwicklungsoffen und konstruktiv zu entwickeln;
Entscheidungsergebnis als Wirkmacht: Wie diffusions(un-)wirksam handelt der Mensch im jeweiligen Ökonomikbereich?	… ist auch in größeren Gruppen handlungs- und durchsetzungsfähig.

gnitiv umgegangen wird, was das ‚Attribut der Zukunftsfähigkeit' andeutet, oder ob ein Teil des kognitiven Apparats trotz seiner Aktivierung kaum beansprucht wird.

- **Entscheidungsperspektive:** Entscheidungsprozesse müssen sich drittens darauf beziehen, wer Nutznießer einer Entscheidung ist. Bei der Individualperspektive geht es dem Menschen um seinen Eigennutzen. Weitet sich der Mensch perspektivisch, fließen auch soziale Aspekte und gegebenenfalls humanistische Überlegungen in seine Nutzenbewertung ein.

- **Entscheidungspräferenzen:** Damit ein Nutzen entsteht, braucht es viertens ein Bedürfnis, das befriedigt werden soll. Dabei geht es meist um etwas Konkretes (z. B. Beheizen von Wohnraum). Erweitert ein Entscheider seine Perspektive, kommen Bedürfnisse hinzu (z. B. gesellschaftliche Anerkennung). Und sind die Ressourcen knapp, muss er sich für oder gegen die Erfüllung eines oder mehrerer Bedürfnisse entscheiden.

Wir nennen das Kriterium Entscheidungspräferenzen. Denn im Wort Präferenzen steckt das Verb präferieren, also Etwas bevorzugen.

- **Entscheidungsmotivation:** Um handeln zu wollen, braucht der Mensch fünftens Motivationskräfte. Und diese müssen über die Zeit aufrechterhalten werden, damit die gewünschte Anstrengung nicht erlahmt: Durch den Entscheider selbst und/oder durch Anstöße von außen. So kann er sich beispielsweise von ‚transformativer Forschung und Bildung‘ inspirieren lassen.
- **Entscheidungsdiskurs:** Sechstens nutzt der Mensch Sprache und Kommunikation, um Andere bis hin zur Gesellschaft in Vorhaben und Handlungen einzubinden. Dieses Erzählen ist wichtig, weil sich dadurch unser aller Verhältnis zur Welt plausibilisiert und weiten kann.
- **Entscheidungsraum**: Geht der Entscheider motiviert ins Handeln über, um ein bestimmtes Bedürfnis aus einer bestimmten Perspektive heraus zu befriedigen, kann er dies siebtens auf unterschiedliche Weise tun. Entscheidend ist, ob er bei seinem Handeln Freiheitsgrade wahrnimmt oder nicht. Bleibt er Handlungsmustern treu, handelt er pfadabhängig. Experimentiert er mit neuen (interdisziplinären) Lösungswegen, verändert sich sein Entscheidungsraum. Beides hat in der mittleren und langen Frist andere Konsequenzen. Wir erinnern: ‚Transformationsforschung und -bildung‘ sollen helfen, neue planetare Herausforderungen besser erkennen und bewältigen zu können.
- **Entscheidungsfolgen als Wirkmacht**: Der Entscheidungsprozess ist abgeschlossen und Handeln und Interaktion haben begonnen. Damit menschliches Handeln umgangssprachlich ‚Kreise ziehen‘ kann, muss es achtens immer mehr Menschen erfassen. Erst wenn eine kritische Masse innerhalb der Gesellschaft eine Neuausrichtung mitträgt und in das eigene Handeln überführt, beginnt ein Mensch wirkmächtig zu werden, was für die Nachhaltigkeit unverzichtbar ist.

Die Tabelle (siehe Tab. 2.1) zeigt die acht Kategorien im Überblick, wobei die Klammerausdrücke in der linken Spalte andeuten, dass sich ein Attribut unterschiedlich ausprägen kann, wenn wir auf Mainstream-, Identitäts- und Verhaltensökonomik schauen. Da unsere Beispielwelt die **Nachhaltigkeit** ist, ist die Tabelle (siehe Tab. 2.1; rechte Spalte) zudem mit Aussagen gefüllt, die nach Siebenhüner (2001, S. 253–312) den nachhaltigen Menschen illustrieren.

Zur Erinnerung (vgl. Abschn. 1.2): In den Kap. 3, 4 und 5 wird das Handlungsumfeld weitgehend über den zunehmenden Grad an Zukunftsunsicherheit beschrieben. Nur so gelingt es uns, in diesem weiten Feld ökonomischer Ansätze von deren modellspezifischen Annahmen zu abstrahieren. Zudem bildet jede Disziplin eine große Forschungslandschaft. Die Vorgehensweise ist folglich eklektisch. Auf vertiefende Fachkontroversen wird verzichtet.

2.5   Kommen Sie mit auf eine Gedankenreise! Das INSEL-Menschenbild: Die Reise beginnt.

In unserer heutigen Zeit hat sich Vieles (technisch) beschleunigt. Und die inhaltlichen Zusammenhänge, die uns umgeben, sind dichter geworden. Wir haben dies im Buch als ‚Komplexitätsökonomik' bezeichnet. Ein solcher Kontext braucht ein Innehalten, um das Gelesene zu reflektieren. Dies können traditionelle Lernfragen nicht vollständig leisten, weil sie auf inhaltliche Wiedergabe und nicht auf das Selbstdenken abzielen. Ich lade Sie daher zu einer **Erlebnisreise** ein, die ich das INSEL-Experiment nenne. Dadurch öffnet sich ein Reflexionsraum, in dem Sie sich verorten können, während Sie über die Erkenntnisbausteine nachdenken.

Im ersten Buchteil geht es um den **Menschen** und jeder Mensch ist einzigartig. Aber dies hilft uns aus der praktischen Perspektive nicht weiter. Wir müssen menschliche Eigenschaften so schematisieren, dass wir wirtschaftliche und gesellschaftliche Phänomene besser verstehen. Haben Sie dies nicht auch schon einmal erlebt? Sie beobachten andere Menschen und Ihnen fallen nicht alle Merkmale auf, die sie oder ihn einzigartig machen, sondern nur bestimmte Merkmale. Und den anderen Menschen geht es genauso, während sie Sie beobachten. In solch einem Verhalten kommt zum Ausdruck, wie sehr der Mensch sich verhält als …

- vernunftbegabtes Wesen (Kap. 3);
- Kulturwesen (Kap. 4);
- Wesen, das sich von Gefühlen und Neigungen überwältigen lässt (Kap. 5).

Lassen Sie uns dies jetzt zum Teil einer Erlebnisreise machen! Ihr Ausgangspunkt: Sie stellen sich gedanklich eine Situation vor, in der Sie aus Ihrem Alltagsleben aussteigen und eine **Alternativwelt betreten**. Darin können Sie frei assoziieren. Jede Überlegung und Entscheidung, sei sie konservativ, innovativ, riskant oder unbequem ist möglich. Hierzu folgende Hinweise:

- **Stellen Sie sich Ihre neue Welt vor (imagine the world):**
  - Sie sind staatenlos und sitzen mit 35 fremden Menschen in einem Boot.
  - Das Boot lässt sich segeln und rudern und hat für jede:n einen Sitz- und Schlafplatz.
  - Sie alle befinden sich auf der Reise zu einer INSEL, einem Ihnen noch unbekannten Lebensraum.
- **Achten Sie auf die Spielregeln Ihrer neuen Welt (design the world):**
  - Um menschliche Wesenszüge und daraus resultierende Verhaltensweisen zu erkunden, sind Sie und die Anderen ‚genullt', also in einen Urzustand versetzt.
  - Das heißt, dass Sie – wie auch die Anderen – sich durch keine Güter oder Artefakte voneinander abheben, die Ihnen eine Sonderposition im Boot verschaffen. Denn haben Sie beispielsweise Schmuck oder eine besonders wasserdichte Jacke oder kiloweise Zwieback und Trinkwasser in Ihrem Gepäck, wird dies vermutlich Ihr

Verhalten und das der Anderen beeinflussen. Das Gedankenspiel ist kein einfaches, aber es ist entscheidend. Denn viele Verhaltensweisen, die wir alltäglich beobachten, sind durch das ‚eingefärbt', was wir haben, und nicht durch das, was wir sind.

– Die Knappheit der Güter an Bord steht symbolisch dafür, dass auch unsere planetaren Ressourcen erschöpflich sind und uns Handlungsbedingungen setzen.

- **Lernen Sie sich in Ihrer neuen Welt kennen (explore the world):**
  – Auf dieser Reise wird Ihnen bewusst, wie unterschiedlich Dinge wahrgenommen, bewertet und Entscheidungen getroffen werden. Ein Beispiel: Alles beginnt mit der Entscheidung, wer wo in diesem Boot sitzen darf …
    - Das Gewicht muss gleichmäßig verteilt werden, sagt der rationale Bootsinsasse.
    - Nein, wir sind befreundet und wollen zusammensitzen, sagt der Gruppenmensch.
    - Jetzt hören Sie mal auf zu streiten; das ist ja nicht auszuhalten, sagt der motivational Unberechenbare, wir entscheiden einfach jeden Tag neu.
- Doch es muss nicht nur jede:r einen Sitzplatz finden. Auch Lebensmittel- und Wasserrationen sind aufzuteilen und dies auf einer Fahrt, wo noch unklar ist, wieviel Tage sie dauert und wohin sie führt. Und wer soll den Kurs bestimmen und nach welchen Kriterien? Was hält die Gruppe auf der Fahrt zusammen und was lässt sie meutern? Und so weiter.
- Ziel ist, dass Sie menschliche Denk- und Verhaltensweisen erkunden, indem Sie sich selbst reflektieren und darüber Muster erkennen. Dies wird Ihnen helfen, sich den Annahmen und Erkenntnissen über den Menschen assoziativ anzunähern, die den einzelnen Ökonomikansätzen zugrunde liegen.
- Nach jeder Etappe (Kap. 3, 4 und 5) öffne ich Ihnen anhand von Fragen den Reflexionsraum. Die Fragen sehe ich als Impulse und Denkanstöße, um aus der Perspektive des jeweiligen Menschenbildes zu reflektieren.

Zu jedem Menschenbild stelle ich Ihnen weitgehend die gleichen Fragen. Lassen Sie sich darauf ein und Sie werden überrascht sein.

Wir starten in die Folgekapitel frei nach Kant mit der Frage: Was kann ich wissen?

Literatur

Akerlof, George A., und Kranton, Rachel E. (2010): Identity Economics, Princeton University Press, Princeton und Oxford

Akerlof, George A., und Shiller, Robert J. (2009): Animal Spirits, Princeton University Press, Princeton

Bauer, Thomas, Gigerenzer, Gerd, Krämer, Walter, Schüller, Katharina (2022): Grüne fahren SUV und Joggen macht unsterblich, Campus Verlag, Frankfurt und New York

Becker, Gary S. (1962): Irrational behavior and economic theory, in: Journal of Political Economy, Vol. 52, Nr. 1, S. 1–13

Becker, Gary S. (1976): The Economic Approach to Human Behavior, Chicago University Press, Chicago

Bowles, Samuel, und Gintis, Herbert (2011/2013): A cooperative Species, Princeton University Press, Princeton und Oxford

Braidotti, Rosi (2014): Posthumanismus. Leben jenseits des Menschen, Campus Verlag, Frankfurt am Main

Burger-Menzel, Bettina (2016): Environmental Politics and the Human Being: A New Interdisciplinary Perspective on Motivational Processes and Sustainable Change Behavior, Global Cooperation Research Papers, Nr. 13, Käte Hamburger Kolleg /Centre for Global Cooperation Research (KHK/GCR21), Duisburg

Burger-Menzel, Bettina (2011): Creators and National Innovation Systems: How to Integrate Motivational Factors into Policy Considerations, in: Aboites, Jaime, und Corona, Juan Manuel (Hrsg.), Economía de la Innovación y Desarrollo, Universidad Autónomo Metropolitana, Mexiko-Stadt, S. 267–285

Cohen, John (1970): Homo psychologicus, Allen & Unwin, London

Dahrendorf, Ralf (1968): Homo sociologicus – Ein Versuch zur Geschichte, Bedeutung und Kritik der Kategorie der sozialen Rolle, 7. Auflage Westdeutscher Verlag, Opladen, Köln

de Vries, Bert J.M. (2013): Sustainability Science, Cambridge University Press, Cambridge

Elster, Jon (2007): Explaining Social Behavior, Cambridge University Press, Cambridge

Elster, Jon (1985/1987) (Hrsg.): The Multiple Self, Cambridge University Press, Cambridge

Erpenbeck, John (2010): Vereinfachung durch Komplexität, Persönlichkeitseigenschaften und Kompetenzen, in: Sitzungsberichte der Leibniz-Sozietät der Wissenschaften zu Berlin, Nr. 108, S. 79–91, https://leibnizsozietaet.de/wp-content/uploads/2012/11/06_erpenbeck.pdf, Zugriff 23.05.2023

Fisher, Walter R. (1987): Human Communication as Narration: Toward a Philosophy of Reason, Value, and Action, University of South Carolina Press, Columbia

Frey, Bruno S. (1997): Markt und Motivation. Wie ökonomische Anreize die (Arbeits-)Moral verdrängen, Franz Vahlen, München

Friedman, David (2001/2004): Der ökonomische Code, Piper, Zürich, München

Fromm, Erich (1976/2011): Haben oder Sein, Deutscher Taschenbuch Verlag, München

Fromm, Erich (1941/2000): Die Furcht vor der Freiheit, Deutscher Taschenbuch Verlag, München

Genovard, Cándido, et al. (2006): History of creativity in Spain, in: Kaufman, James C., und Sternberg, Robert J. (Hrsg.), The international handbook of creativity, Cambridge University Press, Cambridge, S. 68–95

Goldschmidt, Nils, Nutzinger, Hans G. (2009) (Hrsg.): Vom homo oeconomicus zum homo culturalis – Handlung und Verhalten in der Ökonomie, LIT Verlag, Berlin

Häring, Norbert, Douglas, Niall (2012): Economists and the Powerful, Anthem Press, London and New York

Hügli, Anton, und Lübcke, Poul (1997) (Hrsg.): Philosophielexikon, Rowohlt, Reinbek, 2. Auflage

Kahneman, Daniel (2002): Maps of bounded rationality: A perspective on intuitive judgment and choice, Prize Lecture, Princeton University, Princeton, New Jersey, December 8, https://www.nobelprize.org/uploads/2018/06/kahnemann-lecture.pdf, Zugriff 03.09.2017

Kant, Immanuel (1785/2016): Grundlegung zur Metaphysik der Sitten, Felix Meiner Verlag, Hamburg

Keizer, Piet (2015): Multidisciplinary Economics, Oxford University Press, Oxford

Keynes, John Maynard (1936/2007): The General Theory of Employment, Interest and Money, Palgrave Macmillan, London, UK

Knight, Frank H. (1921): Risk, Uncertainty and Profit, Hart, Schaffner und Marx, Boston

Messner, Dirk, Guarín, Alejandro, Haun, Daniel (2013): The Behavioural Dimensions of International Cooperation, Global Cooperation Research Papers, Nr. 1, Käte Hamburger Kolleg /Centre for Global Cooperation Research (KHK/GCR21), Duisburg

Minsky, Hyman (1982): Can ‚it' happen again?, Essays on instability and finance, M. E. Sharpe, Armonk, New York

Nash, John (1950): Equilibrium Points in n-Person Gams, Proceedings of the National Academy of Science 36, S. 48–49

Pies, Ingo, und Hübscher, Marc C. (2023): „Value added" für Theorie und Praxis: Anregungen zur Wirtschaftsphilosophie, Diskussionspapier, Nr. 2023-10, ISBN 978-3-96670-195-2, Martin-Luther-Universität Halle-Wittenberg, Lehrstuhl für Wirtschaftsethik, Halle (Saale), https://nbn--resolving.de/urn:nbn:de:gbv:3:2-995458, Zugriff 6.12.2023

Pfister, Hans-Rüdiger, Jungermann, Helmut, und Fischer, Katrin (1998/2017): Die Psychologie der Entscheidung, Springer-Verlag, Berlin, Heidelberg, 4. Auflage

Popper, Karl R. (1994): Die beiden Grundprobleme der Erkenntnistheorie, Mohr Verlag, Tübingen

Popper, Karl R. (1993): Objektive Erkenntnis – Ein evolutionärer Entwurf, Hoffmann und Campe, Hamburg

Ryan, Richard M., und Deci, Edward L. (2000): When rewards compete with nature: The undermining of intrinsic motivation and self-regulation, in: Sansone, Carol, und Harackiewicz, Judith M. (Hrsg.), Intrinisic and extrinsic motivation, Academic Press, San Diego, New York, S. 13–54

Samuelson, Paul A. (1952): Economic Theory and Mathematics – An Appraisal, American Economic Review, Jg. 42, Nr. 2, S. 56–66

Saßmannshausen, Sean Patrick (2009): Der homo oeconomicus im Spiegel kognitions- und biospsychologischer Erkenntnisse, in: Goldschmidt, Nils, und Nutzinger, Hans G. (Hrsg.), Vom homo oeconomicus zum homo culturalis, Berlin, S. 61–88

Schelling, Thomas C. (1984): Choice and Consequence, Harvard University Press, Cambridge, Massachusetts

Sedlacek, Tomas (2011): The Economics of Good and Evil, Oxford University Pres, Oxford

Siebenhüner, Bernd (2001): Homo sustinens – Auf dem Weg zu einem Menschenbild der Nachhaltigkeit, Metropolis Verlag, Marburg

Simon, Herbert A. (1983): Reason in Human Affairs, Stanford University Press, Redwood City

Stanovich, Keith E., und West, Richard F. (2000): Individual differences in reasoning: Implications for the rationality debate. Behavioral and Brain Sciences, 23, S. 645–665

von Neumann, John, und Morgenstern, Oskar (1944/1953): Theory of Games and Economic Behavior, Princeton University Press, Princeton

WBGU (Wissenschaftliche Beirat der Bundesregierung Globale Umweltveränderungen) (2019): Unsere gemeinsame digitale Zukunft, Hauptgutachten, Berlin

WBGU (2011): Welt im Wandel – Gesellschaftsvertrag für eine Große Transformation, Hauptgutachten, Berlin

Weber, Franziska (2020): Das Verbraucherleitbild des Verbrauchervertragsrechts im Wandel?, in VuR Nr. 1/2020, S. 9–15, https://pure.eur.nl/ws/portalfiles/portal/54947062/Weber_in_VuR_2020.pdf, Zugriff 23.05.2023

Homepages

WBGU (Homepage): Auftrag, https://www.wbgu.de/de/der-wbgu/auftrag, Zugriff 01.09.2023

WBGU (Homepage): Aktuelle Beiratsmitglieder (2020-2024), https://www.wbgu.de/de/der-wbgu/aktuelle-beiratsmitglieder, Zugriff 01.09.2023

Mainstream-Ökonomik: Wenn der Mensch (eingeschränkt) rational entscheidet

„All your life – from cradle to grave and beyond – you will run up against the brute truths of economics. As a voter, you will have to make decisions on issues that just can't be understood until you've mastered the rudiments of this subject.

Earning your lifetime income involves economics. Spending that income as a consumer does also. Saving and investing – the prudent handling of the nestegg that won't handle itself – economics won't guarantee to make you a genius in this important task. But without economics the dice are simply loaded against you".

Paul A. Samuelson (1980, S. 1): Economics

Lernkontext

Das Phänomen rationaler Entscheidungen fasziniert die volkswirtschaftliche Forschung. Hilfreiche Erkenntnisse liefert vor allem die Entscheidungstheorie, die den Kontext der Entscheidungsfindung überwiegend mathematisch abbildet. Dies nutzt die Mainstream-Ökonomik, die einen Entscheider attraktiv findet, der ein ECON und kein HUMAN ist und wie eine intellektuelle Maschine tickt. Vorteil eines solchen Idealbildes ist, dass wir Verhaltensmerkmale kennenlernen, die bei einer realistischen Sicht auf den Menschen verborgen bleiben. Und drehen wir an den attributiven Stellschrauben, um uns der Realität anzunähern, treten mögliche Verhaltensänderungen umso deutlicher hervor. Gleiches gilt für die Ermöglichungswelt des Entscheiders, wenn wir sie idealtypisch kontextualisieren (Modell der vollkommenen Konkurrenz) und uns schrittweise in eine unvollkommene Welt begeben. In diesem Kapitel befinden wir uns auf der ersten Stufe der Analyse menschlichen Entscheidens, die wir in den Kap. 4 und 5 schrittweise komplexer machen.

B. Burger-Menzel, *Multiperspektivische Ökonomik*, https://doi.org/10.1007/978-3-658-48617-4_3

Kapitel 3 …

- erläutert, wie Menschen Präferenzen rational bilden, um zu einer widerspruchs-freien Entscheidung zu kommen (Abschn. 3.1);
- zeigt auf, was es bedeutet, wenn bei der Entscheidungsfindung die Informations-sicherheit schwindet, bis wir über die Welt des Risikos hinaus im ‚unbekannt Un-bekannten' angekommen sind (Abschn. 3.2);
- klärt, warum intelligente Heuristiken beim Umgang mit der Ungewissheit helfen (Abschn. 3.3);
- macht nachvollziehbar, wie all dies mit den Menschenbildern des Homo oecono-micus und des eingeschränkt rationalen Menschen zusammenhängt (Abschn. 3.4 und 3.5);
- fasst die Erkenntnisgewinne und -lücken der Mainstream-Ökonomik – auch mit Blick auf den nachhaltigen Menschen – zusammen (Abschn. 3.6);
- bietet mit Hilfe des INSEL-Experiments an, die neuen Erkenntnisse persönlich zu reflektieren (Abschn. 3.7).

Schlüsselbegriffe: Entscheidungstheorie, Präferenzordnung, Determinismus, Stochastik, Ungewissheit, intelligente Heuristiken
Merkkästen: Homo oeconomicus, eingeschränkt rationaler Entscheider

3.1   Was macht rationale Entscheidungsfindung perfekt?

Zusammenfassung
Die Entscheidungstheorie beschäftigt sich mit Entscheidungsprozessen und deren Herausforderungen. Optionen werden über ihren Nutzenbeitrag eingeschätzt, ver-glichen und geordnet. Ein präferentielles Urteil rational zu fällen, ist anspruchsvoll. Denn es lassen sich nicht nur verschiedene Präferenzarten unterscheiden. Die Optio-nen müssen vor allem auch vollständig und widerspruchsfrei zueinander in ein Ver-hältnis gesetzt werden. Die Entscheidungstheorie arbeitet vorwiegend mathe-matisiert.

Ziel der Mainstream-Ökonomik ist nicht, den Menschen in seiner Komplexität zu erfor-schen. Es geht ihr vielmehr um die Frage, wie der Mensch mit seinen Lebensbedingungen optimal umgehen kann. Denn die Ressourcen sind knapp. Dies betrifft unser verfügbares Budget ebenso wie die bereitgestellten Güter, um unsere Bedürfnisse zu befriedigen. At-traktiv für die Mainstream-Ökonomik ist laut Wirtschaftsnobelpreisträger Schelling (1984, S. 239) vor allem ein Entscheider, dessen Verstand und Erinnerungsvermögen als perfekt funktionierend angenommen werden, um Optimierungsergebnisse rechnerisch ermitteln und formallogisch diskutieren zu können (vgl. Abschn. 2.2). Wie laufen diese rationalen Entscheidungen ab? Und was daran kann perfekt sein?

Mit der wissenschaftlichen Frage, wie Entscheidungen ablaufen und welche Ergebnisse dabei herauskommen, beschäftigt sich die **Entscheidungstheorie**. Diese lässt sich in einen deskriptiven und einen normativen Ansatz aufspalten:

- Schauen die Forschenden ausschließlich darauf, wie sich Menschen entscheiden (z. B. Konsumverhalten), nennen wir die Entscheidungstheorie **deskriptiv**, also rein beschreibend.
- Wird ein Entscheidungsverhalten analysiert, das einer bestimmten Zweckorientierung genügen soll (z. B. nachhaltiges Konsumverhalten), heißt die Entscheidungstheorie **normativ**.

▶ **Entscheidungstheorien** beschäftigen sich mit Entscheidungsabläufen und Herausforderungen, die sich bei der Lösung von Entscheidungsproblemen ergeben. Die deskriptive Entscheidungstheorie beschreibt, wie Entscheidungen in der Realität zustande kommen. Die normative Entscheidungstheorie versucht zu klären, wie eine Person handeln soll, um logisch konsistente Ergebnisse zu erzielen.

Grundsätzlich heißt ‚sich zu entscheiden‘, dass der Mensch ein **präferenzielles Urteil** fällt und danach handelt. Er wählt unter mehreren Optionen eine aus, präferiert diese also. Das klingt einfach. Dahinter stecken jedoch zahlreiche knifflige Fragen. Einige Beispiele:

- Woher weiß der Mensch, was er bevorzugt?
- Wie lässt sich einer Option ein bestimmter Nutzenbeitrag zuordnen?
- Was passiert, wenn dieser Nutzenbeitrag sich nicht in Zahlen ausdrücken lässt (quantitativer Nutzen), sondern nur gütemäßig (qualitativer Nutzen)?
- Was bedeutet es, wenn zusätzliche Einheiten desselben Gutes weniger Nutzen stiften, weil der Mensch zunehmend gesättigt ist (abnehmender Grenznutzen)?
- Wie werden präferenzielle Urteile als Entscheidungsfindung umgesetzt?
- Was passiert, wenn der Mensch am Ende eine oder mehrere seiner Entscheidungen bedauert?
- Oder was passiert, wenn sich bei einer wiederholten Entscheidung die Handlungsbedingungen verändert haben?

Halten wir uns all dies vor Augen, ist es beeindruckend, wie viele Entscheidungen wir täglich, wöchentlich, monatlich, jährlich und über unsere Lebenszeit hinweg treffen und damit einigermaßen zufrieden sind. Denn ein Entscheider muss in der Lage sein, eine „vergleichende Bewertung über die **relative Wünschbarkeit**" von Optionen oder deren Konsequenzen vorzunehmen (Pfister et al. 1998/2017, S. 38). Zieht eine Person die Option

a_1 der Option a_2 vor ($a_1 > a_2$), dann ist ihr ‚a_1 lieber als a_2'. Sind mehr als zwei Optionen vorhanden, macht sie sich über alle Handlungsoptionen a_i (mit i = 1, …, m) Gedanken.

In solch präferenzielle Urteile können verschiedene **Präferenzarten** eingehen (Mag 1990, S. 67):

- Die **Höhenpräferenz** legt fest, ob sich ein besseres Ergebnis in höheren Zielwerten ausdrückt (z. B. Gewinn) oder in niedrigeren Werten (z. B. Investitionskosten).
- Die **Artenpräferenz** zeigt auf, welche Ergebnisart der Entscheider bevorzugt, wenn mehrere Ergebnisarten vorliegen (z. B. Karriere versus Familie). Dadurch lässt sich ein möglicher Zielkonflikt vermeiden oder zumindest abmildern.
- Die **Zeitpräferenz** beschreibt, wie die Vorteilhaftigkeit einer Realisierung bewertet wird, wenn der Faktor Zeit berücksichtigt wird (z. B. früherer Eintritt besser als späterer Eintritt).
- Die **Sicherheitspräferenz** wird relevant, wenn die Entscheidungswelt nicht länger sicher ist (z. B. sicherer Nutzen besser als unsicherer Nutzen).

Präferenzielle Urteile sind somit vielschichtig. Sie beziehen sich jedoch immer auf die Befriedigung von Bedürfnissen. Und das Gut, das einen höheren Beitrag hierzu leistet, ist dem Gut mit einem niedrigeren Beitrag vorzuziehen. Daraus lässt sich eine Reihung bilden. Es entsteht für eine gegebene Menge an Zweckbeiträgen eine **Präferenzordnung**, welche die Präferenzen zwischen allen Paaren von Zweckbeiträgen linear vergleichbar und widerspruchsfrei abbildet (Zundel 1995, S. 14, in Siebenhüner 2001, S. 114): Ein rationaler Entscheider muss also in der Lage sein, all seine Präferenzen (Vollständigkeit) jederzeit nach deren zweckbezogenen Beiträgen zur Bedürfnisbefriedigung zu ordnen (Reflexivität), wobei diese Wertungen widerspruchsfrei sein müssen, das heißt $a_1 > a_2$ und $a_2 > a_3$ bedeutet auch $a_1 > a_3$ (Transitivität). Sich rational auf Basis einer Präferenzordnung zu entscheiden, ist folglich anspruchsvoll. Zugleich haben verschiedene Personen meist unterschiedliche Prioritäten.

▶ Eine **Präferenzordnung** setzt auf rationale Weise alle verfügbaren Optionen zur Bedürfnisbefriedigung in Relation zueinander, wobei die Reihung den Bedingungen der Vollständigkeit, Reflexivität und Transitivität genügen muss.

Um mit alldem mathematisch arbeiten zu können, nutzt die Entscheidungstheorie Modelle, auf die wir uns im Weiteren nur grob beziehen, um das Buch auf seinem logischen Kurs zu halten. Ein solches **Entscheidungsmodell** enthält unter anderem Aussagen darüber (Mag 1990, S. 26), …

- was ein Entscheider als Zielgrößen g_k (k = 1, …, k) verfolgt,
- welche Handlungsoptionen a_i (i = 1, …, m) gegeben sind,
- unter welchen Umweltzuständen b_j (j = 1, …, n) die Entscheidung stattfindet
- und welche Konsequenzen eine Entscheidung hat (z_{ij}), was über eine Verknüpfungsfunktion ausgedrückt wird.

Tab. 3.1 Entscheidungsmatrix mit Zielbeiträgen

Umweltzustände/ Handlungsoptionen	b_1	b_2	nach Verknüpfung über Zielfunktion
a_1	$z_{11} := z(a_1, b_1)$	$z_{12} := z(a_1, b_2)$	$Z(a_1)$
a_2	$z_{21} := z(a_2, b_1)$	$z_{22} := z(a_2, b_2)$	$Z(a_2)$

Die Zielgröße (g_k) „stellt den **materiellen Bestandteil einer Zieldefinition** dar. Darin drückt sich aus, worin der Entscheidungsträger seinen Zielbeitrag sehen will", so Mag (1990, S. 16, 28–30); dabei lassen sich finanzielle Zielgrößen wie Einkommen, Umsatz, Kosten, Gewinn oder Vermögen von nicht-finanziellen Zielgrößen wie Macht, Prestige oder Unabhängigkeit unterscheiden:

- Der **Zielbeitrag** (z_{ij}) ergibt sich als Handlungsfolge aus der Verknüpfung von Handlungsoption (a_i) und Umweltzustand (b_j). Die Beitragswerte (z. B. Geldbeträge) selbst bilden zusammen die sogenannte Zielbeitragsmatrix bzw. Entscheidungsmatrix.
- Liegt nur ein Ziel vor, reicht eine einzige Entscheidungsmatrix aus (siehe Tab. 3.1). Denn optimale Entscheidungen „sind immer **nur auf ein bestimmtes Ziel hin optimal**, auf andere Ziele hin oft nicht"; den Maßstab zur Beurteilung von Handlungsmöglichkeiten und -folgen liefert die sogenannte Zielfunktion (z. B. Gewinnmaximierung).

Hat eine Handlungsoption a_i unter allen Umweltzuständen ein eindeutig besseres Ergebnis als ihre Alternativen, sprechen wir von der starken **Dominanz** dieser Option. Hat sie mindestens gleich gute Ergebnisse wie ihre Alternativen und nur in einem Fall ein besseres Ergebnis, ist sie schwach dominant.

Der Zielbeitrag z_{ij} lässt sich als **Nutzen** (utility) ausdrücken ($u(z_{ij})$ bzw. u_{ij}). Dann wird ihm über eine Transformationsfunktion ein Nutzenwert zugewiesen, was wir nach Mag (1990, p. 69) zu einem bloßen Merkbild reduzieren (siehe Abb. 3.1). Unter solch einem Nutzen verstehen Pfister et al. (1998/2017, S. 38) „eine abstrakte quantitative Größe, die angibt, wie positiv oder negativ eine Person eine Option oder Konsequenz bewertet oder wie wünschbar eine Konsequenz im Kontext einer Entscheidung ist". Einen Nutzen zu bewerten, ist demnach etwas Subjektives. Dies trifft auch auf Aussagen zum Grenznutzen zu. Liegt beispielsweise ein abnehmender Grenznutzen vor, verringert sich der Nutzenzuwachs beim Konsum eines Gutes mit jeder konstanten zusätzlichen Gütereinheit (konkave Nutzenfunktion).

Das folgende Illustrationsbeispiel zur **Nachhaltigkeit** beschreibt eine Nutzenbewertung aus Verbrauchersicht. Entscheiden sich Konsument:innen bewusst dafür, nachhaltiger zu

$$z_{ij} \in Z \xrightarrow{\text{Nutzenfunktion}} u(z_{ij}) \in U$$

Abb. 3.1 Transformationsfunktion -> Vom Zielbeitrag zum Nutzenwert

leben, bewerten sie ihre Präferenzen neu. Ein neues Konsummuster entsteht, indem nachhaltige Optionen mit ihrem jeweiligen Nutzenbeitrag höher bewertet werden und nichtnachhaltige Optionen niedriger. Auf Berechnungen wird hier und im Folgenden verzichtet. Es geht darum, die Inhalte vorstellbar zu machen.

Verbrauchernutzen und Suffizienz

Möchte ein Verbraucher **nachhaltiger leben**, kann er beispielsweise …

- den Konsum nicht-lebensnotwendiger Güter reduzieren (z. B. Verzicht auf Fast Fashion);
- Müll vermeiden (z. B. Reparatur von Elektrogeräten statt Entsorgung und Neukauf);
- über seine Entscheidung Transportaufwände und mit ihnen das Verkehrsaufkommen verringern (z. B. Kauf regionaler Produkte).

Der Nutzenbeitrag der nachhaltigen Optionen erhöht sich, was sich auf die Konsumpräferenzen des Entscheiders auswirkt. Im Ergebnis handelt der Entscheider suffizient. Oder in den Worten von Quack et al. (2017, S. 30): „Unter **Suffizienz** verstehen wir eine Veränderung im Konsumhandeln, die mit Veränderungen im Verbrauchernutzen von Produkten und Dienstleistungen einhergeht und zu geringerem Ressourcen- und Energieverbrauch bzw. geringeren Umweltwirkungen führt". ◄

3.2   Wie hängen Rationalität und Informationsgrade zusammen?

Zusammenfassung

Entscheidungsprobleme sind Informationsprobleme. Sind alle Informationen in Quantität und Qualität verfügbar, die wir für unsere Entscheidungsfindung brauchen, sprechen wir von einer Entscheidung bei Sicherheit. Verschlechtert sich die Informationslage, haben wir es entweder mit Entscheidungen bei Risiko zu tun, bei denen wir Angaben über den Eintritt von Umweltlagen machen können. Oder es handelt sich um Entscheidungen bei Ungewissheit, bei denen dies nicht der Fall ist. Prominente Beispiele von Risikoentscheidungen liefert die Spieltheorie, bei der es um interaktive und strategisch glaubwürdige Entscheidungen geht, die sich für die globale Klimaschutzdiskussion und -politik nutzen lassen. Grundsätzlich gilt, dass die methodischen Herausforderungen beim Kontext der Ungewissheit am größten und seitens der Forschung noch vielfach ungelöst sind.

Im Weiteren interessieren uns vor allem die Sicherheitspräferenz und die Zeitpräferenz. Denn wir wollen verstehen, was passiert, wenn die Entscheidungswelt unsicher wird, was auch mit einer unbekannten planetaren Zukunft zusammenhängt (vgl. Abschn. 1.2). Wie also legt ein Entscheider fest, ob er den sicheren Nutzen einem unsicheren Nutzen vorzieht und das Heute dem Morgen? Welche Informationsgrade lassen sich dabei unterscheiden?

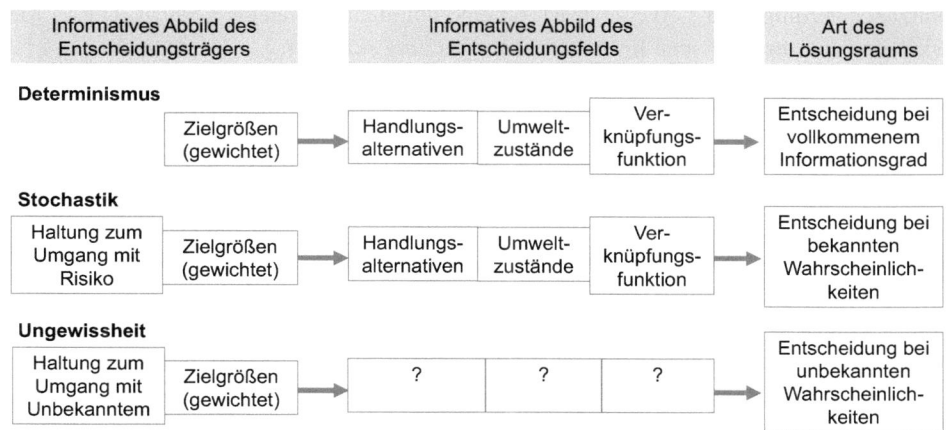

Abb. 3.2 Mögliche Entscheidungsmodelle nach Informationsgrad

Entscheidungsprobleme sind im Kern Informationsprobleme. Und Informationen sind nach Mag (1990, S. 6) ein „entscheidungsorientiertes Wissen, denn das Wissen wird für eine bestimmte Entscheidung beschafft und ausgewertet". Welche Informationen in Quantität und Qualität vorliegen, ist somit wichtig, um ‚richtige' Entscheidungen zu treffen. Diese (Un-)Vollkommenheit der Informationslage wird als **Informationsgrad** bezeichnet. Grundsätzlich lassen sich nach dem Informationsgrad drei Entscheidungsarten unterscheiden:

- Entscheidungen bei Sicherheit (deterministisches Entscheidungsproblem);
- Entscheidungen bei Risiko (stochastisches Entscheidungsproblem);
- Entscheidungen bei Ungewissheit.

Ein Hinweis: In der Abbildung (siehe Abb. 3.2) stehen die ‚???' im Entscheidungsfeld bei Ungewissheit symbolisch dafür, dass die inhaltlichen und methodischen Herausforderungen immens sein können, was wir weiter unten vertiefen.

Wir beginnen mit dem sicheren Entscheidungskontext, auch **Determinismus** genannt, bei dem der Informationsgrad 100 % beträgt. Jedes Ereignis tritt sicher ein oder gar nicht. Der Entscheider weiß also jederzeit, was auf ihn wann zukommt, und berücksichtigt dies in seinen Entscheidungen.

▶ Ein **deterministisches Entscheidungsproblem** ist gegeben, wenn das Ergebnis einer Entscheidung im Voraus vollständig bekannt ist. Die Informationslage ist vollkommen (Entscheidungsproblem bei Sicherheit).

Auch in unserem Illustrationsbeispiel zur **Nachhaltigkeit** wird angenommen, dass alle Handlungsoptionen a_i und eintretenden Umweltzustand b_j bekannt sind und aus den

Nutzenbewertungen (u_{ij}) erkennbar ist, ob eine dominante Strategie vorliegt. Dieses Mal wird eine unternehmerische Investitionsentscheidung skizziert.

Nachhaltigkeit und Einzelinvestitionsentscheidungen bei Informationssicherheit

Ein Produktionsunternehmen möchte **Energiekosten einsparen** und stellt hierzu Berechnungen an. Zu allen technischen Möglichkeiten werden entsprechende Angebote eingeholt und miteinander verglichen. Alle entscheidungsrelevanten Daten sind bekannt, so dass es nach der Umsetzung und während der festgelegten Laufzeit zu keinen Abweichungen kommt (Ideenquelle: UBA; Homepage).

- **Ziel** ist, die wirtschaftlichste Handlungsalternative auszuwählen. Bei gegebenem Investitionsbudget soll also diejenige Anlage ausgewählt werden, bei der die Einsparung an Energiekosten am größten ist.
- **Optionen** sind verschiedene technische Anlagen, deren Leistungsdaten zeigen, in welchem Umfang der Prozesswärmeverlust jeweils verringert werden kann.
- Die **Umweltzustände** bestehen hier ausschließlich aus unterschiedlichen Auslastungsgraden, die über die Betriebszeit entstehen. Letztere haben Konsequenzen für die Wärmerückgewinnung und somit für die Energieeinsparung. ◄

Wir verändern jetzt den Informationsgrad und gehen in den **Zustand der Informationsunsicherheit** über. Bei mindestens einer Handlungsalternative können jetzt mehrere voneinander unterschiedliche Ergebnisse eintreten. Dies lässt sich beispielsweise auf die Existenz mehrerer relevanter Umweltzustände zurückführen. Solch eine Informationslage lässt sich weiter aufspalten in Entscheidungen bei Risiko und solche bei Ungewissheit. Wir klären im Weiteren den Unterschied.

Befinden wir uns im Kontext von Risiko, auch **Stochastik** genannt, kennen wir zumindest die Wahrscheinlichkeit (probability bzw. p), mit der ein Umweltzustand ($p(b_j)$ mit $j = 1, \ldots, n$) eintritt. Der Entscheider kann dann „zwischen den beiden Grenzfällen ‚vollkommene Kenntnis‘ und ‚vollkommene Ignoranz‘ graduell abstufbare, ziffernmäßig ausdrückbare Angaben über den Eintritt von Umweltlagen machen […], wenn er sich zuvor über Art und Anzahl der [Umweltlagen] klar geworden ist" (Mag 1990, S. 22). Dem Eintreten von Umweltzuständen wird dabei eine Wahrscheinlichkeit $0 < p < 1$ zugewiesen. Diese liegt zwischen der Wahrscheinlichkeit eines sicher eintretenden Zustands ($p = 1$) und der Wahrscheinlichkeit eines sicher nicht-eintretenden Zustands ($p = 0$). Solche Angaben können aus statistischen Beobachtungen stammen (objektive Wahrscheinlichkeiten), wenn beispielsweise bei einem Würfel mit sechs verschiedenen Augenzahlen die Wahrscheinlichkeit ein Sechstel beträgt, dass eine bestimmte Augenzahl gewürfelt wird. Oder es handelt sich um erfahrungsbasierte Schätzungen (subjektive Wahrscheinlichkeiten), wenn beispielsweise auf den kommenden Wahlerfolg einer bestimmten politischen Partei gewettet wird.

► Ein **stochastisches Entscheidungsproblem** ist gegeben, wenn Umweltzustände zufällig auftreten und die entsprechenden Wahrscheinlichkeiten bekannt sind. Letztere lassen sich objektiv durch Datenauswertung oder subjektiv durch Schätzung und Erfahrung ermitteln (Entscheidungsproblem bei Risiko).

Bauer et al. (2022, S. 13–14) beschreiben das statistische Denken als „die Kunst, Risiken zu verstehen" und bezeichnen dieses Denken als den „zentralen Baustein" von **Risikokompetenz**. Ohne solch eine Fähigkeit sehen die Autor:innen die Zivilgesellschaft nicht in der Lage, „Evidenz verstehen und selbst informiert entscheiden [zu] können"; übertragen auf das Politiksystem bedeutet dies: „Ohne mitdenkende und informierte Bürger bleibt Demokratie ein leeres Wort". Hierzu mehr in Teil 2 des Buchs.

Bei Risikobewertungen geht es nicht länger um einen sicheren Nutzen, sondern um einen **Risikonutzen bzw. Erwartungsnutzen**. Die mathematische Erwartung (EW) für eine Handlungsoption (a_i) heißt Erwartungswert (EW(a_i)). Sie ist definiert als Produkt(summe) aus Zufallsvariable(n) und Wahrscheinlichkeit(en) und stellt den wahrscheinlichen Nutzen dar, den der Entscheider im Durchschnitt erwarten kann (Mag 1990, S. 80); dabei nimmt das Risiko mit den Zufallsschwankungen zu. Gewählt wird die Handlungsoption, die den Risikonutzen optimiert. Der Entscheider vergleicht somit in einem Handlungskontext (z. B. Investitionsentscheidung) alternative Risikonutzen (z. B. Rentabilität) nach dem Motto ‚wie hoch ist das Risiko für mich, wenn ich A oder B oder C wähle?' (siehe Abb. 3.3).

Menschen gehen unterschiedlich mit dem Risiko um, was sich auf die Bewertung der risikobehafteten Handlungsoptionen auswirkt. Drei **Risikohaltungen** werden diskutiert:

- Der **risikoscheue Entscheider** bevorzugt stets die Alternativen mit dem geringeren Risiko, was sich als negative Risikoprämie berücksichtigen lässt (konkave Risikonutzenfunktion).
- Der **risikofreudige Entscheider** bevorzugt einen möglichst hohen Nutzenzuwachs, auch wenn dieser dadurch unsicher wird. Der Nutzenzuwachs fällt durch eine positive Risikoprämie überproportional aus (konvexe Risikonutzenfunktion). Der risikofreudige Mensch rechnet sich die risikoreicheren Optionen somit umgangssprachlich ‚schön', während der risikoscheue Entscheider gegenteilig verfährt.
- Nur beim **risikoneutralen Entscheider** wirkt sich die Existenz von Risiko nicht auf den Nutzen aus, den er einer Option beimisst (lineare Risikonutzenfunktion).

Um zu einer Entscheidung zu gelangen, muss folglich die Risikohaltung berücksichtigt werden (Risikopräferenzfunktion). Die **methodischen Diskussionen**, wie Risikohaltungen am geeignetsten mathematisch abgebildet werden, sind umfänglich und werden

$$u_{ij} \in U \xrightarrow{\text{Risikonutzenfunktion}} EW(u_{ij}) \in U$$

Abb. 3.3 Transformationsfunktion -> Vom Nutzenwert zum Risikonutzenwert

kontrovers geführt (z. B. Bayes-Regel versus Bernoulli-Kriterium). Wir gehen darauf nicht ein. Stattdessen illustrieren wir eine weitere Entscheidungssituation, bei der es um unternehmerische Nachhaltigkeitsinvestitionen geht, dieses Mal bei Risiko. Das Beispiel soll für den Kontext sensibilisieren, liefert also keine Entscheidungslösung.

Nachhaltigkeit und Einzelinvestitionsentscheidungen bei Risiko

Ein Produktionsunternehmen will seine Energieversorgung optimieren. Es produziert energieintensiv und braucht Energie zum Heizen und Klimatisieren der Gebäude. Hierfür betreibt das Unternehmen ein eigenes Kraftwerk, das Energie aus dem fossilen Brennstoff Kohle gewinnt, was CO_2-Emissionen auslöst (Ideenquelle: UBA; Homepage).

* Die Geschäftsleitung weiß von ihrem Branchenverband, dass die Bundesregierung überlegt, eine CO_2-Bepreisung von 10 Cent pro Kilogramm CO_2 einzuführen. Dies wirkt sich insbesondere auf den Preis der Kohleverstromung aus, da **Kohle als Brennstoff mehr CO_2-Emissionen** bezogen auf den Energiegehalt ausstößt, als dies bei der Verbrennung anderer fossiler Brennstoffe (insbesondere Erdgas) der Fall ist. Für den Fall einer CO_2-Bepreisung wird der Quotient aus eingesparter Menge an CO_2 und den hierfür aufgewendeten Investitionskosten wichtig. Insgesamt geht es um die Umbaukosten für eine relativ CO_2-arme Betriebsweise, für die eine Amortisationszeit von dreißig Jahren angenommen wird.
* Bei Investitionen in erneuerbare Energien wie **Fotovoltaik- oder Windkraftanlagen** ist zu berücksichtigen, dass das derzeitige Angebot knapp und die Beschaffungspreise somit hoch sind. Zudem ist das Unternehmen für seine energieintensive Produktion auf eine stetige Energieversorgung angewiesen. Es darf also aufgrund der Wetterbedingungen nicht zu einer unterbrochenen Energieversorgung kommen.
* Stellt man das Kraftwerk auf **Erdgas** um und werden niedrigere Weltmarktpreise für diesen Energieträger angenommen, kann für die angenommene Amortisationszeit dieser Strom – trotz CO_2-Bepreisung – günstiger sein als die Lösung aus erneuerbarer Energie. Die Kosten für den Umbau des Kraftwerks sind ebenfalls geringer.

Da die Wirtschaftsprognosen eher düster aussehen und die Regierung eine wirtschaftsnahe Haltung hat, liegt die **Wahrscheinlichkeit**, dass es in der laufenden Legislaturperiode zu einer CO_2-Bepreisung kommt, bei $p = 0{,}4$. Die Geschäftsleitung ist risikoscheu. ◄

Wenn es um Risiko geht, sind vor allem Entscheidungen spannend, an denen mehrere Personen beteiligt sind. Die **Spieltheorie**, die auch interaktive Entscheidungstheorie genannt wird, beschreibt solche Entscheidungen als Spielzüge. Die Spieler optimieren ihren Nutzen als Auszahlungen. Und Strategiekombinationen sind dann im Gleichgewicht, „wenn jede Strategie eine beste Antwort auf die Strategien der anderen Spieler ist" (Wiese 2004, S. 395).

- Dies hat durchaus mit unserer Beispielwelt der **Nachhaltigkeit** zu tun. Denken wir an die globale Klimaschutzdiskussion und -politik, ist es aus Sicht eines Landes A wichtig, ob es allein – also ohne die anderen Länder – in Klimaschutz investiert und ob sich diese Investition klimatisch global auswirkt oder nicht. So hat beispielsweise Deutschland einen Anteil von rund 2 Prozent an den globalen CO_2-Emissionen. Es braucht also Partner, um spürbare Wirkungen zu erzielen.
- „Das grundlegende Problem des globalen Klimaschutzes ist es aber, dass es für ein Land wirtschaftlich vorteilhafter ist, wenn andere die Lasten des Klimaschutzes schultern", so Bardt (2011, S. 3). Verfolgt jedes Land ausschließlich sein Eigeninteresse, stellen sich alle Länder im Ergebnis schlechter, wenn wir bedenken, dass es bei Klimaschutz auch um das menschliche Überleben geht, der Schaden also die Schutzkosten übersteigt (vgl. Abschn. 7.3 und 8.2). Ein solches Ergebnis, das Bardt veranschaulicht, wird **Gefangenendilemma** genannt.

Investitionen in Klimaschutz aus Sicht eines einzelnen Landes

Der folgenden Überlegung von Bardt (2011, S. 4) liegen die vereinfachenden Annahmen zugrunde, dass aus der Einzellandperspektive (Land A) „die Kosten des Klimaschutzes deutlich unter den Schäden liegen, die das Land im Falle eines weltweiten Klimawandels zu tragen hätte. Ferner wird unterstellt, dass das einzelne Land den globalen Klimawandel nur in geringem Umfang beeinflussen kann. Somit kann es den zu erwartenden im Inland anfallenden Schaden durch eigene Vermeidungsanstrengungen nur um etwa 5 % der maximalen inländischen Schadenssumme reduzieren". Es handelt sich um eine einmalige und simultane Entscheidung.

		Rest der Welt	
		Klimaschutzstrategie	Passivstrategie
Land A	**Klimaschutzstrategie**	Klimaschutzkosten: 100 Schaden: 0	Klimaschutzkosten: 100 Schaden: 190
	Passivstrategie	Klimaschutzkosten: 0 Schaden: 10	Klimaschutzkosten: 0 Schaden: 200

Land A weiß, dass es wenig Einfluss auf den globalen Klimawandel hat. Dies gilt unabhängig davon, ob es national Investitionen tätigt (100 EH) oder unterlässt (0 EH). Daraus ergibt sich als **dominante Strategie, auf klimapolitische Maßnahmen zu verzichten**. Da es sich um eine dominante Strategie handelt, hält Land A es für wahrscheinlich, dass der Großteil aller Länder ebenso handelt, „so dass eine wirksame internationale Klimapolitik kaum zu erwarten ist", so Bardt. ◄

Solch spieltheoretische Überlegungen sensibilisieren dafür, wie wichtig ein **kooperatives Verhalten** ist. Dies gilt vor allem, wenn Spiele mehrstufig sind, also aus mehreren Spielzügen bestehen. Jeder Spieler trifft dann wiederholt auf sein Gegenüber, lernt dessen

Entscheidungsverhalten kennen und sein eigenes rationales Verhalten konsistenter darauf auszurichten. Dabei verändert jeder Spielzug die Erwartungen der Spieler und ihre Reaktionen (interdependente Entscheidungen). Und jede Situation hat ihre eigenen Besonderheiten (z. B. Umweltzustand der weiteren Erderwärmung).

Das Gefangenendilemma zeigt folglich, wie wichtig **Vertrauen** ist. Denn ohne Glaubwürdigkeit ist ein Spielzug wirkungslos. Sei es, dass es um ein Versprechen geht, bei dem ein Spieler sich durch eine Ankündigung selbst bindet (z. B. ‚Wenn du dieses Jahr investierst, werde ich nächstes Jahr investieren‘), was umzusetzen ist, damit es zu kooperativem Verhalten kommt. Oder es geht um eine Drohung und darum, nicht-kooperatives Verhalten glaubwürdig zu bestrafen (z. B. ‚Wenn du die versprochenen Investitionen nicht tätigst, stoppen wir deine finanzielle Unterstützung‘). Die Bandbreite an Interaktionsbeziehungen und Strategien ist groß. Und den richtigen Spielzug zu wählen, ist herausfordernd. So weist Schelling (1984, S. 221) darauf hin, dass insbesondere Drohungen, die als reale Bedrohung empfunden werden sollen, sorgfältig abgestuft (z. B. Eskalationsstufen) und friktionsfrei umgesetzt werden müssen (z. B. Befehlskette).

Als letzten Informationsgrad müssen wir die Ungewissheit klären. Darunter verstehen wir im Weiteren, dass einer Handlungsoption zwar mehrere Umweltzustände zugeordnet werden können; deren Eintrittswahrscheinlichkeiten sind jedoch unbekannt (Mag 1990, S. 87). Ein Hinweis: Entscheidungen unter Risiko und Ungewissheit sind beides Unterarten der Entscheidung unter Unsicherheit im Sinn einer partiellen oder **völligen Unsicherheit**. In der Literatur werden diese Begriffe uneinheitlich verwendet. Dies gilt auch für Übersetzungen aus der englischsprachigen Literatur (z. B. uncertainty).

▶ **Entscheidungen bei Ungewissheit** sind gegeben, wenn die (subjektiven und objektiven) Eintrittswahrscheinlichkeiten der einzelnen Zustände nicht bekannt sind.

Die methodischen Herausforderungen bei Ungewissheit sind immens. Denn es gibt keine Wahrscheinlichkeitsverteilung, an der eine Entscheidungsregel ansetzen kann. Um dennoch zu einer Lösung zu kommen, wird häufig eine Gleichverteilung angenommen und zudem, dass der Entscheider eine **bestimmte Haltung gegenüber der Ungewissheit** einnimmt. Beispiele liefern das Maximin-Kriterium oder das Pessimismus-Optimismus-Kriterium (Mag 1990, S. 89–95):

- Will ein rationaler Entscheider seine maximal mögliche Enttäuschung minimieren (**Maximin-Kriterium**), vergleicht er seine Handlungsoptionen nur anhand der jeweils schlechtesten Ergebnisse und wählt am Ende die Option, die zum geringsten Schaden führt. Wir haben es also mit einem extrem pessimistischen Entscheider zu tun.
- Realistischer ist das **Pessimismus-Optimismus-Kriterium**. Es sieht einen Mix aus Optimismusfaktor α (bzw. Pessimismusfaktor $1 - \alpha$) vor, wobei $0 < \alpha < 1$ ist. Nach Mag (1990, S. 96) muss ein Entscheider jedoch erst einmal diese subjektive Einstellung zur Ungewissheit angeben können; und es gibt auch hier Fälle, in denen das Kriterium „zu ganz unsinnigen Ergebnissen" führt.

Die Ungewissheit lässt sich weiter in das ‚**bekannt Unbekannte**‘ und ‚**unbekannt Unbekannte**‘ aufspalten. Ein solches Raster ist hilfreich, aber auch subjektiv und veränderlich, so Thess (2020, S. 164–165): Beim bekannt Unbekannten (known unknown) geht es um Wissenslücken, denen wir uns bewusst sind. Das unbekannt Unbekannte (unknown unknown) betrifft Phänomene, die noch nicht aufgetreten und in ihrer Gänze unvorstellbar sind. Mit seinem ersten Auftreten wird aus dem unbekannt Unbekannten eine bewusste Wissenslücke.

Vor allem die lange Frist der **Nachhaltigkeit** hat mit unbekannt Unbekanntem zu tun, wie die Diskussion von Kipppunkten zeigt (z. B. Schmelzen des Eisschilds und seine Folgen). Solche Kipppunkte zu überschreiten, verändert die menschlichen Lebensbedingungen unumkehrbar und kann die vorhandenen Anpassungskräfte übersteigen (vgl. Abschn. 1.2). Auf Unbekanntes schlecht oder gar nicht vorbereitet zu sein, hat also gegebenenfalls enorme ökonomische und gesellschaftliche Auswirkungen. Wir nutzen für unser Illustrationsbeispiel Thess (2020), der aus alldem ein Plädoyer für die langfristige Weiterentwicklung der Energiesysteme ableitet.

Energiesysteme und Investitionsentscheidungen bei Ungewissheit

Energiesysteme tragen signifikant zum Klimawandel bei. Daher stehen bei ihrer Weiterentwicklung die Dekarbonisierung im Blick sowie Gefahren vom Typ (un-)bekannt Unbekanntes. Thess (2020, S. 164–165) benennt hierzu Beispiele:

- Zum **bekannt Unbekannten** zählen für den Autor die Ressourcenfrage bei der globalen Batterieproduktion und Kostendegressionen, die sich künftig bei der Erzeugung, Speicherung und Verteilung von Energie realisieren lassen.
- Das **unbekannt Unbekannte** umfasst nach Thess künftige Erfindungen und die sozialen Kosten von erneuerbaren Energien, die noch nicht umfassend verstanden sind; als seltene unbekannte Ereignisse denkbar sind ein Blackout im deutschen Stromnetz, ein internationaler Blackout durch Sonnenwindfluktuationen, eine Überflutung von Megacities durch Tsunamis sowie eine globale Abkühlung infolge regionaler Atomkriege oder durch Vulkanausbrüche.
- In der Gesamtschau fordert der Autor ein Energiesystem, das **robust, redundant, technologisch divers und durch hohe Sicherheitsfaktoren** gekennzeichnet ist. ◄

Menschen scheuen die Ungewissheit und ihre schwer durchschaubaren Zusammenhänge (vgl. Abschn. 5.3 und 9.3). Daher legen sie sich Argumente zurecht, um Investitionen in Projekte der kürzeren Frist zu rechtfertigen. Oder sie neigen dazu, wenn ein seltenes und unvorhersehbares Ereignis eintritt, es nachträglich vereinfachend zu erklären, ein Phänomen, das Taleb (2007) als ‚schwarzen Schwan‘ bezeichnet.

Selbst Forschende sind betroffen. So beschränken sich nach Gigerenzer (2019, S. 3) „viele Forscher auf die Analyse von Entscheidungen unter Risiko, und sie lassen Ungewissheit außen vor oder gehen sogar davon aus, dass alle Formen von Ungewissheit sich

auf Risiko reduzieren lassen"; auch große Teile der Ökonomie, selbst die Verhaltensökonomik, legen sich diese Beschränkung auf, so der Autor. Dabei ist aus seiner Sicht die Welt
der Ungewissheiten groß im Vergleich zu der Welt der berechenbaren Risiken; und die
meisten Probleme sind ein Mix aus Ungewissheiten und berechenbaren Risiken (Gigerenzer 2019, S. 2). Er schlägt einen methodischen Werkzeugkasten namens ‚intelligente
Heuristiken' vor, der auch Forschenden helfen kann, es mit der Ungewissheit aufzunehmen.

3.3   Was sind intelligente Heuristiken?

Zusammenfassung
Ungewissheit fordert als Informationslage selbst rationale Entscheider heraus. Geeignet scheinen Methoden, in denen die rationale Lösungssuche einem Herantasten
gleicht. Dies trifft auf wissensbasierte Heuristiken zu, in die Erfahrungs- und darüber Fachwissen einfließt. Solche Heuristiken konzentrieren sich in dynamisch verändernden Situationen auf weniger Informationen statt auf mehr. Daher können sie
in relativ kurzer Zeit Lösungen hervorbringen. Eine heuristische Vorgehensweise ist
dann intelligent, wenn eine Vielzahl an Heuristiken genutzt wird, die voneinander
unabhängig sind und die sich auf einen spezifischen Untersuchungskontext ausrichten lassen. Heuristiken zu nutzen ist ein beständiger Lernprozess. Dies gilt
inhaltlich ebenso wie prozessual.

Für den Umgang mit der Ungewissheit werden intelligente Heuristiken vorgeschlagen.
Was verstehen wir unter Heuristiken? Und was macht einige Heuristiken intelligent?

Heuristiken sind Methodenansätze, die das Ungewisse rational zugänglich machen und
‚herantastende' Lösungsansätze anbieten. Der Begriff der **Heuristik** stammt aus der
Kognitionspsychologie. Dort bezeichnet die Heuristik „ein relativ einfaches, aber be-
währtes Verfahren, eine ‚Faustregel', mithilfe derer man komplexe Probleme lösen kann"
(Pfister et al. 1998/2017, S. 132). Dabei wird die komplexe Welt oft modularisiert, um
domänenspezifische Teile getrennt voneinander zu behandeln (Pfister et al. 1998/2017,
S. 353). Es ist eine praktische Vorgehensweise, bei der begrenztes Wissen in kurzer Zeit
ausgewertet wird, um mutmaßend zu Lösungen zu kommen. Die Güte solcher Lösungen
schwankt stark.

Die Heuristiken selbst werden hier in wissensbasierte und intelligente Heuristiken
unterschieden. Die **wissensbasierte Heuristik** greift ausschnittbezogen auf Erfahrungs-
und Fachwissen zurück und kann als einfache Regel durchaus gute Lösungen hervorbringen nach dem Motto ‚ich bin mir ziemlich sicher, dass es funktioniert, wenn wir bei diesem Problem X auf die Weise Y vorgehen'. Die Lösung ist eine Annäherung an ein (nicht
wirklich definierbares) Optimum. Doch taugen solche Heuristiken für den Umgang mit
der langen Frist, bei der uns nie vollständige und valide Informationen vorliegen? Wie

sieht es aus mit der Gefahr, relevante Aspekte des Problem-Ganzen zu übersehen, während am Domänenspezifischen gearbeitet wird? Und wie viel Gegenwartspräferenz und Gewohnheitsmuster stecken in den verwendeten Faustregeln?

Nach Auffassung von Gigerenzer (2019, S. 12–13) sind Heuristiken für den Umgang mit der Ungewissheit grundsätzlich geeignet; der Autor stellt jedoch fest: „**Am Ende geht es darum, Situationen von Ungewissheit ernst zu nehmen** statt so zu tun, als ob es ein einziges Werkzeug gäbe – etwa die Wahrscheinlichkeitstheorie –, das uns für alle Spielvarianten von Risiko und Ungewissheit immer die besten Entscheidungen liefert. Weder Logik noch Heuristik sind immer rational". Der methodische Umgang mit der Ungewissheit brauche daher einen neuen Werkzeugkasten. Dieser müsse mehr leisten können, als dies bei Einzelheuristiken (z. B. Verfügbarkeitsheuristik) oder „unklaren Dichotomien wie System 1 versus System 2" der Fall sei.

Gigerenzer (2019) schlägt eine **intelligente heuristische Vorgehensweise** vor, die aus einer Vielzahl von Heuristiken besteht. Diese Heuristiken müssen voneinander unabhängig sein. Und sie müssen mit Blick auf spezifische Herausforderungen passfähig sein oder sich kontextspezifisch an neue Herausforderungen anpassen lassen. Letztlich ist das Ganze ein Lernprozess, bei dem wir durch das Lernen lernen und prozessual immer besser werden. Dabei sind intuitive Designs erlaubt. Beim Lernen geht es vor allem um folgende Fragen:

- Welche Schlüsselhinweise werden in welcher Reihenfolge untersucht (Suchregel)?
- Wann wird die Informationssuche beendet (Stopp-Regel)?
- Nach welcher Heuristik wird entschieden (Entscheidungsregel)?

▶ **Intelligente Heuristiken** bezeichnen ein wissensbasiertes ‚Faustregel'-Vorgehen, um mit Ungewissheit lösungsorientiert umzugehen. Dabei wird ein Bündel an Heuristiken kombiniert, die voneinander unabhängig und kontextspezifisch anpassungsfähig sind, wobei sich das methodische Lernen unter anderem auf Prozessregeln (Such-, Stopp-, Entscheidungsregel) bezieht.

Es gibt weitere Methodikansätze, um ins Ungewisse vorzustoßen (z. B. Trizz-Methode, Szenario-Technik). Diese kommen in den Bereichen der Wirtschaftswissenschaften vor, die sich mit dem technischen Fortschritt beschäftigen. Mehr dazu später (vgl. Abschn. 10.2).

3.4 Wer ist der Homo oeconomicus?

Zusammenfassung
Der Homo oeconomicus ist das Idealbild eines rein rationalen Entscheiders. Er richtet sein Handeln widerspruchsfrei an seinen Präferenzen aus, während er den eigenen Nutzen maximiert. Dabei geht es, wie sein Name ausdrückt, ausschließlich um

wirtschaftliche Handlungsmotive und Tauschbeziehungen. Eine moralische Verantwortung im Sinne sozialer und ökologischer Nachhaltigkeit ist ihm fremd. Weil dem Homo oeconomicus eine innere Motivation fehlt und er aufgrund vollkommener Information kurzsichtig handeln kann, wird er auch Reiz-Reaktions-Maschine (ECON) genannt. Sein Handeln hat keine Reichweite, da er keine Macht hat. Dies liegt daran, dass sein Handlungskontext entsprechend konzipiert ist (Modellannahmen der vollkommenen Konkurrenz).

Die Mainstream-Ökonomik nimmt den Menschen als gleichartig rational an. Sie unterscheidet zwischen dem Homo oeconomicus, der perfekt rational agiert, und dem eingeschränkt rationalen Entscheider, der unter Informationsdefiziten leidet. Wir starten mit dem Homo oeconomicus. Wer ist dieser berühmte Akteur, den das entsprechende Menschenbild beschreibt? Und was kann und will er (nachhaltig) leisten und warum?

Der Homo oeconomicus ist das Ur-Menschenbild der Mainstream-Ökonomik. Ein solcher Entscheider leistet Erstaunliches an Rationalität und wird häufig als **künstliches Wesen (ECON)** bezeichnet, um ihn von einem menschlichen Wesen (HUMAN) abzugrenzen. Was macht ihn derart fähig? Im Folgenden unterscheiden wir zwischen dem Menschenbild und der Modellwelt, welche dem Homo oeconomicus zugeordnet ist. Hierzu Fritsch (2014, S. 25): „Die auf den Arbeiten der ‚Klassiker' der Volkswirtschaftslehre aufbauenden Bemühungen um ein vertieftes Verständnis des Marktgeschehens (insbesondere auch durch Anwendung formal-mathematischer Verfahren) führten zur Entwicklung des Modells der vollständigen Konkurrenz. Bis heute kann es als Standard-Modell der ökonomischen Theorie gelten" (vgl. Abschn. 2.2). Dieses Modell wird in der Literatur auch das Modell der vollkommenen Konkurrenz genannt. Wir sind also an der Stelle in Teil 1 angelangt, an der wir das Modellspezifische der Mikroökonomik nicht länger vollständig ausblenden können.

Beginnen wir mit dem Menschenbild (vgl. Abschn. 2.1): Der Homo oeconomicus ist das Gedankenprodukt von Forschenden, die ausreizen wollen, wie eine **perfekte Rationalität** funktioniert und was sie leisten kann. Der entsprechende Akteur ist dennoch annahmegemäß ‚einfach gestrickt'. Er geht keine sozialen Bindungen ein. Und ein nicht-reflektiertes, also intuitives Verhalten ist ihm fremd. Zudem muss er für seine Entscheidungsfindung relativ wenig Zeit aufwenden, wenn wir dies mit unserer menschlichen Realität abgleichen. Dies liegt an den modellspezifischen Annahmen. Denn um wieviel einfacher fällt unsere Präferenzordnung aus, wenn …

- … wir nur ökonomische Bedürfnisse haben (instrumentelle Bedürfnisse).
- … wir bei den verfügbaren Gütern nicht darauf achten müssen, inwiefern sie sich in Merkmalen wie Beschaffenheit, Aussehen oder Verpackung unterscheiden; sie sind schlichtweg austauschbar (homogenes Gut) innerhalb einer groben Güterkategorie (z. B. inferiore Güter), so dass allein der jeweilige Preisunterschied zählt; Produkt-

varianten und Marketingmaßnahmen spielen ebenso wenig eine Rolle wie die Funktion eines Positionsgutes (z. B. Markenartikel), weil wir keine sozialen Bindungen eingehen, es also keine soziale Rangordnung gibt.

- … es nicht zu unseren Präferenzen zählt, an welchem Ort, zu welcher Zeit oder mit welchem Gegenüber wir ein Geschäft abschließen (fehlende örtliche, zeitliche und persönliche Präferenzen).
- … wir nicht schwankend werden, wenn wir einmal unsere Präferenzen festgelegt haben; zumindest, bis die nächste Entscheidung getroffen wird (gegebene Präferenzen).
- **Fazit**: Die Präferenzordnung des Homo oeconomicus ist stark reduziert und zudem stabil.

Der Homo oeconomicus hat eine stark vereinfachte Ermöglichungswelt (Modell der vollkommenen Konkurrenz). Zwar steht der Homo oeconomicus darin ständig unter Druck. Denn als Unternehmer droht ihm das Ausscheiden aus dem Markt. Und als Haushalt kann er ‚leer' ausgehen, wenn seine Zahlungsbereitschaft nicht ausreicht. Aber es herrscht die **Entscheidungswelt des Determinismus**. Es gibt kein Risiko und keine Ungewissheit. Alle zukünftigen Zustände lassen sich vorhersagen und realisieren und die erforderlichen Informationen stehen kostenlos und jederzeit bereit. Weitere Erleichterungen kommen hinzu. In solch einer Welt können wir viel leichter rationale Entscheidungen treffen, denn annahmegemäß …

- … ist der Ressourcenbestand fixiert und es gibt keine Prozessinnovationen (gegebene Ressourcen und Produktionstechnik);
- … funktioniert die Bereitstellung von Produktionsfaktoren und Gütern reibungslos, weil beide unbegrenzt teilbar und mobil sind (vollkommene Anpassungsflexibilität);
- … kann kein Marktteilnehmer Einfluss auf das Marktgeschehen ausüben, weil hierfür die Zahl der Anbieter und Nachfrager zu groß ist (angebotsseitig: Polypol; nachfrageseitig: Polypson);
- … kann keine Marktmacht entstehen, weil es keine Barrieren gibt, um Märkte zu betreten oder zu verlassen (keine Markteintritts- und Marktaustrittsbarrieren).
- **Fazit**: Alle Marktteilnehmer verhalten sich gleichförmig und die Wirtschaftsentwicklung ist vorhersehbar und gleichgewichtig. Erst wenn wir eine dieser Annahmen verändern, wird die Welt unvollkommen.

Fehlt die Kenntnis dieser modellspezifischen Einschränkungen, besteht die Gefahr, den Homo oeconomicus fehlzuinterpretieren, was wir gegen Kapitelende noch einmal aufgreifen. Für unsere Charakterisierung des Menschenbilds (siehe Merkkasten: Homo oeconomicus) nutzen wir die **Merkmalskategorien**, die wir am Ende von Kap. 2 abgeleitet haben, und orientieren uns wieder an Siebenhüner (2001, S. 124–150).

▶   **Wichtig Homo oeconomicus**: Wesen, das sich wie folgt kennzeichnen lässt …

  - **Entscheidungsstruktur:** Rational => aktiviert ausschließlich System 2;
  - **Entscheidungsprozesse**: Unterkomplex => optimiert linear algorithmisch;

- **Entscheidungsperspektive**: Eigennützig => sucht zielorientiert maximale Lösungen;
- **Entscheidungspräferenzen**: Ökonomisch ausgerichtet => hat nur instrumentelle Bedürfnisse;
- **Entscheidungsmotivation**: Extrinsisch => funktioniert als Reiz-Reaktionsmaschine;
- **Entscheidungsdiskurs**: Informativ => sendet und beachtet lediglich Tauschsignale;
- **Entscheidungsraum**: Deterministisch => lernt pfadabhängig durch Anpassung der eigenen Präferenzen;
- **Entscheidungsfolgen als Wirkmacht**: Diffusionsunwirksam => ist machtlos in dezentralen Strukturen; auch gibt es für ihn keine moralische Verpflichtung zur Nachhaltigkeit.

- **Ad Entscheidungsstruktur:** Der Homo oeconomicus entscheidet ausschließlich in dem Denksystem, das die Ratio beheimatet und das als System 2 bezeichnet wird. Dort, wo im System 1 Sinnesapparat und Intuition leben, gibt es beim Homo oeconomicus eine Leerstelle.
- **Ad Entscheidungsprozesse**: Der Homo oeconomicus ist in der Lage, seine Präferenzen vollständig, reflexiv und transitiv anzuordnen, wie es für das perfekt rationale Entscheiden erforderlich ist. Dabei hat er es mit einem vereinfachten Handlungskontext zu tun. Er kann sich folglich eine lineare Zielfunktion erlauben, die er schrittweise in einem bekannten Lösungsraum maximiert oder minimiert. Der Lösungsraum selbst ist durch das vorgegebene Budget begrenzt. Innerhalb dieser Grenzen ist der Entscheider unbeschränkt handlungsfähig.
- **Ad Entscheidungsperspektive**: Der Homo oeconomicus konzentriert sich ausschließlich auf den eigenen Nutzen, den er maximieren will. Er agiert rein ziel- und nicht aktionsorientiert. Ob er jemanden dabei ‚vor den Kopf stößt‘, ist ihm egal. Es geht nicht um Moral (z. B. soziale und/oder ökologische Bedenken). Der Entscheider hat schlichtweg kein Interesse an ethischen Auseinandersetzungen. Er ist ein Kunstwesen in einer vollkommenen Informationswelt. In solch einer Welt ist es nutzlos, jemanden geschäftlich ‚über den Tisch zu ziehen‘. Denn jeder opportunistische Homo oeconomicus wird sofort entlarvt, wenn alle jederzeit über die erforderlichen Informationen verfügen. Dies macht den Eigennutz gesellschaftlich unschädlich.
- **Ad Entscheidungspräferenzen**: Dem Homo oeconomicus ist in seinem Alltag alles fremd, was nicht die Befriedigung ökonomischer Bedürfnisse betrifft. Es geht um instrumentelle Defizitmotive, die Maslow (1943, S. 370) in seiner Bedürfnispyramide als physiologische und Sicherheitsbedürfnisse veranschaulicht:
  - Unter die **physiologischen, also körperlichen Bedürfnisse** fasst Maslow (1943, S. 373) ein Verhalten, das Hunger und Durst stillen möchte. Im wohlhabenden Westen können darunter auch Komfortgüter verstanden werden: „[T]he person who thinks he is hungry may actually be seeking more for comfort [...] than for vitamins

or proteins". Maslow schlussfolgert daher, dass sich körperliche Bedürfnisse durchaus vielfältig befriedigen lassen.

- **Sicherheitsbedürfnisse** sind nach Maslow ebenfalls instrumentell. Dabei geht es beispielsweise um die Versorgung mit medizinischen Gütern, Wohnraum und Heizwärme.
- Die Güter, um instrumentelle Bedürfnisse zu befriedigen, stehen dem Homo oeconomicus annahmegemäß nur als homogene Güter zur Verfügung. Ist ein Bedürfnis gesättigt, ist eine zusätzliche Einheit wertlos, was als Grenznutzen von Null bezeichnet wird. Für das Gesamtverständnis ist wichtig, dass ein **instrumentelles Bedürfnis, das nur ungenügend gedeckt ist, wichtig bleibt** und das menschliche Verhalten weiterhin lenkt. Dies gilt auch für die höheren Bedürfnisstufen (vgl. Kap. 4 und 5). Tritt dort zugleich ein instrumentelles Defizit auf, fällt das Wesen – bildlich gesehen – auf die untere Stufe zurück, um sich um die entsprechende Unterversorgung zu kümmern.

- **Ad Entscheidungsmotivation**: Der Homo oeconomicus handelt, wenn dies von außen angestoßen wird. So können sich Kosten, Preise und Mengen bei gegebenem Budget verändern oder das Budget neu festgesetzt werden. Eine innere Triebkraft (intrinsische Motivation) ist dem Homo oeconomicus fremd. Er muss auch nicht neugierig sein. Er hat immer alle Informationen verfügbar, die er braucht.
- **Ad Entscheidungsdiskurs**: Der Homo oeconomicus kann es sich leisten, wortkarg zu sein. Oder besser gesagt, er braucht nur solche Signale abzusetzen, über die sich Tauschbeziehungen herstellen lassen. Und da es unzählige Tauschpartner gibt und alle auf sich selbst bezogen sind, sind auch Perspektivwechsel bedeutungslos.
- **Ad Entscheidungsraum**: Der Homo oeconomicus erkennt, wenn sich neue Handlungsoptionen ergeben und kann zwischen zwei Entscheidungszeitpunkten seine Präferenzen anpassen. Er wird jedoch nicht versuchen, seinen Lösungsraum zu verändern. Denn die Wirtschaft ist ein deterministisches System, so dass sich jederzeit alle möglichen Zustände der Zukunft vorhersagen und erreichen lassen. Und da sein antizipierter Nutzen dem tatsächlich eintretenden Nutzen entspricht, muss solch ein Mensch auch nicht besonders denk- und veränderungsoffen sein.
- **Ad Entscheidungsfolgen als Wirkmacht**: Der Homo oeconomicus ist nicht wirkmächtig, sondern ohnmächtig, wenn es um Diffusionspotenziale geht. Denn er ist ein zu kleiner Akteur unter vielen zu kleinen Akteuren, um etwas Größeres in Gang zu setzen. Er hat schlichtweg keine ökonomische Reichweite.

Aus Sicht unserer **Nachhaltigkeitswelt** ist dem Homo oeconomicus ein Fürsorgeverhalten für Mitmenschen und Natur fremd. Letztere besteht für ihn ausschließlich aus Naturgütern, die effizient zu nutzen sind, weil Ressourcen knapp sind. Um wirkmächtig zu sein, fehlt es dem Homo oeconomicus an Einfluss. Allerdings trudelt seine modellspezifische Welt auch nicht ‚aus dem Ruder', wie wir es für den planetaren Kontext diskutiert haben. Sie ist deterministisch und funktioniert friktionslos anpassungsfähig.

3.5   Wer ist der eingeschränkt rationale Entscheider?

Zusammenfassung
Der eingeschränkt rationale Mensch ist ein Entscheider unter Risikobedingungen. Und da es in der stochastischen Welt zu Fehlentscheidungen kommt, muss er seinen Entscheidungsprozess optimieren, um wenigstens zufriedenstellende Ergebnisse erzielen zu können. Zu seinen Sicherheitsbedürfnissen zählt jetzt auch, eine nicht vollständig erkennbare Welt mit ihren Tauschbeziehungen zu plausibilisieren und sich möglichst gegen Opportunismus abzusichern. Eine moralische Haltung bleibt ihm allerdings fremd. Gleiches gilt für die innere Triebkraft. Nimmt die Markmacht des Entscheiders zu, wirkt sich sein Handeln stärker auf andere aus. Dies hat jedoch nichts mit Gruppenprozessen zu tun, bei denen es ethisch und praktisch um Nachhaltigkeit geht.

Entfernen wir uns vom Idealbild des Homo oeconomicus und seiner Ermöglichungswelt, treffen wir auf den eingeschränkt rationalen Akteur. Wer ist dieses Wesen, das ein entsprechendes Menschenbild beschreibt? Und was kann und will es (nachhaltig) leisten und warum?

Wie der Name sagt, entscheidet auch dieses Wesen rational, wenngleich eingeschränkt rational (**bounded rationality**). Wir haben es mit einem Menschenbild zu tun, das maßgeblich auf die Arbeiten von Herbert Simon (insbesondere Simon 1957) zurückgeht. Simon nimmt an, dass in einer zunehmend komplexen Welt die menschliche Fähigkeit abnimmt, sich den entscheidungsrelevanten Kontext kognitiv zu erschließen. Der Entscheider konzentriert sich zwar weiterhin auf seine ökonomischen Bedürfnisse. Aber er greift selektiv nur noch zu den Informationen, die er als relevant einschätzt, und gibt sich mit einer Bedürfnisbefriedigung zufrieden, die nicht länger maximal ist, sondern nur noch zufriedenstellend (satisficing).

Wir erfassen auch diese Sicht auf den Menschen mit Hilfe unserer Merkmalskategorien (siehe Merkkasten: Eingeschränkt rationaler Entscheider) und nehmen dabei unter anderem auf Siebenhüner (2001, S. 150–156) Bezug.

▶   **Wichtig** **Eingeschränkt rationaler Entscheider**: Wesen, das sich wie folgt kennzeichnen lässt …

- **Entscheidungsstruktur**: Eingeschränkt rational => aktiviert ausschließlich System 2;
- **Entscheidungsprozesse:** Unterkomplex => optimiert weitgehend linear algorithmisch;
- **Entscheidungsperspektive:** Eigennutzorientiert => sucht zielorientiert zufriedenstellende Lösungen;

- **Entscheidungspräferenzen:** Ökonomisch ausgerichtet => hat nur instrumentelle Bedürfnisse;
- **Entscheidungsmotivation:** Extrinsisch => funktioniert überwiegend als Reiz-Reaktionsmaschine;
- **Entscheidungsdiskurs:** Informativ => kommuniziert zu Tauschvorgängen und zwecks Informationsbeschaffung;
- **Entscheidungsraum:** Stochastisch => lernt weitgehend pfadabhängig durch Präferenzanpassung und verbesserte Informationslage;
- **Entscheidungsfolgen als Wirkmacht:** Teilweise marktlich diffusionswirksam => kann an Marktmacht und damit an Einfluss gewinnen, jedoch nicht im Sinne einer moralischen Verpflichtung zur Nachhaltigkeit.

- **Ad Entscheidungsstruktur**: In seiner Vorgehensweise ist der eingeschränkt rationale Entscheider – wie der Homo oeconomicus – ausschließlich dem System 2 verhaftet. Das System 1 mit Sinnesapparat und Intuition wird erneut ausgeblendet.
- **Ad Entscheidungsprozesse**: Der eingeschränkt rationale Entscheider ist weitgehend in der Lage, seine Zielgrößen unter Nebenbedingungen linear zu optimieren. Denn in den Modellen, die sein Verhalten abbilden, werden Wirkungsvernetzungen und Multikausalitäten meist ausgeblendet (Siebenhüner 2001, S. 155). Der Entscheider kann seine Präferenzen also weiterhin erkennen und weitgehend widerspruchsfrei anordnen. Aber er kann sein Vernunftpotenzial nicht länger vollständig ausschöpfen. Er macht Fehler bei der Informationssuche und -verarbeitung und wird dadurch genügsamer. Seine Strategie ist, ein zufriedenstellendes Ergebnis zu erreichen. Daher wird er die Handlungsoption wählen, die, „betrachtet man die Optionen in unsystematischer Reihenfolge, als erste das gesetzte Anspruchsniveau erfüllt und insofern befriedigend ist" (Pfister et al. 1998/2017, S. 105). Der eingeschränkt rationale Entscheider muss jedoch Chancen und Risiken abwägen und sich eine entsprechende Haltung zulegen. Dies weitet den Diskussionsraum. Es geht nicht länger ausschließlich darum, ob das Entscheidungsergebnis der Rationalität genügt (substantive rationality). Da der Entscheider seinen kognitiven Apparat gegebenenfalls suboptimal nutzt, ist auch zu prüfen, ob der Entscheidungsprozess der Rationalität genügt (procedural rationality).
- **Ad Entscheidungsperspektive**: Der eingeschränkt rationale Mensch ist weiterhin ein Egoist, dem ethische Auseinandersetzungen egal sind. Er kümmert sich ausschließlich um seinen ökonomischen Nutzen, weil es in seinen Modellen andere Anreize nicht gibt. Seine Zielgrößen bleiben Variablen wie Erlöse, Kosten und die Verbesserung des Informationszustands. Allerdings sieht sich der Entscheider nun einem möglichen Opportunismus ausgesetzt. Eine solche Gefahr besteht, wenn Einzelheiten und Konsequenzen einer Entscheidung nicht vollständig erfassbar sind und die Gegenseite dies ausnutzt. Gegebenenfalls ist es für den Entscheider lohnend, selbst zum Opportunisten zu werden. Dies macht nicht nur Informationskosten relevant, sondern auch Signalisierungs-, Kontroll- und Korrekturkosten, um Absichten und Handlungsweisen ausreichend steuern zu können.

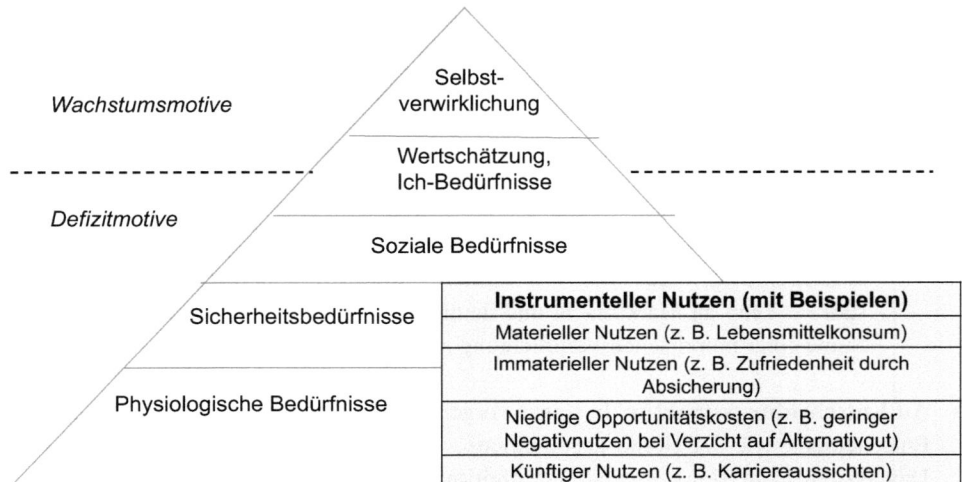

Abb. 3.4 Bedürfnispyramide nach Maslow und der eingeschränkt rationale Mensch

- **Ad Entscheidungspräferenzen**: Der eingeschränkt rationale Entscheider konzentriert sich – wie der Homo oeconomicus – auf instrumentelle Bedürfnisse (siehe Abb. 3.4; Stähle 1994, S. 156, in Siebenhüner 2001, S. 170, mit eigener Erweiterung um Nutzenbeispiele).
  - Da die Welt jetzt unvollkommen ist, können **neue Sicherheitsbedürfnisse** entstehen, die sich auf unterschiedliche Weise operationalisieren lassen. So kann ein Sicherheitsnutzen durch den Abschluss einer Versicherung entstehen oder durch Investitionen in (Weiter-)Bildung, um die eigene Arbeitsmarktbefähigung zu verbessern. Hierzu Maslow (1943, S. 379): „[W]e can perceive the expressions of safety needs only in such phenomena as, for instance, the common preference for a job with tenure and protection, the desire for a saving account, and for insurance of various kinds (medical, dental, unemployment, disability, old age)". Auch gibt es mehrere Handlungsoptionen, um ein möglichst gewaltfreies Umfeld zu realisieren.
  - Die verbleibenden Lücken in der Zukunftsvorhersage füllt der Mensch, indem er das Unsichere plausibel erklärt. Hierfür **bezieht er sich eher auf Vertrautes und Bekanntes** als auf Unvertrautes und Unbekanntes, was Maslow (1943, S. 379) wie folgt kommentiert: „Other broader aspects of the attempt to seek safety and stability in the world are seen in the very common preference for familiar rather than unfamiliar things, or for the known rather than the unknown". Ziel ist, die Umwelt und das menschliche Verhalten so zu erklären, dass die erkennbaren Zusammenhänge – beispielsweise mit Hilfe der Wissenschaft – Sinn ergeben.
- **Ad Entscheidungsmotivation**: Der eingeschränkt rationale Mensch ist weiterhin ein reduktionistischer Idealtyp. Er wird von außen ‚getriggert', weil sich Größen (z. B. Kosten, Mengen) verändern, die für sein Kosten-Nutzen-Kalkül relevant sind. Dabei ist in einer mathematisierten Modellwelt eine Belohnung in Geldbeträgen von Vorteil, weil sie der Monotonie genügt (nach dem Motto ‚mehr ist immer besser'), was

sich in den experimentellen Grundsätzen der Mainstream-Ökonomik niederschlägt (z. B. Smith 1976). Der eingeschränkt rationale Mensch unterliegt keinen soziokulturellen Einflüssen (z. B. Gruppenidentität) und/oder psychologischen Einflüssen (z. B. personale Identität).

- **Ad Entscheidungsdiskurs**: Der eingeschränkt rationale Mensch ist ein Einzelgänger und sendet und empfängt primär Tauschsignale. Da seine Welt unvollkommen geworden ist, folgt er neben der formalen Rationalität (logische Konsistenz) jetzt auch einer Rationalität, die sich darauf bezieht, dass die inhaltliche Ausrichtung einer Transaktion zweckdienlich ist (Intentionalität). Er kommuniziert nun verstärkt, um die vorhandenen Interessen und Erwartungen auszurichten und für ein gegenseitiges Vertrauen in die jeweilige Geschäftsbeziehung zu sorgen.
- **Ad Entscheidungsraum**: Der eingeschränkt rationale Entscheider bleibt seinem Handlungsmuster treu. Er bewegt sich weitgehend pfadabhängig durch seine stochastische Welt, ohne den Lösungsraum selbst verändern zu wollen. Er ist kreativ, um sein Anspruchsniveau neu festzusetzen, nicht aber im eigentlichen Entscheidungsprozess (Siebenhüner 2001, S. 154). Der Umgang mit der kurz- und mittelfristigen Zukunft dominiert. Denn eine überschaubar große Anzahl von Entscheidungen und (Inter-)Aktionen lässt sich auf eine logisch berechenbare Weise lösen und ausrichten.
- **Ad Entscheidungsfolgen als Wirkmacht**: Der eingeschränkt rationale Entscheider beginnt wirkmächtig zu werden, da er Marktmacht aufbauen und seine Reichweite ausdehnen kann. Dies kann die Marktformen in Richtung Oligopol bzw. Oligopson (wenige Anbieter bzw. Nachfrager) und Monopol bzw. Monopson (ein Anbieter bzw. Nachfrager) verändern. Die egoistische Perspektive bleibt erhalten. Allerdings ist der Konkurrenzansatz nicht länger die einzige Option, um das Problem knapper Ressourcen zu lösen. Auch Kooperationen sind jetzt denkbar. Diese müssen jedoch nach dem glaubwürdigen Motto ‚wie du mir, so ich dir' erfolgen (Reziprozität).

Aus Sicht unserer **Nachhaltigkeitswelt** bedeutet dies, dass der eingeschränkt rationale Mensch zwar Kooperationspotenzial entwickelt. Seine Zielorientierung ist jedoch egoistisch. Ein höheres Umweltbewusstsein entsteht nur, wenn sich die Knappheit bei Umweltgütern verstärkt und deren Preise nach oben drückt. Und die Verfasstheit der Mitmenschen ist nur dann für ihn relevant, wenn sich dadurch sein persönlicher Nettonutzen verändert.

3.6 Was kann die Mainstream-Ökonomik mit ihrer Idee vom rationalen Menschen leisten und was nicht?

Zusammenfassung

Die Mainstream-Ökonomik lotet ihre Sicht auf den (eingeschränkt) rationalen Menschen modelltheoretisch umfänglich aus (rational choice economics). Aufgrund stark idealisierter Attribute treten dann Wesenszüge und Verhaltensweisen hervor, die bei einer realistischen Sicht auf den Menschen verdeckt bleiben. Auch ihre abstrakten und durchaus technikoptimistischen Ermöglichungswelten wirken in diese Richtung. Im Ergebnis werden durch eine unvollkommene (Informations-)Welt fehlerhafte Entscheidungen und ein wohlfahrtsschädliches Individualhandeln begünstigt, was kooperative Lösungen sinnvoll erscheinen lässt. Die Fairness, die daraus entsteht, folgt allerdings dem Effizienz- und nicht dem Gerechtigkeitskriterium. Zudem bleibt die Welt des (un-)bekannt Unbekannten meist zugunsten der kurzen und mittleren Frist ausgeblendet. All dies zeigt, dass die Menschenbilder und Verhaltensmodelle der Mainstream-Ökonomik nicht ungefiltert in die ökonomische Lehre und Praxis übertragen werden dürfen.

Ein **Menschenbild** schreibt dem Menschen bestimmte Eigenschaften zu. Daraus können wir ableiten, wie dieses Wesen sich annahmegemäß entscheidet und – verbunden mit einem Verhaltensmodell – handelt. Die Wirklichkeit ist dabei immer reduziert (vgl. Abschn. 2.2). Die bekanntesten Menschenbilder der Mainstream-Ökonomik sind …

- der Homo oeconomicus;
- der eingeschränkt rationale Mensch.

Welche Erkenntnisbeiträge erzielt die Mainstream-Ökonomik mit ihren Menschenbildern? Und welche Lücken bleiben?

Was kann die Mainstream-Ökonomik leisten?
Ausgewählte Aspekte zum **Homo oeconomicus**:

- Die Mainstream-Ökonomik mathematisiert ihre Menschenbilder als Verhaltensmodelle. Dies schärft die formale Logik auf eine Weise, dass **Zusammenhänge enthüllt werden, die in der Realität durch andere Phänomene verdeckt** bleiben. Dies gilt vor allem für den Homo oeconomicus und seine modellperfekte Welt. Es geht nicht um universell gültige Ergebnisse. Die Summe aller Teile soll – im Sinne des methodologischen Individualismus – dem Ganzen entsprechen (vgl. Abschn. 2.2). Nebenwirkungen, Rückwirkungen oder andere Gründe für ein ‚weißes Rauschen‘ sind ausgeschlossen.
  - Was die Erkenntnisse spannend macht, ist, dass alle relevanten Stellschrauben umgangssprachlich ‚auf Null‘ gesetzt sind. Ein Beispiel hierfür liefert die **Bedeutung widerspruchsfreier Präferenzen**. Wird an den Stellschrauben des Menschenbilds und/oder der Modellwelt gedreht, treten die Konsequenzen solcher Veränderungen klar hervor und können inhaltlich und methodisch aufgegriffen werden, wie wir beim eingeschränkt rationalen Wesen und seiner unvollkommenen Welt sehen.
  - Vor diesem Hintergrund lässt sich auch zeigen, wann Eigennutz im Sinne eines nicht-kooperativen Verhaltens unschädlich ist. Denn der Homo oeconomicus lebt in

einer Kunstwelt, die wertfrei ist und keine Anreize dafür setzt, sich mit ökologischen und/oder sozialen Bedenken (ethisch) zu beschäftigen. Er ist kein böswilliges Wesen, wie mediale Inhalte oft suggerieren. Er ist ein **Entscheider ohne Macht**, gleich ob er zur Nachfrage- oder Angebotsseite gehört. Niemand kann Einfluss auf das Marktgeschehen ausüben, zumal jeder jederzeit über alle Informationen verfügt. Das eigennutzorientierte Verhalten ist für ihn und andere also unschädlich, weil es in seiner Ermöglichungswelt kein opportunistisches Verhalten und keine Effizienz-defizite wie externe Effekte gibt (vgl. Abschn. 7.3).

- Dass im Modell der vollkommenen Konkurrenz Produkt- oder Prozessinnovationen nicht thematisiert werden, heißt nicht, dass der technische Fortschritt für unbedeutend gehalten wird. Vielmehr signalisieren die beliebige Teil- und Anpassbarkeit der gegebenen Ressourcen und Technik indirekt, dass technischer Fortschritt leicht realisierbar ist. Siebenhüner (2001, S. 127–128) stellt fest, dass der Homo oeconomicus als ein sehr handlungsfähiges Wesen konzipiert ist, „welches nicht zuletzt das **Machbarkeitsdenken und den Technikoptimismus** der Zeit seiner Entstehung – wie auch der Gegenwart – widerspiegelt". Die heutigen Debatten (vgl. Abschn. 10.2) zeigen, dass wir noch immer an den Menschen als kreatives Vernunftwesen glauben (wollen).

Ausgewählte Aspekte zum **eingeschränkt rationalen Menschen**:

- Der eingeschränkt rationale Entscheider ist eine gezielte Annäherung an die Realität. Die Mainstream-Ökonomik hat an den Stellschrauben der vollkommenen Konkurrenz gedreht und diese unvollkommen gemacht. Wir erfahren vor allem, was es heißt, wenn der eingeschränkt rationale Mensch Schwierigkeiten bei der Informationsbeschaffung und/oder Informationsverarbeitung hat. Er muss Chancen und Risiken abwägen. Dadurch entstehen **Fehler im Entscheidungsprozess und -ergebnis** und die individuellen Anspruchsniveaus an Eigennutz beginnen sich zu unterscheiden. Der Mensch ist keine reine Reiz-Reaktionsmaschine mehr. Er ist genügsamer geworden.
- Zudem erkennen wir, welche menschlichen Verhaltensweisen sich negativ auf andere auswirken. Es geht um präferenzielle Fehlbewertungen und falsch gewählte Strategien.
  - Für Fehlbewertungen ist – mit Blick auf die Nachhaltigkeit – vor allem die **Zeitpräferenz** entscheidend, die den Gegenwartskonsum attraktiver als den Zukunftskonsum macht.
  - Zudem kann eine ‚gute' Strategie an Informationsunsicherheiten und falschen Anreizen scheitern. Wir haben dies beim spieltheoretischem Fallbeispiel zur Klimapolitik gesehen. Im Ergebnis macht es Sinn zu **kooperieren, um Knappheitsprobleme zu lösen**. Hierfür müssen allerdings zwei Voraussetzungen erfüllt sein: Erstens müssen sich alle Akteure in weiteren Entscheidungsrunden wiederbegegnen (mehrstufige Spiele), damit eine Sanktionierung glaubwürdig umgesetzt werden kann. Zweitens muss sich eine gute Strategie durchsetzen lassen. Es darf also nicht zu einer Konzentration von Macht kommen, die dies aus Eigennutz verhindert.

Was kann die Mainstream-Ökonomik nicht leisten?
Ausgewählte Aspekte zum **Homo oeconomicus**:

- Der Homo oeconomicus, den wir kennengelernt haben, bietet kein Gerechtigkeitskriterium an, das sich auf die gängige Ungleichheitsforschung bezieht (vgl. Abschn. 8.1). Gerechtigkeit ist dann erreicht, wenn sich durch die Veränderung des Zielwerts kein Individuum besserstellen kann, ohne ein anderes schlechter zu stellen, was als Pareto Optimum bezeichnet wird (Fritsch 2014, S. 23–25). Dabei wird die Unterschiedlichkeit der Menschen ignoriert. Das Marktergebnis ist folglich **nicht im Sinne von Umverteilungsbedarfen interpretierbar**. Entscheidend ist nur, ob der Nutzen eines Individuums mit einem Tauschvorgang ordinal sinkt, gleichbleibt oder steigt. Ordinal bedeutet, über eine Rangordnung zu vergleichen, während bei kardinal erfassten Nutzenveränderungen der Abstand gemessen wird. Das Pareto-Kriterium ist also ein Effizienz- und kein Gerechtigkeitskriterium.
- Die Mainstream-Ökonomik personalisiert nicht. Und sie will den formallogischen Forderungen der Mathematik genügen. Es ist daher Vorsicht geboten, wenn ihre Ergebnisse außerhalb der Forschung genutzt werden. So schätzen es Pfister et al. (1998/2017, S. 325) als Gefahr ein, wenn der Umgang mit dem Homo oeconomicus und seiner Welt **ungefiltert in die Lehre und ökonomische Praxis** übertragen und dort verhaltensbeeinflussend eingeübt werden, da derart Beeinflusste als (spätere) Führungskräfte ihr Umfeld mitprägen (z. B. egoistische Grundhaltung). Siebenhüner (2001, S. 148) fasst unter solch eine Praxis auch die wirtschaftspolitische Beratung, durch die Ökonomen „die Gestaltung ökonomischer Rahmenbedingungen auf Basis ihrer grundlegenden (Verhaltens-)Theorie" mitausrichten. Alternative Ansätze dürfen daher nicht – wie in den 1980er-Jahren – ‚tabuisiert' werden (vgl. Abschn. 2.3). Ziel ist, eine möglichst kritische Auseinandersetzung zur Theorie- und Methodenentwicklung zu befördern.

Ausgewählte Aspekte zum **eingeschränkt rationalen Menschen**:

- Beim eingeschränkt rationalen Entscheider wird Fairness zum Thema. Allerdings bezieht sie sich nur darauf, ob ein Entscheider opportunistisch handelt oder nicht. Es geht nicht um eine soziale Gerechtigkeit. Daher gibt es auch **kein ethisches Dilemma**. Und selbst wenn es solch ein Dilemma gibt, zeigt Schelling, wie der eingeschränkt rationale Mensch es im Diskurs ‚entmoralisieren' kann. Hierfür nutzt der Autor ein Beispiel, bei dem ein Energieproblem (Effizienz) und ein Armutsproblem (Gerechtigkeit) gleichzeitig auftreten (Schelling 1984, S. 22): Die Entscheidung wird schlichtweg von der Ebene der Moral und der Präferenzen auf die darunterliegende praktische Handlungsebene verlagert. Dort muss sich der Akteur nicht für die Effizienz und gegen die Gleichheit oder umgekehrt entscheiden. Vielmehr betrachtet er zwei Zielgrößen, die in zwei Programmlinien getrennt instrumentiert und optimiert werden, so Schelling: „Here we are again weighing ‚equity' against ‚efficiency'. An inescapable dilemma? Nothing to do but compromise […]? To the rescue we bring the two-dimensional approach. We have two problems […] we try to resolve the competing claims of poverty and energy without choosing sides between equity and efficiency. […] With two programs to work with, and two objectives to meet we may be able to evade the ethical dilemma".

- Der eingeschränkt rationale Entscheider lädt uns in die spannende Entscheidungswelt der Informationsunsicherheit ein, in der auch Heuristiken in der Praxis anwendbar sind. Seine verschiedenen Modellwelten und ihre Herausforderungen reichen aber meist über die **kurze und mittlere Frist** nicht hinaus. Und als äußere Faktoren dominieren weiterhin ökonomische Herausforderungen wie die Knappheit an Ressourcen und Informationen und somit Effizienzprobleme. Der Umgang mit Nachhaltigkeit erfordert jedoch, in die Welt des (un-)bekannt Unbekannten vorzustoßen, in der es Kollektivpräferenzen und gesellschaftliche Ängste gibt. All dies ist in der Mainstream-Ökonomik nicht oder nur unzureichend abgebildet.

Fazit zum (eingeschränkt) rationalen Menschen

Unser Fazit zu den Menschenbildern der disziplinären Volkswirtschaftslehre beschränkt sich auf wenige Aspekte, um im Buch noch Raum für die restliche Wegstrecke zu haben. Aber das Wenige zeigt bereits, dass wir **Vieles von der Mainstream-Ökonomik lernen** können. Es geht um das rationale Potenzial, über das Menschen verfügen, und was damit in einem bestimmten Handlungskontext geleistet werden kann. Es geht um unterschiedliche Informationsgrade und wie sich diese auf Präferenzbildung und Strategieentscheidungen auswirken können. Es geht um das Ausleuchten von Bedingungen, unter denen Opportunismus entsteht und wann sich die Ergebnisse für den Entscheider und andere zu verschlechtern beginnen. Und Vieles mehr.

Kritisch ist die Vorliebe der Mainstream-Ökonomik für den Stochastikbereich, also das Ausblenden der vollständigen Unsicherheit. Nur für diesen Bereich lernt der Akteur, seine Informationslücken zu füllen und Strategieergebnisse zu verbessern. Solch ein **rationales Verhalten darf nicht mit bürgerlicher Mündigkeit gleichgesetzt** werden (vgl. Abschn. 2.2). Letztere braucht nicht nur Kompetenzen, um Informationen auffinden, kritisch beurteilen und auswerten zu können und Handlungen daraus abzuleiten. Sie braucht nach Hoffmann et al. (2019, S. 82–83) auch Sozialkompetenzen, zu denen Interaktionsnormen gehören, und bürgerliche Kompetenzen, die eine kollektive Verantwortung einschließen. Die Autor:innen diskutieren dies für die digitale Mündigkeit und verweisen auf das Beispiel von Internetnutzer:innen, die sich im Internet mittels ihrer Fähigkeiten unerlaubt Zugang zu Datenquellen verschaffen und dies für sich ausnutzen; solche Personen sind zwar digital kompetent, aber nicht digital mündig, da sie sich unverantwortlich gegenüber anderen Nutzer:innen verhalten und ihnen Schaden zufügen. Die Mainstream-Ökonomik ist von dem Ideal der bürgerlichen Mündigkeit zwar inspiriert, indem sie ihren Entscheider autonom handeln lässt. Ihr Individualismus ist allerdings weitgehend methodologischer Art und nicht normativer Art. Wir vertiefen das Ganze im zweiten Buchteil, wenn es um Systemisches und die gesellschaftsvertraglichen Verpflichtungen geht, die sich Bürger:innen auferlegen können.

3.7   Erste Etappe: Treffen Sie Ihre Mitreisenden – Die Rationalen

Willkommen zurück zum ersten Teil des **INSEL-Experiments** (vgl. Abschn. 2.5). Stellen Sie sich nun zusätzliche Handlungsbedingungen vor:

- Jede Person hat einen Trinkwasservorrat von 15 Litern, 3 kg Zwieback und 5 Äpfeln.
- Es ist keine INSEL in Sicht und Sie und die Anderen sind noch eine unbekannte Zahl von Tagen und Nächten unterwegs.

Sie haben also Zeit, sich selbst und die übrigen Bootsinsassen zu beobachten, um herauszufinden, wie Sie und die Anderen **als rationale Menschen Entscheidungen treffen**. Hierzu erhalten Sie jetzt anregende Reflexionsfragen und Denkanstöße:

1. Welche Schlüsse ziehen Sie aus den Bedingungen, unter denen Sie reisen? Wie gehen Sie vor, um diese Erkenntnisse auszuwerten?
2. Nach welchen Kriterien kommen Sie zu der Bewertung, wie gesund alle Bootsinsassen sind? Was folgt daraus für den Verpflegungsplan an Bord, wenn Sie ausschließlich rational entscheiden?
3. Nach welchen Kriterien verteilen Sie die Aufgaben an Bord, wenn diese Entscheidung bei Ihnen liegt und Sie hierzu Informationen erheben? Wie sehr vertrauen Sie darauf, dass die Ihnen gegebenen Antworten der Mitreisenden ehrlich sind?
4. Mit welchen Mitteln und Methoden setzen Sie Ihre Ziele in der Gruppe der Bootsinsassen durch? Welche Faktoren geben Ihnen Sicherheit und stärken Ihre Durchsetzungskraft?
5. Welchen Bestrafungskatalog halten Sie für angemessen, wenn jemand an Bord Absprachen nicht einhält? Welche Gründe akzeptieren Sie, um Ausnahmeregelungen zu treffen?
6. An Bord müssen jeden Tag existenzielle Entscheidungen getroffen werden. Welchen Weg der Entscheidungsfindung präferieren Sie als rationaler Mensch?
7. Wie gehen Sie damit um, dass die Dauer des Unterwegsseins unberechenbar ist? Welche Gedanken haben Sie hierzu?
8. Wie bewerten Sie als rationaler Mensch die Rolle von Emotionen, wenn Sie sich mit den Zukunftsaussichten an Bord beschäftigen?
9. Welche Handlungsgrundsätze, die sich aus Ihren bisherigen Reflexionen ableiten, können zu Prinzipien einer allgemeinen Gesetzgebung werden?

Literatur

Bardt, Hubertus (2011): Emissionsvermeidung oder Anpassung an den Klimawandel. Welche Zukunft hat die Klimapolitik, Ifo Schnelldienst, Jg. 64, Nr. 5, München, S. 3–7

Bauer, Thomas K., Gigerenzer, Gerd, Krämer, Walter, und Schüller, Katharina (2022): Grüne fahren SUV und Joggen macht unsterblich, Campus Verlag, Frankfurt, New York

Fritsch, Michael (2014): Marktversagen und Wirtschaftspolitik, Verlag Franz Vahlen, München, 9. Auflage

Gigerenzer, Gerd (2019): Rationales Entscheiden unter Ungewissheit ≠ Rationales Entscheiden unter Risiko, in: Fleischer, Bernhard, Lauterbach, Reiner, und Pawlik, Kurt (Hrsg.), Rationale Entscheidungen unter Unsicherheit, De Gruyter, Berlin, Boston, S. 1–14, https://doi.org/10.1515/9783110600261-001, Zugriff 16.12.2022

Hoffmann, Christian P., Weber, Jasmin, Zepic, Robert, Greger, Vanessa, und Krcmar, Helmut (2019): Dimensionen digitaler Mündigkeit und politische Beteiligung im Netz, in: Engelmann, Ines, Legrand, Marie und Marzinkowski, Hanna (Hrsg.), Politische Partizipation im Medienwandel, Berlin, S. 79–99, https://doi.org/10.17174/dcr.v6.4, Zugriff 16.12.2022

Mag, Wolfgang (1990): Grundzüge der Entscheidungstheorie, Verlag Franz Vahlen, München

Maslow, Abraham H. (1943): A Theory of Human Motivation, in: Psychological Review, 50, S. 370–396, https://psychclassics.yorku.ca/Maslow/motivation.htm, Zugriff 23.05.2022

Pfister, Hans-Rüdiger, Jungermann, Helmut, und Fischer, Katrin (1998/2017): Die Psychologie der Entscheidung, Springer-Verlag, Berlin, Heidelberg, 4. Auflage

Quack, Dietlinde, Brohmann, Bettina, Fischer, Corinna, Grießhammer, Rainer, Wolff, Franziska (2017): Nachhaltiger Konsum – Strategien für eine gesellschaftliche Transformation, Öko-Institut e.V., Freiburg, https://www.oeko.de/publikationen/p-details/nachhaltiger-konsum-strategien-fuer-eine-gesellschaftliche-transformation, Zugriff 12.05.22

Samuelson, Paul A. (1980): Economics, McGraw-Hill, London, Tokio, 11. Auflage

Schelling, Thomas C. (1984): Choice and Consequence, Harvard University Press, Cambridge, Massachusetts

Siebenhüner, Bernd (2001): Homo sustinens – Auf dem Weg zu einem Menschenbild der Nachhaltigkeit, Metropolis Verlag, Marburg

Simon, Herbert (1957): Models of Man. Social and Rational, John Wiley & Sons, New York, London

Smith, Vernon (1976): Experimental Economics: Induced Value Theory, in: American Economic Review 66 (2), S. 274–279

Stähle, Wolfgang (1994): Management, Verlag Franz Vahlen, München, 7. Auflage

Taleb, Nassim N. (2007): The Black Swan: The Impact of the Highly Improbable, Random House, New York

Thess, André D. (2020): Sieben Energiewendemärchen?, Springer Verlag, Berlin

Wiese, Harald (2004): Kooperative Spieltheorie, Springer Verlag, Berlin, Heidelberg, New York

Zundel, Stefan (1995): Der methodologische Status der Rationalitätsannahme in der Ökonomie, Duncker & Humblot, Berlin

Homepages:

Umweltbundesamt (UBA) (Homepage): Industrielle Prozesswärme kann bis 2045 CO_2-neutral sein, https://www.umweltbundesamt.de/themen/industrielle-prozesswaerme-kann-bis-2045-co2, Zugriff 10.12.2022

Identitätsökonomik: Wenn der Mensch zusätzlich das Miteinander braucht

4

„Most economic analysis concentrates on pecuniary motivations, such as desires for consumption and income. But economics today is not just about money, and many economists believe that we should study nonpecuniary motives as well.

Utility functions have been developed to express a wide array of nonpecuniary tastes and preferences, such as the desire for children, the concern for status, and the desire for fairness and retribution. But in this welter of activity, with rare exception, economists have maintained the basic presumption that such tastes and preferences are individual characteristics independent of social context. Some individuals simply care more about children, others less. Some people care more about status, others less. And so on.

This presumption ignores the fact that what people care about, and how much they care about it, depends in part on their identity".

George A. Akerlof and Rachel E. Kranton (2010, S. 10): Identity Economics

---

Lernkontext

Der Mensch ist Teil einer oder mehrerer Gruppen und kann sich selbst als Teil eines gesellschaftlichen Ganzen empfinden. Daraus entstehen Normen und Emotionen, die sein soziales Verhalten beeinflussen, und Strukturen und Prozesse, in denen dieses Handeln abläuft. Es geht um das Forschungsfeld der Soziologie, von der sich die Identitätsökonomik inspirieren lässt. Entstanden ist ein eigenes Menschenbild, der Homo socialis. Dieses Wesen handelt annahmegemäß rational, während es zugleich seine soziale Einbettung berücksichtigt. In diesem Kapitel geht es um die zweite Stufe der Analyse menschlichen Entscheidens, die wir in Kap. 5 mit einer weiteren Stufe abschließen.

Kapitel 4 …

- erläutert, wie Menschen ihre soziale Identität entwickeln und deren Grenzen bestimmen (Abschn. 4.1);
- zeigt auf, wie sozial festgelegte Emotionen die Entscheidungsfindung beeinflussen können (Abschn. 4.2);
- klärt, warum Menschen Geschichten erzählen und ihren Blick auf kleine Welten
  reduzieren (Abschn. 4.3);
- macht nachvollziehbar, wie all dies mit dem Menschenbild des Homo socialis zusammenhängt (Abschn. 4.4);
- fasst die Erkenntnisgewinne und -lücken der Identitätsökonomik – auch mit Blick
  auf den nachhaltigen Menschen – zusammen (Abschn. 4.5);
- bietet mit Hilfe des INSEL-Experiments an, die neuen Erkenntnisse persönlich
  zu reflektieren (Abschn. 4.6).

Schlüsselbegriffe: Soziale Identität, sozial festgelegte Emotionen, Homo narrans, kleine-Welt-Phänomen
Merkkasten: Homo socialis

4.1   Was lernen wir von der Soziologie über Identität?

Zusammenfassung
Jeder Mensch hat eine soziale Identität und ist motiviert, seine Gruppe(n) anderen
Gruppen vorzuziehen. Er handelt folglich nicht nur ziel-, sondern auch aktionsorientiert, wobei er multiplexe Beziehungsarten ausprägen kann, die vertrauens-
bildend wirken. Das Handeln selbst wird von der jeweiligen Bezugsgruppe interpretiert, bewertet und gegebenenfalls kulturell sanktioniert. Denn die Gruppe hat
Rollenerwartungen an ihre Mitglieder, die diese gegebenenfalls enttäuschen. Dass
sich soziale Identitäten über die Zeit verändern, macht eine entsprechende Analyse
herausfordernd.

In Kap. 3 haben wir den rationalen Menschen kennengelernt. Die Mainstream-Ökonomik
sieht ihn als Einzelgänger. Diese Annahme ist in der Realität nicht haltbar. Denn jede:r von
uns fühlt sich einer oder mehreren Gruppen zugehörig. Wie entsteht solch eine soziale
Identität? Und was macht andere zu Fremden?

Mit der wissenschaftlichen Frage, wie der Mensch soziale Beziehungsgeflechte heraus-bildet und was dies bedeutet, beschäftigt sich die **Soziologie**. Ein Teil ihrer Erkenntnisse wird von der Identitätsökonomik genutzt, wodurch sich die volkswirtschaftliche Sicht auf den Menschen erweitert. Wir schauen ausschließlich auf diese Bausteine. Die Vorgehens-weise ist – wie bereits erwähnt – eklektisch; auf vertiefende Fachkontroversen wird ver-zichtet (vgl. Abschn. 2.4).

Bei der **sozialen Identität** geht es um das Selbstkonzept eines Individuums, das sich als Teil einer Gruppe oder mehrerer Gruppen versteht. Damit solch ein ,Wir'-Verständnis (we-identity) entsteht, braucht es Merkmale, in denen sich Menschen als ähnlich empfinden (Homophilie). Hierzu zählen beispielsweise Alter und Geschlecht (z. B. weibliche Führungskräfte), Sprache und tradierte Geschichten (z. B. ethnische Zugehörigkeit) oder die Normenorientierung (z. B. religiöse Werte). Es entsteht eine Vertrautheit, die sich grund-sätzlich positiv auf das Zugehörigkeitsgefühl und die Akzeptanzbereitschaft in der jeweili-gen Gruppe auswirkt (Tajfel 1978, S. 63). Dies ist vor allem für große und komplexe Ge-sellschaften wichtig. Oder wie Messner, Guarín und Haun (2013, S. 21) es formulieren: „In large and complex societies, the main source of similarity is cultural: we tend to cooperate better with those who believe in the same things we do, or who adhere to the same norms".

▶ **Soziale Identität** bezieht sich auf das Selbstkonzept eines Individuums, das aus dem Wissen entsteht, dass es Mitglied in Gruppe(n) ist und diese Mitgliedschaft(en) wertvolle und emotional bedeutsame Attribute seines Selbstverständnisses sind.

Die soziale Identitätsbildung vollzieht sich als **kulturelle Prägung**. Diese hat nach Abdelai et al. (2006, S. 696) zwei Dimensionen: Inhalt (content) und Anfechtung (contestation).

- Die **inhaltliche Dimension** beschreibt vereinfacht, wie wir auf die Menschen, ihre Be-ziehungen zueinander und auf die Welt schauen, die sie umgibt. Diese Sicht wird von einer identifizierbaren Gruppe von Personen geteilt und (in-)direkt erlernt. Und sie wird von der Gruppe auf eine Weise als Wertevorstellung (z. B. ,das ist böse') und artefaktisch (z. B. Nutzung von Produkten) bekräftigt, die das einzelne Mitglied meist nicht hinter-fragt (Gibson et al. 2009, S. 47–48). Dadurch kann Außenstehenden verborgen bleiben, was solche Bekräftigungen bedeuten. Dies gilt beispielsweise für Rituale, die technisch überflüssig, aber sozial notwendig sind (z. B. Begrüßungsritual), für Rollenvorbilder (z. B. historische Person oder fiktive Held:innen) oder für Symbole (z. B. Tattoos). Kate-gorisiert umfasst die inhaltliche Dimension nach Abdelai et al. (2006, S. 696) …
  - den **sozialen Zweck**, den die Gruppenmitglieder als Zielstellung teilen;
  - **konstitutive Normen**, welche die (in-)formellen Regeln einer Gruppenzugehörig-keit bestimmen;
  - **relationale Vergleiche**, aus denen die Gruppenmitglieder vor allem die Sichtweisen bestimmen, die sie von anderen Gruppen unterscheiden;
  - **kognitive Modelle**, welche die Politik, materiellen Bedingungen und Interessen auswerten, die für die Identitätsbildung wichtig sind.

- Die **Dimension der Anfechtung** beschreibt dann, inwieweit die einzelnen Gruppen-mitglieder den Inhalten der Identität zustimmen. Werden die kulturellen Annahmen nicht oder nur wenig angefochten, gleicht dies einer starken mentalen Programmierung (strong culture).

Aus ökonomischer Sicht ist vor allem ein gemeinsames Normenverständnis wichtig, so Elster (1989, S. 100–101). Denn anhand von Normen werden Handlungsweisen als ‚gut und richtig‘ oder als ‚schlecht und falsch‘ bewertet (z. B. individuelle Freiheit ist ein schützenswertes Gut‘; ‚Bedürftigen muss beigestanden werden‘). Wesentliche Beispiele des Autors sind:

- **Konsumnormen**, welche eine bestimmte Konsumrichtung vorgeben, aber auch As-pekte wie Dresscodes einschließen;
- **Normen des reziproken Verhaltens**, die eine Gegenverpflichtung nach Erhalt einer Zuwendung bzw. eines Geschenks auslösen;
- **Normen der Vergeltung**, nach denen ein beschädigendes Verhalten ‚zurück-gezahlt‘ wird;
- **Arbeitsnormen**, die das Verhalten an einem Arbeitsplatz regeln;
- **Kooperationsnormen**, welche die Einhaltung von Compliance-Regeln vorsehen;
- **Normen zur Geldnutzung**, die das Verbot des (Ver-)Kaufs von Wählerstimmen ein-schließen;
- **Verteilungsnormen**, die eine faire Verteilung von Einkommen und Gütern betreffen und mit einem bestimmten Gerechtigkeitsverständnis einhergehen.

Verfügt ein Entscheider über eine soziale Identität, prägt er nicht nur instrumentelle Be-ziehungen aus, wie wir es beim rationalen Entscheider kennengelernt haben. Er pflegt – im Sinne einer Wertegemeinschaft – auch normative Beziehungen. Selbst affektive Be-ziehungen (z. B. Freundschaften) sind denkbar. Bestehen zwischen zwei Akteuren gleich-zeitig mehrere Beziehungsarten, wird dies **Multiplexität** genannt (Koehly und Pattison 2005, S. 164). Solch multiplexe Beziehungen stärken das Vertrauen ineinander und sind für zivilgesellschaftliche Nachhaltigkeitsbewegungen durchaus typisch, wie das Illustrationsbeispiel ‚Fridays for Future‘ zeigt.

‚Fridays for Future‘ und der Aufbau multiplexer Beziehungen

Zivilgesellschaftliche Bewegungen müssen Bindungskräfte entwickeln, um in ihrem Umfeld wirksam zu werden. Für solche Bindungskräfte braucht es mehr als gemein-same Zielvorstellungen, vor allem, wenn sich die Bewegung aus stark unterschiedlichen Unterstützer:innen zusammensetzt. Bei der Ansprache potenziell Gleichgesinnter wer-den daher auch normative und affektive Beziehungszugänge aktiviert.

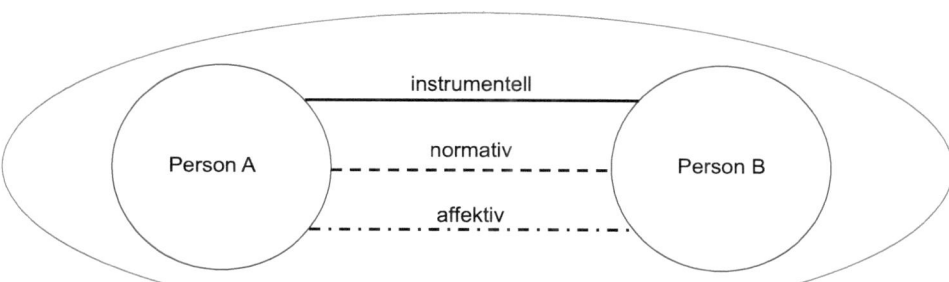

Mögliche Beziehungsarten zwischen Mitgliedern eines Netzwerks

Bei ‚Fridays for Future' (Homepage) lässt sich dies ebenfalls beobachten:

- **Ad instrumentelle Beziehungsart:** Da sich Fridays for Future klimaaktivistisch engagieren, ist die instrumentelle Beziehungsart vordergründig. Die Aktivist:innen fordern vor allem die nationalen Bundes- und Landesregierungen auf, geeignete Konzepte zum Klimaschutz vorzulegen und zu realisieren. Auf den Kernsatz verkürzt lautet die Forderung: „Fridays for Future fordert die Einhaltung der Ziele des Pariser Abkommens und des 1,5°C-Ziels".
- **Ad normative Beziehungsart**: Die Bewegung hat sich in einer Weise organisiert, die – über die Gründung von ‚for Future Gruppen' – mehr Homophilie zwischen den jeweiligen Gruppenmitgliedern ermöglicht. Neben dem Merkmal ‚Schüler:in-sein', aus dem heraus die Bewegung um Greta Thunberg 2018 entstanden ist, gibt es beispielsweise ‚Teachers for Future', ‚Parents for Future', ‚Omas for Future', ‚Entrepreneurs for Future', ‚Scientists for Future' und ‚Schwarm for Future' für solche, die aktiv politische Basisarbeit leisten wollen. Dies wird entsprechend dargestellt: „Du willst dich für Klimaschutz engagieren? Dann bist du hier genau richtig! Aus der ganzen Breite der Gesellschaft sind über 40 for Future Gruppen entstanden und haben Ortsgruppen in allen Winkeln Deutschlands gegründet. Mach mit, finde deine Gruppe und kämpfe mit uns gemeinsam für echte 1,5 Grad-Politik!".
- **Ad affektive Beziehungsart**: Es überrascht nicht, dass eine solche Zusammengehörigkeit auch emotional erlebt wird. Auf der Homepage der Bewegung finden sich entsprechende Schilderungen: „Ende Juli haben wir uns in Dortmund beim Sommerkongress getroffen, viele neue Menschen kennengelernt, neue Freundschaften geknüpft, in spannenden Workshops und Veranstaltungen neues dazugelernt und Ideen für die Zukunft entwickelt. Viele Menschen, die bereits seit Monaten zusammenarbeiteten oder regelmäßig miteinander telefonierten, haben sich in Aachen oder Dortmund zum ersten Mal persönlich getroffen. Die Vorfreude war entsprechend groß, es wurde viel gelacht aber auch die eine oder andere Träne ist geflossen". ◀

Je mehr ein Mensch solche Beziehungsarten einübt, desto sozialkompetenter und -erfahrener wird er. Dies wird als **Sozialkapital** diskutiert und drückt das Potenzial einer Person aus, im jeweiligen Gruppenkontext Strukturen und Prozesse zu nutzen und darüber einen Mehrwert zu erzielen (vgl. Abschn. 8.1). Dadurch verändern sich auch die Rollen, die eine Person in ihrem Beziehungsgeflecht übernehmen kann (z. B. vom Teammitglied zur Teamleiterin).

- Nimmt ein Individuum eine Rolle ein, tritt es über diese Rolle in Beziehung zu Anderen. Die jeweilige Bezugsgruppe wiederum hat rollenspezifische Erwartungen. Werden diese nicht erfüllt, kommt es zu Enttäuschungen und Konflikten (**Intra-Rollenkonflikte**).
- Da jede Person in ihrem Beziehungsgeflecht immer Träger:in mehrerer Rollen ist, sind auch **Inter-Rollenkonflikte** vorprogrammiert. Dies kann Rollen im privaten Umfeld betreffen (z. B. Eltern-Kind-Beziehung und ehrenamtliche Tätigkeit) und/oder im beruflichen Umfeld (z. B. Mitarbeiter:in eines mittelständischen Unternehmens und Gewerkschaftsmitglied). Damit ist jedes Individuum den Rollenerwartungen verschiedener Bezugsgruppen ausgesetzt, wobei sich Erwartungen in einem vertrauten Einzelumfeld leichter bedienen lassen.
- Mit Blick auf die **Nachhaltigkeit** hält der WBGU (2011, S. 7) vor allem Rollen wie Agenda-Setter und Meinungsführerschaft für unverzichtbar. Denn Agenda-Setter haben die Macht zu beeinflussen, was auf die Tagesordnung der jeweiligen Gruppe(n) kommt. Und ein:e Meinungsführer:in (opinion leader) beeinflusst die Haltung und Entscheidungsfindung der Gruppenmitglieder auch auf informelle Weise; dabei dürfen sie sich in den eigenen Merkmalen (z. B. Innovationshaltung) allerdings nicht deutlich von denen des durchschnittlichen Gruppenmitglieds unterscheiden, so Rogers (2003, S. 142). Wir vertiefen solche Diffusionsaspekte später, wenn wir Wissens- und Lernnetzwerke diskutieren (vgl. Kap. 9).

In Beziehungsgeflechten aktiv zu sein, kann uns Menschen überfordern. Denn in der Regel können wir **nur eine bestimmte Zahl von Kontakten (zeitlich) managen**. Ein Beispiel: In einer Gruppe, die sich vertrauensvoll austauschen will, gibt es durchaus die Erwartung, dass keine:r informativ ‚abgehängt' wird. Eine Information soll also an alle fließen. Bei einer Gruppe aus zwei Personen ist dies einfach: Ein einziger Kommunikationsdraht genügt. Bei einer Gruppe aus 4 Personen sind 6 Kommunikationsverbindungen zu bedienen, bei 8 Personen schon 28 Kommunikationsverbindungen, bei 12 Personen 66 und so weiter; dahinter steckt die Formel (N[N-1]/2), bei der N die Zahl der Akteure bzw. Knoten ist (Rogers 2003, S. 153). Im Alltag beschränken wir daher die Zahl der Kontakte und die Intensität, mit der wir sie bedienen, und pflegen nur ausgewählte multiplexe Beziehungen. Im Ergebnis erfüllen Beziehungsnetzwerke reziproke Erwartungen vor allem dann, wenn beide Seiten häufiger miteinander zu tun haben, mehr Koexistenz in einem Kleingruppenkontext stattfindet, die Austauschbeziehungen relativ transaktionskostenarm sind und wenn die Beteiligten dabei länger leben, so Messner et al. (2013, S. 16).

Doch Menschen verändern sich über ihre Lebensspanne hinweg. So kann eine Person mit der sozialen Identität der eigenen Gruppe(n) zunehmend unzufrieden sein, weil sie sich selbst in eine ‚andere' Richtung entwickelt hat. Auch können externe Schocks soziale Bindungskräfte lockern und Such- und Veränderungsprozesse auslösen. Buckingham (2008, S. 6) beschreibt daher **Identität als einen ‚fluiden und unvohersehbaren Prozess'** und hält den Begriff der Identifizierung für geeigneter: „… it is something we accomplish practically through our ongoing interactions and negotiations with other people. In this respect, it might be more appropriate to talk about identification rather than identity". Vor allem in unserer digitalen und schnelllebigen Zeit haben Menschen eine große Bandbreite an Angeboten, über die sie sich definieren können (z. B. Lebensstil), und traditionelle Normen und eine umfassende Wir-Identität scheinen an ‚Klebkraft' zu verlieren (vgl. Abschn. 8.3). Für Gibson et al. (2009, S. 48) kann eine schwache Kultur dann den Punkt erreichen, an dem sie aufhört, eine Kultur zu sein, also identitätsprägend zu wirken. Die Autor:innen weisen jedoch darauf hin, dass „the dividing line between what is and what is not a culture is sometimes difficult to discern".

Eine Anmerkung: Selbst **Länder werden kulturell ‚kartographiert'**. Im Rahmen von Vergleichsstudien werden dann Nationalstaaten anhand ausgewählter Kulturdimensionen vergröbert erfasst (z. B. Individualismusindex, Maskulinitätsindex, Index der Naturverbundenheit) und voneinander abgegrenzt. Bei mehrdimensionalen Aussagen können jedoch Widersprüche entstehen. Und gesellschaftliche Gruppen, die ihre eigene Identität im Konflikt mit der nationalstaatlichen Identität sehen (z. B. katalanische Unabhängigkeitsbewegung), werden pauschalierend übergangen. Nichtsdestotrotz sind diese Analysen spannend (z. B. Hofstede et al. 2010). Eine hilfreiche Übersicht findet sich bei Nardon und Steers (2009).

4.2 Wie hängen soziale Identität und Emotionen zusammen?

Zusammenfassung
Bei der sozialen Identität kommt es zu Rollenerwartungen und sozial festgelegten Emotionen, die sich entscheidungsrelevant auswirken. Sie bewegen Menschen, sich für Aktionen zu entscheiden, die das gemeinschaftliche Handeln stärken. Das Handlungsergebnis selbst ist allerdings schwer vorhersehbar. Denn es gibt Emotionen, die sich auf sozial vorhersehbare Konsequenzen einer Handlungsweise beziehen und kognitiv verarbeiten lassen (antizipierte Emotionen). Hinzukommen Emotionen, die in der Entscheidungssituation bereits tatsächlich gefühlt werden (antizipatorische Emotionen), und solche, die im Individuum wie eine subjektive Grundstimmung wirken (inzidentelle Emotionen). Letztere sind von gesellschaftlichen Stimmungsbildern beeinflussbar. Auch werden bei eigen- oder fremdbezogenen Emotionen – je nach Bezugspunkt der sozialen Bewertung – unterschiedliche Handlungsweisen ausgelöst. Im Ergebnis können Emotionen ein rationales Kalkül überschreiben oder umgekehrt, wobei beides unterschwellig weiterwirken kann.

Der ausschließlich rationale Entscheider handelt eigennutzorientiert. Das Schicksal der Anderen interessiert ihn nicht. Er fühlt annahmegemäß kein Bedauern und keine Reue. Diese Annahme wird jetzt aufgehoben. Denn für einen Entscheider, der ein Gruppenmensch ist, sind Emotionen wichtig, wie der Begriff ‚affektive Netzwerkbeziehung‘ andeutet. Was sind Emotionen? Und wie wirken sie sich auf soziale Identität und Entscheidungsfindung aus?

Es gibt eine **Emotionssoziologie**. Diese hat seit den 1970er-Jahren zunächst in den USA an Bedeutung gewonnen und seit den 1990er-Jahren auch in Deutschland. Bis dahin sind innerhalb der Soziologie „Emotionen über viele Jahrzehnte hinweg ein vernachlässigtes Thema", so Neckel (in Boufeljah 2014, S. 5–6). Der Forscher nennt als Grund, dass „die Soziologie zwischendurch sehr stark von einem rationalistischen Handlungskonzept ausgegangen ist, bei dem das Verfolgen bestimmter Interessen und Präferenzen sowie die Befriedigung bestimmter Bedürfnisse als vorrangig betrachtet" werden. Er ergänzt (in Boufeljah 2014, S. 11): „Heute leben wir in einer Kultur der Emotionalisierung, was nicht zuletzt auf ökonomischen Veränderungen beruht. […] Diese In-Wertsetzung von Emotionen ist unter anderem durch die wirtschaftliche Bedeutung begründet, die Dienstleistungen erlangt haben. Damit werden […] Kommunikationsfähigkeit, Offenheit, Empathie heute als relevanter für das moderne Arbeitsleben betrachtet, als das früher der Fall gewesen ist" und damit auch emotionale Fähigkeiten.

Entscheidungen, die in einen sozialen Kontext eingebettet sind, sind folglich mit der Entstehung und Dynamik von Emotionen verknüpft. Auch Pfister et al. (1998/2017, S. 309) betonen, dass inzwischen die wissenschaftliche Auffassung vorherrscht, „dass Emotionen ein wesentlicher Aspekt fast jeder Entscheidung sind und dass sogar **rationale Entscheidungen ohne emotionale Prozesse nicht möglich** sind […] Das Problem besteht darin, genau zu analysieren, unter welchen Bedingungen Emotionen welche entscheidungsrelevante Funktion haben".

Im Folgenden geht es um **sozial festgelegte Emotionen**, die kommunikative und sozial-moralische Funktionen erfüllen (Pfister et al. 1998/2017, S. 315–316). Solche Emotionen helfen, dass sich Menschen für Aktionen entscheiden, die das gemeinschaftliche Handeln stärken. Beispiele hierfür liefern …

- **Mitgefühl und Mitfreude**, die auslösen können, dass eine Person anderen Menschen etwas Gutes tut, selbst wenn sie diese nicht kennt und das Handeln den eigenen Nutzen kurzfristig verringert (Altruismus) nach dem Motto ‚da muss man doch einfach helfen‘;
- **Ärger**, wenn man sich aufregt, dass der/die Andere gegen soziale Normen verstößt nach dem Motto ‚wie kann sich jemand bloß so unverschämt verhalten‘;
- **Schamgefühl**, wenn eine Person selbst gegen Normen verstößt nach dem Motto ‚oh weia, das hätte ich nicht tun dürfen‘; dies drückt sich physisch oft in einer Weise aus, die vom Gegenüber wahrgenommen wird (z. B. Erröten vor Scham).

▶ **Sozial festgelegte Emotionen** werden ausgelöst, wenn moralische Prinzipien und soziale Bindungsfunktionen verhaltensrelevant wirken und expressive Signale es erleichtern, eine Normeneinhaltung oder Normenverletzung zu identifizieren.

Emotionen sind in der menschlichen Entscheidungsstruktur im intuitiven System verortet, das wir vereinfachend als **System 1** bezeichnet haben (vgl. Abschn. 2.2). Daher wirken sie sich in Entscheidungssituationen unmittelbar auf die Interpretation und Bewertung von Handlungsoptionen aus. Pfister et al. (1998/2017, S. 304, 306, 309) unterscheiden drei Arten von Emotionen: (i) Antizipierte Emotionen; (ii) antizipatorische Emotionen; (iii) und inzidentelle Emotionen.

- **Ad antizipierte Emotionen**: Bei diesen Emotionen verarbeitet eine Person im Zeitpunkt der Entscheidung kognitiv, wie sie sich fühlen wird (z. B. Freude oder Enttäuschung), wenn sozial vorhersehbare Konsequenzen eintreten. Die Person wird dann tendenziell die Option wählen, deren Folgen sich ,am angenehmsten anfühlen'. Die Psychologie arbeitet hierzu mit verschiedenen Modellansätzen (z. B. lineare Enttäuschungsfunktion), was an dieser Stelle nur erwähnt wird.
- **Ad antizipatorische Emotionen**: Diese Art der Emotion wird kognitiv nicht verarbeitet. Sie wird integral erlebt, während die Entscheidung getroffen wird (z. B. Hoffnung oder Sorge). Moderate Konsequenzen lösen weniger starke Gefühle aus. Dabei beeinflusst die Wahrscheinlichkeit, mit der die Handlungsfolgen eintreten, die Stärke der positiven oder negativen Emotionen. Letztere wiederum kann die Einschätzung der subjektiven Wahrscheinlichkeiten verändern; bei starken Angstgefühlen kann es sogar dazu kommen, dass Emotionen und nicht Wahrscheinlichkeiten das Handeln weitgehend bestimmen (Loewenstein et al. 2001 sowie Loewenstein und Lerner 2003 in Pfister et al. 1998/2017, S. 307). Antizipative und antizipatorische Emotionen hängen folglich – mit Blick auf Wahrscheinlichkeiten und Nutzenempfinden – zusammen, was wir wieder auf ein Merkbild reduzieren (siehe Abb. 4.1). Der uns bekannte Risikonutzen enthält jetzt ein emotionales Element. Ein Hinweis: Antizipierte Emotionen werden eher von der Identitätsökonomik aufgegriffen und antizipatorische Emotionen – aufgrund der Wahrscheinlichkeitsverzerrung – eher von der Verhaltensökonomik (vgl. Abschn. 5.3).
- **Ad inzidentelle Emotionen**: Diese Emotionen haben nichts mit der Entscheidung selbst zu tun. Sie wirken sich jedoch als Grundstimmung auf die Entscheidungsfindung aus (z. B. Traurigkeit). Ist eine Grundstimmung furchtvoll, kann sie das Gefühl verstärken, sich ausgeliefert zu fühlen. Ist die Grundstimmung von einer Lebenszufriedenheit getragen, kann dies Vertrauen in die eigene Person und Andere auslösen. Hierfür sind

$$EW(u_{ij}) \in U \longrightarrow EW(u_{ij}, D) \in U$$

mit D als Annahme zum Zeitpunkt t_0 über die eigene emotionale Reaktion bei Eintritt der Handlungskonsequenz in t_1.

Abb. 4.1 Transformationsfunktion -> Vom Risikonutzenwert zum erweiterten Risikonutzenwert

auch gesellschaftliche Stimmungsbilder relevant. Denn diese können die persönliche Grundstimmung verstärken, wenn die subjektive Verfasstheit hierfür anfällig ist. Solchen Stimmungsbildern spürt die Glücksforschung nach (Lomas et al. 2022, S. 145). So scheint sich in Gesellschaften, die Vertrauen in das (in-)formelle Miteinander haben, dieses Vertrauen positiv auf das Lebensgefühl und den gesellschaftlichen Zusammenhalt (Kohäsion) auszuwirken (vgl. Abschn. 6.3). Dies gilt selbst für die kollektive Absicherung von Lebensrisiken (vgl. Abschn. 8.1 und 8.2).

Die Wirkungsrichtung unserer Emotionen ist folglich nicht immer vorhersehbar. Dies gilt auch für **moralische Emotionen.** Diese Gefühle entstehen, wenn moralische Prinzipien verletzt werden.

- Zu den **eigenbezogenen Emotionen** zählen Schuld und die bereits erwähnte Scham, wobei bei einem Schuld-Ereignis eine Person einer anderen schadet und bei Scham eine Person sich von einer anderen nicht wertgeschätzt fühlt (Pfister et al. 1998/2017, S. 322–323). In der Folge führt Schuld tendenziell zu einer Wiedergutmachung. Die Scham wiederum löst Handlungen aus, um das Selbstwertgefühl vor weiterem Schaden zu schützen.
- Unterschiedliche Handlungstendenzen sind auch bei **fremdbezogenen Emotionen** denkbar. Dann sind unsere Emotionen auf die Handlungsweisen anderer Personen gerichtet, während wir diese moralisch bewerten.
- Hier ein Beispiel, das sich auf unsere Illustrationswelt der **Nachhaltigkeit** bezieht.

Wie hängen soziale Bewertung, Emotionen und ökologisches Fehlverhalten zusammen?

Im Kern geht es um das, was uns emotional berührt. Doch welche Emotionen und Handlungsweisen in uns ausgelöst werden, hängt vom **Bezugspunkt unserer Betrachtung** ab (Böhm und Pfister 2000 in Pfister et al. 1998/2017, S. 324, und Böhm 2003 in Pfister et al. 1998/2017, S. 326):

- Wird beispielsweise der Verursacher einer moralisch bewerteten Handlung (z. B. Tankerunglück) betrachtet, führen **Empörung und Ärger** tendenziell zum Wunsch nach Bestrafung und Vergeltung (z. B. Forderung nach hoher Geld- und Gefängnisstrafe).
- Richtet sich der Blick stärker auf die Konsequenzen der Tat (z. B. ölverschmutzte Strände und verendende Tiere), löst dies eher Emotionen wie **Furcht und Besorgnis** aus, was in uns tendenziell die Mithilfe aktiviert (z. B. freiwillige Strandreinigung). ◄

Beim klimaschutzpolitischen Gefangenendilemma kann Vertrauen entstehen, wenn das Spiel mehrstufig ist und – aus Sicht der rationalen Akteure – die gegebene Kompetenz- und Anreizstruktur stimmt (vgl. Abschn. 3.2). In diesem Abschnitt kommen zusätzlich sozial-moralische Emotionen ‚ins Spiel'. Diese haben nach Pfister et al. (1998/2017, S. 316) die Funktion, „sich auf getroffene Entscheidungen festzulegen, sich zu binden (commitment), auch wenn die Konsequenzen den egozentrischen Nutzen nicht optimieren. Die soziale Festlegung bzw. Bindungsfunktion ermöglicht **soziale Koordination und Kooperation auf lange Sicht**, tritt aber oft mit kurzfristigen egoistischen Präferenzen in Konflikt". Eine soziale Identität zu teilen und sozial festgelegte Emotionen zu fühlen, verhindern demnach nicht, dass Gruppenmitglieder selbstsüchtig handeln. Dies kann so weit gehen, dass ein Akteur bewusst moralische Normen nutzt, um dadurch zu manipulieren. Derart enttäuschte Erwartungen tun weh. Oder wie Deutsch (1958, S. 266) betont: „[A person] will be worse off, if he trusts and his trust is not fulfilled than if he does not trust". Dies stärkt das Argument, angemessen stark und glaubwürdig zu sanktionieren. Wir vertiefen dies im dritten Buchteil (vgl. Kap. 11).

Wir halten fest: Der bindungsorientierte Mensch berücksichtigt sozial erlernte und sozial bestätigte Erwartungen. Dabei versucht er, seinen **emotionalen Nutzen zu optimieren**. Oder wie Pfister et al. (1998/2017, S. 309) es ausdrücken: „Menschen wollen möglichst glücklich sein und durch ihre Entscheidungen diesen Zustand erreichen. Emotionen werden dabei als die eigentlichen Träger von Nutzen aufgefasst".

4.3 Warum brauchen Menschen Geschichten und kleine Welten?

Zusammenfassung

Der Mensch ist ein Geschichtenerzähler (Homo narrans). Denn Narrative helfen ihm, die eigene soziale Realität und die Vorgänge darin zu plausibilisieren. Und über das Erzählen können Wahrnehmungen geteilt, Bindungskräfte gestärkt, Handlungsausrichtungen feststeckt und/oder individuelles und kollektives Handeln ausgelöst werden. Narrative sind nicht statisch. Sie verändern sich wie auch ihre Überzeugungskraft. Dies ist vor allem für Narrative zur Nachhaltigkeit herausfordernd, bei denen es um globale Phänomene der langen Frist geht. Zudem müssen – gerade mit Blick auf die Nachhaltigkeit – Erzählweise und -inhalte ‚kleine Welt'-tauglich sein, also zur Lebenswelt des jeweiligen Empfängerkreises passen. Fehlt solch eine Passfähigkeit, bleibt das Narrativ ohne Wirkung. Für die digitale Welt ist relevant, dass Narrative leichter viral gehen können. Dies kann auch Narrative betreffen, die Falschinformationen transportieren.

Die soziale Identitätsbildung vollzieht sich als kulturelle Prägung. Wie bedeutsam ist hierfür das Geschichtenerzählen? Und funktionieren Geschichten besser, wenn wir in ihnen die Komplexität unserer Welt reduzieren, sie also auf eine ‚kleine Welt' schrumpfen lassen?

Geschichten tauchen nicht aus dem Nichts auf. Ihr Nährboden entsteht aus kulturellen Bezügen und sozialer Interaktion. Denn werden soziale Werte, die Sinn stiften und das Gruppenverhalten lenken sollen, in Geschichten eingebettet und Letztere wieder und wieder erzählt, wird eine eigene soziale Realität (re-)konstruiert, die zudem merkfähig ist. In der Folge gibt es keine absolute Wahrheit mehr. Es gibt nur noch diejenige Wahrheit, deren Signifikanz sich kulturell plausibilisieren lässt. Oder wie Dachler und Hosking (1995, S. 4) es formulieren: „Relating is a constructive, ongoing process of meaning making, through language, in multilogue. … From a relational perspective the truth value of knowledge becomes a matter of assessing meaning with respect to interwoven narratives recounted within a cultural community".

Das menschliche Attribut des Geschichtenerzählens ist wissenschaftlich relevant geworden und prägt ein eigenständiges Menschenbild, den **Homo narrans**. Wir ordnen es dem Menschenbild des sozialen Menschen unter. Es wird dennoch betont, weil Narrative und Narrateure im dritten Buchteil eine wichtige Rolle spielen (vgl. Abschn. 11.3).

▶ Das Menschenbild des **Homo narrans** (narrare: erzählen) betont das ‚Geschichtenerzählen' als Attribut der menschlichen Natur. Menschen erzählen Geschichten, um zu unterhalten, zu lehren, zu lernen, nach Interpretationen zu fragen oder welche zu geben. All dies hilft, die eigene soziale Realität zu konstruieren und persönliche Erfahrungen und diejenigen anderer Menschen darin als sinnstiftende Episoden einzuordnen.

Narrative sind „Denk-, Erklärungs- und Interpretationsmuster, die ‚an die Welt' angelegt werden" und keine Geschichten, in denen Ereignisse und Akteure frei erfunden sind (Di Giulio und Rico 2022, S. vi). Jede Geschichte braucht demnach eine Art Drehbuch, in dem Ereignisse in Raum und Zeit nachvollziehbar ablaufen, während die Akteure handeln und darüber Phänomene sinnhaft machen und begründen. Narrative sind nach Di Giulio und Rico (2022, S. 13–14) …

- **„sinn- und sicherheitserzeugend"**: Narrative stellen zwischen den darin vorkommenden Elementen einen in sich stimmigen Zusammenhang her und erzeugen eine gedankliche Ordnung, die mit Emotionen verknüpft ist;
- **„erkenntnisleitend und Wissen tradierend"**: Narrative wirken wie ein Filter, über den Menschen Themen und Phänomene stärker wahrnehmen und als sinnhaft und wichtig einschätzen;
- **„identitätsstiftend"**: Narrative stärken soziale Bindungskräfte innerhalb von Gruppen, Organisationen und Gesellschaften;
- **„handlungsleitend und politikleitend"**: Narrative wirken sich darauf aus, welche Handlung als prioritär und machbar angesehen wird und stecken darüber den ‚politischen Denkraum' ab;
- **„mobilisierend"**: Narrative beschreiben, was individuelles und kollektives Handeln auslösen und leisten kann und plausibilisieren entsprechende Motive und Motivationen.

Ein Narrativ **gerät in Vergessenheit**, wenn es an eine neue Zeit nicht ‚andocken' kann. Oder es ist zwar noch passfähig, hat aber einen Teil seiner Zuhörerschaft verloren. Denn die Wertehaltung von Individuen und Gruppen kann sich ändern, so dass ein Narrativ aus ihrer Sicht nicht länger überzeugt und abgelehnt wird. In der Folge richten sie ihre Aufmerksamkeit auf ein alternatives Narrativ, selbst wenn das abgelehnte Narrativ weiterhin durch eine schlüssige Evidenz gestützt ist (Di Giulio und Rico 2022, S. vii).

Narrative in die Welt zu setzen und damit zu überzeugen, klingt somit einfacher als das Wort ‚narrare' impliziert, weil es ‚einfach nur' um das Erzählen geht. Was bedeutet dies für unsere Illustrationswelt der **Nachhaltigkeit**?

- Der WBGU (2011, S. 91) hält Narrative für unverzichtbar, um die Nachhaltigkeit voranzubringen: „Narrative reduzieren Komplexität, schaffen Orientierung für aktuelle und zukunftsorientierte Handlungsstrategien, sind Grundlage der Kooperation zwischen Akteuren und fördern Erwartungssicherheit. Das vorherrschende Narrativ der vergangenen zweihundert Jahre war über alle Wirtschaftssysteme hinweg ein Wohlstandsmodell, das auf der unbegrenzten Verfügbarkeit fossiler Energieträger und anderer Ressourcen basierte. **Nun bedarf es einer neuen Geschichte** zur Weiterentwicklung der menschlichen Zivilisation sowie dessen, was unter ‚Modernisierung' und ‚Entwicklung' verstanden wird".
- Doch **Nachhaltigkeitsnarrative scheinen es besonders schwer zu haben**, Identität zu stiften, handlungs- und politikleitend zu sein und zu mobilisieren, selbst wenn sie Phänomene bekannt machen und erklären.

Warum können gesellschaftliche Nachhaltigkeitsnarrative scheitern?

Individuen und Gruppen können sich von gesellschaftlichen Nachhaltigkeitsnarrativen überzeugen und mitreißen lassen oder auch nicht. Als einige der wichtigsten Stolpersteine gelten nach Di Giulio und Rico (2022, S. viii–ix, S. 22–27):

- **Wissenschaftsnarrative**: Forschende, die ihre Ergebnisse zu Nachhaltigkeitsthemen kommunizieren, nutzen hierfür Wissenschaftsnarrative. Letztere sind dem Alltagsmenschen in Sprache und Diskursform fremd, weil sie darin den eigenen Erlebnisbezug nicht entdecken können.
- **Fehlende Mehrstimmigkeit**: Wissenschaftler:innen wollen mit ihren Narrativen andere Forschende von ihrer Erkenntnisposition überzeugen. Sie sind daher aus Gruppensicht einstimmig, während gesellschaftliche Narrative für ihre Wirkkraft Mehrstimmigkeit brauchen.
- **Negativnarrative**: Die Nachhaltigkeitsforschung weist auf die Dringlichkeit des Handelns hin, weil sie aufzeigt, welche planetaren Belastungsgrenzen erreicht sind. Negative Narrative wirken jedoch gesellschaftlich weniger identitätsstiftend und weniger mobilisierend als positive Narrative.
- **Schuldinterpretation**: Negativnarrative lassen sich so interpretieren, dass das eigene Handeln ein Fehlverhalten ist, einem somit die Schuld zugewiesen wird. Dadurch wird die eigene Identität demontiert, was Ablehnung auslöst.
- **Fremdkategorien**: Nachhaltigkeitsthemen, die sich nur auf den Schutz der Umwelt konzentrieren und nicht auf den Menschen, lassen sich schwerer in die menschliche Alltagserfahrung übersetzen. Letztere bezieht sich stärker auf Lebensqualität und Gerechtigkeit als auf Umweltereignisse und Umweltschutz.

Daraus lässt sich schlussfolgern, dass **Nachhaltigkeitsnarrative bedeutsamer** werden, wenn …

- … sie nicht nur eine umweltverträgliche, sondern auch eine **sozialverträgliche Gesellschaft** thematisieren (z. B. „Gut leben statt viel haben");
- … sie eine **zeitgemäße Identität** anbieten (z. B. „Konsumieren lenkt ab von dem, was wirklich Genuss und Freiheit verschafft");
- … sie einzelne **Dimensionen der Nachhaltigkeit zugänglicher** machen (z. B. „Das Regionale und Nahe ist das Gute, dem man vertrauen kann") und themenspezifische Elemente betonen (z. B. zum „Stellenwert von Fleisch");
- … sie eine **nationale Identität prägen** (z. B. „Die Schweiz ist ein Land mit einer starken humanitären Tradition, in dem für alle gesorgt wird").

Dem stehen **Kontranarrative** entgehen, die Nachhaltigkeitsnarrative in Frage stellen und behindern (z. B. „Ursachen des Klimawandels […] sind unsicher"; „Propagierung von Umweltschutz-Maßnahmen ist eine Verschwörung von Eliten"; oder „Einschränkung der Marktfreiheit bedroht Lebensqualität"). Dies macht die (wissenschaftlichen) Fragen relevant, warum und bei wem solche Kontranarrative resonant wirken. ◄

Nachhaltigkeitsnarrative sind oft gesellschaftliche Narrative, wie das obige Zitat des WBGU zeigt. Diese haben einen größeren Zeitbedarf als individuelle und gruppenbezogene Narrative, die sich relativ schnell aktivieren lassen. Denn gesellschaftliche Narrative entstehen „nicht in einem machtfreien Raum, vielmehr spielen dabei Machtfragen und Diskurskoalitionen eine Rolle", so Di Giulio und Rico (2022, S. 19–21). Beide stellen fest, dass die **Chancen eines gesellschaftlichen Narrativs sich erhöhen**, wenn …

- das gesellschaftliche Narrativ von sozial anerkannten Personen unterstützt wird;
- die Narrativinhalte sich mit dominanten Narrativen und aktuellen Themen verzahnen lassen;
- sich die Narrativinhalte plausibilisieren lassen, also erzählerisch logisch und widerspruchsfrei wirken;
- sich das gesellschaftliche Narrativ von den Menschen für das eigene konkrete Umfeld passfähig interpretieren lässt;
- das gesellschaftliche Narrativ es den Menschen erlaubt, eigene und bedeutsame Erlebnisse darin zu integrieren;

Die letzten beiden Hinweise verdeutlichen es: Wir können uns Narrative schwer zu eigen machen, die nicht in unsere Lebenswelt passen, also zu der **eigenen kleinen Welt**. Denn kleine Welten produzieren eine Kodierung, die primär ihren Mitgliedern vertraut ist. Dies gilt für Narrativinhalte ebenso wie für bildhafte Symbole der Zugehörigkeit (z. B. ideologische Unterscheidungsmerkmale). Dahinter steckt, dass wir uns Anderen näher fühlen, wenn wir einander ähnlich sind. Was uns ähnlich macht, kann dabei – wie bereits diskutiert – stark variieren (z. B. Geschlecht, Wohnviertel, Firmenzugehörigkeit).

- In einer kleinen Welt besteht die **für uns dominante Welt aus kurzen Wegen**. Es geht um gezielte Kontaktaufnahmen, die sich von einem allgemeinen Verbreitungsmechanismus unterscheiden (Schnettler 2013, S. xxii).
- In unserer heutigen digitalen Welt können solch kleine Welten sogar helfen, ein **Narrativ viral gehen** zu lassen, obwohl dies widersprüchlich klingt. Eine Botschaft breitet sich dann über einzelne Ansteckungsschritte und durch interpersonelle Kommunikation relativ rasch aus nach dem Motto ‚leite diese wichtige Botschaft an 10 deiner Freunde weiter‘.

▶ Das **kleine-Welt-Phänomen** (small-world phenomenon) beschreibt in der Netzwerkanalyse vereinfacht eine kurze Kette aus direkten und indirekten Beziehungen, wobei die Zahl an Bekanntschaften hinter den rechnerisch möglichen Kontakten zurückbleibt.

Denken wir an die Nachhaltigkeit und Kontranarrative, ist bei einer viralen Verbreitung vor allem problematisch, ob Informationen aus zuverlässigen Quellen stammen oder dubiosen Ursprungs sind, um Tatsachen zu verdrehen und Lügen zu verbreiten. Dadurch kann bei bestimmten Individuen und Gruppen eine misstrauische Weltsicht ausgelöst und verstärkt werden, gegen die selbst – wie oben erwähnt – eine wissenschaftlich anerkannte und gründliche Evidenz nichts bewirken kann. Die Europäische Union fördert daher zahlreiche Projekte, um den „**Wahrheitsgehalt von Informationen** in den sozialen wie in den klassischen Medien zu erhöhen" (Europäische Kommission; Homepage). Dabei geht es um Faktencheck-Programme, sozioökonomische Folgenabschätzung von Desinformationsstrategien, Maßnahmen für mehr Medienkompetenz sowie um verbesserte Kommunikationsverfahren, die für mehr Vertrauen zwischen Wissenschaft, Journalismus und Politik sorgen sollen (vgl. Abschn. 11.5). Der eingeschränkt rationale Mensch, der sich zusätzlich mit einer oder mehreren Gruppen identifiziert, darf folglich nicht leichtgläubig sein.

4.4 Wer ist der Homo socialis?

Zusammenfassung

Aus Sicht der Identitätsökonomik hat der Homo socialis neben seinen instrumentellen Bedürfnissen auch soziale Bedürfnisse, die sich als Mitgefühl, Zugehörigkeitswunsch und Hunger nach Wertschätzung ausdrücken können und in seine Nutzenbewertung einfließen. Er hat beide Denksysteme aktiviert, um Emotionen zu fühlen, zu antizipieren und zu verarbeiten, wenn sozial vorhersehbare Konsequenzen eintreten. Seine Kommunikations- und Entscheidungsprozesse sind vielschichtiger geworden und er ist bereit, seinen egozentrierten Nutzen zu Gunsten anderer Personen zu verringern. Da sich Beziehungsstrukturen und -prozesse verändern, muss er sein Umfeld ständig neu plausibilisieren, zumal sich die (eigene) soziale Identität wandeln kann. Der Homo socialis ist in seiner Lebenswelt durchaus rollenmächtig. Da er sich über seine soziale Identität jedoch von anderen abgrenzt, bleibt seine Wirkmacht – auch mit Blick auf die Nachhaltigkeit – (zunächst) auf seine kleine Welt beschränkt.

Die Identitätsökonomik ist vor allem von der Soziologie fasziniert und hat ein eigenes Menschenbild entwickelt, den ‚Homo socialis'. Wer ist dieses Wesen? Und was kann und will es annahmegemäß (nachhaltig) leisten und warum?

Die **Identitätsökonomik** arbeitet interdisziplinär, darf aber nicht mit der Soziologie verwechselt werden. Sie bleibt in Teilen disziplinär, was ihre Herangehensweise und Terminologie betrifft. Dies muss bei der Interpretation des Homo socialis berücksichtigt werden.

- So ist für Akerlof und Kranton (2010, S. 123–124) ein **Identitätsnutzen vergleichbar mit einer Externalität**. Eine Externalität ist im traditionell volkswirtschaftlichen Sinne ein Effekt, bei dem das Wohlbefinden einer Person vom Verhalten Dritter beeinflusst wird (vgl. Abschn. 7.3). Identitätsökonomisch wird ein regelkonformes Verhalten (z. B. respektvoller Umgang) als positive Externalität interpretiert und ein nonkonformes Verhalten (z. B. Aggression) als negative Externalität.
- Die Identitätsökonomik bleibt der eigenen Denkweise auch dort verhaftet, wo psychologische Erkenntnisse berücksichtigt werden. So ist für die Psychologie der Mensch nicht allein deshalb normentreu, weil er belohnt oder bestraft wird. Vielmehr kann er, während er kulturell lernt, Aspekte wie Respekt, Reputation oder Macht so für sich internalisieren, dass er alleine aus ihnen Nutzen schöpft. Mummert (1996, S. 83) kommt daher zum Schluss, dass der sozial vernetzte Mensch nicht vollständig extrinsisch motiviert ist, sondern soziale Verstärker wirksam werden; hierbei muss beachtet werden, „dass nach den sozialpsychologischen Lerntheorien nicht die Institutionen selbst, sondern ihre Verstärker internalisiert werden". Akerlof und Kranton (2010, S. 728) halten solche Internalisierungsprozesse für wichtig, bilden deren Komplexität allerdings inhaltlich und methodisch nicht ab. Ihnen ist vor allem wichtig, dass die Beschreibung der Akteure (z. B. Kapitalbestand) um **soziale Attribute** ergänzt wird, welche die gesellschaftliche Diversität spiegeln (z. B. Geschlecht, Alter, ethnische Zugehörigkeit) und entscheidungsrelevant wirken.

Im Folgenden greifen wir auf unsere **Merkmalskategorien aus dem Einführungskapitel** zurück (vgl. Abschn. 2.4), um den Homo socialis einzuordnen. Er bildet in diesem Buch die erste Erweiterungsstufe auf dem Weg zu einem realitätsnahen Menschenbild (siehe Merkkasten: Homo socialis).

▶   **Wichtig**   **Homo socialis**: Wesen, das sich wie folgt kennzeichnen lässt …

- **Entscheidungsstruktur**: System 1 und 2 => hat beide Systeme aktiviert;
- **Entscheidungsprozesse**: Vernetzte Denkprozesse => optimiert eingeschränkt rational und berücksichtigt soziale Gruppenbezüge;
- **Entscheidungsperspektive**: Eigen- und kollektivnutzorientiert => sucht ziel- und aktionsorientiert zufriedenstellende Lösungen; selbstloses Verhalten (Altruismus) ist möglich;

- **Entscheidungspräferenzen**: Ökonomisch und sozial ausgerichtet => hat instrumentelle plus soziale Bedürfnisse, auch Positionsgüter sind relevant;
- **Entscheidungsmotivation**: Weitgehend extrinsisch => empfängt von außen gesetzte ökonomische Handlungsanreize und hat potenziell verinnerlichte Rollenerwartungen;
- **Entscheidungsdiskurs**: Informativ und narrativ => kommuniziert zu Tausch- und Informationsvorgängen und erzählt Geschichten zwecks Identitätsbildung und Plausibilisierung der Handlungswelt;
- **Entscheidungsraum:** Stochastisch => reagiert weitgehend pfadabhängig mit Präferenzanpassung, verbesserter Informationslage und kulturellem Lernen;
- **Entscheidungsfolgen als Wirkmacht**: Teilweise diffusionswirksam => kann durch Marktmacht und Netzwerkrollen an Macht und Einfluss gewinnen, jedoch nicht im Sinne einer moralischen Verpflichtung gegenüber der Natur selbst.

- **Ad Entscheidungsstruktur**: Der Homo socialis hat eine Entscheidungsstruktur, in der beide Systeme aktiviert sind, wobei die emotionale Wahrnehmung in System 1 auf den wahrscheinlichen Identitätsnutzen beschränkt ist.
- **Ad Entscheidungsprozesse**: Der Homo socialis hat eine Nutzenfunktion, in der nach Akerlof und Kranton (2000, S. 719) die eigenen Handlungen, die Handlungen der Anderen und ein sozialreferentielles Selbstbild enthalten sind. Darüber lassen sich soziale Kategorien erfassen (z. B. sozialer Status), über die sich ein Entscheider identitär verorten kann, und Auszahlungsregeln, die an die Erfüllung von Gruppenerwartungen gebunden sind. Eine Auszahlung kann positiv sein (z. B. Reputationsgewinn) oder negativ (z. B Reputationsschaden). Je ähnlicher der Entscheider seiner Referenzgruppe ist, desto weniger Konflikte entstehen. Vor diesem Hintergrund macht es Sinn, dass Akteure nicht nur über ihre Handlungsweise, sondern auch über ihre Identität entscheiden (Akerlof und Kranton 2000, S. 731). Nach Elster (1989, S. 102) ist das Ergebnis ein Kompromiss zwischen der Ratio und der sozialen Norm oder das eine wird zur Maßgabe für das andere: „A more general and more adequate formulation would be that actions typically are influenced both by rationality and by social norms. Sometimes, the outcome is a compromise between what the norm prescribes and what rationality dictates. […] At other times, rationality acts as a constraint on social norms. Many people vote out of civic duty, except when the costs become very high. Conversely, social norms can act as a constraint on rationality. Cutthroat competitiveness in the market can go together with strict adherence to norms of honesty". Im Ergebnis lassen sich Handlungsweisen schwerer vorhersagen, weil Wirkungsvernetzungen und Multikausalitäten inhaltlich und prozessual zu berücksichtigen sind.
- **Ad Entscheidungsperspektive**: Der Homo socialis ist durchaus ein Egoist. Aber die Mitglieder seiner Gruppe(n) sind dem Entscheider nicht länger egal. Er engagiert sich daher auf eine Weise, die von den Anderen unmittelbar oder mittelbar erwidert wird (direkte oder indirekte Reziprozität). Oder in den Worten von Akerlof und Kranton (2010, S. 10–11): „... in the real world, individuals' conceptions of fairness depend on

the social context. In many places it is seen as fair and perhaps natural to treat other people in ways that elsewhere are considered unfair and even cruel. [...] Identity, norms and categories may appear to be abstract concepts, but their reality is both powerful and easy to see". Der Homo socialis ist sogar bereit, seinen egozentrierten Nutzen zu Gunsten anderer Personen zu verringern (Altruismus); dies gilt sogar für Menschen, zu denen er keine persönliche Beziehung hat (z. B. Spendenaktivität).

- **Ad Entscheidungspräferenzen:** Die Motivspanne hat sich geweitet. Zu den instrumentellen Bedürfnissen kommen die sozialen Bedürfnisse (siehe Abb. 4.2; in Verbindung mit Abb. 3.4). Maslow (1943, S. 381–382) bezeichnet soziale Bedürfnisse als ‚love needs' und ‚esteem needs'. Während das Liebesbedürfnis nach Maslow aus Mitgefühl und Zugehörigkeitswunsch besteht, bedeutet der Hunger nach Wertschätzung bezogen auf die soziale Identität: „[W]e have what we may call the desire for reputation or prestige (defining it as respect or esteem from other people), recognition, attention, importance or appreciation". Ein Beispiel hierfür liefern Positionsgüter (z. B. Markenartikel), die symbolisch ausdrücken, was der Einzelne als Status innerhalb seiner Referenzgruppe anerkannt haben will, um sich gesehen und wertgeschätzt zu fühlen. Wir haben es weiterhin mit Defizitmotiven zu tun.

- **Ad Entscheidungsmotivation**: Beim eingeschränkt rationalen Menschen sind die Handlungsbedingungen exogen gesetzt. Dies wird beim Homo socialis über die Rollenerwartungen ausgedrückt. Denn der Entscheider nimmt in den Blick, dass in seiner jeweiligen Gruppe bestimmte Normen einzuhalten sind. Hält er solche Normen ein, sind positive Sanktionen wahrscheinlich (z. B. Lob, Reputation). Hält er sie nicht ein, sind negative Sanktionen denkbar (z. B. Bestrafung, Ablehnung). Wohlverhalten hat folglich mit dynamischen Identitätsbildungsprozessen zu tun. Daher signalisiert der Homo socialis den anderen Mitgliedern seiner Gruppe(n), dass er ein regelkonformer Mensch,

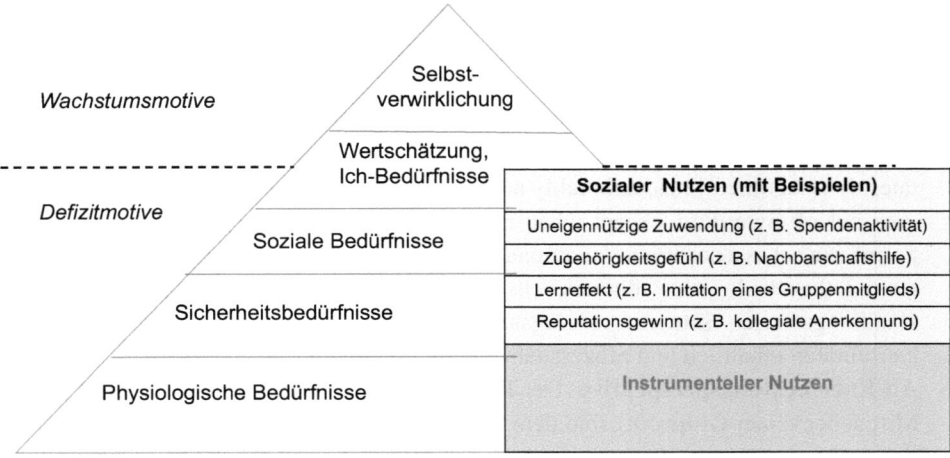

Abb. 4.2 Bedürfnispyramide nach Maslow und der soziale Mensch

also ein ‚Gutmensch' ist. Dies kann so weit gehen, dass selbst Altruismus wettbewerblich aufgefasst wird. In solch einem Fall will der Homo socialis der ‚beste Geber unter allen' sein und stellt sich als besonders moralischer und kooperativer Kooperationspartner dar (van Vugt et al. 2007, S. 534).

- **Ad Entscheidungsdiskurs**: Der Homo socialis muss nicht nur Tauschsignale absetzen und seinen Informationsstand verbessern. Er muss jetzt auch ständig sein soziales Umfeld interpretieren, in mentale Modelle übersetzen und sich in kollektiven Praktiken engagieren. Für die Plausibilisierung nutzt er das Geschichtenerzählen, das identitätsbindend und verhaltenslenkend wirken kann.

- **Ad Entscheidungsraum**: Der Homo socialis optimiert überwiegend pfadabhängig, wobei er identitätsbezogene Präferenzen berücksichtigt und darüber seine ‚Auszahlungen' beeinflusst. Akerlof und Kranton (2000, S. 721–727) diskutieren dies für Aktionen, welche die Zugehörigkeit zur eigenen Gruppe ausdrücken (z. B. Alumni-Tätigkeit), für Aktionen von Anderen (z. B. Diskriminierung), für die Wahl einer neuen Identität (z. B. von der Hausfrau zur Karrierefrau) und für das Erschaffen und die Manipulation von sozialen Kategorien und Vorgaben (z. B. Werbeidole). Verändern sich soziale Kategorien und Verhaltensnormen, verändern sich auch die identitätsbezogenen Präferenzen. Der Handlungspfad bleibt jedoch weiterhin von der jeweiligen Bezugsgruppe mitbestimmt. Akerlof und Kranton (2000, S. 749) schlussfolgern daher: „Many standard psychological and sociological concepts – self-image, ideal type, in-group and out-group, social category, identification, anxiety, self-destruction, self-realization, situation – fit naturally in our framework, allowing an expanded analysis of economic outcomes". Stichworte wie soziale Kategorien und Gruppengrenzen deuten an, dass der Entscheidungsraum sich tendenziell auf kleine Welten bezieht (z. B. armes versus reiches Wohnviertel).

- **Ad Entscheidungsfolgen als Wirkmacht**: Der Homo socialis ist durchaus markt- und rollenmächtig. Das Verantwortungsgefühl bezieht sich jedoch primär auf die Gruppenmitglieder, mit denen er eine soziale Identität teilt. Ob sich eine Idee oder eine Verhaltensweise ausbreiten kann, hängt somit erstens davon ab, ob eine soziale Identität integrierend wirkt, so dass Verbindungen in fremde Gruppen hinein möglich werden, oder ob sie andere Gruppen ausgrenzt, was Diffusionsmöglichkeiten kappt. Arbeiten Gruppen zusammen, hängt die Wirkmacht zweitens davon ab, dass sich – über Rollenträgerschaften verstärkt – eine kritische Masse an Handelnden bildet und über die Zeit aktiv bleibt. Erst dadurch entsteht genügend Eigendynamik, um Diffusionsprozesse durchsetzungsfähig zu machen. Herausfordernd ist, dass sich das Zugehörigkeitsgefühl von Mitgliedern und die soziale Identität selbst wandeln können.

Aus Sicht unserer **Nachhaltigkeitswelt** öffnet der Homo socialis die Tür in Richtung Nachhaltigkeit. Weitere Schritte setzen jedoch voraus, dass sich die Nachhaltigkeit kulturell kodieren lässt. Denn der Homo socialis plausibilisiert seine Welt aus dem Vertrauten heraus. Daher müssen entweder bestehende Gruppennormierungen passfähig sein, um bei transformativem Verhalten Rollenkonflikte zu lösen. Oder Gruppennormierungen müssen angepasst werden. Hierzu braucht es begünstigende Faktoren. Beispiele sind eine geeignete Machtkonstellation und ein Narrativ, das sich mit der relevanten Alltagserfahrung der Gruppenmitglieder – auch erzählerisch widerspruchsfrei – verzahnen lässt. Vor diesem Hintergrund muss es beispielsweise zum Teil der eigenen kulturellen Erfahrung werden, dass Natur er‚lebt‘ wird. Wir kennen dies von ‚Natur‘-Völkern, für die Wälder heilige Räume sind und nicht – wie in der westlichen Welt – CO_2-Senken, in denen Kohlendioxid gebunden wird. Dies ist sicherlich ein exklusives Beispiel. Aber es ist als Ausgangspunkt für weitere Reflexionen gut geeignet. Denn: Im Jahr 2050 werden nach Schätzungen der UNDP (2016, S. 32) schätzungsweise zwei Drittel der Weltbevölkerung in Städten (urban areas) leben. Wieviel Natur lässt sich dann noch kulturell kodieren?

4.5   Was kann die Identitätsökonomik mit ihrer Idee vom moralischen Menschen leisten und was nicht?

Zusammenfassung
Die Identitätsökonomik weitet die Sicht der Mainstream-Ökonomik, indem sie auf ein zweidimensionales Nutzenkonzept aus ökonomischem Nutzen und Identitätsnutzen übergeht und akzeptiert, dass Präferenzen teilweise aus dem sozialen Handlungskontext heraus entstehen können. Sie ist eine experimentelle Ökonomik, die sich vor allem mit Kleingruppenphänomenen beschäftigt und durchaus Erkenntnisse hervorbringt, die sich auf andere Domänen übertragen lassen. Und sie hat erkannt, dass Narrative ökonomische Entwicklungen beeinflussen können. Beim Transfer der identitätsökonomischen Erkenntnisse in die Praxis ist jedoch Sorgfalt angebracht. Denn diese Einsichten haften meist an bestimmten kleinen Welten. Außerhalb dieser Welten haben wir es mit Phänomenen zu tun, die der Identitätsökonomik fremd sein können. Dabei geht es beispielsweise um soziale Dynamiken und Kippeffekte, die zu einer übertriebenen Segmentierung von Netzwerken führen, oder darum, dass Sozialidentitäten schwach oder gar nicht ausgeprägt sind oder von oben, also politisch angestoßen werden, was weitergehende interdisziplinäre Fragen aufwirft.

Das Menschenbild der Identitätsökonomik heißt Homo socialis. Es ist von der Soziologie befruchtet, unterscheidet sich aber von deren Menschenbild (Homo sociologicus), indem es der ökonomischen Denk- und Argumentationsweise im Wesentlichen verhaftet bleibt. Was kann das Menschenbild der Identitätsökonomik leisten und was nicht? Hierzu ausgewählte Aspekte.

Was kann die Identitätsökonomik leisten?

- Die Identitätsökonomik erweitert die volkswirtschaftliche Sicht, indem sie ein **eindimensionales Nutzenkonzept ablehnt**.
  - Zur Dimension des Nutzens, die sich auf die Befriedigung ökonomischer Bedürfnisse bezieht, tritt die **Dimension des Identitätsnutzens**. Der Entscheider fühlt sich einer Gruppe normativ zugehörig und kann seinen Identitätsnutzen mehren, indem er sich gruppenkonform verhält. Dabei ist seine Wahlfreiheit durch soziale Strukturen und Austauschbeziehungen begrenzt, die sich auf Ähnlichkeitsmerkmale (z. B. ethnische Zugehörigkeit, familiärer Hintergrund, Geschlecht) beziehen. Ein Identitätsnutzen kann auch dadurch entstehen, dass sich die Mitglieder einer Gruppe sichtbarer von den Mitgliedern anderer Gruppen abgrenzen.
  - Von den Verhaltensmerkmalen von Individuen, aus denen sich Aggregate zusammensetzen, auf aggregierte Entwicklungen zu schließen und Letztere sogar vorherzusagen, ist als Ansatz somit nur geeignet, wenn die Sozialidentität unbedeutend oder kaum ausgeprägt ist und der Lösungsraum dies begünstigt. Hierzu Schelling (1978, S. 13, 14): „There are easy cases, of course, in which the aggregate is merely an extrapolation from the individual". Jedoch: „[S]ituations, in which people's behavior or people's choices depend on the behavior or the choices of other people, are the ones that usually don't permit any simple summation or extrapolation to the aggregates". Solch ein **System an Interaktionen zwischen Individuen und ihrem Umfeld** bringt Ergebnisse hervor, die manchmal überraschend, manchmal nicht einfach zu schätzen, manchmal schwer auszuwerten oder manchmal unschlüssig sind, so der Autor. Der methodologische Individualismus gerät also durch die Existenz von Sozialidentitäten an seine Grenzen (vgl. Abschn. 2.2).
- Die Identitätsökonomik akzeptiert, dass sich **Präferenzen und Handlungsbedingungen vermischen** können. Dies bedeutet, dass Präferenzen teilweise endogenisiert aus sozioökonomischen Interaktionen hervorgehen; sie sind nicht länger alle – wie in der Mainstream-Ökonomik – annahmegemäß vorgegeben (Henrich et al. 2001, S. 77). Dies gilt selbst für ökonomische Präferenzen. Denn der Erwerb von Gütern erlaubt, eine bestimmte soziale Position zu signalisieren (z. B. Machtposition). Und bestimmte Handlungsweisen (z. B. gemeinnütziges Arbeiten) können helfen, sich des Wohlverhaltens der Gruppe zu versichern. Akerlof und Kranton (2010, S. 25) stellen hierzu fest: „This wider view of our identity utility matches an interactionist understanding of identity among sociologists and anthropologists, where identities and norms emerge from social interactions and power relations".
- Mit ihrem Menschenbild nähert sich die Identitätsökonomik der Realität an. Dies erlaubt ihr, wissenschaftlich zu experimentieren (experimentelle Identitätsökonomik). Zu vielen ihrer Theorien und Hypothesen gibt es nun ein reales Testumfeld und Testpersonen, um Modellerwartungen mit den Beobachtungen der realen Welt zu kontrastieren. Vor allem der Gedanke an Fairness und eine gewisse Aufteilungsgerechtigkeit wird neu ausgelotet und setzt einige Vorstellungen der Mainstream-Ökonomik außer Kraft. Dabei geht es

primär um **Kleingruppenphänomene**. So lässt sich nach (Akerlof und Kranton 2010, S. 29–32) testen, welche Kategorien sich über die soziale Identität auf Entscheidungen auswirken (z. B. bestimmte Identitätsbeschreibungen), welche Normensetzungen Konformität auslöst (z. B. erlaubte Aggressivität) und was als Identitätsnutzen wahrgenommen wird (z. B. Stolz). Auch kann die Selbstwahrnehmung untersucht werden, indem Stereotype platziert werden, die sich negativ auf die Handlungsmotivation auswirken (z. B. Verlierer-Image), oder indem eine Gruppe im Prozess ein überhebliches Bild von sich selbst entwickelt (in-group bias). Bekannt sind vor allem spieltheoretische Experimente, die merkfähige Namen wie ‚Ultimatum Game‘ tragen, bei denen Testpersonen mit geld(-ähnlichen) Prämien spielen, um – auf eigene Kosten – die Fairnessvorstellungen der Gegenseite auszuloten. Kleingruppenphänomene lassen sich durchaus auf unterschiedliche Domänen (z. B. auf ein tatsächliches Organisationsumfeld) übertragen, um dort eine Bandbreite an Diversitätsmerkmalen zu untersuchen.

- Der Homo socialis ist ein Homo narrans. Er lässt sich über das Geschichtenerzählen in seinen sozialen Bindungskräften stärken oder schwächen. Beispiele liefern Kampagnen, die mit Elementen sozialer Identität arbeiten und darüber positiv emotionalisieren (z. B. grünes Stadtviertel) oder negativ emotionalisieren (z. B. Klimaleugner). Akerlof und Shiller (2009, S. 51–52) stellen fest, dass auch das Vertrauen in Märkte mit **inspirierenden Geschichten** zu tun hat. Darin werden Geschäftsideen zu Erfolgsgeschichten und können Sogkraft entwickeln. Sie fordern daher die ökonomische Forschungsgemeinschaft auf, sich trotz Bedenken stärker mit dem Homo narrans auseinanderzusetzen: „It is generally considered unprofessional for economists to base their analyses on stories. On the contrary, we are supposed to stick to the quantitative facts and theory – a theory that is based on optimization, especially optimization of economic variables … There is good reason to be careful about the use of stories … But what if the stories themselves move markets? What if these stories of overexplanation have real effects? What if they themselves are a real part of how the economy functions?". Was also, wenn Narrative ökonomische Ergebnisse beeinflussen, weil Akteure darauf reagieren?

Was kann die Identitätsökonomik nicht leisten?

- Die Identitätsökonomik ist meist auf beobachtbare und daher spezifische Ausschnitte der Realität beschränkt. Dies begrenzt ihre Interpretationskraft, wenn sie neue Erkenntnisse deutet, und braucht Sorgfalt, wenn sie diese Erkenntnisse in die Praxis übertragen will. So müssen Forschende darauf achten, nicht in die ‚**Offensichtlichkeitsfalle**‘ zu gehen, nach der die Annahme zur sozialen Identität zu deren Ergebnis wird. Oder in den Worten von Akerlof und Kranton (2010, S. 118): „We are like the sage who explained movement by saying that it is due to the principles of locomotion".
- Gruppenprozesse finden in Netzwerken statt und deren Strukturen sind multidimensional (vgl. Kap. 9). Sie können offen oder geschlossen sein. Es kann Zentralität und Peripherie geben. Und Vieles mehr. Aus Sicht der Nachhaltigkeitsforschung ist vor allem die Segmentierung bedeutsam, also inwiefern ein Netzwerk ein großes Ganzes bildet oder aus isolierten Subnetzwerken besteht. Dahinter stecken soziale Dynamiken und Phänomene wie **soziale Kipppunkte**, auf die Schelling (1984, S. 236) verweist: Als Beispiel

nennt er die Wandlung von Stadtvierteln, wenn der Zu- oder Wegzug von Mietern oder Wohneigentümern ab einem gewissen Punkt eine Vergiftung des sozialen Klimas auslösen kann (Tendenz zur übertriebenen Homogenität). Selbst bei relativ toleranten Individuen kann es zu Entscheidungen kommen, die eine starke Fraktionierung lokaler Netzwerke begünstigen, so der Autor. All dies zeigt, wie herausfordernd es sogar in kleinen Welten sein kann, eine soziale Identität und Grundstimmung zu mobilisieren, die Segmentierungsgrenzen überschreitet. Was all dies für die Koordination (transformativer) Entscheidungsprozesse bedeutet, lässt die Identitätsökonomik (noch) offen.

- In unserer heutigen Netzwerkgesellschaft geht es turbulent zu. So verändern Globalisierung und Digitalisierung das Interaktionsgeflecht der Menschen und können das Bedürfnis auslösen, sich Normen, Ideen, Narrative und darüber soziale Identitäten neu zu erkämpfen. Wirkt Identitätsbildung nicht nur vom Kleinen ins Große (bottom-up), sondern auch vom Großen ins Kleine (top-down), **vermischen sich Soziales und Nicht-Soziales ebenso wie Ökonomisches und Politisches**, zumal Demokratien über Stimmenbündelung und Abstimmungsprozesse funktionieren. Dies wird in der Identitätsökonomik ebenso wenig abgebildet wie die Frage, ob der Staat in der Lage ist, nicht nur ökonomisch, sondern auch sozial-emotional zufriedenstellende Lösungen herbeizuführen (Schelling, 1984, S. 245). Wir diskutieren dies im dritten Teil des Buchs (vgl. Kap. 10 und 11).

Fazit zum Homo socialis

Die Identitätsökonomik hilft uns, den Menschen als ein sozial eingebundenes Wesen zu verstehen. Ein solcher Mensch richtet sein Verhalten an sozialen Normen und den Erwartungen anderer Menschen aus. Zur Ratio gesellen sich das **Mitgefühl und die Fähigkeit, Perspektivwechsel vorzunehmen**. Beide sind für die bürgerliche Mündigkeit unverzichtbar. Denn sie erhöhen die gesellschaftliche Akzeptanz eines selbstwirksamen Lebens (vgl. Abschn. 8.2). Hierzu Akerlof und Kranton (2000, S. 748): „In a world of social difference, one of the most important economic decisions that an individual makes may be the type of person to be. Limits on this choice would also be critical determinants of economic behavior, opportunity, and well-being". Im nächsten Kapitel geht es um eine Sicht auf den Menschen, der nicht nur eine soziale, sondern auch eine personale Identität hat, was seine Entscheidungsfindung komplexer macht.

4.6 Zweite Etappe: Treffen Sie Ihre Mitreisenden – Die Beziehungsorientierten

Willkommen zurück zum zweiten Teil des INSEL-Experiments (vgl. Abschn. 2.5). Stellen Sie sich dabei zusätzliche Handlungsbedingungen vor:

- Das Boot muss gesäubert und instandgehalten werden.
- Die Gruppenmitglieder sind unterschiedlich belastbar und haben verschiedene Fähigkeiten.
- Es ist keine INSEL in Sicht und Sie sind noch eine unbekannte Zahl von Tagen und Nächten unterwegs.

Sie haben also Zeit, sich selbst und die übrigen Bootsinsassen zu beobachten, um herauszufinden, wie Sie und die Anderen **als rationale und zugleich beziehungsorientiere Menschen** Entscheidungen treffen. Hierzu erhalten Sie jetzt anregende Reflexionsfragen und Denkanstöße:

1. Welche moralischen Werte prägen Sie?
2. Nach welchen Kriterien kommen Sie zu einer Bewertung, wie gesund alle Bootsinsassen sind? Was folgt daraus für den Verpflegungsplan an Bord, wenn Sie als beziehungsorientierter Mensch entscheiden?
3. Nach welchen Kriterien verteilen Sie die Aufgaben an Bord, wenn diese Entscheidung bei Ihnen liegt und Sie hierzu Informationen erheben? Wann sind aus Ihrer Sicht die Lasten gerecht verteilt und nach welchem Kriterium?
4. Mit welchen Mitteln und Methoden setzen Sie Ihre Ziele in der Gruppe der Bootsinsassen durch? Welche kollektiven Wertevorstellungen und Verhaltensweisen geben Ihnen Sicherheit und stärken Ihre Durchsetzungskraft?
5. Welchen Bestrafungskatalog halten Sie für angemessen, wenn jemand an Bord Absprachen nicht einhält? Welche Gründe akzeptieren Sie, um Ausnahmeregelungen zu treffen?
6. Auf dem Boot müssen jeden Tag existenzielle Entscheidungen getroffen werden. Welchen Weg der Entscheidungsfindung präferieren Sie als rationaler und zugleich beziehungsorientierter Mensch?
7. Wie gehen Sie damit um, dass die Dauer des Unterwegsseins unberechenbar ist und die Gruppenstimmung beeinflusst? Welche Empfindungen löst dies in Ihnen aus?
8. Welchen Stellenwert hat das Wir-Gefühl der Gruppe, wenn Sie sich mit Ihren Zukunftsaussichten an Bord beschäftigen? Was bedeutet dieses Wir-Gefühl für Sie persönlich?
9. Welche Wertevorstellungen, die sich aus Ihren bisherigen Reflexionen ableiten, können zu Prinzipien einer allgemeinen Gesetzgebung werden?

Literatur

Abdelai, Rawi, Herrera, Yoshiko M., Johnston, Alastair I., und McDermott, Rose (2006): Identity as a Variable, in: Perspectives on Politics, Jg. 4, Nr. 4, S. 695–711, Dezember, https://www.hbs.edu/faculty/Pages/item.aspx?num=20517, Zugriff 23.10.2023

Akerlof, George A., und Kranton, Rachel E. (2010): Identity Economics, Princeton University Press, Princeton, New Jersey

Akerlof, George A., und Kranton, Rachel E. (2000): Economics and Identity, in: Quaterly Journal of Economics, Vol. CXV, Nr. 3, August, S. 715–753, https://www.brown.edu/Departments/Economics/Faculty/Glenn_Loury/louryhomepage/teaching/Ec%20237/Akerlof%20and%20Kranton%20(QJE)%202000.pdf, Zugriff 09.05.2020

Akerlof, George A., und Shiller, Robert J. (2009): Animal Spirits, Princeton University Press, Princeton

Böhm, Gisela (2003): Emotional reactions to environmental risks: consequentialist versus ethical evaluation, in: Journal of Environmental Psychology, 23(2), S. 199–212, doi: https://doi. org/10.1016/S0272-4944(02)00114-7

Böhm, Gisela, und Pfister, Hans-Rüdiger (2000): Action tendencies and characteristics of environmental risks, in: Acta Pschologica, 104(3), S. 317–337, doi: https://doi.org/10.1016/S0001-6918(00)00035-4

Boufeljah, Nadja (2014): Über Emotionssoziologie, Neid und die Emotionalisierung der Gegenwartsgesellschaft, Experteninterview mit Sighard Neckel, in: Soziologiemagazin, 7 (2), S. 4–12, https://nbn-resolving.org/urn:nbn:de:0168-ssoar-431957, Zugriff 08.05.2024

Buckingham, David (2008) (Hrsg.): Introducing Identity. Youth, Identity, and Digital Media, in: The John D. and Catherine T. MacArthur Foundation Series on Digital Media and Learning, MIT Press, Cambridge, MA, S. 1–24

Dachler, Peter H., und Hosking, Dian-Marie (1995): The primacy of relations in socially constructed organizational realities, in: Hosking, Dian-Marie, Dachler, Peter H., Gergen, Kenneth J. (Hrsg.), Management and Organisation: Relational Perspectives, Ashgate, Avebury, S. 1–23, https://www.researchgate.net/publication/27702099, Zugriff 19.01.2015

Deutsch, Morton (1958): Trust and suspicion, in: Journal of Conflict Resolutions, Nr. 2, S. 265–279

Di Giulio, Antonietta, Defila, Rico (2022): Die Bedeutung von Narrativen für Umwelt und Nachhaltigkeit, Universität Basel, Studie im Auftrag des Bundesamtes für Umwelt, https://edoc.unibas.ch/88066/1/Di_Giulio_Defila_Narrative_Umwelt_Nachhaltigkeit.pdf, Zugriff 14.11.2023

Elster, Jon (1989): Social Norms and Economic Theory, in: The Journal of Economic Perspectives, Jg. 3, Nr. 4, (Herbst), S. 99–117

Gibson, Cristina B., Maznesvski, Martha L., und Kirkman, Bradley L. (2009): When does culture matter?, in: Bhagat, Rabi S., Steers, Richard M. (Hrsg.), Cambridge Handbook of Culture, Organizations, and Work, Cambridge University Press, Cambridge, 46–70

Henrich, Joseph, Robert Boyd, Samuel Bowles, Colin Camerer, Ernst Fehr, Herbert Gintis, und Richard McElreath (2001): In Search of Homo Economicus: Behavioral Experiments in 15 Small-Scale Societies, The American Economic Review 91 (2), S. 73–78

Hofstede, Geert/Hofstede, Gert J./Minkov, Michael (2010): Cultures and organizations: Software of the mind, McGraw Hill, New York, Chicago

Koehly, Laura M., und Pattison, Philippa (2005): Random Graph Models for Social Networks: Multiple Relations or Multiple Rates, in: Carrington, Peter J., Scott, John, und Wasserman, Stanley (Hrsg.), Models and Methods in Social Network Analysis, Cambridge University Press, Cambridge, S. 162–192

Loewenstein, G., Weber, E. U., Hsee, C. K., und Welch, N. (2001): Risk as feelings, Psychological Bulletin, 127(2), S. 267–286, doi: https://doi.org/10.1037/0033-2909.127.2.267

Loewenstein, G., und Lerner, J. S. (2003): The role of affect in decision making, in: Davidson, R. J., Goldsmith, H. H., und Scherer, K. H. (Hrsg.), Handbook of affective science, S. 619–642, Oxford University Press, Oxford

Lomas, Tim, Lai, Alden Y., Shiba, Koichiro, et al. (2022): Insights from the First Global Survey of Balance and Harmony; in: Helliwell et al. (Hrsg.), World Happiness Report 2022, WHR 2022, S.127–154, https://happiness-report.s3.amazonaws.com/2022/WHR+22_Ch6.pdf, Zugriff 23.10.2023

Maslow, Abraham H. (1943): A Theory of Human Motivation, in: Psychological Review, 50, S. 370–396, https://psychclassics.yorku.ca/Maslow/motivation.htm, Zugriff 23.05.2022

Messner, Dirk, Guarín, Alejandro, und Haun, Daniel (2013): The Behavioural Dimensions of International Cooperation, Research Papers, Nr. 1, Käte Hamburger Kolleg/Centre for Global Cooperation Research, Universität Duisburg-Essen, Duisburg

Mummert, Uwe (1996): Informelle Institutionen und ökonomische Analyse, in: Priddat, Birger P., und Wegner, Gerhard (Hrsg.), Zwischen Evolution und Institution, Metropolis-Verlag, Marburg, S. 79–113

Nardon, Luciara, und Steers, Richard M. (2009): The culture theory jungle: divergence and convergence in models of national culture, in: Bhagat, Rabi S., Steers, Richard M. (Hrsg.), Cambridge Handbook of Culture, Organizations, and Work, Cambridge University Press, Cambridge, S. 3–22

Pfister, Hans-Rüdiger, Jungermann, Helmut, und Fischer, Katrin (1998/2017): Die Psychologie der Entscheidung, Springer-Verlag, Berlin, Heidelberg, 4. Auflage

Rogers, Everett (2003): Diffusion Networks, in: Cross, Rob, Parker, Andrew, und Sasson, Lisa, Networks in the Knowledge Economy, Oxford University Press, Oxford, S. 130–179

Schelling, Thomas C. (1984): Choice and Consequence, Harvard University Press, Cambridge, Massachusetts

Schelling, Thomas C. (1978): Micromotives and Macrobehavior, W. W. Norton, New York

Schnettler, Sebastian (2013): Editor's Introduction: Six Themes of ‚Six Degrees‘, in Schnettler, Sebastian (Hrsg.), Small-world research, Sage, Los Angeles

Tajfel, Henri (1978): Differentiation between social groups: Studies in intergroup relations, Academic Press, London

United Nations Development Programme (UNDP) (2016): Human Development Report 2016, New York, https://hdr.undp.org/system/files/documents/2016humandevelopmentreportpdf1pdf.pdf, Zugriff 06.10.2018

van Vugt, Mark, Roberts, Gilbert, und Hardy, Charlie L. (2007). 'Competitive altruism: A theory of reputation-based cooperation', in: Dunbar, Robin., und Barrett, Louise (Hrsg.), The Oxford Handbook of Evolutionary Psychology, Oxford: Oxford University Press, S. 531–540

WBGU (2011): Welt im Wandel – Gesellschaftsvertrag für eine Große Transformation, Hauptgutachten, Berlin

Homepages

Europäische Kommission (Homepage): Funded projects in the fight against disinformation, https://commission.europa.eu/strategy-and-policy/coronavirus-response/fighting-disinformation/funded-projects-fight-against-disinformation_de, Zugriff 15.11.2023

Fridays for Future (Homepage): For Future Bündnis, https://www.for-future-buendnis.de/, Zugriff 08.12.2023

Fridays for Future (Homepage): Forderungen, https://fridaysforfuture.de/forderungen/, Zugriff 08.12.2023

Fridays for Future (Homepage): We are the change, https://fridaysforfuture.de/we-are-the-change/, Zugriff 08.12.2023

Verhaltensökonomik: Wenn das ‚Ich‘ zusätzlich aus ‚Vielen‘ besteht

5

„The unconscious accommodation of one's beliefs to achieve a reduction in ‚cognitive dissonance‘ is often treated as a defective or undesirable process, one to be on guard against. Maybe it is to be welcomed, like the reduction of other annoying dissonances. At least, the mind is trying to help!

This is all apart from the fact that the mind is a wanderer, a source of fantasy and an easy captive for puzzles, mysteries and daydreams. As far as I know, it's all these things. Awkward it is that it seems to be the same mind from which we expect both the richest sensations and the most austere analyses.

There is an interesting question of perspective. Like the question, do creatures reproduce themselves by way of genes, or do genes reproduce themselves by way of creatures: do I navigate my way through life with the help of my mind, or does my mind navigate its way through life by the help of me? I'm not sure who's in charge".

Thomas C. Schelling (1985/1987, S. 195): The mind as a consuming organ

---

Lernkontext

Realitätsnah betrachtet ist der Mensch nicht nur eingeschränkt rational und fühlt sich einer oder mehreren Gruppen zugehörig. Er hat auch eine personale Identität, nimmt also sein Selbst wahr, bewertet dieses und lebt Selbstkonzepte aus, wobei er sich im Spannungsfeld aus inneren und äußeren Motivationskräften bewegt. Sein Verhalten wird potenziell mehrdeutig und schwer vorhersehbar, auch weil ihm systematische Fehlentscheidungen unterlaufen, wie das Beispiel intuitiver Heuristiken zeigt. Wir sind auf der letzten Stufe unserer (inter-)disziplinären Analyse menschlichen Entscheidens angekommen und treffen auf die Verhaltensökonomik, die vor allem von der Psychologie und der Kognitionswissenschaft lernt und diese selbst befruchtet.

Kapitel 5 …

- erläutert, was eine personale Identität kennzeichnet und wie Kognition funktioniert (Abschn. 5.1);
- klärt, wie Kognition und Motivation zusammenhängen (Abschn. 5.2);
- zeigt auf, was kognitive Verzerrungen sind und welche intuitiven Heuristiken die menschliche Entscheidungsfindung fehlsteuern (Abschn. 5.3);
- macht nachvollziehbar, wie all dies mit dem Menschenbild des multiplen Selbst zusammenhängt (Abschn. 5.4);
- fasst die Erkenntnisgewinne und -lücken der Verhaltensökonomik – auch mit Blick auf den nachhaltigen Menschen – zusammen (Abschn. 5.5);
- bietet mit Hilfe des INSEL-Experiments an, die neuen Erkenntnisse persönlich zu reflektieren (Abschn. 5.6).

Schlüsselbegriffe: Personale Identität, Kognition, intrinsische Motivation, kognitive Verzerrungen
Merkkasten: Multiples Selbst

5.1   Was lernen wir von der Psychologie und Kognitionswissenschaft über das Selbst?

Zusammenfassung
Der Mensch hat eine personale Identität, die sich psychologisch als Selbstwahrnehmung und -bewertung realisiert und in Selbstkonzepten auslebt. Dieses Selbst besteht im Normalfall aus mehreren Ichs (multiples Selbst), die – je nach Kontext – unterschiedlich stark sensorisch aktiviert werden. Der Wahrnehmungsausschnitt der Welt wird im Gehirn dabei auf eine Weise abgebildet, die das kognitive Lernen erleichtert. Was dies bedeutet, hängt davon ab, wie differenziert eine Person ihre innere und äußere Welt wahrnimmt, wie komplex die wahrgenommenen Inhalte sind und welche Bedeutung bestimmte Begriffe oder Konzepte für den Alltag der jeweiligen Person haben. Dies betrifft auch Nachhaltigkeitsthemen und die Frage, ob sie (oder ob sie nicht) als lebensrelevant wahrgenommen, verarbeitet, abgespeichert und abgerufen werden.

In Kapitel 5 geht es um die Psychologie und die Kognitionswissenschaft, also um eigene Forschungswelten. Was in diesem Kapitel aufgegriffen wird, ist somit wieder stark verkürzt und eklektisch (vgl. Abschn. 2.4). Wir starten mit folgenden Fragen: Was macht eine personale Identität aus? Und wie laufen kognitive Prozesse ab?

Das Individuum hat eine Identität durch sich selbst, die **personale Identität** genannt wird (z. B. Gleitman et al. 1981/2004; Forgas et al. 2009). Aus Sicht der **Psychologie** braucht solch eine Identität Merkmale, die das Individuum als besonders kennzeichnen und aus der Ich-Perspektive stabil und zeitkonstant sind. So werden beruflich Kreativen häufig besondere Persönlichkeitseigenschaften zugeschrieben (vgl. Abschn. 2.1). Hierunter fallen Merkmale wie imaginativ, autonomiebedürftig, intelligent, intuitiv, originell, sensitiv, sich selbst genügend oder von Natur aus gegenüber Anderen misstrauisch (Genovard et al. 2006, S. 88, in Burger-Menzel 2011, S. 269).

▶ **Personale Identität** beschreibt vereinfachend, dass ein Individuum sich selbst in seiner Lebensspanne und situationsübergreifend als ein und dieselbe Person wahrnimmt.

Wird **Selbstheit über Beobachtungen und Befragungen erfasst,** werden vor allem folgende Kategorien verwendet (Schmidt-Denter und Wachten 2009, S. 17–20):

*   Selbstaufmerksamkeit (z. B. eigene Gefühle, Motive, Handlungen);
*   Selbstkritische Wahrnehmungen (z. B. eigene Stärken, eigene Schwächen);
*   Selbstbewertungen (z. B. Selbstwert, Selbstentfremdung);
*   Selbstkonzepte (z. B. Leistungsehrgeiz, Bedürfnis nach Ungebundenheit, Selbstkonzept des Aussehens);
*   Kontrollüberzeugungen (z. B. Emotionskontrolle, Durchsetzungsfähigkeit, Einschätzung zur eigenen Zukunftsbewältigung).

Das Selbst bildet nicht immer eine Einheit. Es besteht aus mehreren, durchaus widerstreitenden Ichs (**multiples Selbst**). Dies liegt nicht an einer krankhaften Persönlichkeitsspaltung. Vielmehr vereinen wir im Inneren mehrere Ichs, von denen ein Ich in den Vordergrund tritt, wenn innere oder äußere Reize es entsprechend motivieren. Dieses Ich ist dann beispielsweise das ökonomische oder das soziale, das private oder das öffentliche, das vernunftgesteuerte oder das emotionale, das anpackende oder das tagträumende, das wissende oder das abergläubische, das selbstdisziplinierte oder das Ich, welches genussvoll alle guten Vorsätze vergisst, oder eine Mischung aus alldem.

Dies bedeutet allerdings nicht, dass sich die verschiedenen Ichs strikt voneinander separieren. Welche Präferenzen konsistent oder inkonsistent ausgelebt werden, hängt nach Elster (1985/1987b, S. 5) vielmehr von der Art und Weise ab, in der sich Optionen sensorisch präsentieren und kognitiv verarbeitet werden; selbst Willensschwäche und Selbsttäuschung werden vom Individuum nicht unbedingt als Bruch in der Selbstwahrnehmung empfunden. Unter **Kognition** (lateinisch cognoscere := erkennen) wird die Art und Weise verstanden, wie unser Gehirn arbeitet (z. B. Flavell 1979; Andreasen 2005; Eagleman 2015/2016). Dies umfasst alle Fähigkeiten und Abläufe, die der Wahrnehmung und dem Denken dienen und bewusst (z. B. kalkulatorisches Lernen) oder unbewusst (z. B. Phantasieren) ablaufen. Dabei wird die innere und äußere Komplexität reduziert und zu mentalen Abbildern.

▶ **Kognition** umfasst alle Fähigkeiten und psychologischen Denkprozesse, die darüber entscheiden, wie ein sensorischer Input im Gehirn wahrgenommen, transformiert, gespeichert und wieder abgerufen wird.

Zu den wichtigsten **kognitionspsychologischen Mechanismen** zählen nach Pfister et al. (1998/2017, S. 341–344) (i) die Aufmerksamkeit, (ii) die Encodierung und (iii) die Funktionsweise des Gedächtnisses.

* **Ad Aufmerksamkeit:** Jede:r von uns hat bestimmt schon einmal erlebt, dass die eigene Aufnahmefähigkeit an ihre Grenzen stößt. Ein Beispiel ist das umgangssprachliche Googlen, bei der wir bei einer Suchanfrage eine hohe Trefferzahl erzielen. Wie viele der angegebenen Quellen öffnen wir? Wie sehr lesen wir oberflächlich oder tief? Was spricht uns dabei als medial aufbereiteter Stimulus an, wenn es darum geht, welche der Optionen wir öffnen? Spink und Jansen (2004, S. 101) stellen fest, dass etwa 80 % der Nutzer:innen sich an den ersten zehn Treffern der Ergebnisliste orientieren und im Durchschnitt nur etwa fünf Dokumente sichten, wobei jedes Dokument nur kurz auf die gewünschten Informationsinhalte überprüft wird; danach wird die Recherche in der Regel beendet. Die Aufmerksamkeit ist folglich selektiv, wird zum Teil unbewusst ausgelöst und bindet gleichzeitig eher verschiedene Sinne. Eine relativ hohe Aufmerksamkeit erlangen nach Pfister et al. (1998/2017, S. 341) beispielsweise …
    – Abweichungen von einer Norm;
    – leicht vergleichbare Attribute;
    – zeitlich unmittelbar eintretende Konsequenzen;
    – stark emotionalisierende Signale;
    – die Reihenfolge, bei der zuerst genannte Attribute oder Optionen oft ein übermäßig hohes Gewicht (auch als Referenzpunkt) erhalten können.
* **Ad Encodierung:** Haben es Signale in unser Gehirn geschafft, werden sie in eine „bedeutungsvolle mentale Repräsentation" der Außenwelt umgewandelt und abgespeichert (Pfister et al. 1998/2017, S. 342–343):
    – Bei der Encodierung können **kognitive Referenzpunkte** entstehen, die der Orientierung dienen. Dies kann der Abgleich mit dem aktuellen Status quo sein (z. B. Gehaltserhöhung) oder anderen Personen (z. B. Vergleichsgehalt eines Kollegen), der Abgleich mit Erwartungen (z. B. erhoffte Gehaltserhöhung) oder einer früheren Entscheidung (z. B. abgelehntes Angebot einer Fremdfirma). Objektive Maßstäbe und subjektives Empfinden stimmen dabei nicht zwangsläufig überein.
    – Entstehen bei der Wahrnehmung und Bewertung Referenzpunkte, wirken diese wie ein ‚Nullpunkt auf einer Werteskala', auf den sich Feedback- und Korrekturprozesse beziehen. Dies lässt sich nach Wilkinson (2008, S. 103–105) psychologisch nachweisen. So werden beispielsweise Glück und Unglück **nicht symmetrisch encodiert** (Wilkinson 2008, S. 62–63), was als Abneigung gegen Verlust (loss aversion) bezeichnet wird. Wir kommen später darauf zurück (vgl. Abschn. 5.3).

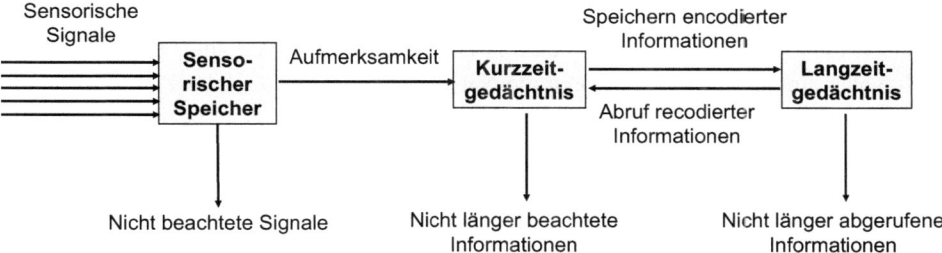

Abb. 5.1 Vereinfachtes Schema kognitiver Prozesse

- **Ad Gedächtnis**: Im Gedächtnis selbst wird das Encodierte in ein „riesiges Netzwerk von vorhandenem Wissen und früherer Erfahrung eingefügt", wobei nach Pfister et al. (1998/2017, S. 344) vor allem Prozesse wie das Abspeichern (Lernen), das Behalten (Nicht-Vergessen), die Rekonstruktion (Erinnern) und das Wiedererkennen für die Entscheidungsfindung relevant sind. Die Autoren weisen darauf hin, dass Erinnerungen meist von den ursprünglichen Erfahrungen abweichen. Denn das, was im Gedächtnis entsteht, ist nur ein inneres Modell der Realität, das zudem Vertrautes betont. Dies macht kognitive Abrufhinweise (retrieval cues) bedeutsam. Diese wirken nach Gleitman et al. (1981/2004, S. 274) umso eher …
  - je superiorer das Encodierte ist;
  - je kürzer dessen Speicherzeit gedauert hat;
  - je besser die Abrufhinweise den ursprünglichen Enconding-Kontext (coding specificity) rekonstruieren.
- Im sogenannten **Kurzzeit- oder Arbeitsgedächtnis** werden die zugelassenen Signale entsprechend der aktuellen Handlungsanforderung verarbeitet und an das **Langzeitgedächtnis** übergeben. Dabei werden sie unter anderem als emotionale Episoden und imaginative Vorstellungen gespeichert, als Sachverhalte und Wissen, als Fakten und automatisch Gelerntes (siehe Abb. 5.1).

Da die Transformation zur **Nachhaltigkeit** komplex ist, fordert sie den Menschen kognitionspsychologisch heraus. Dies liegt vor allem an zwei Gründen:

- Erstens ist die **kognitive Wahrnehmungs- und Verarbeitungskapazität** des Menschen begrenzt. So liefert allein der deutschsprachige Suchbegriff ‚Nachhaltigkeit' im Internet 344 Mio. Ergebnisse; beim englischsprachigen Ausdruck ‚Sustainability' sind es 1,44 Mrd. (Google; Zugriff 19.05.2023). Wie viele Merkmale werden wahrgenommen? Welche mentalen Abbilder möglicher Kausalitäten entstehen? Welche Referenzpunkte werden gesetzt, um sinnhaft zu erinnern oder tendenziell zu vergessen? Und Vieles mehr.
- Zweitens geht es um das ‚**Selbst**'-**Verständnis** des jeweiligen Individuums. So muss nach Pfisterer und Stark (2017, S. 5) die äußere Nachhaltigkeitstransformation „mit

einer ‚inneren' Transformation des menschlichen Selbstverständnisses, der menschlichen Identität, gekoppelt sein", um ein adäquates Umweltverhalten zu praktizieren. Zu solch einem Selbstbild gehören die Natur, deren Erleben und das Praktizieren von Achtsamkeit. Das folgende Illustrationsbeispiel zur Nachhaltigkeit bezieht sich primär auf die Kognition.

Wie kognitiv zugänglich ist Klimawandel?

Wibeck (2012) untersucht, welches Allgemeinverständnis vom Klimawandel schwedische Laien haben und wie sie sich ein derart **komplexes Thema kognitiv erschließen** oder auch nicht. Zu den Adressierten zählen sieben qualitative Fokusgruppen und 31 interviewte Personen. Das Augenmerk der Autorin liegt auf …

- der **Encodierung**, durch die das Unbekannte in ein eigenes mentales Abbild überführt wird (objectification); dabei geht es vor allem um prototypische Beispiele (z. B. klimabedingte Überflutung) und die Nutzung von Metaphern, um bestimmte Aspekte zu betonen (z. B. Klimafolgen als metaphorischer Treibhauseffekt);
- **kognitiven Ankern** (anchoring), die als Referenzpunkte benutzt werden, um Inhalte zu interpretieren;
- der **Interaktion** und dem argumentativen Austausch mit anderen Menschen und darauf, wie sich beides auf die kognitive Sinngebung auswirkt.

Die **Ergebnisse** zeigen stark verkürzt:

- Die Objektivierung stützt sich auf **Medienimages, die machtvolle Symbole darstellen** (z. B. abschmelzende Eisberge). Da diese Symbole sich jedoch nicht kausal auf den Alltag der Laien beziehen, haben sie scheinbar eher mit Tieren und Natur oder anderen Erdteilen zu tun als mit ihnen selbst.
- Hingegen treffen auf die Zielgruppe Folgehandlungen wie Mülltrennung und Lichteinsparen zu. Der **Referenzpunkt der schmelzenden Eisberge** lässt solch ein individuelles Handeln allerdings relativ bedeutungslos erscheinen.
- Nehmen die Laien **Katastrophismus** wahr (mit Merkmalen wie Nicht-Linearität, Schwellenwerten und abrupten Veränderungen) und wird zugleich betont, dass die Wissenschaft nicht alle erforderlichen Antworten liefern kann, lässt sie dies in der Tendenz kognitiv ‚aussteigen' und relevante Informationen vergessen.
- Bezieht sich die metaphorische Sprache auf eine **graduelle Veränderungswelt**, kommt die Untersuchung zum Schluss, dass zumindest ein Teil der Gruppenmitglieder eine Argumentation nutzt, die eine moderne Weltsicht, Fortschritt und Rationalität betont. ◄

Nach Gustave Speth (Umweltjurist, US-Politikberater, Gründer des World Resources Institute und früherer Leiter der United Nations Sustainable Development Group) zählen

Verhaltensmerkmale wie **Gier, Selbstbezogenheit und Apathie zu den größten trans-formativen Herausforderungen** (Gustave Speth in Pfisterer und Stark 2017, S. 15): „I used to think that top environmental problems were biodiversity loss, ecosystem collapse and climate change. I thought that thirty years of good science could address these problems. I was wrong. The top environmental problems are selfishness, greed and apathy, and to deal with these we need a cultural and spiritual transformation. And we scientists don't know how to do that". Da der Mensch eine soziale Identität und eine personale Identität hat, braucht es nach Speth nicht nur einen kulturellen Wandel. Es braucht auch einen spirituellen Wandel, der an der Selbstheit ansetzt.

Den Hinweis auf die Apathie, also auf eine Art Gleichgültigkeit, greifen wir im nächsten Unterkapitel auf, wenn es um Kognition und Motivation geht. Politökonomische Machtstrukturen, die bei Speth unerwähnt bleiben, aber für die Transformation wichtig sind, thematisieren wir im zweiten Buchteil.

5.2 Wie hängen Kognition und (intrinsische) Motivation zusammen?

Zusammenfassung

Motivation lässt sich als Struktur aus äußeren und inneren Faktoren und als kognitive Prozesslandschaft beschreiben. Bei der extrinsischen Motivation handelt es sich um Einflussfaktoren, die von außen auf den Menschen wirken (sollen). Bei der intrinsischen Motivation aktiviert sich der Mensch aus seinem Inneren heraus. Ein hohes Aktivierungsniveau steigert die Aufmerksamkeit, beschleunigt die Informationsverarbeitung und hat eine lernfördernde Wirkung. Das Aktivierungsniveau selbst wird von Emotionen beeinflusst. Dabei kommt es zu unterschiedlich intensiven Erlebnisqualitäten und emotionalen Episoden, die im Gedächtnis abgespeichert werden. Bricht die Motivation weg, entsteht Unlust bei der gerade ausgeübten Tätigkeit oder Desinteresse. Doch die Motivation zu beeinflussen ist herausfordernd, wie Verhaltensweisen intrinsisch motivierter Personen und konfliktäre Wechselwirkungen zwischen der extrinsischen und intrinsischen Motivation zeigen (z. B. Verdrängungseffekt). Aus Sicht der Neurowissenschaft sind Emotionen Reaktionen auf Stimuli. Der Mensch wird – grob vereinfacht – zum neuronalen Netzwerk, in dem Neurotransmitter Impulse übertragen und menschliches Handeln hormonell mitverursacht wird.

Das menschliche Verhalten wird maßgeblich davon bestimmt, was eine Person ‚antreibt‘. Solche Motivationskräfte können von außen stimuliert werden und/oder aus dem Inneren kommen. Was lernen wir darüber von der Psychologie und der Kognitionswissenschaft? Und welche motivationalen Konflikte lassen sich unterscheiden?

Motivation (lateinisch movere := bewegen) beschreibt, was einen Menschen dazu bewegt, ein bestimmtes Verhalten zu initiieren, energetisch aufrechtzuerhalten und erfolgreich zum Abschluss zu bringen oder zu beenden, und welche Art subjektiver Reaktion währenddessen in seinem Organismus stattfindet (Jones 1955, S. vii, in Weiner 1935/1992, S. 2). Es geht um das Warum, nicht um das Wie von Handlungsweisen. Wir haben dies zuvor als Motivationskräfte bezeichnet und zwischen einer extrinsischen Motivation und einer intrinsischen Motivation unterschieden (vgl. Abschn. 2.1). Zur Erinnerung:

- Eine Motivation ist **extrinsisch**, wenn sie von Dritten stimuliert wird (z. B. Belohnung).
- Ist eine Motivation **intrinsisch**, motiviert sich der Mensch von innen heraus (z. B. Entdeckungslust).

Motivationale Kräfte sind also äußere und innere Einflussfaktoren, die den Menschen zu einer bestimmten Verhaltensweise veranlassen. Wir haben diese **Sicht stufenweise entwickelt**:

- Die Idee des **rationalen Entscheiders** spiegelt einen Reiz-Reaktions-Mechanismus (Behaviorismus). Dieses Wesen will seine Bedürfnisse rein zielorientiert befriedigen und reagiert primär darauf, womit es umgangssprachlich ‚gelockt' wird (z. B. Verfügbarkeiten, finanzierbare Kosten, erschwingliche Preise). Es ist rein extrinsisch, also nur von außen motiviert.
- Bei der Idee des **beziehungsorientierten Entscheiders** kommen aktionsorientierte Informationen und sozial festgelegte Emotionen hinzu. Dieses Wesen ist Teil einer Gruppe und achtet darauf, Normierungen einzuhalten, um sich wertgeschätzt zu fühlen. Ein Gelingen wird subjektiv als positive Emotion (z. B. Freude) empfunden. Das Gegenteil ist der Fall, wenn es zu negativen Emotionen (z. B. Angst) kommt. Auch diese Motivationslage ist weitgehend von außen bestimmt. Aber der Zustand der Gleichgültigkeit ist aufgehoben, so Pfister et al. (1998/2017, S. 300); denn: „Ohne Emotionen wäre für uns jegliche Erfahrung gleich, das heißt, wir wären gleichgültig".
- In der **ganzheitlichen Sicht** ist der Entscheider ein kognitiv und motivational komplexes Wesen, dem sich verschiedene Disziplinen mit zahlreichen Theorie- und Methodenansätzen anzunähern versuchen, so Kovac (2016, S. 176), der eine hilfreiche Übersicht zur Motivationsforschung bietet. Für die psychologische Empirie bedeutet solch eine Komplexität, dass neben direkten Ursachen auch vielfach indirekte, bedingte, multiple und scheinbare Kausalitäten möglich sind. Unsere Darstellung ist also stark vereinfachend, wenn wir den behavioristischen Ansatz hier um die kognitivistische Sichtweise ergänzen, dass der Mensch einem Wechselspiel von Kräften ausgesetzt ist, die ihn nicht nur von außen (z. B. Push-Motivation der sozialen Anerkennung) zum Handeln antreiben, sondern auch von innen heraus (z. B. Pull-Motivation der Selbstverwirklichung). Dies löst psychologische Spannungszustände aus und äußert sich in unterschiedlichen inneren Aktivierungsniveaus. Ein hohes Aktivierungsniveau steigert die Aufmerksamkeit, beschleunigt die Informationsverarbeitung und hat eine lern-

fördernde Wirkung. Wird die gegebene Situation als eher günstig eingeschätzt, empfinden wir – wie bei den sozial festgelegten Emotionen – positive Gefühle (z. B. Zufriedenheit) und möchten diesen Zustand aufrechterhalten. Wird die Situation als eher ungünstig bewertet, kommt es zu negativen Gefühlen (z. B. Unruhe) und dem Wunsch, den Zustand zu verändern.

Emotionen unterscheiden sich von den rein kognitiven Bewusstseinsinhalten dadurch, dass sie gefühlt werden und den **Aktivierungsgrad** über körperliche oder zentralnervöse Wirkungskanäle herauf- oder herabsetzen können. Dies hat auch mit der Emotionsart der Affekte zu tun, die wir bisher ausgeblendet haben. Wir grenzen diese nur grob von ,emotionalen Episoden' ab und verweisen auf Pfister et al. (1998/2017, S. 300–303) für eine tiefere Reflexion:

- **Affekte** bezeichnen weitgehend angeborene Reaktionsmuster, welche die Aufmerksamkeit unmittelbar binden und physiosomatische Spontanreaktionen hervorbringen (z. B. Flucht- oder Annäherungsverhalten). Es liegt eine kurzfristige, eher undifferenzierte Emotion vor. Wir kommen darauf zurück, wenn es um die sogenannte Affektheuristik geht (vgl. Abschn. 5.3).
- **Emotionale Episoden** sind kognitive Prozesse, in denen vorausgehend, begleitend oder nachfolgend Interpretationen und Bewertungen stattfinden. Diese können sich auf die wahrgenommene Auslösesituation (z. B. Belastungsgrad), auf die eigene oder fremde Befindlichkeit (z. B. Erregung) und auf die Einschätzung von Verhaltensoptionen beziehen. Wir haben diese Art von Emotionen am Beispiel sozial festgelegter Emotionen diskutiert sowie anhand des Phänomens Stimmung, die eine ,länger andauernde globale Bewertungstendenz' darstellt und nicht an eine bestimmte Situation gebunden ist (vgl. Abschn. 4.2).

Es passiert im Wechselspiel aus affektiven Reaktionen und kognitiven Prozessen, dass Emotionen entstehen, verschwinden oder sich wandeln. Ist das Aktivierungsniveau sehr niedrig, wird dies als Langeweile erlebt (Hypoaktivierung). Ein sehr hohes Aktivierungsniveau wiederum wird als Stress empfunden (Hyperaktivierung). Dann entscheidet der mentale oder körperliche Zustand einer Person darüber, ob weitere Stressfolgen gemeistert werden können. In der Folge kommt es eher zu innerer Unlust oder Desinteresse als zu einer positiven Motivationslage. Positiv wird oft ein mittleres Aktivierungsniveau erlebt. Solch ein **motiviertes Verhalten** hat nach Rudolph (2013, S. 17) folgende Merkmale:

- **Wahlverhalten**: Der Mensch entscheidet sich bewusst für ein bestimmtes Verhalten;
- **Latenz des Handelns**: Die gewählte Handlung kann zu unterschiedlichen Zeiten oder Gelegenheiten aufgenommen werden;
- **Intensität des Handelns**: Die einmal begonnene Handlung wird mit unterschiedlicher Energie ausgeübt;
- **Ausdauerverhalten**: Der handelnde Mensch entscheidet, wann das Handlungsziel erreicht oder aufgegeben wird.

Moderne Forschungserkenntnisse legen nahe, dass „eine Trennung in Motivations- und Emotionspsychologie kaum machbar ist", so Rudolph (2013, S. 21). Vor allem **intrinsisch motivierte Personen** fallen empirisch auf. Denn sie empfinden das, was sie tun, als positiv, anregend oder aufregend. Selbst die Arbeit ist für sie weniger Last als vielmehr Spaß (Fishbach und Wolley 2021, S. 7). Dies führt dazu, dass die intrinsische Tätigkeit und ihr Zweck in der eigenen Wahrnehmung ,fusionieren'; oder in den Worten von Fishbach und Woolley (2021, S. 4): „[T]hese two are one". Es überrascht daher nicht, dass die intrinsische Motivation auf Faktoren beruht, die – im Maslowschen Sinne – aus der Selbstsicht heraus wichtig sind (z. B. Erleben der eigenen Kompetenz), und sich darüber mitausdrücken, wie sich der Betroffene fühlt (z. B. Freude).

▶ **Intrinsische Motivation** beschreibt ein inneres Aktivierungsniveau, durch das eine Tätigkeit zielorientiert verfolgt wird, die für das Selbst psychologisch bedeutsam ist.

Intrinsisch Motivierte scheinen attraktive Leistungsträger zu sein, weil leistungsbezogene Situationen sie eher anziehen als abschrecken. Es gibt jedoch **herausfordernde Merkmale**. Hier einige Beispiele von Fishbach und Wolley (2021, S. 22–26): Intrinsisch motivierte Personen …

* … können das, was sie machen, **weniger loslassen**. Sie ,verbeißen' sich also umgangssprachlich in ihre Aufgabe.
* … konzentrieren sich tendenziell auf die motivierenden Aspekte ihrer Arbeit, was bedeutet, dass sie **weniger interessante Aspekte vernachlässigen**.
* … **wertschätzen andere Personen weniger**, wenn diese nicht so motiviert erscheinen wie die eigene Person, was gegebenenfalls eine Fehleinschätzung bzw. Selbstüberschätzung ist. Zumal es in nicht-westlichen Kulturräumen kulturell unerwünscht sein kann, sich als intrinsisch motivierte Person im Gemeinschaftskontext zu exponieren.

Auch verläuft nicht jede **Wechselwirkung zwischen der extrinsischen und intrinsischen Motivation** reibungslos. Dabei geht es vor allem um die Frage, wie sich gängige Belohnungssysteme auf die intrinsische Motivation auswirken. Ist beispielsweise eine Tätigkeit eintönig und dadurch demotivierend, kann dies durch eine externe Belohnung ausgeglichen werden. Oder eine Person hat Freude an einer Tätigkeit und findet die entsprechende Vergütung angemessen. Bei Tätigkeiten, die ein Individuum als sinn- und freudestiftend empfindet, können externe Anreize allerdings wirkungslos bleiben oder die intrinsische Motivation sogar verdrängen (Ryan und Deci 2000, S. 15, in Burger-Menzel 2011, S. 270); denn rein finanzielle Belohnungen und/oder eine starke Prozess- und Ergebniskontrolle können im Individuum das Gefühl auslösen, dass der Wert einer Aktivität alleine von außen und nicht länger vom Selbst bestimmt wird, was die inneren Antriebskräfte reduziert. Zusammenfassend lässt sich die Motivation als Struktur und Prozess abbilden (siehe Abb. 5.2 nach Burger-Menzel 2016, S. 31).

Ein Hinweis: Für die **Neurowissenschaften** läuft das oben Beschriebene als elektrochemischer Prozess ab. In dieser Welt sind kognitive Prozesse etwas rein Physiologisches

Abb. 5.2 Motivation als Struktur und Prozess

und Emotionen bloße körperliche Stressreaktionen auf verschiedene Stimuli, die zur Ausschüttung von Hormonen und Neurotransmittern führen. Hierzu Eagleman (2015/2016, S. 73): „Your brain serves up a narrative – and each of us believes whatever narrative it tells. […] Despite the feeling that we're directly experiencing the world out there, our reality is ultimately built in the dark, in a foreign language of electrochemical signals". Zu den wichtigsten Gehirnarealen zählen dabei der Hirnstamm (Aktivierungssystem), das limbische System (Bewertungssystem) und das Großhirn (Speichersystem), während Milliarden von Nervenzellen im Menschen Kontakte herstellen und Impulse übertragen. Die Sicht auf den Menschen ist die eines neuronalen Netzwerks, was Disziplinen wie die Informatik fasziniert, die sich mit der Konfigurierung neuronaler Netzwerke beschäftigen, um beispielsweise aufwendige Lern- und Expertsysteme zu realisieren.

5.3   Warum wirken intuitive Heuristiken kognitiv verzerrend?

Zusammenfassung
Kognitive Verzerrungen treten auf, wenn im Menschen das Wahrnehmen, mentale Bewerten und Entscheiden systematisch fehlerhaft ablaufen. Zwar sind Heuristiken hilfreich, um bei begrenzten Informationen und wenig Zeit zu praktikablen Lösungen zu kommen. Intuitive Heuristiken verkürzen die kognitiven Prozesse jedoch auf eine Art, die sie selbst zu Fehlerquellen werden lässt. Dies ist bei Bewertungsheuristiken der Fall, durch die bevorzugt wird, (i) was leicht in den Sinn kommt (Verfügbarkeitsheuristik), (ii) was als Erfahrungsinhalt in ein kognitives Schema passt (Repräsentativitätsheuristik), (iii) was sich als Urteil an einen vorhandenen Anker anpassen lässt (Ankerheuristik) oder (iv) was affektiv aktiviert wird (Affektheuristik). Gemäß der Neuen Erwartungsnutzentheorie können wir dann sogar unserer Risikohaltung nicht länger trauen.

Selbst hochmotivierte Menschen treffen Fehlentscheidungen, wenn ihre beiden Denksysteme (System 1 und System 2) nicht reibungslos zusammenarbeiten. Was ist unter kognitiven Verzerrungen zu verstehen? Und wie hängen diese Verzerrungen mit intuitiven Heuristiken zusammen?

Die menschliche Kognition produziert nicht nur Sinnvolles, sondern auch **systematisch Fehlerhaftes und dadurch Überraschendes**. Eine kurzweilige Lektüre hierzu liefert zum Beispiel Dobelli (2014): So kann sich der Mensch selbst überschätzen, wenn es um eigene Einflussmöglichkeiten, Fähigkeiten, oder den eigenen Mut geht (overconfidence bias). Auch werden Dinge, die sich im eigenen Besitz befinden, unabhängig von deren objektiven Merkmalen deutlich höher wertgeschätzt als Dinge, die einem nicht gehören (endowment effect). Der Status quo kann überbewertet werden, was dazu führt, dass Änderungen unterbewertet werden (status quo bias). Verluste werden deutlich höher bewertet als gleich große Gewinne (loss aversion). Und Vieles mehr.

Laufen die menschliche Kognition und somit das Wahrnehmen, Bewerten und Entscheiden systematisch fehlerhaft ab, liegen **kognitive Verzerrungen** (cognitive biases) vor, was in Gilovich, Griffin und Kahneman (2002/2014) umfänglich und detailliert diskutiert wird. Nach Gilovich und Griffin (2002/2014, S. 3) beziehen sich solche Verzerrungen unter anderem darauf, dass Regeln der Wahrscheinlichkeitsrechnung verletzt werden (violations of basic laws of probability) oder dass es zu Abweichungen von einem objektiv zu erwartenden Wert kommt (deviations from some ‚true‘ and objective value). Der Mensch zeigt also Denk- und Verhaltensweisen, die der Rationalitätsannahme widersprechen und anormal erscheinen.

▶ **Kognitive Verzerrungen** beschreiben die menschliche Neigung, die eigene Wahrnehmung, Bewertung und Entscheidungsfindung durch Reize wie Gefühle und Informationen so beeinflussen zu lassen, dass es zu systematischen Fehlern kommt.

Dabei haben wir es erneut mit Heuristiken zu tun. Zur Erinnerung: **Wissensbasierte Heuristiken** helfen, bei begrenzten Informationen und wenig Zeit zu praktikablen Lösungen zu kommen, und werden aus Expertenwissen und Erfahrungen gespeist (vgl. Abschn. 3.3). Bei regelhaften Zusammenhängen, umfangreicher Erfahrung und kontinuierlichem Feedback erweisen sich Interventionen von System 2 „hier in der Regel als nutzlos oder sogar schädlich", so Pfister et al. (1998/2017, S. 352).

Im Gegensatz hierzu sind **intuitive Heuristiken** grundsätzlich fehleranfällig. Denn sie verkürzen die kognitiven Prozesse (cognitive shortcuts) auf eine Art, welche die Ergebnisse verzerrt. Pfister et al. (1998/2017, S. 351) führen dies auf zwei Ursachen zurück:

- Erstens nutzen intuitive Heuristiken **Merkmale**, „die mit den eigentlich zu beurteilenden Merkmalen manchmal nicht korrelieren oder sogar systematisch in die Irre führen". Dann wird beispielsweise ein Zielattribut wie die Wahrscheinlichkeit durch das heuristisch gewählte Attribut der Ähnlichkeit ersetzt.
- Zweitens kann die **Umwelt** „so beschaffen sein, dass die Heuristik nicht greift", was die Heuristik selbst zur Fehlerquelle macht.

- Nach Kahneman (2002, S. 466) ist bei der Diskussion **begrifflich zu beachten**, dass das Substantiv ‚Heuristik' hier den kognitiven Prozess abbildet, während sich das Adjektiv ‚heuristisch' darauf bezieht, dass bei einer kognitiven Bewertung ein Austauschereignis stattfindet.

Problematisch sind vor allem Bewertungsheuristiken (judgmental heuristics), die bei der Routineeinschätzung von Ereignissen und Botschaften verwendet werden. Bei solch natürlichen Bewertungen geht es um die Verfügbarkeit von Assoziationen und Beispielen, um die Einschätzung von Ähnlichkeit und Repräsentativität und um das Zuschreiben von Ursachen (Tversky und Kahneman 2002/2014, S. 20). In der Folge beschreiben Wahrscheinlichkeiten nicht länger eine erkenntnistheoretische Unsicherheit (vgl. Abschn. 3.2). Sie drücken lediglich eine **psychologische Unvorhersehbarkeit** aus. Als Grund nennt Kahneman (2002, S. 455), dass die erkenntnistheoretische Unsicherheit in der Wahrnehmung und Intuition schlecht ‚repräsentiert' ist. Es kommt zu einer Bewertungsheuristik, die attributiv arbeitet, dabei assoziativ flüssig abläuft oder sich an eine kognitive Orientierungsrichtlinie anpasst. Am bekanntesten sind die Verfügbarkeits-, Repräsentativitäts- und Ankerheuristik (Kahneman 2002, S. 465–469):

- **Verfügbarkeitsheuristik** (availability heuristic): Diese Art von Heuristik bevorzugt alles, was uns leicht in den Sinn kommt. Lesen oder sehen wir Etwas häufiger in den Medien (z. B. hohe Nachrichtendichte zu Flugzeugabstürzen), halten wir es für wahrscheinlicher als Etwas, das weniger häufig genannt wird, doch – empirisch gesehen – relevanter sein kann (z. B. Autounfälle). In der Folge unter- oder überschätzen Menschen bestimmte Risiken und Gefahren. So bekommen Menschen beispielsweise Flugangst, wenn Flugzeugabstürze medial betont werden, und steigen auf das gefährlichere Autofahren um. Die Einschätzung von Wahrscheinlichkeiten scheint uns Menschen folglich schwerer zu fallen als diejenige von Häufigkeiten.
- **Repräsentativitätsheuristik** (representative heuristic): Bei dieser Heuristik wird kognitiv überprüft, ob ein Ereignis oder eine Person in ein kognitives Schema passt. Je größer die Passfähigkeit scheint, desto eher wird eine Gesetzmäßigkeit als gegeben angenommen. Beispiel einer solchen Heuristik ist die Prototyp-Heuristik. Treffen bei bestimmten Erfahrungen Merkmale häufig zu, werden diese als Eigenschaften mental repräsentiert (z. B. nervöses Auftreten vor Gericht). Diese Eigenschaften werden dann für Vergleiche herangezogen und einer bestimmten Kategorie zugeordnet (z. B. Nervosität als Hinweis auf schuldhaftes Verhalten). Dabei wird das beispielhafte Exemplar (Prototyp) durch seine Kategorie ersetzt, so Kahneman und Frederick (2002/2014, S. 73). Dies gilt selbst, wenn die Auftrittswahrscheinlichkeit hierzu nicht passt, weil sie empirisch niedrig ist. Der Mensch lässt sich also kognitiv durch das verleiten, was ihm typisch für seine Normalität vorkommt.
- **Ankerheuristik** (anchoring heuristic): Durch diese Heuristik werden Urteile an einen vorhandenen Anker angepasst. Kahneman und Tversky haben die Ankerheuristik vor allem als Rahmung (framing) bekannt gemacht, also die Art, wie Entscheidungs-

probleme formuliert werden (vgl. Abschn. 11.4). Als Anker dient dann diejenige Formulierung, die eine richtungsweisende Bezugsgröße enthält. Kahneman (2002, S. 457)
beschreibt dies am Beispiel einer medizinischen Behandlungssituation: Der Entscheidungskontext bleibt jeweils unverändert. In der ersten Situationsbeschreibung
wird das Wort ‚Überlebensrate' als Anker genutzt, in der zweiten Situationsbeschreibung
das Wort ‚Mortalitätsrate'. Im Ergebnis lenkt das Wort ‚Überlebensrate' den Blick auf
ein positives und scheinbar sicheres Ergebnis. Das Wort ‚Mortalitätsrate' hingegen
lenkt den Blick auf ein negatives Ergebnis, wodurch sich die Risikobereitschaft erhöht.
Der Mensch lässt sich also durch die Art, wie eine Urteilssituation formuliert wird, in
seiner kognitiven Bewertung und Wahlentscheidung beeinflussen. Allerdings ist hierfür
die Gestaltung des Experiments mitentscheidend.

Auch die Affektheuristik ist eine Bewertungsheuristik. Kahneman (2002, S. 470) hält
deren Erforschung für den ‚vermutlich wichtigsten Erkenntnisbeitrag' zu Bewertungsheuristiken der letzten Jahrzehnte. Denn viele Haltungen haben einen emotional besetzten Kern und nicht jede Bewertung erfolgt bewusst. Wie oben erläutert, ist ein Affekt
eine kurzfristige, eher undifferenzierte Emotion, die aktivierend wirkt. Eine **Affektheuristik** ist demnach laut Slovic et al. (2002/2014, S. 397) ein (un-)bewusster Gefühlszustand mit einer positiven oder negativen Stimulusqualität, der sich schnell und automatisch auswirkt.

- In Experimenten wird häufig mit ‚bahnenden Reizen' (**Priming**) gearbeitet, denen
  Testpersonen ausgesetzt werden. Der bahnende Reiz selbst kann ein Bild, Geräusch,
  Geruch, Wort oder Ähnliches sein. Er aktiviert – häufig unbewusst – bestimmte Assoziationen. Werden Testpersonen beispielsweise lächelnde Gesichter gezeigt, löst dies
  positive Assoziationen aus, so Slovic et al. (2002/2014, S. 401): „Smiling persons were
  judged as more trustworthy, good, honest, genuine, obedient, blameless, sincere, and
  admirable than nonsmiling targets". Solche Assoziationen ‚bahnen dann den Weg' für
  die Bewertung eines nachfolgenden Reizes.
- Wir greifen Priming im dritten Buchteil wieder auf, wenn wir das ‚sanfte Schubsen' (**Nudging**) diskutieren. Dabei handelt es sich um eine Instrumentenart, die kognitionspsychologisch auf das wirtschaftliche und gesellschaftliche Verhalten einwirkt (vgl. Abschn. 11.4).

Das Bisherige zeigt: Psychologie und Kognitionswissenschaft sind zu Recht skeptisch, ob ein Entscheider in der Lage ist, seinen (sozio-)ökonomischen Risikonutzen
bzw. Erwartungsnutzen systematisch fehlerfrei zu ermitteln und entsprechend zu handeln (vgl. Abschn. 3.2 und 4.2). Kahneman und Tversky argumentieren daher zu
Gunsten einer ‚**neuen Erwartungsnutzentheorie**' (prospect theory). Diese sieht vor,
dass eine Entscheidung in zwei kognitiven Phasen abläuft und mit Referenzpunkten arbeitet (Kahneman 2002, S. 459–464):

- In der **Bearbeitungsphase (editing)** wird kognitiv vereinfacht, was zu entscheiden ist.
  - So werden **nur Veränderungen** (z. B. Gewinne, Verluste) wahrgenommen. Denn Differenzen sind kognitiv zugänglicher als absolute Stimulanzniveaus, wenn ein Bezugs- bzw. Referenzpunkt gegeben ist. Auch werden sichere von risikobehafteten Komponenten getrennt.
  - Der **Referenzpunkt selbst ist neutral** und „trennt die Werte einer Dimension (üblicherweise Geldbeträge) in Gewinne, die über dem Referenzpunkt liegen, und Verluste, die unter diesem liegen", so Pfister et al. (1998/2017, S. 53, 54); der Referenzpunkt „kann aber inhaltlich Verschiedenes bedeuten (z. B. eine Erwartung, den Status [quo…]) und sich je nach Situation verändern".
- In der **Evaluierungsphase (evaluation)** werden die editierten Komponenten subjektiv auf Basis referenzabhängiger Präferenzen bewertet.
  - Das Ergebnis liefert eine Entscheidungsheuristik, die den Umgang mit dem Risiko nicht länger mittels einer grundsätzlichen Risikohaltung ausdrückt (Risikofreude versus Risikoabneigung). Stattdessen werden in einer Wertfunktion Verluste höher gewichtet als Gewinne, was einer verlustängstlichen Einstellung bzw. einer **Verlustaversion** (loss aversion) entspricht. Dies kann bedeuten, dass auf greifbare Vorteile verzichtet wird, um die entfernte Chance des Versagens zu vermeiden, was sich psychologisch erklären lässt. Denn nach Wilkinson (2008, S. 106) sind Verbesserungen zwar evolutorisch zu begrüßen; Verluste können jedoch einen vernichtenden Effekt haben und werden intensiver erlebt.
  - Die Wertfunktion kann je nach Entscheider unterschiedlich aussehen, was **intersubjektive Nutzenvergleiche erschwert** (Pfister et al. 1998/2017, S. 54). Wir reduzieren das Ganze zu unserem letzten Merkbild, wobei die kognitive Verzerrung durch das Stör-Symbol repräsentiert ist (siehe Abb. 5.3). Bei den Ausführungen zur Wertfunktion (value function; V) orientieren wir uns an Pfister et al. (1998/2017, S. 53) und Wilkinson (2008, S. 110–111).

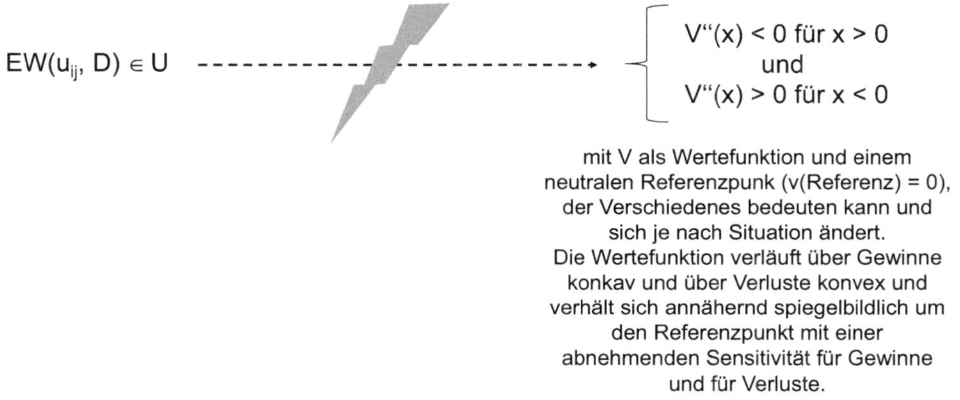

$EW(u_{ij}, D) \in U$ $----------\ \ \ \ ----------\rightarrow$

$$V''(x) < 0 \text{ für } x > 0$$
$$\text{und}$$
$$V''(x) > 0 \text{ für } x < 0$$

mit V als Wertefunktion und einem neutralen Referenzpunk (v(Referenz) = 0), der Verschiedenes bedeuten kann und sich je nach Situation ändert. Die Wertefunktion verläuft über Gewinne konkav und über Verluste konvex und verhält sich annähernd spiegelbildlich um den Referenzpunkt mit einer abnehmenden Sensitivität für Gewinne und für Verluste.

Abb. 5.3 Transformationsfunktion -> Vom erweiterten Risikonutzenwert zum ‚neuen Erwartungsnutzen‘

Wir beenden unseren Ausflug in die Welt der Psychologie und Kognitionswissenschaft, indem wir auf die **Nachhaltigkeit** schauen. Stimmen Einstellungs- und Verhaltenskognitionen nicht mit dem tatsächlichen Verhalten überein, kommt es zu inneren Spannungen, die anwachsen, je wichtiger die mentalen Bewertungen sind und je mehr Widersprüche bestehen. Die Auflösung der kognitiven Widersprüche kann auf verschiedene Weisen erfolgen, wie die folgenden Beispiele illustrieren. Im Extremfall wird eine dissonante mentale Bewertung schlichtweg ausgeblendet, also beseitigt.

Auflösung kognitiver Widersprüche durch (nicht-)klimafreundliches Verhalten

Folgende **Optionen** sind denkbar, um einen mentalen Spannungszustand aufzulösen:

- **Änderung des Verhaltens** => Selbstverschuldete CO_2-Emissionen werden verringert, indem z. B. auf das eigene Auto verzichtet wird.
- **Ergänzung der mentalen Bewertung** => Klimafolgen wird die argumentative Schwere genommen, indem positive Folgen betont werden, z. B. die Zugänglichkeit zu zuvor vereisten und rohstoffreichen Gebieten.
- **Änderung der Einstellung** => Der menschliche Einfluss wird bagatellisiert, indem z. B. mit erdgeschichtlichen Zyklen der Erderwärmung argumentiert wird.
- **Konfirmationsverzerrung** => Berichte zur Klimaveränderung werden ausgeblendet, indem z. B. Umweltschutz-Maßnahmen als Verschwörung von Eliten propagiert werden. ◄

Die eigene mentale Bewertung kann selbst dann noch positiv aufgewertet und gefestigt werden, wenn sich eine Person faktisch irrt (z. B. durch den Eintritt des Schadensfalls). Dadurch verhindert die Person, dass ihr Selbstbild Schaden nimmt.

5.4   Wer ist das multiple Selbst?

Zusammenfassung
Das multiple Selbst der Verhaltensökonomik ist eine integrierte Forschungssicht auf ein kognitiv und motivational vielschichtiges und schlecht vorhersehbares Wesen. Dieser Entscheider hat beide Denksysteme aktiviert, um seinen ökonomischen Nutzen ebenso wie seinen sozialen und personalen Identitätsnutzen zu optimieren. Solch eine kognitive Komplexität kann überfordern und Heuristiken sinnvoll machen. Allerdings laufen intuitive Heuristiken systematisch fehlerhaft ab, wenn sich

das Gehirn für seine Bewertungen an (sprachlichen) Referenzpunkten orientiert, die verzerrend wirken. Im Wechselspiel extrinsischer und intrinsischer Motivation kann Unlust hinzukommen. Das multiple Selbst ist markt- und rollenmächtig wie der Homo socialis. Zudem kann es sich neue Lösungsräume erschließen, wenn es sein Phantasie- und Kreativitätspotenzial entsprechend ausschöpft. Um dies – mit Blick auf die Nachhaltigkeit – transformativ von unten nach oben zu nutzen (bottom-up), muss das multiple Selbst sich jedoch der eigenen kognitiven Herausforderungen (z. B. kognitive Verzerrungen) und motivationalen Herausforderungen (z. B. fehlende Selbstdisziplin) bewusst sein und damit lösungsorientiert umgehen.

Die Verhaltensökonomik arbeitet eng mit der Psychologie und Kognitionswissenschaft zusammen. Ihr Menschenbild ist das ‚multiple Selbst‘. Wie lässt sich dieses Wesen noch einmal zusammenfassend charakterisieren? Und was kann und will solch ein realitätsnaher Mensch nachhaltig leisten oder auch nicht?

Für uns ist das **multiple Selbst** eine Erweiterung des Homo socialis und die letzte Stufe unserer Annäherung an ein realistisches Menschenbild, selbst wenn Akerlof und Kranton (2010, S. 7–8), mit denen die Identitätsökonomik im Wesentlichen verbunden ist, ihre Perspektive als die komplexere Sicht auf den Menschen verstehen.

Die **Verhaltensökonomik** ist deutlich stärker mit der Psychologie und Kognitionswissenschaft verzahnt als die Identitätsökonomik mit der Soziologie.

- Dies liegt unter anderem daran, dass zwei ihrer **Gründerväter**, Daniel Kahneman und Amos Tversky, Psychologen sind. Letzterer nimmt neben George Ainslie, einem klinischen Psychologen, zudem an der interdisziplinären Forschergruppe ‚Work Group on Rationality‘ unter der Schirmherrschaft des Maison des Sciences de l’Homme teil (vgl. Abschn. 2.3). Die Arbeitsgruppe wertet Anfang der 1980er-Jahre den Erkenntnisstand zur Irrationalität aus und präsentiert die Ergebnisse auf zwei Arbeitssitzungen namens ‚Irrationality: explanation and understanding‘ und ‚The multiple self‘ (Elster 1985/1987a, S. vii).
- Das **multiple Selbst** ist ein motivational und kognitiv komplexes Wesen. Es hat kein einheitliches und stabiles Ich, sondern mehrere Ichs, die je nach internem oder externem Handlungsreiz dominieren. Dies ist dem Individuum nicht zwangsläufig bewusst, so dass Entscheidungsprozesse unvorhersehbarer als beim Homo socialis ablaufen. Kahneman (2002, S. 481) nennt das System 2 daher ‚verletzlich‘. Die wissenschaftliche Entdeckungsreise hierzu ist weiterhin eine offene. Die Verhaltensökonomik profitiert dabei von den Erkenntnissen ihrer Partnerdisziplinen und trägt als experimentelle Ökonomik selbst zu diesen Erkenntnissen bei.

Im Folgenden arbeiten wir mit unseren **Merkmalskategorien** aus dem Einführungskapitel (vgl. Abschn. 2.4), um das multiple Selbst einzuordnen, mit dem sich auch

Siebenhüner (2001, S. 156–162) beschäftigt. Es stellt in diesem Buch die zweite und letzte Erweiterungsstufe auf dem Weg zu einem realitätsnahen Menschenbild dar (siehe Merkkasten: Multiples Selbst).

▶   **Wichtig Multiples Selbst**: Wesen, das sich anhand der ausgewählten Attribute wie folgt kennzeichnen lässt:

- **Entscheidungsstruktur**: System 1 und 2 => kognitiver Apparat ist vollständig aktiviert (Intuition plus Ratio);
- **Entscheidungsprozess**: Vernetzte und kognitiv komplexe Denkprozesse => reicht vom reibungslosen Ineinandergreifen von System 1 und 2 bis hin zu mentalen Spannungszuständen und kognitiv verkürzten und gegebenenfalls verzerrten Denkprozessen;
- **Entscheidungspräferenzen**: Vielschichtige Bedürfnislage => ist auf Eigennutz, Kollektivnutzen und psychologischen Nutzen (einschließlich Selbstverwirklichung) ausgerichtet;
- **Entscheidungsmotivation**: Extrinsisch und intrinsisch => ist motivational komplex mit teilweise schwer vorhersehbaren Wechselwirkungen (einschließlich Verdrängungseffekten);
- **Entscheidungsdiskurs**: Informativ, narrativ und sensorisch wahrnehmend => kommuniziert zwecks Tauschvorgängen und Informationsaustausch, erzählt Geschichten und lässt sich begeistern und von Sprache (ver-)leiten;
- **Entscheidungsraum**: Stochastisch bis unbekannt => lernt kulturell und individuell (einschließlich Persönlichkeitsentwicklung und Kreativität) und kann neue Lösungsräume erschließen;
- **Entscheidungsfolgen als Wirkmacht**: (Teilweise) diffusionswirksam => Markt- und Netzwerkmacht möglich, jedoch kognitiv verzerrte Entscheidungen durchaus im Konflikt mit transformativer Nachhaltigkeit.

- **Ad Entscheidungsstruktur**: Beide Denksysteme sind aktiviert. Dabei führt die Existenz multipler Ichs in der menschlichen Entscheidungsstruktur zu vielfältigen Übergängen zwischen System 1 und System 2 (Kahneman 2002, S. 455):
  - Aufgabe von **System 1** ist es, Eindrücke zu erzeugen, die sich auf die Attribute der sinnlich wahrgenommenen und gedanklichen Objekte beziehen;
  - Aufgabe von **System 2** ist es, kognitive Urteile zu fällen, die absichtsvoll und explizit sind und aus Eindrücken oder sorgfältigen Überlegungen stammen.
  - **Emotionen**, die sich auf Motivation und Ausdauer auswirken, bestimmen mit, wieviel Kapazität bestimmten Prozessen (un-)bewusst eingeräumt wird.
- **Ad Entscheidungsprozesse**: Die meisten Verhaltensweisen sind intuitiv und zugleich kompetent, unproblematisch und erfolgreich, so Kahneman (2002, S. 481). Bei Bedarf verändert oder überschreibt System 2 jedoch das, was System 1 liefert, indem Faktoren noch einmal umfänglich gegeneinander abgewogen werden. Denn starke Spannungen

zwischen mentaler Bewertung und Realität lösen den Bedarf aus, Präferenzen und intuitive Bewertungen zu korrigieren. Zu solchen Zuständen tragen auch Emotionen bei. In der Gesamtschau ist das System 2 – wie oben erwähnt – verletzlich, wenn …

- das **System 2 an seine Belastungsgrenzen** gerät, weil verschiedene Aktivitäten gleichzeitig darauf zugreifen.
- das System 2 **durch System 1 fehl- oder unterversorgt** wird. So können die intuitiven Einschätzungs- und Urteilsprozesse eine Unterkorrektur auslösen. Sie signalisieren dem System 2, dass ein anderer Korrekturbedarf besteht, als dies eigentlich der Fall ist. Im Ergebnis werden Risiken beispielsweise durch eine bestimmte Rahmung überschätzt. Oder sie bleiben durch Gewohnheiten unterschätzt. Die Signale, die im System 2 ankommen, sind also entweder zu schwach (weak cues), um ausreichend Korrekturen auszulösen. Oder es kommen – wie im Fall stark aktivierender Emotionen – überhaupt keine reaktionsauslösenden Signale im System 2 an (absence of cues). Dies kann dazu führen, dass Präferenzen umgekehrt werden, wenn uns beispielsweise Willensschwäche impulsiv handeln lässt oder wir uns selbst täuschen und dabei einem motivierten Wunschdenken nachhängen.

- **Ad Entscheidungspräferenzen**: Der psychologische Nutzen wird durch unterschiedlichste Faktoren beeinflusst. Er kann sich als physische (Un-)Lust ausdrücken, als Zugehörigkeitsgefühl, Selbsterfüllung oder Sinnerfahrung im Leben.
  - Beim multiplen Selbst gesellen sich also zu den instrumentellen und sozialen Bedürfnissen auch diejenigen der **Selbstverwirklichung** (need for self-actualization). Letztere entfalten nach Maslow (1943, S. 382) eine Motivationswirkung, selbst wenn alle Bedürfnisse befriedigt scheinen: „Even if all needs are satisfied, we may still often (if not always) expect that a new discontent and restlessness will soon develop, unless the individual is doing what he is fitted for. […] The specific form that these needs will take will of course vary greatly from person to person. […] It is not necessarily a creative urge although in people who have any capacities for creation it will take this form." Der Mensch kann sich somit durch die Aussicht, das eigene Leben auf eine erfüllende Art zu erleben, selbst motivieren (Hedonismus).
  - Da eine Fülle verschiedenster Präferenzen besteht und die einzelnen Ichs kontextuell sensorisch aktiviert werden, kann es nach Ainslie (1992, S. 14) dazu kommen, dass **Präferenzen mehrdeutig**, also ambivalent ausgelegt werden (siehe Abb. 5.4; in Verbindung mit Abb. 3.4 und Abb. 4.2).

- **Ad Entscheidungsmotivation**: Das multiple Selbst ist extrinsisch und intrinsisch motiviert. Die innere Triebkraft ist vor allem für kreative Prozesse wichtig. So ist die Persönlichkeit von Menschen, die Neues erdenken und erschaffen, durch Merkmale wie innere Unabhängigkeit und Selbstantrieb gekennzeichnet. Die Motivationsforschung zeigt allerdings, dass die beiden Motivationsarten nicht immer reibungslos ineinandergreifen. So können bestimmte Aktivitäten auf intrinsisch motivierte Menschen weniger attraktiv wirken, wenn Belohnungen oder Zwänge im Spiel sind; auch Kritik, Kontrolle, Zurückweisung oder zeitliche Bedingungen können verdrängend

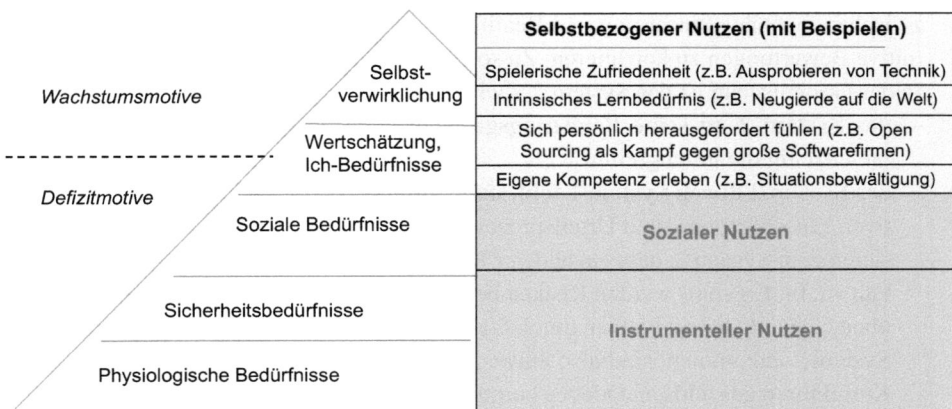

Abb. 5.4 Bedürfnispyramide nach Maslow und das multiple Selbst

wirken (Kirchler 2008, S. 325, in Burger-Menzel 2011, S. 270). All dies macht das Setzen kontextuell ,richtiger' Anreize zu einer Herausforderung.

- **Ad Entscheidungsdiskurs**: Der Diskurs besteht aus Tauschsignalen, dem Austausch von Informationen und von Narrativen, durch die sich Wertegemeinschaft(en) bestätigen und Werteverstöße anmahnen. Hinzukommt, dass das Individuum seiner Selbstheit eine Stimme gibt. Ob fremde Narrative kognitiv bei ihm ,andocken' können, hängt unter anderem von der Sprachverwendung ab (z. B. Metaphorik). Denn das Gehirn nutzt Hinweise und Assoziationen, um Erinnerungen abzurufen. Ohne diese lassen sich entsprechende Erinnerungen nicht oder nur unzulänglich herstellen. Beim komplexen Menschen ist folglich der Entscheidungsdiskurs ein vielschichtiges Phänomen, weil damit immer die Konstruktion der sozialen und personalen Identität einhergeht.
- **Ad Entscheidungsraum**: Der Entscheidungs- bzw. Lösungsraum wird durch das jeweilige Entscheidungsproblem beschrieben, durch seine Variablen und deren Ausprägungsmöglichkeiten. In solch einem Lösungsraum sind alle Restriktionen erfüllt. Beim multiplen Selbst wird all dies zu einem mentalen Modell, in dem kognitiv simuliert wird, wie die Übergänge vom Ausgangs- in den Zielzustand erfolgen können.
  - Schelling (1985/1987, S. 195) bezeichnet den realistischen Menschen als Quelle der Fantasie und als jemanden, der sich schnell von Rätseln, Mysterien und Tagträumereien faszinieren lässt. Beim multiplen Selbst können sich folglich analytische Intelligenz, vernetztes Denken und Kreativität paaren, woraus **neue (interdisziplinäre) Lösungsräume** entstehen. Solch ein Mensch kann aus üblichen Vorstellungsschemata ausbrechen, dabei logisch und schlussfolgernd denken und neue Lösungswege entwickeln. Und bei Zukunftsunsicherheit können intelligente Heuristiken helfen, robuste Lösungen zu finden (vgl. Abschn. 3.3). Dabei wird mit Erfahrungswerten gearbeitet und zugleich adaptiv (auch methodisch) gelernt, nicht in lokalen Optima steckenzubleiben.

–   Das multiple Selbst tritt jedoch auch als pfadabhängiger Entscheider auf, der seinem Handlungsmuster treu bleibt und sogar über die Zeit beginnt, Bereiche seines Lösungsraums auszublenden. Denn für das System 2 ist es durchaus anspruchsvoll, mit komplexen Annahmen umzugehen oder logische Beziehungen richtig zu interpretieren. Zudem kann das System 2 durch das System 1 fehl- oder unterversorgt werden, was vor allem für intuitive Heuristiken diskutiert wird. Dann wird schlichtweg der Handlungspfad gewählt, bei dem die wie auch immer geartete Bewertungszunahme am größten ist. In der Folge werden weitere Optima übersehen und Suchprozesse zu früh abgebrochen. Der **vorhandene Lösungsraum wird nicht ausschöpft**. Auch durch emotionale Eigendynamiken können bestimmte Neigungen entscheidungsrelevant verstärkt und/oder Wahrscheinlichkeiten intuitiv verzerrt werden. Wir Menschen suchen dann nach Hinweisen (z. B. Meinungen), welche die eigenen Annahmen bestätigen, und nicht solche, die den eigenen Annahmen widersprechen (Bestätigungsverzerrung). Und Vieles mehr. Dies verstärkt die Tendenz, in der Gegenwart ‚hängenzubleiben‘ und mögliche Zukünfte auszublenden (vgl. Abschn. 10.2).

•   **Ad Entscheidungsfolgen als Wirkmacht**: Der motivational und kognitiv komplexe Mensch ist mehr als nur ein Homo socialis. Er ist potenziell markt- und rollenmächtig und kann einen Diffusionsprozess in Gang setzen, der innovative und transformative Wirkungen entfaltet. Seine Begrenzung findet das multiple Selbst darin, dass es eine kritische Masse an Mitstreiter:innen braucht, damit sich die Diffusion eigendynamisch entwickelt (vgl. Kap. 9). Solch ein Ganzes ist störbar. Denn Individuen und Gruppen können sich passivieren und sogar ‚umschwenken‘, wenn sich negative Stimmungen aufbauen und Ängste auswirken.

Aus Sicht unserer **Nachhaltigkeitswelt** ist das multiple Selbst in der Lage, sich kreativ mit einer Bandbreite an planetaren Zukünften und möglichen neuen Lösungswegen zu befassen. Es ist attributiv zukunftsfähig (vgl. Abschn. 2.2), kann also neue Entwicklungspfade in die eigene kognitive Landkarte einbetten und plausibilisieren. Die Komplexität, die darin steckt, kann den Entscheider allerdings ‚kognitiv aushebeln‘. Erstens lebt er seine soziale Identität üblicherweise in kleinen und vertrauten Welten aus. Und zweitens arbeitet auch die Kognition mit Vertrautem. Der Entscheider muss sich daher immer wieder seiner Selbst bewusst werden und Selbstabweichungen enttarnen. Und er muss sich immer wieder innerlich motivieren und dazu disziplinieren, den einmal eingeschlagenen transformativen Weg durchzuhalten.

5.5   Was kann die Verhaltensökonomik mit ihrer Idee vom komplexen Menschen leisten und was nicht?

Zusammenfassung

Die Verhaltensökonomik hat menschliche Verhaltensmuster identifiziert, welche die übrigen volkswirtschaftlichen Bereiche bis dahin ausgeblendet haben. Dabei hat sie nicht nur inhaltliche, sondern auch methodische Weiterentwicklungen angestoßen, vor allem in der qualitativen Methodik, was bessere Einblicke in mögliche Motivationslagen und Einflussnahmen erlaubt. In der Gesamtschau ist das Verständnis vom multiplen Selbst von großer Praxisrelevanz und zugleich mit (kulturhistorischen) Einsichten in die menschliche Existenz verknüpft. Nichtsdestotrotz ist für die Verhaltensökonomik die Festlegung herausfordernd, was ein (un-)vernünftiges Verhalten ist und wie sich dieses – trotz der methodischen Fortschritte – validieren lässt. Dabei zeichnet sie oft das Bild eines Menschen, der unbelehrbar und systematisch auf dem falschen Wege scheint. In der Gesamtbetrachtung befindet sich die Verhaltensökonomik als Forschungsgebiet gerade in ihrer Konsolidierungsphase, was auch bedeutet, dass sie stärker reflektieren muss, welche breiteren Implikationen ihre Erkenntnisse haben.

Das Menschenbild, mit dem die Verhaltensökonomik arbeitet, heißt ‚multiples Selbst'. Welchen Erkenntnisstand hat die Verhaltensökonomik erreicht? Und mit welchen Herausforderungen hat sie zu kämpfen? Hierzu ausgewählte Aspekte.

Was kann die Verhaltensökonomik leisten?
* Dank der Verhaltensökonomik gibt es eine Art **Mustererkennung für Verhaltensweisen, die von der ‚Norm' abweichen**. Diese Muster werden als kognitionspsychologische Hilfskonstruktionen beschrieben, die das multiple Selbst erkennbar nutzt, um sich in seinem äußeren und inneren Umfeld zurechtzufinden. Sie betreffen Aspekte der Wahrnehmung (z. B. sensorische Signalstärke), Informationsverarbeitung (z. B. Referenzpunkte), Entscheidungsfindung (z. B. Verlustaversion), Umsetzung (z. B. Motivation) und die Herausforderung, daraus ein stabiles Verhalten zu generieren und fortzuschreiben (z. B. episodisches Gedächtnis). Dabei arbeitet die Verhaltensökonomik induktiv. Sie erschließt sich das menschliche Verhalten experimentell, wertet Daten aus und schlussfolgert, ob und wie sich die Erkenntnisse verallgemeinern lassen. Oder in den Worten von Wirtschaftsnobelpreisträger Richard Thaler (2016, S. 23): „I don't think behavioral economics requires any special tools or techniques. I like to call it ‚evidence-based economics'. Let the data tell you what is going on, both in empirical work and in theory development". Im Gegensatz dazu arbeitet die Mainstream-Ökonomik in der Regel deduktiv, also von allgemeinen (und vermuteten) Gesetzmäßigkeiten ableitend (z. B. Entstehen von Marktgleichgewichten), wodurch der Mensch per Annahme ein weitgehend widerspruchsfreies und zusammenhängendes Handeln zeigt.
* Über die Jahre hat die Verhaltensökonomik ihr **methodisches Fundament verbreitert und ihre wissenschaftlichen Qualitätsstandards verbessert**, wovon vor allem qualitative Ansätze profitiert haben. Letztere unterscheiden sich zum Teil deutlich von den standardisierten Methoden, die bei verhaltensökonomischen Labor- und Feldexperimenten (auch mit randomisierten Treatment- und Kontrollgruppen) verwendet und durch neurowissenschaftliche Messungen ergänzt werden.

– In **qualitativen Untersuchungen** wird nicht nur das beobachtbare Verhalten erfasst und ausgewertet. Innerhalb der Testgruppen werden auch mögliche Einflussnahmen und Motivationslagen erforscht. Dies lässt sich für Erkenntnisse zur Nachhaltigkeit nutzen. Beispiele liefern seit einigen Jahren wissenschaftliche Auswertungen von computerbasierten Lernumgebungen, in denen mit kognitiven Strukturen (z. B. Absorptionskapazität) und kognitiven Prozessen (z. B. Beteiligungslust) gearbeitet wird (z. B. Fabricatore und López 2012; Floricel 2020). Dabei werden Problemlösungsstrategien untersucht, um beispielsweise zu sehen, welche Spieler:innen am erfolgreichsten nachhaltig agieren (z. B. Schutz eines Ökosystems) oder in eigene kognitive Fallen laufen.

– Spannend ist zudem die Forschungsfrage, wie Menschen (re-)agieren, wenn sie auf **künstliche Intelligenz (KI)** treffen. So geht es in einer verhaltensökonomischen Studie der Universität Bamberg darum, ob sich die Teilnehmenden im Ergebnisvergleich anders verhalten, wenn sie auf ein menschliches oder ein KI-Gegenüber treffen (human-human-interaction vs. human-computer-interaction); Erkenntnisstand ist, dass Menschen in der Regel das rationale Potenzial eines menschlichen Gegenübers eher unterschätzen, was ihre Lernbereitschaft reduziert (March 2019, S. 2).

• Die Verhaltensökonomik hat eine Sicht vom Menschen etabliert, die praxisrelevant ist und auch psychotherapeutisch genutzt wird. Maragkos (2018, S. 13, 10) geht noch einen Schritt weiter und sieht die **Theorie der multiplen Ichs „als eine Art von ‚Meta-Konzept‘**, ein grundlegendes Prinzip, das viele andere inkludiert". So lassen sich laut Autor die geschichtlichen Wurzeln dieses Denkmodells unter anderem „in der epischen Geschichte Indiens, der Mahabharata, der Bibel, der antiken Philosophie Platons und in den Schriften des alten Yoga finden". Er schlussfolgert, dass diese Theorie nicht nur eine psychologische Sicht auf den Menschen spiegelt, sondern ein „zentrales Thema des Menschen respektive der menschlichen Existenz". In der Gesamtschau muss die nicht-verhaltensökonomische Volkswirtschaftslehre für sich klären, was es inhaltlich und methodisch bedeutet, dass die tatsächlichen Präferenzen des Menschen aus verschiedenen (Ich-)Präferenzen bestehen.

Was kann die Verhaltensökonomik nicht leisten?

• Es ist herausfordernd festzulegen, was ein (un-)vernünftiges Verhalten ist und ab wann dies zutrifft. Dies macht die **Ergebnisse der Verhaltensökonomik nicht immer eindeutig.** Da die Verhaltensökonomik auf theoretische und normative Annahmen verzichtet und stattdessen auf die Datenauswertung aus Experimenten und Beobachtungen setzt, muss sie – trotz erreichter Qualitätsfortschritte – sorgfältig auf methodische Standards achten, um valide Ergebnisse zu erzielen. So muss beispielsweise geklärt werden, wie in Experimenten Stimuli so gesetzt und Fragen so gestellt werden, dass sie unverfälschte Ergebnisse hervorbringen. Auch sind Emotionen – selbst bei lebensverändernden Ereignissen – relativ kurzlebig (Wilkinson 2008, S. 442). Hinzukommen launenhafte Stimmungen, die sich über eine Entscheidungssituation legen können. Einige der Ergebnisse lassen sich zudem nur schwer oder gar nicht in Gesetzmäßigkeiten überführen und verallgemeinern (Induktion). So wird Kahneman und Tversky bei ihrer ‚neuen Erwartungsnutzentheorie' vorgeworfen, dass bestimmte Merkmale unterbestimmt sind; dies betrifft beispielsweise die Prozessreihenfolge in der Bearbeitungsphase oder die Lage des Referenzpunktes (Wilkinson 2008, S. 128). Und Vieles mehr.

- Historisch gesehen ist die Verhaltensökonomik heutzutage im Aufwind. Dies lässt aus Forschungssicht die **Zahl und Variationsbreite der Herangehensweisen stark wachsen**. Es überrascht daher nicht, dass – verglichen mit der Pionierphase der Verhaltensökonomik – etliche Forschungsbeiträge keinen spürbaren Beitrag mehr leisten. Wilkinson (2008, S. 442–443) vergleicht diese Entwicklung mit der Wachstumsphase eines Produktlebenszyklus, der in eine Reifephase übergeht, in der sich die wissenschaftlichen Ansätze wieder auf solche ‚verdünnen', die mit ihren inhaltlichen und methodischen Forschungsergebnissen substanziell überzeugen. Hinzukommt, dass die vielen Übergänge zwischen der Verhaltensökonomik, experimentellen Ökonomik und Neuroökonomik zwar fließend wirken; Wilkinson (2008, S. 13) weist jedoch darauf hin, dass sich die drei Teilgebiete in ihren Merkmalen unterscheiden, was bei der Interpretation und Nutzung der Erkenntnisse zu berücksichtigen ist.

- Am häufigsten wird der Verhaltensökonomik vorgeworfen, dass sie ein **zu pessimistisches Bild vom Durchschnittsmenschen** zeichnet. Gilovich und Griffin (2002/2014, S. 8–14) nennen dies die „we cannot be that dumb"-Kritik. Die Autoren führen dies unter anderem auf die mediale Berichterstattung zur Verhaltensökonomik zurück, die sich über reißerische Botschaften erfolgreicher verkaufen lässt (bad news bias). Die Autoren kritisieren jedoch auch die Verhaltensökonomik selbst. Diese habe es bisher versäumt, die Aussagekraft ihrer Erkenntnisse so zu überprüfen, dass diese für eine kontextuelle Bandbreite als gültig angesehen werden (ecological validity). Es geht dann darum, Ergebnisse auf andere Kontextfelder übertragen zu können. Hierfür muss sich die Verhaltensökonomik vielen Fragen stellen: Welche ihrer Ansätze sind zielführend, um – beispielsweise mit Blick auf die Nachhaltigkeit – den volkswirtschaftlichen Erkenntnisbeitrag konzeptionell voranzubringen? Welches Nutzenkonzept ist hierfür geeignet? Wie können (neue) Präferenzfunktionen und Entscheidungsmodelle aussehen? Und: Was kann dies normativ bedeuten? Zwar macht die Verhaltensökonomik primär Beobachtungsaussagen und gibt keine Soll-Richtungen vor. Dennoch haben ihre Ansätze dort einen normativen Charakter, wo verhaltensökonomisch ‚sanft geschubst' wird (z. B. Politikdesign mit Nudging-Elementen).

Fazit zum multiplen Selbst

Die Verhaltensökonomik akzeptiert den Menschen als komplexes Wesen und arbeitet integrativ mit anderen Disziplinen zusammen. Dadurch leistet sie wertvolle Erkenntnisbeiträge. Denn das, was wir von der Mainstream-Ökonomik über den Menschen erfahren, ist eher am Schreibtisch konstruiert als aus der Realität abgeleitet. Wenn sich die Verhaltensökonomik mit Impulsreaktionen beschäftigt, lenkt sie den Blick zudem auf die **Ursprünge der Volkswirtschaftslehre**. Denn, um menschlichem Handeln auf die Spur zu kommen, unterscheidet Adam Smith bereits 1759 zwischen Leidenschaften, die selbstbezogen, sozial oder unsozial sein können sowie körperlich oder imaginativ ausgelöst werden (Adam Smith 1759/2005, S. 22–37). Auch für John Maynard Keynes (1936/1973, S. 162–163) ist der Mensch vielschichtig (im Gegensatz zum postkeynesianischen Mainstream, der sich aus seinem Werk ableitet); Keynes sieht den Menschen mit animalischen Instinkten (animal spirits) ausgestattet, die ihn zu einem mehr oder minder spontanen Verhalten verleiten: „We are merely reminding ourselves that human decisions affecting the future, whether personal or political or economic, cannot depend on strict mathematical expectation, since the basis for making such calculations does not exist; and that it is our innate urge to activity which makes the wheels go round, our rational selves choosing between the alternatives as best we are able, calculating where we can, but often falling back for our motive on whim or sentiment or chance." Für die Volkswirtschaftslehre bedeutet dies, menschliche Spontanität und Gefühle sowie die verhaltensökonomische Bedeutung von Zufall umfassender zu akzeptieren.

Damit schließt der erste Teil des Buchs, der die menschliche Komplexität thematisiert. Im zweiten Teil des Buchs behalten wir den komplexen Menschen im Auge. Unser Fokus liegt dann auf der Komplexität des gesellschaftlichen Miteinanders, auch System genannt.

5.6   Dritte Etappe: Treffen Sie Ihre Mitreisenden – Die Unberechenbaren

Willkommen zurück zum dritten Teil des INSEL-Experiments (vgl. Abschn. 2.5). Stellen Sie sich dabei zusätzliche Handlungsbedingungen vor:

- Die Reise verläuft bisher eintönig und alle fühlen sich an Bord mehr und mehr beengt.
- Es ist noch keine INSEL in Sicht und Sie sind noch eine unbekannte Zahl von Tagen und Nächten unterwegs.

Sie haben also Zeit, sich selbst und die übrigen Bootsinsassen zu beobachten, um herauszufinden, wie Sie und die Anderen **als kognitiv und motivational komplexe Menschen** Entscheidungen treffen. Hierzu erhalten Sie jetzt anregende Reflexionsfragen und Denkanstöße:

1. Wie gehen Sie mit der Eintönigkeit an Bord um?
2. Nach welchen Kriterien kommen Sie zu einer Bewertung, wie gesund alle Bootsinsassen sind? Wie gehen Sie damit um, dass einige Bootsinsassen weniger gut Stress aushalten können als andere? Hat dies Auswirkungen auf den Versorgungsplan?
3. Wann gehen Sie aufgrund von Erfahrungswerten davon aus, dass alle Gruppenmitglieder automatisiert ins Handeln kommen und die ihnen zugeordneten Aufgaben verantwortlich erfüllen? Welche Ereignisse zwingen Sie gegebenenfalls, neue Informationen zu erheben, um die Aufgabenverteilung neu zu regeln?

4. Mit welchen Mitteln und Methoden setzen Sie Ihre Ziele in der Gruppe der Boots-insassen durch? Was bedeutet es für Ihre Durchsetzungskraft, dass einige Gruppenmit-glieder wankelmütig sind, und wie gehen Sie damit um?

5. Welchen Bestrafungskatalog halten Sie für angemessen, wenn jemand an Bord Ab-sprachen nicht einhält? Welche Gründe akzeptieren Sie, um Ausnahmeregelungen zu treffen?

6. Auf dem Boot müssen jeden Tag existenzielle Entscheidungen getroffen werden. Wel-chen Weg der Entscheidungsfindung präferieren Sie als komplexer Mensch?

7. Wie gehen Sie damit um, dass die Dauer des Unterwegsseins unberechenbar ist? An-hand welcher Kriterien bewerten Sie die Resilienz und emotionale Stärke der einzelnen Gruppenmitglieder?

8. Was motiviert Sie, die Situation an Bord zu meistern?

9. Welche Erkenntnisse, die sich aus Ihren bisherigen Reflexionen ableiten, können zu Prinzipien einer allgemeinen Gesetzgebung werden?

Literatur

Akerlof, George A., und Kranton, Rachel E. (2010): Identity Economics, Princeton University Press, Princeton, New Jersey

Andreasen, Nancy C. (2005): The creative brain, Plume Book, New York

Ainslie, George (1992): Picoeconomics, Cambridge University Press, Cambridge

Burger-Menzel, Bettina (2016): Environmental Politics and the Human Being: A New Interdiscipli-nary Perspective on Motivational Processes and Sustainable Change Behavior, Forschungspapier Nr. 13, Käte Hamburger Kolleg/Centre for Global Cooperation Research, Universität Duisburg-Essen, Duisburg

Burger-Menzel, Bettina (2011): Creators and National Innovation Systems: How to Integrate Moti-vational Factors into Policy Considerations, in: Aboites, J. /Corona, J. M. (Hrsg.), Economía de la Innovación y Desarollo, Universidad Autónomo Metropolitana, Mexiko-Stadt, S. 267–285

Dobelli, Rolf (2014): The Art of Thinking Clearly, Harper Collins Publications, New York

Eagleman, David (2015/2016): The brain, Canongate, Edingburgh, London

Elster, Jon (1985/1987a): Preface, in: Jon Elster (Hrsg.), The multiple self, Cambridge University Press, Cambridge, S. vii

Elster, Jon (1985/1987b): Introduction, in: Jon Elster (Hrsg.), The multiple self, Cambridge Uni-versity Press, Cambridge, S.1–35

Fabricatore, Carlo, und López, Ximena (2012): Sustainability Learning through Gaming: An Explo-ratory Study, University of Worcester, UK, https://eprints.worc.ac.uk/1942/1/Fabricatore_Lopez_Sustainability_Learning_Through_Gaming.pdf, Zugriff 23.05.2022

Fishbach, Ayelet, und Woolley, Kaitlin (2021): The structure of intrinsic motivation, In press, Annual Review of Organizational Psychology and Organizational Behavior, DOI:https://doi.org/10.1146/annurev-orgpsych-012420-091122, Zugriff 10.01.2023

Flavell, James H. (1979): Metacognitive knowledge and cognitive mentoring: A new area of cognitive-development inquiry, in American Psychologist, 34(10), S. 906–911

Floricel, Serghei (2020): Understanding the Nature and Effects of Digital Games in Promoting Sustai-nability, University of Quebec, Montreal, https://www.researchgate.net/publication/354187568, Zugriff 23.05.2022

Forgas, Joseph P., Baumeister, Roy H., und Tice, Dianne M. (2009): Psychology of Self-regulation: Cognitive, affective, and motivational processes, Psychology Press, New York

Genovard, Cándido, et al. (2006): History of creativity in Spain, in: Kaufman, James C., und Sternberg, Robert J. (Hrsg.), The international handbook of creativity, Cambridge University Press, Cambridge, S. 68–95

Gilovich, Thomas, und Griffin, Dale W. (2002/2014): Introduction – Heuristics and Biases: Then and Now, in: Gilovich, Thomas, Griffin, Dale W., und Kahneman, Daniel (Hrsg.), Heuristics and Biases – The Psychology of Intuitive Judgement, Cambridge University Press, Cambridge, S. 1–18

Gilovich, Thomas, Griffin, Dale W., und Kahneman, Daniel (2002/2014) (Hrsg.): Heuristics and Biases – The Psychology of Intuitive Judgement, Cambridge University Press, Cambridge

Gleitman, Henry, Fridlund, Alan J., und Reisberg, Daniel (1981/2004): Psychology, W. W. Norton & Company, New York, London

Kahneman, Daniel (2002): Maps of bounded rationality: A perspective on intuitive judgment and choice, Prize Lecture, Princeton University, Princeton, New Jersey, December 8, https://www.nobelprize.org/uploads/2018/06/kahnemann-lecture.pdf, Zugriff 03.09.2017

Kahneman, Daniel, und Frederick, Shane (2002/2014): Representativeness Revisited: Attribute Substitution in Inutitive Judgement, in: Gilovich, Thomas, Griffin, Dale W., und Kahneman, Daniel (Hrsg.): Heuristics and Biases – The Psychology of Intuitive Judgement, Cambridge University Press, Cambridge, S. 19–48

Keynes, John M. (1936/1973): The General Theory of Employment, Interest and Money, Moggridge, Donald E. (Hrsg.): The Collected Writings of John Maynard Keynes, Vol. VII, Macmillan, London

Kirchler, Erich (2008) (Hrsg.): Arbeits- und Organisationspsychologie, Facultas Verlag, Wien

Kovac, Velibor B. (2016): Basic Motivation and Human Behavior, Palgrave Macmillan, London, http://ndl.ethernet.edu.et/bitstream/123456789/24713/1/95.pdf

Maragkos, Markos (2018): Multiple Ichs – Nur ein psychologisches Konzept oder ein existentielles Thema des Menschen? In: Psychotherapie, Band 18-2, 18. Jahrgang, CIP-Medien, München, S. 7–17, https://sbt-in-berlin.de/cip-medien/01.-Maragkos.pdf, Zugriff 05.01.2023

March, Christoph (2019): The Behavioral Economics of Artificial Intelligence: Lessons from Experiments with Computer Players, Arbeitspapier Nr. 154, Bamberg Economic Research Group, Universität Bamberg, November, https://www.uni-bamberg.de/fileadmin/uni/fakultaeten/sowi_faecher/vwl/BERG/BERG_154.pdf, Zugriff 15.09.2024

Maslow, Abraham H. (1943): A Theory of Human Motivation, in: Psychological Review, 50, S. 370–396, https://psychclassics.yorku.ca/Maslow/motivation.htm, Zugriff 23.05.2022

Pfister, Hans-Rüdiger, Jungermann, Helmut, und Fischer, Katrin (1998/2017): Die Psychologie der Entscheidung, Springer-Verlag, Berlin, Heidelberg, 4. Auflage

Pfisterer, Christoph, und Stark, Hendrik (2017): Einleitung: Von der Notwendigkeit Selbstkonzepte zu reflektieren, in: Hendrik Stark und Christoph Pfisterer (Hrsg.), Naturbewusstsein und Identität. Die Rolle von Selbstkonzepten und sozialen Identitäten und ihre Entwicklungspotenziale für Natur- und Umweltschutz, Skript des Bundesamts für Naturschutz, Nr. 508, S. 5–23, https://bfn.bsz-bw.de/frontdoor/deliver/index/docId/194/file/Skript_508.pdf, Zugriff 18.11.2023

Ryan, Richard M., und Deci, Edward L. (2000): When Rewards Compete with Nature: The Undermining of Intrinsic Motivation and Self-Regulation, in: Sansone, Carol, und Harackiewicz, Judith M. (Hrsg.), Intrinsic and Extrinsic Motivation. The Search for Optimal Motivation and Performance, Academic Press, San Diego, S. 13–56

Rudolph, Udo (2013): Motivationspsychologie kompakt, Beltz Verlag, Weinheim, Basel

Schelling, Thomas C. (1985/1987): The mind as a consuming organ, in: Elster, Jon (Hrsg.), The multiple self, Cambridge University Press, Cambridge, S. 177–197

Schmidt-Denter, Ulrich, und Wachten, Anne (2009): Beziehungen zwischen personaler und sozialer Identität, Forschungsbericht Nr. 33 zum Projekt ‚Personale und soziale Identität im Kontext von Globalisierung und nationaler Abgrenzung, Universität Köln, Köln, https://www.schmidt-denter.de/forschung/identitaet/pdf-files/FB_33.pdf, Zugriff 10.01.2023

Siebenhüner, Bernd (2001): Homo sustinens – Auf dem Weg zu einem Menschenbild der Nachhaltigkeit, Metropolis Verlag, Marburg

Slovic, Paul, Finucane, Melissa, Peters, Ellen, und MacGregor, Donald G. (2002/2014): The Affect Heuristic, in: Gilovich, Thomas, Griffin, Dale W., und Kahneman, Daniel (Hrsg.), Heuristics and Biases – The Psychology of Intuitive Judgement, Cambridge University Press, Cambridge, S. 397–420

Smith, Adam (1759/2005): The Theory of Moral Sentiments, Soares, Sálvio M. (Hrsg.), MetaLibri, https://www.ibiblio.org/ml/libri/s/SmithA_MoralSentiments_p.pdf, Zugriff 10.11.2022

Spink, Amanda, und Jansen, Bernard J. (2004): Web Search: Public Searching of the Web, Springer, Berlin

Thaler, Richard (2016): Q&A with Richard Thaler, in: Samson, Alain (Hrsg.), The Behavioral Economics Guide 2016, S. 23–25, http://www.behavioraleconomics.com, Zugriff 11.12.2023

Tversky, Amos, und Kahneman, Daniel (2002/2014): Extensional versus Intuitive Reasoning: The Conjunction Fallacy in Probability Judgment, in: Thomas Gilovich, Dale W. Griffin und Daniel Kahneman (Hrsg.), Heuristics and Biases – The Psychology of Intuitive Judgement, Cambridge University Press, Cambridge, S. 19–49

Weiner, Bernard (1935/1992): Human motivation – Metaphors, Theories and Research, Sage Publications, Thousand Oaks, CA

Wibeck, Victoria (2012): Social representations of climate change in Swedish lay focus groups: Local or distant, gradual or catastrophic?, in: Public Understanding of Science, DOI: https://doi.org/10.1177/0963662512462787

Wilkinson, Nick (2008): An introduction to behavioral economics, Palgrave Macmillan, Basingstoke, New York

Internet

Google: https://www.google.com/search?q=nachhaltigkeit, Zugriff 19.05.2023
Google: https://www.google.com/search?q=sustainability, Zugriff 19.05.2023

Von Menschenbildern zu Systemansätzen – Markt, Staat, Systemwettbewerb und der Wunsch nach einem guten Leben

Systemansätze: Über Menschen in politökonomischen Ordnungen

„The interplay of economic and political power is complex and cannot possibly be understood within the ahistorical equilibrium analysis of mainstream economics. History teaches that the same event or innovation can have very different consequences, depending on the specific social, economic and political system of a specific time and place. […]

[A] lot depends on who had the power to set the rules of the economic game at important crossroads in history".

Norbert Häring und Niall Douglas (2012, S. 208): Economists and the Powerful

Lernkontext

Dieses Kapitel führt in Teil 2 des Buchs ein und bereitet die Folgekapitel 7 bis 9 vor. Es soll also Kernbegriffe und Kerninhalte identifizieren und so in einen Gesamtzusammenhang einbetten, dass ein logischer Bauplan für die Folgekapitel entsteht. Dies ist herausfordernd. Denn wir haben es mit dem systemischen Miteinander von Wirtschaft und Gesellschaft zu tun. Hierfür müssen wir klären, was Systeme sind und über welche Mechanismen sie sich koordinieren. Die Mainstream-Ökonomik versteht die entsprechende Systemforschung als ihr Kerngebiet. Allerdings arbeitet sie häufig mit geschlossenen und langfristig gleichgewichtigen Systemen. Die interdisziplinäre Schnittstellen-Ökonomik wiederum geht von (teilweise) offenen und instabilen Systemen aus. Zudem gibt es unterschiedliche Vorstellungen darüber, was unter dem Systemergebnis eines guten Lebens zu verstehen ist. Global kommt es zu einem Wettstreit der Systeme, wie wir es derzeit zwischen dem westlichen Modell und dem chinesischen Modell erleben. Nicht nur Menschen, auch Systeme sind folglich komplex.

© Der/die Autor(en), exklusiv lizenziert an Springer Fachmedien Wiesbaden GmbH, ein Teil von Springer Nature 2025
B. Burger-Menzel, *Multiperspektivische Ökonomik*,
https://doi.org/10.1007/978-3-658-48617-4_6

Kapitel 6 …

- klärt, wie System und Ordnung zusammenhängen und was Markt-, Eingriffs- und Regelungsmechanismen unterscheidet (Abschn. 6.1);
- zeigt beispielhaft, wie aus unterschiedlichen Sichten auf den Menschen staatsphilosophische Systemideen werden und was Neoliberalismus in der westlichen Welt konzeptionell bedeutet (Abschn. 6.2);
- diskutiert kritisch, was unter einem guten Leben als Systemergebnis verstanden werden kann und begründet, warum – mit Blick auf unsere Beispielwelt – auch Nachhaltigkeit eine systemische Größe ist (Abschn. 6.3);
- beschreibt, von welchen Disziplinen die Politikökonomik und die Evolutionsökonomik lernen und warum die Institutionenökonomik eine Sonderrolle hat (Abschn. 6.4);
- schlussfolgert aus den Gesamterkenntnissen von Kapitel 6, welche Merkmalskategorien uns helfen, die Ergebnisse der Kap. 7, 8 und 9 vergleichbar zu machen (Abschn. 6.5);
- bietet mit Hilfe des INSEL-Experiments an, die neuen Erkenntnisse persönlich zu reflektieren (Abschn. 6.6).

Schlüsselbegriffe: System, Systemkomplexität, (Wirtschafts-)Ordnung, Markt, Staat, Institutionen, Neoliberalismus, gutes Leben, Politikökonomik, Evolutionsökonomik, Institutionenökonomik

6.1   Was ist ein (Wirtschafts-)System und wodurch stiften marktwirtschaftliche Ordnungen Sinn?

Zusammenfassung
Die Komplexität eines Systems wird von seiner Größe, Heterogenität, Vernetzungsdichte, Offenheit und Dynamik bestimmt. In der Volkswirtschaftslehre (VWL) geht es primär um Wirtschaftssystemisches. In einem Wirtschaftssystem realisieren Akteure ökonomische Transaktionen und bilden darüber Beziehungen und zeitlich geordnete Strukturen aus, die sich von anderen Systemen unterscheiden. Dabei läuft ein institutionalisierter Koordinationsmechanismus ab, der den Akteuren erklärlich macht, wie sie in den vorhandenen Strukturen und Prozessen zusammenwirken sollen. Dies erleichtert es, Transaktionen zu tätigen, und senkt deren Kosten. In marktwirtschaftlichen Ordnungen dominiert das Freiwilligenprinzip. Das Wirtschaftsgeschehen ist also stärker von privatwirtschaftlichen Wahl- und Handlungsfreiheiten geprägt als von staatlicher Eingriffsmacht.

Systemansätze beschreiben, wie Menschen zusammenleben und -arbeiten. Die Volkswirtschaftslehre (VWL) schaut primär auf Wirtschaftssysteme. Was verstehen wir überhaupt unter einem System? Und ist damit auch die Frage beantwortet, in welcher Ordnung wir leben wollen und warum?

Zunächst klären wir, was sich hinter dem Begriff System verbirgt. Hierfür sind die Ausführungen von Herrmann-Pillath (2002, S. 55–58) hilfreich:

- Ein System ist **von anderen Systemen abgrenzbar**. Es gibt einen Rand, der das System von seiner Umgebung trennt.
- Ein System besteht aus **Elementen**. Zu den menschlichen Handlungsträgern (bzw. Agenten, Aktoren, hier: Akteuren) zählen Einzelpersonen und Gruppen ebenso wie Organisationen.
- Wenn Elemente aktiv werden, treten sie in Beziehung zueinander, was **Transaktion** genannt wird.
- Die Elemente bilden **zeitlich geordnete Beziehungsstrukturen**. Strukturelle Ausschnitte aus einem System lassen sich als Netzwerke beschreiben, wobei ein Netzwerk selbst nicht notwendigerweise ein System ist.

▶ Ein **System** ist von anderen Systemen abgrenzbar. Es besteht aus Elementen, die über Transaktionen zeitlich geordnete Beziehungsstrukturen herausbilden.

Ein System ist somit erkennbar, weil es auf ein bestimmtes Zweckhandeln ausgerichtet ist und darüber den Systemrand beschreibt. Wir illustrieren dies kurz für das **Wirtschaftssystem**: Darin geht es um die Befriedigung ökonomischer Bedürfnisse bei Mittelknappheit. Die Akteure entscheiden über die Produktion, Distribution und den Konsum von Wirtschaftsgütern. Dies löst gezielt Transaktionen aus (z. B. Kaufvorgang) und lässt eine Arbeitsteilung entstehen, die geeignet ist, um die Produktivität und Qualität bei der Güterproduktion zu steigern (z. B. eingeübte Lieferketten). Entsprechende Umlauf- und Tauschprozesse helfen, die hergestellten Güter sinnvoll zu verteilen. Aus alldem bilden sich Beziehungsstrukturen heraus, die für eine gewisse Zeit stabil konfiguriert sind.

Systeme lassen sich über ihre **Systemeigenschaften** beschreiben, wobei in der Literatur das, was Systeme typisiert, durchaus unterschiedlich gesehen wird. Wichtig sind für uns vor allem die Größe, Heterogenität, Vernetzungsdichte, Offenheit und Dynamik eines Systems, weil wir daran die Komplexität eines Systems festmachen können. Hierfür halten wir fest, dass ein System umso anspruchsvoller in seinen Eigenschaften ist, …

- je **größer die Zahl seiner Elemente** ist. Wir können eine Systembetrachtung folglich vereinfachen, indem wir nur einen bestimmten Aspekt des Gesamtsystems betrachten (z. B. Innovationsaktivitäten am Standort Deutschland). Oder wir konzentrieren uns auf einen Bestandteil des Gesamtsystems, der in seinen Merkmalen in sich homogener ist als der Rest (z. B. deutsche Energiebranche). Keizer (2015, S. 32–33) nennt Ersteres ein Aspekt-System und Letzteres ein Teilsystem. Für die Komplexität ist dabei entscheidend, dass die Elemente nicht isoliert sind, sondern Austauschbeziehungen eingehen.

- je **attributiv unterschiedlicher seine Elemente** sind. Im Wirtschaftssystem zählen hierzu die Fähigkeiten und Bedürfnisse der Marktteilnehmer, die ungleiche Verteilung von Ressourcen und weitere Arten der Ungleichheit, auf welche die Ungleichheitsforschung hinweist. Die Systembetrachtung vereinfacht sich beispielsweise, wenn wir alle Akteure als gleichartig rational annehmen (vgl. Abschn. 2.2 und Kap. 3).
- je **attributiv unterschiedlicher und intensiver die Vernetzung zwischen den Elementen** ist. Voraussetzung ist die „Gelegenheit zum Kontakt", wie Fuhse (2008, S. 81) dies nennt. Eine höhere Kontaktzahl zwischen den Elementen führt zu einer größeren Transaktionsdichte. Und die unterschiedliche Art der Vernetzung erhöht deren Komplexität, was wir als Multiplexität diskutiert haben (vgl. Abschn. 4.1). Wir können die Systembetrachtung folglich vereinfachen, indem wir für alle Elemente eine stark begrenzte Reichweite und rein instrumentelle Austauschbeziehungen annehmen, wie dies in der Welt des Homo oeconomicus der Fall ist (vgl. Abschn. 3.4).
- je **operational offener der Systemrand** ist. Denn je offener ein System ist, desto mehr Austausch mit der Umwelt wird zugelassen. Wir vereinfachen also die Systembetrachtung, wenn wir ein Wirtschaftssystem als geschlossen annehmen. Dann können politische Interventionen als exogene Schocks behandelt werden, die keine Wechselwirkung zwischen den Systemen auslösen. Eine Formulierung, die dies für die Volkswirtschaftslehre anschaulich beschreibt, ist das sogenannte ‚Helikoptergeld'. Dabei wird simuliert, dass ein Mehr an Geld für die Akteure (z. B. durch Steuersenkung) einfach vom Himmel fällt.
- je **chaotischer Systemprozesse verlaufen**. Ein System ist stabil, wenn es nach einer Störung von außen in seinen ursprünglichen Zustand zurückkehrt. Ein System kann im Extremfall aber auch starke nicht-lineare Komponenten enthalten und gegebenenfalls ein chaotisches Verhalten zeigen. Miller und Page (2007, S. 223) nennen als Beispiel eine zeitlich geballte Kursvolatilität auf den Finanzmärkten und erklären: „Equilibria, when they exist, are an important organizing force in social systems. Nonetheless, there is no a priori reason to think that equilibria must exist." Es geht um Systemzustände, die in Richtung Chaos und somit unvorhersehbar ausschlagen können. Zudem kann ein Wirtschaftssystem langfristig nur stabil sein, wenn die größeren Systeme, deren Teil es ist, ebenfalls stabil sind.

▶ Die **Systemkomplexität** erhöht sich mit der Zahl und Verschiedenheit der Elemente, die Austauschbeziehungen eingehen, und mit der Dichte des Austauschs und Verschiedenheit der Beziehungsarten. Der Komplexitätsgrad erhöht sich zudem mit dem Offenheitsgrad am Systemrand, durch den ein System mit einem anderen System in Wechselwirkung tritt, sowie mit dem Instabilitätsgrad, der die Rückkehr zu ursprünglichen Systemzuständen erschwert.

Doch woher wissen die Akteure, wie innerhalb des Systems alles abzulaufen hat? Hier kommt die **Ordnung** als Koordinationsmechanismus ins Spiel. System und Ordnung werden zwar begrifflich oft synonym verwendet. Nach Herrmann-Pillath (2002, S. 387) kann eine Ordnung von den im System Handelnden jedoch als etwas Zusätzliches wahrgenommen werden. Dann liefert eine Ordnung sinnstiftende Prinzipien und setzt darüber Strukturen zueinander in Beziehung. Eine Ordnung macht den Akteuren also erklärlich, wie Elemente in Strukturen und Prozessen zusammenwirken. Und der Verlust an Ordnung kann bewirken, dass Handlungsweisen nicht länger mit der ursprünglichen Ordnung konform gehen und diese mehr und mehr aushöhlen. Oder in den Worten von Herrmann-Pillath (2002, S. 387): „Sinnverlust reflektiert Ordnungsverlust, und zwar im Sinne von Störungen des Zusammenwirkens von Strukturen und als Generierung von Handlungen der Aktoren, die zu solchen Störungen führen". Die Akteure erschließen sich die Sinnhaftigkeit der für sie relevanten Mechanismen kognitiv, was wir als Wahrnehmungs- und Denkprozesse im ersten Buchteil diskutiert haben (vgl. Kap. 5).

▶ Eine **(Wirtschafts-)Ordnung** liefert sinnhafte Prinzipien, über die Strukturen und Prozesse für die Akteure erklärlich werden. Geht Ordnung verloren, kann dies zu systemischen Störungen führen.

Ein Wirtschaftssystem hat demnach eine Art Steuerungslogik (Wirtschaftsordnung), die den Akteuren verständlich macht, wie sie vorgehen können oder sollen. Herrmann-Pillath (2002, S. 25–26) unterscheidet **drei wesentliche Mechanismen**, die ordnend wirken. Bei diesen Mechanismen geht es um die Koordination durch …

- Tausch, Verhandlung und Absprachen;
- Zwang, Weisung und Autorität;
- Regeln, Normen und Gewohnheiten.

In diesem Buch konzentrieren wir uns auf **marktwirtschaftliche Systeme westlicher Prägung** (z. B. Mitgliedsstaaten der Europäischen Union). Zu Beginn müssen wir allerdings die Schlüsselwörter ‚Markt', ‚Staat' und ‚Institution' klären und nutzen hierfür die eben genannten drei Mechanismen, um dem Ordnungsgedanken verbunden zu bleiben.

Tausch, Verhandlung und Absprachen sind **Marktmechanismen**. Handlungsträger sind primär private Akteure. Diese tun sich rein nach Bedarf und in einer selbstgewählten Form zusammen, weil der eine etwas hat, was der andere will. Anbieter können dabei Eigentum weitergeben und/oder darüber verfügen oder mit einer Dienstleistung handeln. Je knapper dabei ein Gut, desto höher ist dessen Preis (Wettbewerbspreis), wobei dies nicht für alle Typen von Gütern und Marktbeziehungen und -strukturen gilt. Jeder Marktteilnehmer ist Nutznießer seiner Entscheidung und Haftender zugleich, kann also die Schuld für eine Fehlentscheidung umgangssprachlich keinem Anderen ‚in die Schuhe schieben'. Auch der Staat, auf den wir gleich eingehen, kann als Anbieter und/oder Nachfrager auf Märkten auftreten.

▶ Unter **Markt** werden Akteure verstanden, die privatwirtschaftliche Transaktionen tätigen und die Folgen ihres Handelns selbst verantworten. Die Koordination findet via Tausch, Verhandlung und Absprachen statt.

Zwang, Weisung und Autorität sind **Eingriffsmechanismen**. Handlungsträger ist der Staat. Seine Akteure (z. B. Regierung) haben eine Eingriffsmacht, die sie über die privaten Akteure erhebt. Hinzukommt eine Zwangsgewalt, um die staatlichen Entscheidungen durchsetzen zu können. Die Organisationsformen sind vielfältig. So können staatliche Akteure aus der eigenen Bürokratie (z. B. Amt) heraus handeln oder Dritte (z. B. Zweckverband) beauftragen und mit faktischer Durchsetzungsmacht ausstatten (Meissner und Fassing 1989, S. 153–154, in Burger-Menzel 2023, S. 176).

▶ **Staat** bedeutet, dass einer Personengruppe hoheitliche Entscheidungsbefugnisse und eine faktische Durchsetzungsmacht gegenüber privaten Akteuren eingeräumt wird. Die Koordination findet via Zwang, Weisung und Autorität statt.

Regeln, Normen und Gewohnheiten sind **Regelungsmechanismen**. Institutionen sind also – im Gegensatz zu Markt und Staat – keine Akteure. Es handelt sich um „formgebundene (formale) und formungebundene (informelle) Regeln (Normen)“, die Anreize für bestimmte Verhaltensweisen setzen, so Richter und Furubotn (1996/2003, S. 7). Institutionen können marktseitig und staatsseitig entstehen.

- Marktakteure haben durchaus ein Interesse an handlungsleitenden Regeln. Sie vereinbaren **Spielregeln und entwickeln Routinen und Gewohnheiten**, die sich als kulturelle Normen verfestigen (z. B. moralische Ablehnung von Korruption), wodurch ihre Transaktionen weitgehend erwartungsverlässlich ablaufen.
- Der Staat wiederum kann **Regeln allgemeingültig für alle kodifizieren**. Dies kann die Schaffung und Einhaltung von Rechtstiteln betreffen (z. B. Recht an verkörpertem oder geistigem Eigentum, Nutzungsrechte). Oder es geht darum, Wahl- und Pflichtenkataloge zu legitimieren und zu kontrollieren (z. B. Wahl der Rechtsform, Informations- und Haftungspflichten).
- Mit Hilfe von Institutionen können Schnittstellen geklärt und leichter überwunden werden, was die **Transaktionskosten** senkt. Solche Kosten entstehen, wenn Akteure Marktvorgänge, Netzwerkinteraktionen oder organisationsinterne Vorgänge koordinieren müssen.

▶ **Institutionen** sind Regeln unterschiedlichen Kodifizierungsgrads, die wirkmächtig werden, wenn sie eine Anreizwirkung entfalten. Daher können auch moralische Regeln institutionell wirken. Private Akteure und staatliche Akteure können Institutionen gleichermaßen setzen und darüber die Höhe der Transaktionskosten beeinflussen.

Wirtschaftsordnungen sind lebendig und verändern sich ständig. Über die Zeit können sie, wie das Beispiel der sozialen Marktwirtschaft in Deutschland zeigt, sich immer stärker institutionalisieren und Eingriffselemente verankern (vgl. Abschn. 8.3). Dies kann sich mit dem marktwirtschaftlichen Ordnungsansatz durchaus vertragen. Das Ausmaß staatlicher Eingriffe kann jedoch so anwachsen, dass es die **Ordnungskonformität verletzt**. Denn je mehr Staat (dirigistisches Handeln), desto weniger Markt (freiheitliches Handeln), was sich institutionell ausprägt. Nimmt die Regelungsdichte zu und mehren sich die dirigistischen Eingriffe, verlieren die Akteure irgendwann ihr Kernverständnis dafür, wie ein marktwirtschaftliches Miteinander funktioniert. Das Ganze ist eine Grauzone mit fließenden Übergängen. Vor diesem Hintergrund sieht der Ökonom Hans-Werner Sinn (2009, S. 12) wieder einen größeren volkswirtschaftlichen Forschungsbedarf, um sich mit „Details des staatlichen Ordnungsrahmens und der Funktionsweise des Staatsapparates zu beschäftigen".

Grundsätzlich gilt: Ein Wirtschaftssystem ist solange eine ‚Markt'-Wirtschaft, wie der marktliche Koordinationsmechanismus das Wirtschaftsgeschehen bestimmt. Im Alltag überwiegen dann die Wahl- und Handlungsfreiheiten, welche die Marktakteure in die Lage versetzen, ihrer relevanten Bedürfnisbefriedigung eigenverantwortlich nachzugehen (**Dominanz des Freiwilligenprinzips**).

6.2   Wie hängen Systemansätze und Menschenbilder zusammen und was ist systemische Rivalität?

Zusammenfassung

Menschenbilder eignen sich als Ausgangspunkt, um Ideen zur Gestaltung des gesellschaftlichen Miteinanders zu entwickeln. Die Bandbreite dieser Ideen reicht von einer unkündbaren Staatsmacht bis hin zu einem Minimalstaat, dessen Herrschaftsanspruch aufkündbar ist. Staatsphilosophisch wird in der westlichen Welt dabei mit dem sogenannten Gesellschaftsvertrag gearbeitet. Dieser geht von mündigen Bürger:innen aus, die über Beteiligung und Zustimmung die vertraglichen Inhalte legitimieren. In der Gesamtschau haben systemische Diskussionen nicht nur eine ökonomische Dimension. Sie haben auch eine politische Dimension. Und – global gesehen – können Systemansätze in einen Wettstreit miteinander treten. In der westlichen Welt überwiegt (noch) die Paarung aus neoliberaler Marktwirtschaft und demokratischem Politiksystem. Eine systemische Rivalität gibt es derzeit vor allem mit der Volksrepublik China, die eine Paarung aus sozialistischer Marktwirtschaft und totalitärem Politiksystem kennzeichnet.

Wir haben geklärt, was Systeme sind und was eine marktwirtschaftliche Ordnung bedeutet. Das Menschenbild, das wir mit diesen Ordnungsbezügen verbinden, beschreibt ein Wesen, das annahmegemäß in der Lage ist, frei (im Gegensatz zu gruppen- und ständegebunden) und autonom (im Gegensatz zu fremdbestimmt) zu handeln (vgl. Abschn. 2.2). Was passiert, wenn wir eine davon abweichende Sicht auf den Menschen einnehmen? Und was können wir daraus schlussfolgern?

Bilden Menschenbilder den Ausgangspunkt systemischer Diskussionen, ist zu vermuten, dass eine wohlmeinende Sicht auf den Menschen, also ein positives Menschenbild, eher zu einem partizipativen Ansatz des Miteinanders führt und ein negatives Menschenbild eher zu einem umfänglichen Kontrollansatz. Dies gilt auch für die westliche Welt, wie ein kurzer Ausflug in die **staatsphilosophische Ideengeschichte** zeigt. Herauskommt – trotz starker Vereinfachungen – eine faszinierende Bandbreite an Vorstellungen.

Westliche Ideengeschichte – Von Menschenbildern zu Systemansätzen

Thomas Hobbes (1588–1679):
- Menschenbild: Der Mensch ist im Kriegszustand mit seinen Mitmenschen und verhält sich ihnen gegenüber wie ein Wolf (wolf among wolves).
- Systemansatz: Gesellschaftsvertrag, durch den eine Staatsgewalt unbegrenzte und unkündbare Befugnisse erhält (**absolutistischer Staat**). Dadurch soll der Rückfall in einen allgemeinen Kriegszustand vermieden und Gerechtigkeit hergestellt werden. Dem Individuum bleibt nur das Recht auf Selbsterhaltung und -verteidigung.

John Locke (1632–1704):
- Menschenbild: Der Mensch verhält sich im Prinzip friedlich und kooperativ und hat gottgegeben die gleichen unveräußerlichen Naturrechte auf Leben, Freiheit und Eigentum.
- Systemansatz: Gesellschaftsvertrag, der eine Staatsgewalt schafft, die dem Schutz sogenannter libertärer Naturrechte verpflichtet ist (**liberaler Rechtsstaat**). Dadurch wird einer Selbstjustiz zur Rechtsdurchsetzung vorgebeugt. Überschreitet der Staat seine Handlungsgrenzen, steht der Gesellschaft ein Widerstandsrecht zu.

Jean-Jaques Rousseau (1712–1778):
- Menschenbild: Der Mensch ist in seiner Eigenliebe friedlich und kooperativ. Das gesellschaftliche Zusammenleben widerstrebt jedoch dieser Natur, woraus Ehrgeiz und Rangordnungen, Habgier und Unterdrückung erwachsen. Vor allem das gesellschaftsvertraglich geschützte Privateigentum, das über den Anspruch am eigenen Arbeitsertrag hinausgeht, ist kritisch zu sehen. Denn es begünstigt Rechtsordnungen, die den Machtanspruch wohlhabender und herrschender Personen und Gruppen legitimieren.
- Systemansatz: Gesellschaftsvertrag, der sichert, dass die Staatsgewalt von den Bürgern selbst ausgeübt wird, so dass diese die Gesetze einhalten, die sich selbst gegeben haben (**Staat als politische Gleichheit aller Bürger**). Eine geringere soziale Ungerechtigkeit wirkt sich dabei günstig aus.

David Hume (1771–1776):
- Menschenbild: Der Mensch ist im Prinzip friedlich und kooperativ. Er zeigt aber eher in seinem nahen Umfeld ein fürsorgliches Verhalten und verhält sich Fremden gegenüber selbstsüchtig. Gleichwohl hat der Mensch moralische Gefühle, die ihn dazu bewegen können, einer Rechtsordnung zuzustimmen.
- Systemansatz: Gesellschaftsvertrag, durch den eine Staatsgewalt dafür sorgt, dass der Mensch moralisch tugendhaft handelt und Rechtsnormen einhält (**liberaler Rechtsstaat**). Dies betrifft vor allem die Garantie privaten Eigentums, die Zustimmung des bisherigen Eigentümers bei Eigentumsübertragungen und ein Recht auf Vertragstreue.

John Stuart Mill (1806–1873):
- Menschenbild: Der Mensch sucht ein insgesamt gelingendes Leben zu führen. Dabei ist das Wohl des Ganzen dem individuellen Glück vorzuziehen und eine vergleichbare Mittelausstattung ist wünschenswert.

- Systemansatz: Gesellschaftsvertrag, durch den ein Staat für eine Art von Gleichheit sorgt (**utilitaristischer Staat**). Ist es für das Glück aller nützlicher, ist jedoch auch eine materielle Ungleichheit gerechtfertigt. Hierfür werden die Bedürfnislagen objektiv abgewogen, was eine methodische Herausforderung darstellt.

John Rawls (1921–2002):
- Menschenbild: Der Mensch verhält sich im Prinzip fair, so dass die Regeln der Kooperation, die für Andere gelten sollen, auch für ihn Geltung haben.
- Systemansatz: Gesellschaftsvertrag, durch den der Staat beauftragt wird, die individuelle Freiheit (auch im Sinne klassisch liberaler Persönlichkeitsrechte) zu sichern und für eine faire Verteilung der sogenannten Grundgüter zu sorgen, die für den Gebrauch der individuellen Freiheit benötigt werden (**sozialliberaler Staat**). Der Gesellschaftsvertrag entsteht, indem Menschen, die sich zusammenschließen wollen, unter dem ‚Schleier der Unwissenheit‘ über die Verteilung der Grundgüter entscheiden. Da sie ihre eigene Ausgangsposition und ihre Chancen nicht kennen, liegt eine faire Lösung im individuellen Interesse.

Friedrich August von Hayek (1899–1992):
- Menschenbild: Jeder Mensch, auch der Weiseste, lebt in einem von Zufallsereignissen geprägten Umfeld. Er ist somit relativ unwissend. Das Vertrauen in die individuelle Freiheit beruht dann auf dem Glauben, dass die Freiheit mehr Kräfte zur Verbesserung der vorhandenen Lebensumstände freisetzt.
- Systemansatz: Gesellschaftsvertrag, durch den der Staat lediglich die Einhaltung der institutionellen Regeln durch alle erzwingt, damit der einzelne Mensch seine Talente und sein begrenztes Wissen kooperativ wirksam nutzen kann (**liberaler Minimalstaat**). Um eine freie Gesellschaft zu erhalten, darf Neid nicht als soziale Gerechtigkeit getarnt werden.

Amartya Kumar Sen (geboren 1933):
- Menschenbild: Der Mensch ist kompetent, sozial reflexiv und braucht zu seiner Entfaltung unterschiedliche Arten an Freiheit und Teilhabemöglichkeiten (politisch, ökonomisch, sozial). Hinzukommen Voraussetzungen an Gesundheit und Bildung und ein Umfeld, das ermutigt und Initiativen kultiviert.
- Systemansatz: Gesellschaftsvertrag, durch den der Staat eine inklusive Marktnutzung und soziale Unterstützungsformen sichert (**fürsorgender und befähigender Staat**). Dabei darf der Staat – neben seinen Wohlfahrtsaufgaben – die Effizienz der Marktmechanismen nicht vernachlässigen.

Hinweis zu Adam Smith (1723–1790): Der Glaube an Bildung, Befähigung und Lernen kommt der integrativen Sichtweise des Moralphilosophen Adam Smith nahe, der den Menschen zur Sympathie für seine Mitmenschen fähig sieht (moral sentiments) und David Hume wertschätzt. Adam Smith wird oft der Begriff der ‚unsichtbaren Hand des Marktes‘ zugeschrieben, den er selbst kaum erwähnt. Zwar hält er fest, dass der Einzelne durch die Optimierung seines Eigennutzes auch unbeabsichtigt den Wohlstand der Nation fördern kann. Marktphänomene wie Monopole und Kartelle hält er jedoch für gesellschaftlich schädlich und führt sie auf ein bewusst kaufmännisches Verhalten zurück.

Quellen: Friedrich A. von Hayek (1971/2005); David Hume (1777/1987); John Locke (1989); John Rawls (1971/1999); Tomas Sedlacek (2011; für Hobbes, Rousseau und Mill); Amartya K. Sen (1999 und 2002), Adam Smith (1759/2005 und 1776/2005).

Der historische Ausflug in die **westliche Ideenwelt** zeigt:

- Ausgewählte Merkmale des Menschseins begründen einen spezifischen staatsphilosophischen Systemansatz. Dabei wird angenommen, dass der jeweilige Ansatz durch einen **Gesellschaftsvertrag** bewusst zustande kommt und darüber legitimiert wird. Dies sind hohe Erwartungen an die Mitglieder einer Gesellschaft. Denn ihnen wird zugetraut, die eigenen und allgemeinen Interessen zutreffend einschätzen und als gemeinsame Rechten und Pflichten regeln zu können.
- Wir haben dies als **normativen Individualismus** diskutiert (vgl. Abschn. 2.2). Das Individuum hat eine eigene Wertigkeit. Daher soll es an der Normenbildung für das gesellschaftliche Miteinander adäquat beteiligt sein und sich selbst den Normen verpflichtet fühlen.

Der Gedanke vom Gesellschaftsvertrag, der in der frühen Neuzeit aufkam und sich seit der Aufklärungszeit entfaltet, ist weiterhin aktuell. So sieht der Wissenschaftliche Beirat der Bundesregierung Globale Umweltveränderungen (WBGU) die Zeit für einen ‚neuen Gesellschaftsvertrag' gekommen. Dieser setzt an der Gestaltung der **Nachhaltigkeit** an (vgl. Abschn. 1.2) und am Menschenbild des nachhaltigen Menschen (vgl. Abschn. 2.1).

WBGU – Nachhaltiger Mensch und gestaltender Staat

- Menschenbild: Der Mensch ist grundsätzlich in der Lage, nachhaltig zu handeln und darüber eine ökologische und soziale Verantwortung in seinem wirtschaftlichen Handeln zu berücksichtigen.
- Systemansatz: Gesellschaftsvertrag, der einen Staat vorsieht, der sich aktiv und prioritär für die Transformation der Nachhaltigkeit einsetzt und Gesellschaft und Wirtschaft entsprechende Partizipations- und Handlungsoptionen eröffnet (**gestaltender Staat**). Auf internationaler Ebene ermöglicht der Staat neue Formen globaler Willensbildung und Kooperation, denn es geht auch um einen ‚neuen Weltgesellschaftsvertrag' für eine klimaverträgliche und nachhaltige Weltwirtschaftsordnung'.

WBGU (2011, S. 2) ◄

Die ideengeschichtlichen Beispiele zeigen, dass es nicht ausschließlich um Wirtschaftssystemisches geht. Wir haben es vielmehr mit einer **Paarung aus Wirtschaftssystem und Politiksystem** zu tun. In der westlichen Welt (z. B. Deutschland) heißt diese Paarung ‚Marktwirtschaft plus Demokratie' bzw. – konzeptionell genauer – ‚neoliberales Wirtschaftssystem plus repräsentativ demokratisches Politiksystem'.

- **Neoliberales Wirtschaftssystem**: Neoliberal steht vereinfacht für die Dominanz des Freiwilligenprinzips (vgl. Abschn. 6.1). Und das Präfix ‚Neo-' drückt (bereits seit den späten 1930er-Jahren) aus, dass der Idee der ‚ungezügelten Marktkräfte' des klassischen Liberalismus skeptisch begegnet wird.
  - Heutzutage gibt es eine **Vielfalt an neoliberalen Varianten**, so dass „nicht von der Existenz eines Neoliberalismus, sondern von vielen Neoliberalismen auszugehen [ist], die vom Laissez-faire bis zu staatsinterventionistischen Ansätzen reichen" (Quaas 2019, S. 31).
  - So geht der **deutsche Neoliberalismus der sozialen Marktwirtschaft** weit über angelsächsische Ansätze hinaus (z. B. USA). Dies wird meist am Umfang der Staatsaufgaben festgemacht. Der deutsche Staat hat – stark vereinfacht – drei Funktionsbereiche deutlich ausgeprägt, wobei mit jedem Funktionsbereich der Handlungsauftrag an den Staat zunimmt:
    - (i) Ausgangspunkt ist die **Ordnungs- und Wettbewerbssicherungsfunktion**, um wirtschaftspolitische Befugnisse und Verantwortlichkeiten rechtsverbindlich zu klären und den marktwirtschaftlichen Mechanismus zu institutionalisieren (verfassungsliberaler Staatsumfang).
    - (ii) Es folgt die **Schutz- und Korrekturfunktion**, um menschliche Lebensgrundlagen und schwächere Marktteilnehmer zu schützen und die wettbewerbliche Koordination dort zu korrigieren, wo sie ineffizient ist und versagt (wirtschaftsliberaler Staatsumfang).
    - (iii) Den neoliberalen Endpunkt setzt die **Steuerungs- und Ausgleichsfunktion**, um wirtschaftliche Entwicklungen gezielt zu beeinflussen und Marktergebnisse dort umverteilend zu verändern, wo sie als sozial unerwünscht gelten (sozialliberaler Staatsumfang).
- **Repräsentativ demokratisches Politiksystem:** In westlichen Demokratien (z. B. Deutschland nach Art. 20 Grundgesetz) besteht der Staat aus partiell unabhängigen Organen, die sich gegenseitig kontrollieren sollen (insbesondere Legislative, Exekutive und Judikative), was als Gewaltenteilung bezeichnet wird; zudem müssen sich politische Entscheidungsträger über Wahlentscheidungen legitimieren lassen. Entscheidungen werden also durch vom Volk gewählte Vertreter:innen getroffen, was als repräsentative Demokratie bezeichnet wird. Im Ergebnis sollen staatlicher Willkür vorgebeugt und individuelle Freiheitsrechte geschützt werden.

▶ **Neoliberalismus** umfasst vielfältige Weiterentwicklungen des klassischen Liberalismus. Diese reichen von Staatsskepsis bis hin zu sozialliberalen Elementen. Alle Ansätze befürworten zwar das Markthandeln. Ein ungezügelter Liberalismus gilt jedoch als kritisch, weil er Machtpositionen schaffen kann, deren Missbrauch die Funktionsfähigkeit einer marktwirtschaftlichen Ordnung gefährdet.

Auch die **Volksrepublik China** gilt als Marktwirtschaft, allerdings als „sozialistische Marktwirtschaft mit chinesischen Zügen" (Monopolkommission 2020, S. 252); dies bedeutet, dass ihr „hybrides Wirtschaftsmodell" durch „die herausragende und lenkende Rolle des Staates bzw. der Kommunistischen Partei Chinas" (KPC) geprägt ist. Bei der KPC handelt es sich um die herrschende Einheitspartei, die mit der Gründung der Volksrepublik China 1949 an die Macht kam und deren absoluter Machtanspruch in der Verfassung festgeschrieben ist.

Von der Paarung ‚neoliberales Wirtschaftssystem plus repräsentativ demokratisches Politiksystem' ist nun die Paarung ‚**sozialistische Marktwirtschaft plus totalitäres Politiksystem**' zu unterscheiden. Letzteres bedeutet, dass stärker in das Wirtschaftssystem eingegriffen wird und eine politische Freiheit nicht vorhanden ist:

- Zur **sozialistischen Marktwirtschaft** zählt beispielsweise, dass der Staat alle Industrien kontrolliert, die als strategisch wichtig eingeschätzt werden und dort auch über Eigentumsrechte verfügt. Seit den ersten Transformationsschritten unter Deng Xiaoping vor etwa vierzig Jahren ist jedoch auch der Privatsektor ökonomisch wichtig geworden. Es herrscht das Gewinnprinzip und Kai-Fu Lee (2020, S. 26–28), chinesischer Wagniskapitalgeber und früherer Verantwortlicher für das Google-Geschäft in China, stellt für die private Wirtschaft fest, dass der Wettbewerb dort zum Teil härter ausgetragen wird als im Westen.
- In einem **totalitären Politiksystem** gibt es keine politische Wahlfreiheit. Daher kann auch die marktwirtschaftliche Freiheit eines privaten Akteurs kippen, wenn dessen Verhalten als politisch unerwünscht bewertet wird. Dies zeigt das Beispiel des chinesischen Multimilliardärs Jack Ma, Mitbegründer der Alibaba-Gruppe und Ant-Gruppe. Dieser kritisiert 2020 öffentlich die Bürokratie chinesischer Staatsbanken, was von der KPC seitdem umfänglich sanktioniert wird (z. B. mit enormen Strafzahlungen) und den Marktwert der betroffenen Unternehmen einbrechen lässt (The Economic Times 09.07.2023). Hinzukommt, dass führende Wirtschaftsakteure, die in Konflikt mit der Parteiführung geraten, durchaus (im Gefängnis) verschwinden. Jack Ma hat überlebt, tritt jedoch in der Öffentlichkeit kaum noch in Erscheinung.

Global gesehen gibt es einen **Wettbewerb der Systemansätze**. Derzeit geht es in der Diskussion vor allem um die Volksrepublik China, so der Kommentar des Kieler Instituts für Weltwirtschaft (Görg et al. 2023, S. 1): „Mittlerweile entwickeln nicht nur die EU selbst, sondern auch EU-Mitgliedsländer wie Deutschland, Frankreich und Italien ihre eigene China-Strategie. All diese Strategien basieren nicht mehr nur noch auf dem Gedanken der gemeinsamen Kooperation, sondern zunehmend auf der Annahme einer systemischen Rivalität".

- Die Volksrepublik China hat hochgesteckte Ziele und kommuniziert dies auch medial. Selbst Staats- und Parteichef Xi Jinping betont immer wieder, dass „China in neuen Technologien – Künstlicher Intelligenz (KI), Nanotechnologie, Quantentechnologie,

Big Data, Cloud Computing und Smart Cities – eine **[globale] Führungsposition** anstrebt. [...] Chinas digitale Strategie betrifft die Wirtschaft und Gesellschaft des ganzen Landes: Schnelle technologische Fortschritte sollen neue Wachstumsmotoren schaffen, effektives Regieren und Kontrolle ermöglichen und darüber hinaus auch Beijings globalen Macht- und Einflussbereich ausweiten. Die Strategie kombiniert wirtschaftliche Ziele mit umfassenderen Vorhaben im Bereich Normensetzung und Sicherheitspolitik. Die KPC will China technologisch voranbringen, globale Standards und Normen prägen und die ,diskursive Macht' der chinesischen Regierung stärken" (Shi-Kupfer und Ohlberg 2019, S. 8).

- Hinzukommt eine **Abhängigkeit Europas von wichtigen Rohstoffen**, über die China verfügt. China setzt die westlichen Systemansätze und deren Wettbewerbsfähigkeit somit explizit unter Druck.

Systemvergleiche sind schwierig. Dies gilt auch für die **(rechts-)kulturelle Dimension**, in der sich der Westen deutlich von China unterscheidet. Im Westen wirkt der chinesische Ansatz, die Bevölkerung über ,Big Data' und ,Social Scoring' in ihrem Verhalten zu überwachen und auszurichten, erschreckend, da dies die individuelle Freiheit dramatisch verletzt. Shi wiederum verweist im konzeptionellen Diskurs auf den Wortursprung ,xinyong' (credit), der als kulturelle, auch moralisch unbewusste Norm interpretiert werden kann, um durch ein integres Verhalten gesellschaftliches Vertrauen zu gewinnen (Shi 2020, S. 23).

China und das Wertepaar ,guter Bürger – schlechter Bürger'

In der Volksrepublik China wird seit der Jahrtausendwende zunehmend das soziale Kreditpunktesystem entwickelt und umgesetzt. Dabei werden die Mitglieder der Gesellschaft danach bewertet, ob sie sich bürgerlich gut oder schlecht verhalten, was Drinhausen und Brussee (2021) erläutern:

- Das bürgerliche Einzelverhalten wird **technisch überwacht** (z. B. Gesichtserkennungssoftware), digital erfasst und algorithmisch verarbeitet. Kontinuierlich fallen riesige und bezugsdiverse Datenmengen an, die mit Hilfe künstlicher Intelligenz ausgewertet werden. Datenquellen sind beispielsweise Online-Bezahlhistorien und Einkaufsmuster, Behördendaten und öffentlich erfasstes Verhalten wie Rotlichtverstöße im Straßenverkehr oder falsche Mülltrennung.
- Sozial gewünschtes Verhalten von Personen und Unternehmen sowie deren Eigenschaften erhalten höhere **Punktwerte**. Alle Ergebnisse werden auf positiven und negativen Listen vermerkt (positiv: redlisting, negativ: blacklisting), wie man es aus finanzwirtschaftlichen Rating-Verfahren kennt.
- Da **Fehlverhalten sanktioniert** wird, werden sich alle Bürger:innen der kulturell gesetzten Normen bewusst und üben diese ein. Ein Beispiel für solch eine Sanktionierung ist das öffentliche ,an den Pranger stellen' (public naming, public shaming), um die Person und auch deren Familie sozial auszugrenzen oder das Image eines Unternehmens zu beschädigen. Fehlverhalten kann zu einem benachteiligten Zugang oder eingeschränkten Wahlmöglichkeiten auf dem Arbeits-, Immobilien-, Kreditmarkt oder bei der Reiseinfrastruktur führen oder zu längeren Wartezeiten bei Behörden und Krankenhäusern. Vor allem Unternehmen sind derzeit vom sozialen Kreditpunktesystem betroffen.

Der individuelle Freiheitsbegriff ist folglich westlich tradiert. So antwortet der Politik-wissenschaftler Kishore Mahbubani (2022, S. 50) auf die Frage, ob China durch den Han-del mit dem Westen demokratischer und gesellschaftsoffener werden kann: „Die asiati-sche Welt fragt sich eher: ‚Wie kann eine Minderheit von zwölf Prozent der Weltbevölke-rung den Rest der Welt bevormunden wollen?‘"; er nennt dies die ‚**Arroganz des Westens**‘, zumal China eine 4000 Jahre alte und eigene Kultur hat, also eine ältere Kultur als die des Westens. Werteräume sind demnach geographisch begrenzt.

Doch selbst in der westlichen Welt sind **neoliberale Wirtschaftsordnungen unter Druck** geraten. Hierzu einige Beispiele:

- Der Begriff des Neoliberalismus wird nicht nur diffus benutzt. Er wird auch als Zerr-bild verwendet und auf eine **ungezügelte Profitgier** reduziert, was Diskussionen ideo-logisiert (Leipold 2010, S. 1).
- Von der **Ökonomisierung des Privaten und Sozialen** ist die Rede. Danach dringt die reine Marktlogik so weit in alle Bereiche vor, dass es den gesellschaftlichen Zusam-menhalt beschädigt (Reckwitz 2019/2021, S. 194).
- Den Erfolg von Wirtschaftssystemen ausschließlich über ökonomische Leistungs-größen zu messen, wird als „**Tyrannei des Bruttoinlandsproduktes**" bezeichnet (Conceicao 2019, o. S.).
- Und das Bundesverfassungsgericht (2021, o. S.) weist in seiner Stellungnahme zum Klimaschutzgesetz darauf hin, dass der Staat eine „**objektivrechtliche Schutzver-pflichtung auch in Bezug auf künftige Generationen**" hat, da die von Individual-handeln getriebenen Marktprozesse diesen Schutz bisher nicht alleine leisten.

Kommt es in neoliberalen Marktwirtschaften also zwangsläufig zu moralisch bedenk-lichen Fehlentwicklungen? Und sind wir diesen – wider der Idee mündiger Bürger:innen – ausgeliefert? Sedlacek (2011, S. 319) weist darauf hin, dass es nicht um die Frage geht, ob die Marktwirtschaft funktioniert oder nicht; die Frage muss vielmehr lauten, ob die Markt-wirtschaft auf eine Weise funktioniert, die wir absichtsvoll wünschen; denn die Frage nach der Funktionsfähigkeit ist sinnentleert, solange es keine Zweckrichtung gibt, auf die sich das gegebene Phänomen bezieht. Wirtschaftssysteme brauchen somit normative Leit-planken. Und um diese zu setzen, braucht es einen **Dialog, der – im gesellschaftsvertrag-lichen Sinne – respektvoll geführt** wird. Erfolgt dies nicht, drückt sich auch darin eine Haltung fehlender Moral aus. Dies ist nach Einschätzung des Wirtschaftsnobelpreisträger-paares Banerjee und Duflo (2019, S. 2) bedauerlicherweise mehr und mehr der Fall: „De-mocracy can live with dissent, as long as there is respect on both sides. And respect de-mands some understanding. What makes the current situation particularly worrying is that the space for such conversations seems to be shrinking". Zum demokratischen Ordnungs-verständnis gehört folglich, dass wir die Unterschiedlichkeit von Erkenntnisurteilen und moralischen Urteilen anerkennen, bevor Gemeinsames und Neues entstehen kann. Ein Beispiel hierfür liefert die Diskussion, was unter einem ‚guten Leben‘ zu verstehen ist.

6.3   Was ist ein gutes Leben und lässt sich Nachhaltigkeit systemisch verankern?

Zusammenfassung

Es ist ein verständliches Interesse, den Erfolg unterschiedlicher Systemansätze als ‚gutes Leben' zu messen und miteinander zu vergleichen. Was unter einem guten Leben zu verstehen ist, ist allerdings umstritten. Volkswirtschaftlich gängigste Messgrößen sind das Bruttoinlandsprodukt (Gross Domestic Product) und seine Varianten, die rein materielle Ergebnisse beschreiben. Daneben gibt es Ansätze, bei denen ein gutes Leben auch qualitativ beschrieben wird. Ein Beispiel ist der ‚menschliche Entwicklungsindex' (Human Development Index), der sich auf Beteiligungspotenziale bezieht, die aus Einkommen, Gesundheitsversorgung und Bildungsdienstleistungen erwachsen. Ein anderes Beispiel ist der Index der nachhaltigen Entwicklungsziele der Vereinten Nationen (Sustainable Development Goals Index), bei denen auch ökologische Fürsorgebedarfe erfüllt sein müssen, um ein gutes Leben zu konkretisieren. Große Aufmerksamkeit bekommt vor allem die Glücksforschung. Sie untersucht die individuelle Lebenszufriedenheit, die sich aus subjektiven Einschätzungen ergibt, und versucht sie systemisch zu interpretieren. Alle Ansätze haben ihre eigenen inhaltlichen und methodischen Herausforderungen. Aber als Rangliste mehr oder weniger erfolgreicher Länder stimulieren sie gesellschaftliche Diskurse und halten die Aufmerksamkeit bei wichtigen Themen wach.

Im globalen Wettstreit der Systeme ist es naheliegend, dass ökonomische Erfolge gemessen und miteinander verglichen werden. Woran wird solch ein Erfolg festgemacht? Was ist aus Sicht des gesellschaftlichen Miteinanders ein gutes Leben?

Im ersten Buchteil haben wir die Sicht auf den rationalen, beziehungsorientierten und (kognitions-)psychologisch komplexen Menschen kennengelernt und die Bedürfnisse, die jeweils im Vordergrund stehen. Jetzt geht es primär um das systemische Miteinander und darum, was als gesellschaftlicher Nutzen wahrgenommen wird. Solch ein positives Systemergebnis wird als **gutes Leben** bezeichnet. Doch wie sich ein gutes Leben beschreiben und erfassen lässt, ist umstritten. Denn die Zahl der möglichen Bezugsgrößen ist groß.

▶ Das **gute Leben** wird als Systemergebnis verstanden. Traditionell geht es um rein materielle Verbesserungen der Lebensbedingungen (z. B. Einkommenssteigerung). Neuere Ansätze erfassen zudem die Verbesserung von Beteiligungspotenzialen (z. B. Zugang zu Gesundheits- und Bildungsdienstleistungen), ökologische Fürsorgebedarfe (z. B. Schutz von Biodiversität) oder die individuelle Lebenszufriedenheit (z. B. Vertrauen in die Gemeinschaft), von der auf die gesellschaftliche Lebenszufriedenheit rückgeschlossen wird. Die jeweiligen Bezugsgrößen werden inhaltlich und methodisch kontrovers diskutiert.

Gängige volkswirtschaftliche Größen sind die Beschäftigung und das Einkommen. Denn beide Größen sind objektiv messbar und werden statistisch umfänglich erfasst (Ausnahme: z. B. Schwarzmarkt). Und sie lassen sich weitgehend aggregieren und somit als Systemergebnis ausweisen. Oft wird auch der Index des **Bruttoinlandsprodukts (BIP)** verwendet. Dabei handelt es sich vereinfacht um den Wert der in einer Periode (z. B. 2022) in einem geographischen Raum (z. B. Deutschland) produzierten Güter, zu denen Waren und Dienstleistungen zählen. Der Vorteil dieser Messgröße (Indikator) liegt darin, dass derselbe Wert aus drei verschiedenen Perspektiven abgeleitet werden kann:

- **Entstehungsseite**: Wer produziert was an einem Standort? (z. B. Chemieindustrie, Maschinen- und Anlagenbau, Automobilindustrie, Baugewerbe, Gesundheitsdienste).
- **Verwendungsseite**: Wie wird das, was produziert wird, verwendet? (Konsumzwecke, Investitionszwecke, staatliche Zwecke, Nettoexporte als Differenz aus Ex- und Importen).
- **Einkommensseite**: Wer erhält welchen Anteil am erzielten Volkseinkommen? (z. B. Arbeitnehmerentgelte, Unternehmenseinkommen, Vermögenseinkommen).

Das BIP (englisch: Gross Domestic Product; GDP) misst also, was in einem Zeitabschnitt an Wert geschöpft wird und was dies an äquivalenter Einkommensentwicklung bedeutet. Wächst das BIP, wächst auch das Gesamteinkommen. Und die verschiedenen BIP-Perspektiven machen deutlich, welche Gruppen welchen geschöpften Wert für welchen Verwendungszweck verausgaben. Das gute Leben besteht aus **rein Materiellem**, da sich die privaten Akteure bei einem BIP-Anstieg beispielsweise ein Mehr an Waren (z. B. Elektrogeräte) oder Dienstleistungen (z. B. Urlaubsreisen) leisten können.

- Floriert die Wirtschaft, hat auch der **Staat** mehr Geld zur Verfügung (z. B. durch erhöhte Steuereinnahmen). Die staatliche Budgetzusammensetzung Deutschlands unterscheidet sich laut Ifo (2018, S. III) dabei deutlich vom OECD-Durchschnitt: „Bei der Betrachtung der Budgetzusammensetzung zeigt sich, dass Deutschland im internationalen Vergleich einen höheren Anteil seines Gesamtbudgets für konsumtive Ausgaben wie soziale Sicherung und Gesundheitswesen aufwendet, bei längerfristig orientierten und investiven Ausgaben wie Bildung oder wirtschaftlichen Angelegenheiten (inkl. Infrastruktur) der Budgetanteil jedoch unter dem der Vergleichsgruppen liegt". Ob dieses Ausgabenmuster in Deutschland für Defizitbereiche und Nachholbedarfe steht, muss an dieser Stelle offenbleiben. Hier geht es um das Allgemeine. Vereinfachend gilt: Eine erhöhte Wertschöpfung erhöht den Ausgabenspielraum und darüber die Versorgungsleistung mit Waren und Dienstleistungen.
- Um das tatsächliche Wertschöpfungspotenzial abzubilden, muss der BIP-Wert um die Inflation bereinigt werden (**reales BIP**). Denn ein nominales BIP, das bei 10 % Inflation um 10 % wächst, entspricht einem Nullwachstum, weil die Preissteigerung die

Tab. 6.1 Ranking ausgewählter Länder – BIP nach Kaufkraftparität (in Bio. US $; aufgerundet)

Land	2022	Rang	2012	Rang	2002	Rang
China	30,2	1	15,1	2	4,5	2
USA	25,5	2	16,3	1	10,9	1
Indien	11,9	3	6,2	3	2,3	5
Japan	6,1	4	4,8	4	3,6	3
Deutschland	5,4	5	3,5	5	2,5	4
Russland	4,8	6	3,5	6	1,8	8
Indonesien	4,0	7	2,4	10	1,1	12
Brasilien	3,8	8	3,0	7	1,7	10
Vereinigtes Königreich	3,7	9	2,4	9	1,7	9
Frankreich	3,7	10	2,5	8	1,8	6

Quelle: IMF/IWF (Homepage)

Kaufkraft aufzehrt. Schauen wir auf das kaufkraftbereinigte BIP (2022) im internationalen Vergleich, zählen von den westlichen Marktwirtschaften – neben den USA – Deutschland, das Vereinigte Königreich und Frankreich zu den ‚Top 10 der Welt' (siehe Tab. 6.1). Allerdings zeigt die Tabelle auch, dass China in jüngster Vergangenheit der USA die Führungsposition streitig macht. Neben China befinden sich auch die übrigen Mitglieder der sogenannten BRIC-Ländergruppe (Brasilien, Russland, Indien) unter den ersten Zehn.

In der Theorie gelten vor allem Kompetenzzuwächse (z. B. durch Bildung) und der technische Fortschritt (z. B. Automatisierung) als Treiber von Wirtschaftswachstum. Bei solchen Kausaldiskussionen wird die **systemische Realität jedoch meist stark reduziert**, so dass sie – aus Sicht der Armutsforschung und Entwicklungsökonomie – eher einem ‚storytelling' gleicht, so Banerjee und Duflo (2019, S. 165–166); hinzukommt, dass sich die einzelnen Volkswirtschaften in vielerlei Hinsicht voneinander unterscheiden, was Vergleiche erschwert (z. B. Stadtstaat versus Flächenstaat). Was in einem Land Entwicklungen erklärt (z. B. Arbeitsmarktreform), muss also nicht zwangsläufig auf ein anderes Land zutreffen.

Ob sich der Lebensstandard der Einwohner:innen eines Landes verbessert, wird häufig mit Hilfe des Indikators ‚BIP pro Kopf' ausgedrückt. Auch dieser Indikator hat seine Tücken. Denn nehmen wir für zwei Länder denselben BIP-Wert an, schneidet ein bevölkerungsreiches Land (z. B. China) schlechter ab als ein bevölkerungsärmeres Land (z. B. USA). Und ein wachsendes BIP pro Kopf bedeutet nicht zwangsläufig, dass jede:r mehr Einkommen hat. Es geht lediglich um einen Durchschnittswert, der nichts über die **Verteilung des Gesamteinkommens** aussagt. Letztere ist in vielen Ländern stark ungleich, wie Ungleichverteilungsmaße zeigen (z. B. Gini-Koeffizient). Dies gilt auch für die Verteilung des Welteinkommens auf die Weltbevölkerung. So ergeben Schätzungen für die Jahre 1980 bis 2016 (Banerjee und Duflo 2019, S. 180), dass im genannten Zeitraum …

- … etwa 27 % des globalen BIP-Wachstums auf das **oberste 1 % der Weltbevölkerung** entfallen, das aus den Reichen der reichen Länder und der zunehmenden Zahl an Superreichen in den sich entwickelnden Ländern besteht;
- … nur 13 % des globalen BIP-Wachstums den **untersten 50 % der Weltbevölkerung** zugerechnet werden. Ein BIP-Wachstum pro Kopf bedeutet also nicht zwangsläufig ein gutes Leben für alle, selbst wenn Studien für die letzten Jahrzehnte zeigen (z. B. Rosling et al. 2018), dass sich weltweit die Lage der ärmsten Bevölkerungsschichten in Teilen verbessert hat (z. B. Lebenserwartung).

Hinzukommt, dass sich individuelle und systemische Ergebnisse gegenseitig beeinflussen können. Clark (2018, S. 253) diskutiert dies am Beispiel des **relativen Einkommens**. Danach kann ein Einkommensempfänger seine Einkommenssteigerung zwar positiv bewerten. Er kann diese jedoch auch negativ bewerten, wenn seine Einkommenssteigerung niedriger ausfällt als diejenige einer Referenzgruppe (z. B. gestiegenes BIP pro Kopf). Es geht also zusätzlich um Aspekte wie sozialer Status, Sozialneid und ähnliche Phänomene.

Wirtschaftliche Entwicklungen zu messen, ist folglich herausfordernd. Noch schwieriger ist jedoch, diese Entwicklungen kausal zu interpretieren und in entsprechendes Politikhandeln umzusetzen. Banerjee und Duflo (2019, S. 166) fordern daher von der Volkswirtschaftslehre, dass sie von der Messgröße des Wirtschaftswachstums abrückt und stärker in den Blick nimmt, was ein **gutes Leben qualitativ** bedeutet: „[I]t may be time to abandon our profession's obsession with growth. The most important question we can usefully answer in rich countries is not how to make them grow even richer, but how to improve the quality of life of their average citizen".

Wir gehen an dieser Stelle daher zu einem anderen Indikator über, um Systemergebnisse auszudrücken. Es handelt sich um den **Index der menschlichen Entwicklung** der Vereinten Nationen (Human Development Index; HDI). Dieser erfasst seit 1990 nicht nur das kaufkraftbereinigte BIP pro Kopf. Er misst auch die Lebenserwartung bei der Geburt und die durchschnittliche Dauer der Schulbildung. Ein gutes Leben heißt dann, Menschen ein langes und gesundes Leben zu ermöglichen, in dem sie wirtschaftlich aktiv und produktiv sein können. China hat auch hier – von einem niedrigen HDI-Rang startend – Fortschritte gemacht (2022), während westliche Länder wie die USA – von einem oberen HDI-Rang startend – abgerutscht sind. Dabei geht es nicht um absolute Leistungsniveaus, sondern um das relative Engagement der erfassten Länder, das sich in einem bestimmten Rang ausdrückt. In der folgenden Tabelle bleibt die Länder-Reihung der Tab. 6.1 (kaufkraftbereinigtes BIP) erhalten, um darauf hinzuweisen, dass Länder bei unterschiedlichen Indikatoren unterschiedlich erfolgreich sind (siehe Tab. 6.2).

Da sich die Teilindikatoren und Erfassungsmethoden der menschlichen Entwicklungskennzahl immer wieder ändern, ist deren Vergleichbarkeit über die Jahre eingeschränkt. Dahinter steckt unter anderem, dass sich unsere Vorstellungen von einem guten Leben über die Zeit verschieben. Nun wandelt sich die Arbeit mit der Kennzahl ein weiteres Mal, wie das Beispiel der **Nachhaltigkeit** zeigt. Denn die Autor:innen des Human Development Report (UNDP 2020, S. 6) haben begonnen, einen Zusammenhang herzustellen zwi-

Tab. 6.2 Ranking ausgewählter Länder – Index der menschlichen Entwicklung (HDI; aufgerundet)

Land	2022	Rang	2012	Rang	2002	Rang
China	0,77	79	0,71	104	0,60	113
USA	0,92	21	0,92	13	0,89	9
Indien	0,63	132	0,60	135	0,50	131
Japan	0,93	19	0,91	20	0,88	15
Deutschland	0,94	9	0,93	3	0,90	5
Russland	0,82	52	0,81	51	0,75	53
Indonesien	0,71	114	0,68	115	0,61	111
Brasilien	0,75	87	0,73	91	0,69	80
Vereinigtes Königreich	0,93	18	0,91	18	0,87	18
Frankreich	0,90	28	0,88	26	0,85	23

Quellen: UNDP (Homepage)
Rang 1, 2, 3: Schweiz, Norwegen, Island (2022); Norwegen, Schweiz, Deutschland (2012); Norwegen, Schweden, Finnland (2002)

Tab. 6.3 Ranking ausgewählter Länder – Glücksindex (aufgerundet)

Land	2022	Rang	2010–12	Rang
China	5,82	61	4,98	93
USA	6,69	15	7,08	17
Indien	3,9	128	4,77	111
Japan	6,18	47	6,06	43
Deutschland	6,61	16	6,67	26
Russland	6,04	70	5,46	68
Indonesien	5,59	84	5,35	76
Brasilien	6,26	49	6,85	24
Vereinigtes Königreich	6,72	19	6,88	22
Frankreich	6,61	21	6,85	25

Quelle: SDSN (Homepage)
Rang 1, 2, 3: Finnland, Dänemark, Island (2022); Dänemark, Norwegen, Schweiz (2010–2012)

schen dem menschlichen Entwicklungspotenzial gesellschaftlicher Gruppen und deren relativer Verwundbarkeit durch planetare Bedrohungen; sie stellen fest: Länder mit relativ hohen HDI-Werten (z. B. Deutschland) verbrauchen mehr planetare Ressourcen, als ihnen aus globaler Perspektive zustehen, während ihre Verwundbarkeit relativ gering ist; und umgekehrt (vgl. Abschn. 1.2).

Wir schließen unseren kurzen Überblick über die Indikatoren des guten Lebens mit dem sogenannten **Glücksindex** (siehe Tab. 6.3).

- Clark (2018, S. 245–246) verweist hierzu auf vier Jahrzehnte der sogenannten **Glücksökonomik** (Economics of Happiness) und auf eine große Bandbreite an Blickwinkeln. Im Wesentlichen geht es um die Zufriedenheit mit dem Leben, die auf personenbezogenen Befragungsdaten basiert (Gallup World Poll). Ziel ist, aus diesen Werten auf

Systemergebnisse rückschließen zu können. Dies ist vom Beispiel Buthans inspiriert, das als erstes Land der Welt seine Entwicklung als Bruttoinlandsglück misst (Gross National Happiness; GNH).

- Auf Initiative der Vereinten Nationen werden ihre Mitgliedsländer ebenfalls über den Glücksindex erfasst und miteinander verglichen. Das Ergebnis ist im **Glücksreport** (Happiness Report) dokumentiert, der seit 2012 erscheint. Für den Glücksindex selbst werden zwar auch das BIP pro Kopf und Beschäftigungsdaten verwendet. Doch schon bei der Gesundheitsbetrachtung beginnen die Unterschiede, so Helliwell et al. (2023, S. 19):
  - Es geht nicht nur um die physische Gesundheit, sondern auch um die mentale Gesundheit und darum, das eigene **Leben ohne Diskriminierung** zu gestalten.
  - Wichtig ist ein **verlässliches Beziehungsnetzwerk** aus Familie und sozialer Gemeinschaft, das in Krisenzeiten unterstützt und sich in eigener Großzügigkeit und Spendenbereitschaft niederschlägt.
  - Als Teil der Gesellschaft muss sich ebenfalls die **Regierung glaubwürdig engagieren**, was Korruption ausschließt.
  - Teil der Glücksagenda sind zudem die 17 nachhaltigen Entwicklungsziele der Vereinten Nationen, über die der **sorgfältige Umgang mit dem Planeten** und weitere Langfristorientierungen in die Messung der Lebenszufriedenheit eingehen.

Für die nachhaltigen Entwicklungsziele der Vereinten Nationen (United Nations; UN) gibt es den separaten SDG-Index (**Sustainable Development Goals Index**; **SDGI**). Dieser misst die jeweiligen Anstrengungen der Mitgliedsstaaten. Die Ziele gelten seit 2015 erklärtermaßen für alle 193 UN-Mitgliedsstaaten.

Index der nachhaltigen Entwicklungsziele der Vereinten Nationen

- Der nachhaltige-Entwicklungsziele-Index der Vereinten Nationen (Sustainable Development Goals Index; SDGI) bezieht sich auf folgende 17 Einzelziele: (1) Keine Armut; (2) kein Hunger; (3) gute Gesundheit und Wohlbefinden; (4) qualitätsbasierte Bildung; (5) Gleichberechtigung der Geschlechter; (6) sauberes Wasser und funktionierende Sanitäranlagen; (7) finanzierbare und saubere Energie; (8) ethisch vertretbare Arbeit und Wirtschaftswachstum; (9) darauf abgestellte Industrien, Innovationen und Infrastrukturangebote; (10) Abbau von Ungleichheiten; (11) nachhaltige Städte und Gemeinschaften; **(12) verantwortliche Konsumption und Produktion; (13) Klimaschutzmaßnahmen; (14) Schutz von Leben unter Wasser; (15) Schutz von Leben auf dem Land**; (16) Frieden, Gerechtigkeit und starke Institutionen; sowie (17) Partnerschaften, um all diese Ziele zu realisieren.
- Zu den Systemergebnissen, durch die das planetare Überleben der Menschheit gesichert werden soll, zählen vor allem die **Ziele 12 bis 15**. Die UN ergänzt mit dieser Zieldiskussion internationale Abkommen, die sie auf den Weg gebracht hat (vgl. Abschn. 11.2), wozu das Übereinkommen über die biologische Vielfalt und das Kyoto-Protokoll zur Senkung der Treibhausgase zählen. Diejenigen UN-Mitglieds-

Tab. 6.4 Ranking ausgewählter Länder – Index nachhaltiger Entwicklungsziele (SDGI; aufgerundet)

Land	2023	Rang
China	72,01	63
USA	75,91	39
Indien	63,45	112
Japan	79,41	21
Deutschland	83,36	4
Russland	73,79	49
Indonesien	70,16	75
Brasilien	73,69	50
Vereinigtes Königreich	81,65	11
Frankreich	82,05	6

Quellen: Sachs et al. (2023)
Rang 1, 2, 3: Finnland, Schweden, Dänemark (2023)

staaten, welche die Biodiversitäts- und Klimakrise hauptverantworten, zeigen bei den entsprechenden Einzelzielwerten allerdings nur begrenzte Verbesserungsleistungen (Sachs et al. 2023, S. vi).

• In der Tabelle (siehe Tab. 6.4), welche die **aggregierten SDGI-Werte** zeigt, bleibt die Länder-Reihung der Tab. 6.1 erneut erhalten. ◄

Die Hinweise auf Glück, Nachhaltigkeit und vulnerable Gruppen zeigen: Ein gutes Leben umfasst Existenzsicherung und (Bildungs-)Zugänge ebenso wie Vertrauen in die Gemeinschaft und globale Fairness. Die Vereinten Nationen haben dies schon 1948 in ihrer **Menschenrechtserklärung** festgehalten (UN 1948); so verankert beispielsweise Artikel 22: „Jeder hat als Mitglied der Gesellschaft das Recht auf soziale Sicherheit und Anspruch darauf, durch innerstaatliche Maßnahmen und internationale Zusammenarbeit sowie unter Berücksichtigung der Organisation und der Mittel jedes Staates in den Genuß der wirtschaftlichen, sozialen und kulturellen Rechte zu gelangen, die für seine Würde und die freie Entfaltung seiner Persönlichkeit unentbehrlich sind".

Die heutige Debatte in marktwirtschaftlichen Systemen scheint nach Banerjee und Duflo (2019, S. 277–278) noch zwischen den Extremen zu schwanken, dass Hilfeleistungen an die, die keinen Erfolg haben, entweder in Geld ausgezahlt werden nach dem Motto ‚jetzt geh und finde deinen Weg' oder als umfängliche Interventionen in die Lebensweise der Betroffenen stattfinden nach dem Motto ‚du kommst alleine sowieso nicht zurecht'; bei beiden Vorgehensweisen werde die **Selbstachtung der Betroffenen** ignoriert oder verletzt. Die folgende Abbildung (siehe Abb. 6.1) zeigt den Gesamtkontext vereinfacht als Wertehierarchie, bei der sich die Soll-Richtung an der Menschenwürde orientiert, während die Ist-Richtung primär das Ökonomische zu betonen scheint.

Laut Glücksliteratur leben die **glücklichsten Menschen auf der Welt im nördlichen Teil Europas**. Expert:innen führen dies auf die Kombination aus Sozialdemokratie und konfessionellem, also werteorientiertem Wohlfahrtsstaat zurück, so Keizer (2015, S. 149).

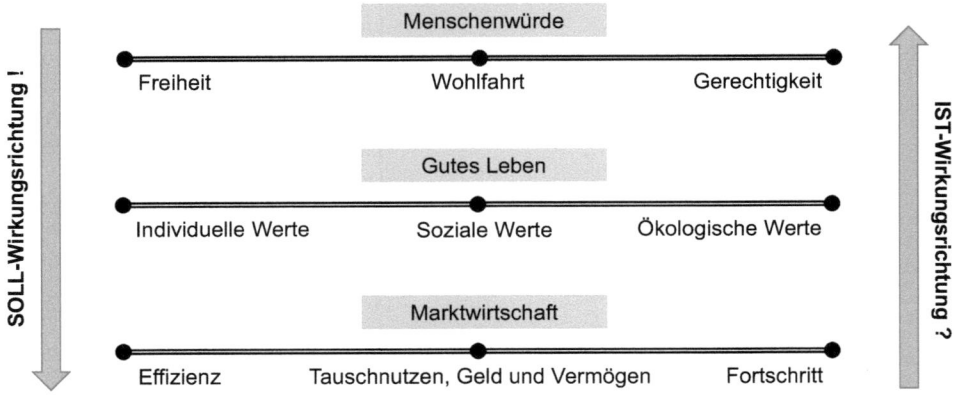

Abb. 6.1 Wertehierarchie mit SOLL-IST-Wirkungsrichtung

Der Autor warnt vor solchen Rückschlüssen: „Do particular types of welfare states lead to long-term satisfaction? Or is it the other way around? Or can we find a third variable that explains the correlation between happiness and type of welfare states?" Keizer verweist hier auf eine Korrelation, also auf einen rein statistischen Bezug zwischen zwei Größen, und nicht auf eine Kausalität, also eine Ursache-Wirkungsbeziehung. All dies zeigt, wie weich und nachgiebig der methodische Boden ist, auf dem sich diejenigen bewegen, die Systemergebnisse messen und diskutieren.

Fazit: Ein gutes Leben als Systemgröße zu bestimmen, ist inhaltlich und methodisch herausfordernd. Auch braucht es normative und grenzüberschreitende Ansätze. Nichtsdestotrotz ist die Vielfalt der diskutierten Systemergebnisse wichtig. Denn eine Gesellschaft kann sich daran orientieren, während sie ihr **gesellschaftliches Miteinander normativ und inhaltlich überprüft** und gegebenenfalls neu ausrichtet. Dabei gilt: Je weniger komplex der Systemausschnitt ist, der untersucht wird, desto eher werden aus Korrelationen nachweisliche Kausalitäten.

6.4 Welche anderen Disziplinen erweitern den volkswirtschaftlichen Blick auf Systemisches und was ist anders bei der Institutionenökonomik?

Zusammenfassung

Die Mainstream-Ökonomik erforscht häufig Systeme, die annahmegemäß geschlossen und stabilisierbar sind und gleichartige Elemente haben. Ihr Ziel ist, Gesetzmäßigkeiten im menschlichen Handlungsraum zu entdecken und primär so auszuschöpfen, dass ein materiell gutes Leben möglich ist. Sind im Vergleich hierzu Systeme offener, instabiler und/oder die Elemente vielfältiger, kommt die

Schnittstellen-Ökonomik ins Spiel. Diese profitiert von anderen Disziplinen, um die Wechselwirkung zwischen Wirtschafts- und Politiksystem besser zu verstehen (Politikökonomik) oder die Dynamik von Wissensentstehung und systemischen Anpassungsprozessen (Evolutionsökonomik). Dabei weiten sich die Vorstellungen von einem guten Leben (z. B. inklusive und zukunftsfähige Gesellschaft). Die Institutionenökonomik nimmt eine Sonderrolle ein, da sie von der Mainstream-Ökonomik ebenso wie von der Schnittstellen-Ökonomik genutzt wird. Dies führt zur Unterscheidung in eine Neue Institutionenökonomik (Institutionen als rationaler Lösungsansatz) und eine Alte Institutionenökonomik (Institutionen als kulturhistorische Momentaufnahme).

Systeme beschreiben das gesellschaftliche Miteinander und Ordnungen machen ihre Koordinationsmechanismen erklärlich. Was lernen wir von der Mainstream-Ökonomik über systemische Kontexte und deren Ergebnisse? Und welche interdisziplinären Bausteine bereichern dieses Verständnis?

Auch im zweiten Buchteil unterscheiden wir zwischen Mainstream-Ökonomik und Schnittstellen-Ökonomik (vgl. Abschn. 2.2).

- Die **Mainstream-Ökonomik** ist disziplinär verortet. Sie will Gesetzmäßigkeiten im menschlichen Handlungsraum entdecken und systemisch so steuern, dass primär ein materiell gutes Leben möglich ist. Wenn wir Systemansätze diskutieren, sind wir folglich im Kerngebiet der Mainstream-Ökonomik unterwegs. Dieser Bereich der Volkswirtschaftslehre hat sich ausdifferenziert und – angetrieben von inhaltlichen und methodischen Kontroversen – eine Fülle systemischer Erkenntnisse erzeugt. Letztere können wir im Buch nur ausschnitthaft aufzeigen. Was gilt, ist: Es sind vor allem die wirtschaftspolitischen Ansätze der Mainstream-Ökonomik, die sich als neoliberale Ordnungspraktiken in der westlichen Welt ausgeprägt haben.
- Macht dies die **Schnittstellen-Ökonomik**, also die interdisziplinär arbeitende Volkswirtschaftslehre, im zweiten Buchteil überflüssig? Die Antwort ist Nein. Denn die Mainstream-Ökonomik betrachtet häufig Systeme, die per Annahme geschlossen und stabilisierbar sind. Zudem vereinfacht sie, wie im ersten Buchteil deutlich wird, die Sicht auf den Menschen (z. B. Rationalitätsannahme, rein ökonomische Präferenzen). Die Schnittstellen-Ökonomik komplementiert diese Sicht. Sie arbeitet fächerübergreifend mit relativ komplexen Systemen und erweitert darüber das Spektrum der Zielgrößen, um die es bei einem guten Leben geht (z. B. politökonomische Inklusion vulnerabler Gruppen, zukunftsfähige Gesellschaft). Dies begrenzt allerdings ihre Interpretationskraft, wenn sie neue Erkenntnisse deutet.

In den Folgekapiteln (vgl. Kap. 7, 8 und 9) diskutieren wir in **drei Stufen** (siehe Abb. 6.2), was es bedeutet, wenn ein System (i) sich wettbewerblich koordiniert (einzel-

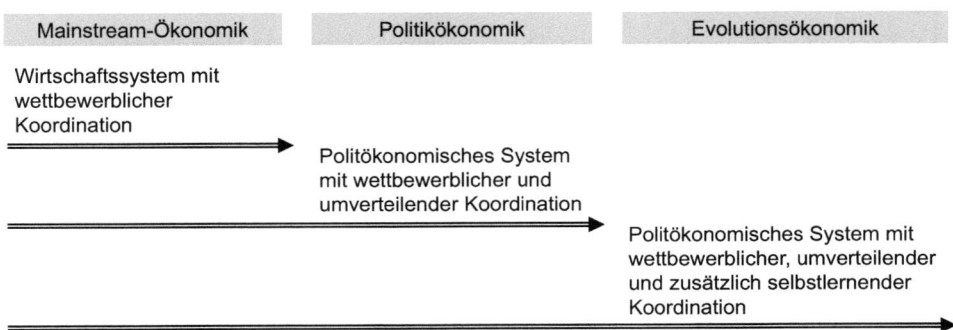

Abb. 6.2 Die Volkswirtschaftslehre und ihre (inter-)disziplinäre Sicht auf Systeme

marktbezogene Mainstream-Ökonomik), (ii) zusätzlich umverteilende Mechanismen hat (Politikökonomik) und (iii) sich am Ende adaptiv fortentwickelt und einen relativ hohen Komplexitätsgrad aufweist (Evolutionsökonomik).

Welche Disziplinen helfen der Schnittstellen-Ökonomik, ihren jeweiligen System-ansatz anzureichern? Beginnen wir mit der **Politikökonomik**, die von der Politikwissenschaft lernt.

- Die **Politikwissenschaft** gehört zu den Staatswissenschaften. Sie untersucht, wie Entscheidungen im Politiksystem getroffen werden und sich auf Machtverhältnisse und gesellschaftliche Strukturen auswirken. Dabei hat sie sowohl staatliche Akteure (z. B. Politiker) als auch zivilgesellschaftliche Akteure (z. B. Interessengruppen) im Blick. In diesem Buch geht es um die Funktionsweise von Demokratien.
- Die Politikökonomik ist aufgrund ihrer zahlreichen Varianten nicht einfach zu definieren. Dies betrifft auch deren Grad an Interdisziplinarität (vgl. Abschn. 2.3). Nach Holzinger (2009, S. 541) lassen sich in der **heutigen Politikökonomik zwei Ansatzrichtungen** ‚unscharf‘ unterscheiden:
  - Erstens geht es um die Eingriffe des Staats in die Wirtschaft (**Wirtschaftspolitik**), die mit Hilfe ökonomischer Handlungsmodelle analysiert werden (z. B. Frey und Kirchgässner 2002). Dabei handelt es sich unter anderem um wettbewerbs-, bildungs- konjunktur- und strukturpolitische Maßnahmen, auf die wir später beispielhaft eingehen.
  - Zweitens geht es um politikwissenschaftliche Phänomene, die mit Hilfe ökonomischer Annahmen, Modelle und Methoden untersucht werden. Die **Neue Politische Ökonomie** (NPÖ; Public Choice Theory) beschäftigt sich mit dem Verhalten von Wählergruppen und Interessenverbänden, politischen Parteien und Regierungen, staatlichen Bürokratien und Zentralbanken bis hin zu internationalen Organisationen (z. B. Downs 1957/1968; Kirsch 1981). Zentrale Annahme in den NPÖ-Modellen ist das rationale Verhalten der Akteure. Um Wahlen zu gewinnen oder aus anderen Eigennutzmotiven heraus, können staatliche Maßnahmen dann zu politischen Gütern werden, die wohlfahrtsschädlich gehandelt werden (z. B. Begünstigung einer Interessengruppe).

▶ Die **Politikökonomik** beschäftigt sich mit der Wechselwirkung zwischen Politik- und Wirtschaftssystem und mit den Handlungsanreizen staatlicher Entscheidungsträger. In Demokratien können Wahlvorgänge ein eigenes wirtschaftszyklisches Handeln auslösen (political business cycle).

Die **Evolutionsökonomik** lernt von der Evolutorik, die nicht unbedingt als eigenständige Fachdisziplin gilt. Daher werden hier Disziplinen genannt, die mit ihr assoziiert werden.

• Für die **Evolutorik** sind Entwicklungen in Raum und Zeit zwar kausal bedingt. Zugleich sind sie potenziell unvorhersehbar. So sehen wir in der Biologie, wie durch zufallsbedingte Mutationen neue Arten entstehen und sich im Kampf um das Überleben durchsetzen (survival of the fittest). Die Evolution von Organismen und komplexen Systemen fußt also auf Mechanismen wie Variation, Vererbung und Selektion. Wir konzentrieren uns auf die sozio-ökonomische Evolution, die auch von evolutionspsychologischen Faktoren beeinflusst wird; dabei werden menschliche Wohlfahrt und Wohlbefinden betrachtet und – nicht wie bei der biotischen Evolution – primär Überlebenskampf und Fruchtbarkeit, so Hodgson (2003, S. 86).
• Die Evolutionsökonomik bietet ein großes Forschungsfeld. Im Kern befasst sie sich mit der „**Komplexität der Wissens- und Arbeitsteilung**" und deren „evolutiven Dynamik" (Dopfer 2007, S. 46). Von der Biologie inspiriert, hat sie ein Systemverständnis entwickelt, das sich mit dem Unvorhersehbaren in menschengemachten Systemen beschäftigt (Witt 2006, S. 3). Dopfer (2007, S. 26) nennt hierfür Ansätze wie die Theorie komplex adaptiver Systeme, die Chaostheorie, die Selbstorganisationstheorie, die Multi-Agenten-Theorie oder die Fuzzy-Set-Theorie. Aus evolutionsökonomischer Sicht geht es um die Rolle, die risikofreudige Unternehmer:innen und innovationsgetriebene Evolutionen bei techno-ökonomischen Entwicklungen spielen (z. B. Schumpeter 1934; Nelson und Winter 1982). Was die Evolutionsökonomik mit der Komplexitätsökonomik als Theorie komplex adaptiver Systeme eint, diskutieren wir im dritten Buchteil.

▶ Die **Evolutionsökonomik** befasst sich mit zukunftsoffenen und dynamischen Prozessen und der Möglichkeit, dass neue Eigenschaften oder Strukturen eines Systems entstehen. Dabei spielt das Unwissen über das künftig Neue und der Umgang mit diesem Unwissen eine entscheidende Rolle.

Aus der Gliederung des Buchs ist ersichtlich, dass die Institutionenökonomik kein eigenes Kapitel erhält. Sie hat eine **Sonderrolle**. Schließlich handelt es sich bei Institutionen um informelle Regeln (z. B. Sitten) und formelle Regeln (z. B. Gesetze) und nicht um Akteure (vgl. Abschn. 6.1). Nichtsdestotrotz sind Institutionen und damit die Institutionenökonomik wichtig. Interdisziplinär geht es um die Kulturwissenschaft.

- Die **Kulturwissenschaft** beschäftigt sich mit der Frage, wie aus kulturellen Traditionen informelle und formelle Regeln erwachsen, an denen sich das Handeln der Gruppenmitglieder ausrichtet. Ansatzstellen bieten die Kulturgeschichte und die Völkerkunde, welche die Kultur stärker ethnologisch abgrenzt. Im angloamerikanischen Raum nutzen ,cultural studies' die Erkenntnisse der Anthropologie und der Kommunikationswissenschaft.
- Die **Institutionenökonomik** umfasst ein stark ausdifferenziertes Forschungsfeld. Dennoch kann ihre Kategorisierung in ,Alt' und ,Neu' Erkenntnisnutzen stiften, so Rutherford (1996, S. 4–6). Wir greifen diese Überlegung konzeptionell auf.
  - Die ,**Alte Institutionenökonomik**' (AIÖ) interessiert sich für die Kultur als Ausgangspunkt institutioneller Entwicklungen und stellt die Theorie rationaler Entscheidungen in Frage. In diesem Sinn ist eine Gesetzgebung die ,formale Reflexion einer Kultur in einem bestimmten Moment' (Keizer 2015, S. 105–106). In Teilen der Politikökonomik und in der Evolutionsökonomik bilden sich Institutionen folglich als kulturelle Momentaufnahmen heraus und als historisch unbeständige Phänomene (z. B. Wandelbarkeit von Ritualen).
  - Die ,**Neue Institutionenökonomik**' (NIÖ) diskutiert Institutionen primär als Werkzeug, um Transaktionsergebnisse zu verbessern. Oder in den Worten von Richter und Furubotn (1996/2003, S. 7): „Eine Institution hat natürlich den Zweck, individuelles Verhalten in eine bestimmte Richtung zu steuern". In der Mainstream-Ökonomik und in Teilen der Politikökonomik (Neue Politische Ökonomie) werden Institutionen dann gezielt verwendet, um zu korrigieren und/oder handlungslenkend zu wirken (z. B. Erlass von Vorschriften). Damit Institutionen wirksam werden, sind auch ihre Durchsetzungsinstrumente adäquat zu regeln (z. B. Bestrafungsarten), was wir im dritten Buchteil als Compliance vertiefen.

▶ Die **Institutionenökonomik** untersucht, wie informelle und formelle Regeln kulturell entstehen und sich über die Zeit wandeln (Alte Institutionenökonomik). Und sie diskutiert, wie sich eine normengeleitete Ordnung gestalten und durchsetzen lässt (Neue Institutionenökonomik).

Für das Folgende gilt: **Schnittstellen-Ökonomik bedeutet nicht länger, dass wir es mit einem relativ komplexen Menschen zu tun haben** (z. B. NPÖ). Denn das Systemische kann auch dann komplexer werden, wenn wir Systemeigenschaften anspruchsvoller machen, die nichts mit der Sicht auf den Menschen zu tun haben. Falls dies der Fall ist, wird in den Kap. 7, 8 und 9 darauf hingewiesen.

6.5 Welche systemischen Merkmalskategorien werden im Folgenden diskutiert und warum konzentrieren wir uns dabei auf Produktmärkte?

Zusammenfassung

Kapitel 6 hat in den zweiten Teil des Buchs eingeführt. Die Einführung endet, indem wir aus den Erkenntnissen Ergebniskategorien bilden. Die Kategorien sollen uns helfen, den systemischen Blick der Mainstream-, Politik- und Evolutionsökonomik in Kap. 7, 8 und 9 zu erfassen und im Ergebnis zu rastern. Die Ausprägungen eines nachhaltig transformativen Systems dienen der Illustration.

Zum Abschluss klären wir: Welche Systembezüge wählen wir für unsere Diskussion in Kap. 7, 8 und 9 aus? Und wie lässt sich diese Auswahl begründen?

Ziel der Folgekapitel ist aufzuzeigen, was sich an unserem Verständnis eines systemischen Miteinanders ändert, wenn wir von der Mainstream-Ökonomik zur Politikökonomik und schließlich zur Evolutionsökonomik übergehen. Hierfür verwenden wir – wie schon in Buchteil 1 – **merkmalsbezogene Kategorien** (siehe Tab. 6.5; linke Spalte). Diese leiten wir aus der Definition der Systemkomplexität und unseren weiteren Kernaussagen ab:

Tab. 6.5 Kategorien für das Ergebnisraster der Folgekapitel 7 bis 9

Wie gehen die Mainstream- und Schnittstellen-Ökonomik mit Systemkomplexität um?	Welchen Systemblick braucht die Nachhaltigkeit?
Systemausrichtung: Auf welches (vielfältige) Verständnis von gutem Leben konzentriert sich der jeweilige Ökonomikbereich?	Systemische Nachhaltigkeit braucht einen alternativen Lebensentwurf, der aus planetaren Überlebensgründen entsteht, aber auch aus einem neuen Alltagsverständnis präferenziell hervorgeht. Neben materiell Notwendigem und Angenehmem geht es vor allem um Menschlichkeit in einem für Menschen und Umwelt umfassenden Sinn.
Systemkoordination: Welches jeweilige Ordnungsprinzip koordiniert (auf transformative Weise) das Handeln der Akteure?	Systemische Nachhaltigkeit bedeutet in der westlichen Welt eine institutionelle Neuausrichtung, bei der neben den liberalen Grundrechten, politischen Partizipationsrechten und sozialen Rechten auch ökologische Grundrechte zu sichern sind. Der Mensch kann solch einen Koordinationsmechanismus durchaus als sinnvoll empfinden.
Systemgröße: Wie (integrierend) wird die Zahl der Elemente definiert?	Nachhaltigkeit bezieht sich auf ein weltgesellschaftliches System, dessen Mitglieder gemeinsam mit der Globalisierung und deren ökonomischen, sozialen und ökologischen Folgen umgehen müssen.

(Fortsetzung)

Tab. 6.5 (Fortsetzung)

Wie gehen die Mainstream- und Schnittstellen-Ökonomik mit Systemkomplexität um?	Welchen Systemblick braucht die Nachhaltigkeit?
Systemelemente: Welche (heterophilen) Attribute kennzeichnen die Akteure?	Systemische Nachhaltigkeit braucht Akteure, die sich in ihren Netzwerkrollen unterscheiden; im Ergebnis müssen – anstelle von ‚Vetospielern' – ‚Pioniere des Wandels' dominieren, die andere zur Veränderung ihrer Verhaltenspraxis animieren.
Systemaustausch: Wie (vielfältig) laufen Austauschbeziehungen ab?	Systemische Nachhaltigkeit braucht Reichweite, Vielfalt und Dichte an Austauschbeziehungen, um Strukturen und Netzwerke zu schaffen und Akteure in gesellschaftlich umfänglichem Maße zu mobilisieren.
Systemoffenheit: Wie (offen) grenzt sich das Wirtschaftssystem von anderen Systemen ab und welche (Wechsel-)Wirkung wird annahmegemäß zugelassen?	Systemische Nachhaltigkeit arbeitet mit offenen Systemrändern, weil sich ihre Relevanz aus der Wechselwirkung von menschlichen Eingriffen und planetaren Belastungsgrenzen ableitet. Transformativ müssen vor allem Blockaden im Politiksystem identifiziert und überwunden werden.
Systemstabilität: Wie (un-) vorhersehbar wird das System angenommen?	Systemische Nachhaltigkeit betrifft langfristige Prozesse, die schwer prognostizierbar und schwer planbar sind. Die Transformation selbst ergibt sich als Häufigkeitsverdichtung von Veränderungen, wobei Letztere viele Handlungsfelder betreffen und zum Teil chaotisch, unsicher und unterschiedlich dynamisch ablaufen.
Systemische Prägekraft: Wie (unterstützend) wirkt sich das System auf die menschliche Wirkmacht aus?	Systemische Nachhaltigkeit braucht auf der Mesoebene eine Aufbruchstimmung und auf der Makroebene eine Kultur der Innovation, also eine Kultur der Veränderungsbereitschaft. Durch diesen Rahmen wird es den einzelnen Mitgliedern der Gesellschaft erleichtert, ihr transformatives Potenzial wirkmächtig werden zu lassen.

- **Systemausrichtung**: Wichtig ist erstens, dass ein systemisches Zweckhandeln erkennbar ist. Wir nennen dieses Kriterium ‚Systemausrichtung' und machen es an Zielgrößen fest, die wir als ‚gutes Leben' diskutiert haben. Illustrieren wir dies am Beispiel der Nachhaltigkeit, geht es um eine Vorstellung von gutem Leben, die „nicht einzig oder vornehmlich auf einer großen Zahl materieller Güter, auf Annehmlichkeiten oder Genüssen, sondern auf der Erfüllung von Menschlichkeit in einem umfassenden, für Menschen und Umwelt zuträglichen Sinn [beruht]", so der WBGU (2011, S. 84); der Beirat betont dabei die ‚offenen Grenzen' (open frontiers) der menschlichen Existenz, aus denen immer wieder alternative Lebensentwürfe und unternehmerische Visionen entstehen, die zu Leitbildern des guten Lebens werden und „eine solide Basis in den Alltagspräferenzen von Menschen" bilden.
- **Systemkoordination**: Systeme haben zweitens Ordnungsprinzipien, die für die ‚Systemkoordination' sorgen (z. B. Ordnungsprinzipien der sozialen Marktwirtschaft).

Ordnungsansätze, welche die Transformation in Richtung Nachhaltigkeit koordinieren sollen, haben mit dem radikalen Umbau von Wirtschaft und Gesellschaft zu tun. Ob die derzeitigen neoliberalen Ansätze dies leisten können, wird kontrovers diskutiert. Hierzu der WBGU (2011, S. 85): „Aus liberaler Sicht droht jeder Versuch, ‚gutes Leben' […] normativ den jeweiligen individuellen Bedürfnissen entgegenzuhalten, in autoritäre Bevormundung abzurutschen. Moderne Gesellschaften verstehen sich als ‚multi-optional' […], wobei sie die Bedürfnisbefriedigung der Individuen empirisch und normativ in den Vordergrund rücken. […] Es mehren sich [jedoch] die Stimmen, die nach der Entwicklung liberaler Grundrechte (18. Jahrhundert), politischer Partizipations-rechte (19. Jahrhundert) und sozialer Rechte (20. Jahrhundert) die Rechtsentwicklung am Übergang zu einer neuen Rechtsform sehen: hin zu den ökologischen Grund-rechten". Dies verlangt, dass Menschen eine neue Ordnung als sinnhaft empfinden und lernfähig sind.

- **Systemgröße**: Systeme können drittens über ihre ‚Systemgröße' beschrieben werden. Diese lässt sich im Wesentlichen an der Zahl der Elemente festmachen, wenn darüber Beziehungen und Austausch entstehen (z. B. Menge an benötigter Information). Illus-trieren wir dies für die Nachhaltigkeit, ist von einer großen Zahl an Akteuren auszu-gehen. Der WBGU (2011, S. 293) begründet dies wie folgt: „Der nationale Territorial-staat kann aufgrund der fortschreitenden wirtschaftlichen und kulturellen Globalisie-rung nicht länger als alleinige Grundlage des Vertragsverhältnisses angenommen werden; seine Bewohner müssen globale Risiken und Naturgefahren sowie die legiti-men Interessen Dritter, nämlich anderer Mitglieder der Weltgesellschaft, verantwort-lich einbeziehen". Aus dieser Perspektive umfasst die Zahl der Elemente durchaus große Teile der jetzigen und künftigen Weltbevölkerung.
- **Systemelemente**: Das vierte Kriterium ‚Systemelemente' beschreibt die Akteure selbst und deren Attribute. Hier setzen unsere Erkenntnisse aus dem ersten Teil des Buchs an. Bei einer gegebenen Zahl an Attributen erhöht eine realitätsnahe Sicht auf den Men-schen die menschliche Komplexität (z. B. multiples Selbst) und darüber die systemi-sche Komplexität, wenn es zu Austauschbeziehungen kommt. Zugleich zeigen Hin-weise der Ungleichheitsforschung und die Diskussion des guten Lebens, dass die Zahl an Attributen pro Akteur zunehmen kann. So sind beispielsweise nicht nur wirtschaft-liche Ressourcen ungleich verteilt, sondern auch politische Machtressourcen. Und den-ken wir an die Nachhaltigkeit, gibt es zudem eine ungleiche Verteilung, wenn es darum geht, wer hauptverantwortlich den Planeten belastet (hoher Lebensstandard der west-lichen Welt) und wer hauptsächlich die Folgen zu tragen hat (restliche Welt).
- **Systemaustausch**: Bei der fünften Kategorie geht es um den ‚Systemaustausch' zwi-schen den Elementen, also um die Kontaktreichweite von Akteuren und die Verdichtung und Vielfalt von Beziehungen. Ein Beispiel ist die Mobilisierung transformativer Handlungsweisen, die mit Netzwerkrollen zusammenhängt (vgl. Abschn. 4.1). Der WBGU (2011, S. 258) betont vor allem die Rolle der Pioniere: „Im Innovationszyklus handeln Pioniere des Wandels, indem sie offene Fragen und Herausforderungen benen-nen und auf die Tagesordnung setzen, indem sie als Katalysatoren Problemlösungen er-

leichtern, indem sie als Mediatoren zwischen Konfliktgruppen vermitteln oder in Gruppen blockierte Entscheidungsprozesse freisetzen, indem sie disparaten Innovationsbedarf zusammenfassen oder indem sie zur Problemlösung notwendige institutionelle Innovationen ‚von unten' oder als Entscheidungseliten ‚von oben' auf den Weg bringen. […] Pioniere des Wandels können selbstverständlich auch verschiedene dieser Funktionen gleichzeitig ausfüllen". Ein systemischer Ansatz, der dies abbilden will, muss an der Netzwerklogik von Diffusionsprozessen ansetzen.

- **Systemoffenheit**: Der Grad der ‚Systemoffenheit' beschreibt, wie offen oder abgeschlossen ein Systemrand ist, also ob Systemelemente mit der Umwelt in Austausch treten können oder nicht. Bei der Nachhaltigkeit sieht der WBGU (2011, S. 200) die erforderliche Transformation vor allem durch den Politikbereich gehemmt („It's politics, stupid!"): „Dass sich die durchaus vorhandene und über die Jahrzehnte gestiegene Transformationsbereitschaft von Menschen in der OECD-Welt ebenso wie in Schwellen- und Entwicklungsländern […] nicht automatisch in eine Nachhaltigkeitstransformation umgesetzt hat, liegt vor allem daran, dass ihnen wirkungsmächtige gesellschaftliche Kräfte und Widerstände sowie institutionelle Hemmnisse entgegenstehen, die veränderungswillige Akteure abschrecken, frustrieren und ins Leere laufen lassen. Der WBGU identifiziert diese Blockaden vor allem im Politics-Bereich, d. h. auf der Ebene der politischen Auseinandersetzung, Interessenvermittlung und Implementierung". Wirtschafts- und Politiksysteme getrennt zu behandeln, verengt folglich den Lösungsraum von Nachhaltigkeitsansätzen auf unrealistische Weise.
- **Systemstabilität**: Wie Systeme nach Störungen reagieren, hängt siebtens von der ‚Systemstabilität' ab. Wird ausgeblendet, dass neues Wissen und Innovationen dynamisch entstehen, ist ein gleichgewichtiges langfristiges Wirtschaftswachstum durchaus denkbar (z. B. neoklassische Wachstumstheorie der Mainstream-Ökonomik). Die Gegenrichtung beschreiben unvorhersehbare Pfadabweichungen und disruptive Ereignisse, die sich einer Lenkbarkeit entziehen. Dies gilt auch für die Transformation hin zur klimaverträglichen und ressourceneffizienten Wirtschaft und Gesellschaft, so der WBGU (2011, S. 98–99): „Von der Beschleunigung der Übergangsphase (Startphase) bis hin zu einem neuen gesellschaftlichen und wirtschaftlichen Gleichgewicht, einer klimaverträglichen und ressourceneffizienten Ökonomie, vergehen noch einmal etwa zwei Dekaden. Diese Phase ist nicht durch lineare Veränderungsprozesse gekennzeichnet, sondern durch schwierige Umstrukturierungsprozesse, durch die Notwendigkeit beschleunigter und breitenwirksamer Reformen, um Pfadabhängigkeiten zu überwinden, durch chaotische und unsichere Veränderungen sowie Dynamiken in unterschiedlichen Handlungsfeldern, die sowohl positive als auch negative Rückkopplungsschleifen auslösen können". Da das Wirtschaftssystem Teil eines größeren Systems ist, hängt seine Stabilität auch von intakten Ökosystemen und von stabilen politischen Bedingungen ab.
- **Systemische Prägekraft**: Die Kategorie ‚systemische Prägekraft' verknüpft Teil 1 und Teil 2 des Buchs. Denn die Wirkmacht eines Akteurs entfaltet sich über Bottom-up-Prozesse und braucht Top-down-Prozesse, die Einzel- und Gruppeninitiativen begüns-

tigen und nicht ‚abwürgen‘, oder – im Sinne Fromms – ein gesellschaftliches Umfeld, das die Mitglieder so formt, dass sie ‚tun wollen, was sie tun sollen‘ (vgl. Abschn. 2.1). Mit Blick auf die Nachhaltigkeitstransformation bedeutet dies (WBGU 2011, S. 257): „Auf der Ebene der Einstellungen und Dispositionen würde keine Verlustangst, sondern Aufbruchstimmung herrschen. Auf einer übergeordneten symbolischen oder Rahmenebene wären Kulturen der Innovation anstelle von Kulturbarrieren tonangebend“.

Die Tabelle (siehe. Tab. 6.5) zeigt die acht Kategorien im Überblick, wobei die Klammerausdrücke in der linken Spalte andeuten, wie sich ein Merkmal unterschiedlich ausprägen kann, wenn wir auf Mainstream-, Politik- und Evolutionsökonomik schauen. Da unsere Beispielwelt die **Nachhaltigkeit** ist, ist die Tabelle (siehe Tab. 6.5; rechte Spalte) zudem mit Aussagen gefüllt, welche nach dem WBGU (2011) diese Welt illustrieren.
Eine Erinnerung und ein Hinweis:

- Die relevante Forschungslandschaft ist immens groß. Dies gilt für die Volkswirtschaftslehre ebenso wie für die Disziplinen, von denen sie sich befruchten lässt. Die Vorgehensweise ist daher im zweiten Buchteil erneut **eklektisch** (vgl. Abschn. 1.2 und 2.4). Auf vertiefende Fachkontroversen wird verzichtet.
- In den Folgekapiteln 7 bis 9 geht es ausschließlich um **marktwirtschaftliche Systeme westlicher Prägung**. Für die Mainstream-Ökonomik nutzen wir ausschnitthaft ihre wettbewerbspraktische Variante. Diese bezieht sich auf Produktmärkte und lässt sich für unseren Kontext weitgehend modellunspezifisch erschließen.

6.6   Kommen Sie mit auf eine Gedankenreise! Das INSEL-System: Das gesellschaftliche Miteinander entsteht.

Willkommen zurück im Reflexionsraum des INSEL-Experiments, in dem Sie sich verorten können, während Sie über die Erkenntnisbausteine nachdenken.
Im zweiten Buchteil geht es um **Systemansätze** und diese sind so vielfältig, dass es unsere Vorstellungskraft sprengen kann. Aus der praktischen Perspektive müssen wir daher Systemeigenschaften kontextuell einordnen, damit wir wirtschaftliche und gesellschaftliche Phänomene besser verstehen. Haben Sie es nicht auch schon einmal erlebt? Sie sind unterwegs und beobachten Marktplätze und Ihnen fallen nicht alle, sondern nur bestimmte Merkmale auf: Wie marktschreierisch und aggressiv wird gehandelt? Wieviel Zeit und Informationen haben Sie, um Preise und Leistungen zu vergleichen? Bei bestimmten Produkten wundern Sie sich, wer sich diesen Luxus überhaupt leisten kann oder solche Billigprodukte überhaupt kauft. Bei anderen Produkten wundern Sie sich, ob die Werbung mit dem ‚grünen Fortschritt‘ wirklich stimmt. Und Vieles mehr. Diese Beobachtungen fangen ein, dass ein System bestimmt wird durch …

- wettbewerbliche Kräfte (Kap. 7);
- umverteilende Mechanismen (Kap. 8);
- Eigenschaften, die es zu einem selbstlernenden und veränderungsoffenen System machen oder auch nicht (Kap. 9).

Lassen Sie uns das Ganze wieder zum Teil einer Erlebnisreise machen! Ihr Ausgangspunkt: Sie stellen sich gedanklich eine Situation vor, in der Sie aus Ihrem Alltagsleben aussteigen und eine **Alternativwelt betreten**. Darin können Sie frei assoziieren. Jede Überlegung und Entscheidung, sei sie konservativ, innovativ, riskant oder unbequem ist möglich. Hierzu folgende Hinweise:

- **Stellen Sie sich Ihre Welt vor (imagine the world):**
  - Auf der bisherigen Bootsreise haben Sie manche Frage geklärt und Einiges bewältigt. Plötzlich spüren Sie Aufregung an Bord. Am Horizont zeichnet sich eine INSEL ab und damit der ersehnte und potenziell neue Lebensraum.
  - Dort angekommen, stellen Sie fest, dass die INSEL von Menschen unbewohnt ist.

Topographie:	Gesamte Fläche: 800 km², davon - Landfläche: rd. 700 km² - Wasserfläche: rd. 100 km² - Höchste Erhebung: 2.300 m
Geologie:	- Vulkansystem mit querlaufendem Vulkangürtel - Berggelände, Hochebenen, Urwald, Flüsse und Sandstrände - Vielzahl vorgelagerter Felsen
Klima:	- Tropisch sommerfeucht mit Zyklonen - Jahresdurchschnittstemperatur: 25-35 Grad C - Regenarme Monate: Mai bis September (rd. 80 mm pro Monat) - Regenreiche Monate: Oktober bis April (rd. 270 mm pro Monat) - Durchschnittliche Luftfeuchte: 80 % - Durchschnittliche Sonnenstunden pro Tag: 7,3
Biodiversität	- An Land: Artenreiche Tier- und Pflanzenwelt - Im Meer: Warmer und kalter Meeresstrom mit Fischreichtum, vor allem vor Korallenbänken
Böden	- Teilweise gut beschaffene Acker- und Waldböden
Rohstoffe:	- An Land: Reiche Öl- und Gasvorkommen - Im Meer: Erzvorkommen auf dem Meeresgrund mit Sulfid-Ablagerungen aus Kupfer, Zink, Mangan und Seltenerd-Metallen

  - Sie und die anderen früheren Bootsinsassen machen sich Gedanken darüber, wie das ökonomische und gesellschaftliche Miteinander auf der INSEL aussehen soll.
- **Achten Sie auf die Spielregeln Ihrer Welt (design the world):**
  - Hierbei gilt, dass Ihr INSEL-System ,genullt' ist. Es ist wie eine weiße Fläche, auf der Sie die unterschiedlichsten Vorstellungen eines ökonomischen und gesellschaftlichen Miteinanders entwerfen können, bevor Sie sich endgültig entscheiden.

- Weder Sie noch die Anderen haben Güter oder Artefakte, die Ihnen eine Sonderposition auf der INSEL verschaffen. Denn haben Sie beispielsweise Schmuck oder Werkzeuge oder Pflanzensamen in Ihrem Koffer, wird dies vermutlich Ihr Verhalten und das der Anderen beeinflussen. Das Gedankenspiel ist erneut entscheidend. Denn viele Verhaltensweisen, die wir alltäglich beobachten, sind durch das ‚eingefärbt‘, was wir haben, und nicht durch das, was wir sind.
- Die Knappheit der Güter auf der INSEL steht symbolisch dafür, dass auch unsere planetaren Ressourcen erschöpflich sind und uns Handlungsbedingungen setzen.
- **Lernen Sie sich und Andere in Ihrer Welt kennen (explore the world):**
  - Jetzt geht es darum, dass Sie ausloten, wie Sie mit den Anderen und die Anderen mit Ihnen im neuen Lebensraum zusammenleben und zusammenarbeiten wollen. Es geht um Grundprinzipien und Mechanismen. Ein Beispiel: Alles beginnt mit der Entscheidung, wie groß die individuelle Freiheit sein darf …
    - Wir brauchen individuelle Freiheitsrechte und Eigenverantwortung, damit kreative Lösungen entstehen und alles funktioniert, sagen die Freiheitsorientierten.
    - Nein, nur eine autoritäre Staatsgewalt kann für Sicherheit, Frieden und das Überleben der Menschen sorgen, sagen die Gleichheitsorientierten.
    - Nein, sagen Andere, nur die politische Mitte ist in der Lage zu Selbstkorrekturen und dazu, zwischen den extremen Lagern zu vermitteln und eine Gesellschaft zusammenzuhalten.
  - Es braucht also das Verständnis, wie viel private und staatliche Macht auf Ihrer INSEL zugelassen wird und was Macht über die Zeit anrichten kann. Es ist zu klären, wieviel Ihre INSEL-Gesellschaft an Einkommensungleichheit und Exklusion akzeptiert und wie veränderungsfähig die verschiedenen Gruppen sind. Und so weiter. Welche Werteaussagen sollen dominieren? Wer setzt seine Präferenzen durch? Und wie wird dies entschieden?
  - Ziel ist, dass Sie systemische Zusammenhänge erkunden, miteinander verknüpfen und darüber Muster erkennen. Dies wird Ihnen helfen, sich den einzelnen Systemansätzen zur Wirtschaft und Gesellschaft assoziativ anzunähern, die sich als fiktive Gesellschaftsverträge abbilden lassen. Dabei haben Sie es auch mit komplexen Menschen in komplexen Systemen zu tun.
  - Nach jeder Etappe (Kap. 7, 8 und 9) eröffne ich Ihnen anhand von Fragen den Reflexionsraum. Die Fragen sehe ich als Impulse und Denkanstöße, um aus der Perspektive des jeweiligen Systemansatzes zu reflektieren.

Zu jedem Systemansatz stelle ich Ihnen weitgehend die gleichen Fragen. Lassen Sie sich darauf ein und Sie werden überrascht sein.

Wir starten in die Folgekapitel frei nach Kant mit der Frage: Was soll ich tun?

Literatur

Banerjee, Abhijit V., und Duflo, Esther (2019): Good Economics for Hard Times, Penguin Random House, Vereinigtes Königreich

Bundesverfassungsgericht (2021): Verfassungsbeschwerden gegen das Klimagesetz teilweise erfolgreich, Pressemitteilung Nr. 31, April, Karlsruhe, https://www.bundesverfassungsgericht.de/SharedDocs/Pressemitteilungen/DE/2021/bvg21-031.html, Zugriff 10.11.22

Burger-Menzel, Bettina (2023): Wirtschaftsförderung und E-Governance: Von der Resilienz zur Transformation? in: Korn, Thorsten, Lempp, Jakob, van der Beek, Gregor (Hrsg.), Wirtschaftsförderung in der Krise, Springer Gabler, Wiesbaden, S. 171–196

Clark, Andrew E. (2018): Four decades of the Economics of Happiness: Where next? In: Review of Income and Wealth, Serie 64, Nr. 2, Juni, S. 245–269, https://onlinelibrary.wiley.com/doi/full/10.1111/roiw.12369, Zugriff: 10.08.2023

Conceicao, Pedro (2019): Human Development Reimagined, o. S., https://hdr.undp.org/content/human-development-reimagined, Zugriff 28.09.2022

Drinhausen, Katja, und Brussee, Vincent (2021): China's Social Credit System in 2021, MERICS China Monitor, Update am 09.05.2022, https://merics.org/sites/default/files/2023-02/MERICS-China-Monitor67-Social-Credit-System-final-4.pdf, Zugriff 09.10.2022

Dopfer, Kurt (2007): Grundzüge der Evolutionsökonomie – Analytik, Ontologie und theoretische Schlüsselkonzepte, Diskussionpapier, Nr. 2007-10, Universität St. Gallen, St. Gallen, ttps://econpapers.repec.org/paper/usgdp2007/2007-10.htm, Zugriff 15.09.23

Downs, Anthony (1957/1968): An Economic Theory of Democracy/Ökonomische Theorie der Demokratie, Mohr Siebeck, Tübingen

Frey, Bruno S., und Kirchgässner, Gebhard (2002): Demokratische Wirtschaftspolitik, Verlag Franz Vahlen, München

Fromm, Erich (1941/2000): Die Furcht vor der Freiheit, Deutscher Taschenbuch Verlag, München

Fuhse, Jan (2008): Netzwerke und soziale Ungleichheit, in SNA Stegbauer, Christian (Hrsg.), Netzwerkanalyse und Netzwerktheorie, Verlag für Sozialwissenschaften, Wiesbaden, S. 65–79

Görg, Holger, Langhammer, Rolf J., Kamin, Katrin, und Liu, Wan-Hsin (2023): Die geplante China-Strategie Deutschlands ist der falsche Weg, Kiel Focus 01/2023, ifw – Kiel Institut für Weltwirtschaft, Kiel, https://www.ifw-kiel.de/de/publikationen/kiel-focus/die-geplante-china-strategie-deutschlands-ist-der-falsche-weg/, Zugriff 12. 09. 23

Häring, Norbert, und Douglas, Niall (2012): Economists and the Powerful, Anthem Press, London und New York

Helliwell, John F., Layard, Richard, Sachs, Jeffrey D., De Neve, Jan-Emmanuel, Aknin, Lara B., Wang, Shun (2023) (Hrsg.): World Happiness Report 2023, New York, Sustainable Development Solutions Network, http://worldhappiness.report, Zugriff 10.10.2023

Herrmann-Pillath, Carsten (2002): Grundriß der Evolutionsökonomik, Wilhelm Fink Verlag, München

Hodgson, Geoffrey M. (2003): Darwinism and Institutional Economics, in: Journal of Economic Issues, Vol. XXXVII, Nr. 1, März, S. 85–97, https://www.jstor.org/stable/4227871, Zugriff 15.08.2023

Holzinger, Katharina (2009): Vom ungeliebten Störenfried zum akzeptierten Paradigma? Zum Stand der (Neuen) Politischen Ökonomie in Deutschland, in: Politische Vierteljahresschrift 50, Nr. 3, S. 539–576, DOI:https://doi.org/10.1007/s11615-009-0147-0

Hume, David (1777/1987): Essays, moral, political, and literary, Liberty Fund, Inc., Indianapolis, Indiana

Ifo (Institut für Wirtschaftsforschung) (2018): Die Zusammensetzung des öffentlichen Budgets in Deutschland, Forschungsberichte 95, München, https://www.ifo.de/publikationen/2018/monographie-autorenschaft/die-zusammensetzung-des-oeffentlichen-budgets, Zugriff 02.03.2019

Keizer, Piet (2015): Multidisciplinary Economics, Oxford University Press, Oxford

Kirsch Guy (1981): Ordnungspolitik als Gegenstand der politischen Auseinandersetzung, in: Issing, Ottmar (Hrsg.), Zukunftsprobleme der Sozialen Marktwirtschaft, Duncker & Humblot, Berlin, S. 255–275

Lee, Kai-Fu (2020): AI Superpowers: China, Silicon Valley, and the New World Order, Houghton Mifflin Hartcourt, San Diego

Leipold, Helmut (2010): Das Zerrbild vom Neoliberalismus und der Sozialen Marktwirtschaft, Jahrbuch für Wirtschaftsprüfung, Interne Revision und Unternehmensberatung, Lück, Wolfgang (Hrsg.), Oldenbourg Wissenschaftsverlag, München, S. 1–16

Locke, John (1989): Two Treaties of Government, J. M. Dent & Sons Ltd., London

Mahbubani, Kishore (2022): China ist mit der Weltwirtschaft verflochten – und will es bleiben, Handelsblatt, Wochenendausgabe, 14.10.2022

Meißner, Werner, und Fassing, Werner (1989): Wirtschaftsstruktur und Strukturpolitik, Verlag Franz Vahlen, München

Miller, John, H., und Page, Scott E. (2007): Complex Adaptive Systems, Princeton University Press, Princeton und Oxford

Monopolkommission (2020): Wettbewerb 2020, XXIII. Hauptgutachten gemäß § 44 Abs. 1 GWB, https://www.monopolkommission.de/images/HG23/HGXXIII_Gesamt.pdf, Zugriff 18.09.2022

Nelson, Richard R., und Winter, Sidney G. (1982): An Evolutionary Theory of Economic Change, Harvard University Press, Cambridge

Quaas, Friedrun (2019): Der spezifische Liberalismus von Hayek im Spektrum des Neoliberalismus, Universität Leipzig, Working Paper, Nr. 158, https://www.econstor.eu/bitstream/10419/193782/1/106726373X.pdf, Zugriff 28.10.22

Rawls, John (1971/1999): A Theory of Justice, revised edition, The Belknap Press of Harvard University Cambridge, Massachusetts

Reckwitz, Andreas (2019/2021): Das Ende der Illusionen, Suhrkamp Verlag, Berlin

Richter, Rudolf, und Furubotn, Eirik G. (1996/2003): Neue Institutionenökonomik, Mohr Siebeck, Tübingen, 3. Auflage

Rosling, Hans, Rosling, Ola, und Rosling Rönnlund, Anna (2018): Factfulness, Flatiron Books, UK

Rutherford, Malcolm (1996): Institutions in Economics – The Old and the New Institutionalism, Cambridge University Press, New York

Sachs, Jeffrey D., Lafortune, Guillaume, Fuller, Grayson, and Drumm, Eamon (2023): Implementing the SDG Stimulus, Sustainability Report 2023, Dublin University Press, Dublin, https://s3.amazonaws.com/sustainabledevelopment.report/2023/sustainable-development-report-2023.pdf, Zugriff 10.10.2023

Schumpeter, Joseph (1934): Theory of Economic Development, Harvard University Press, Cambridge

Sedlacek, Tomas (2011): The Economics of Good and Evil, Oxford University Press, Oxford

Sen, Amartya K. (2002): Ökonomie für den Menschen, Deutscher Taschenbuch Verlag, München

Sen, Amartya K. (1999): Development as Freedom, Alfred A. Knopf Inc., New York

Shi, Xinzhong (2020): Zur historischen Entwicklung des Kreditbegriffs, in: Everling, Oliver (Hrsg.), Social Credit Rating, Wiesbaden, S. 23–36

Shi-Kupfer, Kristin, und Ohlberg, Mareike (2019): China's digital rise, Merics Papers on China, Nr. 7, April, https://merics.org/de/studie/chinas-digitaler-aufstieg, Zugriff 27.09.2023

Sinn, Hans-Werner (22.06.2009), Der richtige Dreiklang der VWL, Frankfurter Allgemeine Zeitung, Nr. 141

Smith, Adam (1776/2005): Reichtum der Nationen (An Inquiry into the Nature and Causes of the Wealth of Nations), Voltmedia, Paderborn

Smith, Adam (1759/2005): The Theory of Moral Sentiments, Soares, Sálvio M. (Hrsg.), MetaLibri, https://www.ibiblio.org/ml/libri/s/SmithA_MoralSentiments_p.pdf, Zugriff 10.11.2022
The Economic Times (09.07.2023): Jack Ma's clash with Beijing costs Ant, Alibaba $ 850 billion, https://economictimes.indiatimes.com/tech/technology/jack-mas-clash-with-beijing-costs-ant-alibaba-850-billion/articleshow/101616556.cms, Zugriff 27.09.2023
UN (United Nations) (1948); Allgemeine Erklärung der Menschenrechte, Resolution 217 A (III) der Generalversammlung, 10. Dezember 1948, Deutscher Übersetzerdienst, Vereinte Nationen, New York, https://unric.org/de/allgemeine-erklaerung-menschenrechte/, Zugriff 10.10. 2023
UNDP (United Nations Development Programme) (2020): Human Development Report 2020: The next frontier, Overview, New York, https://hdr.undp.org/content/human-development-report-2020, Zugriff: 10.10.2023
von Hayek, Friedrich A. (1971/2005): Die Verfassung der Freiheit, Mohr Siebeck, Tübingen
WBGU (Wissenschaftlicher Beirat der Bundesregierung Globale Umweltveränderungen) (2011): Welt im Wandel – Gesellschaftsvertrag für eine Große Transformation, Hauptgutachten, Berlin
Witt, Ulrich (2006): Evolutionary economics, Papers on Economics and Evolution, Nr. 0605, Max Planck Institute of Economics, Jena, http://hdl.handle.net/10419/31834, Zugriff 30.01.2020

Homepages

IMF/IWF (Internationaler Währungsfonds/International Monetary Fonds) (Homepage): World Economic Outlook, https://www.imf.org/en/Publications/WEO, Zugriff 15.08.2023
SDSN (Sustainable Development Solutions Network, a global initiative for the United Nations) (Homepage): Happiness Score, https://resources.unsdsn.org, Zugriff 15.08.2023
UNDP (United Nations Development Programme) (Homepage): Human Development Index, https://hdr.undp.org/data-center/human-development-index#/indicies/HDI, Zugriff 15.08.2023

Mainstream-Ökonomik: Wenn Produktmärkte systemisch effizient funktionieren sollen

„Der Platz des Wassers auf unserer Werteskala wird nicht durch den unendlich großen Nutzen eines Glases Wasser bestimmt, das uns vor dem Verdursten retten würde, wenn uns nur dieses eine Glas zur Verfügung stünde, sondern durch den Nutzen der letzten Dosis, die wir zum Baden oder Blumengießen benutzen. Wir nennen diesen Nutzen der letzten Dosis den Grenznutzen […]".

Wilhelm Röpke (1965, S. 25): Die Lehre von der Wirtschaft

„Der Einfluss des Menschen auf seine Umwelt ist zu einer Dimension angewachsen, die die Erde als Ganzes betrifft. Technologische Innovationen haben einen entscheidenden Anteil an dieser Entwicklung. Sie dienen im Wesentlichen der Effizienzsteigerung ökonomischer Prozesse. Oftmals wurde hierbei außer Acht gelassen, dass die Ressourcen unseres Planeten knapp sind. Das DFKI [Deutsches Forschungszentrum für Künstliche Intelligenz] sieht das Potential, Anwendungen der Künstlichen Intelligenz zu entwickeln, die ökonomisches Wachstum ermöglichen und gleichzeitig ökologische Nachhaltigkeit fördern".

Oliver Zielinski (2020, S. 14): Rettet künstliche Intelligenz den Planeten?

Lernkontext

In diesem Kapitel geht es um die systemische Wirkung, die sich entfaltet, wenn rationale Akteure auf Produktmärkten aktiv werden. Wir nutzen hierfür die einzelmarktbezogene Mainstream-Ökonomik, die sich aus der Mikroökonomik ableitet, bzw. ihre wettbewerbspraktische Variante. Im Blick steht der funktionsfähige Wettbewerb, der als Mittel gesehen wird, um gesellschaftlichen Grundwerten wie Freiheit, Wohlfahrt und Gerechtigkeit zuzuarbeiten. Doch rationales Handeln kann Märkte auch versagen lassen. Wir diskutieren für beide Wirkungsrichtungen die Hauptursachen und illustrieren das Ganze mit Hilfe unserer Nachhaltigkeitswelt.

B. Burger-Menzel, *Multiperspektivische Ökonomik*, https://doi.org/10.1007/978-3-658-48617-4_7

Wir wollen also die Kernprozesse marktwirtschaftlicher Systeme besser verstehen, bevor wir die Systemkomplexität in Kap. 8 und 9 schrittweise erhöhen.

Kapitel 7 …

- erläutert die wettbewerbliche Koordination und den Bezugsrahmen des relevanten Marktes (Abschn. 7.1);
- zeigt Ursache-Wirkungsbeziehungen auf, wenn Wettbewerb funktionsfähig ist oder aber Märkte versagen (Abschn. 7.2 und 7.3);
- ordnet den wettbewerbspraktischen Ansatz systemisch ein (Abschn. 7.4);
- bewertet den Erkenntnisbeitrag der Mainstream-Ökonomik zu rationalem Verhalten in Produktmärkten und gleicht dies mit unserer Beispielwelt der Nachhaltigkeit ab (Abschn. 7.5);
- bietet mit Hilfe des INSEL-Experiments an, die neuen Erkenntnisse persönlich zu reflektieren (Abschn. 7.6).

Schlüsselbegriffe: Relevanter Markt, funktionsfähiger Wettbewerb, allokatives Marktversagen, Tragik der globalen Allmende
Merkkasten: Wettbewerbliche Koordination

7.1   Was macht Wettbewerb systemisch bedeutsam?

Zusammenfassung

Marktwirtschaftliche Systeme werden über den Wettbewerb koordiniert. Damit Wettbewerb wirken kann, müssen Märkte bestreitbar, also möglichst offen sein. Ziel jedes Marktteilnehmers ist, den jeweils anderen so zu übertreffen, dass sich der eigene Gewinn (Anbieterseite) oder Nutzen (Nachfragerseite) bei knappen Ressourcen optimieren lässt. Anbieter und Nachfrager treffen auf zahlreichen Märkten (hier: Produktmärkten) aufeinander. Diese lassen sich nach dem Bedarfsmarktprinzip abgrenzen (relevanter Markt). Dadurch wird erkennbar, welche Unternehmen sich tatsächlich, substitutional und potenziell Konkurrenz machen, um ein bestimmtes Nachfragebedürfnis zu befriedigen (sachliche Marktabgrenzung). Verändern geographische Faktoren wie Raumüberwindungskosten, staatliche Vorschriften oder kulturelle Präferenzen den Konkurrenzdruck, erfolgt zudem eine räumliche Marktabgrenzung. Im Sinne der Mainstream-Ökonomik handeln Anbieter und Nachfrager rational, worüber primär Effizienzerträge realisiert werden.

Wir haben uns im ersten Buchteil mit dem rationalen Menschen beschäftigt (vgl. Kap. 3). Jetzt stellen wir uns diesen Menschen vor, während er mit anderen rationalen Menschen auf Produktmärkten zusammenarbeitet und dabei den wettbewerblichen Ordnungsprinzipien folgt. Wie lassen sich diese Wettbewerbsmechanismen erfassen und systemisch diskutieren? Und wann fehlt auf einem Produktmarkt der Wettbewerbsdruck?

Wettbewerbsprozesse sind der ‚Markenkern' eines marktwirtschaftlichen Systems. Daher ist nicht nur die wettbewerbstheoretische Forschungslandschaft der Mikroökonomik groß und lebendig (z. B. Modelle der unvollkommenen Konkurrenz). Auch der wettbewerbspolitische Diskurs füllt Fachbände und wird äußerst kontrovers geführt (in den USA z. B.: Harvard Schule versus Chicago Schule; in Deutschland z. B.: Kantzenbach versus Hoppmann). Dabei wird aus unterschiedlichen wettbewerbstheoretischen Sichten abgeleitet, ob und auf welche Weise Märkte gesteuert werden sollen, wenn ihre wettberblichen Prozesse nicht so funktionieren, wie es den Ordnungsvorstellungen entspricht (z. B. Eickhof 2008). Im Folgenden geht es um die **Wettbewerbspraxis**, die sich auf beobachtbare Phänomene bezieht und sich für unseren Kontext modellunspezifischer erschließen lässt. Dies gilt auch für die Begleitliteratur (z. B. Herdzina 1999; Schmidt und Haucap 2013) und die laufenden Publikationen des Bundeskartellamts und der Monopolkommission.

Was Theorie und Anwendungspraxis im Grundsatz verbindet: **Wettbewerbliche Mechanismen laufen dezentral ab.** Das Individuum ist Souverän seiner Entscheidung und hat entsprechende Eigentums- und/ oder Verfügungsrechte. Auch gehen beide Erkenntnisbereiche von der Annahme rationalen Verhaltens aus. Während ein solches Verhalten in der Theorie jedoch weitgehend Ausdruck einer vollständigen, reflexiven und transitiven Anordnung von Präferenzen und weiterer restriktiver Modellannahmen ist (vgl. Abschn. 3.1, 3.4 und 3.5), lässt sich diese Annahme nur vergröbert auf die Anwendungspraxis übertragen. Denn in der Realität lassen sich einige Merkmale nicht länger vereinzeln und ausblenden (z. B. Bedeutung von Positionsgütern, affektgesteuerte Kaufhandlung), was Praxisbeispiele nicht weniger wichtig macht.

In der Anwendungspraxis ist der Markt kein abstraktes Ganzes, sondern besteht aus zahlreichen Märkten und deren jeweiligen Wettbewerbsbeziehungen. Wir beziehen uns auf Produktmärkte.

- Unter **Produktmärkten** verstehen wir alle Märkte, auf denen materielle und immaterielle Güter gehandelt werden. Es kann sich dabei um Märkte für Endnutzer (B2C; Business to Customer) ebenso handeln wie um Märkte für gewerbliche Nachfrager (B2B; Business to Business). Zusammen bilden diese Märkte Wertschöpfungs- und Lieferketten.
- Bei den Produkten handelt es sich ausschließlich um **private Güter**. Aufgrund entsprechender Rechtstitel (Eigentums-, Verfügungsrechte) kann Anderen der Gebrauch oder Verbrauch verweigert werden (Ausschließbarkeit). Und falls ein anderer Akteur das Gut dennoch nutzt, wird die Einzelnutzung des Gutes beeinträchtigt (Rivalität).

- **Wettbewerbsdruck** entsteht, wenn Produktanbieter und/ oder Produktnachfrager Konkurrenz haben. Ziel eines Marktteilnehmers ist dann, den jeweils Anderen so zu übertreffen, dass sich die eigene Gewinnoptimierung (Anbieterseite) oder Nutzenoptimierung (Nachfragerseite) umsetzen lässt. Dabei versuchen beide Seiten, sich durch einen Tauschvorgang besserzustellen und müssen sich hierfür anstrengen. Für ein Unternehmen bedeutet dies im wettbewerblichen Normalfall, dass es die eigenen Produkte günstiger (Kostenstrategie) und/oder attraktiver (Qualitätsstrategie) als die Konkurrenzprodukte macht; ein Nachfrager wiederum kann seine Zahlungsbereitschaft und/oder seine Präferenzen verändern.

Doch wie identifiziert ein Unternehmen, wer zur Konkurrenz zählt und wodurch sich die Nachfrage beeinflussen lässt? Solch ein Identifikationsvorgang wird als **Abgrenzung des relevanten Marktes** bezeichnet, bei der wir uns auf das Bedarfsmarktprinzip beschränken und zunächst von einer ausreichenden Informationslage ausgehen.

- Jeder Bedarfsmarkt bezieht sich auf ein Bedürfnis, das Nachfrager in Form und/ oder Funktion haben, und auf die Produktmerkmale, die ein solches Bedürfnis erfüllen (**sachliche Marktabgrenzung**). Als Momentaufnahme lassen sich daraus drei verschiedene Konkurrenzbeziehungen ableiten, die zwischen Anbietern bestehen können:
  - Bieten mehrere Anbieter ein gleichartiges Produkt zur Bedürfniserfüllung an (Produkthomogenität), wird dies **tatsächliche Konkurrenz** genannt. Ein Beispiel liefert das Bedürfnis, über die Distanz zu kommunizieren. Geht es dabei um Anbieter der Mobiltelefonie und sind die wesentlichen Produktmerkmale identisch, handeln die Nachfrager preissensibel und wählen das günstigste Angebot aus.
  - Geht es um Anbieter unterschiedlicher Produkte, haben wir es mit einer **substitutionalen Konkurrenz** zu tun, solange aus Sicht der Nachfrager diese Produkte ebenfalls zur Bedürfnisbefriedigung geeignet sind. In unserem Beispiel zählen zu solchen Angeboten die Kabeltelefonie, das Telefonieren über Rechnernetze (VoIP), elektronische Briefe (Email Services), elektronische Botschaften (Messenger Services) und postalisch zugestellte Briefe. Da die wesentlichen Produktmerkmale nicht länger identisch sind (Produktheterogenität), fällt es den Nachfragern schwer, ihre Kaufentscheidung allein über den Preis zu treffen.
  - Eine **potenzielle Konkurrenz** ist gegeben, wenn zusätzliche Unternehmen den Markt betreten können und dies die Konkurrenzsituation beeinflusst. Potenzielle Konkurrenten sind beispielsweise solche, die in naher Zukunft neue technische Lösungen in Produkte umwandeln und kommerzialisieren können (z. B. Kommunikation über in Alltagskleidung integrierte Minicomputer). Oder es sind tatsächliche und substitutionale Anbieter, die von einem Bedarfsmarkt geographisch noch ausgeschlossen sind.
- Die Abgrenzung des relevanten Markts kann somit auch eine **räumliche Dimension** haben. Raumgrenzen entstehen beispielsweise durch staatliche Vorschriften

(z. B. Marktzutrittsverbote, Sicherheitsstandards als Einfuhrbestimmung), durch Zeitbedarfe und Kosten für die Raumüberwindung (z. B. verderbliche Ware, Logistikaufwände) oder durch kulturell enge Präferenzen (z. B. Traditionalismus). Ein Sonderfall ist die zeitliche Marktabgrenzung, wenn der relevante Markt nur für eine beschränkte Zeit existiert (z. B. Werbemarkt bei einem Sportereignis), was wir hier ausblenden.

▶ **Relevanter Markt** beschreibt die Konkurrenzbeziehung aller Anbieter, deren Produkte von den Nachfragern als austauschbar angesehen werden, um ein bestimmtes Bedürfnis in Form und/ oder Funktion zu befriedigen. Ein solcher Markt ist immer sachlich und bei Bedarf auch räumlich und zeitlich abzugrenzen und liefert eine wettbewerbliche Momentaufnahme.

Wettbewerb ist folglich dynamisch und kennt vielfältige Konkurrenzbeziehungen (tatsächlich, substitutional, potenziell), die sich auf einen immer sachlich und gegebenenfalls auch räumlich abzugrenzenden relevanten Markt beziehen. Je offener dieser Markt ist, desto besser kann sich Wettbewerb entfalten. Denn sind Markteintrittsschranken niedrig (z. B. Gründungsinvestitionen), können neue Unternehmen leichter den Markt betreten. Und sind Marktaustrittsschranken niedrig (z. B. Kapitalumwidmung), verschwinden erfolglose Unternehmen und deren Kapazitäten schneller vom Markt. Dies wird als **Prinzip des bestreitbaren Marktes** (contestable market) bezeichnet und drückt sich über den Preismechanismus aus. Dynamisch gesehen sinkt bei einem Überangebot der Preis, während er bei einer Übernachfrage steigt. Im Normalfall gelten somit Knappheitspreise.

Da es Anstrengungen kostet, wettbewerblich zu überleben, können Unternehmen versucht sein, den Wettbewerb einzuschränken, zu verhindern oder zu verfälschen. Beispiele liefern Verhaltensweisen, die Markteintritte erschweren (z. B. Niedrigpreisstrategien) oder Mitkonkurrenten einschränken (z. B. Boykottstrategien im Zulieferbereich). Vor allem Unternehmen, die durch ihre **Marktstellung** begünstigt sind (z. B. höherer Marktanteil und mehr Finanzkraft), stehen im Verdacht, die Bestreitbarkeit von Märkten herabzusenken.

- Ein Unternehmen gilt als „**marktbeherrschend**, soweit es als Anbieter oder Nachfrager einer bestimmten Art von Waren oder gewerblichen Leistungen auf einem sachlich und räumlich relevanten Markt (1.) ohne Wettbewerber ist, (2.) keinem wesentlichen Wettbewerb ausgesetzt ist oder (3.) eine im Verhältnis zu seinen Wettbewerbern überragende Marktstellung hat", so das deutsche Gesetz gegen Wettbewerbsbeschränkungen (§ 18 (1) GWB).
- In Deutschland und zahlreichen Ländern sind der **Missbrauch** einer marktbeherrschenden Stellung durch ein oder mehrere Unternehmen und wettbewerbsbeschränkende Vereinbarungen verboten.

Im Ergebnis helfen die sachliche und räumliche Abgrenzung zu identifizieren, wer sich gegenseitig Konkurrenz macht und wer welchen Anteil am Markt zu den geltenden Preis(unterschied)en hat. Dabei bildet jede Stufe einer Wertschöpfungskette – vereinfacht beschrieben – einen relevanten Markt. Allerdings müssen Substitutionsbeziehungen und Substitutionslücken, also Grenzen der Austauschverbundenheit, nicht nur festgestellt, sondern auch interpretiert werden. All dies hat eigene Herausforderungen.

- So ist es alleine schwierig, „**gleiche Grundbedürfnisse zu definieren bzw. empirisch zu ermitteln**", damit sie einem Bedarfsmarkt zugeordnet werden können (Herdzina 1999, S. 74).
- Ein relevanter Markt kann **weit oder eng abgegrenzt** werden. Wird ein Markt eng abgegrenzt, gehen wir von spezifischen Bedürfnissen, also einem Marktsegment aus. Dies bedeutet beispielsweise beim Getränkemarkt, dass dessen Abgrenzung auf energiezuführende Getränke (energy drinks) verengt wird. Das betrachtete Marktvolumen fällt nun geringer aus und die Marktanteilsverteilung verändert sich, gegebenenfalls zu Gunsten weniger Unternehmen. Die Weite oder Enge einer Marktabgrenzung beeinflusst folglich, welcher Marktanteil und darüber welche potenzielle Marktmacht einem Unternehmen zugeschrieben werden.
- Zudem sind **sachliche und räumliche Marktabgrenzungen im Fluss**. Denn etablierte Anbieter verändern die Eigenschaften ihrer Produkte über die Zeit, damit diese beispielsweise stärker aus dem vorhandenen Angebot hervorstechen. Oder alte Bedürfnisse und relevante Märkte verschwinden und neue Bedürfnisse und relevante Märkte entstehen.
- Und um das jeweilige **Wettbewerbsverhalten (in die Zukunft hinein) interpretieren** zu können, reicht das Kriterium der Substituierbarkeit nicht aus. Denn jeder relevante Markt hat seine eigenen strukturellen Bedingungen, die sich unter anderem durch technischen Fortschritt selbst verschieben können. „Eine hinlänglich verläßliche Diagnose des Marktes und der Marktstruktur ist daher nur möglich auf längerfristig konstanten Märkten ohne wirtschaftliche Entwicklung, mit klaren Substitutionslücken zu anderen Märkten und ohne bedeutende potenzielle Konkurrenz aus anderen Bereichen", so Herdzina (1999, S. 78).

Im Folgenden geht es einerseits um den positiven Systembeitrag (vgl. Abschn. 7.2), den wettbewerblich funktionierende Produktmärkte zur Gesamtwohlfahrt leisten können (Stärke). Andererseits können wettbewerbliche Koordinationsschwächen auftreten (vgl. Abschn. 7.3), die als Marktversagen gelten (Schwäche).

7.2   Stärke: Wodurch lässt rationales Verhalten die Märkte funktionieren?

Zusammenfassung

Funktioniert der Wettbewerbsdruck, werden Angebotsoptionen erweitert, Produktqualitäten verbessert und/ oder Produktpreise gesenkt. Zudem wird über das Einkommen Leistungserfolg belohnt bzw. Leistungsmisserfolg abgestraft (Primäreinkommen). Da Wettbewerb kreativ zerstörerisch und dynamisch verläuft, kann es zu rationalen Verhaltensweisen kommen, die den Wettbewerbsmechanismus zwar (noch) nicht versagen lassen, aber schwächen können. Mit der Abwehr solcher Verhaltensweisen können staatliche Wettbewerbshüter beauftragt werden, denen als Instrumente das Kartellverbot sowie die Missbrauchs- und Fusionskontrolle zur Verfügung stehen. Im Ergebnis ist funktionsfähiger Wettbewerb ein Mittel zum Zweck. Er verbessert das ökonomisch gute Leben und soll dadurch gesellschaftlichen Grundwerten wie Freiheit, Wohlfahrt und Gerechtigkeit zuarbeiten. Im Sinne der transformativen Nachhaltigkeit besteht das Risiko, dass bei der Optimierung kontextuell nicht über den jeweiligen Produktmarkt hinausgedacht wird.

Wir wissen nun, wie sich Wettbewerb feststellen lässt und dass er auf den Produktmärkten für Dynamik und Anstrengungen sorgt. Was kommt als Systemergebnis dabei heraus? Und über welche Wirkungskanäle spielt sich das Ganze ab?

Nach Walter Eucken (1952/2004, S. 199), einem der Vordenker der sozialen Marktwirtschaft Deutschlands, soll ein wettbewerblich freiheitlicher Ordnungsrahmen „den Menschen das Leben nach ethischen Prinzipien ermöglich[en]". Aus der Systemperspektive ist **Wettbewerb folglich nur ein Mittel zum gesellschaftlichen Zweck**. „Dabei zeigt es sich, daß es trotz divergierender Detailaussagen über die erwarteten Wettbewerbswirkungen eine Art Grundkonsens gibt, denn die diesbezüglichen Erörterungen gehen in der Regel von den gesellschaftlichen Grundwerten Freiheit, Wohlfahrt und Gerechtigkeit aus", so Herdzina (1999, S. 12), wobei sich solche Wertevorstellungen von Gesellschaft zu Gesellschaft erheblich unterscheiden können (vgl. Abschn. 6.2 und 6.3). Vereinfacht lassen sich die drei gesellschaftlichen Grundwerte wie folgt beschreiben:

- **Freiheit** als Möglichkeit nach eigenem Willen zu handeln, wobei die individuelle Freiheit dort endet, wo sie die Freiheit Anderer unangemessen begrenzt (relative Freiheit).
- **Wohlfahrt** als Möglichkeit eine Existenz zu realisieren, die sich im menschlichen Wohlergehen ausdrückt.
- **Gerechtigkeit** als Möglichkeit an der Gesellschaft teilzuhaben, was durch Rechte und gegebenenfalls materielle Leistungen gesichert ist.

Ein Wettbewerbsmechanismus, der in der Lage ist, den gesellschaftlichen Zielen zuzuarbeiten, wird **funktionsfähiger Wettbewerb** genannt. Dabei geht es im Wesentlichen um Wahl- und Handlungsfreiheiten, eine Steuerung des Waren- und Dienstleistungsangebots nach Käuferpräferenzen, einen optimalen Umgang mit knappen Ressourcen und ein Einkommen, das gerecht nach Marktleistung verteilt wird (Primäreinkommensverteilung).

▶ **Funktionsfähiger Wettbewerb** beschreibt, dass Wettbewerbsprozesse einer ökonomischen Zweckerfüllung dienen und dadurch helfen sollen, gesellschaftliche Grundwerte wie Freiheit, Wohlfahrt und Gerechtigkeit zu realisieren.

Die Anzahl und Benennung der Wettbewerbsfunktionen sind in der Literatur nicht einheitlich. Wir unterscheiden hier in (i) die Freiheits- und Korrektivfunktion, (ii) die Entdeckungs- und Fortschrittsfunktion, (iii) die Anpassungs- und Allokationseffizienzfunktion sowie (iv) die Verteilungsgerechtigkeit- und Leistungsmotivationsfunktion, wobei wir uns in Teilen an Herdzina (1999, S. 11–46) orientieren. Grundsätzlich gilt dabei: Wettbewerb liefert ausschließlich ökonomische Systembeiträge, während er der Erfüllung der gesellschaftlichen Wertegrößen zuarbeitet (siehe Abb. 7.1; inhaltlich abgewandelt nach Grundidee von Herdzina 1999, S. 32).

Zwei Hinweise:

- Eine **Marktmacht**, die nicht angegriffen wird und be- oder verhindert, dass Akteure ‚auf Augenhöhe‘ Transaktionen tätigen, wirkt sich auf alle Wettbewerbsfunktionen negativ aus. Mit der Abwehr solcher Verhaltensweisen können staatliche Wettbewerbshüter beauftragt werden. Wir behandeln dies in einem eigenen Abschnitt (vgl. Abschn. 7.2.5).
- Die nachfolgenden Illustrationsbeispiele zur Nachhaltigkeit betonen techno-ökonomische Potenziale. Dies darf nicht darüber hinwegtäuschen, dass **kritische Aspekte** existieren. So müssen beispielsweise für Entwicklungen zur künstlichen Intelligenz (KI) geistige Eigentumsrechte und Haftungsfragen geklärt und ethische Grenzen diskutiert werden (z. B. EPRS 2020). Auch können sich aus der Komplexität von Wert-

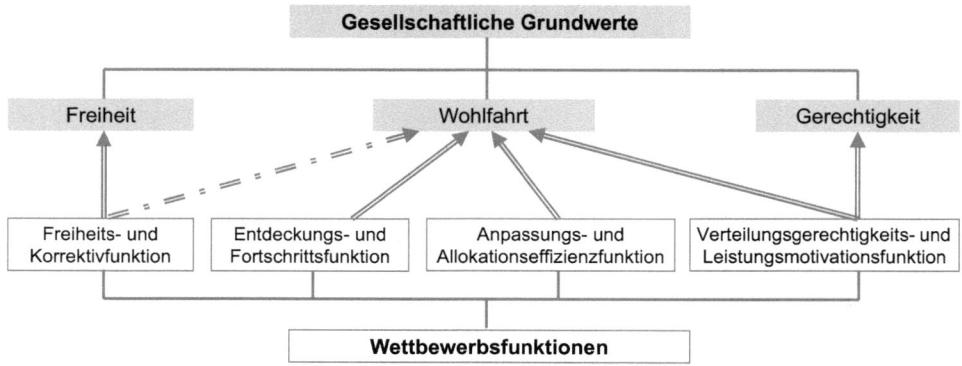

Abb. 7.1 Funktionsfähiger Wettbewerb als Mittel zum Zweck

schöpfungsketten Wechselwirkungen ergeben, die wir im Rahmen des Buchs ausblenden müssen. Beispiele liefern die Strommärkte, wo auf Großhandelsmarktplätzen kurzfristig lieferbare Strommengen gehandelt werden (Spotmärkte) und Endpreise schwanken lassen.

Freiheits- und Korrektivfunktion

Wettbewerb führt zu mehr Angebotsoptionen und daher zu mehr **Wahl- und Handlungsfreiheiten für die Nachfrager**. Was bedeuten diese Wahl- und Handlungsfreiheiten konkret? Erinnern wir uns an das Bedarfsmarktprinzip:

- Sind die Produkte zur Erfüllung eines Bedürfnisses homogen, besteht die Freiheit für einen Nachfrager, **zwischen Preisvarianten desselben Produkts** zu wählen.
- Sind die Produkte zur Erfüllung eines Bedürfnisses heterogen, kann ein Nachfrager auch **zwischen verschieden ausgeprägten Produktattributen wählen**. Solche Attribute können sich auf unterschiedliche Qualitätsstufen (z. B. Hochwertigkeit), Lebensdauern (z. B. jahrelange Haltbarkeit) oder Umfänge an Service-Angeboten (z. B. Garantieleistungen) beziehen.
- Bei nachhaltigen Produkten werden zudem **ethische Attribute** wichtig. Beispiele hierfür sind ökologisch angebaute Lebensmittel, die kreislaufwirtschaftliche Nutzbarkeit von Produkt(teil)en oder wenn ein Anbieter seine Sorgfaltspflichten in der Lieferkette erfüllt, also sicherstellt, dass seine (in-)direkten Zulieferanten keine Menschenrechtsverletzungen begehen (vgl. Abschn. 8.2). Nachfrager, denen solche Attribute wichtig sind, haben meist eine größere Wechselbereitschaft zu Gunsten ethisch korrekter Unternehmen. Dies setzt allerdings eine höhere Zahlungsbereitschaft voraus. Denn aus unternehmerischer Sicht erhöht Nachhaltigkeit die Kosten. Dabei geht es um Kontroll- und Haftungskosten ebenso wie um Kosten, wenn höhere Standards an bisher kostengünstigen Standorten eingeführt werden (z. B. Arbeitnehmerschutz). Ist der Wettbewerbsdruck für das Unternehmen schwach, können solche Kosten (teilweise) auf den jeweiligen Produktpreis aufgeschlagen werden. Ist der Wettbewerbsdruck hoch, wird sich das Unternehmen anstrengen müssen, an anderer Stelle Kosten einzusparen, um derartige Preiserhöhungen zu vermeiden.

Indem Wettbewerb Ausweichoptionen schafft, hat er eine wichtige **gesellschaftliche Korrektivfunktion** (Kronenberger Kreis 2022, S. 17): Diese Korrektivfunktion schließt ein, dass Nachfrager nicht nur zur Konkurrenz wechseln, sondern ein Unternehmen auch offen boykottieren, weil sie eine bestimmte Unternehmenspraxis ablehnen (z. B. aufgedeckte unlautere Verhaltensweisen). Zudem wirkt der Wettbewerb in bestreitbaren Märkten selbst sanktionierend, indem ökonomische Machtpositionen angegriffen und geschwächt werden. Allerdings sind hierfür wieder die Wechsel- und die Zahlungsbereitschaft der Nachfrager mitentscheidend.

Rationale Entscheidungen basieren folglich auf **Kosten-Nutzen-Überlegungen bei im Alltag unvollständigen Informationen**. Je größer eine solche Informationslücke ist, desto höher sind die Transaktionskosten (vgl. Abschn. 6.1).

- Aus Nachfragersicht hängt die Informationslücke auch vom **Produkttypus** ab. So kann ein Nachfrager nach Fritsch (2014, S. 250–252) zwar die Merkmale eines Inspektionsgutes vor dem Vertragsabschluss überprüfen (z. B. Möbelstück); die Qualität eines Erfahrungsguts lässt sich hingegen erst nach dem Vertragsabschluss einschätzen (z. B. Stromversorgung); und bei einem Vertrauensgut bleibt selbst nach Vertragsabschluss ein Restrisiko übrig (z. B. Medikament).
- Für Nutzer:innen ist es somit **hilfreich, ihre Erfahrungen zu teilen**, wodurch vor allem das Internet zu einer wichtigen Informationsquelle geworden ist. Wer sich rational verhält, wird mit diesen Internet-Kommentaren umsichtig umgehen. Er wird beispielsweise versuchen, die Glaubwürdigkeit von Bewertenden zu überprüfen (z. B. Check anderer Bewertungen desselben Nutzers); und er wird wissen, dass eine große Zahl von Bewertungen nicht automatisch ein Qualitätskriterium ist (Bundeskartellamt 2020, S. 3). Denn in der digitalen Zeit ist es relativ leicht, Bewertungen zu manipulieren, indem beispielsweise soziale Bots verwendet oder soziale Trolle beauftragt werden.

Das folgende Beispiel bezieht sich auf den europäischen Strommarkt, speziell auf das Erfahrungsgut ‚Stromlieferung an Endkunden'. Auf diesem Markt können Verbraucher seit der Liberalisierung der 1990er-Jahre ihren Anbieter wechseln, wenn ihnen beispielsweise **Nachhaltigkeitsattribute** wichtig sind. Dann verkauft der Stromlieferant Energie, die ganz oder teilweise aus erneuerbaren Ressourcen stammt (Stichwort: Öko-Strom).

Öko-Strom und Anbieter- und Produktvielfalt in der Stromendversorgung

Stromversorger sind nicht zwangsläufig Kraftwerksbetreiber und/ oder Netzbetreiber. Sie können ausschließlich Lieferanten sein und Strommengen einkaufen und dann weiterverkaufen. Dies gilt auch für den Endkundenmarkt.

- Auf der Homepage der Bundesnetzagentur finden sich auf 26 Seiten die Namen und Kontaktdaten der **offiziell registrierten Stromversorger** (Stand: 12.12.2023). Dies hilft Letztverbrauchern, sich über mögliche Angebote zu informieren. Die Versorgung bezieht sich auf den Eigenverbrauch eines Haushalts (unabhängig von der Verbrauchsmenge) oder den Eigenverbrauch für berufliche, landwirtschaftliche oder gewerbliche Zwecke, der einen Jahresverbrauch von 10.000 kWh nicht übersteigt.
- Die **Bundesnetzagentur** (Homepage; Aufgaben und Struktur) beschreibt ihre Aufgabe dabei wie folgt:
  - „[Die Bundesnetzagentur] setzt den Rahmen für einen diskriminierungsfreien, fairen Wettbewerb der Anbieter und **ermöglicht neuen Unternehmen den Marktzugang**".

  – „Gleichzeitig schützt sie Menschen, die Netze nutzen. Denn Wettbewerb sorgt für **Anbieter- und Produktvielfalt**, aber auch für komplexere Märkte".
  – „Die Bundesnetzagentur unterstützt den Dialog zwischen Kunden und Anbietern. Als unabhängige und kompetente Ansprechpartnerin sorgt die Bundesnetzagentur dafür, dass **Verbraucherrechte gewahrt** werden".
- Die **Monopolkommission** (2023, S. 44) stellt für den relevanten Markt der Stromversorgung fest, dass „die Präferenz für etablierte Anbieter abnimmt, je länger die Liberalisierung zurückliegt. Hier kann also auf einen Lerneffekt seitens der Kundinnen und Kunden im Zeitablauf geschlossen werden." Und sie ergänzt: „Sofern diese Präferenzen tatsächliche Unterschiede in der Qualität der Anbieter widerspiegeln, sind sie als Teil des Marktgeschehens zu betrachten und aus wettbewerbsökonomischer Sicht unbedenklich". ◄

Entdeckungs- und Fortschrittsfunktion

Technische Neuheiten, die kommerzialisierbar sind, heißen **Produktinnovationen.** Ihre Umsetzungen am Markt beziehen sich vor allem auf drei Phänomene:

- **Bereits vorhandene Produkte** werden in kleinen Qualitätsschritten, also inkrementell verbessert, was meist durch Nachfrager angestoßen wird (market pull).
- **Neue Geschäfts- und Produktideen** entstehen, die auf Vorhandenem aufsetzen und den Kernbereich des Unternehmens auf weitere Stufen der Wertschöpfungskette (backward integration; forward integration) oder in benachbarte Märkte hinein erweitern.
- **Radikal andersartige Produkte** entstehen und begründen neue relevante Märkte, was meist technologisch getrieben ist (technology push).

Da die wettbewerbliche Koordination von **Entdeckungsverfahren und schöpferischer Zerstörung** (creative destruction) ausgeht, wird beständig Druck auf Kosten, Preise und somit Gewinne ausgeübt (ökonomisches Unternehmertum).

- Die **Wettbewerbsvorsprünge der Innovatoren** werden dann durch nachahmende Unternehmen in der Verfolgungsphase wieder abgebaut. So hat laut Innovationserhebung von ZEW, Fraunhofer und infas (2022, S. 10) die deutsche Wirtschaft (2021) mit Produktinnovationen einen Umsatz von rund 800 Mrd. € erzielt; bei „Nachahmerinnovationen, d. h. Produktinnovationen, die zum Einführungszeitpunkt in gleicher oder ähnlicher Form bereits von anderen Unternehmen im Markt angeboten wurden", liegt der Umsatz bei rund 600 Mrd. €. Als relativ innovative Branche gelten beispielsweise die Informations- und Kommunikationsdienste. Schlusslichter bilden Branchen wie die Ver- und Entsorgungsbranche.
- Für die Panelerhebung von ZEW et al. wird seit 1993 jedes Jahr dieselbe Stichprobe von Unternehmen befragt, die aus 56 Branchengruppen und 8 Größenklassen stammen.

Die Ergebnisse werden auf die Grundgesamtheit der Unternehmen in Deutschland hochgerechnet. Die Daten zeigen auch, dass Investoren zurückhaltender werden, je unsicherer das externe Handlungsumfeld wird (z. B. geostrategische Entwicklungen). Denn **Innovationen sind teuer und risikobehaftet**. Sie verursachen in der Regel hohe Kosten, haben oft ungenau lange Entwicklungszeiten und der Match von Produkt und (ausländischer) Zielgruppe und deren Zahlungsbereitschaft lässt sich nur schätzen. Und je radikaler eine Innovation ist, desto mehr werden Kostenentwicklungen, Zielgruppengenauigkeit und Preisspannen zu groben Schätzungen. Das Risiko wächst also, wenn gedankliches und technisches Neuland betreten wird.

Viele Produktinnovationen sind (noch) nicht nachhaltigkeitsbezogen. Ein Bereich, der sich mit **Nachhaltigkeit** verknüpfen lässt, ist die Biotechnologie (BT). Denn sie bietet ein großes Spektrum und lässt sich – farbkodiert – in die agrarisch-pflanzliche BT (grüne BT), die medizinisch-pharmazeutische BT (rote BT), die chemisch-prozessbezogene BT (weiße BT), die mit Hilfe lebender Organismen abfallverarbeitende BT (graue BT), die biosensorische BT (braune BT) und die bakteriell-tiefseebezogene BT (blaue BT) unterteilen (Soria López und Burger-Menzel 2014, S. 5–6). Im Sinne der Konvention über die biologische Vielfalt der Vereinten Nationen ist Biotechnologie jede technologische Anwendung, die biologische Systeme, lebende Organismen oder deren Derivate nutzt, um daraus Produkte oder Prozesse mit Zweckbindung herzustellen oder zu verändern (Adler 2000, S. 75, in Soria López und Burger-Menzel 2014, S. 3).

Innovationsbeispiele aus der Biotechnologie

Biotechnologische Innovationen können die **Nachhaltigkeit** verbessern. Denn sie helfen unter anderem nicht-erneuerbare durch erneuerbare Rohstoffe zu ersetzen, biologische Ressourcen wie Pflanzen, Zellen und Mikroorganismen besser zu nutzen und kreislaufwirtschaftliche Ansätze zu verzahnen. Ein Beispiel liefern Kunststoffe. Wir greifen für Definitionen und Anwendungsbeispiele auf die Angaben der Fachagentur Nachwachsende Rohstoffe zurück (FNR 2020, S. 5, 8, 11, 39–48):

- Die meisten traditionellen Kunststoffe sind aus Erdöl hergestellt, also aus einem fossilen Rohstoff. **Biokunststoffe** bestehen hingegen „zu einem wesentlichen Anteil oder vollständig aus nachwachsenden Rohstoffen, was auch biogen bzw. biobasiert genannt wird. […] Nachwachsende Rohstoffe wiederum sind organische Rohstoffe, die aus land- und forstwirtschaftlicher Produktion stammen und vom Menschen zielgerichtet für Anwendungszwecke außerhalb des Nahrungs- oder Futterbereiches verwendet werden. […] Um den zukünftigen Flächenbedarf so gering wie möglich zu halten, arbeiten Forschung und Industrie mit Hochdruck daran, dass für die Produktion von Biokunststoffen zukünftig vor allem Rest- und Nebenstoffe der Agrar- und Forstwirtschaft genutzt werden".

- Biokunststoffe werden heute bereits in einer **Fülle von Anwendungen** eingesetzt: Hierzu zählen vor allem Nahrungsmittelverpackungen (z. B. Becher für Molkereiprodukte), Gartenbau und Landwirtschaft (z. B. Mulchfolien), Medizin (z. B. chirurgisches Nähmaterial), Körperpflegeprodukte (z. B. Duschgelflaschen), Unterhaltungselektronik (z. B. Computertastaturgehäuse), Automobilbau (z. B. biobasierte Motorraumabdeckung), Textil (z. B. Mikrofasertextilien), Wohnen (z. B. Teppiche), Bauen (z. B. Fassadenverkleidungen), Spiel (z. B. Bauklötze), Sport (z. B. Fußbälle) und Haushalt (z. B. Frischhaltedosen).

Doch nicht jeder Biokunststoff ist abbaubar. Hierzu merkt die Fachagentur kritisch an (2020, S. 50, 53): „Ein Stoff, ein Material oder eine Substanz ist biologisch abbaubar oder bioabbaubar, wenn sie durch Mikroorganismen wie Bakterien, Protozoen oder Pilze bzw. Enzyme abgebaut wird. […] Gerade im Hinblick auf die **Abbaubarkeit in der Umwelt** wird gegenwärtig viel über den Abbau im Boden (soil degradability) sowie in Süß- und Meerwasser diskutiert. Dabei ist anzumerken, dass eine Abbaubarkeit in diesen Umgebungen keine Lösungsansätze zum Thema Littering (unachtsames Wegwerfen), der Meeresverschmutzung durch Kunststoffabfälle oder inklusive der Mikroplastik-Problematik bieten kann. All dies ist eine Frage des Verhaltens der Bevölkerung und des Abfallmanagements in bestimmten Ländern, das nicht durch spezielle Materialien gelöst werden kann". ◄

Anpassungs- und Allokationseffizienzfunktion

Allokation bedeutet, dass Inputfaktoren einem Verwendungszweck zugeordnet werden. Und Effizienz heißt, dass diese Allokation auf ressourceneinsparende Weise erfolgt. Die Funktion beschreibt also, dass Wettbewerb Produktionsfaktoren in deren **produktivste Verwendung** lenkt. Dadurch wird bei gleichem Output sorgsamer mit knappen Ressourcen umgegangen. Oder der Output kann bei gegebener Inputmenge gesteigert werden. Die Strategie eines rationalen Unternehmens kann dann beispielsweise sein, Input billiger einzukaufen (z. B. Einkaufsrabatt) und/ oder sich umzuorganisieren (z. B. Reduktion von Laufwegen) und/ oder neue Prozesstechnologien einzusetzen (z. B. Senkung der Fertigungsstückkosten durch Robotik). Produktinnovationen wie eine moderne Automatisierungstechnik werden von B2B-Nachfragern dann als Prozessinnovationen genutzt. Dadurch lassen sich nicht nur Abläufe optimieren und Stückkosten und Produktpreise senken. Das Unternehmen selbst kann anpassungsfähiger werden, falls sich relevante Bedingungen ändern.

Neben Produktionskosten geht es auch um Transaktionskosten, die anfallen, weil interne und/ oder externe Schnittstellen überwunden werden müssen. Letzteres wird vor allem durch die **Digitalisierung** erleichtert, was die Monopolkommission (2015, S. 27–28) wie folgt kommentiert:

- „Die Digitalisierung und speziell das Internet haben eine breite **Spanne an ökonomischen Kosten teilweise ganz erheblich reduziert**: Kosten der Gestaltung und Distribution von Produkten und Diensten, Kosten für den Erwerb und das Angebot an Informationen, Kosten zur Sammlung und Nutzung von Daten zu Konsumentenpräferenzen und Konsumentenverhalten. Diese Kostenreduktion ermöglicht Unternehmen, eine Tätigkeit sehr schnell zu initiieren und auszuweiten".
- Die Monopolkommission ergänzt: „In jüngster Zeit kommt hinzu, dass hohe Investitionskosten, die oftmals einen Markteintritt erschweren können, in bestimmten Bereichen der digitalen Wirtschaft **zunehmend zu variablen Kosten werden**. Dies ist der Fall, wenn Rechenleistung oder Speicherplatz bedarfsorientiert von Unternehmen angemietet werden kann, beispielsweise aufgrund neuer Technologien (z. B. Cloud Computing) oder Open Source Software. Das senkt mögliche Investitionsrisiken und erleichtert so den Markteintritt".

Vor allem der Einsatz von künstlicher Intelligenz (KI) ist attraktiv geworden. Dabei geht es um eine Informatik, die laut Definition des Fraunhofer-Instituts für Kognitive Systeme (IKS; Homepage) Informationen aus Eingabedaten erkennt und sortiert und bei großen Datenmengen und einer hohen Rechnerleistung das Maschinenlernen nutzt: „Bei maschinellen Lernverfahren erlernt ein Algorithmus durch Wiederholung selbstständig eine Aufgabe zu erfüllen. Die Maschine orientiert sich dabei an einem vorgegebenen Gütekriterium und dem Informationsgehalt der Daten. Anders als bei herkömmlichen Algorithmen wird kein Lösungsweg modelliert. Der Computer lernt selbstständig die Struktur der Daten zu erkennen". Das folgende Beispiel aus unserer **Nachhaltigkeitswelt** illustriert, wie landwirtschaftliche KI-Anwendungen die Anpassungs- und Allokationsfähigkeit von Betrieben erhöhen können.

Mehr Allokationseffizienz durch KI in der Landwirtschaft

Das Bundesministerium für Bildung und Forschung (BMBF; seit Mai 2025: Umbenennung in BMFTR) und acatech beschreiben in einem gemeinsamen Whitepaper unter anderem, vor welchen Herausforderungen die Landwirtschaft steht und welche KI-Ansätze sich hierfür anbieten (2022, S. 21–22). So ist die Landwirtschaft für rund 9 % der Treibhausgasemissionen in Deutschland verantwortlich (Stand: 2020), wodurch sie sich hinter der Energiewirtschaft (rund 30 %) und dem Mobilitätssektor (rund 20 %) einreiht. Zudem hat die Landwirtschaft Herausforderungen wie Wetterschwankungen, Dürreperioden und Krankheiten bei Pflanzen und Tieren. **KI-Lösungen** sollen Abhilfe schaffen. Hierunter fallen …

- die sensorbasierte Überwachung landwirtschaftlicher Nutzflächen;
- bessere Prognosen von Erntequalität und -mengen;
- der effizientere Einsatz von Saatgut, Düngemitteln und anderen Substanzen;
- KI-gesteuerte Roboter bei der Unkrautvernichtung;

- das lokalisierte und gezielte Bewässern;
- die differenzierte Ernte;
- angepasste Futterbeigaben in der Viehzucht;
- die ressourceneffiziente Produktion und Verarbeitung von Lebensmitteln;
- die verbesserte Arbeitszeiteinsparung und -erleichterung.

Im Whitepaper heißt es zudem (BMBF und acatech 2022, S. 24): „Die Digitalisierung der Landwirtschaft ist bereits weit fortgeschritten und reicht über die intelligente Sensorik bis hin zu stark automatisierter Robotik. Hemmnisse bestehen in diesem Sektor bei der KI-Anwendung durch die sensorische Komplexität in der Umwelt und der derzeit verfügbaren Datengrundlage, dem Erkennen von geeigneten Use Cases und praktischen Vorteilen sowie der mechanischen Komplexität und den hohen Kosten für autonome Maschinen […]. Gleichzeitig bedeuten Automatisierung und Digitalisierung **für viele kleine und mittlere Betriebe eine große Herausforderung**". Dies betrifft nicht nur die Investitionskosten, die zu stemmen sind. Es geht auch um Aspekte wie die Datensouveränität bzw. Datenhoheit der Landwirt:innen und neue Haftungsrisiken für die Landwirtschaft mit ihren vor- und nachgelagerten Bereichen (z. B. Härtel 2018). ◄

Verteilungsgerechtigkeits- und Leistungsmotivationsfunktion

Die wettbewerbliche Koordination geht vom Prinzip der **Leistungsgerechtigkeit** aus. Danach erzielt ein erfolgreicher Marktteilnehmer ein höheres Leistungseinkommen als jemand, der leistungsschwach ist (Primäreinkommen). Dies schafft den Anreiz, sich weiterhin wettbewerblich anzustrengen, wobei wir in diesem Kapitel gesellschaftlich erwünschte Einkommensumverteilungen (Sekundäreinkommen) ausblenden (vgl. Abschn. 8.1).

Start-ups, die sich zu erfolgreichen Großkonzernen entwickeln, gelten als leistungsstark. Dies zeigt beispielsweise die Erfolgsgeschichte von Digitalkonzernen. So haben Unternehmen wie Google, Amazon, Facebook und eBay in weniger als drei Jahrzehnten Marktkapitalisierungen realisiert, die mit denen deutscher DAX-Unternehmen (z. B. Siemens) vergleichbar sind (Monopolkommission 2015, S. 27) und in der heutigen Zeit auch darüber hinausgehen.

- Start-ups werden junge Unternehmen genannt (Röhl 2021, S. 7), „die innerhalb der vergangenen zehn Jahre gegründet wurden und eine innovative Technologie zur Anwendung bringen oder ein neues Geschäftsmodell aufweisen". Röhl ergänzt: „Statistisch gibt es **keine klare Trennung zwischen Start-ups und sonstigen Gründungen**, so dass ihre Erfassung nicht einfach ist und vorwiegend auf Selbsteinschätzungen der jungen Unternehmen beruht".
- Der Anteil der Start-ups, bei denen es um die Entwicklung und Produktion grüner Technologien geht (**green start-ups**), hat sich in Deutschland in den letzten Jahren verstärkt (von 22 % in 2019 auf 27 % in 2021), so zumindest der Green Startup Monitor

2022 (Borderstep Institut und Startup Verband 2022). Allerdings ist die Situation von Unternehmensgründungen in Deutschland insgesamt (noch) herausfordernd. An dieser Stelle wird auf ein Nachhaltigkeitsbeispiel verzichtet. Denn die entsprechende Fall- und Datenlage ist schwer zu interpretieren. So ist beispielsweise oft nicht ausgewiesen, was in welchem Umfang nachhaltig ist und dadurch zu den Erfolgszahlen beiträgt. Und was dabei als Produkt- oder Prozessinnovation herauskommen kann, zeigen bereits die obigen Beispiele.

Bei alldem ist unklar, ab welchem Moment ein Innovator (first mover) nicht länger wirksam durch Imitatoren angegriffen wird. Ist der Markt schwer oder nicht bestreitbar, können Einkommensanteile erzielt werden, ohne eine direkte Gegenleistung hierfür abliefern zu müssen. Ein solches Einkommen wird in der Volkswirtschaft eine ‚**künstliche Rente**' genannt (vgl. Abschn. 8.3). Dies betrifft auch die oben genannten Digitalkonzerne und ihre Praktiken (z. B. selbstpräferenzielle Suchalgorithmen). Es macht ordnungs- und wettbewerbspolitisch also Sinn, Wettbewerbsmechanismen durch den Staat ‚behüten' zu lassen.

Wettbewerbsfunktionen und ihre ‚behüteten' Reibungsverluste

Wir schließen die Diskussion der vier Wettbewerbsfunktionen und halten fest: Wettbewerb kann Märkte auf eine Weise funktionieren lassen, die das **ökonomische Systemergebnis verbessert**. Er schafft durch Wahl- und Handlungsfreiheiten Korrektive, setzt Energien für Entdeckungs- und Fortschrittsprozesse frei und hilft, knappe Ressourcen einzusparen. Zudem können Akteure im wettbewerblichen Normalfall kein Einkommen realisieren, für das sie sich nicht erfolgreich angestrengt haben.

Allerdings deuten Stichworte wie Erfahrungsgüter und schöpferische Zerstörung darauf hin, dass die **wettbewerbspraktische Welt zugleich eine unvollkommene Welt** ist. Wir erinnern uns: In solch einem Kontext handeln Marktteilnehmer rational eingeschränkt (vgl. Abschn. 3.2 und 3.5). Sie können sich irren und sich mit einem niedrigeren Leistungsniveau zufriedengeben. So stellt das Bundeskartellamt (2020, S. 2) beispielsweise zu Nutzerbewertungen im Internet fest, dass „die meisten Verbraucher zwar viele und hilfreiche Bewertungen lesen [wollen], nur wenige einzelne Verbraucher sind jedoch in bestimmten Situationen dazu bereit, selbst eine Bewertung zu schreiben. Das führt u. a. zum bislang kaum beachteten Problem der mangelnden Repräsentativität".

Auch greifen die genannten **Wettbewerbsfunktionen nicht nahtlos und über die Zeit reibungslos** ineinander. So kann ein Preisdruck die Gewinne auf Null absenken, so dass kein Geld mehr für die Investition in Neues bleibt. Oder Innovationen sind so erfolgreich, dass marktbeherrschende Positionen und künstliche Renten entstehen und dadurch Wahl- und Handlungsfreiheiten herabgesetzt werden.

In einer Risikowelt können marktliche Korrektivfunktion und wettbewerbliche Angriffskraft folglich schwächer als normativ erwünscht ausfallen. Sehen sich Nachfrager,

Konkurrenten oder Zulieferanten durch ein unternehmerisches Verhalten wettbewerblich beschädigt, können sie sich im neoliberal marktwirtschaftlichen System (vgl. Abschn. 6.2) grundsätzlich bei ihrer jeweiligen **Wettbewerbsbehörde** (z. B. Bundeskartellamt) beschweren. Ist der Vorwurf substanziell, wird ein Untersuchungsverfahren eröffnet, um gegebenenfalls Abhilfe zu schaffen. Zudem können Wettbewerbsbehörden im Vorfeld aktiv werden, um ein Unternehmen über Zukäufe nicht derart wachsen zu lassen, dass dessen Marktmacht den funktionsfähigen Wettbewerb gefährden kann. Die entsprechenden Instrumente heißen Kartellverfolgung, Missbrauchs- und Fusionskontrolle:

- **Ad Kartellverfolgung**: Kartelle sind in Deutschland und Europa grundsätzlich verboten. Denn Kartellmitglieder stimmen ihr Verhalten ab. Im Ergebnis kommt es zu gemeinschaftlich gesetzten und überhöhten Preisen, einheitlichen Konditionen oder Gebietsabsprachen. So hat das Bundeskartellamt (2021, S. 34–45) trotz widriger Pandemiebedingungen 2020/2021 Bußgelder für Kartellverhalten von rund 349 Mio. Euro verhängt. Betroffen sind insgesamt 19 Unternehmen bzw. Verbände und 24 natürliche Personen in Branchen wie Pflanzenschutzmittel, Musikinstrumente oder Stahl- und Aluminiumschmieden. Hierfür werden auch 13 Kronzeugenanträge überprüft. Kartellmitgliedern, die mit dem Bundeskartellamt als Kronzeugen kooperieren, um ein Kartell aufzudecken, kann die Geldbuße erlassen oder stark reduziert werden.
- **Ad Missbrauchskontrolle**: Die Missbrauchskontrolle kann unter anderem eingreifen, wenn ein Unternehmen seine erhebliche Marktmacht ausnutzt, um die Konkurrenz zu behindern (z. B. Boykottstrategie ohne alternative Bezugsquellen). Laut Jahresbericht 2020/2021 hat das Bundeskartellamt (2021, S. 34–35) 17 Missbrauchsverfahren weiter- oder neubearbeitet. Diese betreffen Beschwerden im Luftverkehr ebenso wie die Mobilfunkversorgung oder Verlagshäuser.
- **Ad Fusionskontrolle**: Wettbewerbsbehörden können Zusammenschlüsse von Unternehmen untersagen, wenn es dadurch zu einer marktbeherrschenden Stellung kommt. Fusionsvorhaben werden daher im Vorfeld auf ihre voraussichtliche Wirkung auf den Wettbewerb überprüft. Für die Vermutung einer solchen Stellung gibt es Schwellenwerte (z. B. Einzelunternehmen mit mindestens 40 % Marktanteil; § 18 (4) GWB). Das Bundeskartellamt (2021, S. 34–35) hat 2020/2021 von rund 1230 Anträgen neun verstärkt geprüft (Hauptprüfverfahren) und keines untersagt, wobei zwei Antragsteller ihr Anliegen zurückziehen und drei Anträge unter Auflagen genehmigt werden. Auch hier ist die Branchenbandbreite groß und reicht von der Kfz-Schadensregulierung über den Krankenhausbereich bis hin zur Halbleiterindustrie.

Den Marktteilnehmern soll damit signalisiert werden, dass die **wettbewerbliche Koordination als Mittel zum gesellschaftlichen Zweck wichtig** ist und ein Fehlverhalten auch behördlich bestraft werden kann. Die Rolle der Wettbewerbspolitik wird allerdings kontrovers diskutiert. Hellwig (2006/2020, S. 2) kommentiert den wesentlichen Kritikpunkt wie folgt: „Es gilt der Gefahr vorzubeugen, dass eine wettbewerbspolitische Intervention per saldo den Wettbewerb schädigt, da die mit dem behördlichen Eingriff verbundene Beschränkung der Wettbewerbsfreiheit stärker ins Gewicht fällt als die Beschränkung durch das beanstandete Verhalten. Dazu müssen die möglichen prokompetitiven Effekte eines Verhaltens und die Möglichkeit einer Wettbewerbsbehinderung durch den behördlichen Eingriff selbst schon im Rahmen der Wettbewerbsanalyse bedacht werden". Als Staat Wettbewerbsmechanismen so zu behüten, dass sie ihren gesellschaftlichen Zweck erfüllen, ist somit eine herausfordernde Aufgabe, zumal in einer globalen Welt, in der sich machtvolle (Digital-)Konzerne herausgebildet haben und in der nicht alle Länder wettbewerbsrechtlich aktiv sind (z. B. China). Hinzukommt, dass Märkte versagen können.

7.3   Schwäche: Wann lässt rationales Kalkül Märkte versagen?

Zusammenfassung

Bei allokativem Marktversagen kommt es zu ökonomischen Wohlfahrtsverlusten. Zu den weitgehend akzeptierten Marktversagensursachen zählen natürliche Monopole, asymmetrische Informationsmängel, externe Effekte und öffentliche Güter. Natürliche Monopole produzieren volkswirtschaftlich günstiger als mehrere Anbieter zusammen; es besteht jedoch die Gefahr, dass sie ihre Marktmacht wohlfahrtsschädigend ausnutzen. Bei asymmetrischen Informationsmängeln wiederum sind die Informationen zwischen Marktteilnehmern so ungleich verteilt, dass die begünstigten Marktteilnehmer daraus einen Vorteil ziehen können; es kommt zur Auswahl falscher Vertragspartner oder zu opportunistisch motivierten Vertragswidrigkeiten. Externe Effekte bewirken, dass es zu einer volkswirtschaftlichen Über- oder Unterproduktion von Produkten kommt; denn der jeweilige Verursacher ignoriert die Folgen für Dritte in seinem rationalen Kalkül. Und öffentliche Güter sind nicht leicht zu fassen. Denn ihre Merkmale wandeln sich mit der Zeit, wenn durch technischen Fortschritt ein preislicher Ausschluss möglich wird oder Kapazitätsgrenzen erreicht werden und es dadurch zu Rivalität im Konsum kommt. Auch können sich all diese Phänomene vermischen. So sind zwar Allmende-Güter durch Rivalität im Konsum und fehlende Ausschließbarkeit im Konsum charakterisiert. Ihr Kontext kann jedoch zusätzlich Informationsmängel und externe Effekte aufweisen. Neben staatlichen werden privatwirtschaftliche Lösungsansätze diskutiert, um dem Systemgedanken der wettbewerblichen Koordination gerecht zu werden.

Rationale Entscheidungen sollen über die wettbewerbliche Koordination das ökonomisch gute Leben verbessern. Was aber, wenn die Funktionsweise des Marktes hochgradig gestört ist? Und wodurch kann dies verursacht werden?

Kommt es zu einem ‚**allokativen Marktversagen**', kann der Wettbewerb auf einem relevanten Markt seine Funktionen nicht länger erfüllen (Fritsch 2014, S. 68–72): Wichtige Ressourcen werden verschwendet oder bleiben ungenutzt (Niveaudefekte); auch können

Anpassungsprozesse gestört sein (Stabilitätsdefekte). Dadurch entstehen Effizienzverluste, die sich negativ auf das gesamtwirtschaftliche Systemergebnis auswirken. In der Literatur gibt es hierfür unterschiedliche Begrifflichkeiten. In diesem Buch wird die allokative und die produktive Effizienz als begrifflich austauschbar verstanden.

▶ **Allokatives Marktversagen** ist gegeben, wenn in einem Markt die wettbewerbliche Funktionsweise derart gestört ist, dass Stabilitäts- und/ oder Niveaudefekte auftreten. Es kommt zu wohlfahrtsschädlichen Effizienzverlusten.

Bei den **Ursachen** geht es im Wesentlichen um eine volkswirtschaftlich durchaus erwünschte Marktkonzentration, um gravierende Informationsmängel, um unerwünschte Differenzen zwischen sozialen und privaten Handlungsfolgen sowie um einen rivalitätsfreien Konsum und/ oder fehlende Eigentumsrechte. Wir greifen für das Folgende vor allem auf die Ausführungen von Fritsch (2014, S. 79–321) zurück und unterscheiden: (i) Natürliche Monopole und Ausbeutungsgefahren, (ii) asymmetrische Informationsmängel und Opportunismus, (iii) externe Effekte und Haftungs-/ Vergütungsdefizite (iv) öffentliche Güter und gesellschaftliches Trittbrettfahren sowie (v) Allmendegüter und das Phänomen ihrer Übernutzung.

Natürliche Monopole und Ausbeutungsgefahren

Ein Unternehmen, das einen relevanten Markt beherrscht und nicht länger wettbewerblich angegriffen wird, überhöht in der Regel seine Preise und/ oder senkt seine Produktqualität ab. Es muss sich schlichtweg nicht länger anstrengen und Innovationen auf den Weg bringen. Seine Marktmacht ist wettbewerbspolitisch kritisch geworden. Es gibt jedoch volkswirtschaftliche Effizienzgründe, die für die Existenz eines Alleinanbieters, also eines Monopols sprechen. Ein solcher Sachverhalt wird als natürliches Monopol diskutiert. **Natürliche Monopole** entstehen, weil …

- die Kapazität bestimmter Ressourcen aus technischen Gründen nicht beliebig, sondern nur in großen Sprüngen teilbar ist (**subadditive Kostenfunktion**), wie dies bei Netzanbietern der Fall ist (z. B. Fernwärme, Strom, Wasser);
- bei der Errichtung dieser Kapazität hohe versunkene Fixkosten anfallen (**Irreversibilität**); die Investitionen liegen durch ihren Verwendungszweck fest und lassen sich bei einem Marktaustritt nicht zugunsten einer anderen Verwendung umwidmen.

Aufgrund seiner Produktions- und Kostenfunktion stellt ein einzelnes Unternehmen folglich sein Gut volkswirtschaftlich am günstigsten her. So sind beispielsweise die Aufwände, um Rohr- oder Kabel- oder Schienenleitungskapazitäten anzubieten, hoch und spezifisch. Und ist die bereitgestellte Kapazität nicht ausgelastet, schafft ein zusätzlicher Anbieter nur weitere volkswirtschaftliche Überkapazitäten. Es macht also volkswirtschaftlich Sinn, dass es ein natürliches Monopol gibt. Aber ist ein Unternehmen erst einmal Alleinanbieter, ist es rational, dass es diese Position ausnutzt, solange es wettbewerblich nicht angegriffen wird. Es kommt zu **Monopolverhalten und dessen Leistungsschwächen**. Und da ein Monopolist durch überhöhte Preise ausreichend finanzielle Reserven bilden kann, überlebt er wirtschaftlich trotz Leistungsschwächen.

Zur Schutzpolitik zählt, eine Aufsichtsbehörde wie die bereits erwähnte Bundesnetzagentur einzurichten. Sie ist eine obere Bundesbehörde des Bundesministeriums für Wirtschaft und Klimaschutz (BMWK; seit Mai 2025 Umbenennung in BMWE: Bundesministerium für Wirtschaft und Energie). Seit 1998 hat die Bundesnetzagentur die Aufsicht über die Netzinfrastrukturen für Elektrizität, Gas, Telekommunikation, Post und Eisenbahnen, um einen funktionsfähigen Wettbewerb und eine flächendeckende Grundversorgung zu erschwinglichen Preisen sicherzustellen. Im Sinne der **Nachhaltigkeit** unterstützt sie zudem die Energiewende nach der Kurzformel: „Weg von nuklearen und fossilen Brennstoffen, hin zu erneuerbaren Energien und mehr Energieeffizienz" (BMWK Homepage).

Bundesnetzagentur und Bundeskartellamt und die Folgen der Energiewende

Die Produktion von Strom hat zwar keinen subadditiven Kostenverlauf. Der Transport hingegen benötigt ein **Leitungsnetz**, wodurch Marktmacht entstehen und ausgenutzt werden kann.

- Inhaber der Netzinfrastruktur müssen daher gegen Entgelt den Zugang zur Mitbenutzung gewähren. Dies sieht das **Gesetz gegen Wettbewerbsbeschränkung** vor (§ 19 (2) GWB), das bestimmte Verhaltensweisen von marktbeherrschenden Unternehmen verbietet.
- Wird ein Netzzugang verweigert oder ein Durchleitungsbegehren anderweitig diskriminiert, kann ein **Behinderungsmissbrauch** von den Kartellbehörden geahndet werden. Hierfür werden die vorhandene Marktmachtsituation und die Netzzugangsentgelte anhand räumlicher Vergleichsmärkte überprüft; so geschehen beispielsweise 2001 im Rahmen eines Vorverfahrens, das sich gegen 22 Stromnetzbetreiber bzw. Stadtwerke, Regionalversorger und Verbundunternehmen mit länderübergreifenden Netzgebieten richtet (Bundeskartellamt 2001).
- Seitdem hat sich rechtlich und techno-ökonomisch Vieles verändert, von der EU-Initiative zur Entflechtung der Stromnetze über die Klimapolitik bis hin zu den Auswirkungen des Ukraine-Kriegs. Vor allem die **erneuerbaren Energien** haben zu einer Neubewertung des Netzgeschäfts geführt. Denn viele Einspeisungen erfolgen dezentral und schwanken mit den Wetterverhältnissen aus Sonne und Wind stark, sind also schwer einzuplanen, was die Stabilität des Netzbetriebs kritisch werden lässt. Es kommt zu neuen Anforderungen (z. B. Smart Meters und Engpassmanagement) und neuen Geschäftsmodellen (z. B. Strombörsen), die mit dem europäischen Energiehandel zusammenhängen. So erwarten die 82 größten Strom-Ver-

teilnetzbetreiber „bis 2032 einen Netzausbaubedarf von rund 42 Mrd. Euro" (Bundesnetzagentur und Bundeskartellamt 2023, S. 21).

- Mit der Energiewende steigen folglich die Netzkosten und Preissteigerungen sind nicht zwangsläufig ein Indiz für die Ausnutzung von Marktmacht. Hierzu die Bundesnetzagentur (Homepage): „Die Energiewende und der wachsende europäische Energiehandel stellen die deutschen Strom- und Gasnetze vor große Herausforderungen. Für die Versorgungssicherheit spielen viele Aspekte eine Rolle:
  - Strom- und Gasnetze müssen in der Lage sein, ihre **Transportaufgaben** zu erfüllen;
  - ausreichende **Erzeugungskapazitäten** sind notwendig, um den prognostizierten Energiebedarf zu decken;
  - belastbare **Regelungsmechanismen** müssen sicherstellen, dass die Netzstabilität auch dann gewahrt wird, wenn sich Einspeisungen in und Entnahmen aus dem Netz nicht die Waage halten;
  - die Netze müssen hinreichend gegen Eingriffe Dritter abgesichert sein (**IT-Sicherheit**)". ◄

Asymmetrische Informationsmängel und Opportunismus

Wie wir bei der Freiheitsfunktion gesehen haben, können rationale Akteure auf Informationslücken stoßen (z. B. Erfahrungs- oder Vertrauensgut). Dabei können entscheidungsrelevante Informationen so ungleich zwischen zwei Marktteilnehmern verteilt sein, dass eine Seite im Vorteil ist. Dies wird **asymmetrische Informationsverteilung** genannt. Die Vorteilsnahme selbst heißt Opportunismus und kann bösgläubiges Verhalten einschließen, was über die Zeit den Marktmechanismus versagen lässt.

- Ein asymmetrischer Informationsschleier kann **vor Vertragsabschluss** bestehen. Einer der Marktteilnehmer verbirgt dann eigene Eigenschaften und Handlungsmotive (hidden knowledge, hidden motives). Daher besteht die Gefahr, dass ein falscher Vertragspartner gewählt wird (adverse selection).
  - Ein beliebtes Beispiel für die **Angebotsseite** liefert der Gebrauchtwagenmarkt. Denn enthüllt ein Gebrauchtwagenhändler die Mängel eines angebotenen Autos, sinkt seine Gewinnmarge. Es ist also von Vorteil für ihn, die Mängel zu verschweigen. Auf solch einem Markt verdrängen Anbieter schlechter Produkte systematisch die Anbieter guter Produkte, weil die schlechten Erfahrungen der Nachfrager deren durchschnittliche Erwartung und Zahlungsbereitschaft senken. George A. Akerlof (1970, S. 488–500) nennt dieses Phänomen einen Zitronenmarkt (market for lemons).
  - Auch **Nachfrager** können zu Opportunisten werden, wie der Versicherungsmarkt zeigt. Ein Nachfrager, der unfallträchtig lebt, verursacht hohe Kosten und muss mit einer hohen Versicherungsprämie rechnen. Er hat also einen Anreiz, seine Ver-

haltensmerkmale nicht zu enthüllen. Kann der Versicherer nicht erkennen, wer zu den guten und wer zu den schlechten Risiken zählt, wird er für alle die Versicherungsprämie erhöhen, wodurch gute Risiken aus dem Versicherungsverhältnis aussteigen. Gibt es keine Zwangsversicherung für alle, damit die guten Risiken die schlechten Risiken quersubventionieren, bleibt die Versicherungsbranche auf den falschen Vertragspartnern sitzen und geht umgangssprachlich ‚den Bach hinunter'.

- Auch **nach Vertragsabschluss** kann es einen asymmetrischen Informationsschleier geben. Das Gegenüber kann dann nicht erkennen, ob ein schlechtes Vertragsergebnis auf das Verhalten des Vertragspartners zurückgeht (hidden actions) oder auf andere Einflussfaktoren. Daher muss sich der vom Informationsschleier Begünstigte weniger anstrengen. Es kann zu opportunistisch motivierten Vertragswidrigkeiten kommen (moral hazard).

  – Die moralische Verführung gibt es selbst für Marktteilnehmer, die **bei Vertragsabschluss noch gute Risiken** sind. So fährt ein zuvor umsichtiger Autofahrer nach Abschluss einer Vollkaskoversicherung möglicherweise risikoreicher als im Fall einer Teilkaskoversicherung. Denn aus seiner Sicht hat sich bei einem Unfall ‚die Vollkasko dann wenigstens gelohnt', wenn ihm keine Nachlässigkeit nachweisbar ist.

  – Die moralische Verführung gibt es zudem bei Vertragsbeziehungen, bei denen ein Auftraggeber (Prinzipal) einen Auftragnehmer (Agenten) verpflichtet, in seinem Namen zu handeln (**Prinzipal-Agenten-Problem**). Der Agent steckt im Tagesgeschäft, hat also gegenüber dem Auftraggeber einen informationellen Vorteil und kann diesen für sich nutzen. Nach den Erkenntnissen der Vertragstheorie bleiben Verträge zwangsläufig unvollständig (incomplete contracting), was auch daran liegt, dass sie eine Zukunft mit noch unbekannten Ereignissen abbilden (Richter und Furubotn 1996/2003, S. 171).

Als **Lösungen** werden seitens des Staates institutionalisierte Mindeststandards diskutiert wie Transparenzregeln oder Garantie- und Haftungsregeln. Ein Beispiel hierfür ist das bereits erwähnte Sorgfaltspflichtengesetz in der Lieferkette (vgl. Abschn. 7.2.1). Denn es verpflichtet Unternehmen dazu, ihr Lieferkettenmanagement transparent und überprüfbar zu machen (z. B. über Zertifizierungen). Auch privatwirtschaftliche Lösungen sind denkbar. So kann ein Anbieter signalisieren, dass sein Angebot von guter Qualität ist (z. B. über Garantieleistungen). Hinzukommen Ansätze wie Selbstbehalte oder Schadensfreiheitsrabatte. Nachfrager wiederum können zusätzliche Informationen sichten.

Nichtsdestotrotz stellt der Umgang mit Informationsmängeln – insbesondere in der digitalen Welt mit ihrer Informationsfülle – eine Herausforderung dar. Das Bundeskartellamt (2020, S. 1) stellt hierzu fest: „Bewertungen im Internet sind für Verbraucher unbestritten von großer Bedeutung. Wenn Bewertungen allerdings nicht in der erwarteten Weise zustande kommen, können sie Verbraucher dazu verleiten, falsche Entscheidungen zu treffen. Dies gilt insbesondere für systematische Verzerrungen, die Verbraucher kaum erkennen können". Ein Beispiel aus der **Nachhaltigkeitswelt** ist das (sprachlich: neudeutsche) ‚Greenwashing', dessen Praktiken bis in das Neuromarketing hineinreichen.

Greenwashing

Recherchen zeigen, dass Konsumenten bereit sind, für umweltfreundliche Produkte einen höheren Preis zu zahlen. Dies wird seit den 1980er-Jahren von der Praxis des ‚**Greenwashing**‘ begleitet. Dabei wollen Unternehmen von der Zahlungsbereitschaft der Konsumenten profitieren, indem sie über Marketing-Botschaften signalisieren, sie seien ‚grün‘, ohne entsprechend in die Nachhaltigkeit zu investieren. Eine hilfreiche Übersicht zum Forschungsstand und den Ausformungen von Greenwashing findet sich bei Vieira de Freitas Netto et al. (2020, S. 1–12); so können **grüne Botschaften** zum Beispiel …

- **irreführende oder falsche Aussagen** enthalten (unlauteres Marketing), was sich auf das Unternehmen selbst und/ oder sein jeweiliges Produkt beziehen kann (z. B. Kühlschränke mit Energieeffizienz-Siegel, obwohl sie diesen Standard verfehlen);
- **wichtige Informationen vorenthalten** (selektive Enthüllung); Papier aus einem nachhaltig bewirtschafteten Wald kann bei seiner Herstellung dennoch Umweltschäden verursachen (z. B. Chlorbelastung im Wasser);
- **vage formuliert** sein (Verhüllung); eine Formulierung wie ‚alles ist natürlich‘ kann sich auf alle Stoffe beziehen, die in der Natur vorkommen (z. B. Quecksilber);
- **bewusst ablenken** (Entkopplung); Unternehmen können die Aufmerksamkeit der Stakeholder auf symbolische Aktionen lenken, während sie nicht substanziell nachhaltig oder sogar gegenteilig handeln; ein Beispiel liefert das Unternehmen General Electric, das sich umweltorientiert darstellt (z. B. Kampagne ‚Ecomagination‘), während es zugleich als Lobbyist gegen neue Vorschriften zur Luftverbesserung der US- Umweltschutzbehörde kämpft;
- **falsche Hoffnungen wecken** (Maskierung); hydraulisches Fracking, das sich negativ auf die Umwelt auswirkt, wird mit der Aussicht verknüpft, dass die Forschung an Lösungen arbeitet und die Region von Fracking profitieren wird.
- Die Autor:innen weisen zudem auf eine **neue Art von Greenwashing hin, bei der auf Botschaften verzichtet wird** (executional greenwashing). Dabei wird mit Priming gearbeitet (vgl. Abschn. 5.3 und 11.4). Elemente wie die Nutzung grüner oder blauer Farbe, Naturgeräusche wie Vogelrufe und landschaftliche Hintergrundbilder wie Bergwelten sollen über ihre Reize dann die kognitive Referenz aktivieren, dass es beim Dargestellten um etwas Nachhaltiges geht.
- Im Ergebnis fordern die Autor:innen **Verfahren und Messgrößen**, um eine nachhaltige Ausrichtung besser überprüfen zu können. Damit soll auch erreicht werden, dass Konsumenten ihr Vertrauen in tatsächliche Anstrengungen nicht verlieren und entsprechende Botschaften nicht an Glaubwürdigkeit einbüßen. Nicht-Regierungsorganisationen wie TerraChoice (http://sinsofgreenwashing.org) helfen Nachfragern, Greenwashing-Praktiken besser zu identifizieren.

Um gegen Greenwashing-Praktiken vorzugehen, hat die Europäische Union 2024 mit ihrer ‚**Richtlinie zur Stärkung der Verbraucher für den ökologischen Wandel** durch besseren Schutz gegen unlautere Praktiken und durch bessere Informationen' ihre Regeln verschärft, was bestimmte Textaussagen in Zukunft nur noch begründbar möglich macht und gegebenenfalls unzulässig; die Richtlinie ist bis zum 27. März 2026 in nationales Recht umzusetzen (EK; Homepage). ◄

Externe Effekte und Haftungs-/Vergütungsdefizite

In einem Markt mit funktionsfähigem Wettbewerb trägt jeder Marktteilnehmer die positiven oder negativen Folgen seines Handelns selbst. Folglich geben Marktpreise auch den sozialen Nutzen und die sozialen Kosten einer Entscheidung vollständig wieder. Dies ist bei **externen Effekten** nicht der Fall. Es kommt zu einem verzerrten Marktpreis. Denn die Handlungsweise eines oder mehrerer Akteure wirkt sich auf den Nutzen Dritter aus, ohne dass dies über den Marktmechanismus ausgeglichen wird. Dadurch entstehen soziale Zusatznutzen (positive Externalitäten) oder soziale Zusatzkosten (negative Externalitäten). Externe Effekte können also in **negativer oder positiver Form** vorkommen:

- Für **negative Externalitäten** wird meist das Beispiel Luftverschmutzung herangezogen. Schädigt schmutzige Luft die Gesundheit der Bevölkerung und wird dies beispielsweise von einem Kohlekraftwerksbetreiber nicht berücksichtigt, dann wird dieser – volkswirtschaftlich gesehen – eine zu große Menge produzieren und zu viele Schadstoffe ausstoßen (Überproduktion). Die sozialen Kosten der Luftverschmutzung und der Gesundheitsfolgen übersteigen die privaten Kosten. Andere Beispiele kommen aus der Biodiversität, wenn deren Reduktion die gesellschaftliche Lebensqualität mindert.
- **Positive Externalitäten** beziehen sich auf einen sozialen Nutzen, der den privaten Nutzen übersteigt. Typisches Beispiel ist die unternehmerische Investition in neue Erkenntnisse, die private Kosten und Risiken hat. Fließen solche Erkenntnisse ungewollt an Dritte, steigt deren Nutzen. Und wird der Schöpfer hierfür nicht entschädigt, lässt sein Anreiz zu innovieren nach, selbst wenn die Verbreitung dieser Erkenntnisse gesellschaftlich wünschenswert ist (Unterproduktion).

Ziel ist folglich, aus einem externen Effekt einen internen Effekt zu machen (**Internalisierung**). Er soll im privaten Kalkül des jeweiligen Verursachers oder Nutznießers berücksichtigt werden.

- Zu den **privatwirtschaftlichen Lösungen** zählt die Selbstverpflichtung von Akteuren (z. B. DIN-Normen), wobei zu überprüfen ist, dass keine asymmetrischen Informationsmängel entstehen.
- **Schutzpolitische Lösungen** sind:
  - **Zivilrechtlicher Schadensersatz**, wie das Beispiel von Hunderten von Imkern zeigt, die bei den baden-württembergischen Behörden den Schaden anzeigen, dass

ein bestimmtes Pflanzenschutzmittel mehrere tausend Bienenvölker zwischen Lörrach und Rastatt getötet habe (FAZ 2008, o. S).

- **Steuererhöhungen** bei der Produktion oder dem Konsum bestimmter Ressourcen (z. B. CO_2-Bepreisung schmutziger Energieträger). In der Folge gehen die Mengen zurück, wodurch die externen Kosten sinken.
- **Subventionierung** sauberer Energieträger (z. B. Elektroautos mit Nutzung grünen Stroms). Allerdings ist hierfür die ökologische Gesamtbilanz zu diskutieren. Diese schließt bei Elektroautos die Rohstoffförderung mit ein, wie das Beispiel Lithium zeigt, das in Lithium-Ionen-Akkus verbaut wird und dessen Rohstoffgewinnung zu hohem Wasserverbrauch führt und mit der Gefahr von kontaminiertem Grundwasser einhergeht (Deutscher Bundestag 2019, S. 8).
- **Marktmechanismen** einrichten, was seit 2005 beim europäischen Emissionshandel der Fall ist (UBA; Homepage). Bei einem solchen Handel wird der Ressourceneinsatz und dessen Emissionsfolgen über Zertifikate gedeckt (z. B. CO_2 oder Lachgas). Ein Unternehmen (z. B. aus der Energiewirtschaft) muss bei steigendem Ressourcenbedarf weitere Zertifikate kaufen, eines mit gesunkenem Ressourcenbedarf kann Restzertifikate verkaufen. Als Ausnahme gilt, wenn der Staat Unternehmen kostenlos eine bestimmte Zahl von Zertifikaten zugesteht, weil sie bereits in Vorleistung getreten sind (z. B. Investition in emissionsarme Verfahrenstechnik).
- **Schutz geistiger Eigentumsrechte**, um die Wissensproduktion anzuregen und positive Externalitäten zu reduzieren. Hat jemand ein geistiges Eigentum, dann hat er ein exklusives Recht an einem immateriellen Gut (z. B. technische Erfindung), das einen Rechtsschutz erlangen kann (z. B. Patent).

Wir müssen uns hier auf den Hinweis beschränken, dass **vor allem Subventionen kritisch** zu bewerten sind. Fritsch (2014, S. 133) stellt hierzu fest: „Zum einen entstehen nämlich u. U. Anreize, eine schädigende Aktivität vor allem deshalb aufzunehmen, um dann eine Subvention für deren Reduktion zu erlangen; zum anderen stehen die Verteilungswirkungen einer solchen Subvention im Widerspruch zu weit verbreiteten Gerechtigkeitsvorstellungen".

In unserem Illustrationsbeispiel zur **Nachhaltigkeit** geht es um die Nutzung biologischer Ressourcen und um Gerechtigkeitsvorstellungen. Denn der Verlust an Biodiversität löst negative Externalitäten aus. Er kann die gesellschaftliche Lebensqualität herabsetzen und/ oder Dritten sogar die Lebensgrundlage entziehen. Daher haben die Vereinten Nationen bereits 1993 das Übereinkommen über die biologische Vielfalt (Convention on Biological Diversity; CBD) verabschiedet. Darin geht es um den Erhalt und die nachhaltige Nutzung natürlicher Ressourcen und darum, den Zugang zu diesen Ressourcen und eine gerechte Nutzenverteilung zu regeln. Darüber, was solch eine Zugangs- und Nutzenausgleichsregelung (ABS; access and benefit-sharing) als Rechtsverpflichtung (compliance) bedeutet, wird jahrelang gestritten (Burger-Menzel 2016, S. 12–13). Erst 2014 tritt das sogenannte Nagoya-Protokoll in Kraft. Es unterteilt die Welt in Bereitsteller- und Nutzerstaaten von Biodiversität.

Biodiversität und externe Effekte

Business Biodiversität (Fact Sheet zum Lebensmitteleinzelhandel o. J., S. 6) weist darauf hin, dass über 50 % des Fußabdrucks der deutschen Industrie (inklusive der Lebensmittelindustrie) in Entwicklungsländern stattfindet und dass – mit Verweis auf eine Studie in ‚Nature' (Lenzen et al. 2012) – rund 30 % aller gefährdeten Tier- und Pflanzenarten durch den internationalen Handel auf die Rote Liste gekommen sind. Beispiel einer solchen Lieferkette ist die **Getränkeherstellung**. Business Biodiversität (Fact Sheet zur Getränkeindustrie o. J., S. 2) stellt hierzu fest:

- „Die signifikantesten direkten und indirekten negativen Wirkungen auf die Biodiversität sind im Zusammenhang mit dem **Anbau der biologischen Rohstoffe** zu sehen. Ein wesentlicher Umweltaspekt für die Getränkehersteller ist dabei die Flächennutzung für die Rohstoffproduktion, oftmals einhergehend mit der Zerstörung natürlicher Habitate und Ökosysteme zur Landgewinnung, der Anwendung von Pflanzenschutzmitteln und Düngern, erosionsfördernden Anbaumethoden etc. Auch die Ressource Wasser wird durch die landwirtschaftliche Produktion z. B. durch die Bewässerungssysteme stark belastet, insbesondere wenn die Produktion in wasserarmen Gebieten stattfindet".
- Eine weitere Ursache externer Effekte sind **Krankheiten, die sich über Lieferketten global ausbreiten**. Business Biodiversität illustriert dies am Beispiel der Huanglongbing Infektion (Gelbe-Trieb-Krankheit): „Durch den Welthandel wird der Erreger von Anbaufläche zu Anbaufläche übertragen und hat nach Experteneinschätzung über 100 Mio. Zitruspflanzen vernichtet. Dieser Krankheit wird mit einer Radikalkur von hohem Pestizideinsatz und Vernichtung der befallenen Bäume begegnet. Doch ist fraglich, welchen Erfolg diese Maßnahmen haben werden. Mittlerweile wird versucht, mit natürlichen Mitteln wie der Einführung von natürlichen Fressfeinden (z. B. Wespen) der Plage Herr zu werden". ◄

Öffentliche Güter und gesellschaftliches Trittbrettfahren

Wie beim natürlichen Monopol geht es auch bei **öffentlichen Gütern** um ein Marktversagen, dass nicht primär durch rationale Akteure verursacht wird. Aber Letzteren erscheint es attraktiv, den Handlungskontext auf eine Weise auszunutzen, dass sich die gesellschaftliche Wohlfahrt verschlechtert. Möglich wird dies …

- erstens, wenn es für ein Gut keinen privaten Eigentumstitel gibt, durch den ein Anderer von der Nutzung wirksam ausgeschlossen werden kann. Es gibt also keinen Ausschlussmechanismus über den Knappheitspreis (**Kriterium der Nicht-Ausschließbarkeit**).
- Zweitens entstehen nur unerhebliche oder keine Grenzkosten, wenn dieses Gut durch eine oder weitere Personen ebenfalls konsumiert wird. Mehrere Nutzer können dann zeitgleich ein Gut nutzen, ohne dadurch die Einzelnutzung des Gutes zu beeinträchtigen (**Kriterium der Nicht-Rivalität**).

Ein Gut, auf das beide Kriterien zutreffen, wird öffentliches Gut genannt. Bei solch einem kollektiven Konsum ist der Einzelakteur versucht, seine Präferenz und Zahlungsbereitschaft (teilweise) zu verbergen. Denn sonst wird er dessen Produktion entsprechend mitfinanzieren müssen, wobei ihr/ ihm unklar ist, wie sehr sich auch die Anderen opportunistisch verhalten. Im Ergebnis ist es vernünftig, ‚schwarz zu fahren' (**Trittbrettfahrerproblem**), also für die Nutzung des öffentlichen Guts wenig oder nichts zu bezahlen. Dies führt dazu, dass ein solches Gut privatwirtschaftlich nicht angeboten wird.

Eine Lösung ist, „dass der **Staat** die entsprechenden Kosten aus allgemeinen Haushaltsmitteln aufbringt. Man spricht in diesem Zusammenhang auch von der Bereitstellung öffentlicher Güter", so Fritsch (2014, S. 103). Bekannte Beispiele, bei denen der soziale Nutzen die Kosten der betroffenen Individuen überwiegt, sind die Landesverteidigung und der Hochwasserschutz. Aktuelle Beispiele kommen aus dem Bereich der Digitalisierung. So lassen sich offene Quellcodes (neudeutsch: Open Source) als öffentliches Gut diskutieren, wenn bestimmte Voraussetzungen geschaffen werden (Brand und Holgrewe 2004, S. 5): Hierzu zählt, dass der Staat deren Bereitstellung unterstützt und ein Lizenzmodell absichert, das verhindert, dass sich ein veränderter Quellcode als geistiges Eigentum aneignen lässt, was in der Praxis durchaus widersprüchlich gehandhabt wird (vgl. Abschn. 9.3). Informationsgüter brauchen als öffentliche Güter somit eine normative Definition.

Auch **Umweltgüter** wie saubere Luft gelten als öffentliche Güter. Denn niemand kann vom Atmen ausgeschlossen werden. Und das Atmen einer Person behindert grundsätzlich nicht das Atmen anderer Personen, solange ausreichend saubere Luft vorhanden ist. Die staatliche Schutzpolitik betrifft dann vor allem Maßnahmen der Luftreinhaltung. Da Luft keine Grenzen kennt, gilt saubere Luft zudem als globales öffentliches Gut. Um die Jahrtausendwende hat vor allem das Entwicklungsprogramm der Vereinten Nationen (UNDP) begonnen, das Konzept der öffentlichen Güter (public goods) auf Güter anzuwenden (z. B. Umweltgüter, stabile Finanzmärkte), deren externe Effekte grenzüberschreitend wirken (Moeckli 2015, S. 487–488); dabei können auch Staaten zu Trittbrettfahrern werden, wie spieltheoretische und reale Beispiele zeigen (vgl. Abschn. 3.2).

Saubere Luft als öffentliches Gut

Die Nationale Akademie der Wissenschaften Leopoldina (2019, S. 4) bezeichnet saubere Luft als „**lebenswichtiges öffentliches Gut**" und kommentiert die deutschen Anstrengungen zur Luftreinhaltung wie folgt:

- „Der Kampf gegen Luftverschmutzung gehört zu den vorrangigen Aufgaben einer **verantwortungsvollen Umwelt- und Gesundheitspolitik**".
- „Dass in einer hochentwickelten Industriegesellschaft so leidenschaftlich über den richtigen Weg der **Luftreinhaltung** debattiert wird, wie es gegenwärtig in Deutschland geschieht, ist daher ein gutes Zeichen: Denn nur mit Maßnahmen, die möglichst alle Beteiligten mittragen, wird es gelingen, die hohen Ansprüche an unsere Mobilität und an den Schutz unserer Umwelt langfristig miteinander in Einklang zu bringen". ◄

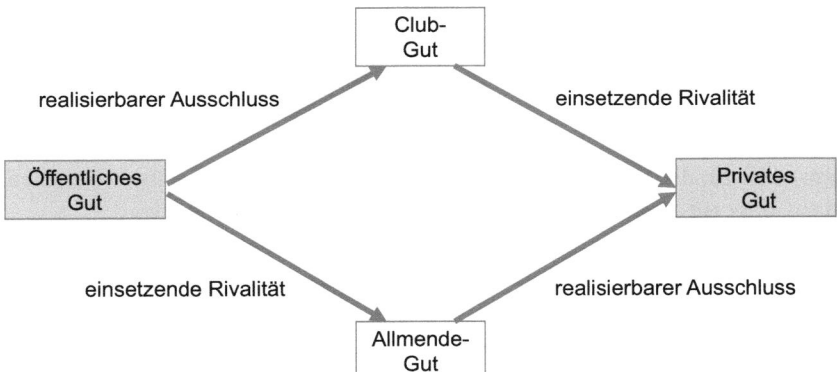

Abb. 7.2 Öffentliche Güter -> Von der reinen zur unreinen Ausprägung

Öffentliche Güter sind als Ursache für Marktversagen umstritten. Denn erstens verschwimmt bei ihrer Produktion die Grenze, was als staatliche Unter- oder Überversorgung anzusehen ist. Und zweitens können sich Gutseigenschaften mit der Zeit wandeln (**unreines öffentliches Gut**), wie die folgende Abbildung zeigt (siehe Abb. 7.2). Auch Moeckli (2015, S. 487–488) betont: „Kaum ein Gut erfüllt die Kriterien der Nicht-Rivalität und Nicht-Ausschliessbarkeit vollständig".

- Geht das Kriterium der Nicht-Ausschließbarkeit beispielsweise durch technischen Fortschritt verloren, liegt ein **Club-Gut** vor. Beispiele liefern Energiewirtschaft und energieintensive Industrien, deren Treibhausgasemissionen sich heutzutage mit Hilfe der Messgerätetechnik erfassen und im Rahmen des Emissionszertifikate-Handels bepreisen lassen. Dadurch können diejenigen Unternehmen ausgeschlossen werden, die nicht für die Nutzung des Gutes bezahlen wollen. Das vermeintlich öffentliche Gut ‚Luft' ist für sie zu einem Club-Gut geworden.
- Geht das Kriterium der Nicht-Rivalität verloren, liegt ein Allmende-Gut vor. Da das **Allmende-Gut** für die Nachhaltigkeit besonders wichtig ist, behandeln wir es in einem separaten Abschnitt.

Eine kritische Anmerkung: In der Praxis wird die Bereitstellung eines öffentlichen Gutes politisch entschieden. In diesem Diskurs vermischen sich allerdings Begrifflichkeiten, so dass **öffentliche Güter und Daseinsvorsorge bisweilen gleichgesetzt** werden. So versteht beispielsweise die Heinrich-Böll-Stiftung (2015, S. 14) unter öffentlichen Gütern „Güter, Dienste und Institutionen, auf die die Bürgerinnen und Bürger für ihre freie und gleiche Entfaltung in einer demokratischen Gesellschaft existenziell angewiesen sind. Sie umfassen die Wasser- und Energieversorgung, Telekommunikations- und Verkehrsinfrastrukturen, medizinische und pflegerische Dienste, soziale Sicherheit sowie die Kinderbetreuung, die Schul- und Weiterbildung, aber auch die Verwaltung und Rechtsprechung. … Der Staat garantiert die gleiche Teilhabe aller Bürgerinnen und Bürger an öffentlichen Gütern. Er sichert die Finanzierung öffentlicher Güter durch Steuern, Gebühren und Beiträge und gewährleistet die Qualität öffentlicher Güter. Dies gilt unabhängig davon, ob er sie selbst erbringt oder ob Private sie finanzieren".

- Ein **reines öffentliches Gut** ist jedoch – wie oben definiert – nur dann gegeben, wenn Nicht-Ausschließbarkeit und Nicht-Rivalität vorliegen.
- In Abgrenzung hierzu bezeichnet **Daseinsvorsorge** Dienstleistungen von allgemeinem Interesse, womit als Zielgruppe alle Einwohner:innen eines Landes gemeint sind, unabhängig von ihrem Wohnort und ihrer sozialen Lage. Brasche (2013, S. 145–149) verweist darauf, dass es in der Europäischen Union keine verbindliche Liste solcher Dienstleistungen gibt; vielmehr können die Mitgliedsstaaten selbst entscheiden, welche Dienstleistungen hierzu zählen sollen; dies betrifft meist netzgebundene Universaldienste (z. B. Energie, Telekommunikation), jedoch auch sonstige wirtschaftliche Tätigkeiten, die mit Gemeinwohlverpflichtungen verknüpft sind (z. B. Müllentsorgung, soziale Dienste). „Wenn eine Dienstleistung traditionell im Öffentlichen Dienst erbracht wird, bedeutet dies keineswegs, dass dies nicht auch über den Markt organisierbar wäre oder gar, dass es sich hier um eine hoheitliche Aufgabe handelte", so der Autor; zudem bestehe die Gefahr, dass das Argument der Daseinsvorsorge von Regierungen und Interessengruppen dafür genutzt wird, um sich vor dem ‚kalten Wind des Wettbewerbs' zu schützen. Der Diskurs zu und der Umgang mit öffentlichen Gütern und ihren Übergangsformen hat somit seine eigenen (wissenschaftlichen) Herausforderungen.

Globale Allmendegüter und die Tragik ihrer Übernutzung

Ein **Allmende-Gut** wird manchmal auch Kollektiv- oder Gemeingut genannt.

- Ein solches Gut ist **öffentlich zugänglich**, weil eine Ausschließbarkeit technisch und/oder institutionell nicht möglich oder zu teuer ist.
- Zudem ist das Gut nur begrenzt verfügbar. Sind **Kapazitätsgrenzen** erreicht, beginnen die Akteure um das frei zugängliche Gut zu rivalisieren und die Grenzkosten der Nutzung steigen.

Sind Verteilung und Erhaltung eines Allmendeguts nicht geregelt, wird es in der Regel übernutzt oder sogar zerstört. Dies gilt für Umweltgüter, wenn sie sich nicht erneuern oder der jeweilige Nutzungsgrad ihre Regenerationskräfte übersteigt. Und es gilt vor allem für ‚grenzenlose' Umweltgüter, was als ‚**Tragik der globalen Allmende**' (tragedy of the global commons) bezeichnet wird. Denn Lösungen auf globaler Ebene zu finden, ist ungleich schwieriger als auf der nationalen oder lokalen Ebene. Im Kern geht es um negative externe Effekte und das Anreizproblem, dass private und staatliche Akteure eine Ressource übernutzen, wenn sie die direkten Folgekosten ihrer Entscheidung nicht selbst tragen müssen. Wohlfahrtsoptimale Lösungen brauchen daher – im Sinne einer ‚kollektiven Rationalität' – die Kooperation aller Akteure.

▶ Die **Tragik der globalen Allmende** beschreibt, dass Menschen Umweltgüter über-nutzen und nicht ausreichend in deren Erhaltung investieren. Dies gilt vor allem für offen zugängliche Ressourcen, die außerhalb von Staatsgebieten liegen und deren Nutzung un-zureichend oder nicht geregelt ist.

Zu den Beispielen globaler Umweltgüter zählt erneut die Luft, solange keine Aus-schließbarkeit hergestellt wird. Und betrachten wir Treibhausgase als Teil der Luft, wird auch das **Erdklima** zum Allmende-Gut. Zu solchen Treibhausgasen zählen Kohlendioxid (CO_2), Methan (CH_4), Distickstoffoxid (N_2O), Halogenierte Fluorkohlenwasserstoffe (H-FKW), Fluorkohlenwasserstoffe (FKW) und Schwefelhexafluorid (SF_6) (UBA; Home-page, Kyoto Protokoll). Stavins (2017, S. 264) nennt den globalen Klimawandel daher das „‚ultimate commons problem' of the 21st century".

Auch das **Meer** ist ein globales Allmende-Gut, wenn seine biologischen Ressourcen (z. B. Fischgründe) und nicht-biologischen Ressourcen (z. B. Manganvorkommen) öffent-lich zugänglich und zugleich erschöpflich sind. Es kommt zu grenzüberschreitenden Ex-ternalitäten und einem internationalen Trittbrettfahrerproblem (WBGU 2013, S. 72–73). Im Jahr 1982 wird daher das Seerechtsübereinkommen der Vereinten Nationen (United Nations Convention on the Law of the Sea; UNCLOS) verabschiedet und tritt 1994 in Kraft. Es beendet den Grundsatz der ‚Freiheit der Meere'. Seither gehört die Tiefsee außerhalb nationaler Hoheitsgebiete offiziell zum ‚Gemeinsamen Erbe der Menschheit' und soll erhalten bleiben. Die aktuellen Entwicklungen zeigen allerdings, dass – wie beim Erdklima – noch Vieles geregelt werden muss (z. B. Sanktionierung von Fehlverhalten). Hinzukommen Durchsetzungsschwächen, wenn Vertragsstaaten keine Souveränitäts-rechte an internationale Behörden abtreten, was meist der Fall ist (vgl. Abschn. 11.2). Im Gegenteil: Anrainerstaaten (z. B. des Nordpolarmeers) erheben immer wieder territoriale Ansprüche. Denn technischer Fortschritt und steigender Ressourcenbedarf wecken neue Begehrlichkeiten, vor allem beim Tiefseebergbau. Denken wir dies in die Zukunft, geht es auch um extraterrestrische Ressourcen (z. B. Mondressourcen), sobald deren Ausbeutung technisch machbar und ökonomisch rentabel wird, und um die externen Effekte, die durch vermehrte Raumfahrten in der Erdatmosphäre ausgelöst werden.

Tiefseeressourcen als globale Allmende-Güter

Die internationale Meeresbodenbehörde (ISA; Homepage) regelt den **Tiefseebergbau**, der als das Aufsuchen und Gewinnen von Mineralien aus dem Tiefseeboden definiert ist. Zudem erarbeitet sie Regelungen dafür, wie mineralische Rohstoffe zu erkunden und abzubauen sind (z. B. Tiefseebergbau-Kodex; mining code), entsprechende Ge-nehmigungsverfahren ablaufen sollen und wie mit Ansprüchen des Vorteilsausgleichs zu verfahren ist; Territorialgebiete hingegen fallen unter die nationale Gerichtsbarkeit des jeweiligen Küstenstaates, so dass Letzterer souverän über die Erforschung und wirtschaftliche Nutzung der jeweiligen Ressourcen entscheiden kann (Bogenstahl 2023, S. 5). Der Diskussionsstand sieht nach Bogenstahl (2023) wie folgt aus:

- Betroffen sind vor allem **Vorkommen** von Kobalt, Mangan, Titan, seltenen Erden, Gold, Kupfer und Nickel. Zu den wichtigsten Lagerstätten zählen Manganknollen, kobaltreiche Eisenmangankrusten, Massivsulfide und Erzschlämme, die auf der Welt verteilt sind und sich typischerweise in zwei- bis sechstausend Meter Tiefe befinden.

- **Nutzerindustrien** sind die Elektronik, Informations- und Kommunikationstechnik, Energie, Transport, Luft- und Raumfahrt sowie das Bau- und Gesundheitswesen. Zu den strategischen Überlegungen zählt, dass sich durch den Tiefseebergbau die Abhängigkeit von Rohstofflieferungen aus Ländern wie China, Russland oder der Demokratischen Republik Kongo reduzieren lässt und dass Tiefseemineralien zu einer alternativen Quelle für kritische Mineralien werden können. Denn Vieles ist dort noch unentdeckt.

- **Regelungen** für Abbauvorhaben und Vorteilsausgleich müssen derzeit noch erarbeitet werden. Erkundungsvorhaben sind bereits geregelt. Seit 2001 sind insgesamt 31 Genehmigungen erteilt worden und werden von Unternehmen (z. B. The Metals Company aus Kanada) genutzt und von Regierungen (z. B. Norwegen, Indien) unterstützt.

- Da die **benötigten Technologien** derzeit noch getestet werden und Weiterentwicklungen brauchen, ist bereits die Exploration technisch aufwendig und teuer. Der Abbau selbst ist technisch noch nicht realisierbar. Denn die Fundstätten befinden sich typischerweise in 2000 bis 6000 m Meerestiefe und ihre Bedingungen sind extrem (z. B. hoher Druck).

- Die Tragik der globalen Allmende bezieht sich vor allem auf negative Externalitäten. Zentraler Kritikpunkt sind beim Tiefseebergbau seine **möglichen Umweltschäden**:
  - Die **Ökosysteme** der Tiefsee sind bislang unberührt, empfindlich und noch nicht hinreichend erforscht. So können beispielsweise zwei Drittel der auf dem Meeresboden lebenden Organismen keiner bislang bekannten Gruppe zugeordnet werden, wie die Auswertung von 2 Mrd. DNA-Sequenzen aus 15 internationalen Tiefseeexpeditionen ergibt. Auch wie die Tiefsee funktioniert, um Nahrungsketten bzw. -netze aufrechtzuerhalten und atmosphärischen Kohlenstoff zu binden und darüber das Klima zu beeinflussen, muss weiter erforscht werden. Zudem werden die Umweltfolgen, die am Meeresboden, in der Wassersäule und oberhalb der Wasseroberfläche entstehen können, voraussichtlich für jede Lagerstätte unterschiedlich ausfallen.
  - Als negative Umweltfolgen werden vor allem diskutiert, dass der Ressourcenabbau den dort existierenden Organismen die Lebensgrundlage entzieht und den Artenreichtum mindert (z. B. im Bereich von Manganknollen). Der Bergbau wirbelt Sedimente auf und trübt das Wasser, was Bodenlebewesen bedeckt und absterben lässt, und setzt giftige Schwermetalle frei. Werden die Erze an der Fundstelle aufbereitet, wird das **Wasser zusätzlich verschmutzt**; auch werden Lärm und Licht emittiert, was weitere Störungen verursacht. ◄

Marktversagen bedeutet, dass rationale Verhaltensweisen negative Systemergebnisse produzieren. Das Spektrum an Lösungsideen ist groß und vielfältig und kann hier nicht vertieft werden. Stattdessen wird auf den dritten Buchteil verwiesen, in dem es um einen ganzheitlichen Steuerungsansatz geht.

7.4   Wie lassen sich die Ergebnisse systemisch einordnen?

Zusammenfassung
Im Fokus der einzelmarktbezogenen Mainstream-Ökonomik steht die wettbewerbliche Koordination. Sie ist ein Mittel zum Zweck, um gesellschaftliche Zielvorstellungen zu erreichen (Freiheit, Wohlfahrt, Gerechtigkeit). Dabei geht es nicht um das gesamtwirtschaftliche Ganze, sondern um Teilsysteme. Anbieter und Nachfrager treffen auf zahlreichen Produktmärkten aufeinander. Letztere sind im Sinn der Mainstream-Ökonomik rein ökonomisch ausgerichtet, funktionieren weitgehend stabil und die Akteure handeln eingeschränkt rational, worüber primär Effizienzbeiträge realisiert werden. Versagt der Wettbewerbsmechanismus, lassen sich Koordinationsschwächen mit Hilfe staatlicher und/ oder privatwirtschaftlicher Lösungsansätze meist (modellhaft) beheben. Aus Sicht der transformativen Nachhaltigkeit bestehen das Risiko, dass die Akteure bei ihrer Optimierung nicht über das jeweilige Teilsystem hinausdenken, und die Bedenken, dass Wechselwirkungen mit dem Politiksystem unberücksichtigt bleiben.

In diesem Kapitel haben wir diskutiert, wie sich rationale Akteure verhalten, wenn ihre Transaktionen wettbewerblich ablaufen. Das entsprechende Systemergebnis kann positiv oder negativ ausfallen. Wie lässt sich all dies systemisch zusammenfassen?

Im Folgenden ordnen wir den **wettbewerblichen Koordinationsmechanismus als Systemansatz** ein (siehe Merkkasten: Wettbewerbliche Koordination). Hierfür verwenden wir die Kategorien, die wir im vorangegangenen Kapitel abgeleitet haben (vgl. Abschn. 6.5).

▶ **Wichtig Wettbewerbliche Koordination**: Systeme, die sich nach der Mainstream-Ökonomik wie folgt kennzeichnen lassen:

- **Systemausrichtung:** Wettbewerb als Mittel zum gesellschaftlichen Zweck => gutes Leben besteht aus ökonomischer Besserstellung, wodurch Leistungen gerecht vergütet und Wahl- und Handlungsfreiheiten geschaffen werden;
- **Systemkoordination:** Wirtschaftsliberale Grundausrichtung => möglich sind ordnungs- und wettbewerbssichernde Eingriffe sowie schutz- und korrekturpolitische Maßnahmen bei Stabilitäts- und/oder Niveaudefekten von Marktprozessen;
- **Systemgröße:** Teilsystem => Sicht ist auf Produktmärkte und auf das Handeln der jeweiligen Akteure begrenzt;

- **Systemelemente:** Dominanz der Rationalitätsannahme => Akteure handeln als eingeschränkt rationale Entscheider;
- **Systemaustausch:** Rein instrumentelle Beziehungen => ökonomischer Risikonutzen wird unter der Bedingung knapper Ressourcen optimiert;
- **Systemoffenheit:** Geschlossener Rand des Wirtschaftssystems => es geht ausschließlich um Akteure des Marktgeschehens und deren Wechselwirkungen;
- **Systemstabilität:** Durch Korrekturen weitgehend stabiles System => stationäre Gleichgewichte sind (auch über Eingriffe in die Produktmärkte) realisierbar;
- **Systemische Prägekraft:** Akteure in Wertschöpfungsketten => Akteure konzentrieren sich auf Optimierungen in ihrem jeweiligen Teilsystem, wobei Marktmacht entstehen kann.

- **Ad Systemausrichtung**: Das gute Leben beschreibt einen ökonomischen Lebensstandard, durch den sich gesellschaftliche Grundwerte besser realisieren lassen (Freiheit, Wohlfahrt, Gerechtigkeit). Bei der Freiheit sind dies Wahl- und Handlungsmöglichkeiten, so dass Akteure diejenigen Waren und Dienstleistungen auswählen können, die ihren Präferenzen (z. B. angemessenes Preis-Leistungsverhältnis) am ehesten entsprechen. Bei der Wohlfahrt geht es um eine effizientere Versorgung (z. B. Gesundheitsdienste) und bei der Gerechtigkeit darum, dass diejenigen – im Sinne des Primäreinkommens – belohnt werden, die sich erfolgreich anstrengen (z. B. Zuwachs an Unternehmereinkommen als Ausdruck von Leistungsgerechtigkeit).
- **Ad Systemkoordination**: Das Verständnis ist wirtschaftsliberal (vgl. Abschn. 6.2). Die wettbewerbliche Koordination soll funktionieren und dominieren (Freiwilligenprinzip). Dabei gibt es eine klare Aufgabenteilung: Private Unternehmen handeln, um ihren Gewinn zu optimieren. Der Staat handelt im Sinne des Gemeinwohls; er sorgt für den Ordnungs- und Wettbewerbsrahmen und schützt Akteure (z. B. Verbraucher) und/ oder Umweltgüter. Das betroffene Individuum ist zwar der eigentliche Souverän. Aber Marktunvollkommenheiten und -versagen wirken sich negativ auf das Interesse der Allgemeinheit aus. Der wirtschaftsliberale Staat kann das Effizienzergebnis also verbessern, indem er – je nach Wirkungsgrad – staatliche und/ oder privatwirtschaftliche Lösungen ermöglicht.
- **Ad Systemgröße**: Es liegt ein Teilsystem vor. Es geht nicht um die Gesamtwirtschaft, sondern schlichtweg um Einzelmärkte. Dort treffen Nachfrager und Anbieter aufeinander, um Produkte zu tauschen. Auch die Diskussion von Marktversagen fußt auf diesem Verständnis. Oder sie bezieht sich auf Merkmale, durch die ein Markt nicht zustande kommt (z. B. öffentliche Güter).
- **Ad Systemelemente**: Es gibt nur eine begrenzte Zahl an Attributen, um die Akteure zu beschreiben. Sowohl Anbieter als auch Nachfrager entscheiden und handeln eingeschränkt rational, um einen zufriedenstellenden Nutzen bei knappen Ressourcen zu realisieren. Sie unterscheiden sich lediglich in ihren Bedürfnissen und ihrer Ressourcenausstattung. Dadurch wird der Mensch weitgehend berechenbar, selbst wenn sein Handlungsumfeld anspruchsvoller wird (vgl. Kap. 3).

- **Ad Systemaustausch**: Die Akteure haben rein ökonomische Beziehungen. Die Vielfalt an menschlichen Interaktionsmöglichkeiten, wie wir sie aus sozialen Beziehungsgeflechten kennen (vgl. Kap. 4), bleibt ausgeblendet. Es werden lediglich ‚Tauschsignale' kommuniziert. Da die Zukunft risikobehaftet ist, zielt die Kommunikation zudem darauf ab, den jeweiligen Informationsstand zu verbessern.
- **Ad Systemoffenheit**: Das Wirtschaftssystem ist an seinem Rand geschlossen. Es gibt keine Wechselwirkung mit dem Politiksystem. Schutzpolitische Lösungsansätze werden rein im Sinne ökonomischer Ursache-Wirkungszusammenhänge diskutiert. Es wird also ignoriert, dass solche Maßnahmen demokratisch ausgehandelt werden.
- **Ad Systemstabilität**: Der Markt stimmt die einzelwirtschaftlichen Nachfragen und Angebote derart ab, dass es zu Marktgleichgewichten kommt. Der Markt wird ‚geräumt', wenn der Gleichgewichtspreis zu einer gleich großen Nachfrage- und Angebotsmenge führt. Befindet sich ein Markt im Gleichgewicht, ist seine Lage stabil. Gibt es keine störenden Einflüsse, bleibt dieser Status quo erhalten. Störungen können dadurch entstehen, dass sich beispielsweise Preise ändern oder Faktoren wie das verfügbare Einkommen oder Verbrauchsgewohnheiten. Solche Störungen sind für die wettbewerbspraktische Welt durchaus typisch (z. B. durch Innovationen). Auch können marktliche Unvollkommenheiten so groß werden, dass der jeweilige Marktmechanismus versagt. Es wird jedoch davon ausgegangen, dass staatliche und/ oder privatwirtschaftliche Reparaturen möglich sind. Untersucht wird dann, wodurch die Rückkehr zu einem alten Gleichgewichtszustand realisiert oder ein neuer Gleichgewichtszustand erreicht werden kann. Das Wirtschaftssystem bleibt weitgehend stabil.
- **Ad systemische Prägekraft**: Die Akteure sind ihrem Teilsystem verhaftet. Ihr Fokus richtet sich ausschließlich auf Märkte der eigenen Wertschöpfungskette(n) plus bedarfsweise auf Märkte, in denen komplementäre Produkte hergestellt werden, ohne die das eigene Produkt nicht vollständig ist (z. B. Druckergerät, -patrone und Papier). Im Ergebnis konzentrieren sich auch innovative Unternehmen primär auf ihr Teilsystem und nicht auf den Umbau von Wirtschaft und Gesellschaft, wie dies für die Nachhaltigkeit normativ gewünscht ist. Und versagen Märkte, nutzen rationale Akteure dies schlichtweg auf Kosten der Gesellschaft aus (z. B. Trittbrettfahren). Dies gilt auch für marmmächtige Unternehmen in schwer oder nicht bestreitbaren Märkten.

7.5　Was lernen wir von der Mainstream-Ökonomik über die Ratio in Produktmärkten und was nicht?

Zusammenfassung

Wir schließen das Kapitel 7 ab, indem wir den Beitrag der Mainstream-Ökonomik würdigen und auf (noch bestehende) Erkenntnislücken hinweisen. Im Blick stehen die wettbewerbliche Koordination und rationale Verhaltensweisen auf Produktmärkten. Verdienst der Mainstream-Ökonomik ist, dass sie für Wettbewerbsordnungen aufzeigt, wie sich Verhaltensweisen gesellschaftlich erwünscht ausrichten lassen. Zusätzlich deckt sie Anreize für opportunistisches Verhalten auf und entwickelt mit Hilfe der Neuen Institutionenökonomik vielfältige Lösungsansätze, bei denen es – aus Effizienzgründen – auch um einen verbesserten Umweltschutz geht. Und sie tastet sich an moralische Ansprüche heran, wie das Beispiel psychologischer Externalitäten zeigt. Die betrachtete Mainstream-Ökonomik produziert jedoch dort Ergebnislücken, wo sich ihre unterkomplexe Idee vom rationalen Menschen (gegebenenfalls auch makroökonomisch) unvorhergesehen auswirkt. Daher müssen ihre Lösungsansätze erst einmal auf Praxistauglichkeit getestet werden, falls sie zur Umsetzung kommen. Zumal bei diesen Lösungsansätzen ignoriert wird, dass sie in der Realität das Ergebnis politischer Verhandlungen sind und ökonomische und politische Macht dabei wechselwirken. Auch wird ausgeblendet, dass eine Gesellschaft für sich klären muss, was Märkte zu einem guten Leben beitragen können und wann eine primär ökonomische Bewertung aus gesellschaftlicher Sicht nicht wünschenswert ist.

Wir können von der Mainstream-Ökonomik Vieles über die wettbewerbliche Koordination und rationale Verhaltensweisen lernen. Dies ist auch aus der Perspektive der Nachhaltigkeit wichtig, wie die Illustrationsbeispiele zeigen. Welche Erkenntnisgewinne sind zu betonen? Und welche Erkenntnislücken gibt es? Hierzu ausgewählte Aspekte.

Was kann die einzelmarktbezogene Mainstream-Ökonomik leisten?
- Das marktwirtschaftliche System hat in seinem Kern eine wettbewerbliche Steuerungslogik. Verdienst der Mainstream-Ökonomik ist auszuloten, was dies kontextuell an Verhaltensweisen bedeutet, wenn von rationalen Akteuren ausgegangen wird. Dabei lässt sie die Welt auf Produktmärkte schrumpfen, um **(In-)Effizienzzusammenhänge besser aufdecken und gesellschaftlich bewerten** zu können. Wettbewerbsordnungen sind dann institutionell dort anzupassen, wo Strukturen und Prozesse allokativ ineffiziente Ergebnisse liefern (z. B. Einrichtung einer infrastrukturellen Netzaufsicht) und/ oder techno-ökonomische Entwicklungen neue Risiken schaffen (z. B. Digitalisierung und Verbraucherschutz). Im Ergebnis fungieren Wettbewerbsordnungen als normative Leitplanken, die verhindern sollen, dass die Akteure vom erwünschten Weg abkommen (funktionsfähiger Wettbewerb).
- Die **Mainstream-Ökonomik ist nicht ‚nachhaltigkeitsblind'**. Sie thematisiert, dass Märkte versagen und dadurch Nachhaltigkeitsdefizite auslösen können. Beispiele hierfür liefern externe Effekte und das sogenannte (globale) Trittbrettfahren. Für die Mainstream-Ökonomik werden rationale Menschen folglich zu Opportunisten, wenn es das Handlungsumfeld erlaubt. Dabei spielen vor allem Eigentums-/ Verfügungsrechte, Transaktionskosten und Haftungsfragen in Vertragskontexten eine Rolle. Deren Wechselwirkungen werden von der Neuen Institutionenökonomik erforscht, die – vor diesem Hintergrund – als Ausgliederung der Mainstream-Ökonomik verstanden werden kann.

- Eine **Wettbewerbsordnung kann moralische Ansprüche berücksichtigen**, indem sie „moralisch erwünschtes Handeln begünstigt und moralisch verwerfliches Handeln benachteiligt", so Fritsch (2014, S. 18); dies kann beispielsweise betreffen, welche Güter legal handelbar sind oder was als lauteres Geschäftsgebaren gilt; sind solche Regeln durchsetzbar, „stehen Markt und Moral nicht im Widerspruch zueinander". Zudem entwickelt sich die Mainstream-Ökonomik ständig weiter. Neuere wohlfahrtsökonomische Ansätze diskutieren psychologische Externalitäten (Fritsch 2014, S. 97): Für ein Individuum ist es dann wichtig, wie es den Mitgliedern der eigenen gesellschaftlichen Bezugsgruppe geht; dies kann als Externalität positiv ‚zurückstrahlen', weil die Haltung des Individuums als altruistisch-wohlmeinend (benevolent) wahrgenommen wird; oder die Ungleichheit wirkt sich als negative Externalität aus, weil eine neidisch-böswillige (malevolente) Haltung vorliegt, was wir im nächsten Kapital als Sozialneid aufgreifen (vgl. Abschn. 8.1). Hier hat die Mainstream-Ökonomik eine Schnittstelle zur Identitätsökonomik und ihrer Diskussion von Fairness herausgebildet (vgl. Abschn. 4.5).

Was kann die einzelmarktbezogene Mainstream-Ökonomik nicht leisten?
- Die Mainstream-Ökonomik muss sich als Kritik gefallen lassen, dass ihre Erkenntnisgewinne auf einer **unterkomplexen Idee vom Menschen** fußen (vgl. Kap. 2 und 3). Kindleberger und Aliber (1978/2005, S. 42) verweisen beispielhaft auf den ‚Demonstrationseffekt' und den ‚Duesenberry-Effekt': Beim ersten Effekt tätigt ein Akteur Mehrausgaben und verschuldet sich sogar, um mit seinem Nachbarn gleichzuziehen, was wir als Positionsgüter diskutiert haben (vgl. Abschn. 4.4). Beim zweiten Effekt erhöhen beide ihre Konsumausgaben, während ihr jeweiliges Einkommen steigt; sinkt das Einkommen, senken sie ihre Konsumausgaben allerdings nur zögerlich und daher weniger stark ab, weil sich ihre kognitiven Referenzpunkte verzerrt haben (vgl. Abschn. 5.3). Auch bleibt ausgeblendet, dass Markteffekte von einem Produktmarkt auf einen anderen überspringen und ein Herdenverhalten ausprägen können, das von der Rationalität in eine Irrationalität kippt. Letztere ist als Euphorie oder Panik bekannt und wird von den einzelmarktbezogenen Ansätzen ausgeblendet. Es gibt also eine Leerstelle dort, wo es um massenpsychologische Verhaltensweisen geht, die sich aus Einzelmärkten heraus entwickeln und auch makroökonomische Krisen auslösen können, worauf vor allem Minsky früh hingewiesen hat (vgl. Abschn. 2.3).
- Zudem blendet die einzelmarktbezogene Mainstream-Ökonomik den politischen Aktionsraum aus. Die Marktteilnehmer sind anonym und die staatlichen Akteure ‚gesichtslos'. Es gibt keine Zugehörigkeit zu einer politischen Partei oder einer behördlichen Organisation. Der mögliche Einfluss von Wähler:innen und Interessengruppen wird ignoriert. Institutionelle Lösungen entstehen jedoch nicht im politisch luftleeren Raum, sondern sind das **Ergebnis politischer Verhandlungsprozesse**. In der Folge können „Verteilungskonflikte, die in jeder Konstellation von Verfügungsrechten stecken, […] Effizienzüberlegungen überschatten und damit eine Reform blockieren oder stark behindern", so Richter und Furubotn (1996/2003, S. 135). Internalisierungs-

lösungen brauchen in der Realität also zusätzliche Informationen, die sich auf die Identität und Präferenzen der politischen Verhandlungspartner beziehen.

- Was moralisch (un-)erwünscht ist, bezieht sich bei der Wettbewerbsordnung in der Regel auf Produktmärkte und deren Ergebnisse. Dehnt sich die **Ökonomisierung** aus und erfasst Produkte, für die es bisher keinen Markt gegeben hat, kann dies allerdings die bestehende Moral verändern. Sandel (2012/2024, S. 114–115) nennt beispielhaft die soziale Norm der zeitlichen Zuverlässigkeit, wenn Eltern ihre Kinder pünktlich vom Kindergarten abholen. Bekommt das verspätete Abholen einen Preis, den die Eltern zahlen müssen, ändert sich auch deren Verhalten. Denn mit dem Preis nimmt das verspätete Abholen zu. Moralität wird verdrängt und durch Käuflichkeit ersetzt. Sandel fordert: „Um die Welt erklären zu können, müssen Ökonomien also herausfinden, ob mit der Auspreisung einer Aktivität nicht ältere Normen verdrängt werden [… und] ob das auf einen Verlust hinausläuft, um den man sich Sorgen machen sollte". Vor diesem Hintergrund müssen wir uns fragen, ob moralisch umkämpfte Bereiche (z. B. Umweltschutz) nicht angemessener zu bewerten sind (z. B. Inwertsetzung von Biodiversität).

7.6   Vierte Etappe: Entscheiden Sie Ihre Systemparameter – Bürgerliche Eigenverantwortung

Willkommen zurück zum **vierten Teil des INSEL-Experiments** (vgl. Abschn. 6.6). Stellen Sie sich dabei zusätzliche Handlungsbedingungen vor:

- Ihre Bootsreise ins Ungewisse ist vorüber und Sie und die übrigen Bootsinsassen haben die von Ihnen **entdeckte INSEL betreten**. Nun geht es darum, den neuen Lebensraum zu erkunden und sich mit dem Nötigsten zu versorgen. Alles wird zunächst von Situation zu Situation entschieden.
- Innerhalb des nächsten halben Jahres wollen Sie und die Anderen jedoch eine **INSEL-Verfassung** entwickeln und verabschieden. Diese soll allen eine Orientierung für das ökonomische und gesellschaftliche Miteinander geben, wenn in den kommenden Jahren aus den vorhandenen Ressourcen die Wirtschaft aufgebaut wird.

Sie und die Anderen haben also Zeit darüber nachzudenken, wie bestimmte Prinzipien und Mechanismen wirken. Sie starten mit der Überlegung, Ihre INSEL marktwirtschaftlich zu gestalten und die Versorgung mit Gütern und Dienstleistungen über das **Wettbewerbsprinzip auf den Produktmärkten** sicherzustellen. Hierzu erhalten Sie jetzt anregende Reflexionsfragen und Denkanstöße:

1. Was ist für Sie und die Anderen ein gutes Leben, wenn auf den INSEL-Produktmärkten der Wettbewerb funktioniert und die Basis dafür legt?
2. Welchen Stellenwert hat dieses gute Leben für Sie? Und wie begründen Sie dies?

3. Welche Art der Eigenverantwortung ist auf Ihrer INSEL marktwirtschaftlich gewollt? Und wie drückt sich dies aus?
4. Nach welchen Kriterien werden auf Ihrer INSEL die Ressourcen verteilt, wenn Sie eine effiziente Leistungserbringung anstreben? Und was können Sie damit erreichen?
5. Nach welchen Kriterien werden in Ihrem INSEL-System die Einkommen verteilt? Welche Vor- und Nachteile hat diese Art der Einkommensverteilung?
6. In welchen Bereichen ist es nötig innovativ zu werden, um Lebensstandards zu halten und das gute Leben zu verbessern? Auf welche Art von Innovationen setzen Sie dabei?
7. Welche Handlungsfreiheiten wollen Sie in Ihrer INSEL-Gesellschaft verwirklichen, um am Wettbewerb auf den Produktmärkten mitwirken zu können? Was wollen Sie damit bezwecken?
8. Wie sieht Ihr Bild von der gesellschaftlichen Zukunft auf der INSEL aus? Welche Schwerpunkte wollen Sie dabei setzen?
9. Wie gelingen auf Ihrer INSEL gesellschaftliche Veränderungen? Von welchen Faktoren hängt dies ab? Und wie gehen Sie dabei im rein marktwirtschaftlichen Sinne mit den Bereichen Ökonomie, Soziales und Ökologie um?

Literatur

Adler, Jonathan H. (2000): More sorry than safe: assessing the precautionary principle and the proposed international biosafety protocol, in: Texas International Law Journal 35, S. 173–205
Akerlof, George A. (1970): The Markets for „Lemons – Quality Uncertainty and the Market Mechanism, in: Quarterly Journal of Economics, Vol. 84, S. 488–500
BMBF (Bundesministerium für Bildung und Forschung) und acatech (2022): Mit Künstlicher Intelligenz zu nachhaltigen Geschäftsmodellen, Lernende Systeme – Die Plattform für Künstliche Intelligenz (Hrsg.), Whitepaper, Februar, https://www.acatech.de/publikation/mit-kuenstlicher-intelligenz-zu-nachhaltigen-geschaeftsmodellen/, Zugriff 19.12.2023
Bogenstahl, Christoph (2023): Chancen und Risiken des Tiefseebergbaus, Bund für Technikfolgen-Abschätzung beim Deutschen Bundestag, Februar, https://publikationen.bibliothek.kit.edu/1000156300, Zugriff 16.02.2024
Borderstep Institut und Startup Verband (2022): Green Startup Monitor 2022, https://startupverband.de/fileadmin/startupverband/mediaarchiv/research/green_startup_monitor/gsm_2022.pdf, Zugriff 19.12.2023
Brand, Andreas, und Holtgrewe, Ursula (2004): KDE im Kontext: Open Source Software Entwicklung und öffentliche Güter, Beitrag zur Tagung der DGS-Sektionen Arbeits- und Industriesoziologie und Wirtschaftssoziologie und des Arbeitskreises Politische Ökonomie ‚Die Wissensökonomie der Wissensgesellschaft', München, 10.-12. Juni, https://nbn-resolving.org/urn:nbn:de:0168-ssoar-65875, Zugriff 09.10.2022
Brasche, Ulrich (2013): Europäische Integration, Oldenbourg Verlag, München, 3. Auflage
Bundeskartellamt (2021): Jahresbericht 2020/ 21, Bonn, https://www.bundeskartellamt.de/SharedDocs/Publikation/DE/Jahresbericht/Jahresbericht_2020_21.html, Zugriff 06.11.2022
Bundeskartellamt (2020): Sektoruntersuchung Nutzerbewertungen, Bericht, Oktober, Bonn, https://www.bundeskartellamt.de/SharedDocs/Publikation/DE/Sektoruntersuchungen/Sektoruntersuchung_Nutzerbewertungen_Bericht.pdf;jsessionid=585A3B3CAEBB783CC11E17FBE6AB6E59.1_cid509?__blob=publicationFile&v=3, Zugriff, 18.12.2023

Bundeskartellamt (2001): Untersuchung gegen 22 Netzbetreiber wegen überhöhter Netznutzungs-entgelte eingeleitet, Pressemitteilung vom 27.09.2001, https://www.bundeskartellamt.de/Shared-Docs/Meldung/DE/Pressemitteilungen/2001/27_09_2001_Netznutzungsgeb%C3%BChrenB11.html, Zugriff 07.08.2024

Bundesnetzagentur und Bundeskartellamt (2023): Monitoringbericht 2022, Bonn, https://data.bundesnetzagentur.de/Bundesnetzagentur/SharedDocs/Mediathek/Monitoringberichte/Monito-ringberichtEnergie2023.pdf, Zugriff 07.08.2024

Burger-Menzel, Bettina (2016): Environmental Politics and the Human Being: A New Interdiscipli-nary Perspective on Motivational Processes and Sustainable Change Behavior, Global Co-operation Research Papers, Nr. 13, Käte Hamburger Kolleg/ Centre for Global Cooperation Re-search (KHK/GCR21), Duisburg

Business Biodiversity (o. J.): Fact Sheet: Biodiversität in der Getränkebrache, ‚Europäische Busi-ness and Biodiversity Kampagne' und Baustein der Initiative „Unternehmen Biologische Vielfalt 2020' der Bundesministerien für Umwelt und für Wirtschaft, von Wirtschaftsverbänden und Umweltschutzorganisationen, https://www.business-biodiversity.eu/bausteine.net/f/8402/FactS-heetGetr%C3%A4nkeundBiodiversit%C3%A4t.pdf?fd=3, Zugriff 23.12.2024

Business Biodiversity (o. J.): Fact Sheet: Biodiversität in der Lebensmittelbranche (Einzelhandel), ‚Europäische Business and Biodiversity Kampagne' und Baustein der Initiative „Unternehmen Biologische Vielfalt 2020' der Bundesministerien für Umwelt und für Wirtschaft, von Wirt-schaftsverbänden und Umweltschutzorganisationen, https://www.bodensee-stiftung.org/wp-content/uploads/Fact-Sheet-Lebensmitteleinzelhandel.pdf, Zugriff 23.12.2024

Deutscher Bundestag (2019): Lithium – Vorkommen, Abbau und ökologische Auswirkungen in Bo-livien, Sachstand WD 8-3000-135/18, Wissenschaftliche Dienste, https://www.bundestag.de/re-source/blob/627440/21dc4b97c8404198595dec98a4506a79/WD-8-135-18-pdf-data.pdf, Zu-griff 31.12.2023

Eickhof, Norbert (2008): Die Hoppmann-Kantzenbach-Kontroverse – Darstellung, Vergleich und Bedeutung der beiden wettbewerblichen Leitbilder, Wissenschaftliche Diskussionsbeiträge Nr. 95, wissenschafts- und sozialwissenschaftliche Fakultät, Universität Potsdam, Potsdam, https://publishup.uni-potsdam.de/opus4-ubp/frontdoor/deliver/index/docId/2545/file/vwdb_95.pdf, Zugriff

EPRS (European Parliament Research Service) (2020): The ethics of artificial intelligence: Issues and Initiatives, Studie PE 634.452, März, Brüssel, https://www.europarl.europa.eu/RegData/etu-des/STUD/2020/634452/EPRS_STU(2020)634452_EN.pdf, Zugriff 02.10.2020

Eucken, Walter (1952/2004): Grundsätze der Wirtschaftspolitik, Mohr Siebeck Verlag, Tübingen

FNR (Fachagentur Nachwachsende Rohstoffe) (2020): Biokunststoffe, Gützow-Prüzen, 7. Auflage, https://www.fnr.de/fileadmin/allgemein/pdf/broschueren/brosch_biokunststoffe_2020_web.pdf, Zugriff 18.12.2023

FAZ (2008): Bayer und das Bienensterben (Verfasserin: Bittner, Uta), 16.06.2008, https://www.faz.net/aktuell/wirtschaft/unternehmen/chemiekonzern-in-der-kritik-bayer-und-das-bienensterben-1536717.html, Zugriff 26.10.22

Fritsch, Michael (2014): Marktversagen und Wirtschaftspolitik, Verlag Franz Vahlen, München, 9. Auflage

GWB (Gesetz gegen Wettbewerbsbeschränkungen) (1998/2024), neugefasst durch Bekanntmachung vom 26.06.2013, zuletzt geändert 15.07.2024, https://www.gesetze-im-internet.de/gwb/GWB.pdf, Zugriff 20.09.2024

Härtel, Ines (2018): Künstliche Intelligenz in der nachhaltigen Landwirtschaft – Datenrechte und Haftungsregime, in: NuR (2020), Nr. 42, S. 439–453, https://d-nb.info/1217462856/34, Zugriff 21.09.2024

Heinrich-Böll-Stiftung (2015): Der Wert öffentlicher Güter, Bericht der Kommission Öffentliche Güter der Heinrich-Böll-Stiftung, Band 15 der Schriftenreihe Wirtschaft und Soziales, Berlin, https://www.boell.de/de/2015/02/02/der-wert-oeffentlicher-gueter, Zugriff: 25.10.2022

Hellwig, Martin (2006/2020): Effizienz oder Wettbewerbsfreiheit? Zur normativen Grundlegung der Wettbewerbspolitik, Max Planck Institute for Research on Collective Goods, Bonn, https://homepage.coll.mpg.de/pdf_dat/2006_20online.pdf, Zugriff 05.05.2015

Herdzina, Klaus (1999): Wettbewerbspolitik, UTB-Reihe, Lucius & Lucius Verlag, Stuttgart, 5. Auflage

Kindleberger, Charles P. und Aliber, Robert Z. (1978/2005): Manias, Panics, and Crashes, John Wiley & Sons, Hoboken, New Jersey, 5. Auflage

Kronberger Kreis (2022): Green Deal auf Kosten des Wettbewerbs?, Kronberger Kreis-Studien, No. 69, ISBN 3-89015-131-0, Stiftung Marktwirtschaft, Berlin, http://hdl.handle.net/10419/261358, Zugriff 16.12.2023

Lenzen, M., Moran, D., Kanemoto, K. et al. (2012): International trade drives biodiversity threats in developing nations, Nature 486, S. 109–112, https://doi.org/10.1038/nature11145

Leopoldina (2019): Saubere Luft – Stickstoffoxide und Feinstaub in der Atemluft: Grundlagen und Empfehlungen, Deutsche Akademie der Naturforscher Leopoldina (Hrsg), Halle an der Saale, https://www.leopoldina.org/uploads/tx_leopublication/Leo_Stellungnahme_Saubere-Luft_2019_Web_03.pdf, Zugriff 15.2.24

Moeckli, Daniel (2015): Das Klima als globales öffentliches Gut, in: Biaggini, Giovanni, Diggelmann, Oliver, und Kaufmann Christine (Hrsg.), Festschrift für Daniel Thürer, Sonderdruck aus Polis und Kosmopolis, Dike Verlag, Zürich, S. 485–495, https://www.zora.uzh.ch/id/eprint/114846/, Zugriff 09.10.2022

Monopolkommission (2023): Energie 2023: Mit Wettbewerb aus der Energiekrise, 9. Sektorgutachten, Bonn, https://www.monopolkommission.de/images/PDF/SG/9sg_energie_volltext.pdf, Zugriff 07.08.2024

Monopolkommission (2015): Wettbewerbspolitik: Herausforderung digitaler Märkte, Sondergutachten 68, Bonn, https://www.monopolkommission.de/images/PDF/SG/SG68/S68_volltext.pdf, Zugriff 16.12.2023

Richter, Rudolf, und Furubotn, Eirik G. (1996/2003): Neue Institutionenökonomik, Mohr Siebeck, Tübingen, 3. Auflage

Röhl, Klaus-Heiner (2021): Start-ups and Venture Capital in Deutschland, IW-Policy Paper, Nr. 28, Institut der deutschen Wirtschaft, Köln, https://www.iwkoeln.de/fileadmin/user_upload/Studien/policy_papers/PDF/2021/IW-Policy-Paper_2021-_Start-ups-und-Zukunftsfonds.pdf, Zugriff 19.12.2023

Röpke, Wilhelm (1965): Die Lehre von der Wirtschaft, Eugen Rentsch Verlag, München

Sandel, Michael J. (2012/2024): Was man für Geld nicht kaufen kann, S. Fischer Verlag, Frankfurt am Main

Schmidt, Ingo, und Haucap, Justus (2013): Wettbewerbspolitik und Kartellrecht, De Gruyter Oldenbourg, Berlin, 10. Auflage

Soria López, Manuel, und Burger-Menzel, Bettina (2014): Conocimiento tradicional, biotecnología moderna y desarrollo local en México, IX Lateinamerikanischer Kongress der ländlichen Soziologie (Sociología Rural), Conocimientos, saberes y tecnologías en el medio rural, Mexiko-Stadt, 06. – 11.10.2014

Stavins, Robert N. (2017): The Evolution Of Environmental Economics: A View From The Inside, in: The Singapore Economic Review, Vol. 62, Nr. 2(2017), S. 251–274

Vieira de Freitas Netto, Sebastiao, Falcao Sobral, Marcos Felipe, Bezerra Ribeiro, Ana Regina, und da Luz Soares, Gleibson Robert (2020): Concepts and forms of greenwashing: a systematic review, in: Environmental Sciences Europe, 32:19, Springer Open. S.1–12., https://doi.org/10.1186/s12302-020-0300-3, Zugriff 15.09.2022

WBGU (Wissenschaftlicher Beirat Globale Umweltveränderungen (2013): Welt im Wandel – Menschheitserbe Meer, Hauptgutachten, Berlin, https://www.wbgu.de/de/publikationen/publikation/welt-im-wandel-menschheitserbe-meer, Zugriff 23.12.2023

ZEW, Fraunhofer und infas (2022): Innovationen der deutschen Wirtschaft, Bericht zur Innovationserhebung 2022, Zentrum für Europäische Wirtschaftsforschung (ZEW; Hrsg.), Mannheim, https://ftp.zew.de/pub/zew-docs/mip/22/mip_2022.pdf, Zugriff 18.12.2023

Zielinski, Oliver (2020): Rettet künstliche Intelligenz den Planeten?, Deutsches Forschungszentrum für Künstliche Intelligenz, IM+io, Heft 3, September, S. 14, https://www.dfki.de/fileadmin/user_upload/DFKI/Medien/News_Media/Presse/Presse-Highlights/205_DfKI_Digitallizenz.pdf, Zugriff 16.12.2023

Homepages

Bundesnetzagentur (Homepage): Aufgaben und Struktur, https://www.bundesnetzagentur.de/DE/Allgemeines/DieBundesnetzagentur/AufgabenStruktur/start.html, Zugriff 18.12.2023

Bundesnetzagentur (Homepage): Versorgungssicherheit, https://www.bundesnetzagentur.de/DE/Fachthemen/ElektrizitaetundGas/Versorgungssicherheit/start.html, Zugriff 18.12.2023

BMWK (Bundesministerium für Wirtschaft und Klimaschutz) (Homepage): Unsere Energiewende: sicher, sauber, bezahlbar, https://www.bmwk.de/Redaktion/DE/Dossier/energiewende.html, Zugriff 21.12.2023

EK (Europäische Kommission) (Homepage): EU-Verbraucherschutz-Regeln: Schutz vor Greenwashing und irreführender Produktinformation, https://germany.representation.ec.europa.eu/news/eu-verbraucherschutz-regeln-schutz-vor-greenwashing-und-irrefuhrender-produktinformation-2024-03-27_de, Zugriff 22.09.2024

IKS (Fraunhofer-Institut für Kognitive Systeme) (Homepage): Was ist künstliche Intelligenz? Was ist maschinelles Lernen? https://www.iks.fraunhofer.de/de/themen/kuenstliche-intelligenz.html, Zugriff 18.12.2023

ISA (International Seabed Authority) (Homepage): Mining Code, https://www.isa.org.jm/, Zugriff 23.12.2023

TerraChoice (Homepage), https:/sinsofgreenwashing.org, 31.12.2023

UBA (Umweltbundesamt) (Homepage): Der Europäische Emissionshandel, https://www.umweltbundesamt.de/daten/klima/der-europaeische-emissionshandel#teilnehmer-prinzip-und-umsetzung-des-europaischen-emissionshandels, Zugriff 26.10.22

UBA (Homepage): Kyoto-Protokoll, https://www.umweltbundesamt.de/themen/klima-energie/internationale-eu-klimapolitik/kyoto-protokoll#entstehungsgeschichte-und-erste-verpflichtungsperiode, Zugriff 17.02.2024

Politikökonomik: Wenn Produktmärkte zusätzlich Fairness produzieren sollen

„While it is important to distinguish conceptually the notion of poverty as capability inadequacy from that of poverty as lowness of income, the two perspectives cannot but be related, since income is such an important means to capabilities. And since enhanced capabilities in leading a life would tend, typically, to expand a person's ability to be more productive and earn a higher income, we would also expect a connection going from capability improvement to greater earning power and not only the other way around. […] The more inclusive the reach of basic education and health care, the more likely it is that even the potentially poor would have a better chance of overcoming penury".

Amartya K. Sen (1999, S. 90): Development as Freedom

„People are the real wealth of a nation. The basic objective of development is to create an enabling environment for people to enjoy long, healthy and creative lives. This may appear to be a simple truth. But it is often forgotten in the immediate concern with the accumulation of commodities and financial wealth".

UNDP (1990, S. 9): Human Development Report

Lernkontext

In diesem Kapitel geht es um die Frage, was sich verändert, wenn der Kern der wettbewerblichen Koordination (Marktwirtschaft) um eine umverteilende Koordination ergänzt wird (z. B. soziale Marktwirtschaft). Wir diskutieren, wann Marktergebnisse als sozial unerwünscht gelten und wie sich Solidaritätsansprüche selbst aus der Perspektive von Produktmärkten begründen lassen. Da solche Ansprüche in der Realität politisch verhandelt werden, tritt neben die ökonomische Macht nun die politische Macht (z. B. Elitenherrschaft). Ob sich Systemergebnisse verbessern oder verschlechtern, wird dann letztlich über die Wechselwirkung von Wirtschafts- und

---

B. Burger-Menzel, *Multiperspektivische Ökonomik*,
https://doi.org/10.1007/978-3-658-48617-4_8

Politiksystem entschieden. Im Extremfall können politökonomische Entwicklungen die Staatlichkeit schwächen (fragiler Staat).

Kapitel 8 …

- führt in die umverteilende Koordination und ihren politökonomischen Bezugsrahmen ein (Abschn. 8.1);
- zeigt auf, wann Umverteilungsmechanismen wohlfahrtsfördernd oder wohlfahrtsschädlich wirken (Abschn. 8.2 und 8.3);
- ordnet die Politikökonomik als Systemansatz ein (Abschn. 8.4);
- bewertet den Erkenntnisbeitrag der Politikökonomik zu Moral in Systemen und gleicht ihn mit unserer Beispielwelt der Nachhaltigkeit ab (Abschn. 8.5);
- bietet mit Hilfe des INSEL-Experiments an, die neuen Erkenntnisse persönlich zu reflektieren (Abschn. 8.6).

Schlüsselbegriffe: Verteilungsnorm, Bedarfsgerechtigkeit, Staatsversagen
Merkkasten: Wettbewerbliche plus umverteilende Koordination

8.1   Was macht Umverteilungen wirtschaftssystemisch bedeutsam und wann ist ein Staat fragil?

Zusammenfassung
In sozialen Marktwirtschaften verzahnen sich die wettbewerbliche und die umverteilende Koordination. Letztere arbeitet mit Verteilungsnormen wie der Bedarfsgerechtigkeit, die auf eine Gleichheit ausgewählter Bedürfnisstrukturen abzielt und oft an der Verteilung von Einkommen und Vermögen ansetzt. Wir bewegen uns überwiegend auf der Mesoebene, bei der es um gruppenspezifische Phänomene geht und unterschiedliche Teilhabemöglichkeiten und Lebensrealitäten zum Tragen kommen. Dies macht die Bedarfsgerechtigkeit zu einem herausfordernden Thema und grenzüberschreitende Vergleiche schwierig. Eine Verteilung kann von gesellschaftlichen Gruppen als so ungerecht empfunden werden, dass ihr Vertrauen in die Staatlichkeit und deren Stabilität verloren geht, weil (vermeintliche) Versprechen aus dem Gesellschaftsvertrag nicht eingelöst werden. Ist die Staatlichkeit geschwächt bzw. fragil, verschlechtert sich die Handlungsfähigkeit des Staates, um Wohlfahrtsleistungen für seine Gesellschaft zu erbringen und klimapolitisch wirksam zu werden.

In Teil 1 des Buchs haben wir die Sichtweise kennengelernt, dass der Mensch eine soziale Identität hat (vgl. Kap. 4). In Teil 2 stellen wir uns vor, dass aus diesen Gruppenzugehörigkeiten normative Ansprüche an die Gesellschaft erwachsen. Bestimmte Marktergebnisse gelten nicht länger als sozial erwünscht und sollen systemisch korrigiert werden. Im Ergebnis wird die wettbewerbliche Koordination um einen umverteilenden Mechanismus ergänzt. Wie lässt sich solch eine Umverteilung beschreiben? Und was macht Moral systemisch bedeutsam?

Wir sind in diesem Kapitel überwiegend auf der Mesoebene unterwegs, auf der Gruppenstrukturelles deutlich wird. Oder in den Worten von Behrends (2001, S. 163): „Ebenso wie die Mikroökonomie wird auch die Makroökonomie der Erforschung wirtschaftlicher Gruppenphänomene nicht gerecht. […] Zwar wird häufig eine Disaggregation in Richtung einer Zusammenfassung gesamtwirtschaftlicher Aggregate zu homogenen Gruppen, wie alle Haushaltungen und alle Unternehmungen, sowie Sektoren vorgenommen, aber nicht deren spezifischen gruppenstrukturellen Verhaltensweisen analysiert, sondern ausschließlich gleichartige Handlungsweisen unterstellt, obwohl gruppenspezifisches Verhalten durchaus für die gesamtwirtschaftliche Steuerung von Bedeutung sein kann." Die Volkswirtschaftslehre nennt diesen Ausschnitt **Mesoökonomie**, weil die Analyseebene mittig, also zwischen der Mikro- und der Makroebene liegt.

Für die wettbewerbliche Koordination ist es förderlich, wenn das Marktergebnis nach dem individuellen Leistungserfolg verteilt wird (Leistungsgerechtigkeit). Leistet ein Individuum in Quantität und/ oder Qualität mehr als ein anderes Individuum (z. B. erfolgreiche Innovation), steht ihm annahmegemäß ein höheres Einkommen zu. Leistungsgerecht ist auch, dass erfolglose Individuen leer ausgehen. Doch wie wir im letzten Kapitel gesehen haben: Produktmärkte haben als Vergütungssystem Schwächen. Sie können unvollkommen sein und versagen und nicht alle Wertebezüge lassen sich im normativen Sinn ökonomisieren, also mit einem Preisschild versehen (vgl. Abschn. 7.5). Die **umverteilende Koordination** setzt an der wettbewerblichen Koordination und deren Primäreinkommensverteilung an:

- Erstens kann nur umverteilt werden, was als Leistungseinkommen entsteht (z. B. über Einkommenssteuer) oder im Bestand vorhanden ist (z. B. über Vermögenssteuer). Die **Sekundäreinkommensverteilung** beschreibt dann die Umverteilung selbst, die sozialen Transfers sowie die öffentliche Bereitstellung von Gütern und Dienstleistungen, die wir im Abschnitt zu öffentlichen Gütern und Daseinsvorsorge diskutiert haben (vgl. Abschn. 7.3).
- Zweitens wird die Annahme der Wettbewerbsordnung abgelehnt, dass jede:r grundsätzlich leistungswillig und leistungsfähig ist. Dies ist in der **sozialen Realität** nicht immer der Fall. Beispiele liefern unterschiedliche Startbedingungen (z. B. Bildungschancen) oder Umstände, von denen bestimmte Personen(-gruppen) stärker betroffen sind als andere (z. B. Armutsfalle).

Die Differenz aus Primär- und Sekundäreinkommen wird in Deutschland vor allem als Arbeitnehmer- und Arbeitgeberbeitrag an die Sozialversicherungen abgeführt (z. B. Rentenversicherung) und als **Zwangsabgabe** an den Staat (z. B. Steuern), der damit seine Leistungen und den eigenen Finanzbedarf deckt. Steuerpflichtig sind natürliche und juristische Personen, also auch Organisationen. Die Zwangsabgabe kann direkt (z. B. Lohnsteuer) oder indirekt (z. B. Mehrwertsteuer) erhoben werden. Im Sinne einer Solidargemeinschaft spielen neben dem Staat auch selbstverwaltete Versicherungsträger (z. B. Berufsgenossenschaften) eine Rolle.

Wird Einkommen umverteilt, geht es um **soziale Präferenzen und moralische Normen**. Und es geht um den Zusammenhang aus Moral, Moralität und Ethik, den Holzmann (2015/2019, S. 4–6) begrifflich klärt. Wir beziehen seine Ausführungen hier auf Verteilungsnormen:

- Eine Verteilungsnorm beschreibt, welche Einkommens(un)gleichheit eine Gesellschaft als ‚gut‘, ‚richtig‘ oder ‚fair‘ bewertet (**Moral**), so dass daraus im gesellschaftsvertraglichen Idealfall Institutionen entstehen, um die Verhaltensweisen entsprechend zu steuern.
- Solch eine Institutionalisierung hat gesellschaftliche Bindungskräfte, die weiter erstarken, wenn sich alle erwartungsgemäß verhalten (**Moralität**). So kann beispielsweise erwartet werden, dass jede:r fristgerecht Steuern zahlt und diese nicht zu hinterziehen versucht, wenn eine bestimmte Umverteilung als gesellschaftlich fair gilt. Dadurch wird der umverteilende Mechanismus als rechtmäßig anerkannt und wirkt sinnstiftend. Holzmann bezeichnet solch eine Anerkennung als normative Legitimität.
- **Ethik** wiederum ist die philosophische Denkweise, die all dies hinterfragt. So zeigen bestimmte Phänomene, mit denen sich die praktische Philosophie beschäftigt, dass die (historische) Realität vom Idealfall abweicht. Denn Verteilungsnormen (z. B. Erbrechtsregelungen) werden maßgeblich durch politökonomische Machtverhältnisse bestimmt. Dies muss im Folgenden mitgedacht werden, selbst wenn uns im Buch der Raum fehlt, den Faktor Macht überall einzuflechten und zu vertiefen.

▶ **Verteilungsnormen** sind moralische Aussagen darüber, welche (Einkommens-)Verteilung gesellschaftlich erwünscht ist (Moral). Verteilungsnormen gelten als normativ legitimiert, wenn sie institutionalisiert werden und sich die Akteure erwartungsverlässlich verhalten (Moralität).

Wir konzentrieren uns hier auf die Verteilungsnorm der Bedarfsgerechtigkeit, die in vielen Ländern der Welt auf unterschiedliche Weise praktiziert wird. Dabei soll den Mitgliedern einer Gesellschaft ermöglicht werden, bestimmte Bedürfnisse zu erfüllen (z. B. Chancengleichheit). Es geht also um die **Gleichheit der Bedürfnisstruktur**. Damit grenzt sich die Bedarfsgerechtigkeit nicht nur vom Leistungsprinzip ab, nach dem gleiche Leistungen gleich zu entlohnen sind. Sie grenzt sich auch vom Gleichheitsprinzip ab, nach dem alle Einkommensniveaus gleich hoch ausfallen sollen.

▶ **Bedarfsgerechtigkeit** beschreibt eine Verteilungsnorm, die auf die Gleichheit bestimmter Bedürfnisstrukturen achtet. Ziel ist, sozial unerwünschte Ergebnisse des Wirtschaftsprozesses zu korrigieren und darüber einen verteilungsgerechten Ausgleich der gesellschaftlichen Interessen herbeizuführen.

Die Praxis der Bedarfsgerechtigkeit ist vielfältig. Erstens kann sich Bedarfsgerechtigkeit auf ein **Bündel von Ansprüchen** beziehen. Dabei geht es grundsätzlich um alle Sachverhalte, für die in einer Volkswirtschaft eine irgendwie geartete Verteilung möglich ist. Bei den Produktionsfaktoren umfasst dies das Finanz-, Sach- und Naturkapital sowie das Human- und Sozialkapital (Binder et al. 2015, S. 126):

- **Finanzkapital**: Geldmittel und der Zugang zu Kreditmitteln, um Kaufoptionen bei Investitions- und Konsumgütern zu ermöglichen;
- **Sachkapital**: Investitionsgüter für den Produktionsprozess, was Anlagen, Maschinen und Werkzeuge als Betriebsmittel umfasst;
- **Naturkapital**: Umweltressourcen wie Land und (nicht-)biologische Ressourcen, die für das Bewirtschaften verfügbar sind, sowie der Zugang zu Wasser;
- **Humankapital**: Fähigkeiten und Erfahrungswissen von Menschen, um wirtschaftlich produktiv zu werden, mit entsprechenden Zugängen zu (Weiter-)Bildung und (Forschungs-)Wissen sowie zum Gesundheitssystem, um Produktivkräfte zu erhalten;
- **Sozialkapital**: Fähigkeiten und Erfahrungswissen von Menschen, um in sozialen Netzwerken einen Mehrwert zu erzielen, mit Zugängen zu deren Strukturen und Prozessen, was üblicherweise mit Kooperation und Vertrauen, gesellschaftlichem Engagement und Teilen einhergeht.
- In der Diskussion über das gute Leben wird meist die **Verteilung von Erwerbs- und Vermögenseinkommen** betont sowie die Verteilung des Vermögensbestands selbst (vgl. Abschn. 6.3). Denn die anderen Verteilungen werden davon mitbeeinflusst. Ein Beispiel: Verfügt jemand über ein geringes Einkommen, hat er in der Regel weniger Ressourcen und trifft andere Allokationsentscheidungen als jemand mit höherem Einkommen. Fehlt es den Ressourcen zudem an Qualität (z. B. schlechte Schulausbildung), wirkt sich dies nachteilig auf deren preisliche Verwertungschancen aus (z. B. Billigjobs). Dies macht die Zugangsverteilung elementar, also den Zugang zu wichtigen Versorgungsgütern (z. B. Medikamenten) und Versorgungsdienstleistungen (z. B. Digitalisierung). Im Extremfall geht es um akute Armut, also das existenzielle Überleben, das sich nach dem multidimensionalen Armutsindex der Vereinten Nationen in Indikatoren wie Unterernährung, fehlendem Trinkwasser und Analphabetentum ausdrückt (UNDP 2023, S. 2–3).

Zweitens unterscheiden sich Gesellschaften in ihren Verteilungsnormen, selbst wenn wir idealtypisch annehmen, dass alle Länder ein vergleichbares marktwirtschaftliches System haben. Innerhalb einer Gesellschaft wiederum kann es **gruppenspezifische Unterschiede geben, was als fair gilt**. Nach Akerlof und Kranton (2010, S. 10) gehört das Fairnessempfinden daher nicht nur zur menschlichen Natur und Identität; es ist auch vom sozialen Kontext abhängig, in dem ein Verhalten stattfindet und bewertet wird (vgl. Abschn. 4.1). Bedarfsansprüche können zudem aus dem Bedürfnis entstehen, sich als Gruppe von anderen Gruppen abzugrenzen, so dass deren Mitglieder als nicht zugehörig gelten (outsider). Dies kann an gegensätzlichen Wertepaaren ansetzen, nach denen sich eine Gesellschaft vergröbern lässt, wie Arm-Reich, Beschäftigt-Arbeitslos, Sicher-Prekär, Kapital-Arbeit, Alt-Jung, Frauen-Männer, Eltern-Kinderlose, Gebildet-Ungebildet, Elite-Masse, Ost-West, Nord-Süd, Stadt-Land, Deutsche-Ausländer, Gläubig-Ungläubig, Links-Rechts, Beweglich-Unbeweglich und Gewinner-Verlierer (Lessenich und Nullmeier 2006). Eine Gesellschaft ist in der Realität somit in zahlreiche Untergruppen aufgespalten, die jeweils eigene Vorstellungen von Bedarfsgerechtigkeit haben und mehr oder minder machtvoll agieren können.

Drittens ist die **Umsetzungspraxis (methodisch) herausfordernd**. Dies betrifft beispielsweise die Ermittlung des Schwellenwerts, ab dem eine Einkommenshöhe als bedarfskritisch gilt (z. B. Verfassungsgerichtsurteile zur Höhe von Sozialleistungen), und die Festlegung, aus welchen Quellen sich das jeweilige Einkommen zusammensetzen darf (z. B. Nichtanrechnung eines zusätzlichen 450-Euro-Jobs?). Zudem lassen sich Unterschiede in der individuellen Teilhabemöglichkeit häufig schwer objektiv messen und zwischen Personen(-gruppen) vergleichen. Dabei darf sich die Untersuchung nur auf ökonomische und damit einkommensabhängige Größen beziehen. Hinzukommen Wechselbeziehungen und Verschiebungen über die Zeit. Zwar erhöht sich mit dem Wirtschaftswachstum das aggregierte Primäreinkommen und somit die Verteilungsmasse. Aber jeder Wachstumsverlauf führt zu Einkommensverschiebungen innerhalb von Gruppen und zwischen Gruppen, weil sich die Situation bestimmter Bevölkerungsteile verbessert oder verschlechtert. Umgekehrt können Umverteilungsmaßnahmen Zugänge schaffen und Produktivitätskräfte freisetzen und darüber das Wirtschaftswachstum beeinflussen. Solche Wechselwirkungen müssen methodisch erfasst und interpretiert werden.

Hinzukommt, dass sich – wie oben erwähnt – die Steuerungsprinzipien der wettbewerblichen und umverteilenden Koordination deutlich voneinander unterscheiden und ein eigenes Spannungsfeld bilden (siehe Abb. 8.1).

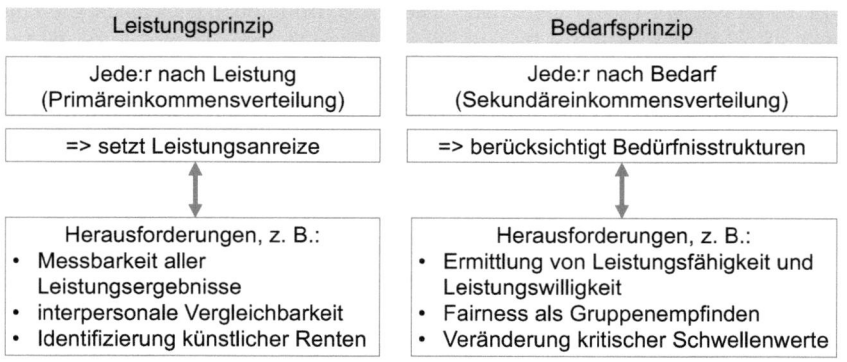

Abb. 8.1 Verteilungsnormen der sozialen Marktwirtschaft

Trotz dieser Fülle an Aspekten zeigen empirische Studien, dass es einen **gesellschaftlich tolerierten ,Verteilungskorridor'** gibt (z. B. OECD 2021; Helliwell et al. 2022). Dieser fällt je nach Land, Kontext und Untersuchungsansatz unterschiedlich groß aus. So kann es die Gesellschaft eines Landes als stabil und beglückend empfinden, wenn die Verteilung von Einkommen und Vermögen ungleich ist, solange die Unterschiede maßvoll ausfallen (z. B. skandinavische Länder). Die Gesellschaft eines anderen Landes kann sich hingegen daran gewöhnt haben, dass die Einkommensschere weit geöffnet ist (z. B. USA). Die verwendeten Erfassungsmethoden und Indikatoren sind erneut vielfältig (z. B. subjektiv bevorzugte versus subjektiv wahrgenommene versus empirisch erfasste Ungleichheit).

Gehen Verteilungsunterschiede über das jeweilige Toleranzband hinaus, kann es zu einer **Ungleichheitsaversion**, also einer Ablehnung von Ungleichheit kommen (Fehr und Schmidt 1999, S. 819, in Messner et al. 2013, S. 19). Dies wird auch für das Phänomen klebriger Böden und Decken (sticky floors and sticky ceilings) diskutiert, das die OECD (2018, S. 14–15) in einer Länderstudie untersucht:

- **Klebrige Böden** verhindern, dass Individuen und Gruppen sozial aufsteigen und sich in ihrer Ausgangsposition und Potenzialnutzung verbessern können, selbst wenn sie glauben, die Voraussetzungen hierfür erfüllt zu haben (z. B. erfolgreich abgeschlossenes Studium und harte Arbeit).
- **Klebrige Decken** wiederum erlauben Individuen und Gruppen, ihren Verteilungsvorteil zu erhalten.
- Im Gegensatz zu skandinavischen Ländern ist **Deutschland** durchaus ,klebrig', so die OECD (2018, S. 36–37): „Social mobility, notably in terms of earnings, occupation and education, is very high in most Nordic countries, and rather low in many continental European countries especially in terms of earnings, including in France and Germany, as well as in emerging economies". In Deutschland seien – wie in den USA – auch die Nachkommen von einer klebrigen Einkommensungleichheit betroffen, obwohl Deutschland zu den relativ reichen Ländern zähle.

Begrifflichkeiten wie Glück und Aversion deuten es an: Menschen mit sozialer Identität bewerten Einkommensverteilungen nicht nur zweckgebunden. Sie haben Referenzgruppen, an deren Wertschätzung sie sich orientieren (vgl. Abschn. 6.3); und sie haben Emotionen (vgl. Abschn. 4.2 und 5.2), die in die Bewertung einfließen und **Selbstverstärkungen** auslösen können (Peters 2008, S. 63). Greifen Selbstverstärkungsmechanismen, kommt es laut Glücksbericht zu einer tugendhaften Spirale oder einem Teufelskreis (Martela et al. 2020, S. 140):

- Eine Einkommensverteilung, die von Glücksempfindungen begleitet ist, stabilisiert den gesellschaftlichen Zusammenhalt und stärkt das Vertrauen ineinander. Auch wird dadurch befördert, dass die Mitglieder ihre eigene Moralität verinnerlichen. Dies kann positive Selbstverstärkungskräfte freisetzen, also eine ,**tugendhafte Spirale**' ins Laufen bringen (virtuous cycle). Beispiele hierfür sind eine relativ hohe Spenden- und Hilfsbereitschaft und die oben angesprochene Steuermoral.

- Die negative Variante heißt Sozialneid. Ihre Selbstverstärkung ist der ‚**Teufelskreis**‘ (vicious cycle), der sich deinstitutionalisierend auswirkt. Das eigene moralische Handeln erfährt einen Bedeutungsverlust. Auch beginnen die Individuen, ihrem Handeln eine neue normative Bedeutung zuzuschreiben. Beispiele hierfür sind eine zunehmende Steuerhinterziehung, weil diese doch ein ‚Kavaliersdelikt‘ sei, und korrupte Verhaltensweisen, weil doch jede:r umgangssprachlich ‚die Hand aufhalte‘.

Sozialneid zählt folglich zu den negativen Leidenschaften, die eine freiheitliche Gesellschaft untergraben können, und wird von John Stuart Mill als die „unsympathischste und verhaßteste aller Leidenschaften" bezeichnet (von Hayek 1971/2005, S. 119). Es wird daher – auch in Deutschland – mit Ideen wie dem **bedingungslosen Grundeinkommen** experimentiert. Bei solch einem Grundeinkommen erhalten alle Gesellschaftsmitglieder ohne Nachweis von Bedürftigkeit einen bestimmten Betrag X, um sozial grundgesichert zu sein. Der Ökonom Neumärker (2016) kommentiert dies wie folgt: „Inzwischen sehe ich […] durch unsere Experimente, dass durch ein bedingungsloses Grundeinkommen tatsächlich positive Effekte auf eine Gesellschaft entstehen können und so zum Beispiel sozialer Neid abgebaut werden kann. Wer weiß, vielleicht ist das bedingungslose Grundeinkommen sogar die moderne Form der sozialen Marktwirtschaft". Das Ganze ist bisher über den Stand von Pilotprojekten nicht hinausgekommen. Daher ist – auch für Deutschland – unklar, ob ein bedingungsloses Grundeinkommen tatsächlich Sozialneid abbaut. Denn solch ein Grundeinkommen ist das, was es beschreibt: Es schafft Gleichheit in der Grundabsicherung, was dennoch als ungerecht empfunden werden kann, da Reiche bereits abgesichert sind und die Distanz zwischen Reich und Arm nicht wesentlich verringert wird. Aber vielleicht kann sich die bedingungslose Grundabsicherung wie ein positiver Empfindungsschleier über eine Gesellschaft legen und Kohäsionskräfte freisetzen, so die Hoffnung.

Im Ergebnis darf das **Politiksystem** nicht ausgeblendet werden, wenn wir die Bedarfsgerechtigkeit angemessen diskutieren wollen.

- In der westlichen Welt ist der Staat nicht nur Garant der Wettbewerbsordnung (marktwirtschaftliche Steuerung) und ökonomische Umverteilungskraft (soziale Gerechtigkeit). Er fungiert zudem politsystemisch als **Hüter der demokratischen Verfassung und der Rechtsstaatlichkeit**, wodurch er annahmegemäß die politische Teilhabe seiner Bürger:innen schützt, damit diese ihre Bedarfsansprüche einbringen können. In der Erwartung seiner Bürger:innen muss der Staat all diese Aufgaben erfolgreich umsetzen.
- Werden solche gesellschaftsvertraglichen Versprechen vom Staat nicht eingelöst, kann das Vertrauen in die Staatlichkeit schwinden (vgl. Abschn. 6.2). Der Staat beginnt, aus einem starken und konsolidierten Zustand in einen Zustand der Schwäche (**staatliche Fragilität**) überzugehen. Lambach und Bethke (2012, S. 7) beschreiben dies als Kon-

tinuum. Letzteres reicht von einem ‚schwachen Staat', der teilweise noch funktionsfähig ist, über einen ‚zerfallenden Staat' bis hin zu einem ‚kollabierten Staat'.
- Entsprechend groß ist die Bandbreite der Phänomene, die sich aus der Fragilität eines
  Staats ergeben: Von der mangelnden Durchsetzbarkeit staatlichen Rechts über ökonomische und soziale Missstände bis hin zu Selbstjustiz und Bürgerkriegen. Vor allem
  Gewaltkonflikte wirken sich negativ auf die Entwicklungschancen einer Gesellschaft
  und ihre ökonomischen Verteilungsspielräume aus. Zudem zählen die Staaten mit der
  „höchsten Warnstufe für Fragilität" auch zu denjenigen, die **vom Klimawandel überdurchschnittlich bedroht** sind, was den Überlebensdruck für die Bevölkerung verschärft (KfW Development Research 2023, S. 1).

Um das Thema einzuhegen, sieht die weitere **Vorgehensweise** in diesem Buch wie
folgt aus:

- In Abschn. 8.2 diskutieren wir, auf welche Weise bedarfsgerechte Ansätze das Systemergebnis verbessern können (**Stärke**). Hierfür klären wir den jeweiligen Anspruch, seinen Zusammenhang mit den Produktmärkten und anhand einer ausgewählten Wirtschaftspolitik, was dies politsystemisch bedeutet.
- In Abschn. 8.3 geht es um die Begleitphänomene der Bedarfsgerechtigkeit. Denn deren
  staatliche Umsetzung kann erhebliche Finanzierungsaufwände und verwaltungs-
  technische Ineffizienzen verursachen sowie Begehrlichkeiten wecken, mit denen seitens der Entscheidungsträger wohlfahrtsschädlich umgegangen wird. (**Schwäche**). Der
  Bezug zu den Produktmärkten bleibt zumindest indirekt erhalten.

Kennzeichnend für dieses Kapitel ist eine **eklektische Mischung** aus Bedarfsreali-
täten, gesellschaftlichen Phänomenen und Modellansätzen, die sich aus dem Zusammenwirken der wettbewerblichen und umverteilenden Mechanik ergibt und über die wir uns
der politökonomischen Wirklichkeit annähern.

8.2   Stärke: Wodurch kann moralisches Verhalten das Systemergebnis verbessern?

Zusammenfassung
Solidargemeinschaften haben das Potenzial, sich wohlfahrtssteigernd auszuwirken.
Denn Chancengleichheit sichert den Minimalstandard menschlicher Existenz und
verteilt Zugänge derart, dass die menschliche Produktivkraft entwickelt und besser
ausgeschöpft werden kann (Beispiel: Bildungspolitik). Werden allgemeine Lebensrisiken kollektiv abgesichert und die Folgen von Schockereignissen gemeinsam bewältigt, können Verlustängste gemildert und das Vertrauen in die ökonomische Ge-

meinschaft gestärkt werden (Beispiel: Konjunkturpolitik). Und ein adaptives Kollektivhandeln kann sich positiv auf die erforderlichen Transformationskräfte auswirken, also darauf, lösungsorientiert mit strukturellen Umbrüchen umzugehen (Beispiel: Strukturpolitik). Dabei kann in Demokratien der politische Wettbewerb eine eigene Leistungsmotivation freisetzen (z. B. Föderalismus-Ansatz). Ideal-typisch schlagen sich all diese Stärken in einer Konsolidierung der Staatlichkeit nie-der. Die politische Teilhabe hilft, bürgerliche Eigenverantwortung zu stärken und Solidarmaßnahmen treffsicherer zu gestalten. Und eine funktionierende Solidar-gemeinschaft setzt das Risiko einer politischen Polarisierung herab, erhöht also die Bereitschaft, dass über die eigenen Gruppengrenzen hinaus (auch grenzüber-schreitend) kooperiert wird. Offen sind (noch) die politökonomischen Aus-wirkungen, wenn entwickelte Länder – als Hauptverursacher von Umweltschäden und Klimafolgen und im Sinne einer globalen Solidargemeinschaft – größere Lasten bei der Nachhaltigkeitstransformation schultern müssen.

Der Anspruch auf gesellschaftliche Solidarität und sozial motivierte Einkommenstransfers kann eng oder weit ausfallen. Welche Ansprüche lassen sich unterscheiden? Und wie hän-gen diese Ansprüche mit den Produktmärkten zusammen?

Im **engen Sinne** geht es um Investitionen in die Chancengleichheit, damit bestimmte Bevölkerungsgruppen ihr Potenzial (besser) entfalten und in Wertschöpfungsprozesse ein-bringen können. Wir schauen beispielhaft auf die Bildungspolitik.

Im **weiten Sinne** geht es um die Unterstützung in selbstverschuldeten Notfällen und die Absicherung unterschiedlicher Lebensrisiken. Dabei unterscheiden wir den Umgang mit kurzfristigen Risiken vom Umgang mit mittel-/ langfristigen Risiken und – als Wirt-schaftspolitiken – die Konjunkturpolitik von der Strukturpolitik. Während die Konjunktur-politik Wirtschaftsentwicklungen glätten will, die von der Norm ‚ausreißen‘, unterstützt die Strukturpolitik Wirtschaftsbereiche, die sich an neue Herausforderungen anpassen müssen. Zu den Betroffenen, die Ansprüche erheben können, zählen dann gegenwärtige und künftige Generationen ebenso wie die nationale Bevölkerung und (Teile der) Weltbe-völkerung. Solche Erweiterungen stellen das umfassendste System aus gegenseitigen Pflichten und Rücksichtnahmen dar.

Als **positiven Wohlfahrtsbeitrag** diskutieren wir daher: (i) Chancengleichheit und ihre produktiven Potenziale, (ii) Risikogemeinschaften zur Stärkung der Kooperationsbe-reitschaft, (iii) adaptives Kollektivhandeln für ein Mehr an Veränderungsbereitschaft sowie (iv) den politischen Wettbewerb in Demokratien, um die Leistungsmotivation anzu-regen (siehe Abb. 8.2). Das gute Leben soll lang, produktiv und möglichst erfüllt sein. Es bezieht sich auf (nicht-)ökonomische Nutzengrößen, was Nachhaltigkeitsziele einschlie-ßen kann (vgl. Abschn. 6.3).

Abb. 8.2 Stärken der umverteilenden Koordination

Chancengleichheit und produktive Potenziale

Chancengleichheit ist gegeben, wenn ein Individuum Lebensbedingungen vorfindet, die ihm seine Potenzialentwicklung und -ausübung erlauben. Ist dies nicht der Fall, sind bestimmte Personen und Bevölkerungsgruppen von wesentlichen Prozessen in Wirtschaft und Gesellschaft ausgeschlossen. Wir sprechen daher von einer fehlenden Inklusion bzw. einer Exklusion.

Eine fehlende Chancengleichheit hat durchaus mit **Existenzmängeln** zu tun. Denn sind die Lebensumstände von Personen und Gruppen prekär, also kritisch bis lebensbedrohlich, ist auch deren Leistungsfähigkeit ausgebremst. Eine Einkommensverteilung wie das durchschnittliche Pro-Kopf-Einkommen zu kennen, reicht dann nicht aus. Wir brauchen Daten, die uns erzählen, ob und welche Menschen in einem Land (nicht) über das verfügen, was sie für ein gesundes Leben und eine produktive Teilhabe brauchen (z. B. Menschlicher Entwicklungsindex/ HDI; vgl. Abschn. 6.3). „So gesehen drückt sich Armut im Mangel an fundamentalen Verwirklichungschancen aus und nicht bloß in einem niedrigen Einkommen, das gemeinhin als Kriterium für Armut gilt", bestätigt Wirtschaftsnobelpreisträger Amartya Sen (2002, S. 110).

- Die Internationale Arbeitsorganisation (ILO 2010, S. 1) beschreibt die **Mindestanforderungen an Lebensstandards** als ‚Social Protection Floor'-Ansatz, was sich als ‚Untergrenze beim Sozialschutz' übersetzen lässt: Gefördert werden soll der Zugang zu essenziellen Sozialsicherungstransfers und -dienstleistungen, was Bereiche wie Gesundheit, Wasser, sanitäre Anlagen, Bildung, Nahrungsmittel, Unterbringung sowie Informationen zu Lebens- und Vermögensersparnissen betrifft; auch wird der Bedarf betont, dass Sozialschutz und Beschäftigungspolitiken umfänglich, kohärent und koordiniert umgesetzt werden müssen, um Sozialsicherungstransfers und -dienstleistungen über die menschliche Lebensspanne hinweg zu garantieren; ein besonderes Augenmerk gilt dabei vulnerablen, also verletzlichen Gruppen.

- Die Mindestanforderungen gelten für sich entwickelnde und entwickelte Länder gleichermaßen und konkretisieren Praktiken, über die Menschenrechte umgesetzt werden können und sollen. Dabei gilt für die westliche Welt laut Sen (2002, S. 112): „In einem **allgemein wohlhabenden Land benötigt man ein höheres Einkommen**, um ausreichend Güter für das Erreichen ‚derselben sozialen Funktionen' zu kaufen".
- Nach dem Paritätischen Armutsbericht, den die Bundesregierung seit 2001 jährlich veröffentlicht, zählen im Jahr 2021 in **Deutschland** 13,8 Mio. Menschen zu den Armen, was einer Armutsquote von 16,6 % entspricht (Paritätischer Gesamtverband 2022, S. 3–4, 29–30):
  - Damit ist hierzulande zwischen 2006 und 2021 die Zahl der **Menschen in Armut** um 2,1 Mio. Menschen angewachsen. Betroffen sind vor allem Haushalte mit drei und mehr Kindern, Alleinerziehende-Haushalte, Erwerbslose und Menschen mit niedrigen Bildungsabschlüssen und Migrationshintergrund.
  - Nach der verwendeten EU-Konvention gilt jemand – medianbasiert – als einkommensarm, wenn er **weniger als 60 % des mittleren Einkommens** hat; dabei geht es „um das gesamte Nettoeinkommen des Haushalts inklusive Wohngeld, Kindergeld, Kinderzuschlag, anderer Transferleistungen oder sonstiger Zuwendungen"; und „[u]m Haushalte unterschiedlicher Größe in ihrem Einkommen und ihren Bedarfen vergleichbar zu machen", wird mit Pro-Kopf-Haushaltsäquivalenzziffern gearbeitet; so liegt beispielsweise 2021 die sogenannte Armutsgefährdungsschwelle „für Singles bei 1148 Euro, für Alleinerziehende mit einem kleinen Kind bei 1492 Euro und für einen Paarhaushalt mit zwei kleinen Kindern bei 2410 Euro".

Wie hängen Chancengleichheit und **Produktmärkte** zusammen? Hier zwei wesentliche Ansatzstellen:

- Mit dem **Lebensstandard** nehmen erstens Kaufkraft und Wahlmöglichkeiten zu.
  - Die gestiegene Kaufkraft stimuliert **Mehrausgaben** und beeinflusst über den Warenumschlag die Umsatz- und Gewinnorientierung der Unternehmen. Nachfrager können also mehr konsumieren und Anbieter mehr investieren, was sich dann auf B2B-Märkten auswirkt.
  - Ein höherer Lebensstandard bedeutet zudem **neue Wahlmöglichkeiten**, was die Wechselbereitschaft zu Gunsten ethischer Produktattribute (z. B. kreislaufwirtschaftliche Produkte) stärken kann.
- Zweitens wirken sich veränderte Lebensstandards auf den Zugang zu und/ oder die Produktivkraft von **Produktionsfaktoren** (z. B. Arbeitskräfte) aus.

Da wir die erste Ansatzstelle bereits ausgeleuchtet haben (vgl. Abschn. 6.3, 7.1 und 7.2), konzentrieren wir uns auf die zweite Ansatzstelle am Beispiel der (Weiter-)Bildung. Diese wird in Indikatoren wie dem Menschlichen Entwicklungsindex betont und als **Humankapital** diskutiert. Dabei wird vor allem auf die Arbeitsproduktivität geschaut, also auf das Verhältnis von Arbeitsergebnis und Arbeitseinsatz.

- Die **Arbeitsproduktivität** lässt sich nicht nur quantitativ beschreiben (z. B. eingesetzte Arbeitsstunden) und auf die Ressourcenausstattung beziehen (z. B. Zahl erwerbstätiger Personen). Sie lässt sich auch qualitativ beschreiben (z. B. Kompetenzprofile). Idealisiert wird davon ausgegangen, dass ein vorhandenes Humankapital umso effizienter ,ausgeschöpft' werden kann, je qualitativ hochwertiger es ist.
- Als **Messgrößen** werden üblicherweise Bildungsdauer (z. B. durchschnittliche Schulbesuchszeit) und Bildungserfolg (z. B. Schulabschlussquote) verwendet. Es geht um die sogenannte Absorptionskapazität. Danach kann eine Person mit einem höheren Bildungsgrad annahmegemäß Wissen erfolgreicher aufnehmen und verstehen als eine Person mit einem niedrigeren Bildungsgrad. Die Vergleichbarkeit von Arbeitsleistungen hat dort praktische Grenzen, wo nicht alle Leistungsbestandteile mess- und bewertbar sind, was auf viele dienstleistende Tätigkeiten zutrifft (z. B. Polizei, Lehrberufe, Kundenberatung).
- Die **Bildungskette** reicht vom Vorschulbereich (Kindergarten) über die Primarstufe (Grundschule) und Sekundarstufen (allgemeinbildende höhere Schulen) bis hin zur Tertiärstufe (Hochschulen) und dem quartären Bereich, zu dem die Weiterbildung zählt.
- Gerade **wissensintensive Wirtschaftszweige** sind auf hochqualifizierte Mitarbeiter:innen angewiesen (Gehrke et al. 2021, S. VIII): Als hochqualifiziert gelten Personen mit Tertiär- bzw. Hochschulabschlüssen sowie mit postsekundaren, nichttertiären Abschlüssen; Letztere sind für das deutsche Bildungssystem typisch und beziehen sich auf Bildungs- oder berufliche Abschlüsse, die nach dem Abitur realisiert werden oder umgekehrt (z. B. duale Ausbildung).

Ein Land, das sich technologisch weiterentwickeln und seine Produkte erfolgreich platzieren will, muss in Bildung investieren (Bildungspolitik). In welchem Umfang der Staat hierzu beiträgt, hängt vom jeweiligen (neoliberalen) Systemansatz ab (vgl. Abschn. 6.2). Die Bandbreite der Optionen reicht von privaten Bildungskrediten, die vom Betroffenen selbst zu finanzieren sind (z. B. USA), bis hin zu staatlich subventionierten Bildungsangeboten (z. B. Deutschland) und ist – im jeweiligen Land – von politischen Kontroversen begleitet. Denn bei einer **Umverteilung, die auf gleiche Bildungschancen abzielt**, gibt es viele offene Fragen:

- Zunächst muss geklärt werden, wie umfänglich der **Staat in Bildung(sinfrastrukturen) investiert** (z. B. Schulgebäude, Personal, Aktualisierung von Lehrinhalten) und für welche Stufen der Bildungskette Chancengleichheit gelten soll.
- Auch ist zu entscheiden, für welche Abschnitte der Bildungskette ein **materieller Rechtsanspruch** besteht (z. B. Bafög-Regelung), falls das Bildungsgut für Einzelne oder Gruppen ,unangemessen' teuer ist, und wie dies ermittelt wird.
- Hinzukommen **soziale Faktoren** wie Zugehörigkeitsgefühl, Gelegenheitsstrukturen, sozial geprägte Nutzenerwartungen und kritische Lebensereignisse im individuellen und familiären Umfeld, die (in Teilen) zu berücksichtigen sind. So gibt es beispielsweise das Risiko, dass Kinder aus bildungsfernen Haushalten vorzeitig aus der

Bildungskette ‚aussteigen', da ihr soziales Umfeld eine solche Weiterentwicklung (normativ) nicht fördert. In solch einem Fall nutzen Kinder höherer Einkommensschichten Bildungsangebote stärker als Kinder unterer Einkommensschichten.

Wird der Staat aktiv, kann er durchaus **fiskalische Bildungsrenditen** erzielen (Beznoska et al. 2021, S. 23): Denn mit der Qualifizierung steigen in der Regel die Lohnentgelte; es kommt zu Mehreinnahmen (Steuern und Sozialversicherungsabgaben), die höher ausfallen können als die Summe aus Bildungskosten und dem staatlichen Einnahmenverzicht, der während der Bildungsphase entstanden ist; hinzukommt, dass höherqualifizierte Menschen ein geringeres Arbeitslosigkeitsrisiko haben. Auch nehmen sie lebenslange (Weiter-)Bildungsangebote eher wahr als Menschen, die eine geringere formale Bildung haben, obwohl Letztere – im Sinne einer Grenzproduktivität – davon stärker profitieren (Berlin-Institut 2018, S. 14).

Amartya Sen (2002, S. 111) betont, dass Parameter wie Alter, Geschlechterrollen, innerfamiliäre Verteilungsmuster und Wohnort eine Rolle spielen und es zu einer ‚Kopplung von Nachteilen' kommen kann; in der Realität werden dann die reale Armut und der Mangel an Verwirklichungschancen durch weitere Faktoren variabel beeinflusst. Zu Letzteren gehört die **politische Teilhabe**, die nach Sen (1999, S. 148) für das Ökonomische wichtig ist.

- Denn, was Regierungen leisten, hängt auch davon ab, wer auf sie politischen Druck ausüben kann. In diesem Sinne können **Wahlrechte, Kritik- und Protestmöglichkeiten** die Lage von Betroffenen verändern. Es erlaubt ihnen, ihre elementaren Bedürfnisse auszudrücken, hierfür Unterstützung zu finden und Maßnahmen so mitzugestalten, dass sie besser zum eigenen sozialen Kontext passen. Dies gilt vor allem für westliche Demokratien, die sich zu einem ‚offenen Regierungshandeln' (open government) verpflichtet haben, also dazu, (digitale) Beteiligungsbarrieren abzubauen und adäquate Beteiligungsverfahren zu entwickeln (vgl. Abschn. 10.1).
- Im Ergebnis geht es nicht nur um Lebensstandards. Es geht zusätzlich um ein selbstwirksames Leben. Mit **Selbstwirksamkeit (agency)** wird die Freiheit bezeichnet, im wirtschaftlichen und politischen Raum eine Wertehaltung einnehmen und eigenverantwortlich handeln zu können, selbst wenn sich dies gegebenenfalls nicht immer positiv auf die eigene Lebenssituation auswirkt (UNDP 2016, S. 2, 8).
- Zu den **politischen Hürden**, die alldem entgegenstehen, zählen laut den Vereinten Nationen (UNDP 2016, S. 7) vor allem:
  - Intoleranz und Exklusion durch Gesetze, Normen und Gewalt;
  - die schwache Verhandlungsmacht diskriminierter Gruppen;
  - die Institutionenmacht von Eliten;
  - enge Selbst-Identitäten, die Andere beispielsweise durch nationalistische oder ethnopolitische Profile ausgrenzen.

In der unternehmerischen Nachhaltigkeitswelt werden Praktiken der politökonomischen Teilhabe als **Corporate Social Responsibility** (CSR) diskutiert. Bei ethisch orientierten Zielgruppen kann dann ein glaubwürdiges CSR-Image die Kundenbindung stärken (vgl. Abschn. 7.2). Zudem kann ein Unternehmen als Arbeitgeber attraktiv wirken, wenn es CSR praktiziert und dies den Präferenzen jobsuchender Talente entspricht.

- Doch Chancengleichheit umzusetzen, kostet aus Unternehmenssicht Zeit und Geld (**Transaktionskosten**). Wichtig sind institutionell verankerte Diskriminierungsverbote, die faktisch durchsetzbar sind. Letzteres setzt voraus, dass inhaltlich Bezüge erkennbar sind (z. B. gesetzliche Gleichheit von Männern und Frauen), praktiziert werden können (z. B. geschlechtsgleicher Lohn für gleiche Arbeit) und die gewünschte Haltung in geeigneten Strukturen und Prozessen bewusst eingeübt wird (z. B. im Rahmen einer Organisationsentwicklung).
- Zugleich müssen Diskriminierungsverbote dem technischen Fortschritt standhalten, weil **Diskriminierung in der digitalen Welt** auch über Algorithmen erfolgen kann (z. B. Proxy-Variable, durch die jemand mit relativ heller Hautfarbe attraktiv scheint). Dies erhöht die Transaktionskosten für die Entwicklung und Sicherung von CSR-Standards.
- Ziel ist zu verhindern, dass ein nach- oder fahrlässiges Handeln das Image des Unternehmens beschädigt und hohe Kosten verursacht. Sind Unternehmen an grenzüberschreitenden Investitions- und Handelsströmen beteiligt, erhöht sich dieses Risiko, wenn sich die Entwicklungsniveaus von Herkunfts- und Gastland deutlich unterscheiden und CSR-Vorgaben als ‚Sorgfaltspflichten in der Lieferkette' einzuhalten sind (vgl. Abschn. 7.2). Wir illustrieren dies für die **globale Nachhaltigkeit** anhand der Bioökonomie.

Landgrabschen, Gewalt gegen Umweltaktivist:innen und Lieferkettengesetze

‚**Land grabbing**' bezeichnet, dass landwirtschaftlich nutzbare Flächen ‚gegrabscht' werden. Hierzu Cochrane (2016, S. 1–2):

- Es geht um die permanente oder temporäre Nutzung einer großen Landfläche, der ein käuflicher Erwerb oder die Übertragung von Verfügungsrechten zugrunde liegt. Dadurch verlieren Personen Landstücke, die sie bisher – oft im Rahmen traditioneller Landrechte – genutzt haben. ‚Land grabbing' hat häufig mit **missbräuchlichen Praktiken der Landvertreibung und Gewalt** zu tun. Sind die bisherigen Nutzer:innen mit dem Landtransfer nicht einverstanden, erfolgt die Aneignung auf illegale Weise. Das Augenmerk liegt auf Aneignungen, die mehr als 5000 ha Land umfassen und dann für einen Minen- oder Landwirtschaftsbetrieb genutzt werden. In der Folge verbleibt das jeweilige Erzeugerland meist auf der primären Stufe der Rohstofferzeugung.
- Wird für den Export produziert, verknappen sich die lokalen Lebensmittel. Und weil Großanbauflächen entstehen, für die eine maschinelle Bearbeitungsweise produkti-

ver ist, verschlechtert sich die Beschäftigungslage, wenn **keine Jobs in Weiterverarbeitung und Handel entstehen.** Laut Weltbank ist das Lohneinkommen der im Großbetrieb Beschäftigten zudem geringer als das, was sie als Kleinbauern erwirtschaften können.

- Betroffene verlieren nicht nur Heimstätte und Einkommen. Sie sind auch in ihrer Existenzsicherung bedroht und zusätzlichen Gefahren durch Unterernährung und einer **beschädigten Umwelt** ausgesetzt (z. B. Wasserverschmutzung oder -knappheit).
- **Ausländische Unternehmen** sind am ‚land grabbing‘ beteiligt. Dies ist lohnend, wenn beispielsweise die Weltmarktpreise für Rohstoffe steigen, weil immer stärker bestimmte Nahrungsmittel, Biokraftstoffe oder mineralische Rohstoffe nachgefragt werden.
- Gewalt richtet sich auch gegen Umweltaktivist:innen. Informationen, sofern überhaupt bekannt, finden sich beispielsweise bei Yale 360 (Homepage) mit Verweis auf Global Witness, eine britische Nicht-Regierungsorganisation: So sind zwischen 2012 und 2022 mindestens 1910 Menschen ermordet worden, die sich für Umweltschutz und lokale Rechte eingesetzt haben. Geographisch sind vor allem Lateinamerika und hier Kolumbien, Brasilien und Mexiko betroffen sowie asiatische Länder wie Indien und die Philippinen. Weltweit gehört ein Drittel der Opfer zur indianischen Bevölkerung.

Ansätze wie Lieferkettenvorschriften sollen für mehr Chancengleichheit sorgen. Seit 2024 verändert und erweitert die europäische Lieferkettenrichtlinie (CSDDD) die Sorgfaltspflichten, die im deutschen Lieferkettensorgfaltspflichtengesetz (z. B. Schweikert 2022) vorgesehen sind. Die Richtlinie muss spätestens zwei Jahre nach ihrem Inkrafttreten von den EU-Mitgliedsländern in nationales Recht umgesetzt werden (BMUV; Homepage).

- In beiden Regelwerken muss jedes Unternehmen ab einer bestimmten Betriebsgröße darauf achten, dass in all seinen vertikalen Beziehungen **Sorgfaltspflichten bei Menschenrechten und Umweltschutz** eingehalten werden, wozu – als ethische Produktattribute – das Verbot von Kinderarbeit und das Gewähren von Arbeitsschutz und eines angemessenen Lohns zählen. Zudem wirkt sich Armut negativ auf den Umgang mit Umweltgütern aus, wie Landerosion und Wasserverschmutzung zeigen. Umweltschäden wiederum verschlimmern die Armut. Es geht also auch um umweltbezogene Pflichten und die Internalisierung negativer Externalitäten (vgl. Abschn. 7.3). Ziel des Gesetzes ist, das unternehmerische Handeln so auf die Sorgfaltspflichten auszurichten, dass es sich positiv auf die Situation im jeweiligen Land auswirkt.
- Eine gegenteilige Wirkung tritt ein, wenn sich solche **Unternehmen aus dem Gastland zurückziehen**, deren Standards die lokalen übertreffen. Gründe können sein, dass ihnen die Haftungsrisiken zu groß erscheinen und sie nicht ausreichend auf die Politik des Gastlands einwirken können. ◄

Risikogemeinschaften und Kooperationsbereitschaft

Im engen Sinne geht es bei der umverteilenden Koordination um ein Mehr an Chancengleichheit, was zu Investitionen in Lebensstandards und Produktivkräfte führt. Im weiten Sinne geht es um den **gesellschaftlichen Umgang mit der Unsicherheit**. Dies ist nicht ganz überschneidungsfrei. Denn je unsicherer sich jemand fühlt, desto geringer schätzt sie/ er tendenziell die eigene Selbstwirksamkeit (agency) ein (UNDP 2022, S. 139–140): Wird diese Person jedoch von einem gemeinschaftlichen Sicherheitsnetz aufgefangen, wächst die Zuversicht, herausfordernde Umstände bewältigen zu können und das Ganze zudem als kollektiv sinnstiftend zu begreifen. Dahinter steckt die ‚indirekte Reziprozität‘, bei der das Mitglied einer Gruppe erwartet, dass sein eigenes Engagement nicht unmittelbar (nach dem Motto ‚Auge um Auge‘), sondern erst künftig von den Anderen erwidert wird (Messner et al. 2013, S. 16). Selbst Vertreter:innen eines Minimalstaats wie Friedrich von Hayek (1971/2005, S. 130) erkennen an, dass es „gute Gründe" gibt, als Gesellschaft „für die Schwachen oder Gebrechlichen oder die Opfer unvorhersehbaren Unglücks Vorsorge zu tragen"; auch kann eine Solidargemeinschaft „die wirksamste Methode der Vorsorge gegen gewisse, alle Staatsbürger gleichermaßen betreffende Risiken" sein, wobei das Vorsorgeniveau „natürlich vom allgemeinen Wohlstand der Gesellschaft abhäng[t]".

Risikogemeinschaften beziehen sich hier auf eine (Einkommens-)Umverteilung, die erlaubt, dass Individuen und Gruppen robuster mit den Folgen widrigkeitsbedingter Notfallsituationen und Schocks umgehen können.

- Der **Anpassungsgrad ist inkrementell** (Bueb et al. 2021, S. 54). Bei dieser Art der gestärkten Widerstandskraft (Resilienz) bleiben also Zielstellungen, Strukturen und Prozesse der Betroffenen im Wesentlichen unverändert (Brinkmann et al. 2017, S. 649).
- Mit **Notfallsituationen** sind allgemeine Lebensrisiken gemeint.
  - Zu solchen **allgemeinen Lebensrisiken** zählen Arbeitslosigkeit, Krankheiten, Arbeitsunfälle und Invalidität.
  - Hilfestellung bieten gesetzlich verankerte Versicherungssysteme, die durch weitere Transferleistungen ergänzt werden. Die **Finanzierungsmodelle** unterscheiden sich von Land zu Land. In Deutschland (Schmid 2002, S. 105–120) gibt es einkommensabhängige Beiträge der Arbeitnehmer- und Arbeitgeberschaft (z. B. Arbeitslosigkeitsversicherung), staatliche Zuschüsse und eine Finanzierung über Steuern (z. B. soziale Mindestsicherung).
- Hinzukommen **Schockereignisse**.
  - Bei Schockereignissen verändert sich eine **Situation nicht länger erwartungssicher**, weil Informationen nur vorbehaltlich gelten und zudem widersprüchlich sein können.
  - **Ursachen** sind vor allem (Kagermann et al. 2021, S. 24, in Burger-Menzel 2023, S. 173): Ökonomische Schocks (z. B. Finanzkrise), Handelskonflikte (z. B. Zollkrieg), technisches Versagen (z. B. Cyberangriff), Gesundheitsgefahren (z. B. SARS-

CoV-2-Pandemie), Naturereignisse (z. B. Extremwetter), soziale Schocks
(z. B. Migrationswelle) oder politische Instabilitäten (z. B. Regierungsumsturz).
– Auch die **Schockbekämpfung** variiert von Land zu Land, wenn wir beispielsweise
die SARS-CoV-2-Pandemie der Jahre 2020 und 2021 erinnern. Wir kommen weiter
unten darauf zurück.

Unsicherheiten **wirken sich auf Produktmärkten als Attentismus** aus, worunter eine
abwartende Haltung auf der Umsatz- und Kostenseite verstanden wird, die Kortmann
(2004, S. 45) wie folgt beschreibt:

- In unsicheren Zeiten legen Nachfrager Geld beiseite, um für den Notfall ‚gerüstet' zu
  sein. Sie halten sich also bei Käufen zurück, was die **unternehmerischen Umsätze sinken** lässt. Angst lässt auch die Konsumneigung sinken: „Arbeitnehmer, die einem Verlust
  ihres Arbeitsplatzes entgegensehen, werden Leistung und Einsatzbereitschaft zurück-
  nehmen und sich zugleich bei Konsumausgaben und neuen Zahlungsverpflichtungen
  (Abonnements, Ratenverträge, Mitgliedschaften, Konsumentenkredite, Baudarlehen etc.)
  zurückhalten. Alles, was nicht unbedingt erforderlich ist, wird aufgeschoben".
- Auf der Anbieterseite müssen Umsatzerwartungen nach unten korrigiert werden.
  Zudem gehen bei den Finanzanlagen die Risikoprämien hoch, was Zinsen und Kredit-
  kosten hochtreibt. Dies lässt in Unternehmen, die nicht überdurchschnittlich risikofreu-
  dig sind, die **Investitionen sinken**: „Bei unklaren Perspektiven verlieren auch Unternehmen an Planungssicherheit, ihr Planungshorizont verkürzt sich, sie schrecken vor
  längerfristigen Engagements zurück. Unternehmen, denen die Absatzentwicklung düster erscheint, werden mit Investitionen und Neueinstellungen zurückhaltend sein. Wer
  trotz unsicherer Kosten- und Absatzperspektiven investiert, geht ein hohes Risiko ein.
  Unausgelastete Produktionskapazitäten erschweren die Fixkostendeckung und sind
  eine der häufigsten Ursachen für Unternehmenskrisen und Insolvenzen".
- Doch selbst **in Risikogemeinschaften kann es zu Angstsparen kommen**, wenn die
  Menschen glauben, dass sie sich nicht mehr auf ihre sozialen Sicherungssysteme verlassen können, so Kortmann (2004, S. 43). Dies gilt vor allem in Krisenzeiten, wenn
  Probleme beispielsweise bei der Arbeitslosigkeitsversicherung oder im Gesundheits-
  und Rentensystem ungelöst scheinen. Die Folgen der Unsicherheit beginnen meist
  schon zu wirken, bevor die eigentliche Fehlentwicklung greift.

Wir diskutieren den Umgang mit kurzfristigen Widrigkeiten und Schocks als **Konjunkturpolitik**. Dabei sucht der Staat Wirtschaftsverläufe so zu stabilisieren, dass diese
nicht extrem schwanken und möglichst wenig Verunsicherung aufkommt. Auch soll verhindert werden, dass sich Negativentwicklungen strukturell verfestigen (z. B. Langzeitar-
beitslosigkeit).

- Grundsätzlich gelten Konjunkturschwankungen als ‚normal' bzw. periodisch wiederkehrend. Sie verlaufen in sämtlichen Wirtschaftszweigen etwa gleichgerichtet zum

gesamtwirtschaftlichen Durchschnitt und beziehen sich auf **kurzfristig veränderte Auslastungen des vorhandenen Produktionspotenzials**.

- Als **Konjunkturphasen** werden Aufschwung, Boom, Abschwung und Depression unterschieden. Im wirtschaftlichen Abschwung (Rezession) sinkt die Auslastung. Arbeitsplätze werden abgebaut und die Einkommen sinken. Im Tiefpunkt (Depression) gibt es eine hohe Arbeitslosigkeit, umfängliche ungenutzte Produktionskapazitäten und niedrige Preise. In Aufschwungsphasen (Expansion) ist es umgekehrt. Bis zum Hochpunkt (Boom) füllen sich die Auftragsbücher der Unternehmen. Arbeitslosigkeit wird abgebaut und die Einkommen nehmen zu. Allerdings steigen mit der Nachfrage auch Preise und Zinsen, was den nächsten Abschwung einleitet.
- In einem hochindustrialisierten Land (z. B. Deutschland) findet Wohlstand auf einem hohen Niveau statt, so dass ‚normale‘ Wachstumszuwächse relativ gering ausfallen und bereits zwei bis drei Prozent als zufriedenstellend gelten. Vor diesem Hintergrund hat die Aussage, was ein **angemessenes Wirtschaftswachstum** ist, eine normative Dimension (vgl. Abschn. 10.2).

• Konjunkturschwankungen können schockbedingt ‚ausreißen‘, also **von Normalveränderungen abweichen**. Ob und in welchem Umfang den Betroffenen geholfen wird, hängt vom jeweiligen Land und dem Schockereignis ab.

- So beschreibt die Leopoldina (2020, S. 12) beispielsweise als deutsche Verteilungsnorm in Zeiten der **SARS-CoV-2-Pandemie**, „dass die sozialen und ökonomischen Kosten der Pandemie einschließlich der Maßnahmen zu ihrer Bewältigung nicht einseitig zu Lasten einzelner Personen oder Personengruppen gehen dürfen, sondern mit möglichst gleichen Belastungsfolgen verteilt werden müssen". In der Praxis umfasst dies nicht nur gesundheitliche Schutzmaßnahmen (z. B. medizinische Versorgung). Es geht auch um digitale Bildungszugänge (z. B. Homeschooling), Arbeitsplatzsicherung (z. B. Kurzarbeitergeld), Nachfrageimpulse (z. B. Mehrwertsteuersenkung) und Überlebenshilfen für Unternehmen (z. B. direkte Zuschüsse).
- Zudem bauen sich in Boomzeiten unregelmäßig Erwartungen auf, die zu einer kurzfristigen Ausgabeneuphorie führen (manias); platzen diese Erwartungen blasenähnlich, kommt es zu Panikverhalten und Zusammenbrüchen, die sich international ausbreiten können (Kindleberger und Aliber 1978/2005, S. 10–2). Ein Beispiel liefert die ‚**Finanzkrise** 2007‘, die eine jahrelange Weltwirtschaftskrise ausgelöst und in vielen Ländern zu massiven Staatseingriffen geführt hat.

Soll der Staat eingreifen, muss er hierzu legitimiert werden. In Deutschland erfüllen Bund und Länder gemeinsam die Verpflichtungen „aus Rechtsakten der Europäischen Gemeinschaft auf Grund des Artikels 104 des Vertrags zur Gründung der Europäischen Gemeinschaft zur Einhaltung der Haushaltsdisziplin und tragen in diesem Rahmen den Erfordernissen des gesamtwirtschaftlichen Gleichgewichts Rechnung" (Art. 109 (2) Grundgesetz). Es geht also um eine **finanziell tragfähige und zugleich konjunkturgerechte Haushaltswirtschaft des Staates** im Rahmen der europäischen Wirtschafts- und Währungsunion, wobei der Begriff ‚gesamtwirtschaftliches Gleichgewicht‘ auf das deutsche Gesetz zur Förderung der Stabilität und des Wachstums der Wirtschaft' (StabG) von 1967 verweist, das entsprechend reformiert worden ist.

- Die Gesetzeslage erlaubt dem Staat erheblich **kürzere Verfahrenswege für mögliche Ausgabenminderungen und Mehrausgaben**.
- Dabei soll der Staat im Aufschwung sparen, weil sich die Wirtschaft selbst ‚trägt', und im Abschwung die angesparten Steuergelder verausgaben und gegebenenfalls Kredite aufnehmen (**antizyklische Konjunkturpolitik**).
- Für seine Konjunkturpraxis nutzt der deutsche Staat die Empfehlungen mehrerer Wirtschaftsforschungsinstitute. Diese arbeiten zusammen, um im Wettstreit verschiedener theoretischer und methodischer Ansätze zu möglichst guten Analyse- und Prognoseergebnissen zu kommen (**Gemeinschaftsdiagnose**). Denn das Ob und Wie einer staatlichen Konjunktursteuerung ist wissenschaftlich umstritten. Erstens ist eine Vielzahl unterschiedlicher Wirkkräfte zu erfassen und zu interpretieren. Und zweitens liegen der Interpretation unterschiedliche Annahmen zugrunde:
  - So haben einige theoretische Schulen Vertrauen in die Selbstheilungskräfte des Marktes, was an ihrem Mittel- und Langfristdenken liegt (z. B. Klassiker). Andere hingegen halten Marktprozesse für instabil und gehen davon aus, dass der Staat kurzfristig wirksam eingreifen kann (z. B. Keynesianer). Wir haben es also mit einem eigenen und umfangreichen Forschungsfeld zu tun, in dem es **heftige Kontroversen** gibt. Oder in den Worten von Stiglitz et al. (2006, S. 37, 50): „After all the advances in economic science, the unfortunate truth is that economists cannot agree on the best set of policies". Und: „[I]mportant disagreements remain about the conduct of macroeconomic policy. These derive from different objectives and different assumptions about the structure of the economy. The problem is that, quite often, the assumptions remain unstated and are, on occasions, almost forgotten".
  - Heute reicht das **Spektrum der makroökonomischen Schulen** bis hin zur neuklassischen und neukeynesianischen Synthese.
- Bei der Auswahl der ‚richtigen' Instrumentierung kann es zu **Fehleinschätzungen** kommen. Diese hängen jedoch nicht nur von Ansatz, Datenlage und Methodik ab. Auch die ausgewählten Instrumente selbst (z. B. Subvention), deren geplante Ausgabenpfade (z. B. ausgewählte Subventionsart mit Umfang und Dauer), die Erwartungen der Marktteilnehmer (z. B. Mehrerwartung) und der Mix aus (globalen) ökonomischen Rahmenbedingungen sind hierfür entscheidend.
- Das Ganze ist immer wieder von der Forderung begleitet, das Stabilitäts- und Wachstumsgesetz (StabG) zu reformieren, damit all seine Zielgrößen an der **Nachhaltigkeit** ansetzen. Der Sachverständigenrat (2015, S. 13–14) lehnt solch ein Reformvorhaben ab. Er begründet dies wie folgt: Nachhaltigkeitsziele sind nur über einen langen Zeithorizont zu erreichen (Strukturwandel); sie können daher über ein reguläres Gesetzgebungsverfahren beschlossen werden und brauchen keine beschleunigten Umsetzungsverfahren; zudem braucht die Nachhaltigkeitspolitik Instrumente und Verfahren, die über den engen Rahmen einer ‚keynesianischen Konjunktursteuerung' hinausgehen.

Solidargemeinschaften können zu einem positiven Systemergebnis beitragen, indem sie in Krisenzeiten die gesellschaftliche Widerstandskraft und darüber den gesellschaftlichen Zusammenhalt stärken. Dabei ist anzunehmen, dass einkommensstarke Länder die Folgen von Schocks und Unsicherheiten besser abfedern können als **einkommensschwache Länder**, so Stiglitz et al. (2006, S. 57): Letztere sind in der Regel weniger entwickelt, meist kleiner und weniger diversifiziert; zudem sind ihre sozialen Sicherungsnetze oft unzureichend und die marktlichen und staatlichen Unvollkommenheiten größer. In der Folge leiden einkommensschwache Länder besonders stark, wenn es zu (Handels- und Finanz-)Schocks kommt. Dies liegt auch an flexiblen Produktionskonzepten und einem global mobilen Kapital. Dadurch können sich ausländische Unternehmen relativ schnell in Länder (zurück-)verlagern, wo Krisen solidarisch abgefedert werden. In den einkommensschwachen Ländern hingegen verschärft sich die Situation für Bevölkerung und Politik (fragiler Staat).

Adaptives Kollektivhandeln und Veränderungsbereitschaft

Bei adaptivem Kollektivhandeln geht es um die **mittlere und lange Frist**, die bei der Nachhaltigkeit das Recht auf Überleben einschließt. Solch eine Solidargemeinschaft will nicht nur die bereits Geborenen ökonomisch, sozial und ökologisch schützen. Es geht ihr auch um die noch Ungeborenen, also die künftigen Generationen (intergenerationaler Gesellschaftsvertrag). Und da Klimafolgen an nationalen Grenzen nicht Halt machen, kann eine nachhaltige Solidargemeinschaft global definiert werden.

In diesem Sinne bezieht sich **adaptives Kollektivhandeln** auf eine (globale) Verteilungsnorm, die Individuen und Gruppe(n) in die Lage versetzt, mit den Folgen von mittel- und längerfristigen Veränderungen lösungsorientiert umzugehen.

- Der **Anpassungsgrad ist transformativ** (Bueb et al. 2021, S. 54). Die entsprechende Widerstandskraft (Resilienz) ist Teil einer Anpassungsstrategie (z. B. neuausgerichtete Lebensweisen), deren Operationalisierung an den Krisenursachen ansetzt (Brinkmann et al. 2017, S. 649).
- Es geht um Strukturelles, nicht um Konjunkturelles. Dabei sind einige Teilbereiche der Gesamtwirtschaft und deren Akteure stärker von Veränderungen betroffen als andere. **Strukturwandel** beschreibt somit den dauerhaften Abbau bestimmter Kapazitäten sowie – im Sinne schöpferischer Zerstörung – den Aufbau neuer Kapazitäten und vollzieht sich in Phasen:
  - **Intrasektoraler Strukturwandel**: Strukturwandel beginnt im Kleinen, wenn sich innerhalb eines Wirtschaftsbereichs (z. B. Energiesektor) erste Verschiebungen ergeben. Diese können aus technischem Fortschritt (z. B. Produzierbarkeit erneuerbarer Energie), veränderten Kundenpräferenzen (z. B. nachhaltige Lebensweise) und/ oder regulatorischen Veränderungen (z. B. CO_2-Bepreisung) resultieren (vgl. Kap. 7). Unternehmen (z. B. Kraftwerksbetreiber), die sich an die neuen Bedingun-

gen anpassen können, profitieren vom Wandel, während die übrigen Unternehmen an Wettbewerbsfähigkeit verlieren und gegebenenfalls aus dem Markt gedrängt werden.

- **Intersektoraler Strukturwandel**: Längerfristig können ganze Branchen und davon abhängige Regionen an Bedeutung ab- oder zunehmen (z. B. Krise der deutschen Kohleindustrie). Im negativen Fall verschwinden nicht nur Unternehmen und Arbeitsplätze. Auch Anlagen und Maschinen (z. B. Kohleförderanlagen), die nicht länger für das Neue taugen, und hierfür gebrauchte Kompetenzen (z. B. Gesteinsgewinnung im Bergbau) können wertlos werden. Denn das Neue bringt neue Berufsbilder und neue Qualifikationserfordernisse mit sich (z. B. digitale Kompetenzen). Klafft auf dem Arbeitsmarkt zwischen dem Alt-Angebot und dem Neu-Bedarf eine Lücke, kommt es zur (Mismatch-)Arbeitslosigkeit. Und fallen die Wertschöpfungszuwächse der neuen Branchen geringer aus als die Wertschöpfungsverluste der alten Branchen, schrumpft die Gesamtwirtschaft.
- Die **Abgrenzung von Konjunkturverlauf und Strukturwandel** lässt sich teilweise schwer operationalisieren. Damit sich Konjunkturfolgen nicht strukturell verfestigen, werden in Krisen wie der SARS-CoV-2-Pandemie beispielsweise Rückzahlungsverpflichtungen ausgesetzt und Insolvenzfristen verlängert.

Im Ergebnis geht es um die **dauerhafte Veränderung von Produktionsverhältnissen, Konsummustern und Lebensstilen** (Transformation), wobei sich kleine und große Transformationslinien bzw. -pfade (transformation pathways) unterscheiden lassen.

- Die **kleine Transformation** lässt sich dem ‚normalen' Strukturwandel zuordnen. Ziel ist, die relative Wettbewerbsfähigkeit einer strukturellen Einheit (Technologiebereich, Sektor, Region) zu erhalten und auszubauen. Dabei wird in marktwirtschaftlichen Systemen in der Regel darauf vertraut, dass eine Umverteilung nur vorübergehend erforderlich ist. Der Kern der wettbewerblichen Koordination soll erhalten bleiben, was sich im EU-Beihilferecht abbildet, das grundsätzlich alle Subventionen oder andere staatliche Hilfen verbietet, die den Wettbewerb innerhalb Europas verzerren können. Ausnahmen gelten für eine Wirtschaftsförderung, die im Charakter investiv ist, „also zu zusätzlichen Investitionen oder wirtschaftlichen Aktivitäten in der geförderten Region" führt, so dass eine positive Entwicklung einsetzt, die „sich selbst trägt und somit eine öffentliche Förderung nur temporär erforderlich macht" (Wissenschaftlicher Beirat BMWi 2015, S. 3, 10, in Burger-Menzel 2023, S. 172, 178); als investiv gelten Beihilfen für Bildung, Forschung und Entwicklung, Innovationscluster und für Infrastrukturmaßnahmen wie der Breitbandausbau oder die Erschließung von Gewerbegebieten.
- Beispiel einer **großen Transformation** ist die Nachhaltigkeit, deren Kollektivanspruch alle Wirtschafts- und Lebensbereiche umfasst. Im Wesentlichen geht es laut WBGU (2011, S. 3–4) um die Energiewende (z. B. Energieeffizienz und Dekarbonisierung), um Urbanisierung (z. B. klimaverträgliche Stadtstruktur und -entwicklung) und um die

Landnutzung (z. B. Schutz der Biodiversität und veränderte Konsummuster). Hinzukommt der lösungsorientierte Umgang mit Faktoren wie Müll, Phosphor- und Stickstoffkreisläufen, Verschmutzung durch Chemikalien, Partikelverschmutzung der Atmosphäre, Ozeanversauerung, Ozonloch und Süßwasserverbrauch (vgl. Abschn. 1.2). Die Umbruchmuster sind radikal und brauchen neue Denk- und Lösungsansätze sowie geduldiges Kapital (vgl. Abschn. 9.3).

Für die **Produktmärkte** bedeuten adaptive Anpassungen, dass Geschäftsmodelle (massiv) umgebaut werden müssen, sofern dies nicht schon erfolgt ist. Denn sind Geschäftsfelder nicht transformationsfähig, werden sie langfristig entfallen. Dies setzt Standorte unter Druck, an denen sich das Vorhandene nicht neu ausrichtet. Hier einige Beispiele zur Nachhaltigkeit und ihren Umbrüchen:

- Auf der Kostenseite müssen zunehmend **CO_2-Emissionen und andere Klimafolgen eingepreist** werden, was – abhängig vom globalen Wettbewerb – ein relativer Preisnachteil sein kann.
- Hinzukommen Geschäftsmodelle der ‚**Sharing Economy**‘, denen zugrunde liegt, dass Personen Güter nicht exklusiv, sondern gemeinschaftlich nutzen wollen (z. B. Teilen, Leihen, Mieten, Tauschen), was Umsätze dort verschlechtert, wo auf Verkauf gesetzt wird.
- Auch Ansätze der **Kreislaufwirtschaft** (z. B. Recycling, Upcycling) verändern das Nachfrageverhalten, weil solche Ansätze die Lebenszeit von Produkten verlängern und Neukauf reduzieren.
- Das Ganze wirkt sich auf die Finanzmärkte aus. Auf der einen Seite werden ‚**grüne**‘ **Kapitalanlagen attraktiver**, obwohl die Investitionskosten in neue Techniken (noch) hoch sind. Auf der anderen Seite rutschen die Betriebswerte für nicht-konforme Altanlagen umgangssprachlich ‚in den Keller‘ und die (Re-)Finanzierung nicht-grüner Kapitalanlagen verteuert sich.
- Auch der **Versicherungsmarkt muss sich neu aufstellen**, um mit zunehmenden Klimaschäden rentabel umzugehen, was sich auf alle auswirken kann (z. B. deutlich höhere Prämienzahlungen).

Staatseingriffe in den Strukturwandel werden **Strukturpolitik** genannt. Diese lässt sich in drei Einzelbereiche aufspalten.

- Bei der **Strukturerhaltungspolitik** geht es darum, den Strukturwandel zu verzögern (z. B. Erhaltungssubventionen), um eine Branche sozial verträglich abbauen oder ihr Zeit für eine Umstrukturierung verschaffen zu können, falls hierfür Perspektiven bestehen.
- Die **Strukturanpassungspolitik** will freigesetzte Ressourcen mobil machen und in die Bereiche lenken, wo sie gebraucht werden. Der Staat leistet also ‚Hilfe zur privatwirtschaftlichen Selbsthilfe‘ (Meißner und Fassing 1989, S. 185).

- So passt sich **Humankapital** leichter an, wenn Betroffene erkennen, dass es sich ‚lohnt' aktiv zu werden, also nach einer neuen Arbeit zu suchen, sich hierfür zu qualifizieren und gegebenenfalls jobbedingt umzuziehen. Einflussfaktoren sind beispielsweise Entlohnungs- und (Weiter-)Bildungssysteme, regionale Mobilitätsstrukturen und bezahlbarer Wohnraum.
- Beim **Sachkapital**, das nur eingeschränkt mobil ist, können Nutzungsformate der oben erwähnten ‚Sharing Economy' helfen, um Fixkosten zu senken (z. B. Co-Working Space).
- Beim **Finanzkapital** können neue Anlageformate Barrieren senken (z. B. Crowdfunding). Auch ein funktionsfähiger Wettbewerb kann motivieren, so Brasche (2023, S. 120), wenn es neue „auf Nachhaltigkeit spezialisierte private Finanzinstitute [gibt], die den traditionellen Geldhäusern das Geschäft mit den möglicherweise stark wachsenden ‚grünen Anlagen' streitig machen".
- **Sozialkapitalbezogene Maßnahmen** können hilfreich sein, wenn dadurch Angebotsprofile und Nachfragewünsche schneller abgeglichen und Akteure miteinander vernetzt werden (z. B. Vermittlungsdienstleistungen).
- Und **je effizienter, adressatengerechter und zügiger der Staat** all diese Prozesse begleitet (z. B. zentrales Verwaltungsportal), desto weniger wirken sich seine Bürokratieaufwände als Mobilitätshemmnis aus (Burger-Menzel 2023, S. 183–184).

- Die **Strukturgestaltungspolitik** sieht vor, dass der Staat Wachstumsfelder identifiziert und deren Entwicklung mitgestaltet. Dabei geht es um die Förderung von Innovationen (z. B. Biotechnologie) und darum, wie solche Prozesse innovationssystemisch gesteuert werden (vgl. Kap. 9). Ein Beispiel hierfür liefert die strategische Industriepolitik, bei der es um die Förderung von Schlüsseltechnologien geht (z. B. EP 2021). Sie dient „der Erreichung, Erhaltung und Sicherung wettbewerblicher Positionen in strategischen Industriefeldern" und kann so weit reichen, dass Konflikte mit der Wettbewerbspolitik entstehen, wenn die staatlichen Akteure zu „Dirigismus, Interventionismus und Protektionismus neigen" (Schmidt und Schmidt 2006, S. 165–166, in Burger-Menzel und Huyoff 2016, S. 148).

Das Thema **Nachhaltigkeit** weitet den Blick. Denn Länder wie Deutschland haben im Weltvergleich relativ hohe Lebensstandards, was sich in entsprechenden HDI-Werten ausdrückt (Human Development Index); zugleich sind sie für den Hauptteil der Erdbelastungen verantwortlich (vgl. Abschn. 6.3). Sich entwickelnde Länder sind hingegen überdurchschnittlich von den Erdbelastungen betroffen, nutzen aber weniger Erdressourcen, als ihnen aus globaler Sicht zustehen. Vor diesem Hintergrund wächst die Solidargemeinschaft um die Betroffenengruppe des ‚globalen Südens' an. Ausnahmen bilden einige Schwellenländer (z. B. Indien), die neuerdings zur Gruppe der Verursacher gehören.

- So wird 2024 auf der **29. Weltklimakonferenz in Baku** (COP 29) vereinbart, dass „die Beiträge aus den Staatshaushalten der Länder, die kumulativ sehr hohe Treibhausgasemissionen zu verantworten haben, auf 300 Mrd. US-Dollar pro Jahr anwachsen. Dies entspricht nicht dem Bedarf der Entwicklungsländer für die Klimafinanzierung, der laut Berechnungen des zuständigen Ausschusses für Finanzen weit höher liegt. Aber es ist ein wichtiger Einstieg in einen Prozess, der die Klimafinanzierung in den nächsten 10 Jahren intensivieren kann", so das Umweltbundesamt (UBA; Homepage).

- Der **deutsche Staat** zahlt in Klimafonds ein und arbeitet in bi- oder multilateralen Klimapartnerschaften mit Ländern wie Südafrika, Indien oder Indonesien zusammen, um entsprechende Transferleistungen effizienter und zielgruppengenauer auszurichten. „Partner sind sowohl Schwellenländer, die viele Treibhausgase produzieren, als auch Entwicklungsländer, die klimapolitisch besonders aktiv sind" (BMZ; Homepage).
- Diese Staatsausgaben werden üblicherweise **mit Steuergeldern finanziert**, was die Frage relevant macht, wer in Deutschland in welcher Höhe in solche Klima- bzw. Transformationsfonds einzahlen soll. Sind alle Bürger:innen haftbar, weil sie den Klimawandel und seine Transformationsbedarfe nicht angemessen angehen? Oder – im Sinne der nationalen Bedarfsgerechtigkeit – nur einzelne Personen und Gruppen und, falls ja, nach welchen Kriterien?

Die Art der **globalen Umverteilung hat eigene politökonomische Herausforderungen**:

- So weist die Kreditanstalt für Wiederaufbau (KfW Development Research 2023, S. 1) darauf hin, dass „ein alleiniger Fokus auf die Herausforderungen des Klimawandels von Regierungen **fragiler Staaten** genutzt werden [könnte], um von eigener Verantwortung für Fragilität abzulenken; darüber hinaus riskieren Klimaprogramme in fragilen Kontexten ohne ausreichendes Konfliktverständnis, ungewollt weiter zu Fragilität und Konflikten beizutragen".
- Die Vereinten Nationen stellen mit Blick auf den menschlichen Entwicklungsindex zudem fest, dass Menschen in **Ländern mit einem hohen HDI-Wert Unsicherheit stärker empfinden** als Menschen in Ländern mit einem niedrigen HDI-Wert; dies wird wie folgt begründet (UNDP 2022, S. 156): „People near the top of the HDI generally enjoy greater human security than those living in lower HDI settings. And because people near the top of the HDI have known greater human security, they are likely to feel ‚entitled' to it and therefore perceive insecurity as a loss".
  - Aus ökonomischem Wohlstand kann folglich **eine Anspruchshaltung** werden, obwohl ab einer gewissen Einkommenshöhe die Lebenszufriedenheit bei einem weiteren Einkommenszuwachs stagniert, was die Glücksforschung als Glücks-Einkommensparadox bezeichnet (Clark et al. 2007, S. 1).
  - In der Folge kommt es zu einem relativ stark empfundenen Sicherheitsverlust, der eine Haltung hervorbringen kann, die **Gewalt und antidemokratische Entwicklungen** (z. B. autoritäre Führungsansprüche) rechtfertigt, da die eigene Wohlstandsposition nicht länger gegen Bedrohungen geschützt scheint (UNDP 2022, S. 155).

Adaptives Kollektivhandeln kann zum positiven Systemergebnis beitragen. Der Erfolg hängt jedoch davon ab, dass gesellschaftliche Gruppen wirtschaftlich und politisch miteinander kooperieren. Das Gegenteil lässt sich als **ökonomische Fragmentierung und politische Polarisierung** beschreiben. Die eigenen Gruppengrenzen werden ‚dicht' gemacht und die Mitglieder der Gruppe X werden zögerlich, wenn sie mit Mitgliedern der Gruppe Y, also ‚DEN Anderen' kommunizieren und kooperieren sollen. Kooperations- und Veränderungsbereitschaft hängen folglich zusammen.

- Emotionalisiert sich diese Haltung, kommen Vorurteile und Misstrauen ins Spiel (vgl. Abschn. 4.2). Neben die themenbezogene und ideologische Polarisierung tritt die **affektive Polarisierung**, so die UNDP (2022, S. 139): Soziale Diskriminierungen nehmen zu und das gesellschaftliche Klima kann kippen, wozu soziale Medien mit Fehlinformationen (neudeutsch: Fake News) und Hetze beitragen.
- Hierfür Lösungen zu finden, ist nicht nur aus unternehmerischer Perspektive wichtig, weil sich Geschäfte in solch einem Umfeld schwieriger tätigen lassen. Sinkt die Bereitschaft mit Fremden zu kooperieren, wird es für alle Akteure zudem schwieriger, rechtzeitig und gemeinsam mit Herausforderungen wie dem **Klimawandel** umzugehen. Gerade hierfür werde die Kooperation aller Gruppen und Gesellschaften gebraucht, so die Vereinten Nationen (UNDP 2022, S. 140): „Addressing the common challenges that we confront today requires cooperation in contexts beyond those where intragroup cooperation tends to be high – in particular, addressing planetary challenges".

Das folgende Illustrationsbeispiel zur **Nachhaltigkeit** bezieht sich auf Modellrechnungen, um für Deutschland zumindest grob abzuschätzen, was sich an Adaptionskosten einsparen lässt, wenn sich Wirtschaft und Gesellschaft rechtzeitig auf den Weg machen. Die zuletzt genannten politökonomischen Herausforderungen bleiben hierbei ausgeblendet.

> **Klimabedingter Strukturwandel in Deutschland ohne und mit Anpassung**
>
> Flaute et al. (2022, S. 79–80) untersuchen **für verschiedene klimabedingte Szenarien**, welche Kosten für Deutschland entstehen, wenn Anpassungsmaßnahmen unterbleiben oder stattfinden. Sie stellen in einer groben Abschätzung für das Jahr 2050 fest:
>
> - Bei **schwachem Klimawandel** haben die kumulierten Klimafolgen ohne Anpassungsmaßnahmen eine Negativwirkung von 280 Mrd. Euro; werden Anpassungsmaßnahmen realisiert, kommt es zu einem Plus von 20 Mrd. Euro, weil die positiven Investitionsimpulse größer sind als die negativen Effekte des Klimawandels.
> - Bei **mittlerem Klimawandel** gibt es in beiden Fällen eine Negativwirkung; diese beträgt ohne Anpassungsmaßnahmen 530 Mrd. Euro und mit Anpassungsmaßnahmen 110 Mrd. Euro.
> - Bei **starkem Klimawandel** beträgt die Negativwirkung ohne Anpassung 910 Mrd. Euro und mit Anpassung 350 Mrd. Euro.

Bei den Schätzungen ist Folgendes **berücksichtigt** worden (Flaute et al. 2022, S. 7–8):

- Wie sich das klimabedingte Risiko entwickelt, wird abgeleitet aus einem Bündel an Klimawirkungen, aus vorgelagerten Klimawirkungen, die in Wirkungsketten eine Rolle spielen, und aus unterschiedlichen Graden der Gewissheit bei der Bewertung von Klimafolgen. All dies muss sich zudem in einem **makroökonomischen Modell** abbilden lassen, bei dem stochastische Methoden zum Einsatz kommen.
- Verwendet wird ein **breiter Datensatz** (z. B. des Statistischen Bundesamts) zu unterschiedlichen Themen wie Einkommen, Konsumstruktur, Staatsausgaben, Wirtschaftsstruktur, CO_2-Emissionen, Flächen und Erwerbsneigung. Neben dem eindeutig Messbaren enthalten die Projektionen auch bereits beschlossene Gesetze sowie Informationen zu unvermeidlichen und bereits erkennbaren Kontextbedingungen. Zu Letzterem zählt der heute nicht mehr abwendbare Klimawandel.
- Die diskutierten **Maßnahmenbereiche** beziehen sich auf die Landwirtschaft (z. B. Pflanzeninnovationen) und Forstwirtschaft (z. B. Baumartenzusammensetzung), die Binnenschifffahrt (z. B. flussbauliche Optimierung), auf Gebäude und Infrastruktur (z. B. Hochwasserschutz) sowie auf das Gesundheitswesen (z. B. Hitze-Aktionspläne), die Forschung und bauplanerische Maßnahmen (z. B. klimaresilientes Bauen).

Flaute et al. (2022, S. 81) merken kritisch an: „Der Aufbau der Szenarien kann dahingehend verändert werden, dass bei einer absehbaren pessimistischen Entwicklung des Klimawandels eine zu geringe Umsetzung von Anpassungsmaßnahmen nicht ausreicht, um die zu erwartenden ökonomischen Schäden durch Klimawandel ausreichend abzufedern. Andererseits macht es keinen Sinn, das größtmögliche Maß an Anpassung zu wählen, wenn eher ein schwacher Klimawandel als wahrscheinlich angesehen wird. Der jeweils langfristige Zeithorizont einerseits bei der Entwicklung des Klimas sowie andererseits bei der Anpassungsdauer stellen eine große Herausforderung für die optimale Ausgestaltung der Anpassungspolitik in Deutschland dar. Es wird daher **notwendig sein, das Geschehen immer wieder neu zu betrachten** und die negativen Folgen des Klimawandels sowie die positiven Wirkungen der Investitionen in Anpassung wiederkehrend neu zu bewerten". ◄

Politischer Wettbewerb und positive Leistungsmotivation

Funktioniert der ökonomische Wettbewerb, steigert er in den Produktmärkten die Leistungsmotivation (vgl. Abschn. 7.2). Diese Idee lässt sich auf das Politiksystem übertragen. Im Idealfall bewirken dann entsprechende Mechanismen, dass sich die politischen Akteure wohlfahrtssteigernd anstrengen. Zu den **Mechanismen des politischen Wettbewerbs** zählen die Demokratie und der Föderalismus.

In **repräsentativen Demokratien** sollen sich die staatlichen Organe der Legislative, Exekutive und Judikative gegenseitig kontrollieren (Gewaltenteilung); und das Individuum mit seinen Freiheitsrechten ist schützens'wert' (vgl. Abschn. 6.2). Dies drückt sich in entsprechenden Mechanismen aus (Frey und Kirchgässner 2002, S. 53):

- Zu den Mechanismen der **bürgerlichen Beteiligung** zählen Wahlen, Volksentscheide und Initiativrechte. Vor allem ordnungsgemäß abgehaltene Wahlen sind wichtig. Dann konkurrieren Parteien und Politiker:innen mit ihren Programmen um Wählerstimmen. Die Mehrheit der Wählerstimmen legitimiert die Regierenden. Die Regierung selbst kann durch eine Partei oder mehrere politische Parteien (Koalitionsregierung) gebildet werden.
- Die Regierung braucht die staatliche Bürokratie, um ihre Vorhaben umzusetzen, wobei verbeamtete Bürokrat:innen auch per Eid der Rechtsstaatlichkeit verpflichtet sind. Das Arbeitsergebnis wird – im Sinne der Gewaltenteilung – parlamentarisch kontrolliert und rechtlich überprüft. Im Alltag kommt es hierdurch zu **laufenden politischen Auseinandersetzungen**, in denen sich das Gewicht der einzelnen Gewalt mal verstärken, mal mindern kann (checks and balances).

Eine Demokratie kann zentral oder dezentral organisiert sein. Die dezentrale Variante wird **Föderalismus** genannt. Dabei wird ein Staatsgebiet in rechtlich selbständige Gebietseinheiten unterteilt (z. B. Bundesland Brandenburg), was den politischen Wettbewerbsdruck verschärfen kann. Denn Bürger:innen können das Leistungsangebot ihrer Gebietseinheit (z. B. Qualität der Schulbildung) und dessen Kosten (z. B. Steuerfinanzierung) mit dem anderer Gebietseinheiten vergleichen. Wohnt also jemand im Bundesland X und ist dort mit den staatlichen Leistungen unzufrieden, kann er dies über seine Wahlentscheidung in der Hoffnung signalisieren, dass sich danach etwas ändert. Oder er kann seinen Unmut ausdrücken, indem er abwandert. Er entscheidet sich umgangssprachlich ,mit den Füßen' (voting by one's feet) und verlegt seinen Wohnsitz in eine andere Gebietseinheit (z. B. Bundesland Y). Frey und Kirchgässner (2002, S. 55) betonen daher, dass „[j]e weniger die Regierung und die öffentliche Verwaltung auf die Wünsche der Bürger eingehen, desto wichtiger ist ein Wettbewerb zwischen den Gebietseinheiten. Wettbewerb ist auch um so eher möglich, je stärker lokal begrenzt die angebotenen öffentlichen Güter sind". Aus Sicht der Autoren (2002, S. 58–63) hat eine Dezentralisierung jedoch nicht nur Vorteile:

- **Für die Dezentralisierung spricht**, dass in einem lokalisierten Umfeld Individuen und Gruppen nicht nur ihre Präferenzen besser sichtbar machen können. Sie haben auch weniger Transaktionskosten, um deren Umsetzung auf Treffsicherheit zu überprüfen. Zudem ist solch ein Umfeld geeigneter, um mit neuen Ideen zu experimentieren (vgl. Abschn. 9.2).
- **Gegen die Dezentralisierung spricht**, wenn für bestimmte Güter eine großflächige Zugangsverteilung sinnvoll ist (z. B. Landesverteidigung). Auch kann eine zentralisierte Umverteilung – zumindest national – verhindern, dass sich Bürger:innen ihrer

Steuerpflicht durch Abwanderung entziehen. Und makroökonomisch wirkende Politiken wie die Konjunkturpolitik haben dezentrale Wirkungsverluste, weil ihre Folgen auch in anderen Regionen wirksam werden, also externe Effekte produzieren. Zudem können in einigen Infrastrukturbereichen kapazitative Minimalgrößen (z. B. Energieversorgung) erforderlich sein (vgl. Abschn. 7.3).

In diesem Kapitel geht es um Solidargemeinschaften. Politiker:innen konkurrieren somit im Wahlkampf zu Themen wie Chancengleichheit, Risikoabsicherung und Bewältigung von Strukturwandel. Wähler:innen wiederum erwarten einen Nutzen, wenn sie ihre Stimme abgeben. Bilden Wahlberechtigte Gruppen, um ihre Präferenzen zu bündeln (Kollektivpräferenzen), können sie diese oft besser durchsetzen. Eine organisierte Interessenvertretung wird **Lobbyismus** genannt.

- Grundsätzlich gilt, dass Interessengruppen **volkswirtschaftlich wichtige Funktionen** erfüllen. Denn sie fassen Wissenswertes zusammen und geben dieses Wissen gezielt weiter, was die Transaktionskosten senkt. Beispiele liefern unternehmerische Interessenvertretungen (z. B. Verbände oder finanziell abhängige Think Tanks) ebenso wie bürgerliche Interessenvertretungen (z. B. Nicht-Regierungsorganisationen wie Caritas oder Greenpeace). Das Wort ‚Lobbyismus' wird hier folglich nicht negativ verstanden, wie dies im Alltag häufig der Fall ist, sondern kontextuell.
- Nach internationalen Standards wird unter einem **verantwortungsvollen Lobbying für Klimawandel** die Absicht verstanden, Andere im Sinne des Kyoto-Nachfolgeabkommens von Paris (COP 15) zu beeinflussen, um den globalen Temperaturanstieg auf 1,5 Grad Celsius über vorindustriellen Niveaus zu begrenzen und nach Erreichen der Emissionsspitze die Treibhausgase schnellstmöglich zu reduzieren (AP7 2022, S, 2).

Die **ökonomische und politische Rationalität stimmen allerdings nur im Idealfall überein**, so Behrends (2001, S. 45):

- „Da […] politische Parteien mit unterschiedlichen Programmen konkurrieren – die sich jedoch teilweise überschneiden können – und **zum Wahlsieg ‚nur' eine Mehrheitsbeschaffung erforderlich** ist, hat es sich für politische Parteien meist als opportun erwiesen, bestimmte Wähler (wirtschafts-)politisch zu begünstigen und andere konsequenterweise zu benachteiligen, so dass politische und ökonomische Rationalität auseinanderfallen". Auch die obigen Hinweise (z. B. Exklusion, Institutionenmacht von Eliten) unterstreichen, dass in der politökonomischen Sphäre Machtphänomene den Alltag bestimmen.
- Herrmann-Pillath (2002, S. 369–370) weist darauf hin, dass solch ein **Streben nach Macht immer mit einer hohen Ressourcenverschwendung** einhergeht: „Da Macht relational ist, ist der Wettbewerb um Macht immer ein Positionswettbewerb, der sich prinzipiell vom Leistungswettbewerb unterscheidet. […] Positionswettbewerb findet auf

einer nicht-erweiterbaren Rangskala statt, und das Niveau des Ressourceneinsatzes ist unerheblich für die Besetzung von Positionen, sondern nur die Differenz zu anderen Konkurrenten. [...] Das aber bedeutet, daß im Falle, daß die nötigen Investitionen nur schwer anderen Verwendungen zugeführt werden können, diese für den Verlierer immer abzuschreiben sind". Wir diskutieren dies als Schwäche der umverteilenden Koordination.

8.3 Schwäche: Wann wirken Umverteilungsmechanismen wohlfahrtsschädlich?

Zusammenfassung

Das Vertrauen in die gesellschaftliche Solidaritätsgemeinschaft schwindet, wenn Individuen und Gruppen das Prinzip der indirekten Reziprozität missbrauchen oder durch Gewöhnungseffekte missachten und dadurch jeweils Wohlfahrtsverluste entstehen, die allen aufgebürdet werden. Ist der Staatshaushalt defizitär, kann der Staat zwar Kredite als Einnahmen verbuchen. Auf der Ausgabenseite müssen Zins und Tilgung allerdings von den jetzigen und künftigen Generationen finanziert werden. Und bei einem hohen Schuldenstand ist der Handlungsspielraum des Staates eingeschränkt. Das Anwachsen diskretionärer, also fallbezogener Staatsaufgaben kann zudem zu deutlichen Steuerungsproblemen und unverhältnismäßig hohen Bürokratiekosten führen (technisches Staatsversagen). Oder es entsteht ein Regulierungs‚markt‘, auf dem staatliche Akteure ihre Leistungen eigennutzorientiert anbieten (anreizbedingtes Staatsversagen). Ihre Nachfrager sind erfolgreich organisierte Interessengruppen, die dadurch Renten umlenken können (regulatory capture). All dies kann Unsicherheiten und politökonomische Polarisierungen verstärken und in der Gesellschaft letztlich den Eindruck festigen, dass selbst Umverteilungsmechanismen nicht in der Lage sind, das systemische Miteinander – auch mit Blick auf die Nachhaltigkeit – sinnhaft zu steuern.

Solidaritätsgemeinschaften können das gute Leben für alle verbessern. Was jedoch, wenn solche Umverteilungsmechanismen ihren Sinn verlieren und/ oder die Funktionsweise des Staats hochgradig gestört ist?

In diesem Kapitel geht es um die umverteilende Koordination, die den Kernmechanismus der wettbewerblichen Koordination ergänzt (z. B. soziale Marktwirtschaft). Der Staat hat neben seinen wirtschaftsliberalen Aufgaben nun auch ausgleichs- und stabilisierungspolitische Aufgaben zu erfüllen (Sozialliberalismus; vgl. Abschn. 6.2). In der Folge verändern sich die Größe, Struktur und Prozessabläufe des Staates. Die zu bewältigende **Systemkomplexität erhöht sich** und mit ihr die Risiken, dass es bei sozioökonomischen Anpassungsprozessen zu Störungen kommt und dadurch volkswirtschaftliche Ressourcen verschwendet werden.

Erste Störungen produziert der erweiterte Ordnungsansatz selbst. Denn er bringt ein **Spannungsfeld aus wechselseitiger Abhängigkeit und individueller Autonomie** hervor. Je nach Kontext wird Solidarität oder Freiheit eingefordert. Der Umgang mit Freiheit und Eigenverantwortung muss daher immer wieder eingeübt und Fehlverhalten glaubwürdig sanktioniert werden, sofern der Nachweis gelingt (vgl. Kap. 11).

- Gibt es Unterstützung in kritischen Lebensumständen, werden als (potenzielles) Fehlverhalten vor allem opportunistische Handlungsweisen und sozialpsychologische Abhängigkeiten diskutiert.
  - Ein Beispiel für Opportunismus ist der **Sozialleistungsbetrug**, also „alle durch Täuschung der vergebenden öffentlichen Stellen betrügerisch erlangten Geld- oder Sachleistungen von Sozialleistungsträgern (z. B. Wohngeld, Kindergeld)" (Bundeskriminalamt in Deutscher Bundestag 2021, S. 8, 16); ein solcher Missbrauch kann zudem bandenmäßig und systematisch (clankriminell) organisiert sein.
  - Schwieriger zu bewerten sind sozialpsychologische Umstände, bei denen das Selbstvertrauen und die Selbsthilfefähigkeit von Betroffenen schwinden, wenn sie in ihrer Situation ,festkleben'. In der Folge resigniert die/ der Betroffene und richtet sich im Wohlfahrtssystem ein. Kinder, die in diesem Umfeld aufwachsen, können solche Haltungen fortschreiben. Eine **wohlfahrtsstaatliche Abhängigkeit** kann also innerhalb einer Familie weitergereicht werden (z. B. Blome et al. 2019). Maßnahmenziel ist dann, das Risiko für eine Gewöhnung an die Wohlfahrtsleistungen zu verringern.
- Die Solidargemeinschaft kann auch in Krisen- und Schockzeiten ausgenutzt werden. Hierunter fallen Betrugsfälle und der nachlässige Umgang mit spekulativen Risiken in Märkten, für die staatliche Rettungsaktionen als wahrscheinlich gelten (z. B. Finanzmarkt), sowie das Aushandeln sonstiger staatlicher Fördermittel, wenn dies längerfristig wohlfahrtsmindernd wirkt.
  - Beispiel für opportunistische Handlungsweisen in Schocksituationen (z. B. SARS-CoV-2-Pandemie) ist der **Subventionsbetrug**. So führt beispielsweise die missbräuchliche Beantragung bzw. Inanspruchnahme von Corona-Soforthilfen „im Berichtsjahr 2020 zu einem sprunghaften Anstieg der Fallzahlen im Bereich des Subventionsbetrugs auf 7585 Fälle (2019: 318 Fälle)", wodurch laut Bundeskriminalamt (2021, S. 1) ein Schaden von rund 151 Mio. Euro entsteht.
  - Zum Umgang mit der Finanzmarktkrise 2007/08 stellt der Sachverständigenrat (2008, S. 3–5) fest: „Die Krise auf den globalen Finanzmärkten hat vielfach die Diskussion über die Funktionstüchtigkeit des marktwirtschaftlichen Systems neu entfacht"; so ist es populär geworden, einen „**Raubtierkapitalismus**" anzuprangern, „bei dem Gewinne privatisiert, Verluste indessen sozialisiert", also den Steuerzahler:innen aufgebürdet werden. Die Krise ist zwar aus dem Finanzmarkt heraus entstanden. Der Sachverständigenrat sieht jedoch eine Mitschuld bei einer expansiven Geldpolitik, einer zersplitterten Finanzmarktaufsicht, unkritischen Rating-Agenturen und anderen Entscheidungsträgern wie Aufsichtsräten, die begünstigt haben, dass sich die Vergütung von Bankmanager:innen an kurzfristigen Erfolgen

ausrichtet (z. B. überhöhte Boni), ohne längerfristigen Misserfolg ausreichend zu sanktionieren; um die Krise zu bewältigen, sichert die deutsche Regierung mit einem Finanzrahmen von bis zu 480 Mrd. Euro die Stabilität von Banken, Versicherungen, Pensionsfonds und anderen Finanzinstituten, die ihren Sitz in Deutschland haben.

– Hinzukommen zum Teil **massive Subventionen**, die machtvolle Interessengruppen – auch außerhalb des Krisenalltags – mit dem Staat legal ausverhandeln, wobei ‚künstliche Renten' entstehen können (vgl. Abschn. 7.2), was wir unter dem Stichwort ‚Neue Politische Ökonomie' vertiefen.

Zweitens wandeln sich Gesellschaften, wie die Diskussion sozialer Klassen und Schichten zeigt. Dann fühlen sich Menschen gegebenenfalls nicht länger der Gesamtgesellschaft, sondern nur noch ihrem jeweiligen Teilsystem zugehörig. Der Systemkontext zergliedert sich (**Fragmentierung**). Kirsch (1974/1997, S. 37–45) interpretiert dies systemisch im Sinne Luhmanns (1986, 1994):

* Bei solch einer negativen Entwicklung sind zwar noch individuelle Wahlentscheidungen im Sinn der Rational-Choice-Theorie möglich; es gibt jedoch **keine überindividuelle Ordnung** mehr, die dazu führt, dass das angestrebte gute Leben und die Wohlfahrt aller deckungsgleich sind; vielmehr wird die Gesellschaft ersetzt „durch ihre Zerfallsprodukte, nämlich durch eine Vielzahl voneinander abgesetzter sozialer Interaktionssysteme: das wirtschaftliche, das politische Interaktionssystem, das Wissenschaftssystem, das ästhetische System, das religiöse System, das ‚family system' usw.".
* Die Gesellschaft zerfällt in **vielzahlige und vielfältige, weitgehend selbständige und selbstreferenzielle Interaktionssysteme**, so dass das Individuum sich höchstens als Mitglied der eigenen Gruppe(n) versteht (vgl. Abschn. 4.3).
  – Finden Transaktionen weitgehend innerhalb der eigenen Systemgrenzen statt, wird die **Wirklichkeit selektiv wahrgenommen** und nur anhand eigener Kategorien und Kriterien bewertet.
  – Da in Kleingruppen systemeigene Kategorien und Kriterien relativ klar hervortreten, lassen sich fehlverhaltende Gruppenmitglieder zudem leichter disziplinieren und in das Gruppenverhalten zurückzwingen oder aber sie scheiden aus. Dadurch verstärkt sich der Effekt, dass nicht ganzheitlich, sondern nur selektiv gedacht und gehandelt wird. In der Folge fallen die **Wechselwirkungen mit dem Systemrest weniger effizient** aus. Und solange es keine einigende Werteklammer gibt (z. B. religiöses Verständnis von der Welt), fehlt der gesellschaftliche Raum, in dem das Individuum wieder ‚ganz' werden, also im Einklang mit sich, den Menschen und den Dingen „in ihrem vielfältigen Reichtum" sein kann.
* Mit Blick auf die heutige Realität spricht Reckwitz (2019/2021, S. 90–93, 225) vom Maßstab der **Singularisierung**, der bedeutet, dass der Mensch eher an sich selbst orientiert ist als an Maßstäben des Allgemeinen. Als Treiber nennt der Soziologe die Ökonomisierung bzw. Valorisierung, die bis in die privaten Bereiche vorgedrungen ist (Reckwitz 2019/2021, S. 106–107):

- Vor allem die **neue Mittelklasse** aus Hochqualifizierten, die urban lebt und kulturell und politökonomisch viel Einfluss hat, ist auf der Suche nach einem einzigartigen Lebensausdruck (z. B. interessanter Beruf und eindrucksvolle Reisen). Dabei produzieren digitale Technologien unmittelbare Vergleiche mit der Referenzgruppe und schnelle Enttäuschungen, wobei ein ‚Marktverlierer' nicht mehr unbedingt nachvollziehen kann, warum er scheitert. Dies alles bindet viel Aufmerksamkeit, die für andere Themen nicht zur Verfügung steht (Aufmerksamkeitsökonomie).
- Damit steht die neue Mittelklasse der neuen Unterklasse „lebensweltlich wie politisch denkbar fern". Menschen, die der **prekären Klasse** angehören, fühlen sich sozial abgehängt: „Politische Indifferenz und soziale Isolation sind ein Weg, die Hoffnung des Einzelnen auf den singulären Aufstieg qua Talent – zum Beispiel im Sport oder im Showbusiness bei Jugendlichen oder jungen Erwachsenen – ein anderer. Eine weitere Möglichkeit ist der Rückzug in lokale Gemeinschaften, in ‚Parallelgesellschaften' einheimischer oder migrantischer Provenienz, die ihre kollektive Identität pflegen. Es kann aber auch zu einer Repolitisierung kommen als neosozialistische Linke oder populistische Rechte".
- In diese neue Unterklasse sind Menschen der **alten Mittelklasse** abgerutscht, für die Arbeit, Familie und Region wichtig sind.
- Über alldem „schwebt" das eine Prozent der **Superreichen**.
- Werden **innerhalb einer Gesellschaft** ‚**Mauern hochgezogen**', wird das, was gedacht und gefühlt wird, zur eigenen Realität (vgl. Abschn. 4.3 und 5.3). Dann ist es gerecht, sich auf der einen Seite der Mauer von der Gesellschaft ‚verraten und verkauft' zu fühlen und alle, die mehr haben, mit einer Reichensteuer belegen zu wollen. Auf der anderen Seite der Mauer werden Ansprüche an die Gesellschaft als ‚Sozialschmarotzertum' stigmatisiert. Zum bewussten Ausblenden (fehlende Bereitschaft) kommt das unbewusste Ausblenden von Fakten, Meinungen und Argumenten (fehlende Absorptionskapazität); nach Schaap (2008, S. 122) besteht dann die Gefahr, dass Gruppen unbewusst ‚dichtmachen' und Interaktionen mit bestimmten Akteuren für irrelevant und unnötig halten oder unreflektiert ablehnen.
- Je fragmentierter eine Gesellschaft ist, desto **ausdifferenzierter und unversöhnlicher sind die Ansprüche** der Gruppen an den Staat. Dies verstärkt Gefühle wie Sozialneid und Wut. Und es verstärkt die Angst vor der eigenen Bedeutungslosigkeit und völligen Einsamkeit, falls sich ein Individuum gegen die Sozialbindungen entscheidet, die ihm Sicherheit schenken. Hierzu Fromm (1990/2003, S. 33): „Es entstehen dann machtvolle Tendenzen, vor dieser Art der Freiheit in die Unterwerfung oder in irgendeine Beziehung zu anderen Menschen und der Welt zu fliehen, die eine Milderung der Unsicherheit verspricht, selbst wenn sie den Menschen seiner Freiheit beraubt".

All dies erhöht für den Staat, der als ökonomische Umverteilungskraft und Hüter bürgerlicher Bedarfsansprüche gilt, die **politisch-administrative Komplexität**, mit der er sich auseinanderzusetzen hat. Zugleich können sich auch staatliche Akteure als weitgehend selbstständiges und selbstbezogenes Teilsystem verstehen, um darin eigennutzorientiert zu optimieren. Wir diskutieren daher in Analogie zum Marktversagen (vgl. Abschn. 7.3), dass der Staat versagen kann, wenn unvollkommene Entscheidungsmechanismen mit ihren dazugehörenden Institutionen greifen.

- Mit **Staatsversagen** wird vereinfachend die Lücke bezeichnet, die sich zwischen den offiziellen Zielen der staatlichen Akteure und dem tatsächlich Erreichten auftut, woraus sich nach Frey und Kirchgässner (2002, S. 133) allerdings nicht rückschließen lässt, „dass der Staat bei Marktversagen alles besser gestaltet, ebenso wenig, dass der Staat prinzipiell alles schlecht macht". Im Ergebnis kommt es zu einer unzureichenden Zielerreichung (Ineffektivität) oder es entstehen – verglichen mit einer effizienten Aufgabenerfüllung – überhöhte gesellschaftliche Kosten (Ineffizienz).
- Wir unterscheiden hier zwei Arten von Staatsversagen, für welche die Annahme entscheidend ist, ob sich die staatlichen Akteure wohlfahrtsorientiert oder eigennutzorientiert verhalten:
  - Unter **technischem Staatsversagen** verstehen wir, dass staatliche Akteure zwar gesamtwohlbezogene Entscheidungen treffen (public interest theory). Doch ihr Handlungskontext ist so herausfordernd, dass gravierende und wohlfahrtsmindernde Operationalisierungsprobleme auftreten; Letztere können Zielgrößen der wirtschaftlichen Effizienz ebenso betreffen wie Zielgrößen der ökologischen Nachhaltigkeit oder Verteilungsgerechtigkeit, so Christensen (2011, S. 107).
  - Das **anreizbezogene Staatsversagen** lässt sich nach Frey und Kirchgässner (2002, S. 133) auf eine „falsche Funktionsweise des demokratischen Entscheidungsmechanismus" zurückführen (Politikversagen) und/ oder es kommt zu einem „unzweckmäßigen Funktionieren der staatlichen Verwaltung" (Bürokratieversagen). Die staatlichen Akteure handeln nicht länger wohlfahrts-, sondern eigennutzorientiert. Das Staatshandeln wird zu einem Produktmarkt, auf dem es Anbieter und Nachfrager mit unterschiedlich hohen Zahlungsbereitschaften gibt (regulatory capture theory). Im Ergebnis bilden auch die staatlichen Akteure ein selbstbezogenes Teilsystem innerhalb der Gesellschaft.

▶ **Staatsversagen** ist gegeben, wenn das staatliche (Nicht-)Handeln sozioökonomische Anpassungsmängel und deutliche Effizienzverluste verursacht. Dies kann an einem herausfordernden Steuerungsumfeld liegen (technisches Staatsversagen) oder an institutionellen Bedingungen, die es staatlichen Akteuren erlauben, Renten zu Lasten der Allgemeinheit abzuschöpfen und wohlfahrtsschädlich umzulenken (anreizbezogenes Staatsversagen).

Beide Ursachen können in den gesellschaftlichen Teilsystemen zu enttäuschten Erwartungen führen (**subjektiv empfundenes Staatsversagen**) und Selbstverstärkungsmechanismen aktivieren, durch welche die Staatlichkeit geschwächt wird (vgl. Abschn. 8.1). Die wissenschaftliche Diskussion hierzu ist vielfältig und kontrovers (z. B. Nonhoff 2007; Levi-Faur 2011). Wir konzentrieren uns hier auf (i) technisches

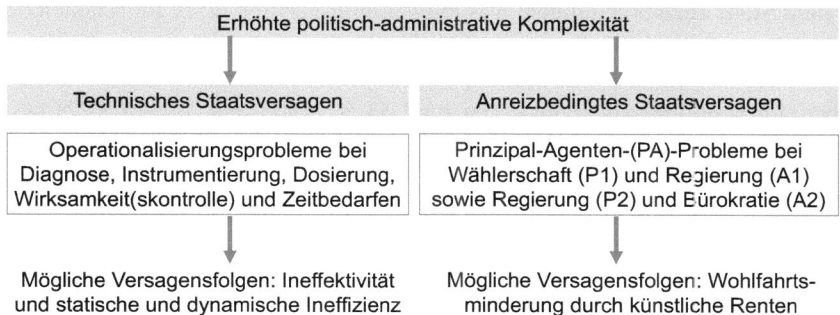

Abb. 8.3 Schwächen der umverteilenden Koordination

Staatsversagen und die Risiken des Diskretionären; (ii) anreizbezogenes Staatsversagen und Rentenumlenkung durch Lobbyismus; und (iii) Umverteilung und die Grenzen ihrer Finanzierbarkeit (siehe ausschnitthaft Abb. 8.3).

Technisches Staatsversagen und die Risiken des Diskretionären

Für das Folgende gilt die Annahme, dass staatliche Akteure **wohlfahrtsorientierte Entscheider** sind. Bei der Umverteilung geht es ihnen ausschließlich darum, Chancengleichheit zu erhöhen, Maßnahmen der Risikoabsicherung umzusetzen und Wirtschaft und Gesellschaft bei strukturellen Umbrüchen zu unterstützen. Hierbei ist die Politik auf die Bürokratie angewiesen. Solch beruflich Verwaltungshandelnde arbeiten im Weberschen Sinne hierarchisch und regelgebunden, aktenkundig und professionell, wobei – in Trennung von Amt und Person – Gemeinwohlaufgaben umgesetzt werden.

Wird eine Marktwirtschaft zu einer sozialen Marktwirtschaft, wächst nicht nur das staatliche Aufgabenspektrum. Dem Staat wird neben einem regelgebundenen Eingreifen (per-se rules) auch zunehmend ein fallweises Eingreifen (rule of reason) gestattet, was als **diskretionärer Handlungsspielraum** bezeichnet wird.

- In westlichen Ländern wie Deutschland ist der diskretionäre Handlungsspielraum über die Zeit deutlich ausgebaut worden, was als das ,**Wagnersche Gesetz der wachsenden Staatstätigkeit**' bezeichnet wird. Scherf (2010, S. 5–6) benennt hierfür als historische Gründe:
  - Mit dem **technischen Fortschritt** nehmen Investitionen, Gewinne und Massenkonsum zu. Hieraus erwachsen dem Staat neue Kultur- und Wohlfahrtsaufgaben, während alte Staatsaufgaben wie Recht und Machterhalt weitgehend fortbestehen.
  - Mit dem Lebensstandard erhöht sich wiederum der **Bedarf**, die Qualität der öffentlich bereitgestellten Güter zu verbessern (z. B. Bildung und Gesundheit).
  - Und schließlich ist in Deutschland seit den 1960er-Jahren – unter anderem aufgrund bürgerlicher Mitwirkungsmöglichkeiten – das **ideologische Misstrauen gegenüber**

dem Staat zurückgegangen, was fallweisen Eingriffen (z. B. im Rahmen des Sta-
bilitäts- und Wachstumsgesetzes (StabG)) den Weg bereitet.

- In der Folge ist die deutsche **Staatsquote**, also der Anteil der staatlichen Gesamtaus-
gaben am Bruttoinlandsprodukt, von rund 33 % (1960) auf 49 % (2022) gestiegen
(BMF; Homepage).

Mit der Zahl der Aufgaben, bei denen ein fallweises Eingreifen vorgesehen ist, steigen
für die staatlichen Akteure die **Steuerungsaufwände** (vgl. Abschn. 8.2):

- **Diagnose**: Staatliches Handeln basiert auf entscheidungsorientiertem Wissen, findet jedoch vielfach unter den Bedingungen einer unvollkommenen Informationslage statt
(vgl. Abschn. 3.2). Den jeweils zutreffenden Ursache-Wirkungszusammenhang zu dia-
gnostizieren, ist vor allem in einem komplexen Handlungsumfeld herausfordernd
(z. B. Strukturwandel) und braucht entsprechende Methoden, geeignete Frühindikatoren
und angemessene Intervalle der Informationsgewinnung.
- **Instrumentierung**: Auf die Diagnose folgen die Auswahl kausal geeigneter Maßnahmen (z. B. Auflagen oder Hilfeleistungen) und entsprechende Wirkungsprognosen.
Neben der Art der Maßnahmen sind deren Umfang und Dauer erwartungsverlässlich
festzulegen, damit sich die jeweilige Zielgruppe für die eigene Planung darauf einstellen kann. Bei Zielkonflikten müssen Nebenwirkungen abgewogen werden, was eine
angemessene Folgenabschätzung erfordert.
- **Wirksamkeit:** Instrumentierungen müssen zielgruppengenau sein (Treffsicherheit),
angemessen problemlösend wirken (statische Effizienz) und – je nach Kontext – eine
transformative Entwicklung unterstützen, die sich über das Maßnahmenende hinaus
fortschreibt (dynamische Effizienz). Zudem soll die Instrumentierung robust sein, d. h.
selbst dann in die vorgesehene Richtung wirken, wenn von außen kommende Zufalls-
einflüsse das wirtschaftliche System stören. Dies lenkt den Blick auf zusätzliche Er-
kenntnisbedarfe (z. B. zu Störungsdynamiken, Abweichungsdimensionen).
- **Zeitverzögerungen:** All dies hat Zeitbedarfe:
  - Ein auftretendes Problem muss erst einmal erkannt und mit geeigneter Methodik erfasst, ausgewertet und bewertet werden (**Erkenntnisverzögerung**). Bei Bedarf sind
  nicht-staatliche Expert:innen prozessual einzubinden (z. B. wissenschaftliche Beratungsgremien).
  - Es braucht seine Zeit, bis parlamentarische und/ oder behördliche Maßnahmen entschieden sind und beschlossene Maßnahmen seitens der zuständigen Behörden bzw.
  Organisationen in die Umsetzung gehen (**Entscheidungs- und Durchführungsver-
  zögerung**). Arbeiten bei der Umsetzung verschiedene Organisationseinheiten pro
  Ebene (z. B. kommunale Ämter) und/ oder mehrere vertikale Ebenen (lokal, regional,
  national, europäisch) zusammen, kommen unterschiedliche Perspektiven und (historisch geprägte) Denkweisen hinzu, welche die Transaktionskosten weiter erhöhen.
  - Schließlich gilt es abzuwarten und zu kontrollieren, ob die jeweiligen Maßnahmen
  greifen, um gegebenenfalls nachzusteuern (**Wirkungs-, Kontroll- und Korrektur-**

verzögerung). Der Faktor Zeit ist dabei kritisch. So leidet beispielsweise die Praxistauglichkeit von bundesministeriellen Gesetzen und Verordnungen darunter, dass Anhörungen mit Vollzugsbehörden und Betroffenen unter hohem Zeitdruck stattfinden oder gänzlich entfallen (Haucap et al. 2023, S. 18).

Das moderne Staatshandeln wird **E(lectronic)-Government** genannt, das sich in der Zusammenarbeit mit den Bürger:innen zur E-Governance ausformt (Burger-Menzel 2023, S. 182–187): Indem die Geschäftsprozesse von öffentlicher Verwaltung und Regierung elektronisch ablaufen, sollen erstens Informationen und Dienstleistungen produktiver bereitgestellt werden (Effizienzziel). Zweitens soll die Modernisierung von Staatshandeln – neben einem gerichtssicheren Handeln – zu adressatengerechten Dienstleistungen führen, die einer sich ständig wandelnden Umwelt gerecht werden (Qualitätsziel). Und drittens soll ein höherer Offenheitsgrad der öffentlichen Verwaltung eine stärkere bürgerliche Beteiligung erlauben (Partizipationsziel), was wir im dritten Buchteil vertiefen. In allen drei Zielbereichen kann ein Staat Nachholbedarfe entwickeln, wie das Beispiel Deutschlands zeigt. Die Gründe hierfür sind vielfältig (z. B. Deutscher Bundestag 2018 und ifo Institut 2021 in Burger-Menzel 2023).

- So führen unter anderem **föderale Strukturen** zu stark divergierenden Regulativen (z. B. bei Genehmigungsverfahren) und zu uneinheitlichen Standards (z. B. bei Datenschnittstellen) sowie zu prozessualer Intransparenz. Beispielsweise verwalten eine Vielzahl von Behörden mehr als 150 steuer- und beitragsfinanzierte Sozialleistungen, was das „aktuelle System insgesamt unnötig kompliziert und teilweise inkonsistent" macht (Blömer et al. 2022, S. 79–80). Auch aus Sicht deutscher Unternehmen, die laut BDI im jährlichen Durchschnitt 130 Behördenkontakte haben, funktioniert das deutsche E-Government im EU-Vergleich deutlich schlechter. Hinzukommen Faktoren wie fehlende digitale und adaptive Kompetenzen im öffentlichen Dienst. Und Vieles mehr.
- Digitale Reformanstrengungen (z. B. behördenübergreifende Leistungsportale) werden durch eine Komplexität behindert, „die sich aus dem Zusammenspiel verschiedener Akteure und ihren unterschiedlichen und **sich wandelnden Zuständigkeitsbereichen, Kompetenzen, Kontrollgremien und Planungsstäben** ergibt" (Haucap et al. 2023, S. 19). Und entgegen der Forderung, dass sich der Staat bzw. seine Bürokratie verschlanken soll, steigt in den gegebenen Strukturen die Zahl der Personalstellen weiter. So hat sich seit 2014 allein in den Bundesministerien die Zahl der Stellen um ca. 30 % erhöht, was mit neuen oder veränderten Tätigkeits- und Aufgabenfeldern und deren politischer Relevanz begründet wird; als kritisch gilt, dass es sich bei den neuen Stellen vor allem um Beamtenstellen auf Lebenszeit handelt und ein Personalaufwuchs immer auch Mehrkosten für Büro- und Liegenschaftskapazitäten bedeutet (Kohlstruck 2023 und Meyer 2023 in Haucap et al. 2023, S. 12).

Da der Staat mit Steuergeldern operiert, ist er selbst nachweis- und rechenschaftspflichtig (z. B. gegenüber dem Bundesrechnungshof). Er sichert sich in seinem Handeln daher ab, indem er Nachweispflichten an die jeweilige Zielgruppe weiterreicht. In der Folge erhöhen sich deren Transaktions- bzw. **Bürokratiekosten**. Zu diesen zählen Zahlungs-, Informations-, Kooperations-, Überwachungs-, Qualifikations- und sonstige Auflagenerfüllungspflichten. Hierzu Haucap et al. (2023, S. 12–14):

- Im Jahr 2022 zählt **alleine das Bundesjustizministerium** 1773 gültige Bundesgesetze (+6,3 % gegenüber 2010) mit 50.738 Einzelnormen (+18,8 %) sowie 2795 Rechtsverordnungen (+5,3 %) mit 42.590 Einzelnormen (+15,6 %). Hinzukommen Gesetze und Verordnungen der Bundesländer, das Kommunalrecht sowie das unmittelbar geltende EU-Recht.
- Bürokratiekosten lassen sich als **Erfüllungsaufwand** messen. Dieser ergibt sich „aus der gesamten messbaren Zeit und den einmaligen und laufenden/ jährlichen Kosten durch Befolgung einer bundesrechtlichen Regelung". Seit 2020 hat sich der laufende Erfüllungsaufwand der Wirtschaft laut Jahresbericht 2023 des Nationalen Normenkontrollrats seit 2020 mehr als verdreifacht: Von 4,2 Mrd. Euro (2020/2021) auf 14,4 Mrd. Euro (2022/2023); hinzukommen einmalige Erfüllungsaufwände, die sich im besagten Zeitraum fast verachtfacht haben (von 2,6 Mrd. Euro auf 20,4 Mrd. Euro). Die Autor:innen weisen darauf hin, dass es sich bei der Gesamtsumme von 34,6 Mrd. „nicht um den gesamten Erfüllungsaufwand der Wirtschaft handelt, sondern nur um denjenigen, der seit 2011 neu hinzugekommen ist. Folglich ist der tatsächliche Erfüllungsaufwand der Wirtschaft aufgrund von bundesrechtlichen Regelungen deutlich höher".
- Dabei sind vor allem die Kosten gestiegen, die den Unternehmen durch bundesrechtliche Informationspflichten entstehen. „**Informationspflichten** sind […] aufgrund von Gesetzen, Rechtsverordnungen, Satzungen oder Verwaltungsvorschriften bestehende Verpflichtungen, Daten und sonstige Informationen für Behörden und Dritte zu beschaffen, verfügbar zu halten oder zu übermitteln. Laut dem Jahresbericht des Nationalen Normenkontrollrates aus dem Jahr 2023 sind die Kosten der Informationspflichten im Berichtszeitraum 2022/ 2023 um rund 164 Mio. Euro pro Jahr angestiegen. Damit scheint sich der **Trend** aus dem Vorberichtszeitraum zu verstetigen. Auch da waren die Kosten der Informationspflichten um 125 Mio. Euro gestiegen".
- Im Bereich der **Nachhaltigkeit** sind gestiegene Informationspflichten ebenfalls zu einem relevanten Thema geworden (vgl. Abschn. 10.2).

Nachhaltigkeit und Bürokratieaufwände

Nach Artikel 8 der Taxonomieverordnung im Sinne der Richtline 2014/ 95/ EU des Europäischen Parlaments und Rats vom Oktober 2014 sind **Unternehmen zur nichtfinanziellen Berichterstattung verpflichtet** (Deutscher Bundestag 2022, S. 8–9):

- Nach der sogenannten CSR-Richtlinie müssen Unternehmen angeben, „wie und in welchem Umfang sie **ökologisch nachhaltig im Sinne der Definition der EU-Taxonomie** wirtschaftlich tätig sind. Insbesondere ist jeweils über den ökologisch nachhaltigen Anteil an Umsatzerlösen, Investitionsausgaben und Betriebsausgaben zu berichten. Die Offenlegung der von Unternehmen getroffenen Maßnahmen im Bereich ‚Corporate Social Responsibility' [CSR] ist bislang nur für große Unternehmen von öffentlichem Interesse (mit mehr als 500 Mitarbeitern) verpflichtend, während für sonstige Unternehmen auf Freiwilligkeit aufgrund von Wettbewerbsanreizen gesetzt wird".

- „Auf europäischer Ebene wird dieser **Rechtsrahmen als unzureichend bewertet**. Der Informationsbedarf der Nutzer werde nicht gedeckt, weil einige Unternehmen die Nachhaltigkeitsinformationen nicht bereitstellten. Die Informationen seien zudem unzuverlässig oder nicht ausreichend, um Unternehmen miteinander anhand von Nachhaltigkeitskriterien zu vergleichen. Auch steige der Informationsbedarf der Anleger mit dem zunehmenden Bewusstsein für Nachhaltigkeitsaspekte stetig an. Deshalb soll die CSR-Richtlinie angepasst werden. Der Vorschlag für eine Richtlinie zur Nachhaltigkeitsberichterstattung von Unternehmen vom 21. April 2021 (‚Corporate Sustainability Reporting Directive', CSRD) regelt einerseits die Berichtspflichten inhaltlich detaillierter und erweitert andererseits den Kreis der erfassten Unternehmen deutlich. Sämtliche große Unternehmen sowie sämtliche an geregelten Märkten notierte Unternehmen, mit Ausnahme von Kleinstunternehmen, sollen dazu verpflichtet werden, detaillierte Nachhaltigkeitsinformationen bereitzustellen. Über den Verweis in Art. 8 Taxonomieverordnung würde damit der Kreis der berichtspflichtigen Unternehmen mit der Verabschiedung der Richtlinie erweitert werden".

Die **europäische Richtlinie zur Nachhaltigkeitsberichterstattung von Unternehmen** (CSRD) ist seit Januar 2023 in Kraft. Sie verschärft die sozialen und ökologischen Berichtspflichten. Zugleich ist – wie angekündigt – die Zielgruppe der berichtspflichtigen Unternehmen erweitert worden (European Union; Homepage). ◄

Anreizbezogenes Staatsversagen und machtvolle Interessen

Die **Neue Politische Ökonomie (NPÖ)** geht von einem institutionellen Handlungskontext aus, der es den staatlichen Akteuren erlaubt, Einkommen zu Lasten der Allgemeinheit umzulenken (künstliche Renten). Um die entsprechenden politischen Prozesse zu untersuchen, greift sie auf Ansätze der Mainstream-Ökonomik zurück. Dies betrifft auch die Annahme, dass alle Akteure rational handeln (vgl. Kap. 3).

So lässt sich das Scheitern, den Staat angemessen zu verschlanken, nach Haucap et al. (2023, S. 17–18) auch darauf zurückführen, dass …

- **politische Akteure die Bürokratiekosten ignorieren**, die durch sie entstehen. Denn diese Kosten werden von Unternehmen und Bürger:innen geschultert. Das Handeln selbst wirkt hingegen aktivisch und signalisiert, dass der Staat Probleme lösen will, was die politische Selbstdarstellung unterstützt.

- **politische Akteure den Bürokratieabbau tendenziell vernachlässigen**. Denn dieser wirkt sich erst langfristig aus und hat eigene Aufwände. Politiker:innen hingegen orientieren sich an Wahlzyklen, die in der Regel kurzfristig getaktet sind (z. B. 4-Jahreszyklus).
- **Behörden das Risiko scheuen, falsche Entscheidungen zu treffen** und hierfür zu haften. Dies begünstigt einerseits, dass eher restriktive norminterpretierende und normkonkretisierende Verwaltungsvorschriften erlassen werden. Andererseits wird ein Antrag vorsichtshalber eher untersagt als genehmigt.

Dem gegenüber steht das **Interesse des Wahlvolks**, das aus Sicht der NPÖ ebenfalls rational seinen Eigennutz optimiert. Wir vertiefen für diese Akteure aus Politik, Wahlvolk und Bürokratie kurz, was die entsprechenden Kalküle bedeuten können und orientieren uns dabei vor allem an Frey und Kirchgässner (2002, S. 137–212), Fritsch (2014, S. 343–366), Haucap et al. (2023, S. 15–19) und Kirsch (1974/1997, S. 148–322).

Politiker:innen müssen in Demokratien zur Wahl antreten und um die Gunst der Wählerschaft kämpfen. Dies macht sie im Schumpeterschen Sinne zu politischen Unternehmer:innen, denen es um die eigene Wettbewerbsfähigkeit und den persönlichen Nutzen geht (politisches Unternehmertum). Der Nutzen selbst setzt sich aus monetären Vorteilen (z. B. höheres Einkommen, Pensionsansprüche) und nicht-monetären Vorteilen (z. B. Dienstwagen, Statusgewinn) zusammen.

- Bei einer normalverteilten Wählerschaft konzentrieren sich die Wähler:innen in der Mitte (**Medianwähler**). Politiker:innen haben also größere Wahlchancen, wenn sie ihr Programm nach der Mitte ausrichten und versuchen, die entsprechenden Wähler:innen von sich zu überzeugen. Als ‚Wahlränder' werden relativ extreme Positionen bezeichnet. Dort sind zwar weniger Stimmen zu holen. Diese können jedoch für eine Stimmenmehrheit entscheidend sein.
- Gewählte Politiker:innen bilden die Regierung, die darauf achtet, **welche Gruppen sich eher belasten lassen als andere**, um das Wahlergebnis weiterhin optimieren zu können. Scheint die Wiederwahl gesichert, werden ideologische Präferenzen wirksam. In der Folge erhöhen Regierungen aus linken Parteien tendenziell Staatsausgaben und Steuern und Regierungen aus rechten Parteien vermindern beides eher.
- Politiker:innen neigen stärker zu Wahlversprechen und Wahlgeschenken, je näher eine (Wieder-)Wahl heranrückt. In der Folge wird die Logik der antizyklischen Konjunktursteuerung vernachlässigt, nach der im Aufschwung Einsparungen vorgenommen und im Abschwung Ausgaben getätigt werden. Das Ergebnis ist ein eigenes Muster an Staatsausgaben, der sogenannte **politische Konjunkturzyklus**. Muss das Budget nicht jährlich ausgeglichen und können Ausgaben verschoben werden (z. B. Regelungen des StabG), schafft dies Anreize zur Kreditfinanzierung. Solche Kosten werden – anders als bei Steuern – erst später wirksam. Hinzukommt, dass sich in Krisenzeiten Steuererhöhungen leichter durchsetzen lassen als in Normalzeiten und sich die Steuerpflichtigen gegebenenfalls daran gewöhnen; dies mindert den Anreiz, die Ausgaben nach einer Krise wieder zu senken (Scherf 2010, S. 7).

- **Regierungen handeln kurzfristig**, weil sie sich an ihren Wiederwahlperioden orientieren. Je kürzer eine Wahlperiode, desto kurzfristiger ist das politische Handeln ausgerichtet. Denn ein längerfristiges Handeln produziert Effekte, die nicht rechtzeitig zur Wiederwahl wirksam werden.
- Da verlängerte Wahlperioden die demokratische Kontrollfrequenz durch die Wählerschaft herabsetzen, werden alternative **Lösungsideen** diskutiert (Frey und Kirchgässner 2002, S. 66–67); beispielsweise, dass …
  - … sich eine Wahlperiode umso mehr verlängert, je erfolgreicher eine Regierung wirtschaftspolitisch arbeitet;
  - … neue Regierungen nach einem Wechsel umso mehr Zeit erhalten, je länger die vorherige Regierung an der Macht gewesen ist, um sich personell und institutionell ‚einschwingen‘ zu können;
  - … die Länge der Wahlperioden nach dem Zufallsprinzip festgelegt wird.
  - Hinzukommen Faktoren wie die Art des Wahlverfahrens (z. B. absolute Mehrheit, relative Mehrheit, Sperrklauseln), die Wahlerfolge mitentscheiden.

All dies trifft auf **Wähler:innen**, die Politiker:innen und eine Partei attraktiv finden, die ihnen (scheinbar) den größten Nettonutzen bieten. Im Ergebnis kann sich die Mehrheit der Wähler:innen für eine gesamtwirtschaftlich ineffiziente Alternative entscheiden.

- Wähler:innen ziehen Maßnahmen vor, bei denen der Hauptnutzen auf die eigene Person und/ oder Gruppe entfällt, die **Kosten jedoch möglichst auf Andere verteilt** werden. Beispiele hierfür liefern Entscheidungen zur Daseinsvorsorge (vgl. Abschn. 7.3).
- Aus Sicht von Wähler:innen wirkt zudem ein Gegenwartskonsum attraktiver als ein Konsum, der erst in der Zukunft stattfindet (Gegenwartspräferenz). Dies stärkt verteilungspolitische Ziele (z. B. Erhaltungssubventionen) und schwächt Nachhaltigkeitsziele, bei denen der Nutzen erst langfristig wirksam wird (z. B. Maßnahmen zugunsten der Nachfolgegeneration). Dies wird **Präventionsparadox** genannt (Brasche 2023, S. 104).
- Das Wahlvolk ist der Prinzipal, der die Regierung als politischen Agenten beauftragt (**Prinzipal-Agenten-Beziehung**). Dabei entstehen solchen Wähler:innen potenzielle Vorteile, die sich ausreichend informieren.
  - Dies ist bei Vielen nicht der Fall (z. B. bildungsferne Haushalte). Denn die Informationskosten wachsen mit der Zahl und dem Umfang von Wahlprogrammen und der Heterogenität der versprochenen Maßnahmen, die mit den eigenen Präferenzen abzugleichen sind. Und sie nehmen zu, wenn sich die Politik zentralisiert, wenn also umgangssprachlich ‚die da oben in Berlin und Brüssel‘ das Sagen haben. Die Folge sind **Informationsasymmetrien** (vgl. Abschn. 7.3).
  - Wahlversprechen sind Vertrauensgüter, im besten Fall Erfahrungsgüter (vgl. Abschn. 7.2). Denn erst nach der Wahl zeigt sich, wer von den Kandidat:innen Versprechen tatsächlich einlösen bzw. durchsetzen kann. Und gehen allokationsverbessernde Maßnahmen (z. B. Reparatur von Marktversagen) über eine Wahlperiode

hinaus, müssen vorherige Zusagen weiter gültig sein. Da Wahlen neue Mehrheitsverhältnisse hervorbringen, werden vorherige Zusagen jedoch oft ‚überrollt'. Sind im Ergebnis die Kosten der Stimmabgabe höher als der erwartete Nutzen, entscheiden sich Teile des Wahlvolks bewusst für die Unkenntnis (**rationale Ignoranz**) und sogar dafür, der Wahl fernzubleiben.

Politiker:innen haben folglich Freiheitsgrade, die sie für eigene Zwecke nutzen können, während sie das politische Programm auf relativ gut informierte Wähler:innen zuschneiden und zulasten solcher Wähler:innen, die dessen Konsequenzen nur unzureichend verstehen. Hinzukommen Freiheitsgrade, wenn Wähler:innen loyal und daher weniger wechselbereit sind, also relativ tolerant mit den Politikergebnissen ihrer Partei umgehen. Zu den gut informierten Wähler:innen zählen **Interessen- bzw. Lobbygruppen** aus der Zivilgesellschaft (z. B. Greenpeace) und aus der Wirtschaft (z. B. branchenübergreifend: Dienstleistungsgewerkschaft ver.di; z. B. branchenspezifisch: Verband der Automobilindustrie VDA).

- Interessengruppen beeinflussen die Politik über die Bereitstellung ausgewählter Fachinformationen (z. B. branchenspezifische Expertisen). Auch üben sie eine **Geldgeberfunktion** aus, wenn parteipolitische Aktivitäten (z. B. Öffentlichkeitsarbeit) über Mitgliedsbeiträge und/ oder Spenden finanziert werden.
- Die Einflussnahme selbst erfolgt direkt, also im unmittelbaren Kontakt mit Politiker:innen, oder indirekt über die **Mobilisierung von Stakeholdern und/ oder der Öffentlichkeit**, über die Druck auf die Politik ausgeübt werden kann.
- Wieviel Einfluss eine Interessengruppe auf die Politik hat, hängt nach Mancur Olson (1965, vor allem S. 53–65) von mehreren Faktoren ab; zum Beispiel:
  - Die Einflussnahme nimmt potenziell zu, wenn die Mitglieder einer Interessengruppe ein **gemeinsames Ziel und darauf ausgerichtete homogene Interessen** haben. Dadurch lässt sich das gemeinsame Handeln effektiv ausrichten und organisieren. Im Umkehrschluss haben es Interessengruppen schwer, die eine Zielevielfalt verfolgen und eine ‚bunte Schar' an Mitgliedern haben. Dies erhöht die Kommunikations- und Abstimmungskosten und erleichtert es bei mitgliederstarken Interessengruppen Einzelnen, ‚auf dem Trittbrett' mitzufahren, also nicht angemessen zum Ergebnis beizutragen (vgl. Abschn. 7.3).
  - Hilfreich ist, wenn **ressourcenstarke Mitglieder eine dominante Position einnehmen** und Führungsstärke zeigen. Diese können der Politik dann damit drohen, ihre Unterstützung zu beenden, wenn sich Politiker:innen nicht programmatisch an ihre Vorstellungen anpassen.
  - Und – analog zu staatlichen Akteuren – profitieren gut organisierte Interessengruppen potenziell davon, dass Entscheidungen zentralisiert getroffen werden. Denn dies hilft, politische Aushandlungsprozesse und Lobbyaktivitäten ‚abzuschirmen' bzw. zu schützen. Dies gilt vor allem für **‚alte Demokratien'**, in denen politische Netzwerkbeziehungen über die Zeit gewachsen und eingeübt sind.

Bürokrat:innen handeln ebenfalls eigennutzorientiert, wenn es ihnen das institutionelle Handlungsumfeld erlaubt, so die Annahme der NPÖ. Dabei unterscheidet sich das bürokratische Handlungsumfeld (z. B. Verbeamtung und Laufbahnrecht) in der Regel deutlich von dem der Privatwirtschaft. So ist beispielsweise – anders als bei Privatunternehmen – die Auszahlung etwaiger Budgetüberschüsse als Bonuszahlung nicht möglich.

- In Bürokratiemodellen wird meist davon ausgegangen, dass Bürokrat:innen ihr **Budget zu maximieren** suchen (z. B. Niskanen 1968). Denn mit dem Mittelzuwachs wächst der diskretionäre Spielraum, um Forderungen von Klientelgruppen zu befriedigen. Dies führt zu beruflicher Anerkennung und weiteren Möglichkeiten, den eigenen Nutzen zu mehren (z. B. Beförderung).
- Als bürokratisches Handlungsziel wird zudem ein **relativ konfliktfreier Arbeitsalltag** angenommen. Dies kann – wie oben erwähnt – dazu führen, dass Anträge vorsichtshalber eher untersagt als genehmigt werden.
- Die Bürokratie ist als **Agent der Politik** an deren Weisungen gebunden. Diese hat als Prinzipal jedoch weniger Sachkenntnis und ist der Bürokratie informativ unterlegen. So wissen Bürokrat:innen besser über die Kosten und Möglichkeiten der eigenen Leistungserstellung Bescheid. Erweitern wir das politische Modell aus Wahlvolk (Prinzipal 1) und Regierung (Agent 1) um die Gruppe aus Regierung (Prinzipal 2) und Bürokratie (Agent 2), wird das Prinzipal-Agenten-Verhältnis zweistufig. Dadurch steigt das Risiko, dass gesellschaftliche Ressourcen verschwendet werden.
- Bürokratische Ermessensspielräume werden allerdings beschränkt, wenn es zu einem Parteienwettbewerb kommt, bei dem mit einer möglichst effizienten Bereitstellung von Gütern um Stimmen geworben wird. Auch kann ein föderalistischer Wettbewerb helfen, die Leistungen von Behörden mit ähnlichen Aufgaben miteinander zu vergleichen (z. B. Kreisverwaltungen). In der Realität geht die klare Trennung zwischen den Gewählten als Prinzipal und der Bürokratie als Agent allerdings zunehmend verloren. Fritsch (2014, S. 361) begründet dies wie folgt: „[B]eispielsweise liegt über mehrere Legislaturperioden hinweg der **Anteil der öffentlich Bediensteten an den Abgeordneten des Deutschen Bundestages** bei etwa einem Drittel; in den Länderparlamenten ist dieser Anteil sogar noch höher. Insofern verfügen die Beschäftigten des öffentlichen Dienstes über gute Möglichkeiten, die Interessen der Verwaltung in der Legislative zu vertreten. Insbesondere dann, wenn diese Parlamentarier erwarten, irgendwann an ihren angestammten Arbeitsplatz zurückzukehren, ist eine Einflussnahme zugunsten der Bürokratie wahrscheinlich. Aus diesem Grund wäre es etwa wenig verwunderlich, wenn die aus dem öffentlichen Dienst stammenden Parlamentarier für sehr auskömmliche Pensionsregelungen eintreten würden".

Im Extrem können staatliche Handlungsergebnisse als Produkte verstanden werden, die auf einem Regulierungsmarkt von Staatsakteuren angeboten und von Interessengruppen nachgefragt werden. Die Regulierer werden dann bildlich von den Nachfragern

‚gefangengenommen', die dadurch Wohlfahrtsanteile zu ihren Gunsten umlenken können (regulatory capture). Eine solche **Rentenumlenkung** hat nach Mitnick (2011, S. 35–36) folgende Merkmale:

- Im Ergebnis werden Teile der staatlichen Leistungskontexte und/ oder wichtige, sogar **missionskritische Entscheidungen von privaten Akteuren kontrolliert**. Es geht also um mehr als Grenznutzen-Entscheidungen.
- Die **begünstigte Partei ist an der Governance, also an der Steuerung beteiligt**, wodurch das Systemverhalten als vorhersehbar angesehen wird.
- Aus Sicht der Begünstigten ist der gefangengenommene Staat ein attraktiver Partner. Denn die Gefangennahme bezieht sich in der Regel auf Bereiche, in denen der Staat über Durchsetzungsmacht verfügt (**hoheitsrechtliche Bereiche**). Dies macht es wahrscheinlicher, dass eine Regierung ihre Versprechen einlösen, Schwierigkeiten überwinden und die Fortsetzung des Erreichten verteidigen kann. Gute Chancen auf eine Wiederwahl verfestigen die Beziehungen.
- Zu den **Angeboten der Rentenumlenkung** zählen staatliche Entscheidungen, durch die sich die Mitglieder der jeweiligen Interessengruppe großzügig besserstellen. Beispiele liefern begünstigende Subventions- und Steuerregelungen, staatliche Beschaffungsverträge und Regelungen, durch die bestimmte Unternehmen oder Industrien einem geringeren Wettbewerbsdruck ausgesetzt sind (z. B. hohe Zölle). Zudem kann der Staat kartellrechtliche Verfolgungen unterlassen oder bestimmte Monopole und Oligopole tolerieren (vgl. Abschn. 7.2). Dabei schützt sich der Regulierer umso effektiver, je undurchsichtiger die entsprechenden Entscheidungsprozesse ablaufen, je weniger Transparenz- und Rechenschaftsplichten er zu erfüllen hat und je größer sein Freiraum ist, unbestimmte und daher interpretationsbedürftige Rechtsbegriffe zu verwenden und Vieles mehr (vgl. Abschn. 11.2 und 11.5).
- Der **Regulierer kann von seiner Gefangennahme auf zweierlei Weise profitieren**:
  - Er kann am Regulierungsgeschäft mitverdienen (**materialist capture**), was in vielen Ländern der Wahrnehmung der dortigen Bevölkerung entspricht, wie der Korruptionsindex zeigt (Transparency Agency; Homepage). Im Ergebnis wird der staatliche Akteur zum Empfänger von Zuwendungen (z. B. Bestechungsgelder oder Schenkungen).
  - Davon ist abzugrenzen, dass sich Regulierer als Verteidiger bestimmter Wirtschafts- oder Bevölkerungsgruppen fühlen, so dass sie beginnen, wie die Regulierten zu denken (**cognitive or cultural capture**). In Deutschland wird dann beispielsweise aus dem Bundeskanzler – medial wahrgenommen – der ‚Autokanzler'. Bei dieser Art der Gefangennahme identifiziert sich der Regulierer mit dem jeweils Regulierten, will sich also keinen unrechtmäßigen Vorteil verschaffen. Dennoch kann es auch hier zu deutlichen Wohlfahrtsverlusten kommen. Zu den entsprechenden Phänomenen zählt, dass sich Unternehmen oder Branchen zunehmend effizienzmindernd ver-

halten, wenn sich ihre selektive Unterstützung als verlässlich erweist (z. B. Pfad-abhängigkeiten bei veralteten Technologien; vgl. Abschn. 9.3). Oder es werden Kontrollpflichten verletzt. So zeichnen Kurokawa und Ninomiya (2018, S. 60) für den Reaktorunfall des Atomkraftwerks Fukushima nach, dass personelle Netzwerk-verstrickungen zwischen der Betreibergesellschaft Tokyo Electric und der japani-schen NISA (Nuclear and Industrial Safety Agency) dazu führen, dass Sicherheits-standards vernachlässigt werden und Betriebsgenehmigungen fahrlässig erteilt oder verlängert werden (vgl. Abschn. 11.2).

Grundsätzlich gilt: Politökonomische Machtstrukturen produzieren künstliche Renten und verschlechtern das Systemergebnis. Untergraben sie Solidaritätsgemeinschaften, sinkt zudem das Vertrauen in die Funktionsfähigkeit der Demokratie. Dass etablierte Staa-ten ein größeres Umverteilungspotenzial haben und für Rentenumlenkungen attraktiv sind, wird als ‚**Paradox des starken Staates‘** bezeichnet.

Auch die **Nachhaltigkeitstransformation** ist davon betroffen. Der WBGU (2011, S. 200) bringt dies auf die Kurzformel „It's politics, stupid!" und benennt auf der politi-schen Ebene vor allem vier Faktoren, „die den Problemhorizont staatlicher Akteure im Mehrebenensystem verdunkeln und ihre Problemlösungskapazität verringern:

- den enormen Zeitdruck, unter dem vor allem der Klimawandel den **bewährten Modus inkrementeller und dilatorischer Politik** des ‚Durchwurschtelns' und ‚Auf-die-lange-Bank-Schieben' gestellt hat […],
- bestehende Pfadabhängigkeiten und die **Vetomacht von Interessenkartellen** aus dem High-carbon-Regime […],
- die **Unangemessenheit einer kooperativ-moderierenden Staatsorganisation** für die neuen Problemlagen […]
- und ein **Repräsentationsdefizit** […]".
- Der Beirat schlussfolgert: „Aus den eindeutigen Stärken moderner Staatlichkeit – Zeit-gewinn durch Kompromissbildung, Einbindung gut organisierter Interessen in den politischen Entscheidungsprozess (Neokorporatismus) und deren wohlmeinende Aus-tarierung durch einen moderierenden Staat – sind Schwächen geworden, die die **Zu-kunftsfähigkeit nachindustrieller Gesellschaften gefährden**".
- Nach Meng und Rode (2019) scheint das **Lobbying von Firmen, die klimapolitische Verluste befürchten, zudem effektiver** zu sein als das Lobbying von Firmen, die klimapolitische Gewinne erwarten, da deren Geschäftsmodell bereits passfähig ist. Als besonders durchsetzungsstark gilt die US-amerikanische Brennstoffindustrie, auf die sich das folgende Illustrationsbeispiel bezieht. Zwar unterscheiden sich die USA polit-systemisch deutlich von den Ländern der Europäischen Union. Das volkswirtschaft-liche Gewicht der USA macht dortige Entwicklungen jedoch global klimarelevant.

Lobbying und Klimawandel: Die fossile Brennstoffindustrie der USA

Im Dezember 2022 veröffentlicht das US-Repräsentantenhaus (Congress of the United States 2022, S. 1–4) ein Memorandum, in dem die **Aufnahme einer Untersuchung** gegen die fossile Brennstoffindustrie (fossil fuel industry) angekündigt wird. Im Fokus stehen deren langandauernde Kampagnen, um die Öffentlichkeit über die Bedeutung fossiler Brennstoffe für die globale Klimakrise offenkundig falsch zu informieren. Das Repräsentantenhaus moniert zudem, dass es der Industrie an Anstrengungen mangelt, um den Klimawandel einzudämmen, und hält dies angesichts eines Gewinns von Exxon, Chevron, Shell und BP für empörend, der allein im Halbjahr vor Erscheinen des Dokuments knapp 100 Mrd. US-Dollar beträgt. Der Industrie wird ebenfalls vorgeworfen, die Arbeit des Komitees zu behindern, indem sie diesem Schlüsseldokumente vorenthält. Der Ausschuss verfüge jedoch über Belege, dass die Öl- und Gasindustrie daran arbeitet, den Einsatz der fossilen Brennstoffe in einer Weise aufrechtzuhalten, die aus Sicht der Wissenschaft äußert bedenklich ist. Die Vorwürfe lauten im Einzelnen:

- Trotz öffentlicher Versprechen, am Übergang zu einer sauberen Energie mitzuwirken, hat die Ölindustrie **keine verlässlichen Absichten, konkrete Maßnahmen hierzu zu unternehmen**.
- Solche unzureichenden Versprechen zu Klimaschutz und Emissionsreduktion dienen der Ölindustrie vielmehr als Deckmantel für ihre Planung, **auch in den kommenden Jahrzehnten Milliarden von Dollar durch die Verkäufe von fossilen Brennstoffen** zu generieren.
- Vertreter:innen der fossilen Brennstoffindustrie haben privat zugegeben, dass sie eine **Strategie des Widerstands und Blockierens von Klimaregulierung** praktizieren (strategy to „resist and block") und nur dort Emissionen reduzieren, wo dies geschäftlich Sinn macht. Auch der Schlüsselteil ihres Klimaplans, Vermögensanteile an andere Ölfirmen zu verkaufen, wirkt nicht emissionsreduzierend.
- Vertreter:innen der fossilen Brennstoffindustrie (fossil fuel entities) verbergen laut US-Repräsentantenhaus die Wahrheit über ihre Praktiken auch dadurch, dass sie sich geweigert haben, einer Vorladung des Komitees Folge zu leisten. Zudem werden **Journalist:innen attackiert, die das Verhalten der Industrie enthüllen**.

Eine gegensätzliche Haltung zeigt die inaugurale Aufforderung von **US-Präsident Donald Trump** im Januar 2025 an die eigene fossile Brennstoffindustrie, möglichst viel aus dem Boden herauszuholen, und seine Aufkündigung des Pariser Klimaabkommens (White House; Homepage): „We will drill, baby, drill. […] We will be a rich nation again, and it is that liquid gold under our feet that will help to do it. With my actions today, we will end the Green New Deal […]". ◄

Umverteilung und die Grenzen der Finanzierbarkeit

Historisch gesehen sind die **Ansprüche an den Staat gestiegen, auch bei schwachem Wirtschaftswachstum**. Übersteigen die Staatsausgaben die Staatseinnahmen, liegt ein Budgetdefizit vor. Der Staat ist verschuldet.

Zu den **Staatseinnahmen** zählen Zwangsabgaben (Steuern, Sozialabgaben), Gebühren, Beiträge, Einnahmen des Staates aus eigener wirtschaftlicher Tätigkeit, Zuflüsse von staatlichen Körperschaften sowie Kredite (Zimmermann et al. 2017, S. 20–21). Wichtig sind vor allem Steuern, da sie den Staat zu keiner Gegenleistung verpflichten, und Kredite.

- Die ökonomische Grenze der öffentlichen Verschuldung ist nach Zimmermann et al. (2017, S. 167–169) erreicht, wenn die Schulden nicht länger bedient werden können, was sich auch in der „Zeichnungsunwilligkeit der potentiellen Kreditgeber" zeigt. Wie sehr sich ein Staat verschulden darf, wird jedoch kontrovers diskutiert. Denn der Staat hat – im Gegensatz zu privaten Akteuren – **größere Zeitpuffer, um Zins- und Kreditschulden zu tilgen**, und kann sogar Folgegenerationen belasten. Und in fragilen Staaten sind die Risiken hoch, dass es zu Unruhen kommt, wenn die Grundversorgung der Bevölkerung bedroht scheint, wie die Reaktionen auf den Austeritätskurs des Internationalen Währungsfonds in den 1980er-Jahren gezeigt haben. Stiglitz et al. (2006, S. 239) betonen, dass in den betroffenen Ländern gerade solche öffentlichen Investitionen unnötigerweise gekürzt worden sind, die sich für die Entwicklung eines Landes auszahlen und Wachstum fördern (high return public investments).
- Da es immer wieder neue Ausgabentreiber gibt, ist es wichtig, die **Ausgabenspielräume und Funktionsfähigkeit des Staates** zu erhalten. So sind beispielsweise mit der Verschiebung hin zu einer Dienstleistungsgesellschaft neue prekäre Arbeitsplätze entstanden. Die Überalterung einer Gesellschaft gefährdet Finanzierungsmodelle wie den Generationenvertrag, bei dem die Renten (noch) von der jeweils erwerbsaktiven Generation gezahlt werden (z. B. Deutschland). Ein bis dahin attraktives Wohlfahrtssystem kann (ungewünschte) Zuwanderungen auslösen, die geschultert werden müssen. Und die Klimapolitik lässt Energie- und Mobilitätskosten steigen, die von ärmeren Haushalten bewältigt werden müssen, und bringt zusätzliche Transformationskosten mit sich.
- Orientierung bieten den Mitgliedsländern der europäischen Währungsunion die sogenannten **Maastricht-Kriterien**. Danach darf erstens die gesamtstaatliche Schuldenstandsquote die Schwelle von 60 % des Bruttoinlandsprodukts (BIP) nicht überschreiten. Zweitens darf nur im Fall einer schweren Rezession vom Grundsatz eines ausgeglichenen Haushalts abgewichen werden (mit einer Defizitquote von bis zu 3 % des BIP). Hinzukommen nationale Regelungen. Hierzu zählt in Deutschland die Schuldenbremse, die grundgesetzlich verankert ist (Grundgesetz Artikel 109 und 115).

- Am günstigsten ist der staatliche Ausgabenspielraum, wenn die Wirtschaft wächst, da dadurch die **Bemessungsgrundlage** steigt, ohne den Steuersatz erhöhen zu müssen. Schrumpft jedoch die Wirtschaft, muss der Staat entweder den Steuersatz erhöhen oder Kredite aufnehmen, um sein Ausgabenniveau zu halten. Nach Auffassung des Sachverständigenrats (2007, S. 44) ist „[g]emessen an den langfristigen Wirkungen […] eine Kreditfinanzierung öffentlicher Ausgaben im Vergleich zur Steuerfinanzierung von vornherein weder gut noch schlecht".

Beim **Grenzanstieg des Steuersatzes** ist zu beachten, dass dieser die Leistungsbereitschaft herabsetzen (z. B. Laffer-Kurven-Effekt) oder zu Ausweichreaktionen führen kann (z. B. Kapitalabwanderung). Beides kann die Steuereinnahmen mindern. Oder in den Worten von Wirtschaftsnobelpreisträger Vernon Smith (2008, S. 14): „Wenn Eigentumsrechte verletzt werden und wenn die erzwungene Umverteilung zu weit geht, schwächt das die Leistungsanreize. Es wird kein Wohlstand entstehen, wenn der Staat sagt: Oh, da hast du etwas gut gemacht, jetzt nehmen wir es dir weg".

- Wird in Deutschland der **Spitzensteuersatz** erhöht, sind davon allerdings nicht nur die oberen Einkommensschichten betroffen. So stellt das Institut für Wirtschaftsforschung Köln (Beznoska und Hentze 2017, S. 4) fest: „Der Spitzensteuersatz trifft [heute] Steuerpflichtige, die das 1,9-fache des durchschnittlichen Bruttogehalts aller Arbeitnehmer in Deutschland erhalten. Im Jahr 1965 lag der Wert beim 15-fachen, 1980 beim 5-fachen, 1990 beim 3,2-fachen und 2000 beim 2,6-fachen […]. Damit wird der Spitzensteuersatz seinem Wortsinn längst nicht mehr gerecht, da er breite Bevölkerungsschichten trifft. Eine Ausnahme bei der Verschiebung der Tarifgrenzen bildet der Grundfreibetrag, der nach einem Urteil des Bundesverfassungsgerichts von 1996 in Höhe des Existenzminimums gewährt und daher stetig angepasst werden muss".
- Es gibt also auch eine soziale Gerechtigkeit, die sich auf die steuerliche Festsetzung bezieht (**Steuergerechtigkeit**). Letztlich geht es darum, wer in welchem Umfang zu Solidarzahlungen herangezogen werden soll und ob sich dies wirksam umsetzen lässt. Oder ob sich dasselbe wirtschaftspolitische Ziel erreichen lässt, indem der Staat auf Steuereinnahmen verzichtet, wodurch mehr Geld bei den Bürger:innen verbleibt. Liegt der Diskussionsschwerpunkt auf den Staatsausgaben, können solche Überlegungen aus dem Blick geraten und zu Fehlbewertungen führen, so Scherf (2010, S. 1).

Aktuell wird mit Blick auf die große Transformation der **Nachhaltigkeit** gefordert, die Schuldenbremse zu lockern, um dem Staat Kreditspielräume zu verschaffen. Aus Sicht des Sachverständigenrats (2024, S. 1) ist die Schuldenbremse politökonomisch durchaus sinnvoll, wobei wir einige der Argumente oben bereits behandelt haben:

- Die Schuldenbremse mindert die Neigung der politischen Parteien, bei aktuellen Verteilungsfragen diejenigen zu belasten, die derzeit nicht zu ihren Wähler:innen gehören, und Belastungen in die Zukunft zu verschieben (**present bias**).

- Die Regelung erschwert zudem politische Konjunkturzyklen, wenn aus wahltaktischen Gründen zu wenig Rücklagen für Krisenzeiten gebildet und Staatsausgaben übermäßig durch Kredite finanziert werden (**deficit bias**).
- Allerdings legt die Schuldenbremse bisher nicht fest, welche Art von Ausgaben schuldenfinanziert werden. Damit geht die Gefahr einher, dass Investitionen vernachlässigt werden, die sich auf die lange Frist beziehen (**anti-investment bias**), was wir als Präventionsparadox beschrieben haben.

Mehr Nachhaltigkeit durch eine gelockerte Schuldenbremse?

Im sogenannten **Klima- und Transformationsfonds** hat der deutsche Staat für die Jahre 2024 bis 2027 mindestens 60 Mrd. Euro für die Nachhaltigkeit vorgesehen. Diese Planung ist im November 2023 vom Bundesverfassungsgericht gekippt worden.

- Dahinter steckt die sogenannte **Schuldenbremse**.
    - Denn laut Grundgesetz (Art. 109 und 115) ist der **Staat zur Haushaltsdisziplin verpflichtet** und soll seine Haushalte auf Bund- und Länderebene grundsätzlich ohne Einnahmen aus Krediten ausgleichen. Ausnahmen sind im Fall von Naturkatastrophen, außergewöhnlichen Notlagen und Wirtschaftskrisen möglich und mit einem Tilgungsplan zu versehen. Solch eine Neuverschuldung für strukturell bedingte Ausgaben ist auf maximal 0,35 % des nominellen Bruttoinlandsprodukts zu beschränken.
    - Der Bundestag hat die Ausnahmeregelung genutzt und für die Corona-Pandemie und den russischen Angriffskrieg eine **außergewöhnliche Notlage** festgestellt. Die Kreditermächtigung ist danach in Sondervermögen wie den Klima- und Transformationsfonds überführt worden, um sie in den Jahren nach dem notlagenbedingten Aussetzen der Schuldenbremse zu nutzen. Das Bundesverfassungsgericht hält dies für nicht rechtens, was eine Debatte über die Zukunft der Schuldenbremse ausgelöst hat.
- Der Sachverständigenrat (2024, S. 3) stellt hierzu fest: „Nach dem Urteil des Bundesverfassungsgerichts zum Zweiten Nachtragshaushaltsgesetz 2021 ist die **Schuldenbremse deutlich enger auszulegen als von der Bundesregierung zuvor praktiziert**. Insbesondere können nach Anwendung der Ausnahmeregel für Notlagen keine Kreditermächtigungen in Sondervermögen eingestellt werden, um sie in den Folgejahren zu nutzen. Nach der Ausnahmesituation muss daher entweder eine sofortige Konsolidierung erfolgen oder eine Notlage in darauffolgenden Jahren neu begründet werden. Ziel der Schuldenbremse ist es, die Tragfähigkeit der deutschen Staatsfinanzen zu sichern. In ihrer aktuellen Ausgestaltung ist die Schuldenbremse allerdings starrer, als es für die Aufrechterhaltung der (Schulden-)Tragfähigkeit in Deutschland notwendig wäre. Vor dem Hintergrund der Klarstellung des Bundesverfassungsgerichts zur Auslegung der Schuldenbremse und der daraus resultierenden stärkeren fiskalpolitischen Einschränkungen im Anschluss an eine Notlage

sollte eine Reform der Schuldenbremse in Betracht gezogen werden. Eine pragmatische Reform könnte durch **Anpassung der Schuldenbremse an drei Stellen** die Flexibilität der Fiskalpolitik erhöhen, ohne die Stabilität zu gefährden[:]

- Erstens sollte eine **Übergangsphase** in den Jahren unmittelbar nach einer Anwendung der Ausnahmeklausel der Schuldenbremse eingeführt werden. In dieser Phase dürfte das zulässige strukturelle Defizit über der normalen Regelgrenze liegen, müsste aber stetig reduziert werden.
- Zweitens sollte die Regelgrenze für das jährliche strukturelle Defizit in Abhängigkeit von der **Schuldenstandsquote** gestaffelt werden. Die Regelgrenze könnte so ausgestaltet werden, dass bei geringerer Schuldenstandsquote höhere strukturelle Defizite als bisher, bei höherer Schuldenstandsquote weiterhin nur die bisherigen Defizite zulässig sind.
- Drittens sollte die Konjunkturbereinigung durch **methodische Verbesserungen der Schätzung des Produktionspotenzials** weniger revisionsanfällig ausgestaltet werden".

- Die **Reform der Schuldenbremse ist unter Ökonom:innen stark umstritten**, wie das 45. Ökonomiepanel von Ifo und FAZ zeigt, das die Schuldenbremse und die Haushaltsplanung der Bundesregierung von Ökonom:innen an deutschen Universitäten bewerten lässt (Fuest et al. 2024, S. 46–47): Unter denjenigen, die einen Anstieg der Neuverschuldung befürworten, werden als Optionen diskutiert, (i) die Schuldenbremse abzuschaffen oder zu reformieren, um Investitionen zu ermöglichen; (ii) ein Sondervermögen zu Klima und Infrastruktur im Grundgesetz zu verankern, um Planungssicherheit herzustellen und die Mittel zweckzubinden; (iii) die Schuldenbremse erneut auszusetzen, da eine Reform des Grundgesetzes eine 2/3-Mehrheit des Parlaments erfordert, was politisch unrealistisch scheint. ◄

8.4   Wie lassen sich die Ergebnisse systemisch einordnen?

Zusammenfassung

In der sozialen Marktwirtschaft verzahnen sich zwei Koordinationsmechanismen: Der Kernmechanismus der wettbewerblichen Koordination und der Ergänzungsmechanismus der umverteilenden Koordination. Dadurch erhöht sich die systemische Komplexität. Das Systemergebnis des guten Lebens wird nicht länger nur an Materiellem gemessen (z. B. Lebensstandard). Es manifestiert sich auch in einem langen und produktiven Leben und in politökonomischer Teilhabe. Um dies zu erreichen, kommen vielfältige Wirtschaftspolitiken zum Einsatz, die beim Blick auf Gruppenphänomene eher teilsystemisch angelegt sind (z. B. Strukturpolitik) und bei der Untersuchung gesamtwirtschaftlicher Phänomene eher aspektsystemisch (z. B. Konjunkturpolitik). Die Neue Politische Ökonomie (NPÖ) wiederum will ausschließlich die Steuerungslogik des Politiksystems verstehen, wobei sie für ihre Analyse die Ansätze der Mainstream-Ökonomik nutzt. Die Sicht auf den Menschen mit seinen Attributen und Beziehungsgeflechten unterscheidet sich von Modellwelt zu Modellwelt ebenso wie der Offenheitsgrad des jeweils betrachteten Systems. Politökonomische Blockaden und ungelöste sozioökonomische Auseinandersetzungen können das System destabilisieren, was zulasten der Nachhaltigkeitstransformation geht.

Wir haben in diesem Kapitel auf die zusätzlich umverteilende Koordination geschaut und auf die Stärken und Schwächen, die mit ihrer Mechanik einhergehen. Wie lassen sich all diese Erkenntnisse systemisch einordnen (und geht dies überhaupt)?

Die bisherige Diskussion zeigt: Das Forschungsfeld der Politikökonomik ist weit aufgespannt und stark ausdifferenziert. Wir können daher im Folgenden nur grobsystemische Aussagen machen, wenn wir die gewonnenen Erkenntnisse einordnen (siehe Merkkasten: Wettbewerbliche plus umverteilende Koordination). Hierfür verwenden wir wieder die **Kategorien**, die wir im Einführungskapitel des zweiten Buchteils abgeleitet haben (vgl. Abschn. 6.5).

▶   **Wichtig Wettbewerbliche plus umverteilende Koordination**: Systeme, die sich nach der Mainstream- und Schnittstellen-Ökonomik wie folgt kennzeichnen lassen:

- **Systemausrichtung**: Bedarfsgerechtigkeit durch Marktergebniskorrektur => gutes Leben besteht aus ökonomischer Besserstellung und – kontextabhängig – aus Chancengleichheit, Risikoabsicherung und Unterstützung bei transformativen Anpassungsbedarfen;
- **Systemkoordination**: Sozialliberale Steuerungslogik => möglich sind wirtschaftsliberale Eingriffe sowie ausgleichs- und stabilitätspolitisches Handeln;
- **Systemgröße**: Teil- und Aspektsysteme => Systemausschnitt der Produktmärkte ist erweitert um Gruppen- und makroökonomische Interaktionen, sofern Letztere umverteilend relevant sind;
- **Systemelemente**: Modellabhängige Attribute => Akteure sind per Annahme eingeschränkt rationale Entscheider (NPÖ) oder haben – je nach wirtschaftspolitischem Ansatz – weitere Attribute (z. B. soziale Identität, Emotionen, individuelle Ausdrucksformen); bei makroökonomischen Ansätzen (z. B. Konjunkturmodellen) versachlichen sich die Elemente zu Produkt- und Geldaggregaten;
- **Systemaustausch**: Modellabhängige Beziehungsarten => Akteure interagieren per Annahme instrumentell, um ihren ökonomischen Risikonutzen bei Ressourcenknappheit zu optimieren (NPÖ), oder haben zusätzlich normative Beziehungen, über die Ansprüche an die Solidargemeinschaft verhandelt und umgesetzt werden;

- **Systemoffenheit**: Modellabhängiger Systembezug und Offenheitsgrad => Politiksystem mit weitgehend geschlossenem Rand zum Wirtschaftssystem (NPÖ) oder Wirtschaftssystem mit (teilweise) offenem Rand zum Politiksystem, so dass Wirtschaftsakteure mit Akteuren aus dem Politiksystem interagieren;
- **Systemstabilität**: Kontrovers diskutierte Annahme einer stabilisierbaren Systementwicklung => konjunkturpolitische Eingriffe streben neue stationäre Gleichgewichte auf altem Entwicklungspfad an (z. B. nach Schockende); Strukturpolitiken wiederum sollen Störungsprozesse abfedern, die beim transformativen Übergang zum neuen Entwicklungspfad auftreten;
- **Systemische Prägekraft**: Wechselwirkung von Markt- und Politikmacht => Akteure können über politökonomische Teilhabe Selbstwirksamkeit entfalten und ein gesellschaftlicher Zusammenhalt erleichtert transformative Anpassungen; staatliche Ermessensspielräume und deren Ausnutzung durch machtvolle Akteure blockieren jedoch Transformationskräfte, die von unten nach oben wirken.

- **Ad Systemausrichtung**: Das gute Leben ist nicht nur ein materielles. Zur Leistungsgerechtigkeit des Marktes kommt der Wunsch der Gesellschaft nach Bedarfsgerechtigkeit. Angestrebt wird ein gesundes und produktiv erfülltes Leben, in dem sich individuelle Potenziale verwirklichen lassen und Vertrauen in die Solidargemeinschaft bestehen soll. All dies hat Wechselwirkungen mit den Produktmärkten. Beispiele hierfür sind die Verknüpfungen aus Chancengleichheit und kompetenzorientierten Produktivitätspotenzialen, aus Risikoabsicherung und Überwindung von Attentismus sowie aus adaptivem Kollektivhandeln, um gemeinsam Strukturbrüche zu überwinden.
- **Ad Systemkoordination**: Die Akteure verstehen eine Systemkoordination als sinnhaft, bei der Marktergebnisse auf eine sozial erwünschte Weise korrigiert werden. Dabei bleibt das Kernverständnis der wettbewerblichen Koordination erhalten, das von individueller Freiheit und Eigenverantwortung ausgeht, da sich marktwirtschaftliche Systeme darüber dezentral steuern. Hinzukommt die umverteilende Koordination, die sich als Bedarfsgerechtigkeit ausprägt und dies auf normativ vielfältige Weise (z. B. soziale Marktwirtschaft). Die umfänglichste Umverteilungsvorstellung geht davon aus, dass westliche Länder wie Deutschland Hauptverursacher des Klimawandels sind. Daraus folgt die Forderung, auch für ungeborene Generationen und klimavulnerable Gruppen der Weltbevölkerung solidarisch aktiv zu werden.
- **Ad Systemgröße**: Der sozialliberale Fokus kann sich auf wirtschaftliche Teilsysteme wie Sektoren oder Regionen beziehen, die im Umbruch sind (z. B. Strukturpolitik). Oder er kann sich auf Aspektsysteme beziehen, bei denen es um Steuerungsgrößen geht, die auf Wirtschaft und Gesellschaft rückwirken (z. B. konjunkturpolitischer Umgang mit Schockwirkungen). Die Systemgröße nimmt mit der Zahl der Akteure zu, die in Austauschbeziehungen aktiv sind.
- **Ad Systemelemente**: Die Neue Politische Ökonomie (NPÖ) sieht das politische Wesen als rein ökonomischen Optimierer. Akteure aus Politik, Bürokratie und Wahlvolk haben daher per Annahme eine begrenzte Zahl an Attributen. Sie sind eingeschränkt rationale

Entscheider, deren Präferenzen nur darauf ausgerichtet sind, einen zufriedenstellenden Risikonutzen bei knappen Ressourcen zu realisieren (vgl. Kap. 3). In einigen wirtschaftspolitischen Ansätzen ist der Mensch jedoch komplexer (vgl. Kap. 4 und 5). Dann ist er beispielsweise in Gruppen verortet (z. B. lokale Verbundenheit als Mobilitätshemmnis), zu Emotionen fähig (z. B. Verlustängste) und zu einem selbstwirksamen Leben motiviert, wenn die Voraussetzungen hierfür vorhanden sind (z. B. Bildungsteilhabe, politische Protestmöglichkeiten).

- **Ad Systemaustausch**: In der NPÖ finden rein instrumentell bedingte Transaktionen statt, welche die Schaffung künstlicher Renten einschließen. Denn das Umverteilungsmandat erlaubt dem Staat ein stärker fallbezogenes Eingreifen. Und da sich diskretionäre Handlungsspielräume von machtvollen Interessengruppen und Akteuren aus Politik und Bürokratie opportunistisch ausschöpfen lassen, braucht es wiederum institutionelle Lösungen, um entsprechende Verhaltensweisen einzuhegen (z. B. Sanktionierung von Machtmissbrauch). Bei den Wirtschaftspolitiken geht es nicht nur um instrumentelle Beziehungsarten. Es geht auch um einen Austausch, der auf gesellschaftlichen Verteilungsnormen und deren Verlässlichkeit beruht. Denn Individuen und Gruppen müssen darauf vertrauen können, dass die Solidaritätsleistungen, die sie für Andere erbringen (z. B. Finanzierung von Notfallhilfen), von diesen im künftigen Bedarfsfall erwidert werden (indirekte Reziprozität). Solch ein Vertrauen ist störbar, wenn Erwartungen an die Solidargemeinschaft nicht erfüllt werden und/ oder der Staat bei der Umverteilung (technisch) zu versagen scheint, was wirtschaftspolitische Denkweisen und die Logik der NPÖ durchaus miteinander verzahnt. In der Folge fragmentiert sich die Gesellschaft und die Bereitschaft sinkt, mit anderen Gruppen als den eigenen zu kooperieren.
- **Ad Systemoffenheit**: Die NPÖ setzt sich ausschließlich mit der Steuerungslogik des Politiksystems auseinander. In ihrer Modellwelt sind die Ränder des Politiksystems somit weitgehend geschlossen. Für die übrigen Wirtschaftspolitiken gilt, dass – je nach Ansatz – von einem mehr oder minder offenen Rand des Wirtschaftssystems ausgegangen wird. Es geht also auch darum, dass sich das Wirtschaftssystem (z. B. soziale Marktwirtschaft) und das Politiksystem (z. B. repräsentative Demokratie) gegenseitig beeinflussen und sich Macht in beiden Systemen konzentrieren kann.
- **Ad Systemstabilität**: Das Wirtschaftssystem kann in den Schock- und Krisenmodus geraten (z. B. Handelskrieg, Klimawandel). Ob sich davon betroffene Akteure bzw. Prozesse auch ohne Staatseingriff wieder erholen bzw. glätten, wird kontrovers diskutiert. In der Realität ist in vielen Ländern der Staat legitimiert, ausgleichend und stabilisierend in Wirtschaftsabläufe einzugreifen, was wir für die Struktur- und Konjunkturpolitik beispielhaft diskutiert haben. Werden das Handlungspotenzial und der Handlungswille staatlicher Akteure jedoch überschätzt, können deren Eingriffe selbst destabilisierend wirken. Dies liegt einerseits an der politisch-administrativen Komplexität, die mit einem Mehr an Umverteilungsaufgaben einhergeht und deren Steuerungsherausforderungen schwer zu meistern sind (technisches Staatsversagen). Andererseits können politökonomische Akteure einen systemstabilen Zustand ‚untergraben‘, indem

sie Umverteilungsmacht zur Rentenumlenkung missbrauchen, was in der Realität den Anreiz einschließt, mit gesellschaftlichen Ängsten populistisch zu spielen (anreizbedingtes Staatsversagen). Globalisiert sich der Aktionsraum, nimmt die Komplexität weiter zu.

- **Ad systemische Prägekraft**: Für die große Transformation der Nachhaltigkeit müssen Wirtschaft und Gesellschaft umgebaut und ausreichend Gruppen mobilisiert werden. Dieses Potenzial ist systemisch vorhanden. Denn erstens zwingt die Systemlogik aus wettbewerblicher plus umverteilender Koordination die Akteure, in geweiteten Bezügen zu denken, was nicht nur für die Akteure auf den Produktmärkten gilt (z. B. CSR-Vorgaben). Zweitens erlauben Solidargemeinschaften, dass Anstrengungen gemeinsam geschultert werden. Dem gegenüber stehen wirkmächtige Interessengruppen, die transformative Anstrengungen eigennutzorientiert blockieren. In der Gesamtschau wirken sich politökonomische Blockaden und ungelöste sozioökonomische Auseinandersetzungen zulasten der Nachhaltigkeitstransformation aus.

8.5   Was lernen wir von der Politikökonomik über die Moral in Systemen und was nicht?

> **Zusammenfassung**
>
> Wir schließen Kapitel 8 mit ausgewählten Erkenntnisgewinnen und Erkenntnislücken. Zu den Erkenntnisgewinnen der Politikökonomik zählt, dass Vorstellungen von individueller Freiheit und Bedarfsgerechtigkeit durchaus kompatibel sind (materielle Freiheit). Und sie deckt auf, dass Maßnahmen, die ausschließlich ökonomisch abgeleitet werden, an unterschiedlichen Steuerungslogiken, politökonomischen Zielkonflikten und politsystemischen Glaubwürdigkeitsansprüchen scheitern können. Die Politikökonomik ignoriert allerdings in Teilen, wie sich ein gesellschaftliches Ordnungsverständnis verändert, wenn sich über Jahrzehnte Gewohnheiten herausbilden, seien es Versorgungsansprüche oder Machtprivilegien. Dabei erlaubt der Begriff der Bedarfsgerechtigkeit Interpretationen, die den Kern der marktwirtschaftlichen Mechanik aushöhlen können. Im Ergebnis muss sich die Politikökonomik Disziplinen wie der Soziologie, Psychologie und Kognitionswissenschaft öffnen, um zu verstehen, wann Menschen zur teilweisen Aufgabe von Gewohnheiten bereit sind oder sogar dazu, sich – mit Blick auf die Nachhaltigkeit – auf einen radikal neuen Gesellschaftsvertrag einzulassen und diesen einzuüben.

Die Ergebnisse von Kapitel 8 lassen sich der Mainstream-Ökonomik ebenso zuordnen wie der Schnittstellen-Ökonomik. Welche Erkenntnisgewinne sind am Ende zu betonen? Und welche Erkenntnislücken bleiben? Hierzu ausgewählte Aspekte.

Was kann die Politikökonomik leisten?

- Die Politikökonomik deckt als systemischen Mangel auf, dass sich bestimmte Interessen besser organisieren lassen als andere, was zu Exklusion und mangelnden Verwirklichungschancen führt. Dadurch schärft sie den Blick auf die individuelle Freiheit und ihre Ausdrucksformen. Neben die formale Freiheit (z. B. Recht auf Bildung) tritt die **materielle Freiheit**, also die Möglichkeit, sich – auch mit Hilfe der Solidargemeinschaft – Wahl- und Handlungsoptionen überhaupt erst leisten zu können. Beispiele liefern Humankapitalansätze, die untersuchen, was passiert, wenn Bildung gefördert wird (z. B. Diskriminierungsverbote, Bildungszuschüsse). Auf die Unternehmenswelt übertragen kann materielle Freiheit bedeuten, Kleinst- und Kleinunternehmen dort zu unterstützen, wo ihre Betriebsgröße Zugänge zu den Faktormärkten erschwert und privatwirtschaftliche Lösungen scheitern (z. B. Konsortiallösungen bei Nachfrage nach Wagniskapital).
- Die Politikökonomik enthüllt, wodurch sich die Steuerungslogik des Wirtschaftssystems (wettbewerbliche und umverteilende Koordination) von der **Steuerungslogik des Politiksystems** (demokratische Koordination) unterscheidet. In der Folge sind neue Faktoren zu beachten (z. B. Parteienspektrum, Regeln der Mehrheitsfindung), welche die Entscheidung zugunsten einer bestimmten Güterversorgung bestimmen. Im Ergebnis kommt es zwischen Effizienz- und Verteilungszielen ebenso zu Konflikten wie zwischen Wachstums- und Verteilungszielen. Denn wie viel Leistungs- und Vermögenseinkommen auf welche Art umverteilt wird, kann davon motiviert sein, dass Konsumtives und nicht Investives bevorzugt wird und dass diejenigen Gruppen mit den Kosten belastet werden, die ihre Interessen nicht durchsetzungsstark organisieren (Kollektivpräferenzen) oder aus Nutzenüberlegungen heraus desinformiert bleiben (rationale Ignoranz). Die politökonomische Diskussion ist somit vielschichtig und reichert Ziel- und Maßnahmenüberlegungen an.
- Von der Politikökonomik lernen wir, dass nicht nur Marktakteure (vgl. Abschn. 7.3), sondern auch **Staatsakteure glaubwürdig handeln** müssen, um die Gefahr systemischer Schwächen zu reduzieren. Dies liegt an den Merkmalen der repräsentativen Demokratie. Denn wecken Wahl- und Regierungsversprechen bei Individuen und Gruppen Erwartungen, die nicht eingelöst werden, schwindet das Vertrauen in die Politik. Der Vertrauensschwund kann durch Prinzipal-Agenten-Konstellationen verstärkt werden, die sowohl die Politik als auch die Bürokratie betreffen. Dennoch können nach Richter und Furubotn (1996/2003, S. 517) „die Entscheidungen von Gesetzgeber, Regierung, Verwaltungsbehörden oder Richtern nicht vollkommen geregelt werden". Der Grund: Staatliche Akteure entscheiden unter den Bedingungen einer unvollkommenen Informationslage. Es braucht also Ermessensspielräume und ein gewisses Vertrauen seitens des Staatsvolks.
  - Aus diesen Überlegungen heraus entwickelt die **Neue Institutionenökonomik (NIÖ)** Lösungsansätze, welche die Vorhersagbarkeit staatlicher Entscheidungen verbessern und Missbrauchsrisiken reduzieren. Beispiele sind verbesserte Prozessabläufe (z. B. Trennung von Budgetverwaltung und -verausgabung), verschärfte

Rechenschaftspflichten und Sanktionierungsmöglichkeiten (z. B. harte Bestrafung von Korruption) oder Reformvorschläge zu Wahlperioden und Wiederwahlmöglichkeiten (z. B. Amtszeitbeschränkung von Politiker:innen).

– Damit ein Wirtschaftssystem seinen gesellschaftlichen Zweck erfüllen kann, braucht es folglich – ergänzend – ein **politsystemisches Design**, das staatliche Akteure zwingt, glaubwürdig und möglichst widerspruchsfrei im Sinne der Gesamtwohlfahrt zu handeln (vgl. Abschn. 11.2). Dies gilt vor allem für Langfristmaßnahmen (z. B. Nachhaltigkeitstransformation), da sie über eine Wahlperiode hinausreichen.

Was kann die Politikökonomik nicht leisten?

- Die westliche Paarung aus neoliberaler Marktwirtschaft und repräsentativer Demokratie ist **weniger fluide als angenommen, was Wirtschaftspolitiken (in Teilen) ignorieren**. Zwar können Individuen und Gruppen ungefährdet Berechtigungsgründe in den politischen Prozess einbringen (z. B. über soziale Medien) und über den Wählermarkt Einfluss ausüben. Systemisch liegt jedoch ein Solidaritätsmodell vor, das über Jahrzehnte Versorgungsgewohnheiten ausprägt, sowie ein Machtgefüge mit Privilegien, wie sie alte Demokratien begünstigen. In der Folge verändert sich das Ordnungsverständnis in Wirtschaft und Gesellschaft und erlaubt Pfadabhängigkeiten. Die große Transformation der Nachhaltigkeit erfordert, dass von Gewohntem abgerückt wird und die wichtigsten Ansprüche an die Gesellschaft überprüft und neu vereinbart werden (z. B. als bedingungsloses Grundeinkommen oder Abschaffung bestimmter Erbschaftsansprüche). Der demokratische Staat kann solch einen Paradigmenwechsel allerdings nicht einfach verordnen, da er definitionsgemäß keine totalitäre Durchgriffsmacht hat. Er ist auf die entsprechende Willensbekundung seiner Bürger:innen angewiesen und darauf, dass diese ihr Ordnungsverständnis neu ausrichten und sich zu langfristigen Verhaltensänderungen auch intrinsisch motivieren. Hier kann die Politikökonomik von den Erkenntnissen der (Emotions-)Soziologie und (Kognitions-)Psychologie lernen.
- Die Politikökonomik geht von der Annahme aus, dass das **Ordnungsverständnis der sozialen Marktwirtschaft eine Gesellschaft eint** und dass es sich in diesem Sinne institutionell reparieren lässt, wenn sich systemische Defizite zeigen. Denn der Mix aus wettbewerblicher und umverteilender Koordination mildert ab, dass in einer Marktwirtschaft die Definition der Freiheit nicht davon abhängt, „ob diese Art der Freiheit von jedermann als etwas Gutes angesehen wird oder nicht"; wir müssen also verstehen, „dass wir frei und zugleich elend sein können" (von Hayek 1971/2005, S. 25). Was jedoch, wenn die Grundannahme falsch ist, dass es Menschen ‚zusammenschweißt', wenn sie Bedarfsgerechtigkeit erfahren?
    - Erstens erlaubt der **unscharfe Begriff der Bedarfsgerechtigkeit** Interpretationen, die mit einer sozialen Marktwirtschaft vereinbar sind, ebenso wie Interpretationen, durch welche die Prinzipien der Eigenverantwortung und Reziprozität verletzt werden.
    - Zweitens kann es sich bei der **Quelle der Interpretationen** um eine natürliche Ungleichheit (z. B. individuelle Anstrengung) ebenso handeln wie um eine strukturelle Ungleichheit (z. B. ‚klebrige' Startposition).

– Wird hingegen die **Annahme einer gespaltenen Gesellschaft** zugrunde gelegt, wie dies bei der Elitenforschung der Fall ist, rücken Faktoren wie Persönlichkeitsmerkmale und Milieufaktoren, Denkmuster und Interessenrepräsentativität, Diskursformate und Beteiligungspraktiken in den Blick. Werden diese Faktoren von der Politikökonomik aufgegriffen, können daraus neue Steuerungsideen erwachsen, die der Realität besser gerecht werden (vgl. Abschn. 11.3).

• In den westlichen Gesellschaften scheinen sich diejenigen Werte aufgelöst oder durch Machtkonstellationen verschoben zu haben, die eine gemeinsame Klammer um alle Gruppen bilden. Wir schließen dieses Kapitel zu ‚Moral in Systemen‘ daher mit dem Plädoyer von Reckwitz (2019/2021, S. 293, 298–299, 302), der für einen „**einbettenden Liberalismus**" eintritt, den wir dem Neoliberalismus zuordnen (vgl. Abschn. 6.2). Dabei geht es nicht nur um materielle Ungleichheit und globale Verwundbarkeit. Es geht auch um die fehlende soziale Anerkennung bestimmter Gruppen. Denn größere Teile der Bevölkerung fühlen sich als Systemverlierer missachtet und entwertet (z. B. als Minderqualifizierte oder räumlich-infrastrukturell Abgehängte). Hierfür gibt es zwei Ansatzstellen, so Reckwitz:

– Die gesellschaftlichen Gruppen müssen sich ihre **kulturellen Grundwerte gemeinsam neu erarbeiten**. Denn „es ist eine Frage der ständigen gesamtgesellschaftlichen Aushandlung, was kulturell als wertvoll zählt und was nicht. Dem staatlichen Bildungssystem kommt dabei eine zentrale Rolle zu. Aber auch neu entstandene Felder wie die sozialen Medien in der digitalen Welt erweisen sich als ein Raum, in dem eine Festigung von Grundregeln – hier die Kommunikation – dringlich erscheint". Sind Normen gesetzt, brauchen diese kulturelle Praktiken, um sozial wirken zu können (vgl. Abschn. 11.5).

– Zugleich ist die **soziale Gegenseitigkeit einzuüben**. Erforderlich ist eine Kultur der Reziprozität, bei der nicht nur eigene Interessen in den Blick genommen und Rechte eingefordert werden, sondern auch die Interessen Anderer und eigene gesellschaftliche Pflichten. Reckwitz beschreibt dies beispielhaft wie folgt: „Hat jemand, der staatliche Bildung in Anspruch nimmt, nicht auch eine Verpflichtung gegenüber der Gesellschaft, seine Begabungen und Fähigkeiten zum Wohle aller zu realisieren (und nicht nur zum eigenen monetären Nutzen)? Haben Familien, die vielseitige staatliche Unterstützung erfahren, nicht auch die Verpflichtung, die Kinder zu verantwortungsbewussten Mitgliedern der Gesellschaft zu erziehen (und nicht zu rationalen Egoisten)? Haben Personen, die auch garantiert durch eine rechtliche und zivile Ordnung durch Kapitaleinkünfte hohes Vermögen akkumuliert haben, nicht auch eine Pflicht, Teile davon an die Gesellschaft zurückzuerstatten? Diese Problemkomplexe lassen sich zum Teil rechtlich regeln, aber sie reichen tiefer, weil sie die generelle Auffassung bezüglich dessen betreffen, was ein politisches Gemeinwesen ausmacht".

Vor diesem Hintergrund braucht gerade eine Transformationslinie wie die Nachhaltigkeit „strukturelle Atempausen und Verhaltensveränderungen, die bewusst reflektiert und eingeübt werden. Und sie braucht die Einigung, was für die Gesellschaft unter der Zielgröße des menschlichen Wohlbefindens heute und unter künftigen Bedingungen zu verstehen ist" (Burger-Menzel, 2023, S. 191). Mit solchen Diskursen gibt die Volkswirtschaftslehre auch ihrer moralphilosophischen Seite Raum, die in den vergangenen Jahrzehnten teilweise in Vergessenheit geraten ist (vgl. Abschn. 1.1 und 2.2). In deren aktuellem Fokus: Die **normative Transformation unserer Wirtschaftsordnung** mit ihren Prinzipien des richtigen und falschen Handelns, für die Bannas und Herrmann-Pillath (2020, S. 11) Idealwerte wie „Demut, Bescheidenheit oder Mut" für unverzichtbar halten.

8.6   Fünfte Etappe: Entscheiden Sie Ihre Systemparameter – Soziale Gerechtigkeit

Willkommen zurück zum INSEL-Experiment (vgl. Abschn. 6.6). Stellen Sie sich für die fünfte Etappe folgende zusätzlichen Handlungsbedingungen vor:

- Auf Ihrer INSEL funktionieren mehr und mehr die Wettbewerbsmechanismen, über die Güter und Dienstleistungen verteilt werden. Und schutz- und korrekturpolitische Aufsichtsbehörden kümmern sich darum, dass Marktversagen vorgebeugt oder reduziert wird.
- Allerdings finden Sie, dass Fragen wie Chancengleichheit und Solidarität noch nicht ausreichend geklärt sind. Es geht also um die Vorstellung, welche Verteilungsnormen Ihre Gesellschaft praktizieren möchte. Innerhalb des nächsten halben Jahres soll die INSEL-Verfassung entsprechend weiterentwickelt werden.

Sie und die Anderen haben also Zeit, um herauszufinden, wie bestimmte **Prinzipien der sozialen Gerechtigkeit und deren Umverteilungsmechanismen wirken**. Hierzu erhalten Sie jetzt anregende Reflexionsfragen und Denkanstöße:

1. Was ist für Sie und Ihre Gruppe ein gutes Leben, wenn Prinzipien der sozialen Gerechtigkeit und deren Umverteilungsmechanismen auf Ihrer INSEL gut funktionieren?
2. Welchen Stellenwert hat solch ein gutes Leben für Sie? Und wie begründen Sie dies?
3. Wer übernimmt in Ihrem INSEL-System welche Art von sozialer Verantwortung? Wie drückt sich dies aus? Und wie hängen für Sie soziale Verantwortung und Eigenverantwortung zusammen?
4. Nach welchen Kriterien werden auf Ihrer INSEL die Ressourcen verteilt, wenn eine politökonomische Teilhabe angedacht ist? Und was können Sie damit erreichen?
5. Nach welchen Kriterien werden in Ihrem INSEL-System die Einkommen verteilt? Welche Vor- und Nachteile hat diese Art der Einkommensverteilung?
6. In welchen Bereichen brauchen Sie Innovationen, um ausgewählte Lebensstandards zu halten und dort das gute Leben zu verbessern? Auf welche Art von Innovationen setzen Sie dabei?

7. Welche Teilhabemöglichkeiten wollen Sie den Mitgliedern Ihrer INSEL-Gesellschaft staatlich einräumen, damit diese an ökonomischen und gesellschaftlichen Prozessen mitwirken können? Was wollen Sie damit bezwecken?
8. Wie sieht Ihr Bild von der gesellschaftlichen Zukunft auf Ihrer INSEL aus? Welche Schwerpunkte wollen Sie dabei setzen?
9. Welche Argumente überzeugen Ihre INSEL-Gesellschaft davon, einen grundlegenden Wandel zuzulassen? Und wie gehen Sie dabei – in einer sozialen Marktwirtschaft und repräsentativen Demokratie – mit den Bereichen Ökonomie, Soziales und Ökologie um?

Literatur

Akerlof, George A., und Kranton, Rachel E. (2010): Identity Economics, Princeton University Press, Princeton und Oxford

AP7 2 (2022): Public policy dialogue and climate lobbying, https://www.ap7.se/app/uploads/2023/03/ap7-public-policy-dialogue-and-climate-lobbying-2022.pdf, Zugriff 26.03.2024

Bannas, Stephan, und Herrmann-Pillath, Carsten (2020): Marktwirtschaft: Zu einer neuen Wirklichkeit, Schäffer-Pöschel Verlag, Stuttgart

Behrends, Sylke (2001): Neue Politische Ökonomie, Verlag Franz Vahlen, München

Berlin-Institut (2018): Mehr Humankapital wagen!, Diskussionspapier Nr. 14, Berlin-Institut für Bevölkerung und Entwicklung, Berlin, https://www.berlin-institut.org/fileadmin/Redaktion/Publikationen/PDF/BI_MehrHumankapitalWagen_2018.pdf, Zugriff 26.02.2024

Beznoska, Martin, Kauder, Björn, und Obst, Thomas (2021): Investitionen, Humankapital und Wachstumswirkungen öffentlicher Ausgaben, IW-Policy Paper, No. 2/2021, Institut der deutschen Wirtschaft (IW) Köln, https://www.econstor.eu/bitstream/10419/231400/1/1749541815.pdf, Zugriff 26.02.2024

Beznoska, Martin, und Hentze, Tobias (2017): Die Einkommensteuer im Zeitverlauf, Kurzexpertise, Institut der deutschen Wirtschaft Köln, https://www.iwkoeln.de/studien/martin-beznoska-tobias-hentze-belastungswirkungen-fuer-verschiedene-haushaltstypen.html, 26.02.2024

Binder, Claudia R., Schoell, Regina, und Popp, Monika (2015): The structures mental approach model, in: Ruth, Matthias (Hrsg.), Handbook of Research Methods and Applications in Environmental Studies, Edgar Elgar Verlag, Cheltenham, UK, S. 122–147

Blome, Frerk, Schiek, Daniela, Ullrich, Carsten G. (2019): Generationen der Armut. Zur familialen Transmission wohlfahrtsstaatlicher Abhängigkeit, Springer, Wiesbaden

Blömer, Maximilian, Fuest, Clemens, und Peichl, Andreas (2022): Von Hartz IV zum Bürgergeld – mehr als ein neuer Name? In: Wirtschaftsdienst, Nr. 102(2), S. 78–81, https://www.wirtschaftsdienst.eu/pdf-download/jahr/2022/heft/2/beitrag/aus-hartz-iv-wird-buergergeld-nur-alter-wein-in-neuen-schlaeuchen-6937.html, Zugriff 02.03.2024

Brasche, Ulrich (2023): Auf dem Weg zu mehr Klimagerechtigkeit, Oekom Verlag, München

Brinkmann, Henrik, Harendt, Christoph, Heinemann, Friedrich, und Nover, Justus (2017): Ökonomische Resilienz – Schlüsselbegriff für ein neues wirtschaftspolitisches Leitbild?, in: Wirtschaftsdienst, 97. Jahrgang, Heft 9, S. 644 – 650, https://www.wirtschaftsdienst.eu/inhalt/jahr/2017/heft/9/beitrag/oekonomische-resilienz-schluesselbegriff-fuer-ein-neues-wirtschaftspolitisches-leitbild.html, Zugriff 11.10.2023

Bueb, Benedict, Tröltzsch, Jenny, Reichwein, David, Oldenburg, Clara, Favero Fausto (2021): Towards Sustainable Adaptation Pathways, im Auftrag des Umweltbundesamts, UBA Climate

Change, Nr. 48/ 2021, Freie Universität Berlin, Berlin, https://www.umweltbundesamt.de/publikationen/towards-sustainable-adaptation-pathways, Zugriff 01.03.2024

Bundeskriminalamt (2021): Hohe Schäden durch Subventionsbetrug in der Pandemie, Pressemitteilung, https://www.bka.de/DE/Presse/Listenseite_Pressemitteilungen/2021/Presse2021/210629_pmBLBWikri.html, Zugriff 20.03.2024

Burger-Menzel, Bettina (2023): Wirtschaftsförderung und E-Governance: Von der Resilienz zur Transformation? in: Korn, Thorsten, Lempp, Jakob, van der Beek, Gregor (Hrsg.), Wirtschaftsförderung in der Krise, Springer Gabler, Wiesbaden, S. 171–196

Burger-Menzel, Bettina, und Huyoff, Susanne (2016): Technologiepolitik auf dem Prüfstand, in: Stronk, Detlef (Hrsg.): Erfolgreiche Wirtschaftsförderung. Strategien – Chancen – Best Practices, Erich Schmidt Verlag, Berlin, S. 133–159

Christensen, Jorgen G. (2011): Competing theories of regulatory governance: reconsidering public interest theory of regulation, in: Levi-Faur, David (Hrsg.), Handbook on the Politics of Regulation, Edward Elgar, Cheltenham, UK, S. 96–112

Clark, Andrew E., Frijters, Paul, und Shields, Michael (2007): Relative Income, Happiness, and Utility: An Explanation for the Easterlin Paradox and Other Puzzles, IZA DP Diskussionspapier, Nr. 2840, Bonn, https://www.researchgate.net/publication/4981498_Relative_Income_Happiness_and_Utility_An_Explanation_for_the_Easterlin_Paradox_and_Other_Puzzles, Zugriff 08.05.2022

Cochrane, Logan (2016): Land Grabbing, in: Thompson, Paul B., and Kaplan, David M. (Hrsg.), Encyclopedia of Food and Agricultural Ethics, Springer Science+Business Media, Dordrecht, S. 1–5, DOI https://doi.org/10.1007/978-94-007-6167-4_590-1, Zugriff 27.02.2024

Congress of the United States (2022): Memorandum – Investigation of Fossil Fuel Industry Disinformation, 9. Dezember, Washington D. C., https://oversightdemocrats.house.gov/sites/democrats.oversight.house.gov/files/2022-12-09.COR_Supplemental_Memo-Fossil_Fuel_Industry_Disinformation.pdf, Zugriff 24.03.2024

Deutscher Bundestag (2022): Environmental Social Governance (ESG) in der EU-Taxonomie – Bauen, Wohnen und Energie, Wissenschaftliche Dienste, WD 5-3000-125/22, Berlin, https://www.bundestag.de/resource/blob/926232/d20e1a9b43359440eca9659c5040a0b7/WD-5-125-22-pdf-data.pdf, Zugriff 22.03.2024

Deutscher Bundestag (2021): Strafrechtliche und kriminalstatistische Aspekte des „Sozialleistungsmissbrauchs", WD 7-3000-115/21, Berlin, https://www.bundestag.de/resource/blob/881508/194c14185e994c7742fd4de6c9027766/WD-7-115-21-pdf-data.pdf, Zugriff 20.03.2024

Deutscher Bundestag (2018): E-Government in Deutschland – Aktueller Stand, WD 10-3000-019/18, Berlin, https://www.bundestag.de/resource/blob/646280/6c0b9e5e0ecca3daca44ac991e90c9cc/WD-10-019-18-pdf-data.pdf, Zugriff 25.09.2020

EP (Europäisches Parlament) (2021): Key enabling technologies for Europe's technological sovereignty, European Parliamentary Research Service, PE 697.184, Brüssel, https://www.europarl.europa.eu/RegData/etudes/STUD/2021/697184/EPRS_STU(2021)697184_EN.pdf, Zugriff 08.05.2020

Fehr, Ernst, und Schmidt, Klaus M. (1999): A Theory of Fairness, Competition, and Cooperation, The Quarterly Journal of Economics 114(3), August, S. 817–68

Flaute, Markus, Reuchschel, Saskia, und Stöver, Britta (2022): Volkswirtschaftliche Folgekosten durch Klimawandel: Szenarioanalyse bis 2050, GWS Research Report 2022/02, Studie im Auftrag des Bundesministeriums für Wirtschaft und Klimaschutz, Osnabrück, https://www.gws-os.com/de/publikationen/alle-publikationen/detail/volkswirtschaftliche-folgekosten-durch-klimawandel-szenarioanalyse-bis-2050, Zugriff 07.03.2024

Frey, Bruno S., und Kirchgässner, Gebhard (2002): Demokratische Wirtschaftspolitik, Franz Vahlen Verlag, München, 3. Auflage

Fritsch, Michael (2014): Marktversagen und Wirtschaftspolitik, Verlag Franz Vahlen, München, 9. Auflage

Fromm, Erich (1990/2003): Die Furcht vor der Freiheit, Deutscher Taschenbuch Verlag, München

Fuest, Clemens, Gründler, Klaus, Nübling, Maximilian, Potrafke, Niklas, und Schlepper, Marcel (2024): Die deutsche Schuldenbremse: Stabilitätsanker oder Invesitionsblocker? Ifo Schnelldienst, 77. Jg., Nr. 1, München, S. 44–48, https://www.ifo.de/DocDL/sd-2024-01-fuest-etal-oekonomenpanel-schuldenbremse.pdf, Zugriff 13.10.2024

Gehrke, Birgit, Kerst, Christian, Wieck, Markus, und Weilage, Insa (2021): Bildung und Qualifikation als Grundlage der technologischen Leistungsfähigkeit Deutschlands 2021, Studie zum deutschen Innovationssystem, Nr. 1 – 2021, Expertenkommission Forschung und Innovation (EFI, Berlin, https://www.e-fi.de/fileadmin/Assets/Studien/2021/StuDIS_01_2021.pdf, Zugriff 03.05.2022

Grundgesetz (Grundgesetz für die Bundesrepublik Deutschland) (1949/2022), https://www.gesetze-im-internet.de/gg/BJNR000010949.html, Zugriff 29.09.2024

Haucap, Justus, Kehder, Christiane, und Loebert, Ina (2023): Bürokratie und ihre Folgen für die Wirtschaft in Deutschland, Studie im Auftrag der Initiative Neue Soziale Marktwirtschaft, Düsseldorf, https://dus-competition.de/media/pages/download/4a563ec1e8-1708601279/2024-02-14_studie_bu__rokratie_und_ihre_folgen_fu__r_die_wirtschaft_in_deutschland.pdf, Zugriff 06.03.2024

Helliwell, John F., Layard, Richard, Sachs, Jeffrey D., De Neve, Jan-Emmanuel, et al. (2022) (Hrsg.): World Happiness Report 2022. New York: Sustainable Development Solutions Network, http://worldhappiness.report/, Zugriff 27.10.23

Herrmann-Pillath, Carsten (2002): Grundriß der Evolutionsökonomik, Wilhelm Fink Verlag, München

Holzmann, Robert (2015/2019): Wirtschaftsethik, Springer Gabler, Wiesbaden

Ifo Institut (2021): Benchmarking Digitalisierung in Deutschland, IHK für München und Oberbayern (Hrsg.), München, ihk-münschen.de/publikationen, https://www.ifo.de/publikationen/2021/monographie-autorenschaft/benchmarking-digitalisierung-deutschland, Zugriff 20.12.1021

ILO (International Labour Organization) (2010): The Social Protection Floor, Fact Sheet, ILO Office for the European Union and the Benelux countries, https://www.ilo.org/wcmsp5/groups/public/%2D%2D-europe/%2D%2D-ro-geneva/%2D%2D-ilo-brussels/documents/genericdocument/wcms_169305.pdf, Zugriff 25.02.2024

Kagermann, Henning, Süssenguth, Florian, Körner, Jorg, et al. (2021): Resilienz als wirtschafts- und innovationspolitisches Gestaltungsziel, acatech IMPULS, https://www.acatech.de/ publikation/ resilienz-als-wirtschafts-und-innovationspolitisches-gestaltungsziel/, Zugriff 16.11.2021

KfW Development Research (2023): Die Wirkungszusammenhänge zwischen Klimawandel und Fragilität, Entwicklungspolitik kompakt, Nr. 7, Kreditanstalt für Wiederaufbau, https://www.kfw-entwicklungsbank.de/PDF/Download-Center/PDF-Dokumente-Development-Research/2023_11_15_EK_Klimawandel-und-Fragilitaet_DE.pdf, Zugriff 21.02.2024

Kindleberger, Charles P., und Aliber, Robert (1978/2005): Manias, Panics, and Crashes, John Wiley & Sons, Hoboken, New Jersey

Kirsch, Guy (1974/1997): Neue Politische Ökonomie, Werner Verlag, Düsseldorf

Kortmann, Walter (2004): Attentismus: Ursachen, Auswirkungen, Gegenmaßnahmen, in Wirtschaftsdienst, 84. Jahrgang, Heft 1, S. 40–49, https://www.wirtschaftsdienst.eu/pdf-download/jahr/2004/heft/1/beitrag/attentismus-ursachen-auswirkungen-gegenmassnahmen.html, Zugriff 29.02.2024

Kurokawa, Kiyoshi, und Ninomiya, Andrea R. (2018): Examining Regulatory Capture: Looking Back At The Fukushima Nuclear Power Plant Disaster, Seven Years Later, in: University of Pennsylvania Asian Law Review, Jg. 13, S. 47–71, https://scholarship.law.upenn.edu/cgi/viewcontent.cgi?article=1034&context=alr, Zugriff 04.05.2022

Lambach, Daniel, und Bethke, Felix (2012): Ursachen von Staatskollaps und fragiler Staatlichkeit: Eine Übersicht über den Forschungsstand, INEF-Report 106/2012, Institut für Entwicklung und

Frieden, Universität Duisburg-Essen, https://www.uni-due.de/imperia/md/content/inef/report106.pdf, Zugriff 21.02.2024

Leopoldina (2020): Coronavirus-Pandemie – Die Krise nachhaltig überwinden, Nationale Akademie der Wissenschaften, April, Berlin, https://www.leopoldina.org/uploads/tx_leopublication/2020_04_13_Coronavirus-Pandemie-Die_Krise_nachhaltig_%C3%BCberwinden_final.pdf, Zugriff 03.05.2020

Lessenich, Stephan, und Nullmeier, Frank (2006) (Hrsg.): Deutschland – eine gespaltene Gesellschaft, Campus Verlag, Frankfurt, New York

Levi-Faur, David (2011) (Hrsg.): Handbook on the Politics of Regulation, Edward Elgar Publishing, Cheltenham, UK

Luhmann, Niklas (1994): Die Wirtschaft der Gesellschaft, Frankfurt am Main

Luhmann, Niklas (1986): Ökologische Kommunikation, Opladen

Martela, Frank, Greve, Bent, Rothstein, Bo, und Saari, Juho (2020): The Nordic Exceptionalism: What Explains Why the Nordic Countries are Constantly Among the Happiest in the World, in: Helliwell, John F., Layard, Richard, Sachs, Jeffrey D. et al. (Hrsg.): World Happiness Report 2020, Sustainable Development Solutions Network, New York, S. 129–146, https://worldhappiness.report/ed/2020/the-nordic-exceptionalism-what-explains-why-the-nordic-countries-are-constantly-among-the-happiest-in-the-world/, Zugriff 08.05.2022

Meißner, Werner, und Fassing, Werner (1989): Wirtschaftsstruktur und Strukturpolitik, Verlag Franz Vahlen, München

Meng, Kyle, und Rode, Ashwin (2019): The Social Cost of Lobbying over Climate Policy, UC Santa Barbara und NBER sowie University of Chicago, https://epic.uchicago.edu/wp-content/uploads/2019/07/Climate_lobbying_master_paper.pdf, Zugriff 24.03.2024

Messner, Dirk, Guarín, Alejandro, und Haun, Daniel (2013): The Behavioural Dimensions of International Cooperation, Forschungspapier Nr. 1, Käte Hamburger Kolleg/ Centre for Global Cooperation Research, Universität Duisburg-Essen, Duisburg

Mitnick, Barry M. (2011): Capturing „capture": definition and mechanisms, in: Levi-Faur, David, Handbook on the Politics of Regulation, Edward Elgar Verlag, Cheltenham, UK, S. 34 – 49

Neumärker, Bernhard (2016): Freiburger Ökonom: Den Menschen ist Freiheit wichtig, Badische Zeitung, 9. Januar, https://www.badische-zeitung.de/freiburger-oekonom-den-menschen-ist-fairness-wichtig, Zugriff 23.05.2020

Niskanen, William A. (1968): The Peculiar Economics of Bureaucracy, The American Economic Review, Jg. 58, Nr. 2, Papers and Proceedings of the Eightieth Annual Meeting of the American Economic Association, Mai, S. 293–305, https://www.jstor.org/stable/1831817, Zugriff 04.05.2018

Nonhoff, Martin (2007): Die ökonomische Bedrohung politischer Selbstbestimmung. Zum Verhältnis von Demokratie und Wohlfahrtsstaat, ZeS-Arbeitspapier Nr. 20, Zentrum für Sozialpolitik, Universität Bremen, Bremen, https://www.econstor.eu/bitstream/10419/27138/1/543485587.PDF, Zugriff 06.10.2024

OECD (Organization for Economic Cooperation and Development) (2021): Does Inequality Matter?, https://doi.org/10.1787/3023ed40-en, Zugriff 27.10.2022

OECD (2018): A Broken Social Elevator? How to Promote Social Mobility, Paris, https://www.oecd.org/social/soc/Social-mobility-2018-Overview-MainFindings.pdf, Zugriff 27.10.2022

Olson, Mancur (1965): The Logic of Collective Action. Public Goods and the Theory of Groups, Cambridge University Press, Cambridge

Paritätischer Gesamtverband (2022): Der Paritätische Armutsbericht 2022, Berlin, https://www.der-paritaetische.de/alle-meldungen/der-paritaetische-armutsbericht-2022/, Zugriff 10.11.2023

Peters, Guy (2008): Virtuous and Vicious Cycles in Democratic Network Governance, in: Sorensen, Eva, und Tofing, Jacob (Hrsg.), Theories of Democratic Network Governance, Palgrave Macmillan, N.Y., S. 61–76

Reckwitz, Andreas (2019/2021): Das Ende der Illusionen – Politik, Ökonomie und Kultur in der Spätmoderne, Suhrkamp Verlag, Berlin

Richter, Rudolf, und Furubotn, Eirik G. (1996/2003): Neue Institutionenökonomik, Mohr Siebeck, Tübingen, 3. Auflage

Sachverständigenrat (Sachverständigenrat zur Begutachtung der gesamtwirtschaftlichen Entwicklung) (2024): Die Schuldenbremse nach dem Bundesverfassungsgerichtsurteil: Flexibilität erhöhen – Stabilität wahren, Policy Brief, Nr. 1, Wiesbaden, https://www.sachverstaendigenrat-wirtschaft.de/fileadmin/dateiablage/PolicyBrief/pb2024/Policy_Brief_2024_01.pdf, Zugriff 05.03.2024

Sachverständigenrat (2015): Keine Notwendigkeit einer Reform des Gesetzes zur Förderung der Stabilität und des Wachstums der Wirtschaft, Arbeitspapier, Wiesbaden, https://www.sachverstaendigenrat-wirtschaft.de/fileadmin/dateiablage/download/publikationen/arbeitspapier_02_2015.pdf, Zugriff 20.11.2022

Sachverständigenrat (2008): Die Finanzkrise meistern – Wachstumskräfte stärken, Jahresgutachten 2008/09, Wiesbaden, https://www.sachverstaendigenrat-wirtschaft.de/fileadmin/dateiablage/download/gutachten/ga08_ges.pdf, Zugriff 20.03.2024

Sachverständigenrat (2007): Staatsverschuldung wirksam begrenzen, Expertise im Auftrag des Bundesministers für Wirtschaft und Technologie, Wiesbaden, https://www.sachverstaendigenrat-wirtschaft.de/fileadmin/dateiablage/Expertisen/Staatsverschuldung_wirksam_begrenzen.pdf, Zugriff 13.10.2024

Schaap, Linze (2008): Closure and Governance, in: Sorensen, Eva, und Torfing, Jacob (Hrsg.), Theories of Democratic Network Governance, Palgrave Macmillan, Basingstoke und New York, S. 111–132

Scherf, Wolfgang (2010): Das „Gesetz" der wachsenden Staatsausgaben, Manuskriptversion, Justus-Liebig Universität Gießen, Gießen

Schmid, Josef (2002): Wohlfahrtsstaaten im Verleich, 2. Auflage, Leske + Budrich, UTB Stuttgart

Schmidt, Ingo, und Schmidt, André (2006): Europäische Wettbewerbspolitik und Beihilfenkontrolle, Verlag Franz Vahlen, München

Schweikert, Vanessa (2022): Das Lieferkettensorgfaltspflichtengesetz: Chancen und Herausforderungen, Beiträge der Hochschule Pforzheim, Nr. 178, Hochschule Pforzheim, Pforzheim, https://nbn-resolving.de/urn:nbn:de:bsz:951-opus-1633, Zugriff 25.02.2024

Sen, Amartya K. (2002): Ökonomie für den Menschen: Wege zu Gerechtigkeit und Solidarität in der Marktwirtschaft, Taschenbuch Verlag, München

Sen, Amartya K. (1999): Development as Freedom, Alfred A. Knopf Verlag, New York

Smith, Vernon (2008): Die nächste Blase wird schon vorbereitet, Frankfurter Allgemeine Zeitung, Nr. 160, 11. Juli, https://www.faz.net/aktuell/finanzen/fonds-mehr/im-gespraech-nobelpreistraeger-vernon-smith-die-naechste-blase-wird-schon-vorbereitet-1667508.html, Zugriff 27.05.2018

Stiglitz, Joseph E., Ocampo, José A., Spiegel, Shari, Ffrench-Davis, Ricardo, und Nayyar, Deepak (2006): Stability with Growth, Oxford University Press, Oxford

UNDP (United Nations Development Programme) (2023): 2023 Global Multidimensional Poverty Index (MPI): Unstacking global poverty: Data for high impact action. New York, https://hdr.undp.org/content/2023-global-multidimensional-poverty-index-mpi#/indicies/MPI, Zugriff 22.02.2024

UNDP (2022): Human Development Resport 2021/ 2022, New York, https://hdr.undp.org/system/files/documents/global-report-document/hdr2021-22reportenglish_0.pdf, Zugriff, 05.05.2023

UNDP (2016): Human Development Report 2016, New York, https://hdr.undp.org/system/files/documents/2016humandevelopmentreportpdf1pdf.pdf, Zugriff, 20.04.2017

UNDP (1990): Human Development Report 1990, Oxford University Press, Oxford, New York, https://hdr.undp.org/system/files/documents/hdr1990encompletenostatspdf.pdf, Zugriff 05.05.2015

von Hayek, Friedrich A. (1971/2005): Die Verfassung der Freiheit, Mohr Siebeck, Tübingen
WBGU (2011): Welt im Wandel – Gesellschaftsvertrag für eine Große Transformation, Hauptgut-
    achten, Berlin
Wissenschaftlicher Beirat BMWi (Wissenschaftlicher Beirat des Bundeswirtschaftsministeriums)
    (2015). Regionale Wirtschaftsförderung, https://www.bmwi.de/ Redaktion/DE/Publikationen/
    Ministerium/Veroeffentlichung-Wissenschaftlicher-Beirat/ wissenschaftlicher-beirat-regionale-
    wirtschaftsfoerderung.html, Zugriff 15.03.2018
Zimmermann, Horst, Henke, Klaus-Dirk, und Broer, Michael (2017): Finanzwissenschaft, Verlag
    Franz Vahlen, München, 12. Auflage

Homepages:

BMF (Bundesfinanzministerium) (Homepage): Entwicklung der Staatsquote, https://www.bundes-
    finanzministerium.de/Datenportal/Daten/offene-daten/haushalt-oeffentliche-finanzen/s12-
    entwicklung-der-staatsquote/s12-entwicklung-der-staatsquote.html, Zugriff 06.03.2024
BMUV (Bundesministerium für Umwelt, Naturschutz, nukleare Sicherheit und Verbraucherschutz)
    (Homepage): Europäische Lieferkettenrichtlinie (CSDDD), Stand: 30.05.2024, https://www.
    bmuv.de/themen/nachhaltigkeit/wirtschaft/lieferketten/europaeische-lieferkettenrichtlinie-
    csddd, Zugriff 29.09.2024
BMZ (Bundesministerium für wirtschaftliche Zusammenarbeit und Entwicklung) (Homepage):
    Klima- und Entwicklungspartnerschaften, Stand 4.11.22, https://www.bmz.de/de/themen/
    klimawandel-und-entwicklung/klima-und-entwicklungspartnerschaften, Zugriff 18.11.22
European Union (Homepage): Corporate sustainability reporting, https://finance.ec.europa.eu/
    capital-markets-union-and-financial-markets/company-reporting-and-auditing/company-
    reporting/corporate-sustainability-reporting_en, Zugriff 19.10.2024
Transparency Agency (Homepage): Corruption Perception Index 2023, https://www.transparency.
    org/en/cpi/2023, Zugriff 10.03.2024
UBA (Umweltbundesamt) (Homepage): Ergebnisse der COP29: Kleine Schritte, große Ziele,
    https://www.umweltbundesamt.de/themen/ergebnisse-der-cop29-kleine-schritte-grosse-ziele,
    Zugriff 25.02.2025
White House (Homepage): The Inaugural Address, U.S. Capitol, Washington, D. C., 20. Januar
    2025, https://www.whitehouse.gov/remarks/2025/01/the-inaugural-address/, Zugriff 28.02.2025
Yale 360 (Homepage): Close to 2,000 Environmental Activists Killed Over Last Decade, Yale
    School of the Environment (Hrsg.), https://e360.yale.edu/digest/environmental-defenders-
    murdered-2022, Zugriff 27.02.2024

Evolutionsökonomik: Wenn Produktmärkte zusätzlich zur gesellschaftlichen Zukunftsfähigkeit beitragen sollen

„[T]echnological innovation does not happen in a vacuum, nor does it have a life of its own: technology is us. Our social, economic and political choices about where innovation can be directed, to what priorities and to serve which people determine how technology changes and how innovations advance human development. […]

Technological changes affect human capabilities in multiple ways: they not only expand people's ability to do more things (as an enabler), but they also affect our social context and people's agency.

Innovation is more than new inventions or machines; it is about new ideas for doing things and taking advantage of existing resources to make those ideas come to fruition. In this respect innovation is linked to agency – people's ability to act on their values, ideas and priorities. It is a broad process of transformation, where human initiative and creativity interact with social, economic and political choices".

UNDP 2022: Human Development Report, S. 160–161

Lernkontext

In diesem Kapitel geht es um menschlich vielfältige Verhaltensweisen in komplex adaptiven Innovationssystemen. Wir sind auf der letzten Stufe unserer Systemanalyse angekommen. Im Blick stehen alle Akteure, die sich auf Neues einlassen, und ihre systemischen Wechselbeziehungen. Im Ergebnis kommt es zu einer veränderten Haltung zur Welt, die sich in neuen Investitions- und Konsummustern und neuartigen Praktiken ausdrückt, was soziale Innovationen einschließt. Einsichten zu alldem liefert die Evolutionsökonomik. Sie beschäftigt sich mit Wissens- und Lernnetzwerken, in die auch Akteure eingebunden sind, die nicht direkt am Marktgeschehen beteiligt sind. Es kommt zu einer selbstlernenden Koordination. Wir diskutieren, was ein Innovationssystem – auch mit Blick auf die Nachhaltigkeit – zukunftsfähig macht und wann es zu Fehlanpassungen kommt.

B. Burger-Menzel, *Multiperspektivische Ökonomik*,
https://doi.org/10.1007/978-3-658-48617-4_9

Kapitel 9 ...

- führt in die Evolutionsökonomik und ihren Innovationssystemansatz ein (Abschn. 9.1);
- zeigt auf, was Lernprozesse temporär erfolgreich und sozial gerecht macht oder aber scheitern lässt (Abschn. 9.2 und 9.3);
- ordnet die Evolutionsökonomik als Systemansatz ein (Abschn. 9.4);
- bewertet den Erkenntnisbeitrag der Evolutionsökonomik zu komplex adaptiven Systemen und gleicht ihn mit unserer Beispielwelt der Nachhaltigkeit ab (Abschn. 9.5);
- bietet mit Hilfe des INSEL-Experiments an, die neuen Erkenntnisse persönlich zu reflektieren (Abschn. 9.6).

Schlüsselbegriffe: Innovationssysteme, techno-ökonomischer und sozio-institutioneller Paradigmenwechsel, Fehlanpassungen
Merkkasten: Selbstlernende Koordination

9.1   Was macht gemeinsames Lernen systemisch bedeutsam und wie funktionieren Paradigmenwechsel?

Zusammenfassung

Die Evolutionsökonomik ergänzt die Einsichten zur sozialen Marktwirtschaft um die selbstlernende Koordination unter der Annahme, dass es keine sichere Zukunft gibt. Wir diskutieren das Ganze aus der innovationssystemischen Perspektive. Im Kern geht es um Unternehmen, die Neues kommerzialisieren und verbreiten. Diese sind jedoch – in Abweichung zum Bisherigen – in Wissens- und Lernnetzwerke eingebettet, zu denen auch nicht-unternehmerische Partner wie Hochschulen und Technologietransfereinrichtungen gehören. Systemischer Grundgedanke ist, dass zwischen den diversen Akteuren (staatlich geförderte) Kooperationen entstehen, deren experimentelle Lösungsansätze zur ‚Überlebensfitness‘ aller beitragen. Historisch und idealtypisch lässt sich der Zusammenhang aus Lernen und Innovation, Anpassung und Diffusion als techno-ökonomischer und sozio-institutioneller Paradigmenwechsel beschreiben. Dabei treten Phänomene wie Ängste, Opportunismus und politökonomische Machtkonzentrationen auf und systemische Fehlanpassungen sind möglich. Aus Sicht der transformativen Nachhaltigkeit ist wichtig, dass es eine kritische Masse an Akteuren gibt, die erfolgreich lernt und in der Lage ist, ihre Lösungsansätze selbst- und fremdwirksam umzusetzen und zu skalieren.

Wir sind auf unserer letzten Stufe der Systemkomplexität angekommen. Denn nach der wettbewerblichen Koordination (vgl. Kap. 7) und der umverteilenden Koordination (vgl. Kap. 8) geht es jetzt um die selbstlernende Koordination aus Sicht der Evolutionsökonomik. Wie lässt sich diese Koordinationsart beschreiben? Und wie beeinflusst sie den transformativen Wandel?

Die evolutionsökonomische Koordination basiert auf Lernprinzipien. Wir bezeichnen diesen Mechanismus hier als **selbstlernende Koordination**, um darüber die Logik des zweiten Buchteils fortzuschreiben. Systemziel ist, dass sich die Systemelemente, also die Akteure, immer wieder erfolgreich an neue Umweltbedingungen anpassen können. Dies wird auch als die Zukunftsfähigkeit einer Wirtschaft und Gesellschaft diskutiert, wobei wir uns in diesem Buch vor allem auf Akteure konzentrieren, die sich in einer sozialen Marktwirtschaft und repräsentativen Demokratie organisiert haben. Die inhaltlichen Bausteine der vorherigen Kapitel gelten also weiterhin. Sie werden hier um das Verständnis ergänzt, was der Umgang mit Wissensbeständen und Lernmechanismen bedeutet. Das System selbst ist komplex adaptiv.

Evolutionsökonomisch lässt sich die selbstlernende Koordination mit Hilfe des **Innovationssystemansatzes** darstellen. Im Blick stehen Interaktionsnetzwerke, die arbeitsteilig funktionieren. Dabei ist jeder Akteur relevant, der nach Edquist (2005, S. 182) technikrelevantes Wissen stimuliert, produziert, speichert, transferiert und/ oder nutzt.

- Schöpferische Keimzelle der **Entwicklungen, die sich auf den Produktmärkten niederschlagen**, sind weiterhin die Unternehmen (vgl. Abschn. 7.1). Diese sind jetzt in Wissens- und Lernnetzwerke eingebettet, um neues Wissen hervorzubringen und zu routinieren.
- Zu den **unternehmerischen Kooperationspartnern** zählen Unternehmen auf vor- und nachgelagerten Wertschöpfungsstufen (z. B. Originalteilefertiger) ebenso wie Unternehmen, die auf der gleichen Wertschöpfungsstufe aktiv sind (z. B. strategische Allianzpartner).
- **Nicht-unternehmerische Akteure** (z. B. Hochschulen) werden zu Kooperationspartnern, wenn sie die unternehmerischen Problemlösungsansätze um alternative Ideenwelten wertvoll ergänzen. Hinzukommen Mittler- bzw. Maklerorganisationen, die Netzwerkkontakte dort vermitteln, wo eine fruchtbare Zusammenarbeit zwischen Gruppen sinnvoll und möglich scheint (z. B. Technologietransferstellen). Auch staatliche Akteure sind wichtig. Denn sie stehen im wirtschaftspolitischen Austausch mit den genannten Gruppen und beeinflussen das Innovationssystem als Initiatoren und Regulatoren.
- Bei Innovationssystemen geht es folglich „um die Kooperation in Netzwerken, um **gemeinsames Lernen, Synergien und das verbesserte Bewusstsein**, wie eigenes Handeln sich auf Dritte positiv oder negativ auswirkt (Externalitäten)" (Burger-Menzel 2023, S. 175). Welche Akteure innovationssystemisch betrachtet werden, hängt vom jeweiligen Untersuchungsgegenstand ab. Dieser kann sektoral (z. B. Maschinenbau), regional (z. B. Cluster Berlin-Brandenburg), national (z. B. deutsches Innovationssystem) oder grenzüberschreitend sein (z. B. europäischer Forschungsraum).

▶ **Innovationssysteme** sind Interaktionsnetzwerke aus diversen Akteuren, die durch gemeinsames Lernen neues Wissen hervorbringen, um mit unterschiedlichen Graden an Zukunftsunsicherheit lösungsorientiert umzugehen. Das Wissen wird in technische und/ oder organisationale Neuerungen und/ oder neue Verhaltensweisen transformiert. Es kommt zu einer institutionalisierten Prozesskette aus technologischen Veränderungen, die zu Marktverwertungen und neuartigen (sozialen) Praktiken führen.

Wissens- und Lernnetzwerke sind Beziehungsgeflechte, in denen sich etwas Neues ausbreitet (**Diffusionsnetzwerke**). Spannend ist die Frage, warum welche Inhalte zwischen welchen Akteuren fließen oder blockiert werden. Einsichten liefern soziologische Netzwerktheorien (z. B. Wassermann und Faust 2012) und deren anwendungspraktische Forschungsansätze (z. B. Rogers 1962/2003), die sich mit beziehungsorientierten Verhaltensweisen beschäftigen (vgl. Kap. 4).

- Die Beziehungsgeflechte selbst werden als Momentaufnahme von Netzwerken gedacht und bildlich als Knoten und als Verbindungslinien zwischen Knoten dargestellt, wenn Letztere miteinander in Kontakt stehen. Beide, Knoten und Linien, lassen sich über Eigenschaften beschreiben (**Netzwerkattribute**). Dabei kann die Netzwerkstruktur beeinflussen, was durch das entsprechende Netzwerk fließt (Netzwerkflussmodelle), und umgekehrt der Netzwerkfluss die entsprechende Netzwerkstruktur (Netzwerkarchitekturmodelle).
- Netzwerkflüsse bestehen beispielsweise aus bestimmten **Informationen oder Ratschlägen**, durch die ein Knoten bzw. Akteur seinen Wert anreichern kann (z. B. Kompetenzentwicklung zur Durchführung klimaaktivistischer Kampagnen).
- Bei der Struktur, die aus den Netzwerkverbindungen entsteht, kann es sich beispielsweise um eine **Unterstützungs- oder Machtstruktur** handeln. Über eine Unterstützungsstruktur wird dann koordiniert, dass das Netzwerkhandeln eines Akteurs an Wert gewinnt (z. B. Förderkreis), und über eine Machtstruktur, auf welche Weise künstliche Renten oder andere Privilegien verteilt werden (z. B. politökonomisches Netzwerk aus Regulatoren und Interessengruppen).
- Netzwerkattribute helfen auch zu verstehen, warum ein Akteur eine neue Verhaltensweise ablehnt (z. B. nachhaltige Konsumpräferenzen) und was solch eine Blockade bzw. den jeweiligen Schwellenwert bestimmt (z. B. Bildungsstand). Unterhalb von **Schwellenwerten** bleibt das Verhalten von Individuen und Gruppen alten Mustern treu. Um Akteure zu mobilisieren, können Knotenattribute verändert werden (z. B. durch Weiterbildung oder Machtzuwachs) und/oder Linienattribute verstärkt (z. B. durch Emotionalisierung von Botschaften).

Um Netzwerkpotenziale auszuschöpfen, müssen Akteure miteinander in Beziehung treten und gemeinsam produktiv werden. Hilfreich dabei ist, wenn Akteure bestimmte Netzwerkrollen ausüben. Denn ein Akteur, der eine Meinungsführerschaft praktiziert, kann andere Knoten ‚infizieren‘, also aktivieren, und dadurch die Ausbreitung von etwas

Neuem (z. B. von neuen Wissensbestandteilen) begünstigen. Nach Kratzer (2014, S. 218) sind vor allem folgende **Vermittlungsrollen innovationssystemisch wichtig**:

- **Machtpromotoren** (power promoters), welche die Diffusion einer Innovation mit Hilfe ihrer Machtbefugnis hierarchisch unterstützen;
- **Fachpromotoren** (expert promoters), die ein Vorhaben durch ihre Expertise, also ihren Kenntnisreichtum voranbringen;
- **Torhüter** (gatekeepers), die interne Netzwerk(teil)e zugänglich machen; hierfür muss gegebenenfalls ein zuvor kontaktleerer Raum überbrückt werden (boundary spanning);
- **Prozesspromotoren** (process promoters), die mit ihren Kontakten und ihrer Prozesserfahrung helfen, bürokratische Barrieren zu überwinden;
- **Beziehungspromotoren** (relationship promoters), die befähigt sind, Menschen zusammen zu bringen und zu einem Vorhaben zu ermutigen.

Wir haben die Fähigkeiten, die dadurch eingeübt werden, als **Sozialkapital** bezeichnet (vgl. Abschn. 4.1 und 8.1). Zur Erinnerung: Das Sozialkapital drückt das Potenzial einer Person aus, im jeweiligen Gruppenkontext Strukturen und Prozesse zu nutzen, um einen Mehrwert zu erzielen. Dies gelingt nicht immer, wodurch aus innovationssystemischer Sicht Anpassungsmängel ausgelöst werden können. Hier beispielhafte Gründe:

- Es kann zu den im vierten Kapitel erwähnten Rollenkonflikten kommen. Dies gilt vor allem für Akteure, welche den Auftrag übernehmen, aus einer bestimmten Position heraus Veränderungsprozesse zu initiieren und zu befördern (z. B. Unternehmensmodernisierung) und damit eine Rolle ausüben, die in der Netzwerktheorie als Veränderungsagent (change agent) bezeichnet wird. Bei **intensiven Rollenkonflikten** neigen Rolleninhaber dazu, die Rolle mit dem niedrigsten Konfliktpotenzial zu wählen. Dies betrifft beispielsweise Torhüter, die zwischen unterschiedlichen Netzwerken Praktiken vermitteln, alte Praktiken neu verhandeln oder neue Praktiken kreieren müssen. In einem konfliktreichen Umfeld tendieren Torhüter dann dazu, nach gemeinsam vertrauten Praktiken zu suchen. Sie bleiben im transaktiven Modus, vermeiden also neue Wege und den transformativen Modus.
- Zudem hat jedes Beziehungsgeflecht unerschlossene Netzwerkteile, was das Risiko opportunistischer Verhaltensweisen in sich birgt. Denn **strukturelle Netzwerklöcher** bringen Informationsasymmetrien hervor (vgl. Abschn. 7.3 und 8.3), die von einem Akteur strategisch ausgenutzt werden können, der zugleich Vermittler von Kontakten und Vermittler von Informationen ist (tertius' strategy); diese Position ermöglicht dem Akteur, nur solche Inhalte weiterzuleiten, von denen er sich selbst den größten Nutzen verspricht (z. B. Obstfeld 2005). Welche Attribute relevante Knoten und Verbindungslinien haben, beeinflusst folglich, auf welche Weise Akteure mit einer Machtposition umgehen. Dies gilt für Torhüter-Positionen ebenso wie für alle weiteren Machtpositionen, die in einem Netzwerk ausgeübt werden können (z. B. zentrale Netzwerkposition). Und Vieles mehr.

In der Gesamtschau entstehen und verändern sich Netzwerke oft auf eine unvorhersehbare und unkontrollierbare Weise. Dies liegt auch daran, dass der evolutionsökonomische Handlungsraum einer **Welt aus Zukunftsunsicherheiten und (Zufalls-)Veränderungen** gleicht und eine ständige Lernbereitschaft erfordert. Oder in den Worten von Johnson (2010, S. 38): „A ‚learning perspective' on innovation is closely related to an evolutionary perspective, in which technological change is looked upon as an open-ended, cumulative sequence of events, containing a certain element of randomness or chance". Dies bleibt nicht ohne Konsequenzen für die Art und Weise, wie transformative Anstrengungen diskutiert werden (Burger-Menzel 2023, S. 190):

- Unser bisheriges Verständnis ist, dass der Umgang mit **Strukturwandel** Anpassungsstrategien braucht, die an den jeweiligen Störungsursachen (Störungsart, -ausmaß, -dynamik) ansetzen, um Letztere erfolgreich zu bewältigen (vgl. Abschn. 8.2).
- Aus Sicht der Evolutionsökonomik ist solch ein Prozess nie abgeschlossen. Denn die Zukunft ist ungewiss, vor allem in der langen Frist (vgl. Abschn. 3.2). Daher ist nicht nur eine einzige Zukunft denkbar (vgl. Abschn. 10.2). Vorstellbar sind **multiple Zukünfte** (z. B. Best-Case-Entwicklung, trendstabile Entwicklung, Worst-Case-Entwicklung).
- Akteure, die sich für einen bestimmten Kontext auf solch ein Gedankenspiel einlassen (z. B. Klimawandel und Urbanisierung im Jahr 2050), erkennen rasch, dass sie ein gewisses Maß an **Handlungsoffenheit und Fehlertoleranz** brauchen, wenn unterschiedliche Entwicklungsrichtungen plausibel erscheinen.
- Und da Einzelakteure über ein begrenztes (Lösungs-)Wissen verfügen, **steigt der Bedarf, in unterschiedlichen Wissens- und Lernnetzwerken mitzuwirken**. Hierfür braucht es wiederum geeignete Strukturen, Prozesse und (zukunftsorientierte) Kompetenzen.
- Das Ganze macht nicht nur die jeweilige Störungsursache relevant, wenn über geeignete Anpassungsmaßnahmen diskutiert wird. Es braucht jetzt auch ein Bewusstsein dafür, in welchen Dimensionen ein Akteur künftig gegebenenfalls **von eingeübten Entwicklungspfaden abweichen** muss (z. B. technische Abweichungsdimension), und wie sich das entsprechende Anpassungspotenzial – auch kontextspezifisch – vorbereiten lässt (z. B. regionenspezifische Flexibilitätsmerkmale). Hinzukommt, dass Menschen in einem anspruchsvollen Handlungsumfeld kognitiv verzerrte Entscheidungen treffen (vgl. Abschn. 5.3). Menschliche Irrtümer müssen daher möglichst systematisch erkannt werden (z. B. Fehlerquote zu erwartungsbasierten Referenzpunkten).

Fazit: In der Evolutionsökonomik geht es primär um den Umgang der Akteure mit Versuch und Irrtum und um ihre ‚**Überlebensfitness**' und nicht um strategische Einzelüberlegungen. Dies zeigen bereits die frühen und wichtigen Erkenntnisse von Atkinson und Stiglitz (1969), Rosenberg (1976), Nelson und Winter (1977), Dosi (1982), Freeman und Perez (1984), die Forschende wie Lundvall (1992) aufgegriffen und innovationssystemisch weiterentwickelt haben. Eine Variante ist die sogenannte Transitionsforschung (z. B. Geels und Schot 2007). Sie will verstehen, wie sich Übergänge (Transitionen) in Wirtschaft und

Gesellschaft bewältigen, also auch gewohnheitsbedingte Pfadabhängigkeiten überwinden lassen; solche Übergangsprozesse werden gezielt und ungezielt angestoßen, woraus sich komplexe Dynamiken ergeben.

Folgt aus der beschriebenen Zukunftsorientierung, dass die Evolutionsökonomik vergangene Entwicklungen vernachlässigt? Die Antwort lautet Nein. Sie zeigt erstens auf, dass **bestimmte Technologien systemprägender** sind als andere (z. B. Informations- und Telekommunikationstechnologien). Technologien haben also unterschiedliche Diffusionsreichweiten, wobei eine Technologie mit Ausbreitungspotenzial über die Zeit – grob kategorisiert – drei Reichweiten durchlaufen kann:

- **Schrittmachertechnologie** (pacemaker technology): Technologien, die Bedarfe von Kernnutzergruppen befriedigen, während weitere Anwendungspotenziale noch unsicher und Investitionen zögerlich sind (z. B. Großrechner).
- **Schlüsseltechnologie** (key enabling technology): Technologien, deren Anwendungstechniken sich relativ unspezifisch einsetzen und vielfältig weiterentwickeln lassen (general purpose technology). Dadurch lassen sich neue Nutzergruppen erschließen (z. B. durch Veränderung bestimmter Produktmerkmale), was wiederum Investitionen anzieht. In der Folge kommt es zu zahlreichen Produktvarianten und -weiterentwicklungen (z. B. Verwendungsmöglichkeiten von Microchips).
- **Basistechnologie** (basic technology): Die diversen Anwendungstechniken werden umfänglich in Wirtschaft und Gesellschaft eingesetzt, so dass es zu Sättigungstendenzen kommt und der Wachstumsbeitrag der Treibertechnologie zu schrumpfen beginnt.

Zweitens zeichnet die Evolutionsökonomik auf Basis solcher Erkenntnis historisch nach, welche **Phasen eine Ausbreitungs- bzw. Diffusionswelle durchläuft**, an deren Ende das Potenzial einer systemprägenden Technologie vollständig ausgeschöpft ist.

- Jede Ausbreitungswelle besteht idealtypisch aus **zwei Phasen,** die nach Perez (2006, S. 37) jeweils 20 bis 30 Jahre dauern: In der Installationsphase (installation period) fasst die jeweilige Treibertechnologie Fuß, muss allerdings noch gegen die Beharrungskräfte des alten Zeitalters ankämpfen und gegen die Ängste derjenigen Gruppen, die sich durch die neue Technologie bedroht fühlen. Mit der Ausbreitung der Technologie kippt die Stimmung. Es kommt zu überzogenen Erwartungen und einer Investitionsbegeisterung, die zur Blasenbildung auf dem Kapitalmarkt führt. Platzt die Blase, kommt es zu einer Krise, die den Markt bereinigt. Mit der Entfaltungsphase (deployment period) beginnt das ‚goldene Zeitalter' der Treibertechnologie, in der das Realkapital das Finanzkapital dominiert, bis eine neue Treibertechnologie an Kraft gewinnt.
- Beide Phasen bilden den sogenannten **Kondratjew-Zyklus**, der einen **techno-ökonomischen und sozio-institutionellen Paradigmenwechsel** beschreibt. Denn ein neuer technischer Handlungskontext (z. B. Computertechnologie) stößt neuartige Geschäftsmodelle (z. B. E-Commerce) an, also einen techno-ökonomischen Wandel. Dies wiederum bewirkt, dass sich bestimmte Praktiken (z. B. Online-Bezahlvorgänge) stär-

ker ausprägen und sich das Regelungsumfeld (z. B. Gesetze, Standards) und das Allgemeinverständnis (z. B. Bewusstsein für Datenschutz) verändern. Es kommt folglich auch zu einem sozio-institutionellen Wandel. Bright et al. (2006, S. 28 in Conway und Stewart 2009, S. 424) definieren solch transformative Innovationen daher als „[a]ctivities that increase the mutual benefit to both business and society, with the potential to create a deep shift in the values, assumptions, and behaviours of people, organizations, industry, and the global society".

- Die historische Gesamtschau der letzten beiden Jahrhunderte zeigt, dass **bisher fünf Kondratjew-Zyklen** über die Menschheit hinweggerollt sind (Perez 2009, S. 6): Die Frühmechanisierung durch Dampfkraft, die industrielle Herstellung von Stahl, die Nutzung des elektro-dynamischen Prinzips, die Wachstums- und Mobilitätsimpulse durch die Automobiltechnik sowie die Telekommunikations- und Informationstechnologie.

- Da das Schema auf der Analyse historischer Daten beruht (Ex-post Analyse), wird bei dieser Schematisierung häufig die **Bedeutung von Zufall unterschätzt** (z. B. Metz 1998). Auch bleibt teilweise ausgeblendet, dass – vor allem seit den 1990er-Jahren – technische Entwicklungen zunehmend fusionieren (z. B. Computer- und Biotechnologie).

- Der Blick in die Zukunft (Ex-ante Analyse) ist somit immer herausfordernd. Bei den potenziellen Treibertechnologien ist derzeit noch unklar, welche von ihnen künftig ‚das Rennen machen' werden. Falck und Falk (2024, S. 13) folgern aus ihrer ländervergleichenden Auswertung, dass die **EU mit Deutschland, die USA, China, Japan und Südkorea** in ihrem Technologiefokus vor allem bei künstlicher Intelligenz, Quantentechnologien, Biotechnologien, Mikroelektronik/ Halbleitern, Informations- und Kommunikationstechnologien sowie Produktionstechnologien/ Industrie 4.0 relativ stark übereinstimmen. Als Besonderheiten werden betont: „Deutschland beispielsweise misst der Forschung zu grünem Wasserstoff eine deutlich höhere Bedeutung bei als die meisten anderen Länder. Die USA und Japan haben einen besonderen Fokus auf ‚Hypersonic'-Technologien, die insbesondere als Grundlage für Trägerraketen in Dual-Use-Anwendungen relevant sind. Umwelt- und Recyclingtechnologien finden nur in der Europäischen Union sowie den USA besondere Bedeutung, während sie im asiatischen Raum nicht gelistet werden. Die asiatischen Länder Japan, China und Südkorea nennen auch die Erforschung der Tiefsee und der tiefen Erde als relevante Forschungsgebiete, während dies in der Europäischen Union und den USA nicht der Fall ist".

▶ Ein **techno-ökonomischer und sozio-institutioneller Paradigmenwechsel** beschreibt einen jahrzehntelangen Strukturwandel, an dessen vermeintlichem Ende sich Wirtschaft und Gesellschaft auf ein neues Handeln eingeschwungen haben (Kondratjew-Zyklus). Auslöser sind neue Technologien, die sich für vielfältige Anwendungen und Nutzergruppen eignen, was auf der Angebotsseite zu neuen Geschäftsmodellen führt und auf der Nachfrageseite die Gebrauchsgewohnheiten verändert. Mit dem Ausbreitungsradius kommt das ‚neue Gewohnte' in der Gesellschaft an, wo es sich formell (z. B. in Gesetzen) und informell (z. B. in Interaktionsmustern) verfestigt, aber auch bisherige Verteilungsnormen in Frage stellt.

In historisch kurzer Zeit haben sich große Teile der Menschheit von einer Agrargesellschaft zur Industriegesellschaft und danach zur Dienstleistungs- und Wissensgesellschaft gewandelt. Heute sind wir von einer Welt geprägt, in der digitale Informationsformate dominieren, deren Inhalte rasch verarbeitet, gespeichert, weitergeleitet und für Geschäftsmodelle und als Transaktionswelten genutzt werden. Dies erleichtert den Austausch von Wissen und das gemeinsame Lernen, was den Bereich der **Nachhaltigkeit** einschließt. Damit der ‚digitale Mensch' auch als ‚nachhaltiger Mensch' handelt (vgl. Abschn. 1.2 und 2.1), muss er allerdings stärker als bisher auf seinen Ressourcen- und Energieverbrauch und auf seine Verhaltensmuster achten (WBGU 2019, S. 159). Beispiele liefern die Zahl der individuellen Endgeräte und (Streaming-)Dienste, das Retourenaufkommen im Online-Handel oder die steigenden Energieverbräuche, die durch Anwendungen der künstlichen Intelligenz (KI) entstehen. Zur Skepsis gibt zudem Anlass, dass die ‚große Transformation der Nachhaltigkeit' von früheren Transformationsmustern abweicht. Sie kann also durchaus scheitern (vgl. Abschn. 10.2). Der Wissenschaftliche Beirat der Bundesregierung zu Globalen Umweltveränderungen (WBGU 2011. S. 7) plausibilisiert die verschiedenen Zukunftsentwicklungen …

- … als die Zukunft der **klimaverträglichen Gesellschaft**, der in den nächsten drei Jahrzehnten die Transformation gelingt;
- … als die Zukunft einer Gesellschaft, die ihre Transformationsfortschritte durch Fehlverhalten unwirksam macht (**rebound**);
- … als eine Zukunft der Klimakrise. Die **Transformation scheitert** an karbonisierten Verbrauchsmustern und menschlicher Unvernunft, was schwer beherrschbare Folgen für Natur und Gesellschaft auslöst.

Die besonderen Treiberkräfte der Nachhaltigkeitstransformation

Was die potenzielle Nachhaltigkeitstransformation **von früheren Kondratjew-Zyklen teilweise unterscheidet** und vergleichsweise herausfordernd macht, sind die Dominanz moralischer Appelle und der Zeitdruck des Handelns:

- Die ersten fünf Kondratjew-Zyklen werden von einer radikalen Innovation ausgelöst (z. B. Computertechnologie), die Widerstände erfolgreich überwindet, weil sie mit der Zeit techno-ökonomisch überzeugt. In der Folge breitet sich der technische Fortschritt in unzähligen Varianten (z. B. Unterhaltungselektronik, Medizinrobotik) aus und beschert der westlichen Welt einen gestiegenen Lebensstandard. Die entsprechenden Nachfrager wiegen Kauf- und Nutzungsoptionen für sich ab und gehören entweder zu den Frühanwendern (Innovatoren, frühe Adopter, frühe Mehrheit) oder zu denen, die sich mit ihrer Entscheidung Zeit lassen (späte Mehrheit, Nachzügler). Bei der Nachhaltigkeitstransformation gleichen die primären Treiberkräfte allerdings (noch) eher **Appellen an eine neue Wertehaltung**. So sieht der WBGU die Transformation zur Klimaverträglichkeit „moralisch ebenso geboten wie die Abschaffung der Sklaverei und die Ächtung der Kinderarbeit" (WBGU 2011, S. 1–2): Es geht nicht nur um die Stabilität des Klimasystems und die Vermeidung von Leid (z. B. klimavulnerable Gruppen); auch die Existenzgrundlage künftiger Generationen ist gefährdet. Moralische Appelle bringen eine Transformation jedoch meist weniger wirksam ‚in Schwung' als eine ökonomische Vorteilhaftigkeit.

- Die bisherigen Kondratjew-Zyklen haben einen eigenen 40–60-Jahresrhythmus entfalten können. Dies kommt der menschlichen Neigung entgegen, den Gegenwartskonsum einem Konsum vorzuziehen, der erst in der Zukunft stattfindet (Gegenwartspräferenz). Bei der Nachhaltigkeitstransformation sind **Zeit und zufallsgetriebene Zusammenhänge hingegen kritische Faktoren**. So schreibt der WBGU bereits 2011 (S. 7), dass die entscheidenden Weichen für die Transformation „innerhalb der nächsten zehn Jahre gestellt werden [müssen], damit der Umbau in den nächsten 30 Jahren gelingen kann". Denn ab 2041 sieht der zwischenstaatliche Ausschuss für Klimaänderungen bzw. Weltklimarat (IPCC) die mittel- und langfristigen Risiken des Klimawandels greifen, wenn nicht rechtzeitig umgesteuert wird (IPCC 2022, S. 13–14). Das Aufschieben klimabedingter Maßnahmen droht also teuer und bedrohlich zu werden (vgl. Abschn. 8.2). Aus Sicht der Akteure geht es dadurch eher um ein Mehr an Resilienz als um ein Mehr an Lebensqualität, wofür liebgewonnene Konsumgewohnheiten aufgegeben und hohe Umbaukosten geschultert werden sollen. ◄

Die westliche Welt ist Hauptverursacher der Nachhaltigkeitskrise. Daher wird von ihr das Engagement erwartet, „einen umfassenden Umbau aus Einsicht, Umsicht und Voraussicht voranzutreiben" (WBGU 2011, S. 5). Hierzu zählt, dass der jeweilige Staat seinen Bürger:innen „verbesserte Mitsprache-, Mitbestimmungs- und Mitwirkungsmöglichkeiten" einräumt (WBGU 2011, S. 10). Dies macht die Innovationsart der **sozialen Innovationen** relevant, welche die westliche Welt lange Zeit ignoriert hat. Diese Innovationen entstehen, indem sie von den Betroffenen praktiziert werden. Dadurch werden Kräfte und Lösungen mobilisiert, die – im Sinne der Teilhabe – vom sozialen Unternehmertum bis hin zu soziopolitischen Bewegungen reichen, was wir weiter unten vertiefen.

Verknüpfen wir das Ganze mit dem Gedanken von Wissens- und Lernnetzwerken, wird schnell klar, dass wir es mit **vielfältigen Netzwerkpartnern und -beziehungen in einem komplexen Handlungsumfeld** zu tun haben. Wir können im Folgenden nur einige Aspekte herausgreifen und konzentrieren uns auf solche, die wir bisher kaum ausgeleuchtet haben. Es geht um die Voraussetzungen von erfolgreichem Lernen und darum, welche Eigenschaften und Kontextfaktoren die entsprechenden Wissensnetzwerke brauchen, um einen Wohlfahrtsbeitrag leisten zu können (Stärke) oder auch nicht (Schwäche).

9.2   Stärke: Was macht ein Innovationssystem und seine Akteure überlebensfähig?

Zusammenfassung

Innovationssysteme bringen technische und organisationale Neuerungen sowie neue soziale Praktiken hervor. Dahinter steckt die selbstlernende Koordination, die über Wissens- und Lernnetzwerke abläuft. Das Lernen selbst lässt sich in ein technologisches Lernen und ein institutionelles Lernen unterscheiden. Das technologische Lernen reicht von neuen Grundlagenerkenntnissen bis hin zu marktlichen Produktverbesserungen. Es funktioniert umso besser, je vertrauensvoller miteinander kooperiert wird und je passfähiger, kodifizierbarer und werthaltiger das neue Wissen ist. Dies betrifft auch neuartige Praktiken, die durch soziale Innovationen entstehen. Allerdings ist jedes technologische Lernen in ein institutionelles Umfeld eingebettet, das von Denkgewohnheiten über Experimentierweisen bis hin zu Vertragsroutinen reicht und vom Staat mitgestaltet wird, was sich in Standortbedingungen ausdrückt. Wirtschaft und Gesellschaft müssen daher auch institutionell lernen, um zukunftsfähig agieren zu können. Im Ergebnis bilden sich Muster an Lern- und Innovationsprozessen heraus, welche die Leistungsprofile der betroffenen Akteure prägen. Innovationssysteme brauchen folglich einen ganzheitlichen Ansatz. Denn was ein Systembereich an Wissensquelle hervorbringt, soll in einem anderen Systembereich als Wissenssenke genutzt werden. Und das, was einen techno-ökonomischen Wandel bewirkt, wird über die Zeit auch sozio-institutionell relevant werden.

In Innovationssystemen geht es um Wissens- und Lernnetzwerke. Diese unterstützen, dass neue Erkenntnisse, Produkte und Praktiken entstehen und sich ausbreiten können. Doch was ist Lernen? Und welche systemischen Bedingungen braucht es?

Lernen bedeutet, dass sich beim lernenden Akteur (Person oder Organisation) der Bestand an Wissen verändert. Verschwinden bestimmte Wissensbestandteile, werden sie schlichtweg vergessen. Um dies zu verhindern, müssen Wissensbestandteile immer wieder praktiziert werden. Wissensressourcen entstehen und verändern sich somit als endogene Größen und werden nicht von außen in das System gegeben. Wir unterscheiden hier zwischen dem technologischen und dem institutionellen Lernen:

- Das **technologische Lernen** zielt darauf ab, das Potenzial von techno-ökonomischen Entwicklungen besser auszuschöpfen (z. B. von Digitalisierung und künstlicher Intelligenz (KI)). Die entsprechenden Wissenszuwächse beziehen sich vor allem auf den technischen Lösungsraum (z. B. maschinelles Lernen) und dessen Handlungskontext (z. B. Big Data) und auf daraus abgeleitete (Geschäfts-)Modelle (z. B. gewinnbringende Verwertung von Nutzerdaten).

- Beim **institutionellen Lernen** geht es um den (in-)formellen Handlungskontext und vor allem darum, Denkgewohnheiten (z. B. Bewusstsein für Datenschutz), Regularien (z. B. Datenschutzverordnung) und routinierte Abläufe (z. B. interorganisationale Prozessvereinbarungen) an neue Anforderungen anzupassen. Da jedes technologische Lernen in (in-)formelle Regeln eingebettet ist, müssen die betroffenen Akteure Institutionen ‚neu konfigurieren‘, um Lernergebnissen zu Durchschlagskraft zu verhelfen (z. B. durch privates Veränderungsmanagement, staatliche Gesetzesreformen).
- Der jeweilige Lernerfolg hängt vom Humankapital der Akteure ab, also von deren Potenzial, Wissen kognitiv aufnehmen, verarbeiten und nutzen zu können, sowie vom Sachkapital als Schnittstelle zur technischen Lernumgebung (vgl. Abschn. 8.1 und 8.2). Erfolgsentscheidend ist zudem das oben erwähnte Sozialkapital, bei dem aus innovationssystemischer Sicht nun stärker **fächerübergreifende bzw. generische Kompetenzen** zu betonen sind. Solche Kompetenzen helfen, Interaktionspotenziale zu stärken (z. B. interkulturelle Konfliktfähigkeit), das Arbeiten in komplexen Zusammenhängen zu verbessern (z. B. Methoden systemischen Denkens) und ethisch reflektieren zu können (Plasa et al. 2019, S. 36–37).

Lernprozesse machen Innovationssysteme zu **sozialen Systemen**, und zwar über alle Ebenen und Phasen eines Innovationsprozesses hinweg, also von der Ideenfindung über die Grundlagen- und Anwendungsforschung bis hin zur Entwicklung und marktlichen Verwertung:

- Auf der **Mikroebene** kommt es zu interpersonalem Lernen, also dem Lernen zwischen technologisch relevanten Einzelakteuren.
- Auf der **Mesoebene** geht es um intra- und interorganisationales Lernen, weil innerhalb einer Organisation und zwischen Organisationen gelernt wird.
- Und auf der **Makro-Ebene** interagieren relevante Teilsysteme. Beispiele hierfür liefert der Austausch zwischen dem Bildungs-, Forschungs- und Wirtschaftssystem.

Die nächste Abbildung veranschaulicht noch einmal die wesentlichen Netzwerke eines nationalen Innovationssystems (siehe Abb. 9.1; inhaltlich abgewandelt nach Grundidee von Geels 2002, S. 1260).

All dies wirft die Frage auf, welche Eigenschaften und Faktoren Wissensnetzwerke brauchen, um einen **positiven Wohlfahrtsbeitrag** leisten zu können. Wir unterscheiden hierfür: (i) Kollaboratives Technologielernen und passfähiges Wissen; (ii) prozessuales Technologielernen und unterstützende Kommunikationsformate; (iii) wertiges Technologielernen und kodifizierbares Wissen; (iv) soziale Innovationen und das Einüben kollektiver Praktiken; sowie (v) das institutionelle Lernen als Verhandlungs- und Konfigurationsprozess. Das gute Leben besteht erneut aus mehr als dem ökonomischen Nutzen (vgl. Abschn. 6.3).

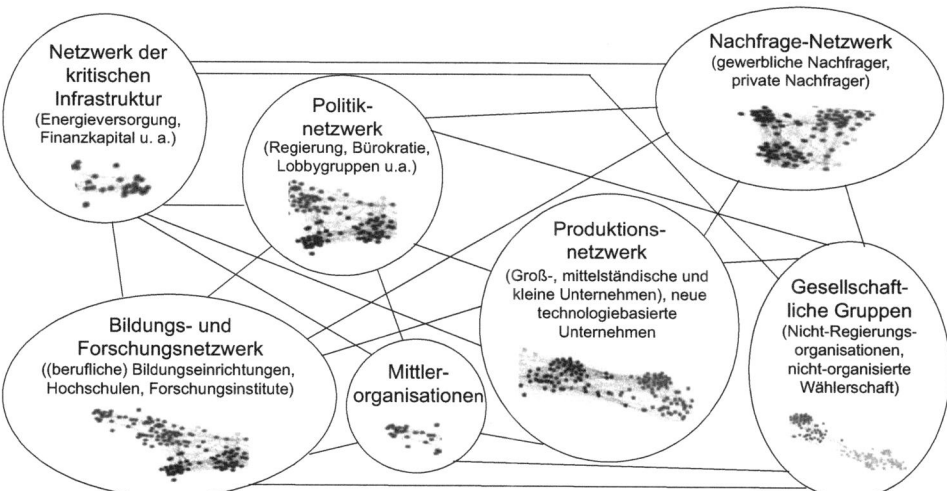

Abb. 9.1   Nationale Innovationssysteme und ihre Netzwerke

Kollaboratives Technologielernen und passfähiges Wissen

Kollaboratives Lernen entsteht, wenn Akteure ihre Wissensressourcen gemeinsam und zielorientiert einsetzen, weil sie von einem Mehrwert für alle ausgehen (Schneider 2003/2005, S. 1163–1164). Keiner der Beteiligten hat den Anreiz, Wissen strategisch zurückzuhalten, was beim kompetitiven Lernen der Fall ist.

Wissensfortschritt lebt also davon, dass **Lernpartner einander vertrauen**. Dies ist durchaus mit der wettbewerblichen Koordination kompatibel. Denn im Hayekschen Sinne ist Wettbewerb ein Entdeckungsverfahren, das über den Wissenswandel systemisch wirkt; dies macht bei einer permanenten Zukunftsunsicherheit die Annahme hinfällig, „dass die Mitglieder einer Population selbst das Wissen vollständig besitzen, das den Systemwirkungen zugrundeliegt" (Herrmann-Pillath 2002, S. 34). Anstatt Wissensabflüsse zu blockieren und isolierte Praktiken zu fördern, wird zuvor exklusives Wissen zugänglich gemacht, um die eigene Absorptions- und Lernfähigkeit zu entwickeln und neue Problemlösungen gemeinsam voranzubringen.

- Wettbewerb (competition) ist folglich mit kooperativen Verhaltensweisen (cooperation) vereinbar. Nalebuff und Brandenburger (1997) nennen dieses Phänomen ,**Koopetition**', also ein kooperatives Konkurrieren, wenn daraus ein temporärer Nutzen entsteht. Nach Schmidtchen (2003/2005, S. 87) geht es darum, dass „Unternehmen (explizit oder implizit) eine Vereinbarung treffen, in bestimmten Aktivitätsfeldern (traditionell: Märkte) den Wettbewerb zu beschränken (auszuschließen), um dafür in anderen Aktivitätsfeldern umso härter untereinander zu konkurrieren"; und solange dadurch die Wertschöpfung steigt und nicht reduziert wird, kann dies wettbewerbspolitisch für unbedenklich gehalten werden. Die Aussage setzt allerdings voraus, dass sich Koopetition und Kollusion (z. B. Kartellabsprachen) verlässlich unterscheiden lassen, sich also Gewinnbestandteile identifizieren lassen, die künstliche und somit nichtwettbewerbliche Bestandteile enthalten (vgl. Abschn. 7.3 und 8.3).

- Eine Koopetition ist nicht ohne Risiko. Nicht einmal ein schriftlicher Vertrag kann davor schützen, dass Vertrauen missbraucht wird (z. B. Wissensdiebstahl). Denn jeder Vertrag ist – gerade über die Zeit gesehen – unvollständig und bedarf einer zusätzlichen Normierung, die Richter und Furubotn (1996/2003, S. 185–187) als **relationalen Vertrag** bezeichnen. Dieser kann beispielsweise aus einer ‚Geiselnahme' bestehen, bei der sich Kooperationspartner derart öffentlich exponieren oder aneinander binden, dass sie bei einem Fehlverhalten einen Imageschaden erleiden oder – bei einem gegenseitigen Aktienerwerb – einen finanziellen Verlust.

Kollaboratives Lernen braucht **passfähiges Wissen**. Ein Akteur kann nur lernen, wenn die eigenen Wissensbestandteile und die Wissensbestandteile der anderen Seite zusammenpassen. Sind Letztere zu fachspezifisch und inhaltlich fremd, gerät die eigene Absorptionskapazität an ihre Grenzen. Das Lernen wird zu aufwendig und sein strategischer Erfolg schwer einschätzbar. In solch einem Fall wird nur so viel erlernt, dass die ‚Wissenssurrogate des Partners' als Behelfswissen genutzt werden können (Schneider 2003/2005, S. 1163–1164). Kurzum: Es braucht ausreichend Verschiedenheit zwischen den Akteuren, um neugierig zu machen, aber nur so viel Verschiedenheit, dass sich das neue Wissen noch aufnehmen und kognitiv verarbeiten lässt.

- Da staatliche Fachhochschulen (FHs) bzw. Hochschulen für Angewandte Wissenschaften (HAWs) einen öffentlichen Bildungs-, Forschungs- und Transferauftrag haben, sind sie grundsätzlich vertrauensvolle Partner. Der Wissenschaftsrat (2010, S. 18, 36) stellt zwar fest, dass sich das deutsche Hochschulsystem fortlaufend verändert und nicht länger eine trennscharfe Charakterisierung von Fachhochschulen erlaubt; er weist jedoch darauf hin: „Fachhochschulen können die regionale Wissensbasis stärken, indem sie ausgewiesene Wissenschaftlerinnen und Wissenschaftler in die Region holen und Studierenden aus dem regionalen Umfeld eine praxisorientierte akademische Ausbildung offerieren. Aufgrund ihres Praxisbezugs und ihrer regionalen Verankerung sind viele Fachhochschulen wichtige **Bindeglieder zwischen Wissenschaft und Wirtschaft** und wichtige Partnereinrichtungen von kleinen und mittleren Unternehmen (KMUs), welche vielfach über keine eigenen Forschungs- und Entwicklungsabteilungen verfügen".
- Um Partner wie HAWs und KMUs zusammenzubringen, gibt es zahlreiche Initiativen und Förderprogramme. Hier wird exemplarisch der bayrische ‚Umwelt- und Klimapakt' herausgegriffen Dieser wird 1995 erstmals vereinbart, um „Betriebe, Unternehmer und staatliche Einrichtungen zu motivieren, betrieblichen Umweltweltschutz über das Maß der gesetzlichen Vorgaben hinaus umzusetzen" (Bayerisches Staatsministerium für Umwelt und Verbraucherschutz; Homepage). Im Rahmen des Pakts werden – wie

in anderen Bundesländern auch – sogenannte **Innovationsgutscheine** eingesetzt, die kleine Unternehmen, Handwerksbetriebe und Start-ups auf einen (noch unbekannten) Netzwerkpartner (z. B. HAW) neugierig machen sollen (Bayerisches Landesamt für Umwelt; Homepage). Kommt es zur Erstkooperation, ist es für das Unternehmen attraktiv, dass der Innovationsgutschein einen Teil der Kosten abdeckt, die für eine wissenschaftliche Beratung oder externe Entwicklungsleistung entstehen. Hoffnung ist, dass solche Aktionsprogramme die Kontaktaufnahme zwischen Hochschulen und Wirtschaft befördern und den Aufbau von Wissen und Kompetenzen auf beiden Seiten unterstützen. Ob solche Maßnahmen einen Mehrwert hervorbringen (z. B. Stärkung der Transferkontakte), ist jedoch nicht immer leicht festzustellen; denn hierfür braucht es den Abgleich mit einer Referenzgruppe, die nicht an solchen Maßnahmen teilgenommen hat (z. B. Hotz-Hart und Rohner 2013).

Vertrauensvolle Kooperationen entstehen vor allem dort, wo eine **Kultur des Teilens** herrscht (Sharing Economy).

- Solch eine Kultur ist bei quelloffenen Lösungen (Open Source) gegeben. Diese sind öffentlich zugänglich, so dass jede:r sie verändern, ergänzen, verbreiten und kommerziell nutzen kann. Hierfür schließen sich Gleichgesinnte (peer communities) zusammen, zu denen auch Hobbyisten gehören; der Ursprung liegt in Free/ Libre/ Open-Source-Software (FLOSS)-Lerngemeinschaften (Burger-Menzel und Assadi 2012, S. 248–258): Deren Mitglieder arbeiten an unterschiedlichen Standorten freiwillig und auch privat zusammen, um Produkte wie Betriebssystem-/Anwendungssoftware oder Programmiersprachen zu entwickeln und zu verbessern. Hinzukommen Lerngemeinschaften, die an Open-Source-Hardware (z. B. offenen Bauplänen) arbeiten.
- Es geht um die ökonomische und gesellschaftliche Teilhabe. Dies ist vor allem für sich entwickelnde Länder wichtig (vgl. Abschn. 8.1 und 8.2). Denn eine eigentumsgeschützte Soft- oder Hardware ist relativ teuer und nicht frei an Bedürfnisse anpassbar. Zudem verhindert der Eigentumsschutz, dass inhaltliche Auseinandersetzungen und damit das eigentliche Lernen stattfinden. Werden solche Barrieren aufgehoben, können FLOSS-Aktivitäten zur Erreichung der **nachhaltigen UN-Entwicklungsziele** beitragen (vgl. Abschn. 6.3), beispielsweise in Form von inklusivem Lernen und Geschlechtergleichstellung (Peuckert et al. 2021, S. 8). Wir greifen den FLOSS-Bezug im Folgenden immer wieder auf.

Prozessuales Technologielernen und unterstützende Kommunikationsformate

Kooperationen müssen nicht nur vertrauensvoll ablaufen und passfähiges Wissen nutzen. Ihr Erfolg hängt auch von **prozessualem Lernen** und von unterstützenden (Kommunikations-)Formaten ab. Beides wird von der Dauer, Intensität und Transparenz der jeweiligen

Netzwerkbeziehung beeinflusst (Schneider 2003/2005, S. 1170). Denn je länger und intensiver Partner zusammenarbeiten, desto besser müssen sich ihre Transaktionen miteinander verzahnen. Hierfür müssen Aktivitäten und Ereignisse identifiziert, kausal versachlicht und als Prozesse zeitlich geordnet werden (z. B. Feedback-Schleifen).

- Im Ergebnis entsteht eine **Prozesslandkarte**, in die das gemeinsame Lernen eingebettet wird. Darin drückt sich aus, welche Akteure mit welchen Ressourcen und Fähigkeiten bei welchen Prozessschritten zusammenarbeiten. Netzwerke verkörpern also die „zeitlich punktuell ‚eingefrorene' Pfadabhängigkeit" der handelnden Akteure; und je kurzfristiger ein Prozess angelegt ist und je häufiger er sich wiederholt, desto mehr verfestigen sich die Routinen (Kutschker 2003/2005, S. 1131).
- **Klare Rollen und Verbindlichkeiten** lassen sich vor allem in Clustern einüben, also dort, wo sich Unternehmen und andere Organisationen ähnlicher Branchen oder Technologien räumlich konzentrieren und Nähe entwickeln. Über Kooperationsplattformen werden dann Informationen kanalisiert, Bedarfe rasch erfragt, Problemlösungen diskutiert und geeignete Lösungsansätze verbreitet; dies betrifft vor allem spezifische Fragestellungen (z. B. rechtliche Probleme oder Überbrückungsleistungen in Krisenzeiten), die in einem Cluster effektiver und effizienter zu lösen sind als im Alleingang (Hintze und Witte 2021, S. 41–42).
- Hinzukommen **informell gesteuerte Prozesse**. Solche Transaktionen sind „freiwillig, spontan, ungeplant und beruhen auf individueller – quasi privater – Initiative"; sie werden häufig durch Faktoren wie „Macht, Einfluss und Sympathie, aber auch intrinsische Motivation im Rahmen der Aufgabenerfüllung" angestoßen (Welge 2003/2005, S. 994). Im Grundsatz sind informelle Transaktionen flexibler und partizipationsoffener als formalisierte Transaktionen, was Informationen zugänglich macht, die außerhalb offiziell vorgesehener Kanäle fließen (z. B. Flurgespräche). Kommt es jedoch zu informellen Absprachen, die sich aus bestimmten Machtverhältnissen ergeben (z. B. Verhandlung hinter geschlossenen Türen), werden Bedenken wach, die sich auf die Legitimität, Haftbarkeit und Transparenz solcher Prozesse und ihrer Ergebnisse beziehen (vgl. Abschn. 10.4 und Kap. 11).

Die **Art des kommunikativen Austauschs** ist vor allem wichtig, wenn technologisch Lernende umgangssprachlich ‚Neuland betreten'. Schließlich finden evolutionäre Prozesse als Versuch und Irrtum statt, was einen entsprechenden Austausch braucht. Und je anspruchsvoller das Wissen, das ausgetauscht wird, desto aufwendiger laufen die begleitenden Kommunikationsprozesse ab. Johnson (2010, S. 30–34) unterscheidet daher das routinierte Lernen (learning by production) von Austauschbedarfen, die bei aufwendigen Suchprozessen entstehen; Letztere können durch visionäre Geschäftsideen und Gewinnerwartungen motiviert sein (learning by searching) oder durch eine wissenschaftlich radikale Erkenntnissuche (learning by exploring or re-searching).

- Für den Technologietransfer zwischen der Wissenschaft und KMUs werden eher „**niedrigschwellige Kommunikationsformate**" empfohlen; dazu zählt der persönliche Kontakt, um Dinge unmittelbar erklären zu können, oder der orts- und zeitunabhängige Zugriff auf Datenbanken, in denen kurz gehaltene Materialien verfügbar sind (Schmauder 2012, S. 39). Denn viele KMUs haben knappe Ressourcen, sind also transaktionskostensensibel.
- Beispiele **anspruchsvoller Austauschformate** liefern Netzwerke der künstlichen Intelligenz (KI). Es kommt zu ständigen Lernschleifen, die nicht-sequenziell ablaufen und neue Designmethoden betreffen, so Hirsch-Kreinsen (2023, S. 10–11): Aus solch flexiblen und schnellen Feedbacks zwischen Entwickler:innen und Anwender:innen gehen digitale Produkt- und Geschäftsideen hervor, die eine bunte Mischung aus internationalen Akteuren interessieren; zu der KI-Community zählen sowohl wissenschaftliche Grundlagen- und Zweckforscher:innen als auch IT- und Softwareunternehmen, an KI interessierte große Industrieunternehmen (z. B. Elektrobranche), KI-affine Startups, Vertreter:innen von Verbänden und aus der Politik sowie zivilgesellschaftliche Akteure.

Ein inhaltlich und methodisch anspruchsvolles **Lernen in Prozesse und eine Sprache zu übersetzen**, die schnittstellenübergreifend funktionieren, ist herausfordernd. Es erfordert die Fähigkeit, die Perspektive des Netzwerkpartners einzunehmen, um diesen prozessual und kommunikativ abholen zu können. Zudem kann selbst in gut funktionierenden Netzwerkbeziehungen die Kommunikation an ihre Grenzen stoßen, wenn das Wissen kausal mehrdeutig ist (Powell und Grodal 2005, S. 77). Ein Innovationssystem profitiert also davon, dass bei den Akteuren nicht nur Fachwissen, sondern auch überfachliche bzw. generische Kompetenzen vorhanden sind und weiterentwickelt werden. Diese helfen, von einem vertrauten in ein ungewohntes Arbeitsumfeld zu wechseln.

- Anschauliche Beispiele kommen aus der **FLOSS-Szene**. So werden LINUX-Entwicklergruppen in den 1990er-Jahren mit ihren Ergebnissen für Softwareunternehmen wie IBM interessant, obwohl diese Unternehmen ihr Geld mit eigentumsgeschützter, also proprietärer Software verdienen (Tapscott und Williams 2009, S. 79–80, in Burger-Menzel und Assadi 2012, S. 251–252): In der Folge werden IBM-Mitarbeiter:innen entsandt, um mit LINUX-Gruppen zusammenzuarbeiten. Doch diese erleben die LINUX-Prozesswelt und den Kommunikationsstil zunächst als fremd. Denn die LINUX-Gruppen haben nicht nur eine andere Wertephilosophie (Kultur des Teilens). Sie haben auch andere Gewohnheiten und ein alternatives Prozessverständnis. Im Gegensatz zu einem eher formalisierten Firmenalltag gibt es gemeinsame Lösungen, freimütige Quellcode-Offenlegungen und kurzfristig getaktete Prozesse. Heutzutage haben sich Unternehmen wie IBM oder SAP auf die Zusammenarbeit mit der FLOSS-Szene prozessual und kommunikativ eingestellt und bieten Hybridlösungen an, die aus proprietären und offenen Elementen bestehen. Die FLOSS-Szene wiederum hat eigene Geschäftsmodelle entwickelt, die sich unter anderem auf Beratungsleistungen und Trainingsangebote konzentriert oder darauf, die jeweilige Software auf vielfältige Weise für Nutzer:innen (z. B. KMUs) passfähig zu machen (Burger-Menzel und Assadi 2012, S. 253).

- Generische Fähigkeiten sind auch für die grüne Transition bedeutsam (**green skills**), um Innovations- und Veränderungsprozesse gestalten und kommunikativ begleiten zu können. Der Bedarf an grünen Fähigkeiten hängt allerdings von dem klimapolitischen Weg ab, den wir in Zukunft einschlagen, und von den Konsequenzen, die daraus resultieren, so die OECD (2023, S. 28).

Wertiges Technologielernen und kodifizierbares Wissen

Innovationssysteme brauchen **wertiges Lernen**, also ein Lernen, bei dem mehr Nutzen als Aufwand entsteht, wenn technologisches Wissen transferiert wird. Hierfür ist wichtig, dass das entsprechende Wissen zugänglich ist.

- Wird persönliches Wissen über Codes (z. B. Sprache, Formeln, Blaupausen) sichtbar oder zu einer technischen Verkörperung (z. B. Bauteil), ist es zwischen Personen **leichter transferierbar als unkodifiziertes Wissen** (tacit knowledge). Denn Letzteres ‚wohnt' ausschließlich im Kopf einer Person (z. B. Erfahrungswissen).
- Doch jede Kodifizierung kostet Zeit und Geld. Für Powell und Grodal (2005, S. 76) lohnt sich eine Kodifizierung daher nicht, wenn das unkodifizierte Wissen zu unbestimmt ist und mühsam extrahiert werden muss (sticky knowledge).

Ist ein Wissensbestandteil kodifizierbar, kann er durch **geistige Eigentumsrechte** geschützt werden, wenn bestimmte staatlich gesetzte Voraussetzungen erfüllt sind.

- Geistige Eigentumsrechte machen eine Wissensverwertung exklusiv und das betroffene Wissen zu einem Bezahlgut. Damit will der Staat – beispielsweise im Fall **positiver Externalitäten** (vgl. Abschn. 7.3) – Investitionsanreize schaffen.
- Zugleich erschwert der Staat den Wissensfluss, den er selbst befördern möchte. Es ist daher technologiepolitisch kritisch, welches Wissen patentierbar oder ‚nur' urheberrechtlich (copyright) schützenswert oder nicht schützenswert ist. Während gewerbliche Schutzrechte (z. B. Patente) amtlich eingetragen werden müssen, sind bei einem **Urheberrecht** keine Formalitäten zu beachten (DPMA; Homepage); bereits mit der Schöpfung des geistigen Werks entstehen Urheberpersönlichkeitsrechte, wodurch die Urheberschaft im Idealfall anerkannt, das Werk vor Entstellung geschützt und wirtschaftliche Verwertungsrechte nutzbar werden.

Innovationssysteme profitieren davon, dass **Wissenszuwächse als wertvoll erkannt**, relativ kostengünstig kodifiziert und darüber verbreitet werden können. Solch eine Verbreitung wird in unserer digitalen Welt auch ‚Wikinomics' genannt und auf öffentliche Güter bezogen (vgl. Abschn. 7.3).

- Ist ein kodifiziertes Wissen urheberrechtlich relevant, können sich die jeweiligen Urheber:innen für eine **Open-Source-Lizenz** (z. B. General Public Licence (GPL)) entscheiden, wodurch das Kodifizierte frei zugänglich wird. Der Lizenzpreis ist dann Null (z. B. Firefox-Browser). Dies gilt auch für einige Werkzeuge der künstlichen Intelligenz (KI), wie Sprachbot-Beispiele zeigen (z. B. ChatGPT). Open-Source-Entwicklungen beschleunigen daher KI-Entwicklungen, weil Softwaresysteme „als eine gemeinsame von vielen Akteuren zu nutzende und zu entwickelnde verteilte Infrastruktur angesehen werden" (Laguna de la Vera und Ramge 2021, S. 178ff. in Hirsch-Kreinsen 2023, S. 10).
- Solch eine Infrastruktur kann zum Bestandteil eines **digitalen Ökosystems** werden, das nach Hirsch-Kreinsen (2023, S. 10) „quer zu den bisherigen regionalen, sektoralen oder nationalen Systemen" liegt und häufig eine „spezifische interdisziplinäre und offene Innovationskultur" herausbildet.
  - Den technischen Kern eines solchen Ökosystems bilden **digitale Plattformen** (Bukart 2016, S. 8–39): Diese bestehen aus zwei- oder mehrseitigen Märkten; zu den Nutzern zählen die jeweiligen Anbieter und Nachfrager sowie reine Informationssuchende (Nutzer ohne Schnittstellenzugang); je größer ein Netzwerk ist, desto mehr Austauschmöglichkeiten und Reichweite bietet es seinen Akteuren, was zu (in-)direkten Netzwerkeffekten führt. Digitale Ökosysteme eignen sich somit für Start-ups oder Nischenanbieter, die neue Geschäftsideen über eine Zielgruppenansprache austesten wollen.
  - Digitale Ökosysteme können sich **räumlich konzentrieren**. Hirsch-Kreinsen (2023, S. 10, 13) nennt hierfür das Beispiel von Städten, die im KI-Kontext als Integratoren wirken. So siedeln KI-Startups gerne in urbanen Agglomerationen (z. B. Cyber Valley im Raum Tübingen), in denen Hochschulen und andere Gründungsnetzwerke aktiv sind (Kollmann et al. 2022, S. 46). Auch in solch einem Umfeld lässt sich angemessen auskundschaften, ob es sich lohnt, neues Wissen zu kodifizieren und zu transferieren.
- In der Gesamtschau sind Communities der Open-Source-Software und -Hardware für die europäische Wirtschaft wichtig, um „Zukunftsfelder wie das Internet der Dinge, Robotik, maschinelles Lernen und Künstliche Intelligenz" voranzubringen (Blind et al. 2021 in Peuckert et al. 2021, S. 8). Zudem entstehen Transferideen, die sich – mit Blick auf die **Nachhaltigkeit** – für internationale Multi-Stakeholder-Partnerschaften eignen, wie das Illustrationsbeispiel zur Bewältigung von Müll zeigt.

Technologisches Lernen und KI-Algorithmen für möglichst sortenreinen Plastikmüll

Das Deutsche Forschungszentrum für Künstliche Intelligenz (DFKI; Homepage) steht nach eigener Aussage „für anwendungsnahe Forschung und erfolgreichen **Wissens- und Technologietransfer aus dem Forschungs-Ökosystem in die Industrie**"; hierzu zählen Spin-offs, also Unternehmensgründungen aus dem DFKI heraus, sowie zahlreiche Unternehmenskooperationen. Für den Transfer selbst nutzt das Forschungszentrum drei Formate: Living Labs als Demonstrationsplattform und als experimentelles Test- und Evaluierungsumfeld für anwendungsnahe Entwicklungen; Kompetenzzentren für die virtuelle intraorganisationale Bündelung von Forschungs- und Entwicklungsaktivitäten zu Schwerpunktthemen; sowie Transferlabs, in denen Mitarbeiter:innen von Partnerorganisationen projektbezogen in das Forschungsteam des DFKI integriert werden, um gemeinsam an Lösungen zu arbeiten.

- Beim Transfer geht es auch um KI-bezogene Mehrwerte zum Thema Nachhaltigkeit. Hierfür werden Sensordaten, die aus der **Erfassung von Plastikmüll in Flüssen** stammen, KI-algorithmisch verarbeitet, um in den komplexen Daten Muster zu erkennen. Ziel ist die Müllreduktion. In dem Projekt arbeiten Forschungseinrichtungen, internationale Organisationen und Regierungen auf verschiedenen Ebenen zusammen.
- Hierzu das DFKI (Zielinski 2020, S. 16): „Aktuelle Forschungsergebnisse zeigen, dass über 2/3 der Kunststoffabfälle im Ozean durch gerade einmal 20 Flüsse getragen werden, die meisten davon in Asien. Der DFKI-Forschungsbereich ‚Marine Perception' […] nutzt multispektrale Bilddaten von Drohnenbefliegungen aus Kambodscha, den Philippinen und Myanmar, um mit einem zweistufigen Ansatz von künstlichen neuronalen Netzwerken sowohl die Menge des Mülls zu bestimmen als auch dessen Zusammensetzung. Ersteres ist für die **effiziente Müllbeseitigung** relevant, während die detaillierten Angaben über einzelne Müllbestandteile (Becher, Lebensmittelverpackungen, Transportbehälter, …) den lokalen Behörden helfen, die Quellen des Plastikmülls zu identifizieren und Gegenmaßnahmen einzuleiten".
- „**Closing the Loop**' nennt sich die Initiative der Vereinten Nationen, die durch technologische Innovationen die südostasiatischen ASEAN-Staaten in die Lage versetzen möchte, sich des Problems vermüllter Flüsse, Küsten und Meere anzunehmen". Das Projekt wird von der Weltbank finanziert. ◄

Soziale Innovationen und das Einüben kollektiver Praktiken

Die westliche Welt hat sich – anders als andere Weltregionen – lange Zeit schwer damit getan, **soziale Innovationen** als eigenständigen Innovationstypus zu akzeptieren (Burger-Menzel 2016, S. 87). Denn diese Innovationsart setzt an bereits vorhandenen Innovationen an. Doch indem vorhandene Innovationen mit sozialen Bedürfnissen (z. B. fehlende Teilhabe) und unterschiedlichen Kontextbedingungen (z. B. Armut) verknüpft werden, entstehen neue (organisationale) Ideen und Praktiken (z. B. Sharing-Ansätze), die Wertschöpfungspotenziale entfalten können. „Es handelt sich dann und insoweit um eine soziale Innovation, wenn bestimmte Erfindungen, Ideen und Initiativen nachgeahmt und kontextspezifisch angepasst werden und somit zu einer Transformation sozialer Praktiken in oder zwischen spezifischen wirtschaftlichen Teilbereichen als Ausdruck und Treiber sozialen Wandels beitragen", so Howaldt und Kaletka (2022, S. 28). Seit einigen Jahren sind die sozialen Innovationen auch ‚im Westen angekommen', wie eine Dokumentation des Deutschen Bundestags (2023a, S. 4) zeigt, in der ihre Relevanz für Bereiche wie „Gesundheitswesen, Bildung, Umweltschutz, Armutsbekämpfung sowie soziale Integration" betont wird.

Aus evolutionsökonomischer Sicht ist es sinnvoll, **technologische und soziale Innovationen stärker miteinander zu verschränken**. Denn dies unterstützt die Diffusion von Technologien und generiert neue Innovationen über eine entsprechende Gründungskultur, Vernetzung und Zusammenarbeit. Auch hilft es, transformative Herausforderungen besser zu bewältigen.

- Im engen Sinn geht es um ein **soziales Unternehmertum** (social entrepreneurship). Bei dieser Art des Unternehmertums ist zwar das angebotene Produkt aus Kundensicht attraktiv und eine Gewinnorientierung vorhanden; Letztere tritt aber hinter der sozialen Dimension zurück (BMW 2016, S. 18): Zum Geschäftsmodell gehört dann wahlweise, dass ein gesellschaftlicher Mehrwert entsteht, der an der Herstellung ansetzt (z. B. Zusammenarbeit mit Behindertenwerkstätte), beim Kunden erbracht wird (z. B. Arbeitslose als Zielgruppe) oder sich auf das Angebotsprodukt selbst bezieht (z. B. Repair-Café). Am Ende muss das soziale Unternehmen Akzeptanz auf dem Markt finden und Einnahmen realisieren, um seine Kapazität weiterzuentwickeln (Gelingens- und Skalierungsfaktoren). Innovationssystemisch wird davon ausgegangen, dass solche Unternehmen neuartige Praktiken hervorbringen und diese für Marktchancen nutzen. Dabei entsteht ein Spannungsfeld zwischen der Gewinnorientierung und der sozialen Normierung, was die Unternehmen fallweise von historisch bedeutsamen Wohlfahrtsverbänden (z. B. Deutscher Paritätischer Wohlfahrtsverband) abgrenzt, die sich gemeinnützig engagieren (z. B. Altenpflege) und über staatliche Unterstützung und/ oder Spenden und Mitgliedsbeiträge finanzieren.
- Im weiten Sinne geht es um alle **sozial verantwortlichen Wissens- und Lernnetzwerke** aus Wissenschaft, Wirtschaft, Gesellschaft und Politik, die offene Innovationsprozesse praktizieren. In diesen Netzwerken sind Erfindung und Diffusion eng miteinander verzahnt. Denn soziale Innovationen entstehen durch soziales Lernen, während sie sich ausbreiten. Es gibt also eine soziale Nähe, die zwischen den Akteuren ein Zugehörigkeitsgefühl und gegebenenfalls einen Konformitätsdruck erzeugt (vgl. Abschn. 4.1) und dazu führt, dass die jeweiligen Akteure einander beobachten und imitieren, Ideen und Wissen austauschen und weitere Akteure ‚anstecken'. In der Folge

entstehen verschiedene Elemente neuartiger Praktiken, so dass aus der eigentlichen Anwendung bereits Weiterentwicklungen werden (Howaldt et al. 2014, S. 82).

- Zu den Ansätzen der **Wissenschaft** zählen Reallabore (z. B. Living Labs für eine grüne Wirtschaft), die Meurer et al. (2015, S. 15) wie folgt charakterisieren: „Living Labs der Green Economy sind reale und realweltliche Forschungs- und Entwicklungsinfrastrukturen, in denen Nutzer und Produzenten gemeinsam soziotechnische und nachhaltige Innovationen entwickeln. Der Innovationsprozess öffnet sich an zentralen Stellen, so dass neben den Entwicklern und Produzenten auch die Nutzer, weitere relevante Akteure der Wertschöpfungskette und das Nutzungsumfeld einbezogen werden. Ziel ist es, zu global und langfristig verallgemeinerbaren, inter- und intragenerationell tragfähigen Produktions- und Konsummustern im Sinne einer nachhaltigen Entwicklung beizutragen". Das Ganze vollzieht sich im Sinne eines offenen Innovationsprozesses, in dem die Wissenschaft mit diversen nicht-wissenschaftlichen Akteuren gemeinsam Lösungen auslotet, interaktiv entwickelt, experimentell erprobt und kontextuell und kriteriengestützt bewertet. Realpraktisches Beispiel ist die Erforschung und Arbeit mit neuen Formen der (genossenschaftlichen) Energieproduktion, -speicherung und -nutzung aus erneuerbaren Energiequellen (z. B. Campos und Marín-González 2023).
- Partner aus der **Wirtschaft** sind solche Unternehmen, deren Geschäftsmodell gewinnorientiert ist, jedoch eine glaubwürdige (Selbst-)Verpflichtung zu ‚Corporate Social Responsibility' (CSR) enthält (vgl. Abschn. 8.2). Bei Unternehmen, die eine CSR-Haltung erst noch entwickeln müssen, beziehen sich soziale Innovationen auf interne Veränderungsprozesse, bei denen Mitarbeiter:innen die eigene Unternehmenskultur und -organisation verändern (intrapreneurship) und darüber schließlich auch das Geschäftsmodell (Calzada 2013/2015, S. 226).
- In der Literatur (z. B. Michelini 2012) werden auch Produktinnovationen als soziale Innovation bezeichnet, die als **(teil-)humanitäre Maßnahmen** umgesetzt werden und an Armutsphänomenen ansetzen (z. B. Krankheitsbekämpfung). Zu den Beispielen zählt das Großunternehmen BASF, das unter anderem mit der Gates Stiftung zusammenarbeitet, um Bevölkerungsteile in Afrika mit preisgünstigen, langlebigen und mit Insektiziden behandelten Moskitonetzen vor Malaria zu schützen (BASF; Homepage). Aus der Darstellung wird jedoch nicht erkennbar, inwieweit eine lokalisierte Vernetzung stattfindet, die – im Sinne unserer Definition – neuartige Praktiken gemeinsam entstehen lässt.

Die verschiedenen Sichtweisen und Ansätze eint, dass sich der wissenschaftliche Blick verschiebt: Von Innovationen als rein verkörperter Fortschritt zu **Innovationen als sozial verankerte Prozesse** (Jessop et al. 2013/2015, S. 122–123): Dabei geht es um …

- **dynamische Interaktionen zwischen zahlreichen und diversen Akteuren** und deren Verhaltensmerkmalen, wozu Multirationalität bei individuellem und kollektivem Verhalten ebenso zählt wie Irrationalität;

- **unterschiedliche Normensysteme** und ihre Auswirkung auf die Reproduktion von Akteuren und Institutionen;
- **Lernen und Adaptationsprozesse**, einschließlich interner und externer Selektionsmechanismen;
- **kulturell wesentliche Vermittlungsleistungen** (mediation) und Bedeutungszuweisungen (signification).

Es ist wenig überraschend, dass diese Dichte, Vielfalt und Dynamik an Beziehungen eigene **Herausforderungen** hervorbringt, die wir im nächsten Buchteil als ‚netzwerkbasierte Governance' wieder aufgreifen (vgl. Kap. 10 und 11). Hier einige Beispiele:

- Der Prozesserfolg sozialer Innovationen wird von **machtvollen Akteuren** mitbestimmt. Denn auch in sozial innovierenden Netzwerken sind in der Regel – trotz ihrer relativen Netzwerkoffenheit – Durchsetzungsmacht und Ressourcen ungleich verteilt, was nichtfinanzielle Ressourcen einschließt (z. B. Deutungshoheit). Die erwünschte Selbstwirksamkeit (agency) trifft somit auf eine Netzwerkstruktur, die mit etablierten Zentren, machtlosen Peripherien und entsprechenden Statusanordnungen begrenzt.
- Soziale Innovationsnetzwerke haben oft einen **stark informellen Charakter**. In der Folge ergeben sich neuartige Praktiken aus reinen Gelegenheiten und Rechte und Pflichten sind nur unzureichend geregelt. Hinzukommen eine hohe Planungsunsicherheit und das Risiko, dass Finanzierungsbedarfe ungedeckt bleiben. Aus Sicht von Tenquist et al. (2022, S. 18–19) ist vor allem die finanzielle Langfristunterstützung unzureichend, da die Politik soziale Innovationen (noch) vernachlässige.
- Damit bleibt **unklar, inwieweit soziale Innovationen systemverändernd wirken**, sich also über das eigene Netzwerk hinaus skalieren lassen. Bleibt ein Netzwerk auf sich selbst beschränkt, sinkt seine Innovationskraft und gesamtgesellschaftliche Potenziale bleiben ungenutzt. Über die Zeit kann in solchen Netzwerken dann das Phänomen auftreten, dass neue Praktiken lediglich alte Praktiken ‚in neuer Kleidung' reproduzieren. Die soziale Innovation ist gescheitert.
- Als wirtschaftssystemische Kritik wird geäußert, dass soziale Innovationen dort entstehen, wo der **Staat versagt**. In der Folge entstehen Marktnischen, beispielsweise bei Wohnungsbau und Bildung, Gesundheit und Altersversorgung. Jessop et al. (2013/2015, S. 121) betonen systemkritisch, dass sich die Ressourcenlage des Wohlfahrtsstaates krisenartig verschlechtert habe, was auch an Strategien liege, welche höhere Einkommensklassen begünstigen (z. B. fiskalische Vorteile); dies mache den ‚dritten Sektor' aus Wohlfahrtsverbänden, Solidaritätsbewegungen, zivilgesellschaftlichen Vereinigungen und lokalen Gemeinschaften bedeutsam.

Die Transformation der **Nachhaltigkeit** wird ohne das Innovationspotenzial aller gesellschaftlichen Gruppen – zumindest einer kritischen Masse davon – nicht gelingen. Dies hat den Typus der sozialen Innovationen in den westlichen Ländern aufgewertet. Denn er funktioniert über die kreative Teilhabe diverser (zivilgesellschaftlicher) Akteure.

Und er sensibilisiert dafür, dass viele Handlungskontexte sozioökonomisch, soziokulturell und soziopolitisch komplex sind (Klein 2013/2015, S. 9).

- In unserem nächsten Illustrationsbeispiel geht es wieder um Plastikmüll. Dieser soll – nun als soziale Innovation – mit Hilfe von **Open-Souce Hardware** lokal verwertet werden. Unklar bleibt dabei, inwieweit zwischen diesem Netzwerk und dem Netzwerk, das im vorherigen KI-bezogenen Illustrationsbeispiel beschrieben wird, eine strukturelle Lücke besteht.
- Ob sich soziale Innovationen auf die ökologische Nachhaltigkeit beziehen, unterscheidet sich von Land zu Land (Schartinger 2022, S. 141): „Während in Nordeuropa die Verbindung zwischen Umwelt- und Klimainitiativen und sozialen Innovationsinitiativen manifest ist", sind in Osteuropa viele dieser Initiativen eine „Reaktion auf dringende soziale Bedürfnisse", denen die öffentliche Verwaltung nicht angemessen begegnet; und im **globalen Süden** füllen soziale Innovationen primär Lücken, die ein fragiler Staat hinterlässt (vgl. Abschn. 8.1), damit durch bedarfsgerechte Lösungen (z. B. Mikrokredite) Bedarfseinkommen und Ernährungssicherheit entstehen.

Soziale Innovationen rund um die Plastikverwertung

Ideen, die an Hochschulen entstehen, können sich durch zivilgesellschaftliches Engagement zu sozialen Innovationen weiterentwickeln. Ein Beispiel liefert das **Projekt ‚Precious Plastic'** einer Open-Source-Hardware-Community (Peuckert et al. 2021, S. 36–42):

- Im Rahmen des Projekts wird Wissen gesammelt über „die Materialeigenschaften von Plastik, Baupläne für kleindimensionale Open Source Recyclingmaschinen, praktische Anleitungen und Workshops zur Kunststoffverarbeitung, offen geteilte Produktdesigns für recyceltes Plastik und Businessmodelle". Ziel ist Maschinen zu entwickeln, die kostengünstig und einfach nachzubauen sind, um **Rohmaterialien aus Plastikmüll wiederzugewinnen** und diese zu einfachen Kunststoffprodukten zu verarbeiten.
- Die Idee entsteht 2012 im Rahmen einer **studentischen Abschlussarbeit** an der holländischen Design Akademie von Eindhoven.
- Die **Peer Community ist international** und setzt die Projektidee weltweit in verschiedenen Projekten um. Die Nutzer:innen der entsprechenden Foren kommen zwar mehrheitlich aus westlichen Industrieländern wie den USA oder den Niederlanden. Die restliche Welt ist jedoch auch zahlreich vertreten (z. B. Costa Rica, Indien, Indonesien, Philippinen).
- Die **Identifikation der Nutzer:innen mit der Community** und deren ökologischen Werten ist hoch. Und es gibt einen großen Kern gut vernetzter Nutzer:innen. Etliche Forumsdiskussionen finden allerdings ohne solch zentrale Mitglieder statt. Zudem wird die Vermittlung relevanten Wissens dadurch erschwert, dass die Community stark heterogen ist und es an bestimmtem Fachwissen lokal mangelt.

Im Ergebnis kann die Peer Community erfolgreich Freiwillige und Finanzmittel mobilisieren, um Lösungen voranzubringen, die bereits in der Produktion eingesetzt werden. Unklar ist allerdings, ob sich die durch die Community entwickelten Konzepte **auf Dauer wirtschaftlich selbst tragen**. Zumal sie in Ländern wie Deutschland oder den Niederlanden teilweise gegen Rechtsvorschriften und damit gegen institutionelle Rahmenbedingungen verstoßen, was das institutionelle Lernen relevant macht. ◄

Institutionelles Lernen als Verhandlungs- und Konfigurationsprozess

Beim **institutionellen Lernen** üben die Akteure, denjenigen (in-)formellen Regelungskontext ‚neu zu konfigurieren‘, der ihr innovationssystemisches Handeln bestimmt:

- Dabei geht es um alle Institutionen, die ein **Grundverständnis innerhalb und zwischen Gruppen** herstellen, wie Innovationsprozesse ablaufen können und sollen. Die relevanten Institutionen sind vielfältig und reichen vom gemeinsamen Ziel- und Prozessverständnis (z. B. Beteiligungsmodelle) über präferierte Such-, Lernmethoden und Kommunikationsformate (z. B. Anteil an face-to-face-Austausch) bis hin zu den Grenzen des Austauschs (z. B. Vertraulichkeitsklauseln) und zum Umgang mit Konflikten (z. B. Schiedsstelle). Selbst radikale Innovationen brauchen institutionelle Routinen, so Johnson (2010, S. 27), da diese kognitiv entlasten und es Zeit einspart, wenn sich Betroffene keine Gedanken über Alltagsabläufe machen müssen.
- Hinzukommt der **Staat mit seiner Regulierungs- und Durchsetzungsmacht**. Indem er Eigentums-, Verfügungs- und Zugangsrechte definiert und überwacht, den Geld- und Kapitalmarkt regelt, die kritische Infrastruktur verantwortet und als Geldgeber Förderregelungen aufstellt, beeinflusst er maßgeblich, welche Institutionen zur Gewohnheit werden.

Institutionen sind mitentscheidend dafür, welche Informationen und Wissensbestandteile von welchen Akteuren und Gruppen auf welche Weise wahrgenommen und verarbeitet werden. Dies macht **Institutionen zu eigenständigen Bestimmungsgrößen** und nicht länger zu rein verwertungsgetriebenen Problemlösungen. Bereits Freeman (1992, S. 197–198) stellt fest, dass sich technisch-ökonomische Entwicklungen zwar ‚natürlich‘ durchsetzen, aber nie ohne dabei von geeigneten sozio-institutionellen Bedingungen unterstützt zu werden. Das institutionelle Lernen unterstützt folglich die Zukunftsfähigkeit von Wirtschaft und Gesellschaft, indem es vertraute Institutionen verändert oder durch neue ersetzt. Erst dadurch kann die selbstlernende Koordination vollständig greifen und (idealtypische) Merkmale ausprägen, die sich nach Sandro Mendoça (in Lundvall und Borrás 2005, S. 618) beschreiben lassen als …

- **robust** (für verschiedene Szenarien geeignet);
- **flexibel regulierend** (an plötzliche sozioökonomische Veränderungen anpassbar);

- **strukturell adaptiv** (als Praktiken realisierbar);
- **inklusiv** (Selbstwirksamkeit fördernd im Sinne diverser Lösungswege);
- **lokalisiert lernend** (dezentrale Absorptions- und Lösungskapazitäten entwickelnd);
- **inkrementell lösungsorientiert** (systemische Veränderungen durch Versuch und Irrtum unterstützend);
- **netzwerkoffen** (eigene Pfadabhängigkeiten und Pfadoptionen offenlegend).

Praxisbeispiele institutionellen Lernens liefern Reallabore, wie der ‚Living-Lab'-Gedanke der sozialen Innovationen zeigt. Im Ergebnis kommt es zu neuen Denkmustern und neuartigen Praktiken, die teilweise informeller Natur sind. Reallabore können sich jedoch auch auf das regulative, also rechtlich formalisierbare Lernen beziehen. In solch **regulatorischen Reallaboren** (regulatory sandboxes) werden innovative Produkte, Dienstleistungen und Geschäftsmodelle mit Hilfe von Experimentierklauseln unter realen Bedingungen erprobt (z. B. Reallabor für KI-Anwendungen), um daraus Reallabor-Gesetze (z. B. zu Standards) abzuleiten.

- Die Reallabor-Verantwortlichen werden dabei nicht aus der **Haftung** entlassen. Vorgesehen ist jedoch, dass sie die Erprobung gemeinsam mit staatlichen Akteuren diskutieren und bewerten. Dadurch können beide Seiten besser verstehen, welche praktischen Konsequenzen verschiedene Regulative mit sich bringen.
- Die Expertenkommission Forschung und Innovation (EFI 2023, S. 32) betont: „Bestehende Gesetze und Regulierungen sowie lange Verwaltungsverfahren verhindern oder verlangsamen Innovationsprozesse zunehmend. Die Bundesregierung sollte deshalb nicht nur F[orschungs-]&I[nnovations-]Aktivitäten durch finanzielle Unterstützung fördern, sondern auch durch die **Anpassung rechtlicher Rahmenbedingungen** neue Innovationsanreize setzen und Innovationshemmnisse abbauen. Zudem sollte sie darauf hinwirken, dass dies auch in der EU geschieht. Reallabore als regulatorische Experimentierräume stellen ein probates Mittel zur Entwicklung innovationsfreundlicher Experimentierräume dar. Die Expertenkommission befürwortet den verstärkten Einsatz dieses Mittels sowie das Vorhaben, ein Reallabor-Gesetz zu schaffen".

Reformbedarfe können zudem Institutionen betreffen, die zur umverteilenden Koordination gehören und nicht länger passfähig sind (z. B. Steuerregelungen). Dies kann weitere **Systemübergänge** auslösen. Doch je länger ein Paradigma herrscht, desto unflexibler werden Institutionen interpretiert (Geels und Schot 2007, S. 405): Eine Gewöhnung setzt ein; und fehlt der Anpassungsdruck, reproduziert sich das Regelregime. Dies hat den Vorteil, dass aus Regeln Routinen werden, die erwartungsverlässlich wirken. Der Handlungskontext sozialer Innovationen ist davon nicht ausgenommen. Im Gegenteil: Gerade soziale Systeme leben davon, dass ihnen Routinehandlungen (z. B. Rituale) Stabilität verleihen, was das Phänomen des Konformitätsdrucks erklärt.

- **Institutionelle Reformen stören folglich die Erwartungsverlässlichkeit**. Denn Reformen brechen Muster auf, können verunsichernd wirken und Widerstände erzeugen. Es braucht also einen Änderungsdruck, der sich im technischen Handlungskontext aufbaut (z. B. neue Konsummuster) und/ oder im sozialen Handlungskontext (z. B. Verlustängste), wenn zivilgesellschaftliche Interessengruppen und Bewegungen ihre Stimme erheben und neue Lösungen fordern.
- Das Ergebnis sind **Konflikte**, die von den Konfliktparteien über Macht und politische Strategien und Taktiken ausgetragen werden. „Conflict is the core generating mechanism of [institutional] change, power is a necessary condition for the expression of conflict, and political strategies and tactics are the means by which parties engage in conflict", so Hargrave und van de Ven (2006, S. 878). Solche Konflikte können zu temporären Einbußen an Produktionseffizienz führen oder systemische Unterstützungsstrukturen überfordern (Johnson 2010, S. 45).
- Geels und Schot (2007, S. 404) betonen daher zu Recht, dass **sozio-institutionelle Konfigurationsprozesse auch Verhandlungsprozesse sind**, „where actors directly negotiate about rules in communities". Dabei treffen – mit den Akteuren – auch deren institutionelle Voreinstellungen (z. B. Wertehaltungen, Rollenverständnisse, Handlungsprinzipien) aufeinander; Ziel der Verhandlung ist, sich eine (Neu-)Regelung sinnhaft zu erschließen und ein geteiltes kognitives Schema zu entwickeln, was die Autoren (2007, S. 405) als sozio-kognitive Institutionalisierung bezeichnen.

Was dies konkret bedeutet, unterscheidet sich von Land zu Land. Letztlich ist jeder **Standort institutionell konfiguriert**.

- Sind beispielsweise **private Investitionen und deren Finanzierung** institutionell langfristig ausgerichtet (geduldiges Kapital), werden eher radikale Innovationen begünstigt. Ist die Ausrichtung kurzfristig (Shareholder Value), werden eher graduelle Innovationen bevorzugt.
- Der **Staat** trägt ebenfalls zur Erwartungsverlässlichkeit bei. Ist der Staat gewohnheitsmäßig reformoffen, werden Themen der langen Frist (z. B. Nachhaltigkeit) relativ entschlossen angegangen. Ist er erwartungsgemäß reformabgeneigt, wird das Bestehende tendenziell fortgeschrieben. Dies verstärkt sich, wenn der Staat den privaten Akteuren technisch hinterher ‚hinkt' (z. B. bei der Digitalisierung). Denn dadurch mindert er seine institutionelle Anpassungsfähigkeit und schafft ein System der zwei Geschwindigkeiten (z. B. Burger-Menzel 2023).
- Standortkonfigurationen sind – im Sinne **nationaler Kulturdimensionen** – auch kulturell geprägt. So haben kollektive Gesellschaften (z. B. China) ein größeres Trägheitsmoment als individualistische Gesellschaften (z. B. USA); greift jedoch eine Veränderung, kann sie sich widerspruchsfreier ausbreiten (Johnson 2010, S. 46). Selbst EU-Mitgliedsländer gehen kulturell unterschiedlich mit Institutionen um, wie Johnson (2010, S. 40) ausführt: „Culture makes nations with the same kind of economic system, for example Denmark, Sweden and Germany, different from each other, and cultural systems are governed by rules and rules about rules, including rules for breaking and changing rules".

Vor diesem Hintergrund führen wir – nach dem ökonomischen Unternehmertum (vgl. Kap. 7), politischen Unternehmertum (vgl. Kap. 8) und sozialen Unternehmertum (vgl. Kapitel 9) – abschließend das **institutionelle Unternehmertum** (institutional entrepreneurship) ein. Darunter werden Akteure verstanden, deren Ziel es ist, ihr institutionelles Umfeld von innen heraus zu verändern (z. B. DiMaggio und Powell 1991). Da sie meist über unzureichende Ressourcen verfügen, nutzen sie Netzwerkressourcen und ein kollaboratives Führungsverständnis (collaborative agency), um wirkmächtig zu werden.

- Von Bedeutung sind dann alle Kontextbedingungen und Mechanismen, die es Akteuren ermöglichen, eine institutionelle Trägheit zu überwinden, die sie selbst mitgeprägt haben. Dies wird als **Paradox der eingebetteten Handlungsfähigkeit** (paradox of embedded agency) bezeichnet.
- Beispiele institutionellen Unternehmertums liefern zivilgesellschaftliche Bewegungen, welche die digitale Teilhabe stärken wollen. Eine solche Teilhabe wird nicht nur durch Bildungs-, Wissens- und Infrastrukturzugänge beeinflusst. Wichtig ist auch, dass **rechtliche Barrieren zu Gunsten der proprietären Software abgebaut** werden und der Staat diese Art der Software nicht länger unterstützt, indem er – wie in vielen sich entwickelnden Ländern – deren Hauptnutzer ist (z. B. Burger-Menzel und Cabero Tapia 2011). Zivilgesellschaftliche FLOSS-Initiativen wollen die Existenz und Nutzung offener Quellcodes daher rechtlich verankert und geschützt sehen, wie das Hintergrundbeispiel zu Bolivien illustriert.

Institutionelles Unternehmertum und die Reform des bolivianischen Telekommunikationsgesetzes

Institutionelle Unternehmer:innen wollen mit dem Status quo ihrer institutionellen Umgebung brechen. Sie arbeiten in Projekten, die sie meist gemeinschaftlich mit anderen führen und die nicht hierarchisch formalisiert sind. In ihrer Feldstudie untersucht Cabero Tapia (2019) ein solches Vorhaben für Bolivien. Dessen Ziel ist, dass **offene Quellcodes und offene Standards rechtlich anerkannt** werden. Auch soll die Regierung, die bis dahin ausschließlich proprietäre Software verwendet, dazu motiviert werden, eine Vorbildrolle in der FLOSS-Nutzung zu übernehmen (E-Government).

- 2003: Start zivilgesellschaftlicher Lobbyarbeit, um die Nutzung von offenen Quellcodes und offenen Standards in Bolivien voranzubringen.
- 2006 und 2009: Motiviert durch einen Regierungswechsel (2006) und eine Verfassungsänderung (2009) erweitert sich das zuvor zivilgesellschaftliche Netzwerk durch eine gezielte Ansprache von Senator:innen und Regierungsmitarbeiter:innen.
- 2011: Das reformierte Telekommunikationsgesetz sieht in Artikel 77 vor, dass Exekutive, Legislative und Judikative sowie die Wahlgremien aller Ebenen den Gebrauch von offener Software und offenen Standards fördern und priorisieren (Bolivianisches Gesetz Nr. 164, S. 45).
- 2013: Eine neue Umsetzungsverordnung regelt, dass bis 2023 das E-Government entsprechend umzustellen ist.
- 2015: Die staatliche Agentur für E-Government und Informations- und Telekommunikationstechnologien wird gegründet, um unter anderem die Umstellung zu begleiten.
- 2016: Die bolivianische Regierung genehmigt das Vorhaben, ihre Computersysteme auf frei verfügbare Software umzustellen und darüber ihre technologische Souveränität zu stärken.

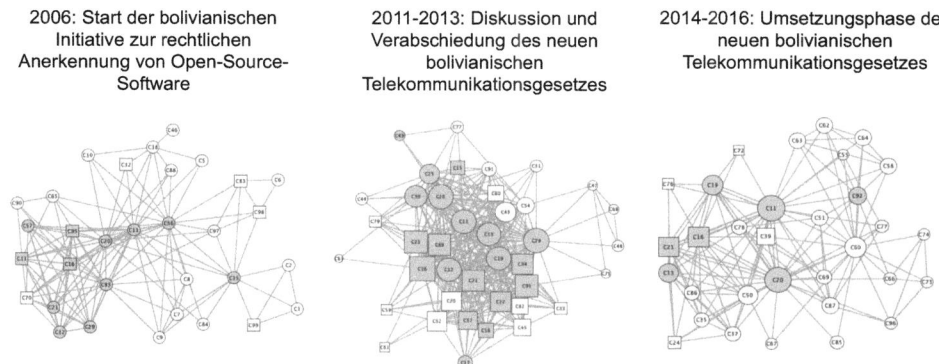

| 2006: Start der bolivianischen Initiative zur rechtlichen Anerkennung von Open-Source-Software | 2011-2013: Diskussion und Verabschiedung des neuen bolivianischen Telekommunikationsgesetzes | 2014-2016: Umsetzungsphase des neuen bolivianischen Telekommunikationsgesetzes |

Abb. 9.2 Institutionelles Unternehmertum: Beispiel einer bolivianischen FLOSS-Initiative

Die Abbildung (siehe Abb. 9.2) zeigt das **Netzwerk im Feldstudienverlauf** (Cabero Tapia 2019, S. 78–79) …

- in einer ersten Phase (2006);
- in einer zweiten Phase (2011 bis 2013);
- in einer dritten Phase (2014 bis 2016).
- Insgesamt kooperieren 107 Personen miteinander, die in der ersten Phase 18 verschiedenen Organisationen angehören, in der zweiten Phase 23 Organisationen und in der dritten Phase 12 Organisationen.
- Als in**stitutionelle Unternehmer:innen** gelten solche Personen, die zivilgesellschaftlich, exekutiv oder parlamentarisch zu mindestens einem der institutionellen Ziele aktiv beigetragen haben.
  - Institutionelle Unternehmer:innen sind als Netzwerkakteur grau codiert.
  - Rechteckig codierte Knoten markieren Personen, die Organisationen angehören, die sich zivilgesellschaftlich engagieren; kreisförmig codierte Knoten sind Personen, die in der Regierung oder in Komitees arbeiten.
- Die Einzelgrafiken zeichnen nach, dass sich über die Zeit hinweg die Netzwerkstruktur und die Bedeutung bestimmter institutioneller Unternehmer:innen verändern (z. B. Zentralitätsgrad im Netzwerk, positionale Dominanz durch bestimmte Promoter-Rollen).

Technologisches Lernen und institutionelles Lernen beeinflussen sich gegenseitig. Denn das technologische Lernen leitet sich aus dem (marktlichen) Verwertungsgeschehen ab und bildet Institutionen heraus, die es erleichtern, kollaborativ, prozessual und wertig zusammenzuarbeiten. Daraus erwächst eine institutionelle Realität, die das institutionelle Lernen ‚auf den Plan ruft‘. Denn eingeübte Institutionen sind zwar erwartungsverlässlich. Sie können jedoch über die Zeit Entwicklungen hemmen. Lernziel ist dann, Institutionen über Verhandlungsprozesse so zu verändern, dass Akteure in Wirtschaft und Gesellschaft zukunftsfähig bleiben oder werden. Dabei gilt:

- Da institutionelle Reformen destabilisierend wirken können, ist es systemisch wichtig, Institutionen in solche zu unterscheiden, die Bestand haben sollen, und in solche, die notwendige Anpassungen behindern. **Institutionelle Stabilität und institutionelle Veränderungen müssen daher austariert werden.**

- **Soziale Innovationen nehmen eine Sonderrolle** ein. Sie wirken per se institutionell verändernd (z. B. als neue Handlungsweisen und Organisationsformen). Dies bleibt nicht ohne Folgen für die Netzwerkbeziehungen und -rollen der (bis dato) etablierten Akteure, von denen zumindest einige Widerstand leisten werden, so Wittmayer et al. (2022, S. 134). Solch einen Widerstand in einem überwiegend informellen Umfeld zurückzudrängen, ist schwierig. Die Autoren fordern daher von der Politik, soziale Innovationen (z. B. zur Energiewende) gezielt zu unterstützen, damit sie nachhaltig transformativ wirken können. Dies setzt allerdings voraus, dass die Politik nicht von etablierten Akteuren ‚gefangen genommen' worden ist (vgl. Abschn. 8.3).

9.3   Schwäche: Wann sind ein Innovationssystem und seine Akteure fehlangepasst?

Zusammenfassung

Innovationssysteme können Fehlanpassungen ausprägen. Diese verringern die Zukunftsfähigkeit und – mit ihr – die Widerstandskraft und transformative Leistungsfähigkeit von Wirtschaft und Gesellschaft. Ursachen sind vor allem Netzwerkdefizite (z. B. Infrastrukturausstattung, fehlende Organisations- und Rollentypen, Netzwerklöcher), unzureichend qualifizierte und verfügbare Akteure (z. B. fehlende Future Skills, Fachkräftemangel) sowie institutionelle Defizite (z. B. widersprüchliche Anreize, fragmentierte Governance). Aus Sicht der Transitionsforschung spielt zudem der Faktor Zeit eine entscheidende Rolle. Denn Wissensbestandteile haben unterschiedliche Halbwertszeiten, Veränderungen und Handlungsweisen eigene Geschwindigkeiten und Menschen ein diverses Zeitempfinden. Auch lassen sich (Langfrist-)Erwartungen unterschiedlich bilden. Systeme nachhaltig zu steuern, bedeutet folglich, einen ‚langen Atem' zu haben und immer wieder ein ganzheitliches, offenes und dialogbasiertes Lern- und Innovationsverständnis zu praktizieren, um Fehlanpassungen erkennen und verringern zu können.

Innovationssysteme sind komplex. Daher überrascht es nicht, wenn ihre Entwicklung in einer (temporär) falschen Richtung verläuft. Wie lässt sich solch eine Fehlanpassung beschreiben? Und was kann diese verursachen?

Die Evolutionsökonomik geht von einer permanenten Zukunftsunsicherheit aus. Jedes positive Systemergebnis ist demnach nur vorübergehend zufriedenstellend, bevor die Akteure – für ihren nächsten Schritt in die Zukunft – erneut (institutionelle) Bedarfe und Wirkungsweisen ausloten müssen. **Versagt die selbstlernende Koordination**, kommt es zu Systemstörungen und Wohlfahrtseinbußen.

- Chaminande et al. (2011/2016, S. 364) bezeichnen dieses Phänomen als **innovationssystemische Problemlage**: Ein System ist nicht länger in der Lage, die Kreation, Absorption, Bewahrung, Nutzung und Verbreitung von ökonomisch nützlichem Wissen durch interaktives Lernen oder interne Investitionen in Forschung und Entwicklung (inhouse R&D investments) zu unterstützen.
- Mit der wissenschaftlichen Diskussion des Klimawandels hat sich zudem der Begriff der **Fehlanpassung** (maladaptation) eingebürgert.
  - Eine Fehlanpassung drückt das Risiko aus, das entsteht, wenn Anpassungsmaßnahmen fehlwirken, schlecht implementiert oder unzureichend durchdacht sind, so Jones et al. (2015, S. 2). Die Autorinnen verweisen zudem auf die häufig verwendete Definition von Barnett und O'Neill (2010, S. 211); danach handelt es sich bei einer Fehlanpassung um eine Handlung, die angeblich durchgeführt wird, um eine **klimawandelbezogene Vulnerabilität** zu verringern oder zu vermeiden, die aber Effekte auslöst, welche die Vulnerabilität von anderen Systemen, Sektoren oder sozialen Gruppen nachteilig betreffen oder verstärken.
  - In der Literatur wird zusätzlich zwischen **Maßnahmen der Abmilderung (mitigation) und der Anpassung (adaptation)** unterschieden (Brasche 2023, S. 46–47); während Abmilderungsmaßnahmen darauf abzielen, den negativen Einfluss des Menschen auf das Klima zu reduzieren und schließlich zu beseitigen (z. B. CO_2-Emissionen), geht es bei Anpassungsmaßnahmen darum, mit den Effekten des Klimawandels umzugehen (z. B. Schutz von Mensch und Material). Wir greifen diesen Unterschied nicht auf, da er die konzeptionelle Logik des Buchs nicht berührt, und setzen an den Hinweisen des vorherigen Kapitels an (vgl. Abschn. 8.2). Danach kann ein Strukturwandel nur bewältigt werden, wenn es zu transformativen Anpassungen kommt und Resilienz als Teil der jeweiligen Anpassungsstrategie verstanden wird.

▶ **Fehlanpassungen** mindern die Zukunftsfähigkeit von (Teilen der) Wirtschaft und Gesellschaft, indem sie deren Widerstandskraft und transformative Leistungsfähigkeit senken. In Innovationssystemen werden dann unzureichend in das gemeinsame Lernen und technischen Fortschritt investiert sowie Zielkonflikte und negative Nebeneffekte vernachlässigt.

Wie lässt sich all dies innovationssystemisch kontextualisieren? Wir orientieren uns grob an Chaminande et al. (2011/2016, S. 364). Die Autor:innen schlagen literaturgestützt vor, bei den **Problemkategorien** zwischen ‚unangemessenen Systemkomponenten' und einer ‚unzureichenden Systemdynamik' zu unterscheiden, wobei sie beide Kategorien auf sich entwickelnde Länder beziehen und auf die zweite Kategorie selbst nicht näher eingehen. Dennoch ist die Unterscheidung in Strukturfaktoren und Veränderungsprozesse hilfreich. Wir fassen hier darunter: (i) Netzwerkdefizite und das Tal des Todes; (ii) Kompetenz-

defizite bei Future Skills und Fachkräftemangel; (iii) institutionelle Defizite und politökonomische Pfadabhängigkeiten; sowie (iv) Transitionsprobleme und das Phänomen Zeit.
Da einige der Aspekte das Vorherige als Schwäche umkehren, geht es im Folgenden eher
um Beispielhaftes als um grundsätzlich Neues. Wir schauen dabei vor allem auf
Deutschland.

Netzwerkdefizite und das Tal des Todes

Die folgenden Argumente setzen am innovationssystemischen Netzwerkverständnis an.
Danach liegen **Netzwerkdefizite** vor, wenn …

- aus Sicht der Akteure die infrastrukturelle Netzwerkausstattung nicht ausreicht, um
  erfolgreich agieren zu können;
- und/ oder es fehlen Netzwerkmerkmale wie bestimmte Organisations- und Rollentypen, durch die wichtige Aktivitäten unterstützt werden;
- und/ oder es sind solche Netzwerkverbindungen nicht vorhanden oder unterbrochen,
  die den gesamten Innovationsprozess von der Erfindung bis hin zur marktlichen Verwertung im Fluss halten.

Aus Sicht eines Innovationssystems sind Infrastrukturen wie Energie, Informations-
technik und Telekommunikation, Transport und Verkehr sowie das Finanz- und Versiche-
rungswesen unverzichtbar. Denn Wissens- und Lernnetzwerke leben davon, sich möglichst friktionsfrei und schnell austauschen zu können. Verkörperte Innovationen müssen
produziert und von Raumpunkt A nach Raumpunkt B transportiert werden. Und Investitionen brauchen Kapital und Innovationen eine Risikoabsicherung. Die genannten
Sektoren zählen zur **kritischen Infrastruktur** und sind damit „von hoher Bedeutung für
das Funktionieren des Gemeinwesens" (Deutscher Bundestag 2023b, S. 4).

- **Infrastrukturdefizite** können quantitativer Art sein, wenn die kapazitative Versorgung
  einer Region nicht adäquat ist (z. B. geringe Ausstattung mit Telekommunikationsnetzen). Oder sie sind qualitativer Art, wenn die Versorgung niedrigwertig ist, was sich
  bei Telekommunikationsnetzen beispielsweise als Generation eines Mobilfunk-
  standards beschreiben lässt (z. B. 3G-Netz versus 4G-Netz versus 5G-Netz). Vor allem
  im ländlichen Raum sind die Herausforderungen groß und die Mittel knapp.
- Der Wissenschaftliche Beirat des Bundeswirtschaftsministeriums (BMW 2020, S. 19)
  stellt – auch mit Blick auf die **Nachhaltigkeit** – für Deutschland fest: „In einigen Bereichen, insbesondere beim Aus- und Umbau der Strom-, Gas- und Wasserstoffnetze
  und der digitalen Infrastruktur, sind große Anstrengungen notwendig, um die Herausforderungen der Energiewende und der digitalen Revolution zu meistern. Um dies zu
  erreichen, ist eine Erhöhung der Mittel für öffentliche Investitionen notwendig".

Zudem können bestimmte Netzwerkelemente wie **Organisations- und Rollentypen** an einem Standort fehlen, wozu auch die Nicht-Existenz von Großforschungseinrichtungen und Fördereinrichtungen für Sprunginnovationen (breakthrough innovations) zählt.

- In Deutschland **fehlen beispielsweise Akteure mit ‚geduldigem Kapital‘**, die für transformative Vorhaben erforderlich sind. Dabei geht es vor allem um kapital- und wissensintensive Technologien und disruptive Geschäftsmodelle, so Achleitner et al. (2019, S. 17); Investoren müssen bei der Finanzierung solcher Vorhaben zehn Jahre und länger aushalten, bis sich erste Erfolge zeigen oder auch nicht: „Das klassische Wagnis-kapitalmodell ist mit seinen inhärenten Anreizsystemen bislang nicht auf solche langen Laufzeiten ausgelegt. Das Potenzial von Unternehmen mit besonders hohem Innovationsgrad bleibt so möglicherweise unausgeschöpft". Die Autor:innen verweisen auf neue Initiativen wie das britische ‚British Patient Capital Programme‘ und die US-amerikanische ‚Long-Term Stock Exchange‘, für die es allerdings noch keine empirisch validen Untersuchungen gibt. Als klassisches Wagniskapital gilt „eine Unterform des außerbörslichen Beteiligungskapitals […], das zwecks Unterstützung in junge Unternehmen/ Start-Ups investiert wird. Der Kapitalgeber kann sowohl privater als auch staatlicher Natur sein" (Deutscher Bundestag 2019, S. 20).
- Röhl (2014, S. 11–12) ergänzt für Deutschland, dass **qualifizierte Business Angels, Berater und Mentoren nicht ausreichend vorhanden** sind: „Business Angels begleiten die neu gegründeten Unternehmen oft langfristig und stellen ihr Expertenwissen als Berater zur Verfügung, was sie von anderen Kapitalgebern unterscheidet. […] Dabei ist das Vorhandensein eines Lead-Investors, meist ein durch den Verkauf seines Unternehmens(anteils) reich gewordener Business Angel, der seine eigene Expertise im Aufbau einer Hochtechnologiefirma in das Zielunternehmen seiner Investition einbringt, […] ein entscheidender Erfolgsfaktor für junge Technologiefirmen mit Wagniskapital-finanzierung". Business Angels können die Gründungsdynamik in Hochtechnologie-bereichen anregen und verstärken und üben somit die wichtige Netzwerkrolle eines Promotors aus.

Zu Fehlanpassungen kommt es zudem, wenn wichtige Netzwerkverbindungen (teilweise) unterbrochen sind. Dies liegt nach Rogers (1962/2003, S. 363) an **Lücken in der Netzwerkstruktur**, da ‚Cliquen‘ nicht ineinander greifen, die – bis zu einem gewissen Maße – die Netzwerkstrukturen bilden; Merkmal einer Clique ist, dass sich ihre Akteure miteinander austauschen, weil sich ihre persönlichen Kommunikationsnetzwerke überlappen.

- Innovationssystemisch kritisch sind vor allem Lücken an der Schnittstelle, an der Ergebnisse der anwendungsorientierten Forschung und Entwicklung in die Kommerzialisierung übergehen. Ist dieser Übergabebereich zu schwach ausgeprägt oder nicht existent, wird er ‚**Tal des Todes**‘ genannt, was auf den deutschen Standort zutrifft (DLR

Projektträger 2022, S. 8): Dies bedeutet für die Spätphase eines Innovationsprozesses, dass Verwertungsideen nicht ausreichend zu Marktneuheiten werden; als mögliche Ursachen werden der mangelnde Transfer an die richtigen Akteure, unzureichende Strukturen oder fehlendes (Risiko-)Kapital genannt.

- Ein Beispiel hierfür liefern die **KI-bezogene Forschung und Kommerzialisierung** in Deutschland. Dort lässt sich zwischen der hohen Produktivität der wissenschaftlichen KI-Forschung und ihrer Verwertung als (erfolgreiche) Unternehmensgründungen eine „Diskrepanz" feststellen (Brühl 2023, S. 524). Brühl kommentiert dies wie folgt: „Vielleicht müssen wir in Deutschland und Europa stärker in Clustern denken, in denen Forschung, Gründungen und industrielle Kooperationen leichter gedeihen als in einem fragmentierten, dezentralen System, wie wir es hier in Deutschland pflegen". Wir greifen dies unten wieder auf, wenn wir institutionelle Defizite diskutieren.

Kompetenzdefizite bei Future Skills und Fachkräftemangel

In **innovationssystemischen Netzwerken** steigt das Risiko für Fehlanpassungen, wenn die Akteure nicht über adäquate Kompetenzen verfügen. Auch braucht es eine ausreichende Zahl an handlungsfähigen Akteuren, was bei Fachkräftemangel nicht der Fall ist.

Kompetenzdefizite liegen vor, wenn Fähigkeiten (vgl. Abschn. 2.1) unterentwickelt sind oder fehlen, die kapazitativ gebraucht werden, um neue Technologien erlernen, adoptieren und selbst produzieren zu können. Dies betrifft auch Fähigkeiten, die „im besonderen Maße zukunftsorientiert" sind und Future Skills genannt werden (Ehlers 2020, S. 58). Solch eine Zukunftsorientierung bedeutet unter anderem, dass sich Akteure in der Lage sehen, mit kausalen Unschärfen und widersprüchlichen Informationen möglichst produktiv und (gesellschaftlich) verantwortungsvoll umzugehen, während sie mit unerwartet Neuem und/ oder Disruptivem konfrontiert sind. Future Skills zählen zu den generischen Kompetenzen und lassen sich unterschiedlich kategorisieren:

- Ehlers (2020) diskutiert die **Future Skills aus Sicht der Hochschulbildung**. Er unterscheidet zwischen (i) individuell entwicklungsbezogenen, (ii) individuell objektbezogenen und (iii) organisationsbezogenen Future Skills. In einem zukunftsunsicheren Umfeld sind dann beispielsweise Fähigkeiten bedeutsam, um …
  - ad (i) mit Vieldeutigkeit, Heterogenität und Unsicherheit in unterschiedlichen Rollen umzugehen und dabei ethische Positionen zu entwickeln und im Diskurs zu überprüfen (**Ambiguitäts- sowie Ethikkompetenz**);
  - ad (ii) komplexe Systeme ganzheitlich zu verstehen und selbstorganisiert und digital mündig zu handeln (**System- sowie Digitalkompetenz**);
  - ad (iii) sich zu orientieren, wenn sich Sinnstrukturen schnell ändern und weiterentwickeln, und eine bisher unbekannte Zukunft mutig, veränderungsbereit und vorwärtsgewandt zu gestalten (**Sensemaking sowie Zukunfts- und Gestaltungskompetenz**).

- Der Stifterverband für die Deutsche Wissenschaft und McKinsey (2018, S. 4) setzen an den **Kompetenzbedarfen der Wirtschaft** an. Sie unterscheiden zwischen (i) den Herausforderungen in der Breite, zu denen digitale Schlüsselqualifikationen (z. B. digitales Denken) und nicht-digitale Schlüsselqualifikationen (z. B. unternehmerisches Denken) zählen, und (ii) den Herausforderungen in der Spitze, für die Spezialisten den Umgang mit transformativen Technologien beherrschen müssen. In beiden Kategorien sehen die Autoren für Deutschland (noch) eine große Kompetenzlücke. Sie fordern – wie Ehlers (2020) – daher in ihrem dritten Diskussionspapier (Stifterverband; Homepage) eine Modernisierung der Hochschulbildung: „Dazu zählen die Konzipierung neuer Studiengänge und die Weiterentwicklung bestehender Curricula, die Vermittlung von Data-Literacy-Kompetenzen, die Schaffung neuer Lernumgebungen und agiler Innovationsräume sowie die Positionierung von Hochschulen als Weiterbildungsanbieter für digitale Transformationsprozesse", also für Aspekte des technologischen Lernens.
- Um Kompetenzen zu erwerben und einzuüben, braucht es **Investitionen, deren Sinnhaftigkeit die Akteure akzeptieren müssen**. Dies ist laut Rogers (1962/2003, S. 234) nicht zwangsläufig der Fall: Denn der Nutzen einer solchen Investition ist vom Eintritt eines unsicheren Ereignisses abhängig und kann erst in der (fernen) Zukunft realisiert werden; und hilft die Investition, den Schadensfall zu vermeiden, wird Letzterer zu einem Nicht-Ereignis, das nicht bewusst wahrgenommen wird; in der Folge breiten sich Ideen, die helfen eine unerwünschte Zukunft zu vermeiden (preventive innovations), weniger rasch aus. Dies betrifft nicht nur verkörpertes Wissen. Kurzfristneigungen führen auch dazu, den Wert der benötigten Kompetenzen zu unterschätzen und zu wenig in deren Entwicklung zu investieren.

Für alle Bildungsstufen gilt: Es muss ausreichend Menschen geben, die (Weiter-) Bildungsangebote nutzen, um hinterher als Fachkräfte auf dem Arbeitsmarkt zur Verfügung zu stehen. Ist dies nicht der Fall, haben wir – wie derzeit in Deutschland – einen **Fachkräftemangel**:

- Als **Ursachen** werden vor allem die Demographie genannt, wenn mehr Menschen aus dem Arbeitsleben ausscheiden als eintreten, und sektorale Treiber, wenn bestimmte Branchen und Berufe an Attraktivität verlieren, besonders unter Krisen leiden und Ausbildungsstellen unbesetzt bleiben. Der Fachkräftemangel betrifft akademisch ausgebildetes ebenso wie nicht-akademisches Personal. Auch nimmt mit zunehmender Betriebsgröße der Personalbedarf und damit deren Lücke zu. Die Daten stammen aus der Konjunkturumfrage des Instituts für Wirtschaftsforschung München (ifo), bei der in Deutschland etwa zehntausend Unternehmen aus dem Verarbeitenden Gewerbe, dem Bauhauptgewerbe, dem Handel und dem Dienstleistungssektor unter anderem zu personellen Engpässen befragt werden (Peichl et al. 2022) und aus der ifo-HR-Befragung, an der regelmäßig über 600 Personalverantwortliche von Industrie-, Handels- und Dienstleistungsunternehmen teilnehmen (Garnitz et al. 2023).

- Neben dem normalen Geschäftsalltag hemmt Fachkräftemangel auch die **digitale und ökologische Transformation**. So fehlen nach Peichl et al. (2022, S. 70) beispielsweise „qualifizierte handwerkliche Fachkräfte für die Umsetzung der Energiewende, etwa für den Ausbau der Erneuerbaren oder im Bereich Gebäudetechnik".
- Als **Lösungsideen** werden diskutiert, Rentner:innen weiterzubeschäftigen (z. B. altersgerechte Arbeitsplätze und Altersteilzeit), Aus- und Weiterbildung zu fördern und Erwerbspotenziale besser auszuschöpfen (z. B. flexible Arbeitszeitmodelle) und Fachkräfte, vor allem aus dem Nicht-EU-Ausland, zuwandern zu lassen. Innerhalb der EU ist Fachkräftemangel ebenfalls ein relevantes Thema.

Institutionelle Defizite und politökonomische Pfadabhängigkeiten

Institutionelle Defizite beziehen sich auf Koordinationsmechanismen, die Fehlanpassungen begünstigen oder selbst auslösen. Solche Probleme können …

- **informeller Art** sein, wenn es zwischen den Akteuren an Vertrauen mangelt und dadurch systemische Interaktionen negativ beeinflusst werden;
- **formeller Art** sein, wenn das formalisierte Regelwerk die Akteure nicht ausreichend unterstützt, Leistungsanreize herabsetzt und/ oder durch widersprüchliche Normensetzung verzerrt.

Um eine unsichere Zukunft zu bewältigen, müssen die Akteure – wie bereits diskutiert – sowohl technologisch als auch institutionell lernen. Denn Akteure, die technologisch lernen, können in einer **institutionellen Sackgasse stecken, die sie (un-)bewusst hemmt**. Johnson (2010, S. 26) begründet dies mit Verweis auf Douglas (1987) wie folgt:

- Erstens können **gewichtige Institutionen so eingeübt** sein, dass Akteure sich umgangssprachlich ‚blind auf sie verlassen' und lieber mit Taktiken und Details beschäftigen als mit institutionellen Korrekturbedarfen.
- Zweitens resultieren Institutionen auch **aus der Macht, sie zu setzen** (z. B. Bestandsschutzregelungen). Sie sind nicht zwangsläufig politisch neutral. Je stärker der Staat auf allen Ebenen fallbezogen, also diskretionär eingreifen darf, und je älter ein Staat wird, desto stabiler können sich wirtschaftliche und politische Machtpositionen und -beziehungen ausprägen und eigene ‚Silos' und Pfadabhängigkeiten hervorbringen (vgl. Abschn. 8.3).

Aus Sicht **reifer Länder** sind vor allem der Umgang mit geistigen Eigentumsrechten und Governance-Herausforderungen relevant, halten Chaminande et al. (2011/2016, S. 372) zumindest tabellarisch fest. Wir greifen diesen Hinweis auf.

Geistiges Eigentum gehört zum Markenkern einer Marktwirtschaft. Denn es erlaubt einem Akteur, die Nutzung seines Eigentums zu steuern und zu Geld zu machen. Daher wird dieser Anreiz vom Staat tendenziell genutzt, wenn er ein bestimmtes Verhalten stimulieren will. Institutionelle Probleme entstehen, wenn der regulative Umgang mit geistigem Eigentum dessen stimulierende Wirkung verzerrt (widersprüchliche Anreize) und/ oder Nebeneffekte hervorruft, die Fehlanpassungen begünstigen. Hier zwei innovationssystemische Beispiele, die sich auf offene Praxis- und Transfergemeinschaften beziehen:

- Innovationssysteme profitieren von offenen Praktiken und deren Innovationsimpulsen, wie das Beispiel der FLOSS-Gemeinschaften (z. B. KI-Software) gezeigt hat. Urheber:innen können dort Kodifiziertes frei zugänglich machen, indem sie sich für eine Open-Source-Lizenz entscheiden. Setzt der Staat zusätzliche Anreize, können diese seiner eigentlichen Absicht eines offenen Innovationsprozesses widersprechen. So hat die EU die Möglichkeit institutionalisiert, dass eine Softwarekomponente gleichzeitig unter zwei Lizenzbedingungen genutzt werden kann (**dual licensing**). Diese Zweifachlizensierung führt jedoch dazu, dass sich FLOSS-Mitglieder mit ihren Community-Beiträgen stärker zurückhalten; auch erlaubt sie Personen und Organisationen, sich offene Software und offene Quelldaten derart anzueignen, dass es die Lizenzierungsabsicht verletzt und missbräuchlich werden kann (EP 2021, S. 12).
- Innovationssysteme profitieren zudem von einer offenen Forschung und deren Innovationsimpulsen, wie das Beispiel des Technologietransfers zwischen Hochschulen und der Wirtschaft unterstreicht. Hochschulen können hierfür mit Unternehmen Drittmittelprojekte realisieren. Diese interorganisationale Kooperation schafft **geistiges Eigentum, das den Hochschulen als Einnahmequelle dient**.
  - Die Deutsche Forschungsgemeinschaft (DFG 2021, o. S.) stellt fest, dass die ‚wissenschaftsgeleitete, wettbewerblich organisierte Drittmittelforschung‘ zwar wichtig für eine dynamische Forschungslandschaft ist. Zugleich betont sie, dass der Wettbewerb verzerrt ist. Denn für die Teilnahme muss eine Hochschule exzellent und zudem finanzkräftig sein: „Um ihre Leistungsfähigkeit in der Forschung zu sichern, sind die Hochschulen dazu gezwungen, **Mittel aus anderen Bereichen, nicht zuletzt der Lehre, in die Drittmittelforschung zu verlagern**. Damit schwächen sie aber ihre im deutschen Wissenschaftssystem einzigartige Funktion: Nur sie können durch die Verbindung von Forschung und Lehre der Gesellschaft auf dem aktuellen Stand der Forschung ausgebildete junge Menschen zur Verfügung stellen".
  - Fehlen Ressourcen und ist der Fokus nicht ganzheitlich, können sich weitere institutionelle Defizite daraus ergeben. So wird für die Hochschullehre beispielhaft mit Blick auf Future Skills und die dazugehörenden **Green Skills** kritisiert, dass fachspezifische Angebote „häufig fakultativ [sind] und unverbunden zu anderen Modulen [stehen]", also versäult angeboten und nicht transversal durchdacht sind; und „[n]icht selten fehlt die Anbindung an die Bedarfe des Arbeitsmarktes" (Stifterverband; Homepage); um die Hochschulbildung bei den ‚Green Skills‘ voranzubringen, haben der Stifterverband, die Carl Zeiss Stiftung und die Deutsche Bundesstiftung Umwelt daher eine Anwendergemeinde (Community of Practice) ins Leben gerufen, in der sich die beteiligten Hochschulen verstärkt hierzu austauschen.

In Innovationssystemen müssen Anreize, die mittels geistiger Eigentumsrechte gesetzt werden, als Teil eines ganzheitlichen Steuerungsdesigns gedacht werden. Die Steuerung selbst wird neudeutsch **Governance** genannt. Wir vertiefen sie im dritten Buchteil (vgl. Kap. 10 und 11) und öffnen den Themenraum schon einmal mit beispielhaften Stellungnahmen und – weiter unten – mit Hilfe der strategischen Industriepolitik, ohne deren Erwähnung eine innovationssystemische Diskussion unvollständig ist.

- Der Wissenschaftliche Beirat des Bundeswirtschaftsministeriums (BMW 2020, S. 3) beklagt, dass die deutschen Infrastrukturmängel nicht nur auf zu geringe Investitionsmittel zurückzuführen sind, sondern „maßgeblich" auf „ungeeignete Governance-Strukturen". Er sieht den deutschen Staat daher in der Pflicht, **politische Entscheidungsstrukturen, „die Investitionen systematisch hemmen oder verzerren**, zu identifizieren und zu korrigieren".
- Zudem verhindert eine fehlende Politikkohärenz, dass sich Politiken widerspruchsfrei auf ein gemeinsames Ziel ausrichten lassen. Die OECD (2020, S. 6) sieht diese Fehlanpassung – gerade mit Blick auf Nachhaltigkeitsziele – gegeben und verweist auf sektorale Politiken, die es stärker über alle Politikebenen zu integrieren gilt, um – seitens der verschiedenen Akteure – zu konsistenteren Entscheidungen zu gelangen. Ist dies nicht der Fall, wird für die Entscheidungsträger der eigene Aufgabenbereich zum ‚Silo'. Absprachen unterbleiben und es kommt es zu einem Flickenteppich an Einzelsteuerungen (**fragmentierte Governance**), was – neben Widersprüchlichkeiten – zu Ressourcenverschwendungen führt. Dies wirkt sich vor allem bei Querschnittsbereichen wie der Umweltpolitik nachteilig aus, die stark mit der Wirtschafts-, Energie-, Verkehrs- und Landwirtschaftspolitik vernetzt ist, so das Umweltbundesamt (UBA 2014, S. 4): „Vor diesem Hintergrund werden umweltpolitische Fragestellungen zunehmend zu wirtschaftlichen und sozialen Fragestellungen, wie die Energiewende oder große Infrastrukturprojekte im Verkehrsbereich zeigen. Da Zuständigkeiten zu ein und demselben Thema häufig auf mehrere Ressorts verteilt sind, müssen bereits innerhalb der Politik unterschiedliche Interessen und Sichtweisen ausgeglichen werden". Damit wächst das Risiko, dass institutionelle Mechanismen nicht ganzheitlich ineinandergreifen und das Vertrauen in die staatliche Steuerungsfähigkeit sinkt – zumal bei einer globalen Dimension.
- Auch der Rat für Nachhaltige Entwicklung (2022, S. 2) fordert vom deutschen Staat eine ressortübergreifende Innovationsstrategie mit gesetzlich verankerten Öffnungsklauseln sowie eine **Strukturreform der Verwaltung, damit diese agil, offen und missionsorientiert handeln kann**. Er ergänzt: „Ebenso bedarf es einer ehrlichen Kommunikation, die zum Mitmachen bei der Transformation aktiviert, indem sie offen deren Notwendigkeit und Herausforderungen thematisiert".

Je mehr der Staat seinen diskretionären Handlungsspielraum ausbauen kann, desto größer werden seine Steuerungsaufwände und das Risiko möglicher Fehlanpassungen. Dies lässt sich anhand der **strategischen Industriepolitik** nachzeichnen, die all unsere Komplexitätsstufen (vgl. Kap. 7, 8, und 9) innovationssystemisch verzahnt.

- Die strategische Industriepolitik ist eine **Strukturgestaltungspolitik**, durch die typischerweise Innovation, Produktivität und Wirtschaftswachstum angeregt werden sollen; industriepolitische Maßnahmen werden jedoch auch verwendet, um Klimatransition, gute Jobs, regionale Aufholprozesse, Exporte oder eine Importsubstitution zu befördern, so Juhász et al. (2023, S. 2, 4, 12): Gearbeitet wird vor allem mit Fördermitteln wie Subventionen und mit exportbezogenen (Schutz-)Maßnahmen zu Gunsten der heimischen Industrie (knapp 90 % aller Maßnahmen); dies deutet darauf hin, dass die moderne Industriepolitik viel Geld kostet, so die Autoren, wobei die Zahl der industriepolitischen Interventionen mit dem Pro-Kopf-Einkommen eines Landes steigt.
- Industriepolitisch wird die **Förderung von Schlüsseltechnologien** betont (z. B. EP 2021), um wettbewerbliche Positionen in strategischen Industriefeldern auf- oder auszubauen. Zu den europäischen Hauptkonkurrenten zählen die USA und China. Während dort der Auswahlprozess, welche Technologien gefördert werden sollen, gebündelt organisiert und institutionalisiert ist, gibt es in der Europäischen Union (EU) hingegen „keine ressortübergreifende Liste an kritischen Technologien"; vielmehr werden „immer wieder neue Listen mit unterschiedlichem Detail- und Verbindlichkeitsgrad benannt" (Falck und Falk 2024, S. 13, 14); hinzukommt, dass bei den Maßnahmen zur Förderung technologischer Souveränität die Förderung von Forschung und Entwicklung (F&E) und die umstrittene Förderung des Aufbaus von Produktionskapazitäten (z. B. Chip-Fabriken) zunehmend „verschwimmen". Damit greift der Staat bewusst in Marktprozesse ein.
- Fördert der Staat Aktivitäten, die ohne Subventionen am Standort langfristig nicht wettbewerbsfähig sind, kommt es nach Ablauf der Subvention zur Einstellung oder Abwanderung der Produktion. Der Sachverständigenrat (2009, S. 227) betont, dass „der Versuch, Marktchancen auszumachen und zu ergreifen, mit einer hohen Unsicherheit behaftet [ist]. Es ist daher stark zu bezweifeln, dass es dem Staat überhaupt gelingen kann, dort ‚Champions' zu schaffen, wo Unternehmen dies ohne seine Hilfe nicht gelingt". Juhász et al. (2023, S. 7) sehen den ‚ultimativen Test' für eine funktionsfähige Industriepolitik allerdings weniger darin, den Gewinner zu erkennen (to pick winners); vielmehr geht es darum, ob der Staat – vor allem bei öffentlichem Druck – Verlierer untergehen lässt (**to let losers go**); denn dies bedeutet, Pfadabhängigkeiten bewusst zu verlassen.
- So stellen Fuest et al. (2024, S. 14) in einer umfänglichen Studie fest, dass in der EU die **F&E-Investitionen und Patentaktivitäten möglicherweise pfadabhängig verlaufen**; dies drückt sich unter anderem darin aus, dass an Midtech-Sektoren wie der Automobilindustrie festgehalten wird und Hightech-Sektoren (z. B. Softwareindustrie, Biotechnologie) strategisch vernachlässigt werden, was die Autoren anhand eines Zeitpunktvergleichs (2003, 2012, 2022) veranschaulichen: Danach hat sich in der EU die Zusammensetzung der Top-3-Investitionsbereiche von einem Mix aus Automobil- und Elektronikindustrie (2003: Mercedes-Benz, Siemens, Volkswagen) auf die Automobilindustrie verengt (2012, 2022: Volkswagen, Mercedes-Benz, Bosch); in den USA hingegen ist die Automobilindustrie bereits 2012 aus der Liste der Top-3-Investoren ver-

schwunden (2003: Ford, Pfizer (Pharma), General Motors; 2012: Microsoft (Software), Intel (Hardware), Merck (Pharma)); nun dominiert die Softwareindustrie (2022: Alphabet, Meta, Microsoft).

- Fuest et al. (2024, S. 17–25) kritisieren an der EU-Governance, dass deren Innovationspolitik organisatorisch der ‚European Innovation Council (EIC) and SMEs Executive Agency' (EISMEA) zugeordnet worden ist, also einer Behörde, deren originäre Aufgabe in der Förderung von klein- und mittelständischen Unternehmen (KMUs; englisch: SMEs) besteht; so fließen etwa **zwei Drittel der Fördermittel an KMUs und hier vor allem an bereits etablierte Unternehmen** (Fuest et al. 2024, S. 23): Offen ist, so die Autoren, ob ein derart KMU-bezogenes Innovationsmodell erfolgreich ist; offensichtlich hingegen scheint, dass es dem Europäische Innovationsrat eher darum geht, KMUs den Zugang zum Kapitalmarkt zu erleichtern als bahnbrechende Innovationen anzuregen; als umfänglicher Aspekt kommt aus Sicht der Autoren hinzu, dass der Rat dabei die Sektoren unterzufinanzieren scheint, die der EU helfen können, der Midtech-Falle zu entkommen.

- Zudem verfügt das US-amerikanische ARPA-Modell (Advanced Research Project Agency), welches das europäische EIC-Modell offiziell inspiriert hat, neben einem deutlich höheren Budget über ‚Hunderte von hochqualifizierten Programmmanagern', die eine begrenzte Zahl von Projekten mit fallbezogener Entscheidungsmacht verwalten, betonen Fuest et al. (2024, S. 23); zum Zeitpunkt der Studie sind bei dem EIC-Counterpart hingegen nur neun Programmmanager aktiv, die eine unverhältnismäßig große Zahl und Vielfalt an Projekten verwalten müssen, wobei die geringe Zahl an Programmmanagern zugleich die Diversität der verfügbaren Expertise massiv begrenzt. Die Art der Governance beeinflusst – neben Ressourcenausstattung und Aufgabenzuordnung – somit, ob **Entscheidungsträger überfordert** werden bzw. ausreichend Expertise und Entscheidungs- und Gestaltungsmacht verfügbar sind.

• Ob die Industriepolitik erfolgreich ist, ist dennoch schwierig zu messen. Dies liegt an der Vielzahl und Vielfalt der eingesetzten Instrumente. Gerade in den vergangenen beiden Jahrzehnten ist das **Eingriffsspektrum der europäischen Industriepolitik deutlich ausgeweitet** worden und wird nun auch von dem geopolitischen Argument getrieben, dass in bestimmten Wirtschaftsbereichen eine strategische Autonomie gebraucht wird, um sich nicht global erpressbar zu machen (z. B. (Rohstoff-)Abhängigkeit von China).

- So hat die **Globalisierung** einerseits eine internationale Ordnung hervorgebracht, die marktwirtschaftlichen Prinzipien folgt (z. B. Regelwerk der Welthandelsorganisation) und mit der Hoffnung verbunden ist, dass die Welt politisch kooperiert und multilaterale Lösungen für dringliche Probleme findet (z. B. internationale Klimaabkommen). Andererseits gibt es aufstrebende Staaten (z. B. BRIC-Ländergruppe mit China und Indien), die nicht länger die eher westlich geprägten Normen akzeptieren wollen und sich machtpolitisch sogar über bestehende Regelwerke hinwegsetzen (konfrontative Multipolarität). Dies hat eine unübersichtliche „Vielzahl von Allianzen, Foren und Verhandlungsformationen" hervorgebracht und gelegentliche Konfrontationen in zentralen Politikfeldern ausgelöst, insbesondere in der Sicherheits- und Klimapolitik, so Roth und Ulbert (2015, S. 17). Die globale Zukunft ist folglich nicht nur ökonomisch, sondern auch politisch ungewiss, so dass mit unterschiedlichen Außenhandelsszenarien gearbeitet wird, die von Deglobalisierungsvarianten bei Produktion und Handel (reshoring, nearshoring, friendshoring) bis hin zu diversen Blockbildungen und Handelskriegen reichen (z. B. Dorn et al. 2022).

- Trotz bestehender Governance-Probleme arbeitet die EU daher an einer ‚neuen Industriepolitik', die sich immer stärker vertikalisiert. Hierzu das Fraunhofer-Institut (2022, S. 101): „In der Europäischen Union lässt sich ein industriepolitischer Trend hin zu einer stärkeren **Fokussierung auf ganze soziotechnische Systeme bzw. auf Systemtransformationen** feststellen. Konzipierte Förderinstrumente und Strategien setzen nicht nur bei der reinen Technologieförderung und -entwicklung an, sondern beziehen sich auf die gesamte Wertschöpfungskette einer Technologie, von der Materialentwicklung bzw. Rohstoffgewinnung bis hin zum Transfer oder zum Recycling. […] Gleichzeitig werden Forderungen nach einer Überarbeitung des europäischen Wettbewerbsrechts laut, insbesondere unter dem Eindruck eines zunehmenden internationalen Wettbewerbs". Denn Hauptkonkurrenten wie China praktizieren keine Wettbewerbspolitik (vgl. Abschn. 7.2).
- In der Gesamtschau schlussfolgert das Fraunhofer-Institut (2022, S. 102), dass die neue Industriepolitik der Europäischen Union und Deutschlands „in vielen Bereichen sowohl politisch als auch grundsätzlich noch der **konzeptionellen Klärung [bedarf]**, bevor sich ein schlüssiges Gesamtbild – und daraus wirksame fördernde Maßnahmen ergeben können".

Die strategische Industriepolitik eignet sich für die Diskussion potenzieller Steuerungsdefizite. Denn es gibt viele Gründe, welche – aus Sicht eines Landes – die eigene wettbewerbliche Position in strategischen Industriefeldern gefährden können, zumal ständig neue Störereignisse auftreten. Mit der Vielzahl und Vielfalt an Industriepolitiken erhöht sich jedoch das Risiko, dass Zielkonflikte und Nebeneffekte unreflektiert bleiben, zumal sich – bei einem inkohärenten Politikdesign – die Informationslage zunehmend verschlechtert und Pfadabhängigkeiten attraktiv scheinen. Schieben sich industriepolitische Bedarfe in den Vordergrund, werden zudem **politökonomische Bedenken** wach. So weist der Sachverständigenrat (2009, S. 228–230) darauf hin, dass die Wettbewerbspolitik, welche die Funktionsfähigkeit des Wettbewerbs schützt, „häufig durch Interessenverbände [Ablehnung] erfährt", während für die Industriepolitik mit „dem Verweis auf deren vermeintlich sichtbare Erfolge" geworben wird (z. B. Beschäftigungswachstum). Das Beratungsgremium ergänzt: „Ein Fallstrick bei der Beurteilung industriepolitischer Maßnahmen ist jedoch die mögliche Konfusion zwischen diesen beobachtbaren Erfolgen von geförderten Unternehmen oder Branchen und den tatsächlichen gesamtwirtschaftlichen Auswirkungen des staatlichen Eingriffs". Denn: „Die Gefahr der Vereinnahmung der Politik durch Partikularinteressen ist vor allem die Konsequenz dieser Nicht-Beobachtbarkeit der entstehenden Kosten: Die Nutznießer einer staatlichen Förderpolitik spüren deren Wirkung sofort, die Unternehmen, Arbeitnehmer und Steuerzahler, die durch die Politik geschädigt werden, zumeist nicht" (vgl. Abschn. 8.3). Und mangelt es an Wettbewerb, können einzelne Unternehmen eine Marktmacht ausüben, welche „zu Missbrauch einlädt".

Kurzum: Innovationssysteme sind komplex adaptive Systeme, in denen vielschichtige Prozesse ablaufen und es immer wieder zu Fehlanpassungen und systemischen Instabilitäten kommt. Zu den Ursachen zählen institutionelle Defizite, die in reifen Volkswirtschaften vor allem durch eine fragmentierte Governance entstehen, machtvollen Interessengruppen Handlungsspielraum bieten und von globalen Ungewissheiten und Zufallsereignissen begleitet sind. In westlich geprägten Innovationssystemen müssen daher die wettbewerbliche Koordination (vgl. Kap. 7), die umverteilende Koordination (vgl. Kap. 8) und die selbstlernende Koordination in einem **ganzheitlichen Steuerungsansatz** zusammengeführt werden. Dabei ist auch das Phänomen Zeit zu berücksichtigen.

Transitionsprobleme und das Phänomen Zeit

Bei der Systemdynamik geht es um **Transitionsprobleme**.

*   Liegen Transitionsprobleme vor, sind die **Akteure nicht in der Lage, ihren jeweiligen Organisationszweck erfolgreich auszuüben**, während sie Prozessschritte im Rahmen eines Wandlungsprozesses (z. B. technologische Pfadverschiebung) vollziehen. Mit Transformation ist der Systemwechsel selbst gemeint.
*   Aus Sicht der Politikpraxis ist ein **Transitionsmanagement erfolglos**, wenn es nicht gelingt, eine Logik aus den Elementen Resilienz – Diversifizierung – Evolution zu bilden und in ein adäquates Politikdesign und eine Politikimplementierung zu überführen (TREnD Project 2020, S. 18).

Was Transitionen zu Fehlanpassungen macht, kehrt Vieles um, was wir als Stärken diskutiert haben. Für zusätzlich Vertiefendes, das die Zeit in den Blick nimmt, wird auf die anschauliche Diskussion von Geels und Schot (2007, S. 403–405) verwiesen. Die Autoren kombinieren unter Verweis auf Suarez und Oliva (2005) zeitlich diverse Störungsphänomene (allmählicher Wandel, Hyperturbulenzen, spezifische Schocks, Disruptionen, lawinenartige Veränderungen) mit Faktoren, die über das **Timing und die Art von Interaktionen** entscheiden; so hängt die Taktung beispielsweise davon ab, welche Gelegenheitsfenster sich in Krisenzeiten für Nischeninnovationen öffnen, und die Art der Interaktion davon, ob sich Nischeninnovationen und Regimetechniken Konkurrenz machen oder leistungssteigernd ergänzen. Und Vieles mehr.

Für unsere Zwecke reicht aus, wie Hermann-Pillath (2002, S. 184–185) das **Phänomen Zeit** charakterisiert. Er weist darauf hin: „Vergangenheit ist das erinnerte Unveränderliche, Zukunft das unbekannte Veränderliche, Gegenwart ist die Zeit des Handelns. Nimmt man diese Dreiheit als Ausgangspunkt, wird die konventionelle Projektion einer linearen, eindeutig skalierten Zeit auf ökonomische Prozesse fragwürdig". Evolutionsökonomisch ist wichtig, dass menschliches Handeln „auf Prozesse einwirkt bzw. durch Prozesse beeinflusst wird, die in ganz unterschiedlichen Dimensionen ablaufen". Dies hat nach Herrmann-Pillath (2002, S. 184–202) Implikationen:

- Es kommt zu **Koordinationsproblemen**, weil Phänomene, die sich rasch ausbreiten, radikal herausfordernd wirken und zwingend bewältigt werden müssen (z. B. Pandemien), während dem Menschen sich langsam vollziehende Veränderungen weniger bewusst sind (z. B. anfängliche Klimaveränderungen). Weitere Beispiele sind, dass sich Finanzmärkte schneller als Gütermärkte verändern und ein Wandel in der Wirtschaft schneller als ein Wandel in der Gesellschaft abläuft.
- Geschwindigkeitsdifferenzen betreffen auch den Wert von Wissen und Wissensstrukturen. Dann geht es um die Frage, **welches Wissen welche ,Halbwertszeit' hat** und was dies für die Evolution von Wissen bedeutet.
- Hinzukommt, dass die Zeit, selbst wenn wir sie durch Konventionen vergleichbar machen, vom **Zeiterleben des Akteurs** abhängt, so dass die Synchronisierung von Prozessen abzustimmen ist. Gerade in den westlichen Ländern wird Zeit oft als knappes Gut empfunden, weil dort „der Bedarf nach zeitlicher Koordination zugenommen hat".
- Das Handeln selbst hängt davon ab, wie die Akteure ihre **Erwartungen über die Zukunft bilden** (vgl. Abschn. 2.2, Kap. 3 und 5): „Sämtliche herrschende Theorien versuchen in irgendeiner Weise, dieses Problem zu eliminieren, indem sie die Zukunft berechenbar scheinen lassen: Sie ist zumindest einem Wahrscheinlichkeitskalkül zugänglich. […] Denn ein Wahrscheinlichkeitskalkül setzt voraus, dass es eine eindeutig bestimmte Liste möglicher Ereignisse bzw. möglicher Zustände der Realität gibt, denen dann Wahrscheinlichkeiten (subjektiv oder objektiv) zugeschrieben werden. Eine in der Gegenwart nicht antizipierbare Veränderung dieses Zustandsraumes (etwa die Erfindung eines Produktes) ist nicht mehr mit Wahrscheinlichkeiten kalkulierbar". Es gibt folglich Akteure, die eine nicht-berechenbare Zukunft vermeiden, also eine berechenbare Zukunft bevorzugen. Diese Menge spaltet sich wiederum auf in Akteure, die den Nutzen des Zukunftskonsums ,kleinrechnen', was wir als Gegenwartspräferenz bezeichnet haben, und in Akteure, die es attraktiv finden, in die scheinbar berechenbare Zukunft zu investieren.
- Nichtsdestotrotz macht die menschliche Vernunft durch eigene Entscheidungen Zukunft planbar. Die Akteure schaffen dann „Zeitstrukturen, die in die Zukunft reichen. Das Mittel hierzu sind zum einen die bereits angesprochene Kapitalbildung, zum anderen aber die Selbstbindung an bestimmte Strukturen von Netzwerken". **Menschen konstruieren also Zukunft**, indem sie kreativ werden und/ oder das erwartete Verhalten von Anderen in die eigene Erwartungsbildung miteinbeziehen (vgl. Kap. 4). Da Handeln in der Zeit abläuft, ist es nicht nur „komplex zeitlich geordnet"; es „fixiert auch Strukturen der Zukunft", wobei die Zukunft „nicht vollständig durch die Vergangenheit und Gegenwart bestimmt ist".

Wir illustrieren die Diskussion innovationssystemischer Schwächen mit einem abschließenden **Nachhaltigkeitsbeispiel** zur Bioökonomie. Der Sektor eignet sich, da er – gerade im Bereich der Nahrungsmittel- und Gesundheitsversorgung – von traditionellem Leben ebenso geprägt ist wie von rasantem biotechnologischen Fortschritt. Daraus haben sich auf globaler und nationaler Ebene vielfältige (institutionelle) Defizite entwickelt.

Biodiversität, geistige Eigentumsrechte und systemische Probleme

Beim Übereinkommen über die biologische Vielfalt (Convention on Biological Diversity (CBD)) geht es um die Erhaltung von Natur und Arten, in die sich zivilgesellschaftliche Gruppen wie Umweltschutzorganisationen und indianische Völker einbringen können. Und es geht um den Zugang zu genetischen Ressourcen. Denn der Mensch beeinflusst die Biodiversität durch Züchtungen. Und er kann **Gentechnologisches patentieren lassen**, wodurch er sich die Ergebnisse rechtlich aneignet. Dies macht die Biodiversität auf allen Ebenen zum wirtschaftlichen und politischen Streitthema, bei dem auch institutionelle Macht eine Rolle spielt. Verkürzt dargestellt geht es um die wirtschaftlichen Interessen der nördlichen Nutzerländer (globaler Norden) und um diejenigen der südlichen Bereitstellerländer (globaler Süden), in denen der Umgang mit der Natur als traditionelles Wissen gespeichert ist.

- Was den Umgang mit Biodiversität und geistigen Eigentumsrechten institutionell herausfordernd macht, ist vor allem eine **(global) fragmentierte Governance**. So gibt es zahlreiche und vielfältige Regelungen, die nicht nur Konflikte, sondern auch Widersprüche erzeugen. Der Beirat für Biodiversität und Genetische Ressourcen (2010, S. 4) führt für Deutschland – neben den allgemeinen Rechtsgrundlagen – folgende maßgeblichen Regelungen auf: Das deutsche Patentgesetz (PatG), das Europäische Patentübereinkommen, die Biopatentrichtlinie des Europäischen Parlaments und Rats (Richtlinie 98/ 44/ EG), das Abkommen über die handelsbezogenen Aspekte geistigen Eigentums (TRIPS) als Teil des internationalen Handelsregimes der Welthandelsorganisation, die oben erwähnte CBD und ihre Protokolle (z. B. Nagoya-Protokoll), den Internationalen Vertrag für pflanzengenetische Ressourcen für Ernährung und Landwirtschaft (ITPGRFA), der ein System öffentlich zugänglicher Saatgutbanken ermöglicht, sowie das Internationale Übereinkommen zum Schutz von Pflanzenzüchtungen (UPOV) mit dem für Deutschland relevanten Sortenschutzgesetz, das die europäische Verordnung Nr. 2100/94 (EG) des Rates über den gemeinschaftlichen Sortenschutz berücksichtigt. Das TRIPS sieht allerdings vor, dass bei Pflanzensorten geistiges Eigentum gegeben sein kann, wenn diese durch sich selbst eine Klasse bilden (sui-generis System).
- Kritisch ist der **Übergang von der Biodiversität als Gemeingut zur Biodiversität als Naturkapital**. Denn dies erlaubt die zunehmende Exklusivität biodiverser Ressourcen, deren Nutzen dann ökonomisch und gesellschaftlich zu bewerten ist. Ein Beispiel bei Fatheuer (2016, S. 30) zeigt schon für das vergangene Jahrzehnt, dass

zehn Saatgutkonzerne 73 % des weltweiten Marktes dominieren; bei genetisch veränderten Pflanzen sind es im betrachteten Zeitraum 90 %, da gentechnisch modi-
fizierte Organismen als patentierbare Erfindung gelten, „auch wenn es nur eine
letzte Entwicklung ist, die auf jahrhundertealten Züchtungen von Nutzpflanzen beruht". Dies stellt das Schutzgut Biodiversität in Frage, das es „als klar definiertes
Objekt im Grunde genommen gar nicht gibt" (Kehl 2014, S. 273–274); der Autor ergänzt: „Integrative Forschungsansätze, welche die verschiedenen Perspektiven und
Methoden der biologischen Biodiversitätsforschung verbinden (Taxonomie, Gene-
tik, Ökologie etc.), wären wünschenswert, werden jedoch durch die Heterogenität
der Fragestellungen, der theoretischen Konzepte und der erhobenen Daten behindert. Noch unklarer ist die Situation, wenn man den Zusammenhang zwischen
Biodiversität und den sogenannten Ökosystemleistungen in den Blick nimmt, ein
Forschungsfeld, das im Zuge des Ökonomisierungtrends und nutzenorientierter
Betrachtungsweisen zunehmend an Bedeutung gewinnt".

- Vor allem die maschinelle Gensequenzierung schafft neue Herausforderungen, da
  sie genetische Ressourcen isolieren kann. Werden Patente angefochten, muss nach-
  gewiesen werden, dass keine erfinderische Leistung vorliegt, sondern nur der Stand
  des Wissens, in das entschlüsselte DNA-Sequenzen zentraler Tierrassen und
  Pflanzensorten eingehen sollen (Beirat für Biodiversität und Genetische Ressourcen
  2010, S. 14, 18); und ist ein Biopatent erteilt, besteht die Gefahr, dass sich eine
  Marktmacht durch Strategien wie Folgepatente oder Patentblockaden verfestigt,
  durch die Wettbewerber in ihrer Forschung behindert werden können; zudem können ein **Patentdickicht entstehen, Fragmente geistigen Eigentums sich überlappen und durchaus widersprüchliche Ansprüche** gestellt werden. Der Beirat
  für Biodiversität und Genetische Ressourcen nennt als Beispiel den ‚Goldenen
  Reis', an dem 70 Stücke geistigen Eigentums und 15 Stücke technischen Eigentums
  von 31 Organisationen gehalten werden; öffentlich finanzierte Forschung wirkt hier
  immer weniger als Gegengewicht, so der Beirat (2010, S. 20), weil sich biotechnologische Forscher:innen über die Patentierung und wechselseitige Lizenzierung den
  Zugang zum Forschungsfeld offen halten und – in beruflichen Leistungsbe-
  wertungen – Patenteinreichungen durchaus besser evaluiert werden als Fach-
  publikationen.

- Ein institutionelles Spannungsfeld entsteht zudem, weil Regelwerke wie CBD und
  ITPGRFA kollektive Rechte an Naturgütern anerkennen sowie das traditionelle Wissen für den Umgang mit den Naturgütern. Abkommen wie das TRIPS und das
  UPOV hingegen schützen die privaten Eigentumsrechte an biologischen Lebens-
  formen von Personen und Firmen, sofern diese erfolgreich beantragt worden sind.
  Gerade in den **westlichen Ländern ist das Primat der Eigentumsrechte vorherrschend** wie auch die Praxis, Stoffe dort zu sammeln, wo sie natürlich vorkommen, wenn sie neue Produkte oder Methoden begünstigen (bioprospecting).
  Dabei kann es vorkommen, dass biodiverse Ressourcen und traditionelles Wissen
  (z. B. über Heilmittel) missbräuchlich angeeignet und ohne Vorteilsausgleich ver-

wendet werden, was als Biopiraterie diskutiert wird (Soria López und Burger-Menzel 2014, 12). Dies ist ein offener Konflikt, selbst wenn sich die Weltorganisation für Geistiges Eigentum seit dem Jahr 2000 für den Schutz traditionellen Wissens einsetzt und das CBD-Sekretariat eine Struktur für Zugangs- und Vorteilsausgleichsregelungen eingezogen hat (z. B. Clearing-Stelle). So wird 2016 bei der zweijährigen CBD-Sitzung der Vertragsstaaten (COP12) in Mexiko ‚besorgt' festgestellt (CBD 2016, S. 4–5), dass die 2011 vereinbarte Integration der betroffenen Akteure, vor allem der indianischen und lokalen Bevölkerung, noch immer unzureichend ist wie auch deren erforderliche Kompetenzbildung, damit ihre Beteiligung effektiv ausfallen kann. Auch 2022 auf der COP15 in Montreal werden die Ziele der Inklusion und Kompetenzentwicklung dieser Gruppen noch immer als erforderlich angesehen, wobei alarmiert auf den fortschreitenden Verlust an Biodiversität hingewiesen wird (CBD 2022, S. 2, 12–13).

Die Bioökonomie hat folglich deutliche **innovationssystemische Schwächen**. Diese setzen sich – auch in der westlichen Welt – aus Netzwerkdefiziten (z. B. fragmentierte Netzwerke), Kompetenzdefiziten (z. B. unzureichende Inklusion) und institutionellen Defiziten (z. B. unverbundene Regularien) zusammen und werden von mächtigen Interessengruppen in unterschiedlichen Verhandlungsumfeldern zu Gunsten biotechnologischer Eigentumsrechte fortgeschrieben.

- Zudem sind die **zeitlichen Strukturen und Geschwindigkeiten komplex**. So hat das traditionelle Leben eine niedrigere Geschwindigkeit als das moderne Leben und hat zu Letzterem in Denkweisen und Praktiken – wenn überhaupt – kaum relevante Schnittstellen ausgeprägt. Rechtliche und politische Systeme ticken wiederum langsamer als wirtschaftliche und technisch digitale Systeme, wie der biotechnologische Fortschritt beispielhaft zeigt. Er beschleunigt sich ständig, wodurch sich Innovationszyklen verkürzen und immer mehr ‚Patentschnipsel' entstehen. Zudem gibt es unterschiedliche Veränderungsgeschwindigkeiten bei der Landnutzung und Ausbeutung bestimmter regionaler Ressourcen, beim Klimawandel und bei der Geschwindigkeit, mit der Biodiversität verloren geht. Und Vieles mehr.
- Westliche Innovationssysteme, die sich allein auf die Schaffung und Nutzung biotechnologischer Eigentumsrechte ausrichten, entwickeln isolierte Lösungsansätze, zumal die **Biodiversität grenzüberschreitende Effekte produziert und eng mit der Klimapolitik verbunden** ist (z. B. über Waldrodung und erodierende Flächen). Sie muss sich daher in globalen Nachhaltigkeitsbezügen verorten und innovationssystemisch umfassender gedacht werden. Darin stecken nicht nur Konflikte (z. B. Schutzklauseln), sondern auch potenzielle Synergien (z. B. neue klima- und ernährungspolitische Lösungsansätze). ◄

9.4   Wie lassen sich die Ergebnisse systemisch einordnen?

Zusammenfassung

In Innovationssystemen geht es darum, Lernergebnisse wirtschaftlich so zu ver-
werten, dass sie die Zukunftsfähigkeit von Wirtschaft und Gesellschaft stärken.
Zwar werden alle Transaktionen weiterhin im Kern wettbewerblich und ergänzend
bedarfsgerecht koordiniert. Allerdings ist das Ganze nun in selbstlernende Mechanismen eingebettet. Denn allen Akteuren ist bewusst, dass es mehr als die eigenen
Fähigkeiten und Wissensbestände braucht, um ausreichend überlebensfit zu sein. Sie
nutzen daher ihre Diversität, um vielfältige Beziehungen zu bilden. Bei der Lösungssuche werden – je nach Perspektive – unterschiedliche innovationssystemische Ausschnitte betrachtet (lokal, regional, national, europäisch, global). Im Ergebnis konkurrieren nicht nur Akteure, sondern auch Standorte miteinander. Der Systemrand
zum Politiksystem ist offen. Der Staat ist – neben seinen bereits diskutierten Aufgaben – nun auch Initiator und Regulator von Forschungs- und Innovationsprozessen, wobei die Steuerbarkeit von Prozessen begrenzt ist. Denn abgesehen von
menschlichen Irrtümern und politökonomischen Blockaden ist ein Teil der Entwicklungen zufallsabhängig. Aus Sicht der transformativen Nachhaltigkeit ist wichtig, dass Wirtschaft und Gesellschaft veränderungsbereit und zukunftsfähig sind und
aus vielversprechenden Nischenansätzen gesamtwirtschaftliche Lösungsansätze
werden, bis eine weitere (institutionelle) Neuausrichtung erforderlich wird. Der
innovationssystemische Ansatz der Evolutionsökonomik beschreibt zwar ‚nur‘ ein
Aspekt-System. Dennoch ist der Ansatz in der Lage, den komplexen Menschen im
Rahmen komplex adaptiver Systemzusammenhänge abzubilden.

Die Evolutionsökonomik schaut auf das Miteinander in Innovationssystemen. Doch wie
lässt sie sich selbst systemisch einordnen?

Die **Evolutionsökonomik** diskutiert, wie neues Wissen arbeitsteilig entsteht und
innovationssystemisch genutzt wird, während die Zukunft ungewiss ist. Die Ergebnisse
über die Zeit lassen sich auf der Makroebene idealtypisch als lange Wellen bzw.
Kondratjew-Zyklen beschreiben, wobei jeder Zyklus mehrere Jahrzehnte umspannt
(z. B. digitale Revolution). Allerdings geht es beim evolutionsökonomischen Ansatz nicht
darum, Innovationen zu maximieren und makroökonomische Prozesse zu steuern. Es geht
um Zufallsereignisse und stochastische Prozesse, um menschlichen Versuch und Irrtum
und darum, Fehlanpassungen zu erkennen und lösungsorientiert zu korrigieren. In der
Gesamtschau laufen die wesentlichen Innovationsprozesse immer dynamisch und ent-
wicklungsoffen, also evolutionär ab.

Um den evolutionsökonomischen Ansatz systemisch einzuordnen, nutzen wir wieder die **Kategorien**, die am Ende von Kap. 6 (vgl. Abschn. 6.5) abgeleitet worden sind (siehe Merkkasten: Selbstlernende Koordination).

▶ **Wichtig Selbstlernende Koordination**: Systeme, die sich nach der Evolutionsökonomik wie folgt kennzeichnen lassen:

- **Systemausrichtung**: (Kollektive) Wissensverwertung im Rahmen von Innovationsprozessen => gutes Leben besteht aus temporär erfolgreichen Anpassungsschritten bei Zukunftsunsicherheit, wobei ein gesundes und produktives Leben die Absorptionskapazität für neues Wissen erhöht und ein inklusives Lernen ökonomische Chancen eröffnet (z. B. soziale Innovationen) und neue Lebensentwürfe hervorbringen kann;
- **Systemkoordination**: Selbstlernende Koordination => Interaktionsmechanismen basieren auf Lernprinzipien, die in Wissensnetzwerken praktiziert werden und in Wettbewerbsbezüge und umverteilende Korrekturen eingebettet sind;
- **Systemgröße**: Aspekt-System => Gesamtsystem bezogen auf die Entdeckungs- und Fortschrittsfunktion, was die Interaktionsbeziehungen aller Akteure relevant macht, die neues Wissen produzieren, speichern, transferieren und nutzen sowie initiieren und regulieren;
- **Systemelemente**: Diversität der Akteure => Akteure handeln durchaus eingeschränkt rational; allerdings gibt es attributive Unterschiede, die sich vor allem auf persönliche Eigenschaften, Fähigkeiten, intrinsische Motivationskräfte, Herkunftsmerkmale (z. B. historisch-kulturelle Milieuprägung), Netzwerkrollen und -positionen beziehen;
- **Systemaustausch**: Teilweise vielschichtige Beziehungen => aus instrumentellen Beziehungen können – durch normative und affektive Bindungskräfte – Gemeinschaften entstehen, die vertrauensvoll technologisch und institutionell lernen; was durch die Netzwerke fließt, hat jedoch unterschiedliche Diffusionsreichweiten, was von den Merkmalen des jeweiligen Netzwerks abhängt (z. B. Machtstruktur);
- **Systemoffenheit**: Offener Rand des Wirtschaftssystems => Akteure aus Politik und Bürokratie sind Akteure des Innovationssystems, soweit sie dessen Bedingungen beeinflussen; bei einem partizipativen Steuerungsansatz lässt der Staat verschiedene Arten staatlicher, marktlicher und hybrider Koordinationsmechanismen zu;
- **Systemstabilität**: Teilweise zufallsgetriebene, chaotische und unterschiedlich dynamische Entwicklungen => grundsätzlich sind Entwicklungen der längeren Frist schwer prognostizierbar und planbar; zudem können gesellschaftliche Reaktionen auf Störereignisse zu unterschiedlichen Wachstumsgeschwindigkeiten und Fehlanpassungen führen und temporäre Instabilitäten verstärken;
- **Systemische Prägekraft**: Potenziell selbst- und fremdwirksame Akteure => Wissensnetzwerke befördern Lernprozesse, den Transfer von Lernergebnissen

und können über ihre potenzielle Diffusionskraft Systeme prägen; ob die Nachhaltigkeitstransformation gelingt, hängt – neben Machtfaktoren – von gruppenübergreifenden Motivationskräften und der Ausprägung an Zukunftsfähigkeit in Wirtschaft und Gesellschaft ab.

- **Ad Systemausrichtung**: Das gute Leben umfasst technisch verkörperte Lösungen, die der Gesellschaft helfen, mit disruptiven Ereignissen (z. B. großflächiger Stromausfall) und unsicheren Zukunftsentwicklungen (z. B. Klimawandel) widerstandskräftig umzugehen. Auch sollen technologische (Aufhol-)Prozesse es den Akteuren ermöglichen, dass sie ein langes und gesundes Leben führen und wirtschaftlich aktiv und kreativ sein können. Es geht nicht länger um rein marktliche Optimierungsentscheidungen bei Ressourcenknappheit, sondern darum, wie im Rahmen von Innovationsprozessen temporär erfolgreich gelernt werden kann. Neben technisch verkörperten Neuheiten sind daher neuartige Praktiken (z. B. soziale Innovationen) als Systemergebnis unverzichtbar, zumal sich daraus alternative Lebensentwürfe entwickeln können (z. B. nachhaltiger Lebensstil). In der Gesamtschau braucht es neben dem BIP weitere Messgrößen, zu denen der Index der menschlichen Entwicklung und die nachhaltigen Entwicklungsziele (SDGs) ebenso zählen wie der sogenannte Glücksindex (vgl. Abschn. 6.3).
- **Ad Systemkoordination**: Das System koordiniert sich über Lern- und Wissensnetzwerke. Dabei treibt die wettbewerbliche Koordination über die Fortschrittsfunktion Mechanismen an, durch die sich Ideen zu Technologien entwickeln und als Geschäfts- und Produktideen ausbreiten (techno-ökonomischer Wandel). Dies gilt selbst für nichtunternehmerische Akteure wie Forschende, für die es beispielsweise um leistungsbezogene Reputationsgewinne geht. Allerdings hängt das Systemergebnis davon ab, wie eine Gesellschaft mit kreativen Zerstörungen und dem Unbekanntem umgeht. Denn Gesellschaften können technologisch bedingten Wandel annehmen und sich anpassen (sozio-institutioneller Wandel) oder auf Altem beharren und Neuerungen entgegenwirken, was sich als Pfadabhängigkeit beschreiben lässt. Letztere bremst die Wirkkraft und Dynamik von Lern- und Wissensnetzwerken aus. Für Lundvall et al. (2011/2016, S. 6–7) geht es beim evolutionsökonomischen Ansatz folglich eher um Innovationsprozesse als um Allokation und eher um gemeinsames Lernen als um rationale Wahlentscheidungen.
- **Ad Systemgröße**: Der innovationssystemische Ansatz betrachtet ein Aspekt-System. Es geht um alle Bereiche auf allen Ebenen, in denen Entdeckung und Fortschritt eine wichtige Rolle spielen. Unverzichtbare Akteure sind weiterhin die Unternehmen, soweit deren kreative Schöpfungen aus intra- und interorganisationalen Wissensnetzwerken stammen, zu denen auch nicht-unternehmerische Akteure (z. B. Forschungsorganisationen) gehören. Mit zunehmender Diffusionsreichweite wächst die Größe des betrachteten Systems. Sie variiert also mit der Zahl der interagierenden Akteure, je nachdem, ob beispielsweise ein sektoraler Ausschnitt (z. B. Maschinenbau) oder geographischer Ausschnitt (z. B. Lausitzer Region oder europäischer Forschungsraum)

betrachtet wird. Und er variiert mit der Innovationsart. Denn bei sozialen Innovationen handelt es sich um organisationale Ideen und Praktiken, die an bereits vorhandenen Innovationen ansetzen und häufig zivilgesellschaftlich initiiert und angewendet werden.

- **Ad Systemelemente**: In innovationssystemischen Ansätzen wird davon ausgegangen, dass die Akteure divers sind. Erstens sind bei der gleichen Anzahl von Merkmalen (z. B. Bedürfnisse, Ressourcenausstattung) diese unterschiedlicher ausgeprägt als in der Mainstream-Ökonomie. Denn neben Marktteilnehmern gibt es jetzt auch Akteure, die nicht-gewinnorientierten Organisationen oder der Zivilgesellschaft angehören. Zweitens ist die Zahl der Attribute pro Akteur in der Regel größer. Denn die Akteure haben Persönlichkeitsmerkmale und/ oder die unterschiedlichsten Fähigkeiten (vgl. auch Abschn. 2.3). So weisen Unternehmensgründer:innen meist ein bestimmtes Profil auf, zu dem eine überdurchschnittlich hohe Innovations- und Risikofreude zählt, was sie als ‚Schumpetersche Pionierunternehmen' auszeichnet. Auch braucht das Lernen in Wissensnetzwerken Attribute, welche sich auf die kognitive Absorptionsfähigkeit (Humankapital) und diverse Netzwerkkompetenzen (Sozialkapital) beziehen.
- **Ad Systemaustausch**: Vernetzung entsteht mit der Gelegenheit zum Kontakt. Doch nicht jeder Kontakt ist gleich attraktiv. Es bilden sich in einem Netzwerk somit stärkere und schwächere, gleichartige und andersartige Beziehungen heraus. Eine Vielzahl an Informationsquellen und pluralistische Kollaborationsmuster sind nach Freeman (1991, S. 500) daher eher die Regel als die Ausnahme. Da Netzwerkentwicklungen durch Akteure mit bestimmten Attributen (z. B. positionale Macht, hohes Sozialkapital) vorangetrieben werden, entwickeln Netzwerke Eigenschaften (z. B. clusterbildend). Auch können bestimmte Bedingungen den Austausch begünstigen (z. B. Reformoffenheit als Milieufaktor). Netzwerke können allerdings ‚dichtmachen'. Dann verdünnt sich der Wissensaustausch mit fremden Netzwerken und kann sogar gänzlich zum Erliegen kommen. Zu den Gründen zählen kapazitative Grenzen (z. B. infrastrukturelle Überlastung) ebenso wie Blockaden, die kognitiv oder sozio-kulturell bedingt sind (z. B. Versagens- oder Verlustängste). Damit beginnt der Psychologiefaktor auf allen Ebenen eine Rolle zu spielen, was die folgende Abbildung überblicksartig zeigt (siehe Abb. 9.3, nach Grundidee von Burger-Menzel und Assadi 2012, S. 256).
- **Ad Systemoffenheit**: Die Evolutionsökonomik geht von einem offenen Rand des Wirtschaftssystems aus. Wichtig ist vor allem das Politiksystem. Denn in Innovationssystemen geht es nicht allein um die Konkurrenz zwischen Unternehmen. Auch Standorte treten in Konkurrenz zueinander, deren infrastrukturelle und institutionelle Bedingungen maßgeblich vom Staat beeinflusst werden. Es geht dann beispielsweise um die Qualität des staatlichen Bildungs- und Forschungssystems, um das Potenzial ihrer reibungslosen Zusammenarbeit mit der Wirtschaft und um das unternehmerische Gründungsklima. Dies verschiebt den Blick vom staatlichen Reagieren auf ein staatliches Agieren, also ein Gestalten der genannten Bereiche. Hotz-Hart und Rohner (2014, S. 310) beschreiben dies als „Innovationswettlauf der Nationen", der durch „global-strategische Interessen geprägt und beeinflusst" wird. Die Autoren ergänzen: „Eine Konsequenz der neuen Verteilung der Gewichte dürfte sein, dass die verschiedenen Natio-

Abb. 9.3 Innovationssysteme, Kontextebenen und der Faktor Psychologie

nen, insbesondere die USA und China, einzelne F&E- und Technologie-Felder noch stärker und bewusster unter strategischen Gesichtspunkten beobachten, prüfen und bewerten werden. Sie werden ihre Politik in der einen oder anderen Form aufgrund dieser Beobachtungen ausrichten und Kontrolle anstreben. Dies stärkt die Industriepolitik, wie sie von allen großen Ländern inklusive USA betrieben wird"; dabei geht es um sicherheitspolitische und militärische Faktoren, um eine politisch-ökonomische Dominanz, die Kontrolle über große Technologieentwicklungen, um eine strategische Autonomie und/ oder um profitable Geschäftsbereiche. Der politische Wettbewerb ist also evolutionsökonomisch bedeutsam, zumal mobile Unternehmen einen Standort wechseln können, wenn dieser ihnen nicht länger vorteilhaft erscheint. Im Ergebnis geraten Regierungen unter Druck, was ihre Entscheidungs- und Handlungsweisen verändert.

- **Ad Systemstabilität**: Aus Sicht der Evolutionsökonomik sind Innovationen und Kontextentwicklungen in einen Mix aus Risiken und Ungewissheiten eingebettet (vgl. Kap. 3), was von instabilen Veränderungen begleitet sein kann. In der Folge können Versuch und Irrtum zu Fehlinnovationen und Fehlanpassungen führen. Innovationssystemisch relevant sind vor allem Ungleichgewichtsprozesse, die durch singuläre Ereignisse wie eine neue Treibertechnologie ausgelöst werden. Eine solche Technologie wirkt wie ein großer Schock, der selten und unregelmäßig auftritt und dennoch gewisse Gesetzmäßigkeit zu haben scheint (Kondratjew-Zyklen). In der Realität gibt es jedoch keine scharfen Grenzen zwischen einer kontinuierlichen Pfadentwicklung (Evolution) und einem radikalen Paradigmenwechsel (Revolution). Vielmehr kommt es zu einer Vielzahl von Transitionsentscheidungen in unterschiedlichen Handlungsfeldern, die von den diversen Akteuren unter den Bedingungen der jeweiligen Netzwerkkonstellationen und Kontextbedingungen getroffen werden. Zu den Kontextbedingungen zählen menschengemachte Störungsereignisse und Schwankungen (z. B. Krieg als historische Ursache) ebenso wie umweltbezogene Entwicklungsbrüche, die mit einer nicht-linearen Dynamik und Chaos einhergehen (z. B. Extremwetterereignisse, potenzielle Kipppunkte). All dies macht systematische Interpretationen herausfordernd, was die Evolutionsökonomik theoretisch und methodisch anerkennt.

- **Ad systemische Prägekraft**: Die Evolutionsökonomik betont (extreme) Informationsunsicherheiten und die Notwendigkeit von Lern- und Lösungsgemeinschaften, um mit
  Transformationsdruck umgehen und diesen in transitorische Handlungsorientierungen
  übersetzen zu können. Hierfür verweist sie auf frühere Kondratjew-Zyklen, die zeigen, wie
  transformative Technologien bereits mehrfach die menschlichen Lebensumstände techno-
  ökonomisch und sozio-institutionell massiv verändert haben. Es ist Akteurgruppen demnach möglich, vielversprechende Nischenlösungen – über den Zwischenschritt einer kritischen Masse und deren Selbstverstärkungseffekte – in die Breite der Wirtschaft und Gesellschaft zu tragen. Was dies für die Zukunft bedeutet, bleibt dennoch offen. Gerade die
  Transformation der Nachhaltigkeit scheint von diversen Handlungslogiken und deren
  Widersprüchlichkeiten besonders betroffen, so dass sich bisher keine ausreichende Aufbruchstimmung entwickelt und als Veränderungsbereitschaft kulturell ausgeprägt hat. „Selbst
  [der Begriff der] Nachhaltigkeit wird von verschiedenen Akteuren anders interpretiert"
  (Burger-Menzel 2023, S. 191). Ein solcher Kontext erleichtert es machtvollen ‚Veto-
  spielern', nachhaltige Prozesse dezentral (bottom-up) und zentral (top-down) zu blockieren.

9.5   Was lernen wir von der Evolutionsökonomik über Komplexität in marktwirtschaftlichen Systemen und was nicht?

Zusammenfassung

Hiermit schließt unser Kapitel 9, das aus Sicht der Evolutionsökonomik den komplexen Menschen in komplex adaptiven Systemen diskutiert. Ausgewählte Aspekte sind
das Denken in Netzwerkbezügen, also in den Strukturen, Prozessen und Attributen,
die beeinflussen, was zwischen den Akteuren ausgetauscht, gelernt und (kreativ)
praktiziert wird. Zudem macht uns die Evolutionsökonomik bewusst, dass das Unberechenbare Teil der menschlichen Realität ist und einen strategischen Umgang erfordert, um als Wirtschaft und Gesellschaft zukunftsfähig handeln zu können. Und
sie öffnet uns – gemeinsam mit der Alten Institutionenökonomik – die Augen dafür,
dass sich mit der Kultur auch Institutionen wandeln, was bei der Netzwerk-Steuerung
zu berücksichtigen ist, wenn sie nicht selbst unberechenbar werden will. Zu den Erkenntnislücken zählt, dass die Evolutionsökonomik zwar ganzheitlich denkt. Fehlt
ihr als Ausgangspunkt ihrer empirischen Analysen jedoch ein ausreichend historisches Verständnis der jeweiligen Standort-Akteure-Konstellation, kann sie soziokulturell wichtige Faktoren übersehen. Hinzukommt, dass sie makroökonomische
Phänomene (noch) weitgehend ignoriert, darunter die ko-evolutionäre Dynamik zwischen Wirtschaft und Umwelt im Anthropozän, die für die Nachhaltigkeitstransformation entscheidend ist. So fehlen der Evolutionsökonomik derzeit noch Antworten darauf, wie mit einer digital verschwenderischen, moralisch getriebenen und
unter Zeitdruck stehenden Systementwicklung innovationssystemisch umzugehen ist.

Im zweiten Buchteil geht es um (wirtschafts-)systemische Zusammenhänge, deren Komplexität wir stufenweise entwickelt haben. Mit dem innovationssystemischen Ansatz der Evolutionsökonomik ist die letzte Komplexitätsstufe erreicht. Welche innovationssystemischen Erkenntnisse sind zu betonen? Und welche Erkenntnislücken gibt es (noch)? Hierzu ausgewählte Aspekte.

Was kann die Evolutionsökonomik leisten?

- Die innovationssystemischen Ansätze der Evolutionsökonomik helfen uns, **in Netzwerkbezügen zu denken**. Etwas fließt durch (in-)formelle Netzwerke, stockt, verschwindet oder kann bestimmte Löcher in den Netzwerkstrukturen nicht überwinden. Dies ist eine eigene Sicht und Denkweise. Sie macht uns bewusst, dass Wissen und Lernen nicht vom Himmel fällt (Exogenität), sondern aus dem System heraus entstehen muss (Endogenität). Und sie lässt uns erkennen, dass ein systemischer Bezugsrahmen aus Marktwirtschaft und Demokratie zu kurz greift, wenn dabei selbstlernende Mechanismen ausgeblendet werden. Innovationssystemisch geht es dabei nicht nur um technologisches Lernen und Faktoren wie die Passfähigkeit von Inhalten und (Kommunikations-)Formaten. Auch das institutionelle Lernen entscheidet darüber, was auf welche Weise durch ein Netzwerk fließt. Hilfreich ist vor allem die Diffusionsforschung. Sie liefert Hinweise auf Schwellenwerte, die es zu überwinden gilt, auf eine kritische Masse, die es braucht, um Selbstverstärkungseffekte auszulösen, und Vieles mehr. Erst vor diesem Hintergrund wird vollständig nachvollziehbar, warum der WBGU (2011, S. 200, S. 258) bei der Nachhaltigkeitstransformation die Bedeutung von Netzwerkrollen und systemischen Prägekräften betont und zugleich auf das Blockadepotenzial machtvoller Interessengruppen hinweist („It's politics, stupid!").
- Abgesehen vom Denken in Netzwerken fordert die Evolutionsökonomik uns alle auf, mit Lösungen zu experimentieren, **Fehlertoleranz und Zukunftsoffenheit zu praktizieren** und uns die hierfür notwendigen Kompetenzen anzutrainieren (z. B. Future Skills), um als Wirtschaft und Gesellschaft zukunftsfähig(er) zu werden. Denn in komplex adaptiven Systemen kommt es immer wieder zu unvorhersehbaren Pfadabweichungen und disruptiven Ereignissen, die sich einer Lenkbarkeit entziehen. Dies ist ein Weckruf. Die meisten Akteure (auch aus der Wissenschaft) scheinen sich primär auf die Gegenwart und eine berechenbare Zukunft zu konzentrieren, wobei das Nicht-Berechenbare (per Annahme) ausgeblendet oder durch den Einsatz von Macht strategisch blockiert wird. Trifft solch ein Verhalten auf kritische Transformationsbedarfe (z. B. der Nachhaltigkeit), verstärken sich Fehlanpassungen. Der Mensch gräbt sich dann eher eine Grube (z. B. lokaler Tunnelblick) als lösungsorientiert Transitionsschritte zu vollziehen. In der Folge werden potenziell hilfreiche Nischenansätze nicht in die wirtschaftliche und gesellschaftliche Breite getragen, es sei denn, es kommt zu einer dramatischen Krise, welche die Akteure zu einer Neuausrichtung zwingt. Die Evolutionsökonomik arbeitet damit nahe an der Realität und ersetzt die Illusion der Mainstream-Ökonomik, dass unsere Welt berechenbar und über Allokationsentscheidungen immer wieder stabilisierbar ist, was das menschliche Verhalten einschließt.

- Die Evolutionsökonomik sensibilisiert uns dafür, dass die Steuerung von Netzwerken eine **soziokulturelle Wachsamkeit** erfordert. Denn für die Evolutionsökonomik haben das wirtschaftliche und das politische System offene Ränder. Und in beiden Systemen sind diverse Akteure in teilweise multiplexen Beziehungen und unterschiedlichen Netzwerkstrukturen aktiv, die sich beständig verändern (vgl. Abschn. 4.1).
  - Folglich unterliegen auch die (in-)formellen Regeln, die das politökonomische und gesellschaftliche Zusammensein bestimmen, einem evolutionären Wandel. Um dies besser zu verstehen, arbeitet die Evolutionsökonomik mit der **Alten Institutionenökonomik (AIÖ)** zusammen, für die Institutionen Momentaufnahmen kultureller Entwicklungen sind (vgl. Abschn. 6.4). Danach werden soziale Normen und Konventionen, Gesetze und Praktiken sowie Organisationsformen ausverhandelt, erstritten oder spielen sich im Alltag auch auf unbeabsichtigte Weise ein. Und oft weicht das institutionelle Ergebnis vom ursprünglich Angedachten ab. Dies macht soziale Ordnungsstrukturen zum Handlungsergebnis von vielen Akteuren (von Hayek 1973, S. 37) und nicht zum Ergebnis eines zielführenden Designs. Die Evolutionsökonomik erkennt folglich an, dass sich Netzwerke durch soziokulturelle Faktoren ständig verändern und berücksichtigt dies bei der innovationssystemischen Steuerung von Netzwerken. Die Mainstream-Ökonomik bedient sich hingegen der Neuen Institutionenökonomik und deren Annahme, dass sich Institutionen zielführend, also erfolgreich handlungslenkend setzen lassen.
  - Wird die Vorstellung akzeptiert, dass scheinbar vertraute Institutionen ihre Gültigkeit verlieren können (z. B. durch Identitätswandel), kann dies auch Normen und Handlungsprinzipien betreffen, die systemisch wichtig sind, wie dies bei den Grundprinzipien der wettbewerblichen, umverteilenden und selbstlernenden Koordination der Fall ist. Diese ordnen das wirtschaftliche und gesellschaftliche Handeln, solange sie aus Sicht der Akteure sinnhaft erscheinen (vgl. Abschn. 6.1). Werden solche Grundprinzipien von bestimmten Gruppen nicht länger akzeptiert, löst sich die ‚Ordnungsklammer' der Netzwerke auf. Netzwerklöcher entstehen oder weiten sich. Damit nehmen auch die Steuerungsherausforderungen zu, häufig auf nicht vollständig verstandene Weise. In der Folge wächst das Risiko, dass es zu widersprüchlichen und wohlfahrtsschädlichen Politiken kommt, was als **fragmentierte Governance** diskutiert wird und ein bereits vorhandenes Staatsversagen verschärfen kann (vgl. Abschn. 8.3). Darunter leidet vor allem die Nachhaltigkeitstransformation, für die möglichst widerspruchsfreie Politiken unverzichtbar sind (Politikkohärenz).
  - Die Evolutionsökonomik und die Alte Institutionenökonomik machen uns folglich bewusst, dass die Steuerung von innovationssystemischen Netzwerken nur funktioniert, wenn zugleich eine **bewusste Kulturentwicklung** stattfindet (vgl. Kap. 10 und 11). Davon sind auch die staatlichen Akteure betroffen. Denn nur der Staat hat die gesellschaftsvertragliche Verantwortung und Durchsetzungsmacht, für eine innovationssystemische Gesamtkohärenz und für den Gesamtzusammenhalt des sozialen Systems zu sorgen (Dalum et al. 2010, S. 305). Seine Akteure müssen demnach das Einnehmen verschiedener Sichtweisen (Multiperspektivität) als Kompe-

tenz trainieren. In den USA wird dies beispielsweise dadurch begünstigt, dass technologiepolitische Akteure „verschiedene Welten praktisch erfahren", weil sie Tätigkeitswechsel zwischen wissenschaftlichen Think Tanks, Wirtschaft und Politik vornehmen; „[d]ie Regelungen des öffentlichen Dienstes dürfen solch einer Mobilität nicht im Wege stehen" (Burger-Menzel und Huyoff 2016, S. 138).

Was kann die Evolutionsökonomik nicht leisten?

- Die Evolutionsökonomik hat dort einen Nachteil, wo sie Ursache-Wirkungs-Beziehungen theoretisch postulieren oder empirisch auf eine verallgemeinernde Weise nachweisen will. Denn die meisten Standorte unterscheiden sich so stark voneinander, dass sie **unvergleichbare Einheiten** darstellen. Gleiches gilt für die Akteurgruppen. Lundvall (2010, S. 333) empfiehlt daher, für jede Standort-Akteure-Konstellation (z. B. Cluster) ein historisches Verständnis zu entwickeln, um alle relevanten soziokulturellen Merkmale aufdecken und systematisch einordnen zu können (z. B. Entwicklungsniveau, Gruppengröße, lokale Zugehörigkeit), bevor die Wechselbeziehungen dieser Akteure mit anderen Akteuren untersucht werden.

- Zudem konzentriert sich die Evolutionsforschung auf die Mikro- und Meso-Ebene. Es gibt folglich eine **Leerstelle bei der Betrachtung gesamtwirtschaftlicher Entwicklungen, also der Makroökonomie**, selbst wenn lange Wellen bzw. Kondratjew-Zyklen idealtypisch diskutiert werden. Dies ist kritisch. Denn bestimmte Makro-Entwicklungen werden in unserer globalen und schnelllebigen Welt mehr und mehr bedeutsam. Oder in den Worten von Dosi (2022, S. 11): „No matter what, some of the biggest challenges ahead concern major macro issues. Its almost total absence has in fact been one of the major faults of the contemporary evolutionary community since the start". Er ergänzt (S. 13, 16–18): „The basic micro and meso building blocks are there […] One of the biggest challenges is to connect them to the eminently macro levels. In order to do that, one has to focus on the relationships between technology, productivity and growth". Der Autor betont dabei vier Aspekte, die stärker in die evolutionsökonomische Diskussion einzubinden sind: (i) Die Auswirkung von technischem Fortschritt auf Arbeitseinsparung und Nachfrageschöpfung; (ii) die dramatische Zunahme der Einkommens- und Vermögensschere während der letzten Jahrzehnte; (iii) die Transmissionsmechanismen zwischen der Finanz- und Realwirtschaft; sowie (iv) die koevolutionäre Dynamik zwischen Wirtschaft und Umwelt in einer menschenvollen Welt (Anthropozän).

- Obwohl die Evolutionsökonomik realitätsnah arbeitet, wenn sie sich mit einer ungewissen Zukunft beschäftigt, hat sie **mit Blick auf die Nachhaltigkeitstransformation noch keine ausreichenden Antworten** entwickelt. Denn die bisherigen Kondratjew-Zyklen haben einen eigenen 40–60-Jahresrhythmus entfalten können. Nun gibt es Warnrufe, dass die Folgen des Klimawandels gravierend sein werden, wenn wir nicht rechtzeitig innerhalb der nächsten fünfzehn bis zwanzig Jahre umsteuern (z. B. grüne Digitalisierung). Damit fallen auch verzerrte menschliche Verhaltensweisen wie die Gegenwartspräferenz oder Verlustaversion stärker ins Gewicht (vgl.

Abschn. 5.3). Es geht also um Fragen, wie Menschen zu einer dauerhaften Verhaltens-änderung bewegt werden können, wenn es ihrem Wesen zu widersprechen scheint, und welche Wirkung moralische Appelle überhaupt entfalten können (vgl. Abschn. 8.3). Zwar befasst sich die Evolutionsökonomik mit Hilfe der Alten Institutionenökonomik mit der Kulturentwicklung und stellt fest, dass es in einer lernenden Gesellschaft die fundamentalste Funktion der Regierung ist, über die vorherrschende Institutionalisie-rung das systemische Vertrauen und die Moral aller Akteure zu stärken, und dass diese Aufgabe erleichtert wird, wenn sich die Akteure als Mitglieder einer gerechten Gesell-schaft empfinden (Dalum et al. 2010, S. 314). Doch was heißt dies bei fragmentierten Netzwerken (z. B. Parallelgesellschaften) und unterschiedlichen Geschwindigkeiten (z. B. traditionelle versus moderne Mittelschicht)? Welche Moral ist überhaupt geeig-net und lässt sie sich so institutionalisieren, dass sie zur Moralität wird? Und kann sich daraus überhaupt ein stabiles Muster an Politikgestaltung ergeben?

Die innovationssystemische Sicht hat uns auf die Stufe **komplex adaptiver Systeme** gehoben. Sie betont Lern- und Wissensnetzwerke und die Bedeutung dezentraler Pro-zesse. Damit unterstreicht sie den Bedarf, dass die staatlichen Akteure einen Teil der Steuerung nicht-staatlichen Akteuren überlassen (netzwerkbasierte Governance), um – an-gesichts eines ungewissen Handlungsumfelds – temporär passfähige Lösungen zu entwi-ckeln. Dies hat eigene Herausforderungen, wie der Hinweis auf fragmentierte Netzwerke zeigt. In solch einem Fall werden nicht nur Zuständigkeiten herausgefordert. Auch die Glaubwürdigkeit der Politikverantwortlichen kann leichter ins Wanken geraten, da sich die Normen verschieben, an denen sie gemessen werden. Kurzum: Die Evolutionsöko-nomik macht uns bewusst, dass die Steuerung selbst zu etwas Neuem und Unvorher-sehbarem werden kann. Wir setzen an diesem Erkenntnisstand im dritten Buchteil an und versuchen, mit Hilfe weiterer Forschungsansätze und der instrumentellen Verknüpfung von Regulierung, Kulturentwicklung und Nudging erste Antworten zu finden (vgl. Kap. 10 und 11).

9.6 Sechste Etappe: Entscheiden Sie Ihre Systemparameter – Gesellschaftliche Motivationskräfte

Willkommen zurück zum sechsten Teil des INSEL-Experiments (vgl. Abschn. 6.6). Stel-len Sie sich dabei zusätzliche Handlungsbedingungen vor:

- Auf Ihrer INSEL werden die Produktmärkte maßgeblich über den Wettbewerb ko-ordiniert und Ihre politischen Forderungen nach einer gerechten Umverteilung sind weitgehend geklärt worden.
- Allerdings haben Sie die geologischen, klimatischen und ökosystemischen Faktoren auf Ihrer INSEL noch nicht vollständig verstanden (z. B. Naturereignisse). Sie halten es daher für notwendig, **Bedingungen zu schaffen, die Ihre INSEL-Gesellschaft**

widerstands- und veränderungsfähiger machen. Innerhalb des nächsten halben Jahres sollen die Voraussetzungen hierfür verbessert werden.

Sie und die Anderen haben also Zeit, um herauszufinden, wie **Wissensaustausch und Lern- und Anpassungsmechanismen wirken.** Hierzu erhalten Sie jetzt anregende Reflexionsfragen und Denkanstöße:

1. Was ist für Sie und Ihre Gruppe ein gutes Leben, wenn Wissensaustausch und Lern- und Anpassungsprozesse auf Ihrer INSEL gut funktionieren?
2. Welchen Stellenwert hat solch ein gutes Leben für Sie? Und wie begründen Sie dies?
3. Wer übernimmt in Ihrem INSEL-System welche Art von Eigenverantwortung? Wie hängen Eigenverantwortung und systemische Komplexität zusammen?
4. Nach welchen Kriterien werden auf Ihrer INSEL die Ressourcen verteilt, wenn die (planetare) Zukunft unsicher ist? Und was können Sie damit erreichen?
5. Nach welchen Kriterien werden in Ihrem INSEL-System die Einkommen verteilt? Welche Vor- und Nachteile hat diese Art der Einkommensverteilung?
6. In welchen Bereichen brauchen Sie Innovationen, um das gute Leben weiterzuentwickeln und dabei ausgewählte Lebensstandards zu halten? Auf welche Art von Innovationen setzen Sie dabei?
7. Welche ökonomischen und politischen Experimentiermöglichkeiten wollen Sie in Ihrer INSEL-Gesellschaft verwirklichen? Was wollen Sie damit erreichen?
8. Wie sieht Ihr Bild von der gesellschaftlichen Zukunft auf Ihrer INSEL aus? Welche Schwerpunkte wollen Sie dabei setzen?
9. Welche Argumente überzeugen Ihre INSEL-Gesellschaft davon, einen grundlegenden Wandel zuzulassen? Und wie gehen Sie dabei – im Sinne eines zukunftsoffenen und lernenden Wirtschafts- und Politiksystems – mit den Bereichen Ökonomie, Soziales und Ökologie um?

Literatur

Achleitner, Ann-Kristin, Braun, Reiner, Behrens, Jan Henning, und Lange, Thomas (2019): Innovationskraft in Deutschland verbessern: Ökosystem für Wachstumsfinanzierung stärken, Acatech-Studie, Deutsche Akademie der Technikwissenschaften, München, https://www.acatech.de/wp-content/uploads/2019/04/20190329_acatech_Wachstumsfinanzierung_2.pdf, Zugriff 23.01.2024

Atkinson, Anthony B., und Stiglitz, Joseph (1969): A new view of technological change, Economic Journal, Vol. 79, S. 73–138

Barnett, Jon, und O'Neill, Saffron (2010): Maladaptation, in: Global Environmental Change, Jg. 20 (2), S. 211–213, https://www.scirp.org/reference/referencespapers?referenceid=2449050, Zugriff: 23.05.2023

Beirat für Biodiversität und Genetische Ressourcen (2010): Biopatente – eine Gefährdung für Nutzung und Erhaltung der Agrobiodiversität? Stellungnahme des Beirats für Biodiversität und Genetische Ressourcen beim Bundesministerium für Ernährung, Landwirtschaft und Verbraucherschutz, Bonn, www.beirat-gr.genres.de, Zugriff 29.01.2024

Blind, K., Böhm, M., Grzegorzewska, P., et al. (2021): The impact of open source software and hardware on technological independence, competiveness and innovation in the EU economy, Endbericht für die Europäische Kommission, Brüssel, https://op.europa.eu/publication/manifestation_identifier/PUB_KK0421080ENN, Zugriff 20.08.2024

BMW (Bundesministerium für Wirtschaft und Energie) (2020): Öffentliche Infrastruktur in Deutschland: Probleme und Reformbedarf, Gutachten des Wissenschaftlichen Beirats beim Bundesministerium für Wirtschaft und Energie, Berlin, https://www.bmwk.de/Redaktion/DE/Publikationen/Ministerium/Veroeffentlichung-Wissenschaftlicher-Beirat/gutachten-oeffentliche-infrastruktur-in-deutschland.pdf?__blob=publicationFile&v=1, Zugriff 25.04.2024

BMW (2016): Praxisleitfaden Soziales Unternehmertum, Berlin, S. 18, https://ism-mainz.de/uploads/Praxisleitfaden_Soziales_Unternehmertum.pdf, Zugriff 21.04.2024

Brasche, Ulrich (2023): Auf dem Weg zu mehr Klimagerechtigkeit, Oekom Verlag, München

Bright, David S., Fry, Ronald, und Cooperrider, David L. (2006): Transformative innovations for the mutual benefit of business, society, and environment, BAWB Interactive Working Paper Series, 1(1), S. 17–33

Brühl, Volker (2023): Künstliche Intelligenz – wo stehen wir in Deutschland? In: Wirtschaftsdienst, Nr. 8, ZBW – Leibnitz-Informationszentrum Wirtschaft, S. 521–524, https://www.wirtschaftsdienst.eu/pdf-download/jahr/2023/heft/8/beitrag/kuenstliche-intelligenz-wo-stehen-wir-in-deutschland.html, Zugriff 15.01.2024

BuKart (Bundeskartellamt) (2016): Marktmacht von Plattformen und Netzwerken, Arbeitspapier, Bonn, https://www.bundeskartellamt.de/SharedDocs/Publikation/DE/Berichte/Think-Tank-Bericht.pdf;jsessionid=F8544C89F91FC19D6F1F78D30A1F6E2F.1_cid389?__blob=publicationFile&v=2, Zugriff 20.01.2017

Burger-Menzel, Bettina (2023): Wirtschaftsförderung und E-Governance: Von der Resilienz zur Transformation? in: Korn, Thorsten, Lempp, Jakob, van der Beek, Gregor (Hrsg.), Wirtschaftsförderung in der Krise, Springer Gabler, Wiesbaden, S. 171–196

Burger-Menzel, Bettina (2016): From technology transfer to social innovation: A new role for universities? in: Raesfeld, Lydia, et al. (Hrsg.), Knowledge and Technology Transfer in Mexico and Germany, Autonomous University of Hidalgo, Pachuca, 83–98

Burger-Menzel, Bettina, und Huyoff, Susanne (2016): Technologiepolitik auf dem Prüfstand, in: Stronk, Detlef (Hrsg.): Erfolgreiche Wirtschaftsförderung. Strategien – Chancen – Best Practices, Erich Schmidt Verlag, Berlin, S. 133–159

Burger-Menzel, Bettina, und Assadi, Sara (2012): The economics of open sourcing: A new type of interactive learning within national innovation systems, Ide@s CONCYTEG, 7 (80), 240–260

Burger-Menzel, Bettina, und Cabero Tapia, Shirley P. (2011): ICT-based learning and diffusion awareness, Globelics Konferenz, Buenos Aires, 14.-17.11.2011

Cabero Tapia, Shirley P. (2019): Institutional entrepreneurs: decision-making, networking and collaborative leadership, Dissertation, Technische Universtität Berlin, ePubly, Berlin

Calzada, Igor (2013/2015): Knowledge building and organizational behavior: the Mondragón case from a social innovation perspective, in: Moulaert, Frank, MacCallum, Diana, Mehmood, Abid, and Hamdouch, Abdelillah, The International Handbook on Social Innovation – Collective Action, Social Learning and Transdisciplinary Research, Edward Elgar, Cheltenham, UK, S. 219–229

Campos, Inês, und Marín-González, Esther (2023): Renewable energy Living Labs through the lenses of responsible innovation: building an inclusive, reflexive, and sustainable energy transition, in: Journal of Responsible Innovation, Jg. 10, Nr. 1, S. 1–23, DOI:https://doi.org/10.1080/23299460.2023.2213145, Zugriff 17.11.2024

Chaminande, Cristina, Lundvall, Bengt-Ake, Vang, Jan, und Joseph, K. J. (2011/2016): Designing innovation policies for development: towards a systemic experimentation-based approach, in:

Lundvall, Bengt-Ake, Joseph, K. J., Chaminande, Cristina, und Vang, Jan (Hrsg.), Handbook of Innovation Systems and Developing Countries, Edward Elgar Publishing Ltd., Cheltenham, UK, S. 360–380

Conway, Steve, und Steward, Fred (2009): Managing and shaping innovation, Oxford University Press, Oxford

CBD (Convention on Biological Diversity) (2022): Decision adopted by the Conference of the Parties to the Convention on Biological Diversity, 15. Sitzung, Montreal, Kanada. 7.-19. Dezember, https://www.cbd.int/doc/decisions/cop-15/cop-15-dec-04-en.pdf, Zugriff 30.01.2024

CBD (2016): Report of the Conference of the Parties, 13. Sitzung, Cancun, Mexiko, 4.-17. Dezember, https://www.cbd.int/doc/c/ccf8/86e1/258e841f696315c3212d9259/cop-13-25-en.pdf, Zugriff 05.05.2017

Dalum, Bent, Johnson, Björn, und Lundvall, Bengt-Ake (2010): Public Policy in the Learning Society, in: Lundvall, Bengt-Ake (Hrsg.): National systems of innovation. Towards a theory of innovation and interactive learning. Anthem Press, London, S. 293–316

Deutscher Bundestag (2023a): Soziale Innovationen – Nationaler Kontext, Wissenschaftliche Dienste, WD 8-3000-069/23, Berlin, https://www.bundestag.de/resource/blob/984124/5a918eaab786ce676b3648dd94107205/WD-8-069-23-pdf.pdf, Zugriff 10.11.2024

Deutscher Bundestag (2023b): Schutz kritischer Infrastrukturen, Wissenschaftliche Dienste, WD 3-3000-176/22, Berlin, https://www.bundestag.de/resource/blob/945532/888b342ce610f-b078fc3c3ada7d39bc5/WD-3-176-22-pdf-data.pdf, Zugriff 25.04.2024

Deutscher Bundestag (2019): Wagniskapitalinvestitionen in Deutschland, China und den USA, Dokumentation WD 5-3000-040/19, Wissenschaftliche Dienste, https://www.bundestag.de/resource/blob/645668/656144bbb0b27a72f38a360263a162c4/WD-5-040-19-pdf-data.pdf, Zugriff 23.01.2024

DFG (Deutsche Forschungsgemeinschaft) (2021): Erkenntnisgeleitete Forschung stärken, von Wissensspeichern profitieren, Impulse der DFG für die 20. Legislaturperiode des Deutschen Bundestags, Bonn, https://www.dfg.de/resource/blob/174878/35a379dba48731ecaaaec31d1ed87329/20210505-pm-impulspapier-legislaturperiode-data.pdf, Zugriff. 23.11.2022

DiMaggio, Paul J., & Powell, Walter W. (1991): Introduction, in: Powell, Walter W., und DiMaggio, Paul J. (Hrsg.), New institutionalism in organization studies, University of Chicago Press, Chicago, IL, S. 1 – 38

DLR-Projektträger (Deutsches Zentrum für Luftfahrt und Raumfahrt) (2022): Forschritt ermöglichen – Neue Impulse für das Forschungs- und Innovationssystem, PT-Netzwerk (Hrsg.), Köln, https://projekttraeger.dlr.de/sites/default/files/2022-02/documents/Positionspapier-PT-Netzwerk.pdf, Zugriff 13.01.2024

Dorn, Florian, Flach, Lisandra, Fuest, Clemens, und Scheckenhofer, Lisa (2022): Langfristige Effekte von Deglobalisierung und Handelskriegen auf die deutsche Wirtschaft, ifo Schnelldienst 9/ 2022, 75. Jahrgang, 14. September 2022, https://www.ifo.de/publikationen/2022/aufsatz-zeitschrift/langfristige-effekte-von-deglobalisierung-und-handelskriegen, Zugriff 27.03.2024

Dosi, Giovanni (2022): The agenda for evolutionary economics: Results, dead ends, and challenges ahead, LEM Working Paper Series, No. 2022/24, Scuola Superiore Sant' Anna, Laboratory of Economics and Management (LEM), Pisa, http://hdl.handle.net/10419/273626, Zugriff 23.12.2023

Dosi, Giovanni (1982): Technological paradigms and technological trajectories – A suggested interpretation of the determinants and directions of technical change, Research Policy 11 (3), S. 147–162

Douglas, Mary (1987): How institutions think, Routledge, London

Edquist, Charles (2005): Systems of Innovation, in: The Oxford Handbook of Innovation, Fagerberg, Jan, Mowery, David C., und Nelson, Richard R. (Hrsg.) Oxford University Press, Oxford, S.181–208

Ehlers, Ulf-Daniel (2020): Future Skills, Springer VS, Wiesbaden, https://doi.org/10.1007/978-3-658-29297-3, Zugriff 29.01.2024

EFI (Expertenkommission Forschung und Innovation) (2023): Gutachten zu Forschung, Innovation und technologischer Leistungsfähigkeit Deutschlands 2023, Berlin, https://www.e-fi.de/fileadmin/Assets/Gutachten/2023/EFI_Gutachten_2023.pdf, Zugriff, 27.02.2024

EP (European Parliament) (2021): Key enabling technologies for Europe's technological sovereignty, European Parliamentary Research Service, PE 697.184, Brussels, http://www.europarl.europa.eu/stoa (STOA website), Zugriff 09.03.2022

Falck, Oliver, und Falk, Svenja (2024): Schlüsseltechnologien im Fokus: Der Wettlauf um industrie- und technologiepolitische Führung, in: ifo Schnelldienst, 77. Jg., Nr. 4, April, München, S. 11–15, https://www.ifo.de/publikationen/2024/zeitschrift-einzelheft/ifo-schnelldienst-042024-innovationen-deutschland-eu, Zugriff 23.11.2024

Fatheuer, Thomas (2016): Umkämpfte Natur, Forschungs- und Dokumentationszentrum Chile – Lateinamerika e. V. (Hrsg.), Berlin, www.fdcl.org, Zugriff 28.01.2024

Fraunhofer ISI (Fraunhofer-Institut für System- und Innovationsforschung) (2022): Schlüsseltechnologien, Studie zum deutschen Innovationssystem, Nr. 7, EFI (Hrsg.), Karlsruhe, https://www.e-fi.de/fileadmin/Assets/Studien/2022/StuDIS_07_2022.pdf, Zugriff 23.11.204

Freeman, Christopher (1992): The economics of hope: Essay on technical change, economic growth and the environment, London

Freeman, Christopher (1991): Networks of innovators: a synthesis of research issues, in: Research Policy, 20(5), S. 499–514

Freeman, Christopher, und Perez, Carlota (1984): Long Waves and New Technology, Nordisk Tidsskrift for Politisk Ekonomi 17, S. 5–14

Fuest, Clemens, Gros, Daniel, Mengel, Philipp-Leo, Presidente, Giorgio, und Tirole, Jean (2024): EU Innovation Policy – How to Escape the Middle Technology Trap, EconPol Policy Resport, European Policy Analysis Group, April, https://www.econpol.eu/publications/policy_report/eu-innovation-policy-how-to-escape-the-middle-technology-trap, Zugriff 21.11.2024

Garnitz, Johanna, Sauer, Stefan, und Schaller, Daria (2023): Arbeitskräftemangel belastet die deutsche Wirtschaft, in: ifo-Schnelldienst, Nr. 9, 13. September, Institut für Wirtschaftsforschung, München, https://www.ifo.de/DocDL/sd-2023-09-garnitz-sauer-schaller-fachkraeftemangel.pdf, Zugriff 30.04.2024

Geels, Frank W. (2002): Technological transitions as evolutionary reconfiguration processes: a multi-level perspective and a case study, in: Research Policy, Jg. 31, S. 1257–1274, DOI:https://doi.org/10.1016/S0048-7333(02)00062-8

Geels, Frank W., und Schot, Johan (2007): Typology of sociotechnical transition pathways, in: Research Policy, Jg. 36, S. 399–417, https://co-munity.net/system/files/Geels%20and%20Schot%202007%20-%20Typology%20of%20sociotechnical%20transition%20pathways.pdf, Zugriff 08.05.2020

Hargrave, Timothy J., und Van de Ven, Andrew H. (2006): A Collective Action Model of Institutional Innovation, in: The Academy of Management Review, Jg. 31, Nr. 4, S. 864–888

Herrmann-Pillath, Carsten (2002): Grundriß der Evolutionsökonomik, Wilhelm Fink Verlag, München

Hintze, Astrid, und Witte, Lennart (2021): Trendstudie Regionale Cluster in Zeiten von Corona, Universität der Bundeswehr Hamburg & Co-Learning Space, Hamburg, https://openhsu.ub.hsu-hh.de/handle/10.24405/12546, Zugriff 22.12.2021

Hirsch-Kreinsen, Hartmut (2023): Künstliche Intelligenz und Wandel des Innovationssystems, Beiträge aus der Forschung, Band 214, Technische Universität Dortmund, Dortmund, https://sfs.sowi.tu-dortmund.de/storages/sfs-sowi/r/Publikationen/Beitraege_aus_der_Forschung/BadF_Band214.pdf, Zugriff 15.01.2024

Hotz-Hart, Beat, und Rohner, Adrian (2014): Nationen im Innovationswettlauf, Springer Gabler, Wiesbaden

Hotz-Hart, Beat, und Rohner, Adrian (2013): Wirkungen innovationspolitischer Fördermaßnahmen in der Schweiz, https://www.kooperation-international.de/uploads/media/Bericht_Hotz_Hart_Rohner-2.pdf, Zugriff 16.11.2021

Howaldt, Jürgen, und Kaletka, Christoph (2022): Soziale Innovation – internationale Trends und Herausforderungen, in: Howaldt, Jürgen, Kreibich, Miriam, Streicher, Jürgen, und Thiem, Carolin (Hrsg.), Zukunft gestalten mit Sozialen Innovationen: Neue Herausforderungen für Politik, Gesellschaft und Wirtschaft. Campus Verlag, Frankfurt am Main, S. 23–38. https://doi.org/10.12907/978-3-593-45126-8, Zugriff 10.11.2024

Howaldt, Jürgen, Kopp, Ralf, und Schwarz, Michael (2014): Zur Theorie sozialer Innovationen. Tardes vernachlässigter Beitrag zur Entwicklung einer soziologischen Innovationstheorie, Beltz Juventa, Weinheim, Basel

IPCC (Intergovernmental Panel on Climate Change) (2022): Summary for Policymakers, in: Pörtner, Hans-O., Roberts, Debra .C., et al. (Hrsg.), Climate Change 2022: Impacts, Adaptation and Vulnerability. Contribution of Working Group II to the Sixth Assessment Report of the Intergovernmental Panel on Climate Change, Cambridge University Press, Cambridge, UK, und New York, NY, USA, S. 13–14, doi:https://doi.org/10.1017/9781009325844.001, Zugriff 01.02.23

Jessop, Bob, Moulaert, Frank, Hulgard, Lars, und Hamdouch, Abdelillah (2013/2015): Social innovation research: a new stage in innovation analysis, in: Moulaert, Frank, MacCallum, Diana, Mehmood, Abid, and Hamdouch, Abdelillah, The International Handbook on Social Innovation – Collective Action, Social Learning and Transdisciplinary Research, Edward Elgar, Cheltenham, UK, S. 110–130

Johnson, Björn (2010): Institutional learning, in: Lundvall, Bengt-Ake (Hrsg.): National systems of innovation. Towards a theory of innovation and interactive learning. Anthem Press, London, S. 21–46

Jones, Lindsey, Carabine, Elizabeth, und Schipper, Lisa F. (2015): (Re)conceptualising maladaptation in policy and practice: towards an evaluative framework, in: SSRN Electronic Journal, PRISE Programm, Januar, ohne Seitenangaben, https://www.researchgate.net/publication/315134511, Zugriff 23.05.2023

Juhász, Réka, Lane, Nathan, und Rodrik, Dani (2023): The New Economics of Industrial Policy, NBER Arbeitspapier Nr. 31538, Cambridge, MA, http://www.nber.org/papers/w31538, Zugriff 17.11.2024

Kehl, Christoph (2014): Inwertsetzung von Biodiversität, TAB-Arbeitsbericht Nr. 161, Büro für Technikfolgen-Abschätzung beim Deutschen Bundestag, Berlin, https://www.researchgate.net/publication/312471907_Inwertsetzung_von_Biodiversitat, Zugriff 08.05.2019

Klein, Juan-Luis (2013/2015): Introduction: social innovation at the crossroads between science, economy and society, in: Moulaert, Frank, MacCallum, Diana, Mehmood, Abid, and Hamdouch, Abdelillah, The International Handbook on Social Innovation - Collective Action, Social Learning and Transdisciplinary Research, Edward Elgar, Cheltenham, UK, S. 9–12

Kollmann, Tobias, Strauß, Christina, Pröpper, Anna, und Faasen, Caroline (2022): Deutscher Startup Monitor 2022, Bundesverband Deutsche Startups (Hrsg.), Berlin, https://startupverband.de/fileadmin/startupverband/mediaarchiv/research/dsm/DSM_2022.pdf, Zugriff 19.01.2024

Kratzer, Jan (2014): Der soziale Fußabdruck von Promotoren in kreativen Entwicklungsteams, in: Schultz, Carsten, und Hölzle, Katharina (Hrsg), Motoren der Innovation, Springer, Wiesbaden, S. 215–230

Kutschker, Michael (2003/2005): Prozessuale Aspekte der Kooperation, in: Zentes, Joachim, Swoboda, Bernhard, und Morschett, Dirk, Kooperationen, Allianzen, Netzwerke, Gabler Verlag, Wiesbaden, S. 1127–1154

Laguna de la Vera, Rafael, und Ramge, Thomas (2021): Sprunginnovation, Econ, Berlin

Lundvall, Bengt-Ake (2010): Post Script: Innovation System Research – Where It Came From and Where It Might Go, in: Lundvall, Bengt-Ake (Hrsg.): National systems of innovation. Towards a theory of innovation and interactive learning. Anthem Press, London, S. 317–350

Lundvall, Bengt-Ake (1992): National systems of innovation. Towards a theory of innovation and interactive learning. Pinter, London

Lundvall, Bengt-Ake, Vang, Jan, Joseph, K. J., und Chaminande, Cristina (2011/2016): Innovation system research and developing countries, in: Lundvall, Bengt-Ake, Joseph, K. J., Chaminande, Cristina, und Vang, Jan (Hrsg.), Handbook of Innovation Systems and Developing Countries, Edward Elgar Publishing Ltd., Cheltenham, UK, S. 1–33

Lundvall, Bengt-Ake, und Borrás, Susana (2005): Science, Technology and Innovation Policy, in: Fagerberg, Jan, Mowery, David C., und Nelson, Richard R. (Hrsg.); Innovation Handbook, Oxford University Press, Oxford, S. 599–631

Meurer, Johanna, Erdmann, Lorenz, von Geibler, Justus, und Echternacht, Laura (2015): Arbeitsdefinition und Kategorisierung von Living Labs, Arbeitspapier im Rahmen des INNOLAB Projekts ‚Living Labs in der Green Economy: Realweltliche Innovationsräume für Nutzerintegration und Nachhaltigkeit, Siegen, https://epub.wupperinst.org/frontdoor/index/index/year/2016/docId/6527, Zugriff 13.05.2021

Metz, Rainer (1998): Langfristige Wachstumsschwankungen – Trends, Zyklen, Strukturbrüche oder Zufall?, in: Thomas, Hans, und Nefiodow, Leo A., Kondratieffs Zyklen der Wirtschaft, BusseSeewald Verlag, Herford, S. 283–308

Michelini, Laura (2012): Social Innovation and New Business Models, Springer, Heidelberg

Nalebuff, Barry J., und Brandenburger, Adam M. (1997): Coopetition: Competitive and Cooperative Business Strategies for the Digital Economy, in: Strategy and Leadership Forum, November-Dezember, S. 28–35

Nelson, Richard R., und Winter, Sidney G. (1977): In search of a useful theory of innovation, in: Research Policy 6 (1), S. 36–76

Obstfeld, David (2005): Social Networks, the Tertius Iungens Orientation, and Involvement in Innovation, in: Administrative Science Quaterly, Vol. 50, März, S. 100–130, https://www.research-gate.net/publication/234021787, Zugriff 23.05.2017

OECD (Organization for Economic Cooperation and Development) (2023): OECD Skills Outlook 2023: Skills for a Resilient Green and Digital Transition, OECD Publishing, Paris, https://doi.org/10.1787/27452f29-en, Zugriff 23.09.2024

OECD (2020): Guidance on Enhancing Policy Coherence for Sustainable Development, Paris, https://www.oecd.org/governance/pcsd/, Zugriff 14.01.2021

Peichl, Andreas, Sauer, Stefan, und Wohlrabe, Klaus (2022): Fachkräftemangel in Deutschland und Europa – Historie- Status quo und was getan werden muss, in: ifo-Schnelldienst, Nr. 10, 12. Oktober, Institut für Wirtschaftsforschung, München, https://www.ifo.de/DocDL/sd-2022-10-peichl-sauer-wohlrabe-fachkraeftemangel-europa.pdf, Zugriff 30.04.2024

Perez, Carlota (2009): Technological revolutions and techno-economic paradigms, TOC/ TUT Working Paper, Nr. 20, Norway and Tallinn University of Technology, Tallinn, https://e-tcs.org/wp--content/uploads/2012/04/PEREZ-Carlota-Technological-revolutions-and-techno-economic-paradigms1.pdf, Zugriff 05.05. 2011

Perez, Carlota (2006): The Future of the Information Society in Europe: Contributions to the Debate, IPTS-DG JRC Report, Europäische Kommission, Brüssel, https://carlotaperez.org/wp-content/downloads/publications/theoretical-framework/Perez%20Respecialisation%20in%20IPTS%20book,%20EU%20Sevilla%202006.pdf, Zugriff 03.05.2008

Peuckert, Jan, Mesenbrock, Jan-Philipp, und Heß, Philipp (2021): Peer Innovation – Open-Source-Communities im Bereich Nachhaltigkeit, Arbeitsbericht 3 des Forschungsprojekts PeerInnovation, Institut für ökologische Wirtschaftsforschung, Berlin, https://www.ioew.de/fileadmin/user_upload/DOKUMENTE/Publikationen/2022/PeerInnovation_Arbeitsbericht_3_Open-Source-Communities_Nachhaltigkeit.pdf, Zugriff 20.08.2024

Plasa, Tim, Kmiotek-Meier, Emilia, Ebert, Anna, und Schmatz, Raphael (2019): Generische Kompetenzen von Hochschulabsolventinnen und -absolventen, in: Qualitätsforschung, Nr. 2, S. 34–42, https://www.researchgate.net/publication/334397717_Generische_Kompetenzen_von_Hochschulabsolventinnen_und_-absolventen, Zugriff 15.01.2024

Powell, Walter W., und Grodal, Stine (2005): Networks of Innovators, in: Fagerberg, Jan, Mowery, David C., und Nelson, Richard R. (Hrsg.), The Oxford Handbook of Innovation, Oxford University Press, Oxford, S. 56–85

Rat für Nachhaltige Entwicklung (2022): Innovationspolitik für nachhaltige Entwicklung, Stellungnahme, Mai 2022, Berlin, https://www.nachhaltigkeitsrat.de/wp-content/uplo- ads/2022/05/20220530_RNE_Stellungnahme_Innovationspolitik_fuer_nach- haltige_Entwicklung.pdf, Zugriff 13.01.2024

Richter, Rudolf, und Furubotn, Eirik G. (1996/2003): Neue Institutionenökonomik, Mohr Siebeck Verlag, Tübingen

Röhl, Klaus-Heiner (2014): Venture Capital: Ein neuer Anlauf zur Erleichterung von Wagniskapitalfinanzierungen, IW Policy Paper, Nr. 6, Institut der deutschen Wirtschaft (IW), Köln, https://www.econstor.eu/bitstream/10419/96516/1/783645627.pdf,Zugriff 23.01.2024

Rogers, Everett (1962/2003): Diffusion of innovation, Free Press, New York, 5. Auflage

Rosenberg, Nathan (1976): Perspectives on Technology, Cambrigde University Press, Cambridge

Roth, Michele, und Ulbert, Cornelia (2015): Verantwortung(slosigkeit) und Kooperation in der Weltgesellschaft: Aktuelle Trends und langfristige Perspektiven, in: Stiftung Entwicklung und Frieden und Käte Hamburger Kolleg/ Centre for Global Cooperation Research, Fischer Verlag, Frankfurt am Main, S. 13–32

Sachverständigenrat (2009): Die Zukunft nicht aufs Spiel setzen, Jahresgutachten 2009/ 2010, November, Wiesbaden, https://www.sachverstaendigenrat-wirtschaft.de/fileadmin/dateiablage/download/gutachten/ga09_ges.pdf, Zugriff 17.11.2024

Schartinger, Doris (2022): Grüne soziale Innovation: im Einsatz für Klima und Gesellschaft, in: Howaldt, Jürgen, Kreibich, Miriam, Streicher, Jürgen, und Thiem, Carolin (Hrsg.), Zukunft gestalten mit Sozialen Innovationen: Neue Herausforderungen für Politik, Gesellschaft und Wirtschaft. Campus Verlag, Frankfurt am Main, S. 139–154, https:// doi.org/10.12907/978-3-593-45126-8, Zugriff 10.11.2024

Schmauder, Martin (2012): Transferszenarien – Bedingungen erfolgreicher Kooperationsbeziehungen zwischen Wissenschaft und Wirtschaft in Innovationsprozessen, Studie im Auftrag des Bundesministeriums für Bildung und Forschung,Technische Universität Dresden, Dresden, https://tud.qucosa.de/api/qucosa%3A26085/attachment/ATT-0/?L=1, Zugriff 13.01.2024

Schmidtchen, Dieter (2003/2005): Wettbewerb und Kooperation (Co-opetition): Neues Paradigma für Wettbewerbstheorie und Wettbewerbspolitik?, in: Zentes, Joachim, Swoboda, Bernhard, und Morschett, Dirk, Kooperationen, Allianzen, Netzwerke, Gabler Verlag, Wiesbaden, S. 65–94

Schneider, Ursula (2003/2005): Interorganisationales lernen in strategischen Netzwerken, in: Zentes, Joachim, Swoboda, Bernhard, und Morschett, Dirk, Kooperationen, Allianzen, Netzwerke, Gabler Verlag, Wiesbaden, S. 1155–1180

Soria López, Manuel, und Burger-Menzel, Bettina (2014): Conocimiento tradicional, biotecnología moderna y desarrollo local en México, IX Lateinamerikanischer Kongress der ländlichen Soziologie (Sociología Rural), Conocimientos, saberes y tecnologías en el medio rural, Mexiko-Stadt, 06. – 11.10.2014

Stifterverband für die Deutsche Wissenschaft und McKinsey (2018): Future Skills: Welche Kompetenzen in Deutschland fehlen, https://www.stifterverband.org/medien/future-skills-welche-kompetenzen-in-deutschland-fehlen, Zugriff 28.04.2024

Suarez, Fernando F., und Oliva, Rogelio (2005): Environmental change and organizational transformation, in: Industrial and Corporate Change, Jg. 14, Nr. 6, S. 1017–1041

Tapscott, Don, und Williams, Anthony D. (2009): Wikonomics – Die Revolution im Netz, Hanser, München

Tenquist, Anna, Lindberg, Malin, and López, Gloria-Karin (2022): The social innovation ecosystem in Sweden, BuiCaSus-Projekt, im Auftrag der Europäischen Union, https://buicasus.eu/wp--content/uploads/2022/07/BuiCaSuS_WP2.2.4_Sweden_Ecosystem-Mapping_VF_eng.pdf, Zugriff 24.04.2024

TREnD Project (2020): Transition with Resilience for Evolutionary Development, Projekt im Auftrag der Europäischen Union, https://cordis.europa.eu/project/id/823952/de, Zugriff 25.03.2024

UBA (Umweltbundesamt) (2014): Integrierte Szenarien im Rahmen der nationalen Nachhaltigkeitsstrategie, Dessau-Roßlau

UNDP (United Nations Development Programme) (2022): Human Development Report 2021/2022, New York, https://hdr.undp.org/content/human-development-report-2021-22, Zugriff 08.02.2023

von Hayek, Friedrich A. (1973): Law, Legislation and Liberty, Vol. 1: Rules and Order, Routledge und Kegan Pau, London

Wasserman, Stanley, und Faust, Katherine (2012): Social Network Analysis, Cambridge University Press, Cambridge

WBGU (Wissenschaftlicher Beirat der Bundesregierung Globale Umweltveränderungen) (2019): Unsere gemeinsame digitale Zukunft, Berlin

WBGU (2011): Welt im Wandel – Gesellschaftsvertrag für eine Große Transformation, Hauptgutachten, Berlin

Welge, Martin K. (2003/2005): Informale Mechanismen der Koordination in internationalen strategischen Netzwerken, in: Zentes, Joachim, Swoboda, Bernhard, und Morschett, Dirk (Hrsg.), Kooperationen, Allianzen, Netzwerke, Gabler Verlag, Wiesbaden, S. 987–1006

Wissenschaftsrat (2010): Empfehlungen zur Rolle der Fachhochschulenim Hochschulsystem, Drucksache 10031-10, Köln, https://www.wissenschaftsrat.de/download/archiv/10031-10.pdf?__blob=publicationFile&v=2, Zugriff 13.01.2024

Wittmayer, Julia, Hielscher, Sabine, Rohde, Friederike, und Rogge, Karoline (2022): Soziale Innovationen in Transformationsprozessen – die Energiewende, in: Howaldt, Jürgen, Kreibich, Miriam, Streicher, Jürgen, und Thiem, Carolin (Hrsg.), Zukunft gestalten mit Sozialen Innovationen: Neue Herausforderungen für Politik, Gesellschaft und Wirtschaft. Campus Verlag, Frankfurt am Main, S. 123–138, https://doi.org/10.12907/978-3-593-45126-8, Zugriff 10.11.2024

Zielinski, Oliver (2020): Rettet künstliche Intelligenz den Planeten?, Deutsches Forschungszentrum für Künstliche Intelligenz, IM+io, Heft 3, September, S. 14, https://www.dfki.de/fileadmin/user_upload/DFKI/Medien/News_Media/Presse/Presse-Highlights/205_DfKI_Digitallizenz.pdf, Zugriff 16.12.2023

Homepages

BASF (Hompage): BASF und MedAccess schließen Lieferung von 35 Millionen Interceptor® G2-Netzen zur Bekämpfung von Malaria ab, 08.12.2022, https://www.basf.com/global/de/media/news-releases/2022/12/p-22-410.html, Zugriff 25.04.2024

Bayerisches Landesamt für Umwelt (Homepage): Forschungs- und Technologieförderprogramm ‚Innovationsgutscheine für kleine Unternehmen/Handwerksbetriebe‘, 21.12.2023, https://www.umweltpakt.bayern.de/werkzeuge/foerderfibel/programme/185/forschungs-technologiefoerderprogramm-innovationsgutscheine-kleine-unternehmenhandwerksbetriebe/, Zugriff 17.04.2024

Bayerisches Staatsministerium für Umwelt und Verbraucherschutz (Homepage): Der Umwelt- und Klimapakt Bayern, 2024, https://www.stmuv.bayern.de/themen/wirtschaft/umweltpakt/index.htm, Zugriff 17.04.2024

DFKI (Deutsches Forschungszentrum für Künstliche Intelligenz) (Homepage): Anwendungen & Industrie, https://www.dfki.de/web/anwendungen-industrie, Zugriff, 28.01.2024

DPMA (Deutsches Patent- und Markenamt) (Homepage): Verwertungsgesellschaften und Urheberrecht, https://www.dpma.de/dpma/wir_ueber_uns/weitere_aufgaben/verwertungsges_urheberrecht/index.html, Zugriff 21.12.2023

Stifterverband (Homepage): Future Skills: Strategische Potenziale für Hochschulen, https://www.stifterverband.org/medien/future-skills-strategische-potenziale-fuer-hochschulen, Zugriff 28.04.2024

Stifterverband (Homepage):Transformative Skills für Nachhaltigkeit, https://www.stifterverband.org/transformative-skills-fuer-nachhaltigkeit, Zugriff 28.04.2024

Von Systemansätzen zur ganzheitlichen Systemsteuerung – Regulierung, Kulturentwicklung, Nudging und die Offenheit für multiple Zukünfte

Systemsteuerung: Über netzwerkbasierte Governance und multiple Zukünfte

„[Governance networks] might be dominated by loose and informal contacts, but they can also be tight and formal. They can be intraorganizational or interorganizational; self-grown or initiated from above; open or closed; short-lived or permanent; and have a sector-specific or society-wide scope. Finally, some governance networks might be preoccupied with the formulation of policy, whereas others are preoccupied with policy implementation. The multiplicity of governance networks attests to the broad relevance of the concept for describing the contemporary forms of societal governance. [...]

Exactly where to draw the line between what constitutes a governance network and what does not is a matter of discretional judgement in relation to a particular empirical case. But one should bear in mind that governance network research is not preoccupied with classification, but rather aims to provide a new perspective on how society is governed. [...]

Now, the problem is that the potential efficiency gains of governance networks can only be fully realized in well-functioning governance networks. Changes in the composition of the network actors, the presence of unresolved tensions and conflicts, weak and ineffective leadership, frustration over the lack of clear and visible results, and external events that disturb the policy process can destabilize governance networks and turn them into malfunctioning talking shops.

A careful metagovernance of the self-regulating governance networks might prevent major dislocations and mitigate the detrimental impact of various disturbances, but it is a difficult task to optimize the functioning of governance networks on all dimensions".

Eva Sorensen und Jacob Torfing (2007/2008, S. 11, 13): Theories of Democratic Network Governance

B. Burger-Menzel, *Multiperspektivische Ökonomik*, https://doi.org/10.1007/978-3-658-48617-4_10

Lernkontext

Der dritte Teil des Buchs schließt den gedanklichen Kreis, der mit der Sicht auf den Menschen (Teil 1) und dem Verständnis systemischer Zusammenhänge (Teil 2) stufenweise komplexer geworden ist. Die Anreizideen, die uns bisher begegnet sind, gehören entweder zu einem Ansatz der Mainstream-Ökonomik oder einem Ansatz der Schnittstellen-Ökonomik. Nun machen wir aus alldem eine einzige Sichtweise. Als konzeptionelle Rahmung verwenden wir die ganzheitliche Steuerung von Netzwerken (netzwerkbasierte Governance), für die ein instrumenteller Mix aus Regulierung, Kulturentwicklung und Nudging vorgeschlagen wird. Eine solche Systemsteuerung braucht Legitimität und Glaubwürdigkeit in jeder ihrer Dimensionen (politisch, normativ, praktisch), damit Wirtschaft und Gesellschaft sich daran orientieren können und wollen. Das Ganze ist zudem eingebettet in die Akzeptanz der Akteure, dass die Zukunft immer ungewiss ist (multiple Zukünfte). In welcher Gewichtung welche Maßnahmen bei solch einer netzwerkbasierten Governance zum Einsatz kommen, hängt folglich von den Zukunftsbildern ab, welche die Steuerungsverantwortlichen plausibilisieren (z. B. Green Growth), und von den tatsächlich eintretenden Zukunftsentwicklungen.

Kapitel 10 …

- zeigt auf, wie Menschenbilder, Systemansätze und die netzwerkbasierte Governance zusammenhängen (Abschn. 10.1);
- hinterfragt, was die strategischen Handlungsräume ‚Green Growth‘ und ‚Degrowth‘ als mögliche Zukunftsausrichtungen unterscheidet und welche Steuerungsherausforderungen damit einhergehen (Abschn. 10.2);
- begründet den instrumentellen Mix aus Regulierung, Kulturentwicklung und Nudging (Abschn. 10.3);
- erläutert, warum sich eine gelungene netzwerkbasierte Steuerung an den Kriterien der Legitimität und Glaubwürdigkeit messen lassen muss (Abschn. 10.4);
- skizziert, was wir im Folgekapitel diskutieren (Abschn. 10.5);
- bietet mit Hilfe des INSEL-Experiments an, die neuen Erkenntnisse persönlich zu reflektieren (Abschn. 10.6).

Schlüsselbegriffe: Netzwerkbasierte Governance, Green Growth, Degrowth, Legitimität, Glaubwürdigkeit

10.1   Wie lassen sich Menschenbilder und Systemansätze zu einer netzwerkbasierten Governance verknüpfen?

Zusammenfassung

Um mit den transformativen Herausforderungen unserer Zeit umzugehen, wird eine heuristische Steuerung praktiziert, die mit diversen Akteuren und verschiedenen Arten staatlicher, marktlicher und hybrider Koordinationsmechanismen arbeitet (netzwerkbasierte Governance). Das Steuerungsergebnis hängt dann von den polit-ökonomischen, institutionellen, diskursiven und sonstigen Kontexten ab, aus denen es jeweils hervorgeht. Zudem braucht die netzwerkbasierte Governance ein neues Subsidiaritätsverständnis. Denn bei einem offenen Regierungshandeln ist nicht nur die traditionell vertikale Subsidiarität wichtig, wenn Akteure entweder auf der lokalen, regionalen, nationalen oder europäischen Ebenen aktiv sind. Auch pro Ebene ist zu klären, welche Akteure jeweils welches Handlungsmandat erhalten (horizontale Subsidiarität). In der Folge wird die Aufgaben- und Machtverteilung zwischen staatlichen und nicht-staatlichen Akteuren in Teilen neu verhandelt. All dies macht die netzwerkbasierte Governance komplex, so dass sich daraus eine eigenständige Forschungsrichtung entwickelt hat.

Hier im dritten Buchteil geht es um den Zusammenhang von Menschenbildern, System-ansätzen und einer netzwerkbasierten Steuerung. Was ist typisch für diese Art der Steue-rung? Und was macht sie wissenschaftlich und anwendungspraktisch relevant?

Bisher haben wir uns mit Einzelansätzen der Volkswirtschaftslehre beschäftigt, um die Realität menschlicher und systemischer Komplexität stufenweise zu erkunden und besser zu verstehen. Dies betrifft in der Rückschau ...

- ... die **wissenschaftlichen Sichten auf den Menschen der Mainstream-, Identitäts- und Verhaltensökonomik** (vgl. Kap. 2, 3, 4, und 5). Je nach Forschungsansatz glei-chen die Akteure dabei Reiz-Reaktionsmaschinen (ECONs), die ausschließlich rational optimieren, oder menschlichen Wesen (HUMANs). Dabei gilt: Je mehr menschliche Bedürfnisebenen per Annahme gelten, desto mehrdeutiger und unvorhersehbarer wird das menschliche Verhalten. Denn per Annahme verfügt der komplexe Mensch – neben der Ratio – über eine soziale Identität mit kulturellen Werten, an denen sich die Han-delnden orientieren, und über sozial festgelegte Emotionen. Und er hat eine personale Identität und intrinsische Motivationskräfte, also das (Unter-)Bewusstsein dafür, was sein Selbst ausmacht und welche motivationale Stimmung es braucht, um Anreize wir-ken zu lassen.
- ... die **wissenschaftlichen Systemansätze der Mainstream-, Politik- und Evolutions-ökonomik** (vgl. Kap. 6, 7, 8 und 9). Je nach Forschungsansatz treffen wir dabei auf ein rein wettbewerblich koordiniertes System oder – auf der letzten Komplexitätsstufe –

auf ein System, das sich wettbewerblich, umverteilend und selbstlernend zugleich koordiniert. Dabei gilt: Je mehr Koordinationsprinzipien annahmegemäß gelten, desto
kausal dichter und weniger eindeutig erklärbar werden die Zusammenhänge. Denn per
Annahme weitet sich die Sicht auf den Menschen und/oder es findet ein Übergang von
einem Teil-System auf ein Aspekt- oder Gesamtsystem statt und/oder von einem geschlossenen auf einen offenen Systemrand und/oder von stabilisierbaren auf nicht oder
kaum lenkbare Systemprozesse.

Nun ist es an der Zeit, die wichtigsten Erkenntnisbausteine miteinander zu verknüpfen,
um das auszuleuchten, was es eigentlich zu verstehen gilt: Die **ganzheitliche Steuerung
von Komplexität in menschengemachten Systemen**. Ziel solch einer Systemsteuerung
ist, alle relevanten Akteure mit ihren Wechselwirkungen zueinander in Beziehung zu setzen und – unter den gegebenen Bedingungen und ausgerichtet an plausiblen Zukunftsbildern – auf ein bestimmtes Entwicklungsergebnis auszurichten.

Um eine ganzheitliche Sichtweise zu erzeugen, versammeln wir die verschiedenen Erkenntnisse und Anreizideen konzeptionell ‚unter einem Dach‘. Wir nehmen also eine Rahmung vor und nutzen hierfür die **netzwerkbasierte Governance**, deren innovationssystemische Variante wir bereits kennengelernt haben (vgl. Kap. 9). Mit dieser Steuerungs-
art setzen wir nicht nur auf unserer obersten Komplexitätsstufe an. Wir treffen auch auf
eine eigenständige Forschungsrichtung (networked governance research) und ihre Zusatz-
erkenntnisse, die Klijn und Koppenjan (2000, 2012, 2020) hilfreich einordnen:

- Ihren disziplinären Ursprung hat diese Forschungsrichtung in den **Politik-, Organisa-
tions- und Verwaltungswissenschaften**, wo es um Themen der Macht (z. B. Agenda-
Bestimmung), der interorganisationalen Koordination (z. B. integrierte Dienstleistungen) oder um Herausforderungen der öffentlichen Verwaltung geht (z. B. Schnitt-
stellenmanagement zwischen Verwaltung und Bürger:innen).
- Heute umfasst die Forschungsrichtung **interdisziplinär konvergierende Erkenntniswelten**. Das Spektrum der Themen hat sich entsprechend erweitert und umfasst unter
anderem: Netzwerkprozesse und ihre Interaktions- und Steuerungskomplexität; den
Faktor Vertrauen in Politik-Netzwerken; Politik-Netzwerke als Kontrollebene für
Netzwerk-Governance (meta governance); Netzwerk-Governance und ihre Wechselwirkung mit der Demokratie; Innovationsnetzwerke und kollaborative Innovationen;
Politik-Netzwerke in einer mediatisierten Welt; Politik-Netzwerke inmitten beschleunigter Risiken und Ungewissheiten; sowie die Bedarfe staatlicher Einrichtungen
an einem verstärkt relationalen, soziologischen und kommunikativen Führungsver-
ständnis und an veränderungsfähigen Strukturen.
- Seit den 1990er-Jahren wird zwischen der **Steuerung von Netzwerken (network governance) und Politiknetzwerken (governance networks)** unterschieden (Klijn und
Koppenjan 2012, S. 8). Wir fassen beides unter dem Oberbegriff der netzwerkbasierten
Governance (networked governance) zusammen.

Im Zuge der Forschungsdynamik ist **Governance** zu etwas Mehrdeutigem geworden:

- Ladwig et al. (2007, S. 4–5) weisen darauf hin, dass Governance sich (i) auf die Mikro-ebene (corporate governance) und die Makroebene (global governance), (ii) auf einen Gegenstand und eine Betrachtungsweise beziehen kann und (iii) ein **enges und weites Verständnis** erlaubt: Im engen Sinne ist Governance „ein Vorgang intentionaler Ab-stimmung von Handlungsvorhaben unter einer Mehrzahl von Akteuren", also ein Re-gieren in all seinen Spielarten, sofern Letztere beabsichtigt sind; im weiten Sinne reicht Governance bis zur Erzeugung einer sozialen Ordnung.
- Die Autor:innen verweisen zudem auf Rosenau und Czempiel (1992), die **zwischen Steue-rungsregimen unterscheiden**, die vollständig in der Hand der Regierung liegen (gover-nance by government), mit Regierungsbeteiligung erfolgen (governance with government) oder ohne Regierungsbeteiligung umgesetzt werden (governance without government).
- Governance beschreibt folglich eine Bandbreite an Steuerungswirklichkeiten, die mehr oder minder alle auf eine **netzwerkbasierte Governance** zutreffen. Denn, selbst wenn Netzwerkteile sich selbst regulieren: Jede Netzwerk-Governance ist in ein komplexes und dynamisches Steuerungsumfeld eingebunden, in dem der Staat die verschiedenen staatlichen, hybriden und privaten Steuerungsregime so zu koordinieren versucht, dass er die eigene Leistungserbringung sicherstellt (new public governance).

All dies hilft uns zu verstehen, warum sich unser **Rahmungskontext wie folgt charak-terisieren** lässt, wobei wir uns an Sorensen und Torfing (2007/2008, S. 11) orientieren:

- Netzwerkbasierte Governance-Ansätze beziehen sich auf eine **Vielfalt an inter-dependenten Akteuren**, die gemeinsam an Lösungen arbeiten, was von ständigen Interessenkonflikten begleitet ist und auf unterschiedliche (Welt-)Anschauungen und Machtverhältnisse trifft.
- Das Steuerungsergebnis hängt von den **politökonomischen, institutionellen, diskursiven und sonstigen Kontexten** ab, aus denen es jeweils hervorgeht. Nach Sorensen und Torfing gehört zur Steuerung daher formell Bindendes ebenso wie informell Loses, Intra-organisationales ebenso wie Organisationsübergreifendes, hierarchisch Auferlegtes ebenso wie Selbstregulierendes, Netzwerkgeschlossenes ebenso wie Netzwerkoffenes, Kurz-fristiges ebenso wie Langfristiges sowie Spezifisches ebenso wie Gesellschaftsweites.
- Die Autor:innen betonen, dass es einer solchen Forschungsrichtung weniger um Kate-gorisierungen geht als vielmehr um **neue Perspektiven, wie eine Gesellschaft ge-steuert werden kann**. Diese Sichtweise schließt das Konzept der polizentrischen Go-vernance der Wirtschaftsnobelpreisträgerin Elenor Ostrom (2009) ein, die eine kom-plexe Steuerungsstruktur befürwortet (z. B. multiple Entscheidungseinheiten auf verschiedenen Rechtsebenen), wenn Komplexes gesteuert werden soll.
- In der Gesamtschau ist die netzwerkbasierte Governance keine strikte Alternative zur hierarchischen Kontrolle (z. B. Staat) oder zur dezentralen Autonomie (z. B. Markt) im Sinne von Williamson (1979). Sie ist vielmehr ein **heuristisches Konstrukt**, das in

einem breiten Steuerungsverständnis und auf verschiedenen Ebenen von Versuch und Irrtum, von Lernen und Korrekturansätzen ausgeht.

▶ **Netzwerkbasierte Governance** bezeichnet eine heuristische Steuerung von Beziehungsgeflechten, in denen verschiedene Arten staatlicher, marktlicher und hybrider Koordinationsmechanismen vorkommen. Dabei geht es um diverse Akteure, die voneinander abhängen und kollektiv bindende Lösungen verhandeln, entscheiden und implementieren, was von Interessenkonflikten und Machtverhältnissen und von unterschiedlichen Weltsichten und Handlungsansätzen beeinflusst wird.

Beispiele aus der Anwendungspraxis liefert das **offene Regierungshandeln** (open government). Dabei handelt es sich um eine internationale Initiative, der – neben zahlreichen anderen Ländern – auch Deutschland seit 2016 angehört (Bundeskanzleramt 2023, S. 8). Die OECD (2023, S. 15) beschreibt das Ganze als eine staatliche Steuerungskultur, die Demokratie und inklusives Wachstum fördern soll und einen Paradigmenwechsel darstellt, der Regierungen, öffentliche Verwaltungen, Beamt:innen, Bürger:innen und alle betrifft, die ein berechtigtes Interesse am Prozessergebnis haben (multi-stakeholder environment). Im Ergebnis sollen mehrseitige und offene Strukturen entstehen, die eine neue bürgerliche Teilhabe erlauben (Burger-Menzel 2023, S. 185; EC 2013, S. 3); im Kern geht es im jeweiligen Land …

- um mehr Transparenz und Partizipation bei hoheitlichen Entscheidungen (**open decisions**);
- um die Bereitstellung hoheitlicher Daten, um wirtschaftliche Mehrwerte zu erlauben (**open data**);
- darum, dass staatliche und nicht-staatliche Akteure stärker zusammenarbeiten und gemeinsam innovieren (**open services**), wobei neu zu klären ist, was zu (digitalen) Gemeingütern zählt und vor Missbrauch zu schützen ist (vgl. Abschn. 7.3).

Offenes Regierungshandeln bedeutet folglich, dass der Staat seine Strukturen und Prozesse durchlässiger macht und seine Ressourcen mit privatwirtschaftlichen und zivilgesellschaftlichen Akteuren dort teilt, wo dies Nutzen stiftet. Sorensen und Torfing (2018, S. 7) verweisen hierzu auf das Beispiel von Stadtverwaltungen, die ihre Rolle transformieren: Von der reinen Durchsetzungsmacht und Dienstleisterfunktion hin zu einer Mobilisierungsfunktion, durch die Wissen, Ideen und Ressourcen strategisch in gemeinsame Lösungen überführt werden. Der Staat wird zum Kooperationspartner. Damit wandelt sich auch das, was wir unter **Subsidiarität** verstehen.

- Traditionell ist mit Subsidiarität das Prinzip der föderalistischen Arbeitsteilung, also eine **vertikale Steuerung** gemeint (vgl. Abschn. 8.2). Danach wird eine höhere Ebene aktiv, wenn die untere Ebene eine bestimmte Aufgabe nicht angemessen wahrnehmen kann. In der Europäischen Union erstreckt sich solch eine Aufgabenverteilung über vier Ebenen (lokal, regional, national und europäisch).

• Bei der netzwerkbasierten Governance verschränken sich die staatlichen Akteure mit den privatwirtschaftlichen und/oder zivilgesellschaftlichen Akteuren auf eine Weise, welche die **horizontale Subsidiarität** betrifft (EC 2013, S. 12): Es muss dann pro Ebene geklärt werden, wer für welche Aufgabe ein Handlungsmandat und eine – wie auch immer geartete – Durchsetzungsbefugnis erhält. Die Europäische Kommission begründet ihre Aufforderung an die Mitgliedsstaaten mit den Worten (EC 2013, S. 8): „By opening up formerly closed processes to broader input and innovation, [the state] can benefit from the distributed and collective intelligence of crowds (e.g. crowd-sourcing). It can also facilitate sharing, self-organisation, decentralisation, transparency of processes, and plurality of participants. It can also assist social innovation, enabling people to create new and more effective answers to the biggest challenges of our times. Consequently, there is a growing demand for new ways of innovation through more network governance based on public-private partnerships". Verkürzt geht es also darum, dass der Staat von Wissensnetzwerken profitiert, die Kultur des Teilens und der Selbstorganisation stärkt und lokale innovative Lösungen unterstützt, wofür er Partnerschaften mit privaten Akteuren eingeht. Der Staat wird zum integralen Bestandteil eines sozialen Ökosystems und weitet für alle den Lösungs- und Handlungsraum, so zumindest die Idealvorstellung. Denn in der Praxis entscheidet der Umgang mit der politökonomischen Macht darüber, was zu einer Steuerungslösung wird (vgl. Abschn. 8.3 und 9.3).

Solch eine netzwerkbasierte Governance ist selbst komplex. Trotzdem ist sie für die **Nachhaltigkeitstransformation** unverzichtbar. Denn ohne eine dezentralisierte Governance lässt sich eine kritische Masse an Handelnden nur schwer aktivieren, so Allen et al. (2023, S. 1251); dies gilt – allgemein akzeptiert – auch für die Umsetzung der nachhaltigen Entwicklungsziele der Vereinten Nationen (SDGs); daher ist es ein wichtiges Forschungsanliegen geworden zu verstehen, unter welchen Bedingungen kollaborative Aktivitäten und Partnerschaften erfolgreich zur Zielerreichung beitragen. Wie sich die Nachhaltigkeitsziele strategisch ansteuern lassen, ist theoretisch und politikpraktisch allerdings umstritten. Die Europäische Union hat sich für den Strategieraum des ‚grünen Wachstums' entschieden.

10.2   Was unterscheidet die Steuerungsrichtung ‚Green Growth' von ‚Degrowth' und wie zukunftsoffen müssen wir sein?

Zusammenfassung

Die menschliche Zukunft ist ungewiss, vor allem in der langen Frist. Vorstellbar sind multiple Zukünfte, in denen disruptive Ereignisse eine Rolle spielen. Auf welche Weise Nachhaltigkeitsziele anzusteuern sind, wird folglich kontrovers diskutiert. Als Steuerungsempfehlungen werden vor allem die Entwicklungspfade des ‚Green Growth' und ‚Degrowth' unterschieden. Bei der netzwerkbasierten Governance des grünen Wachstums (z. B. Green Deal der Europäischen Union) gelten Wirtschaftswachstum, Umweltentlastung und soziale Gerechtigkeit als gemeinsam realisierbar. Dabei sollen Investitionen so umgelenkt werden, dass sie zur Nachhaltigkeit beitragen und neue Markt- und Wachstumspotenziale freisetzen (z. B. Energieeffizienz und Kreislaufwirtschaft), was sozialverträgliche Kompensationslösungen finanzierbar macht. Degrowth-Vertreter:innen halten solch ein grünes Wachstum aus zahlreichen Gründen für eine Illusion. Sie fordern einen radikalen Umbau von Wirtschaft und Gesellschaft. Wirtschaftswachstum soll nur in den Bereichen stattfinden, die als zukunftsfähig und zugleich als sozial und ökologisch ausgerichtet gelten. Die Diskussion der entsprechenden Steuerungspfade zeigt, dass Vieles inhaltlich, methodisch, ethisch und realpolitisch noch offen ist. Die Verantwortlichen der netzwerkbasierten Governance müssen daher selbst attributiv zukunftsfähig sein.

Wer eine netzwerkbasierte Governance verantwortet, muss strategisch entscheiden, auf welchem Wege die gesteckten Ziele erreicht werden sollen. Was heißt dies mit Blick auf die Nachhaltigkeit? Und was unterscheidet die Steuerungsrichtungen ‚Green Growth‘ und ‚Degrowth‘?

Seit 2015 gelten die nachhaltigen Entwicklungsziele der Vereinten Nationen (SDGs) erklärtermaßen für alle UN-Mitgliedsstaaten (vgl. Abschn. 6.3). Seit 2016 richtet die deutsche Bundesregierung ihre Nachhaltigkeitsstrategie daran aus (Bundesregierung 2016). In positiven Szenarien wird angenommen, dass sich alle UN-Mitgliedsstaaten als Welt so verhalten, dass die nachhaltigen Entwicklungsziele bis 2030 erreicht werden. Die Realität sieht laut den Vereinten Nationen gegenteilig aus (UN 2024, S. 3): „The Sustainability Development Goals Report 2024 reveals that progress has ground to a halt or been reversed across multiple fronts, despite reaffirmed pledges". Die Organisation ruft daher zu mehr Anstrengungen auf. Dazu gehört unter anderem, dass die Länder ein **sozial gerechtes und ökologisch nachhaltiges Wirtschaftswachstum** realisieren sollen (sustainable growth).

Die Art des Wirtschaftswachstums kritisch zu hinterfragen (z. B. karbonisiertes Wirtschaftswachstum), ist nichts Neues (vgl. Abschn. 1.2 und 2.1). Bereits im Jahr 1972 gibt es eine Studie namens ‚**Die Grenzen des Wachstums**‘, die der Club of Rome in Auftrag gibt. Auch die Folgestudie von 2012, die Prognosen für den Zeitraum bis 2052 liefert, sieht Klima und Natur durch ein kontinuierliches Wachstum gefährdet (Randers 2012). Denn die planetaren Ressourcen sind begrenzt regenerierbar und erschöpflich.

Die Vision des grünen Wachstums (neudeutsch: **Green Growth**) geht davon aus, dass eine Wirtschaft auf umwelt- und sozialverträgliche Weise wachsen kann. Dies setzt voraus, dass Rohstoff- und Energieverbräuche und somit Umweltbelastungen mit Hilfe technischer Innovationen reduziert und Prozesse kreislaufwirtschaftlich gedacht werden. Setzen sich solche Innovationen auf den Märkten durch, können zugleich Investitionen mobilisiert, Wohlfahrtsniveaus und Ökosysteme erhalten und Strukturreformen sozialverträglich gestaltet werden. Kurzum: Die Ökologisierung fungiert als Wachstumsmotor der Wirtschaft.

▶ **Grünes Wachstum** bezieht sich auf Volkswirtschaften, die mit Hilfe von Innovationen Rohstoff- und Energieeinsparungen realisieren, entsprechende Marktpotenziale erschließen und kreislaufwirtschaftliche Prozesse ausprägen. Das Konzept fußt auf dem Leitbild der Nachhaltigkeit und geht davon aus, dass eine Wirtschaft umwelt- und sozialverträglich wachsen kann.

Auch die Europäische Union will grün wachsen. Welche Beiträge sie dazu zählt, ist als **grüne Taxonomie** bekannt (EU; Homepage):

- Darin **systematisiert** sind (i) Klimaschutzmaßnahmen; (ii) Anpassungen an den Klimawandel; (iii) der nachhaltige Einsatz und Gebrauch von Wasser oder Meeresressourcen; (iv) der Übergang zu einer Kreislaufwirtschaft; (v) die Vorbeugung oder Kontrolle von Umweltverschmutzung; sowie (vi) der Schutz und die Wiederherstellung von Biodiversität und Ökosystemen.
- Jedes Unternehmen, das Finanzprodukte in der EU vertreibt, muss hierzu jährlich berichten (**Sustainability Reports**; vgl. Abschn. 8.3); Gleiches gilt für große Unternehmen im Rahmen der nicht-finanziellen Berichterstattung (Non-Financial Reporting Directive). In mindestens einem der sechs Taxonomiebereiche muss ein Beitrag geleistet werden, wobei in keinem anderen ein Verstoß vorliegen darf. Zudem sind ein Minimum an sozialen Sicherheitsstandards einzuhalten und technische Auswahlkriterien zu erfüllen.
- Um **Anreize** zu setzen, ist die Taxonomie mit dem sogenannten ‚grünen Deal' (neudeutsch: Green Deal) verknüpft.

Europas ‚Green Deal'

Die Europäische Union (EU) hat 2019 den ‚**Green Deal**' verabschiedet, um bis 2050 klimaneutral zu wirtschaften, und dies mit einem Investitionsplan von 1 Billion Euro für die ersten zehn Jahre unterlegt (EC; Homepage). Zugleich braucht die EU private Investitionen und möchte diese anregen. Und bei der Energie sucht sie, ihre Abhängigkeit von Ländern wie Russland zu reduzieren. Um all dies zu erreichen, sind verschiedene Fördertöpfe geschaffen worden. Hier einige Beispiele:

- Unterstützung einer klimaneutralen Wirtschaft bis 2050 (**Green Deal Industrial Plan**);
- Förderung und Ermutigung langfristiger Investitionen, um das Wirtschaften digitaler, grüner und krisenfester zu machen (**Next Generation EU**);
- Entwicklung grüner Kompetenzen bei Menschen und in Regionen (**Just Transition Fund**);

- Ausbau europäischer Energiesouveränität (**REPowerEU**);
- Ausbau des Emissionszertifikatehandels (**EU Emissions Trading System**);
- Förderung von Forschungsleistungen und Innovationen, die sich positiv auf die Wettbewerbsfähigkeit der gesamten EU auswirken (**Important Projects of Common European Interest**);
- Maßnahmen zum Abbau regionaler Ungleichgewichte (**Cohesion Policy**);
- Unterstützung klimavulnerabler Gruppen (**Social Climate Fund**);
- Unterstützung von Betroffenen einschließlich landwirtschaftlicher Betriebe nach klimabedingten Naturkatastrophen wie Extremwetterphänomenen (**EU Solidarity Fund**);
- Rettungskoordination und humanitäre Hilfen, die über die Kapazität der betroffenen Länder hinausgehen (**EU Civil Protection Mechanism**);
- Priorisierung eines ‚wahren Dialogs' mit allen relevanten Akteuren (**Clean Transition Dialogues**). ◄

Neben den EU-Mitgliedsstaaten haben sich Länder wie die Schweiz, China, Japan, Südkorea und die USA (bis zur jeweiligen Präsidentschaft Trumps; vgl. Abschn. 8.3) für eine grüne Wachstumsstrategie entschieden. Ob ein **grünes Wachstum möglich ist, wird jedoch kontrovers diskutiert** (Vetter und Schmelzer 2022, S. 333); hier werden vor allem folgende Argumente betont:

- **Ökologisch** spricht gegen grünes Wachstum, dass – global gesehen – eine wachsende Gesamtwirtschaft bei endlichen Ressourcen an planetare Belastungsgrenzen stößt. Vor diesem Hintergrund gerät der Technikoptimismus des grünen Wachstums in die Kritik (Schmelzer und Vetter 2019, S. 19–20): Denn bei einem grünen Wachstum müssen die Ressourcen- und Energieeffizienz deutlich gesteigert und entsprechende Bedarfe massiv verringert werden. Es braucht also eine Rohstoff- und Energiewende ebenso wie eine Wende bei Verbrauchsquellen wie dem Verkehr und Konsum, die sich bisher nicht abzeichnen. Denn Faktoren, die das Wachstum treiben, erhöhen zugleich die Nachfrage, was Rohstoff- und Energieeinsparungen aufzehrt. Da für das Wachstum Umweltgüter verbraucht werden, entstehen zudem negative Externalitäten, die vielerorts ungelöst und daher nicht eingepreist sind. Ein Beispiel liefern die globalen Allmendegüter (vgl. Abschn. 7.3).
- **Sozioökonomisch** wird kritisiert, dass Besitz angehäuft wird und einige Güter nur deshalb wertvoll sind, weil sie zu Positionsgütern werden. Es geht also nicht um Knappheit oder Lebensqualität, sondern schlichtweg um eine Anerkennung in der jeweiligen Statusgruppe. Dabei ist das empfundene Glück ab einer gewissen Einkommenshöhe vom Einkommen entkoppelt (vgl. Abschn. 4.1 und 8.2). Selbst bei einem grünen Lebensstil wird nicht zwangsläufig auf einen maßvollen Ressourcenverbrauch geachtet, was zu einem Rebound-Effekt führen kann (vgl. Abschn. 9.1). Döring (2019, S. 500) verweist auf eine repräsentative Studie; danach ist gerade in den sozialen Milieusegmenten, die eine positive Einstellung zur Umwelt haben, der personenbezogene Gesamtressourcenverbrauch überdurchschnittlich hoch.

- **Kulturell** geht es um die mentalen Prägungsmechanismen der Moderne. Dazu gehören nicht nur ein ausgeprägter Materialismus. Nach dem Motto ‚Mehr ist besser' werden auch Stillstand und Entschleunigung negativ bewertet. Und eine umfassende Naturbeherrschung gilt als positiv, wodurch der Mensch die Bindung zur Natur und zu sich selbst verliert.
- **Geopolitisch** ist die Welt gespalten in die wohlhabende Welt und die restliche Welt. Pauschal ist dann vom ‚globalen Norden' und vom ‚globalen Süden' die Rede. Letzterer beansprucht einen vergleichbaren Lebensstandard und äußert Kolonialismus- und Kapitalismuskritik am globalen Norden, zumal dieser den Klimawandel historisch verursacht hat (vgl. Abschn. 6.3). Kommt es im globalen Süden zu technologischen Aufholprozessen, erhöhen sich dort die Kaufkraft und damit der Ressourcen- und Energiebedarf. Zudem wird dort in den kommenden Jahrzehnten die Weltbevölkerung ansteigen. Was bedeutet es dann, wenn der globale Norden und der globale Süden beide weiterwachsen wollen?

Degrowth-Vertreter:innen lehnen das grüne Wachstum als illusorisch ab. Dahinter stecken unterschiedliche Strömungen, über die D'Alesia et al. (2015) und Gottschlich et al. (2022) hilfreiche Einblicke liefern. Wir orientieren uns an Vetter und Schmelzer in Gottschlich et al. (2022, S. 334–335), die diese Strömungen zu drei Grundforderungen bündeln:

- **Globale ökologische Gerechtigkeit:** Im globalen Norden sollen Produktion und Konsum tiefgreifend umgebaut werden, um dort die Wirtschaftsleistung und deren Verbräuche selektiv zu reduzieren. Wachsen sollen nur die Sektoren und Aktivitäten, die als zukunftsfähig, sozial und ökologisch gelten. Dadurch sollen die Akteure, die aufgrund eines „nicht verallgemeinerbaren Lebensstils" auf Kosten anderer leben, ihre Privilegien einbüßen, was auch die Eliten des globalen Südens betrifft, sofern diese daran teilhaben.
- **Gutes Leben**: Zudem geht es um die Frage, wie ohne Wirtschaftswachstum soziale Gerechtigkeit, Demokratie und Selbstbestimmung erhalten bleiben. Angedacht wird einerseits, Einkommen, Vermögen und Arbeit radikal umzuverteilen und eine Daseinsvorsorge zu ermöglichen, die allen zugänglich ist. Andere Ideen reichen von der Vergesellschaftung zentraler Wirtschaftsbereiche bis hin zu selbstorganisierten Praktiken im Sinne gestärkter ‚Commoning'-Prozesse (z. B. Pooling von Ressourcen), bei denen Eigentum neu gedacht wird und Bürger:innen einkommensunabhängiger werden sollen. Organisationsansätze wie Tauschringe, Community-Einrichtungen und Nachbarschaftshilfen werden bedeutsam. Hinzukommt der ‚Zeitwohlstand' als Umkehr von ‚Zeit ist Geld' und eine Resonanzfähigkeit des Selbst, das mit der Welt in Beziehung tritt.
- **Wachstumsunabhängigkeit**: In einer Degrowth-Gesellschaft sind Institutionen und Infrastrukturen annahmegemäß nicht länger vom Wirtschaftswachstum abhängig. Es geht um „materielle Infrastrukturen und technische Systeme, gesellschaftliche Institutionen, mentale Infrastrukturen und schließlich das Wirtschaftssystem als Ganzes". Die Gesellschaft muss von materiellen Wohlstandsquellen unabhängiger werden und sich immaterielle Wohlstandsquellen erschließen.

▶ **Degrowth** beschreibt eine Steuerungsausrichtung, bei der das Wirtschaftswachstum in wohlhabenden Ländern kontrolliert reduziert wird. Denn die dortigen Wirtschafts- und Lebensweisen werden den ärmeren Ländern und künftigen Generationen gegenüber als ungerecht bewertet. Wachsen sollen lediglich Sektoren und Aktivitäten, die zukunftsfähig, sozial und ökologisch wirken.

Auch die Steuerungsausrichtung des **Degrowth weckt Zweifel**. Denn es bleibt unklar, was privilegierte Akteure zum Macht- und Wohlstandsverzicht bewegen soll (vgl. Abschn. 8.1 und 8.3). Und in der Praxis wird eine Deglobalisierung angestrebt. Folglich sind Versorgungsstrukturen so umzubauen, dass regionale Märkte und Eigenversorgung die Lücken füllen. Dies erfordert Kapazitäten und Kompetenzen, die im Zuge der globalen Arbeitsteilung vielfach verloren gegangen sind. Zudem funktioniert Degrowth nicht ohne Suffizienz, also ohne Selbstgenügsamkeit, und braucht die kulturell positiv besetzte Fähigkeit zum Verzicht, die sich (noch) nicht abzeichnet. Und Vieles mehr.

Beide Positionen, Green Growth und Degrowth, lassen sich in ihren jeweiligen Kernannahmen „wissenschaftlich nicht hinreichend begründen bzw. belegen"; daher kommt mit der ‚**vorsorgeorientierten Postwachstumsposition**' eine dritte idealtypische Variante ins Spiel, die „keine starken ex-ante-Prämissen" trifft, so die Autor:innen einer umweltbundesamtlichen Studie (UBA 2020, S. 222); nichtsdestotrotz postuliert auch diese Variante, dass „wohlhabende Länder ihrer intergenerationellen und globalen Verantwortung nur dadurch gerecht werden können, dass sie die von ihnen ausgehenden ökologischen Belastungen in einem substanziellen Umfang entsprechend der planetaren Belastungsgrenzen reduzieren". Angestrebt wird eine ressourcenleichte (Postwachstums-)Gesellschaft, die mit der Skepsis gepaart ist, ob eine technologiegetriebene Transformation im Sinne eines grünen Wachstums gelingen kann und ob sich Rebound-Effekte vermeiden lassen (UBA 2020, S. 225); vor diesem Hintergrund ist es wichtig, auf neue Wertehaltungen und soziale Praktiken hinzuwirken, die sich aus nicht-materiellen Formen der Selbstverwirklichung und sozialer Beziehungen speisen und aus einer vor allem lokalen politischen Partizipation.

Das Ganze zeigt, dass langfristige Transformationsprozesse in einem Handlungsraum ablaufen, in dem nicht nur eine Zukunft plausibilisierbar ist, sondern verschiedene (**multiple Zukünfte**), wobei Entwicklungen sozial, politökonomisch und planetar kippen können. Governance-Verantwortliche müssen daher kontinuierlich lernen und bereit sein, ihre Visionen, Zielvorstellungen und Steuerungsansätze zu diskutieren, zu überprüfen und gegebenenfalls zu korrigieren, je nachdem, welches Szenario eintritt.

- Aus Sicht von Petschow et al. (2014, S. 11) ist dabei ein „Nebeneinander konkurrierender Muster auszumachen, welche in sich als (technisch vermittelte) soziale Innovationen begriffen werden können, die das Wirtschaftsleben derzeit zu verändern beginnen. Unter dem Gesichtspunkt der Transformationsforschung handelt es sich dabei um spezifische Nischen, die an den Rändern des herrschenden Produktionssystems entstanden sind und **tendenziell im Konflikt zum dominierenden Regime** stehen. Zugleich ist ihr ‚Über-

leben' an eine gewisse Anschlussfähigkeit zum bestehenden Produktionssystem gebunden, was sich beispielsweise an der erfolgreichen Durchsetzung von Open-Source-
Software erkennen lässt". Dies knüpft an die Zusammenhänge an, die wir als technologisches und institutionelles Lernen, als soziale Innovationen und Transitionsbewegungen
im Rahmen der Evolutionsökonomik diskutiert haben (vgl. Kap. 9).

- Mit Blick auf die Nachhaltigkeit schlussfolgern Petschow et al. (2014, S. 53), dass die
transformative Gestaltung auf ein **„zunehmend volatiles Umfeld"** trifft, „in welchem
die technologischen Potenziale sowohl erschlossen als auch sozial eingebettet werden
müssen. Regionalisierung und Personalisierung eröffnen dabei Chancen, stellen allerdings für sich genommen noch keine Lösung dar." Die diversen Akteure haben es folglich mit einem Umfeld zu tun, in dem eine hohe Änderungsdynamik genaue Prognosen
unmöglich macht. Szenariotechniken machen solch ein Umfeld begreifbar (vgl.
Abschn. 9.1).

Szenariotechniken für ein bewusst kritisches und adaptives Steuerungsdenken

Szenarien liefern zwar keine Prognosen, aber **plausible Zukunftsbilder**, an denen sich
(potenziell) Betroffene orientieren können. Diese lassen sich partizipativ entwickeln,
wie Szenarien im Auftrag des Umweltbundesamts (UBA 2014, S. 3, 6) zeigen. Die
Teilnehmer:innen kommen „aus unterschiedlichen Bereichen, etwa aus Nicht-
Regierungsorganisationen, Industrie, Wissenschaft, Regierung, aber auch Bürgerinnen
und Bürger". Ziel ist zu reflektieren, inwieweit die in der Deutschen Nachhaltigkeitsstrategie (DNS) verankerten Umweltziele erreichbar sind.

Als Schlüsselfaktoren der Umfeldszenarien werden verwendet:

- **„Nationale Faktoren**: (1) Werteentwicklung/Umwelt- und Nachhaltigkeitsbewusst-
sein, (2) Konsumverhalten, (3) Bildung, (4) Lebensmodelle/Alltagsorganisation, (5)
Wohn- und Siedlungsstrukturen, (6) Wohlstandsentwicklung/Wirtschaftswachs-
tum, (7) Soziale Sicherheit, (8) Wirtschaftsstruktur/Leistungserstellung und Wert-
schöpfungsstrukturen, (9) Unternehmerische Zielsysteme, (10) Öffentliche Haushalte, (11) Politische Entwicklungsstrukturen".
- **„Globale Faktoren**: (12) Globale Werteentwicklung und Religion, (13) Global Governance, (14) Globalisierung und Welthandel/Globale Wachstumsregionen, (15)
Globale Finanz- und Kapitalmärkte, (16) Globale Wohlstandsverteilung/Konsum-
Entwicklung, (17) Ressourcen/Rohstoffe, (18) Technologischer Wandel und Innovationen, (19) Organisatorische und soziale Innovationen, (20) Internationaler
Umweltschutz, (21) Auswirkungen des Klimawandels und globale Anpassungsfä-
higkeit, (22) Zustand der Umwelt/Globale Umweltbelastung".

Die **Landkarte aus potenziellen Endzuständen**, die für 2040 plausibilisiert wird,
besteht aus fünf Szenarien (UBA 2014, S. 8–17); hier – stark verkürzt – deren Kernaussagen:

- **Effizienz-Szenario**: Nachhaltiges Wachstum und kooperative Entscheidungen dominieren, auch im globalen Governance-Kontext. Technische Innovationen haben ausreichende Rohstoffalternativen entstehen lassen und globale Solidarität und Zusammenarbeit mildern die Folgen des Klimawandels.
- **Verzicht-Szenario**: Es kommt zu Regulierung, Abschottung und Wachstumsverzicht. Unterschiedliche Wertesysteme und Machtinteressen verhindern, dass beim Umweltschutz global wirkungsvoll zusammengearbeitet wird. Es kommt zu wirtschaftlichen Zwängen und einer Deglobalisierung. Die globale Nachfrage ist rückläufig, was Umweltausbeutung und -zerstörung dämmt. Oberstes Ziel ist, innerhalb der einzelnen Wirtschaftsräume und Länder sorgsam mit den verfügbaren Ressourcen umzugehen und trotz knapper Staatsgelder soziale Unruhen zu vermeiden.
- **Abschottung-Szenario**: Regulative Schutzwälle und massive Ökonomisierung sind vorherrschend. Die Wirtschaft ist geschwächt. Es dominiert die kurzfristige Gewinnmaximierung, so dass langfristige Investitionen in den Klimaschutz zu gering ausfallen. Nur wenige schöpfen Profite ab. Das Risiko eines sozialen Abstiegs lässt jede:n die eigenen Interessen verfolgen. Die Stimmung in Ländern wie Deutschland ist pessimistisch. Bildung hat nicht länger etwas mit Teilhabe zu tun, sondern nur noch mit der Qualifizierung für den Arbeitsmarkt. Selbst westliche Demokratien rutschen in zunehmend autoritäre Strukturen ab und versuchen ihre wirtschaftlichen Interessen und restlichen Wohlfahrtsleistungen durch Abschottung zu verteidigen.
- **Krisen-Szenario**: Nationalstaaten und globale Organisationen verlieren gegenüber den multinationalen Großkonzernen und Kapitalmärkten an Einfluss. Zunehmend autoritäre Staaten sichern soziale Risiken nicht länger ab und der gesellschaftliche Zusammenhalt ist zerrüttet. Jede:r handelt eigennutzorientiert und benachteiligte Gruppen werden an den Rand gedrängt. Es geht um kurzfristige Gewinnmaximierung und die Unternehmen nutzen die fehlende Solidarität aus, um Niedriglöhne durchzusetzen. Auch global sind die Gesellschaften gespalten und die Folgen des Klimawandels werden unbeherrschbar.
- **Konsum-Szenario**: Global sind Konsumgesellschaften vorherrschend. Das Wirtschaftswachstum treibt die Nachfrage nach Rohstoffen und lässt die Preise steigen. Dabei wird auch bei Investitionsentscheidungen ignoriert, was ein solcher Lebenswandel für das Klima bedeutet. Es kommt zu globaler Erwärmung und weitreichenden Umweltschäden. Eliten schöpfen den Großteil des Wohlstands ab, wovon Luxusgüterhersteller profitieren. Und staatlich repräsentative Entscheidungsträger lagern die soziale Risikoabsicherung an private Unternehmen aus. Egoismus ist vorherrschend und in bestimmten sozialen Milieus entstehen Verlierergruppen.

Den Bedarf für solch ein szenariotechnisches Projekt begründet das UBA (2014, S. 4) wie folgt: „Bei der Beschäftigung mit Zukunft wird vielfach stillschweigend davon ausgegangen, dass sich „die eine Zukunft" vorhersagen lässt. Dies mag bei kurzfristigen Fragestellungen – und in Einzelfällen auch darüber hinaus – funktionieren, bei komplexen Querschnittsthemen wie der Nachhaltigkeitsentwicklung führt ein solches Vorgehen immer wieder zu Fehlprognosen. Obwohl die Zunahme von Komplexität und Ungewissheit auf der Hand liegt, neigen Politiker, Unternehmer und gesellschaftliche Akteure dazu, sich auf eine Prognose festzulegen – oder sie versuchen, kurzfristig möglichst flexibel reagieren zu können. Beide Ansätze – Planungsdenken ebenso wie „auf Sicht fahren" – führen dazu, dass **strukturelle Veränderungen zu spät erkannt** werden". ◄

Methodische Werkzeuge wie die Szenariotechnik helfen den Beteiligten, Perspektivwechsel und ein **zukunftsoffenes und vernetztes Denken** einzuüben. Über das gemeinsame Lernen wiederum entstehen Ideen, die in eine Strategieentwicklung überführt werden können und das Experimentieren mit neuen Realitäten und Praktiken befördern. „Die Betroffenen haben – zumindest in den Szenarioprozessen – wenig Angst davor, sich auf Ideen eines ‚guten Lebens' einzulassen: Vereinfachung, Entschleunigung und Selbstverantwortung als Antworten auf Verkomplizierung, technische Abhängigkeit, Zeitstress und Gleichgültigkeit", so das UBA (2014, S. 3). Hier greift das Attribut der Zukunftsfähigkeit, das wir bei der Diskussion der Menschenbilder kennengelernt haben (vgl. Abschn. 2.2). Prägt ein Mensch dieses Attribut aus, kann er sich unbekannte Zukünfte vorstellen, um sich in der Gegenwart damit kritisch – auch gestalterisch – auseinanderzusetzen.

Was dies für die Steuerung bedeutet, tritt im politischen Tagesgeschäft durchaus in den Hintergrund, so Meuleman (2019, S. 75): „Policymakers might be so much driven by policy objectives and targets imposed by political leaders that they neglect the governance dimension. A case in point is perhaps the Green Deal […]. This is a comprehensive policy programme with a range of strategies and legislative proposals, which itself has no governance section". Der Autor verweist darauf, dass der ‚Green Deal' nur in Teilen (z. B. Klima- und Energiepaket) einen Absatz oder Abschnitt mit Empfehlungen enthält, wie mit Steuerungsherausforderungen instrumentell umzugehen ist; in anderen Teilen (z. B. Biodiversitätsstrategie) fehlen solche Empfehlungen vollständig und werden lediglich als separates Dokument angekündigt. Dies bringt uns zu der grundsätzlichen Frage, welche Instrumentenarten eine netzwerkbasierte Steuerung braucht, die sich als transformativ und somit ganzheitlich versteht.

10.3 Welchen Mix an Instrumentenarten braucht die ganzheitliche Steuerung von Netzwerken?

Zusammenfassung

In diesem Buchteil entsteht aus der Mainstream- und Schnittstellen-Ökonomik eine integrative Sichtweise, um der Komplexität der heutigen Zeit und ihren Transformationsanforderungen gerecht zu werden. Dies bedeutet für die netzwerkbasierte Governance, dass auch ihre Instrumentierung ganzheitlich verstanden werden muss. Erstens braucht es mehr als eine Instrumentenart, um in Netzwerkkontexten strategisch wirksam zu werden. Und zweitens kommt es zwischen den Instrumentenarten zu Wechselwirkungen, die es zu berücksichtigen gilt. Für den instrumentellen Mix werden – in der Stufenlogik des Buchs – drei Instrumentenarten vorgeschlagen. Dabei handelt es sich um die Regulierung, die Kulturentwicklung und das Nudging. Während die Regulierung die Grenzen der relativen Freiheit so regelt, dass das Miteinander zivilisatorisch und weitgehend erwartungsverlässlich ablaufen kann, versucht die Kulturentwicklung die Steuerung soziokulturell passfähig zu machen, damit sie in Gruppenkontexten ein Mehr an Wirkung entfaltet. Das Nudging wirkt als sanftes Schubsen über sensorische Signale und mentale Referenzpunkte auf den Menschen ein, um bestimmte Sinnzusammenhänge und Motivationskräfte entstehen zu lassen.

Die netzwerkbasierte Governance ist für transformative Steuerungsvorhaben unverzichtbar. Welche Instrumentenarten stehen ihr zur Verfügung? Und wann wird daraus ein integratives Politikdesign?

Handlungsanreize versuchen menschliche Attribute zu aktivieren, die kontextuell relevant sind (vgl. Abschn. 2.1). Dies macht Anreize zum festen Bestandteil einer jeden Steuerung (z. B. CO_2-Bepreisung). Für unsere konzeptionelle Diskussion ist die Anreizebene zu kleinteilig. Wir heben die Diskussion daher auf die **Ebene der Instrumentenarten**. Ziel ist zu verstehen, welche Werkzeugkategorien eine netzwerkbasierte Governance braucht, damit ihre Zielgruppen bestimmte (fremd-)motivierte und transformativ wirkende Verhaltensweisen zeigen (z. B. Dekarbonisierung).

Unter einer netzwerkbasierten Governance wird weiterhin die heuristische Steuerung von Beziehungsgeflechten verstanden, in denen diverse Koordinationsmechanismen wirksam werden. Und bezeichnen wir eine **netzwerkbasierte Governance als ganzheitlich**, bedeutet dies hier …

- erstens, dass ihr das Verständnis einer komplex adaptiven Systemsteuerung zugrunde liegt. Sie braucht also einen **Mix aus Instrumentenarten**, was unter anderem an fluiden und teilweise schwer vorhersehbaren Netzwerkkontexten liegt.
- zweitens, dass die **verwendeten Instrumentenarten miteinander wechselwirken**, was zu berücksichtigen ist und im Folgekapitel vertieft wird (vgl. Kap. 11).

Der entsprechende Mix aus Instrumentenarten umfasst **(i) die Regulierung, (ii) die Kulturentwicklung und (iii) das Nudging**. Denn deren Verzahnung bildet – in der Stufenlogik des Buchs – ab, dass (i) Menschen evolutionär überleben, indem sie sich rational problemlösend an Umweltveränderungen anpassen, während ihr Erleben und Verhalten zugleich (ii) unterschiedlichen Kultureinflüssen (z. B. Gebräuchen, sozialem Lernen) und (iii) mannigfaltigen Selbstbezügen (z. B. Fertigkeiten, kognitivem Lernen) ausgesetzt sind.

Im Folgenden werden die drei Instrumentenarten schematisch vorgestellt. Zudem wird jeder Instrumentenart – als Ausdruck der ganzheitlichen Sichtweise – eine **Steuerungsdimension (politisch oder normativ oder praktisch)** zugewiesen. Solch ein Vorgehen ist in der Literatur zwar nicht vorherrschend, aber für unsere Zwecke hilfreich.

Ad Regulierung:

- **Kategorisierung**: Die Instrumentenart der Regulierung adressiert den Teil im Menschen, der die Herausforderungen des Lebens mittels bewusster Handlungsentwürfe meistert und über seinen Risikonutzen beeinflussbar ist. Sie verwendet positive und negative Gebote, die das Zusammenleben und -arbeiten innerhalb einer Gemeinschaft verbindlich regeln. Sanktionen unterstützen, dass die Gebote eingehalten werden und der systemische Ordnungskern funktionsfähig bleibt. Wir folgen dabei Levi-Faur (2011, S. 6), der im Sinne der netzwerkbasierten Governance betont, dass es sich bei der Regulierung vor allem um bürokratische Vorschriften handelt, die von diversen Akteuren vorschreibend gesetzt, kontrolliert und durchgesetzt werden können, also „regulation as the ex-ante bureaucratic legalization of prescriptive rules and the monitoring and enforcement of these rules by social, business, and political actors on other social, business, and political actors".
- **Relevanz**: Die Regulierung eignet sich für Entscheidungselemente, die der Ratio zugänglich sind (vgl. Kap. 2, 3, 6 und 7). Zwar handeln in einer Marktwirtschaft und Demokratie die privaten Akteure weitgehend eigenverantwortlich, während sie sich via Tausch, Verhandlung und Absprachen koordinieren. Im Sinne der vertikalen und horizontalen Subsidiarität sind sie jedoch mit kodifizierten Regelungen konfrontiert, die sie zueinander in Beziehung setzen (z. B. Wahl- und Pflichtenkataloge) und ihre Handlungsmöglichkeiten bewusst einschränken, um eine ordnende Wirkung zu entfalten. Bei einer ganzheitlichen Steuerung müssen die konstitutiven Regeln unterstützen, dass die Akteure die eigenen und die allgemeinen (Nachhaltigkeits-)Interessen rational zutreffend einschätzen und als gemeinsame Rechten und Pflichten praktizieren.
- **Dimension**: Wir bezeichnen dies als die politische Steuerungsdimension der netzwerkbasierten Governance. Jeder regulativen Steuerung liegt die gesellschaftsvertragliche Idee zu Grunde, die Grenzen der relativen Freiheit so zu bestimmen, dass das Miteinander zivilisatorisch und weitgehend erwartungsverlässlich ablaufen kann.
- **Herausforderungen im Kern, durch Veränderungen über die Zeit und Wechselwirkungen**, z. B.:
  - Die regulative Wirksamkeit darf dort nicht gefährdet werden, wo sie unverzichtbar ist (z. B. Schutz der Rechtssicherheit). Kommt es zu Fehlverhaltensweisen, sind deren Verursacher entsprechend zu sanktionieren. Dies betrifft Regulierte und Regulierer gleichermaßen. Es ist daher institutionell sicherzustellen, dass auch staatliche Akteure rechenschaftspflichtig sind und haftbar gemacht werden können.
  - Das Wissen über den geeigneten Ordnungszusammenhang ist begrenzt, vor allem bei ungewissen Zukunftsperspektiven. Es gibt also keine finalisierbare Ordnung, sondern lediglich einen fortlaufenden Koordinationsprozess, der auf eine adäquate

Weiterentwicklung der Netzwerkbedingungen angewiesen ist (z. B. infrastrukturelle Kapazitäten, Kompetenzen).
- Hinzukommen instrumentelle Wechselwirkungen. Ein Beispiel: Macht setzt Regeln und setzt sie durch; zugleich ist Macht ein soziokulturelles Phänomen und muss selbst geregelt werden.

Ad Kulturentwicklung:
- **Kategorisierung**: Die Instrumentenart der Kulturentwicklung bezieht sich auf den Teil im Menschen, der Werte und Verhaltensweisen gemeinschaftlich erschafft und tradiert. Sie wird systemisch eingesetzt, um Steuerungsinhalten eine moralische Bedeutung zuzuschreiben, so dass sie soziokulturell akzeptabel oder sogar wünschenswert erscheinen.
- **Relevanz**: Die Instrumentenart der Kulturentwicklung eignet sich für Entscheidungselemente, die von sozial festgelegten Wertehaltungen und Emotionen beeinflusst werden (vgl. Kap. 2, 4, 6 und 8). Es kommt zu Sozialhandlungen, die eine eigene identitätsstiftende Dynamik entwickeln und zu soziologischen Phänomenen, die sich über die Einzelhandlungen nicht vollständig erklären lassen. Die Zugehörigkeit zu einer oder mehreren Gruppen wirkt sinnstiftend und wird zu einem eigenen Wert. Dies bewirkt, dass sich die Vorstellungen von denen, die Regeln (hierarchisch) setzen, und denen, die sich regelkonform verhalten sollen, auseinander entwickeln können. Die ganzheitliche Steuerung setzt daher nicht ausschließlich an den diversen Kosten-Nutzen-Überlegungen der Akteure an. Sie versteht die Akteure zusätzlich als soziokulturell diverse Zielgruppen und nimmt entsprechende Wertezuschreibungen vor, damit eine transformative Systemausrichtung von unterschiedlichen Gruppen akzeptiert und freiwillig mitgetragen wird.
- **Dimension**: Wir nennen dies die normative Steuerungsdimension der netzwerkbasieren Governance. Danach muss eine Steuerung soziokulturell passfähig sein, um in Gruppenkontexten wirksam zu werden.
- **Herausforderungen im Kern, durch Veränderungen über die Zeit und Wechselwirkungen**, z. B.:
  - Aus der soziokulturellen Sicht hat der Staat die regulative Steuerung nicht länger vollständig in der Hand, zumal er – im Sinne einer horizontalen Subsidiarität – sie teilweise an private Akteure abgibt. Steuerungsverantwortliche, denen eine politökonomische Macht zuwächst, bilden dabei auf allen Ebenen einen eigenen soziokulturellen Kontext heraus, den sie nutzen können, um eigene Interessen zu verfolgen. Dies trifft auf staatliche Akteure ebenfalls zu. Es muss folglich geklärt werden, wie mit diesen Machtphänomenen institutionell umzugehen ist. Dabei bedeutet Macht im Sinne von Max Weber (1956, S. 28) „jede Chance, innerhalb einer sozialen Beziehung den eigenen Willen auch gegen Widerstreben durchzusetzen, gleichviel worauf diese Chance beruht".
  - Soziokulturell geprägte Strukturen und Prozesse sind in der Regel nicht das Ergebnis eines zielgerichteten Designs, sondern das Ergebnis machtbasierter Interaktionen bzw. historisch adaptiver Vorgänge.

– Hinzukommen instrumentelle Wechselwirkungen. Ein Beispiel: Werte richten Verhaltensweisen aus; zugleich braucht es emotionale Episoden, damit eine Werteorientierung im Gedächtnis abgespeichert und zum kognitiven Referenzpunkt wird.

Ad Nudging:

- **Kategorisierung**: Die Instrumentenart des ‚sanften Schubsens‘ (Nudging) bezieht sich auf den Teil im Menschen, dessen kognitive Aufnahmebereitschaft und Verarbeitungskapazität begrenzt sind, während eine komplexe Innen- und Außenwelt viel Aufmerksamkeit erfordern. Nudging arbeitet daher mit sensorischen Signalen und mentalen Referenzpunkten, um bestimmte Merkmale sichtbar hervorzuheben und Orientierungen zu verändern, die für das Individuum und für die Gemeinschaft wünschenswert sind (z. B. Überwindung mentaler Reformblockaden). Um ‚sanft‘ zu wirken, müssen die Grundsätze der Wahl- und Zwangsfreiheit gewahrt sein.
- **Relevanz**: Nudging eignet sich für Entscheidungsprozesse, in denen es transformativ wichtig ist, dass die Akteure möglichst keine Entscheidungen treffen, die sich aus intuitiven Heuristiken und kognitiven Verzerrungen ergeben (vgl. Kap. 2, 5, 6 und 9). Es geht um die Grenzen der lebensweltlichen Wahrnehmung und deren verhaltensbezogene Konsequenzen. Im Extremfall kann es passieren, dass Individuen und Gruppen nicht nur sozial, sondern auch kognitiv ‚dichtmachen‘, wodurch Zusammenhänge und Fakten unbewusst oder bewusst ausgeblendet werden. Dies macht Maßnahmen relevant, die in den Akteuren bestimmte Dispositionen aktivieren. Bei der ganzheitlichen Steuerung geht es daher nicht alleine um diverse Kosten-Nutzen-Überlegungen und soziokulturelle Identitäten. Indem Steuerungsinhalte auf eine bestimmte Weise dargestellt, interpretiert und im politischen Diskurs mehr oder minder betont werden, sollen kognitive Prozesse so unterstützt werden, dass sie systematisch fehlerfrei ablaufen und zu transformativen Verhaltensweisen motivieren.
- **Dimension**: Für uns ist dies die praktische Dimension der netzwerkbasierten Governance. Jede Steuerung sendet Signale, die nicht nur wahrgenommen werden müssen. Sie müssen kognitiv auch so verarbeitet werden, dass aus Sicht des Individuums Sinnzusammenhänge und adäquate Motivationskräfte entstehen.
- **Herausforderungen im Kern, durch Veränderungen über die Zeit und Wechselwirkungen**, z. B.:
  - Nudges, die im Betroffenen unbewusst wirken, sind Werkzeuge der Manipulation. Es ist daher zu klären, wer sanft schubsen darf und was auf welche Weise dadurch bewirkt werden soll. Allerdings ist jede:r, der andere sanft schubst, auch selbst durch Nudges beeinflussbar. Der Umgang mit dieser Instrumentenart muss daher grundsätzlich ethisch geregelt und professionellen Standards unterworfen werden. Dies gilt auch für staatliche Akteure, von denen einige in vielstimmigen Kontexten unterwegs sind.
  - Bei ständigen und ungewissen Veränderungen können sanfte Schubser von den Zielgruppen mehrdeutig interpretiert werden, was das Umsetzungsrisiko von Fehleinschätzungen erhöht.

– Hinzukommen instrumentelle Wechselwirkungen. Ein Beispiel: Regulative Formulierungen beeinflussen kognitive Bewertungen; zugleich hängt ihre narrative Wirkung von der (diskursiven) Macht der Erzählenden ab.

Regulierung, Kulturentwicklung und Nudging miteinander zu verzahnen, ist der Volkswirtschaftslehre eher fremd. Bildlich gesprochen, scheint die Volkswirtschaftslehre ein
instrumentelles Sandwich aus Regulierung und Nudging zu bilden und dort, wo die Kulturentwicklung die Mitte füllen soll, bleibt das Sandwich leer. Fast scheint die Formulierung
adäquat, dass **große Teile der Volkswirtschaftslehre mit dem Phänomen des Kulturellen ‚fremdeln'.**

- **Ausnahmen bilden die Alte Institutionenökonomik und die Evolutionsökonomik**
  (vgl. Abschn. 6.4 und Kap. 9). Dies liegt daran, dass beide Ökonomiken Institutionen
  als etwas Kontextspezifisches verstehen. Und da dieser Kontext sich dynamisch verändert, befinden sich auch Institutionen im Prozess ständiger Veränderungen. Oder in
  den Worten von Reinert (2006, S. 7): „[I]n a technologically dynamic system institutional unlearning becomes as important as institutional learning and […] an institution
  like property rights cannot be regarded as ‚something good in itself'. Context is the
  key. There can be both ‚too much' and ‚too little' property rights, as well as institutional perversion as we shall see under the discussion of patents. Institutions, then, are
  only fully comprehensible as they relate to a future goal to be achieved. In this evolutionary world view, the economy is not on its way to any equilibrium, but rather towards some future optimum that is never reached, because the dynamics of new knowledge and technology continuously change both the present and the prospects for the
  future". Institutionelles Lernen drückt sich somit unter anderem im Entlernen und Vergessen aus.
- Zudem stehen selbst die **Regulierung und das Nudging in der Volkswirtschaftslehre
  relativ unverbunden** nebeneinander. In der Literatur werden sie dann als ‚harter
  Paternalismus' und ‚weicher Paternalismus' voneinander abgegrenzt. Auch Sunstein
  (2014, S. 58), einer der Vordenker des Nudging, ordnet die meisten sanften Schubser
  einem ‚väterlich' vorschreibenden Politikstil zu, der erzieherische Motive verfolgt:
  „We can understand soft paternalism, thus defined, as including nudges, and I will use
  the terms interchangeably here". An dieser Stelle halten wir nur fest, dass ein isolierter
  Ansatz des harten Paternalismus ausblendet, dass menschliche Motivationskräfte unterschiedlichen Bedürfnisebenen (z. B. soziale Bedürfnisse) und Verfasstheiten (z. B. Ängsten) entstammen können und seine Maßnahmen daher potenziell an Wirkungskraft verlieren. Beim isolierten Nudging wiederum ist zu hinterfragen, wie es dem Partizipations-
  gedanken gerecht werden kann. Denn wer Partizipation anerkennt, muss auch soziale
  und personale Identitäten in den Blick nehmen. Was also, wenn Identitäten ‚paternalis-
  tisch wohlwollend' überschrieben und damit ignoriert werden? Passt dies noch zur
  netzwerkbasierten Governance, wie wir sie definiert haben?

Die netzwerkbasierte Governance, wie wir sie hier verstehen, ist folglich keine sichere Wirkungsangelegenheit, sondern eine ständige Herausforderung. Mit Blick auf die **Nachhaltigkeit** bedeutet dies, dass es neben regulativen Lösungsansätzen auch soziokulturelle Auseinandersetzungen braucht sowie eine individuelle Lernfähigkeit und -bereitschaft, die sich der eigenen sozial- und kognitionspsychologischen Herausforderungen bewusst ist. Kann solch eine Steuerung überhaupt gelingen?

10.4   Wann ist die netzwerkbasierte Governance gelungen?

Zusammenfassung

Ist eine (netzwerkbasierte) Governance gelungen, wird sie in der Literatur als ‚gute Steuerung' (good governance) bezeichnet. Ihr Ergebnis wird über ein Bündel an Indikatoren erfasst, das – je nach Ansatz – unterschiedlich zusammengesetzt ist. Für die Ergebnisdiskussion nutzen wir in diesem Buch die übergeordneten Bewertungskriterien der Legitimität und Glaubwürdigkeit. Das Kriterium der Legitimität beschreibt, ob eine systemische Steuerung aus Sicht von Individuen und Gruppen sinnhaft ist, wobei sich diese Einschätzung meist auf den lebensweltlichen Ausschnitt verengt, der für die Betroffenen unmittelbar relevant ist. Dies gilt insbesondere in komplexen Handlungskontexten. Eine ganzheitliche Steuerung muss daher versuchen, solch eine Fragmentierung zu überwinden. Das Kriterium der Glaubwürdigkeit wiederum verlangt, dass die Steuerungsverantwortlichen als vertrauenswürdig, kompetent und handlungsberechtigt wahrgenommen werden. Eine smarte Governance ist enger definiert und korrigiert das Steuerungshandeln dort, wo Defizite bei Zielgerichtetheit, Effizienz und Compliance bestehen.

Netzwerke systemisch zu steuern ist herausfordernd, wenn es um heterogene Akteure in unterschiedlichen Handlungskontexten geht. Wann können wir solch eine Governance als gelungen bezeichnen? Und welche Hypothesen zur Legitimität und Glaubwürdigkeit sind für die Diskussion im Folgekapitel ausschlaggebend?

Eine **gelungene Governance** heißt in der Literatur ‚gute Governance' (good governance). Häufig wird auch der Begriff der ‚smarten Governance' (smart governance) verwendet. Was zutrifft, hängt von den ausgewählten Bewertungskriterien ab. Die Detailtiefe der anwendungsorientierten Diskussion geht über den Rahmen des Buchs hinaus. Wir klären hier nur die Kernunterschiede:

- Die **gute Governance** ist vielschichtig, wie der hilfreiche Überblick von Gisselquist (2012, S. 6–8, 23–27) zeigt.
  - Es gibt zahlreiche Kriterien (z. B. Menschenrechte, demokratische Partizipation, Rechtsstaatlichkeit, Zukunftsvision), aus denen sich unterschiedliche Kriterien-

bündel bilden lassen. Entsprechende Vorschläge kommen von Organisationen wie den Vereinten Nationen und ihren Unterorganisationen (z. B. UNDP), dem Internationalen Währungsfonds, der Weltbank, der OECD oder dem Europarat, der seit 2008/2009 folgende zwölf Prinzipien anerkennt (Council of Europe; Homepage): 1. Demokratische Teilhabe, 2. Menschenrechte, 3. Rechtsstaatlichkeit, 4. öffentliche Ethik, 5. Rechenschaftspflicht, 6. Offenheit und Transparenz, 7. effizientes, effektives und solides Verwaltungshandeln, 8. Führung, Fähigkeit und Kapazität, 9. Reaktionsfähigkeit, 10. solides finanzielles und ökonomisches Management, 11. Nachhaltigkeit und langfristige Orientierung, 12. Veränderungsoffenheit und Innovation.

– Grindle (2010, S. 1, 12, 14) betont den intuitiven Charme der Begrifflichkeit der ,guten Governance' und kommentiert, dass dies bereits in den frühen 2000er-Jahren zu einer inflationierten Governance-Agenda geführt hat; sie schlägt daher den Ansatz einer ,ausreichend guten Governance' vor, die berücksichtigt, dass Steuerungserfolge zu erzielen Ressourcen und Zeit braucht: „[G]ood enough governance means that [...] not all governance deficits need to be (or can be) tackled at once and that institution and capacity building are products of time; [...] Good enough governance directs attention to considerations of the ,minimal' conditions of governance necessary to allow political and economic development". Zwar betont Grindle fragile Staaten (vgl. Abschn. 8.1). Sich auf das Phänomen Zeit und komplexe Steuerungsherausforderungen einzustellen (vgl. Abschn. 9.3), ist jedoch auch für die übrigen Länder relevant.

• Die **smarte Governance** ist enger gefasst als die gute Governance. Sie bewertet vor allem, ob effektiv und effizient gesteuert wird, und diskutiert, wie entsprechende Defizite instrumentell behoben werden können (Blanc und Faure 2020, S. 3); so geht es beispielsweise darum, die Datenlage zu verbessern (z. B. Rechenschaftslegungsvorschriften), mit fehlerhafter Compliance umzugehen (z. B. profitgetriebenes Vergehen versus unwillentlicher Regelverstoß) oder Korrekturarten abzuwägen (z. B. Pauschalstrafe versus flexible Abschreckungshöhe).

Im Grundsatz geht es um die Frage, wodurch es einer netzwerkbasierten Governance gelingt, ganzheitlich zu wirken, so dass transformative Regelungen und Praktiken über die Zeit von der Mehrheit der Akteure mitgetragen werden. Wir nutzen für die Diskussion **zwei übergeordnete Bewertungskriterien**, die sich leichter in die Logik des Buchs einfügen: (i) Legitimität und (ii) Glaubwürdigkeit. Bevor wir auf beide Kriterien eingehen, wird noch einmal deren Bezugsraum veranschaulicht (siehe Abb. 10.1). Die Abbildung soll bewusst machen, dass eine netzwerkbasierte Governance erst dann ganzheitlich legitim und glaubwürdig wirken kann, wenn sie angemessen die Wechselbeziehungen berücksichtigt, die zwischen ihren verschiedenen Instrumentenarten (Steuerungsdimensionen) und Steuerungsebenen (Subsidiaritätsarten) bestehen.

Was lässt sich mit Hilfe der beiden übergeordneten Kriterien bewerten? Für das Kriterium der **Legitimität** erinnern wir, dass jedes systemische Handeln eine Steuerungslogik braucht, die ordnungsbasiert ist (vgl. Abschn. 6.1). Solch eine Ordnung liefert den Be-

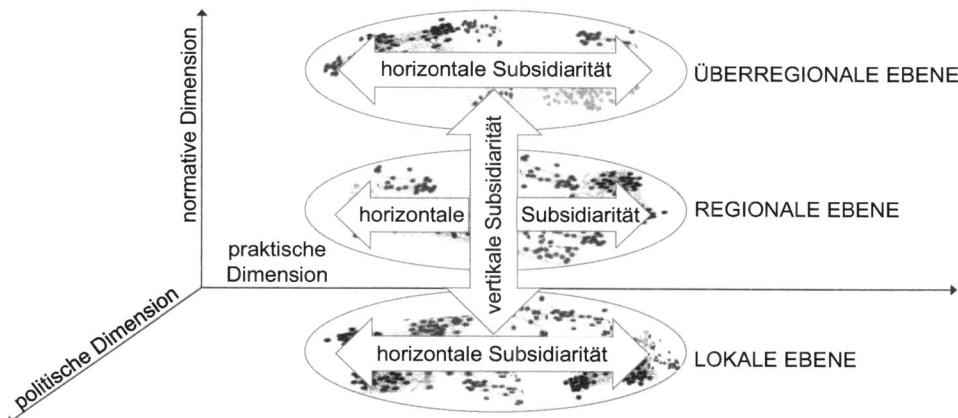

Abb. 10.1 Netzwerkbasierte Governance: Ihre Dimensionen und Subsidiaritätsarten

troffenen sinnhafte Prinzipien, über die Strukturen und Prozesse erklärlich werden. Das Ganze wird als konsistent und funktionsfähig wahrgenommen, was eine gemeinsame Handlungsgesinnung befördert.

- Nach Max Weber (1966, 1976, in Börzel und Panke 2007/2008, S. 159–160) gibt es drei Gründe, die ein **regelkonformes Verhalten** begründen:
  - Das **Eigeninteresse** der Akteure, wenn die Regeleinhaltung einen Nutzengewinn verspricht;
  - die **Angst** der Akteure, aufgrund der Regelverletzung Zwang und Strafe zu erleben;
  - die **Legitimität einer politischen Ordnung**, weil sie von den Akteuren als sinnhaft bzw. rechtens empfunden wird. Es gibt also so Etwas wie anerkannte Grundsätze des Handelns.
- Aus der systemischen Steuerungsperspektive erweist sich nur die Legitimität als **langfristig tragfähige Motivation**. Denn für die Bestrafung braucht es ein aufwendiges Kontroll- und Sanktionsregime. Und fehlt Letzteres, können Akteure als Trittbrettfahrer von der freiwilligen Regeltreue Anderer profitieren, wodurch gesellschaftliches Vertrauen verloren geht (vgl. Abschn. 7.3). Auch Luhmann (1996 in Börzel und Panke 2007/2008, S. 160) schlussfolgert, dass nur die Legitimität ein 'Bereitschaftsfenster' in den Akteuren öffnet, **freiwillig regelkonform** zu handeln, selbst wenn dies nicht immer zum Eigennutzen beiträgt.
- Aus der evolutionsökonomischen Netzwerkperspektive heraus gibt Herrmann-Pillath (2002, S. 388) zu bedenken, dass „in den wenigsten Fällen aktualisierte Ordnungen für irgendeinen ihrer [Akteure] als Gesamtheit sinnhaft sind, sondern wenn überhaupt, dann nur **Teilordnungen, die lebensweltlich unmittelbar relevant sind**". Für den Autor bedeutet Legitimität daher „in der allgemeinsten Form, daß aus der Perspektive der einzelnen Aktoren der Sinn der Ordnung nicht im Konflikt, eher aber auch in Har-

monie und Synergie mit dem individuellen Sinn besteht, der sich aus den Inhalten reflektierter personaler Identität ergibt. Legitimität ist somit eine Form referentiellen Wissens in Ordnungen, dessen Bezug die Wirkungen dieser Ordnungen auf die individuellen Zustände der Aktoren ist".

- All dies erschwert **transformative Steuerungsvorhaben**, welche Wirtschaft und Gesellschaft radikal umbauen wollen und hierfür neue Regeln setzen. Zwar ist solch eine Neuregelung im Idealfall ganzheitlich angelegt (z. B. Eindämmung des Klimawandels). In der Wahrnehmung der meisten Akteure schrumpft die Neuregelung jedoch auf den Ausschnitt zusammen, der die Akteure unmittelbar betrifft und aus dem sich die sinnhafte Einbettung von Vorhaben und die entsprechenden Motivationskräfte speisen. In der Praxis ist die Legitimität folglich fragmentiert. Soll die Legitimität darüber hinausgehen, muss die Politik einen Grad an ordnendem Zusammenhang entwickeln, der sie in ihren diversen Politikfeldern möglichst frei von Widersprüchen und gegenseitiger Beeinträchtigung macht. Nur so lässt sich die Lesbarkeit von Steuerungssignalen erhöhen und durch die verschiedenen Akteure und Gruppen ‚automatischer‘ in ein größeres Ganzes einordnen. Dies macht langfristig gültige Werteziele (z. B. Nachhaltigkeitswerte) bedeutsam, an denen sich Strukturen, Prozesse und Handlungsweisen gemeinsam ausrichten lassen, sofern sie politisch verbindlich vereinbart werden.
- Hypothese: Die transformative Steuerung von Netzwerken ist gelungen, wenn es ihr gelingt, eine **defragmentierte Legitimität zu erzeugen**.

▶ **Legitimität** beschreibt als Kriterium, dass die Akteure eine Ordnung und deren Mechanismen als sinnhaft empfinden und sich in ihrem Verhalten grundsätzlich daran orientieren. In komplex adaptiven Netzwerkbezügen, in denen es zu (transformativen) Aktualisierungen der Ordnung kommt, muss eine Legitimität erzeugt werden, die als Handlungsgesinnung über die begrenzte Lebenswirklichkeit der Akteure hinausreicht.

Ordnungen und ihre Verfahrensgrundsätze sind wichtig, damit eine (netzwerkbasierte) Steuerung gelingt. Dies schließt den Umgang mit Machtphänomen ebenso ein wie den Umgang mit offenen Prozessen, wenn über Beteiligungspraktiken die Legitimität gesteigert werden soll. Tyler und van der Toorn (2013, S. 633) weisen für den Kontext der sozialen Gerechtigkeit allerdings darauf hin, dass Steuerungsverantwortliche die Legitimität einer Ordnung selbst untergraben können: „It is often believed that leaders are legitimate if they solve problems or deliver ‚the goods‘. However, the research outlined suggests that people also focus on how their leaders govern". Im Kern geht es um die Legitimierung bzw. **Glaubwürdigkeit** der Steuerungsverantwortlichen:

- Das Kriterium betont, dass eine gelungene Governance ‚**reputationales Kapital**‘ braucht (Bilz und Nadler 2014, S. 254–255). Ohne dieses Kapital werden Steuerungsverantwortliche nicht (länger) als Entscheider wahrgenommen, die besser als andere wissen, was zu tun ist. Bilz und Nadler nennen hierfür folgende literaturbasierte

Gründe: Vertreter:innen eines steuernden Organs (legal entity) sind nicht glaubwürdig, wenn sie aus Sicht der zu Steuernden …

- **als nicht vertrauenswürdig gelten**;
- **als unwissend wahrgenommen** werden;
- **unberechtigt handeln**, da sie weder ernannt noch demokratisch gewählt sind; dies betrifft vor allem Situationen, wenn das steuernde Organ nicht mit Fakten, sondern moralisch überzeugen will.

• In der Literatur wird vor allem die Relevanz von Vertrauen betont (Who trusts? Who is trusted?). Denn jemandem zu vertrauen, bedeutet, dass sich die vertrauende Person – im Sinne eines Kontrollverlusts – verletzlich macht. **Vertrauen ist somit ein psychologischer Zustand**, der angesichts einer ungewissen Zukunft an Bedeutung gewinnt. Zugleich ist Vertrauen ein essenzieller Bestandteil des persönlichen Sozialkapitals (vgl. Abschn. 8.1 und 9.1) und trägt dazu bei, dass sich Gemeinschaften moralischen Grundsätzen verpflichtet fühlen (Partiti 2020, S. 442). Gelingt dies, reduziert Vertrauen die soziale Komplexität. Denn, so Luhmann (1968/2014, S. 31): „Vertrauensurteile verallgemeinern Erfahrungen, dehnen sich auf andere, jedoch ‚ähnliche‘ Fälle aus und stabilisieren in dem Maße, als sie sich bewähren, eine Indifferenz gegen Unterschiede".

• Aus der Perspektive der Vertrauensforschung (Currall und Inkpen 2006, S. 242) entwickelt sich Vertrauen nicht nur co-evolutionär auf einer Ebene; **Vertrauen kann sich auch über die Ebenen hinweg ausbreiten**, sofern es zu keinem Vertrauensschaden kommt; die Autoren beschreiben Vertrauen daher als ein dynamisches Konstrukt, bei dem es zu einer kontinuierlichen Aktualisierung und Auswertung von vertrauensfördernden oder -beschädigenden Signalen kommt, die darüber entscheiden, ob Vertrauen wächst oder schrumpft.

- Im **positiven Fall** ist sogar das gesellschaftliche Klima von Vertrauen geprägt, was der Glücksindex erfasst (vgl. Abschn. 6.3). Nach Luhmann (1968/2014, S. 75) macht ein Systemvertrauen „das Vertrauen diffus und dadurch widerstandsfähig, ja fast immun gegen einzelne Enttäuschungen, die stets speziell erklärt oder abreagiert werden können, während das persönliche Vertrauen durch verräterische Enttäuschungen zum Platzen gebracht werden kann. Das Systemvertrauen braucht nicht immer wieder neu gelernt werden".

- Im **negativen Fall** geht das gesellschaftliche Vertrauen verloren. Kirsch (1974/1997, S. 212) veranschaulicht die sich daraus ergebende Glaubwürdigkeitsdistanz zwischen Steuerungsverantwortlichen und zu Steuernden, wenn „Politiker in wechselseitigem Austausch Erfahrungsbilder generieren, die für die Artikulation des Unbehagens der Bürger, wenn überhaupt, von geringem Nutzen sind. Mit der Folge, daß die Mitglieder der politischen Klasse einigermaßen verständnislos darauf reagieren, daß ihnen die Wähler nicht mehr zuhören. Mit der Folge auch, daß die Bürger resigniert oder wütend konstatieren, daß die Sprache der Politik nicht (mehr) jene ist, in der sie ihr Unbehagen in politikfähigen Bedürfnissen artikulieren können".

• Ob Akteure bereit sind, einer (transformativen) Neuausrichtung freiwillig zu folgen, hängt somit von der Kultur des Austauschs und – damit verbunden – der kulturellen

(Neu-)Konstruktion von Gruppengrenzen ab. Vor diesem Hintergrund lässt sich einordnen, dass Herrmann-Pillath (2002, S. 391, 394–395) die Legitimität in einen kulturellen Kontext eingebunden sieht, den er als „Komplex kognitiv-emotionaler Schemata in Netzwerken" beschreibt, zu dem auch **Wahrnehmung und Kommunikation** gehören. Wir ordnen dies dem Glaubwürdigkeitskriterium zu. Bereits Luhmann (1968/2014, S. 62) stellt fest: „Die ausdifferenzierten Medien der Kommunikation, ihre Sprache und ihre Symbole, bringen neuartige Risiken mit sich und stellen Vertrauensprobleme neuer Art. Es wird nun bewusst, daß die Kommunikation von Menschen gemacht wird und auf Menschen wirkt, ohne durch die invariante Natur des Richtigen oder durch gute persönliche Bekanntschaft gesichert zu sein. Wie kommt es gleichwohl dazu, daß man sich auf solche Kommunikationen verlassen, der in ihnen reduzierten Komplexität vertrauen kann?".

- Heutzutage ist die Glaubwürdigkeit von Steuerungsverantwortlichen auch ein Produkt der **Digitalisierung**.
  - Dies drückt sich in den Herausforderungen einer **KI-gestützten Governance** aus mit ihren Chancen, effektiver und effizienter steuern zu können, und ihren Risiken aus algorithmischen Verzerrungen, Irrtümern oder Kontrollmissbräuchen (z. B. Lahusen et al. 2024).
  - Zugleich geht es um die **Rolle der (sozialen) Medien** und die zunehmende Relevanz von Fake News. Das Konzept der Glaubwürdigkeit bezeichnet dann „die Bereitschaft des Adressaten einer Medienbotschaft, die Aussage eines Mediums als gültig zu akzeptieren", so Trappel et al. (2018, S. 2–3). Zur journalistischen Qualität und der Funktion der Medien gehört dann, „demokratische Systeme mit möglichst neutralen und vertrauenswürdigen Informationen zu versorgen". Die Autor:innen ergänzen mit Verweis auf Lischer (2014) jedoch, dass die mediale Objektivität „ein Qualitätsmerkmal der Berichterstattung [ist] und Glaubwürdigkeit letztlich ein subjektives Zuschreibungsphänomen, das sich auf unterschiedliche Referenzen beziehen kann"; zu den Referenzen zählen das journalistische Produkt selbst, die Journalist:innen als Rollenträger, Medienunternehmen und Redaktionen sowie das gesamte Mediensystem. Wir vertiefen dies beispielhaft im Folgekapitel.
- Hypothese: Die transformative Steuerung von Netzwerken ist gelungen, wenn deren Verantwortliche sich so verhalten, dass sie **über Steuerungsebenen hinweg Glaubwürdigkeit erzeugen**.

▶ **Glaubwürdigkeit** beschreibt als Kriterium, dass Steuerungsverantwortliche über reputationales Kapital verfügen. In komplex adaptiven Netzwerkbezügen, in denen es zu (transformativen) Aktualisierungen der Ordnung kommt, stärkt Glaubwürdigkeit die freiwillige Selbstbindung der Akteure dadurch, dass Steuerungsverantwortliche gleich welcher Ebene als vertrauenswürdig, sachkundig und handlungsberechtigt wahrgenommen werden.

Ohne Legitimität und Glaubwürdigkeit wird eine Governance unwirksam. Ihre Regelungen und Sanktionierungen greifen nicht länger und fallen aus der sozialen Normierung heraus. Und dort, wo sich Überforderung und Enttäuschungen einstellen, löst sich der Glaube an den Gesellschaftsvertrag auf. Beide Bewertungskriterien zeichnen folglich nach, dass Menschen attributiv vielschichtig sind und dass sie eine eigene lebensweltliche Realität haben, an der sich der Erfolg der netzwerkbasierten Governance messen lassen muss. Und äußert sich Unmut, wird für die Akzeptanz der Governance mitentscheidend, wie deren Verantwortliche mit Kritik, Protest und Enttäuschungen umgehen. Dies gilt vor allem für das Steuerungsziel der **Nachhaltigkeit**, das Wirtschaft und Gesellschaft radikale Umbruchsmuster abverlangt.

10.5   Was diskutieren wir im Folgenden und warum?

Zusammenfassung
Kapitel 10 hat in den dritten Teil des Buchs eingeführt, in dem es um eine integrative und nachhaltigkeitsrelevante Sichtweise der Volkswirtschaftslehre geht. Im Blick steht eine netzwerkbasierte Systemsteuerung, die sich als ganzheitlich versteht und die Kriterien der Legitimität und Glaubwürdigkeit in all ihren Steuerungs-dimensionen zu erfüllen sucht. Dies wird im Folgekapitel vertieft und mit Hilfe skalierbarer Ansätze konkretisiert. Zu den ausgewählten Ansätzen zählen die politi-sche und narrative Kohärenz sowie der bewusste Umgang mit der eigenen Wirt-schaftskultur, um kognitive Referenzpunkte zu beeinflussen.

Der dritte Buchteil weicht von den früheren Buchteilen ab. Es gibt nur ein Folgekapitel im Sinne einer **ganzheitlich integrativen Sichtweise** und eine einzige Frage: Wie zukunfts-fähig lässt sich unser systemisches Miteinander entwickeln?

Was wir am Ende dieses Einführungskapitels schlussfolgern können, ist: **Zukunftsfä-higkeit braucht** …

- Einsicht in die Funktionsweise komplex adaptiver Systeme;
- eine (selbst-)kritische und korrekturoffene Auseinandersetzung mit Visionen, Zielvor-stellungen und Strategieräumen;
- die Akzeptanz einer heuristischen Steuerungsweise im Rahmen vertikal und horizontal subsidiärer Netzwerkbezüge;
- einen Mix aus Instrumentenarten mit dem Bewusstsein für Wechselwirkungen;
- eine möglichst gesellschaftsweite Legitimität und Glaubwürdigkeit der Steuerungspraxis.

Diesen Gesamtzusammenhang zu reflektieren, ist **für die Volkswirtschaftslehre (noch) Forschungsneuland**. Das Folgekapitel trägt zum Erkenntnisgewinn bei, indem wir …

- Regulierung, Kulturentwicklung und Nudging als Instrumentenarten der netzwerkbasierten Governance vertiefen und ihre Verzahnungsstellen verdeutlichen;
- Ideen ableiten, die – trotz umfänglicher Herausforderungen – eine legitime und glaubwürdige Steuerungspraxis unterstützen;
- anhand von Anwendungsbeispielen konkretisieren, wodurch sich eine skalierbare Wirkung entfalten lässt (top-down und/oder bottom-up).
  - Für die Regulierung wird das Maßnahmenbeispiel der Politikkohärenz gewählt. Denn eine Kohärenzreform richtet Politikfelder auf einen gemeinsamen Arbeitszusammenhang aus, der als Langfristziel politisch verlässlich vereinbart wird. Solch eine Ausrichtung erlaubt vertikal und horizontal, Widersprüche und Missmanagement im Politikhandeln aufzudecken und zu reduzieren und Normen wie Rechenschaftspflicht, Integrität und Verlässlichkeit zu stärken.
  - Für die Kulturentwicklung nutzen wir das Maßnahmenbeispiel der narrativen Kohärenz im Sinne einer Mehrebenen-Narration. Es geht darum, die formal logische Politikkohärenz in die Kohärenz eines leitbildbezogenen Geschichtenerzählens zu überführen. Neben die politökonomische Macht tritt nun die diskursive Macht.
  - Das Anwendungsbeispiel zu Nudging beschreibt das menschliche Bedürfnis, sich mit Hilfe wirtschaftskulturell verankerter Ordnungsvorstellungen einen komplexen Handlungskontext kognitiv zugänglich zu machen. Es entsteht ein mentales Abbild der Welt, das sich auf (kollektive) Einsichten in Sinnzusammenhänge und moralische Bewertungen auswirkt und von narrativen Heuristiken verzerrt sein kann. Indem Steuerungsverantwortliche ein Bewusstsein für dieses Phänomen entwickeln, gehen sie kritischer mit Frames um, die abgrenzende Diskurse auslösen und grenzüberschreitende Kooperationen behindern können.

Diese Bezüge sind nicht fiktional. Sie spiegeln den realen Steuerungskontext in der westlichen Welt, der komplex ist, allein wenn wir die Politikfelder erinnern, die wir in diesem Buch diskutiert haben. Hierzu zählen die Wettbewerbsordnung (vgl. Abschn. 7.1 und 7.2), den sozial verantwortlichen Staat (vgl. Abschn. 8.1 und 8.2), den Umgang mit Transformationsanforderungen (vgl. Abschn. 9.1 und 9.2) sowie die staatliche Selbstverpflichtung zu einem offenen Regierungshandeln, die sich auf ein repräsentativ demokratisches Politiksystem bezieht (vgl. Abschn. 10.1). Was wir bei dem Streifzug durch die Politikfelder zudem gesehen haben, ist: Weder der Markt noch der Staat kann alleinig Lösungen anbieten, die in einem komplexen Umfeld angemessen funktionieren und **zugleich nachhaltig transformativ** wirken. Die Stichworte hierzu lauten Marktversagen (vgl. Abschn. 7.3) und Staatsversagen (vgl. Abschn. 8.3). Doch auch bei Netzwerkansätzen und offenem Regierungshandeln sind innovationssystemische Fehlanpassungen und Fehlausrichtungen möglich (vgl. Abschn. 9.3 und 10.2). Kurzum: Steuerungsansätze sind oft unzulänglich, wenn wir sie mit den Anforderungen eines komplex adaptiven Systems und seinem Bedarf an Zukunftsfähigkeit abgleichen. Was wir hierzu im Folgekapitel – aus Sicht einer ganzheitlich integrativen Volkswirtschaftslehre – diskutieren, ist tabellarisch noch einmal zusammengefasst (siehe Tab. 10.1).

Tab. 10.1 Inhaltliche Schwerpunkte des Folgekapitels

	Instrumentenarten der netzwerkbasierten Governance		
	Regulierung	Kulturentwicklung	Nudging
Legitimität und Glaubwürdigkeit	Politische Dimension	Normative Dimension	Praktische Dimension
Ausgewählter Praxisbezug	Politikkohärenz	Narrative Kohärenz (Erzählebenen)	Wirtschaftskulturelles Bewusstsein

Ein Hinweis: Aus Sicht der Volkswirtschaftslehre sind wir bei der **Komplexitätsökonomik** angelangt. Diese weist eine deutliche Schnittmenge mit der Evolutionsökonomik auf. Sie hat jedoch eine eigene interdisziplinäre Forschung ausgeprägt. Um den Rahmen des Buchs nicht zu sprengen, wird der Übergang zwischen beiden Schnittstellen-Ökonomiken im Folgekapitel rein konzeptionell begründet.

10.6   Kommen Sie mit auf eine Gedankenreise! Die INSEL-Steuerung: Das System entwickelt sich.

Willkommen zurück im Reflexionsraum des INSEL-Experiments, in dem Sie sich verorten können, während Sie über die Erkenntnisbausteine nachdenken.

Im dritten Buchteil geht es um den ganzheitlichen Blick auf komplex adaptive Systeme und deren Steuerung. Das klingt abstrakt, oft zu abstrakt. Aus der praktischen Perspektive hilft es, sich dem Ganzen assoziativ zu nähern, sich so zu öffnen, dass es eine Resonanz in Ihnen erzeugt. Haben Sie das nicht auch schon einmal erlebt? Sie nehmen an einer Veranstaltung teil, bei dem sich Menschen verschiedener Lebenswelten und Disziplinen treffen und, als Sie den Raum betreten, stehen diese Menschen in Gruppen zusammen und tauschen sich zu Nachhaltigkeitsthemen aus. Sie wandern von einer Gruppe zur anderen. Und Ihnen wird bewusst, dass jede:r Phänomene anders sieht und bewertet. Dies kann daran liegen, dass sich in einer Gruppe nur Forschende aus der Biochemie austauschen, in einer anderen Gruppe nur Forschende aus der Volkswirtschaftslehre. Oder es kann daran liegen, dass sich eine Gesprächsgruppe ausschließlich aus Kleinstunternehmer:innen aus strukturschwachen Regionen zusammensetzt, eine andere Gruppe aus dem Leitungspersonal weltweit agierender Großkonzerne und die Mitglieder einer weiteren Gruppe gehören einer bestimmten politischen Partei an. Oder aber Sie stoßen auf eine Gruppe, die bunt gemischt ist. Bei welchen Themen und Darstellungsweisen hören Sie interessiert zu und beteiligen sich am Gespräch? Bei welchen Themen und Darstellungsweisen machen Sie ‚dicht‘ und gehen zur nächsten Gruppe weiter? Auf welche Attribute der Gesprächspartner:innen reagieren Sie in welcher Weise? Was bleibt am Schluss bei Ihnen an Inhalten, Fragestellungen und Ideen im Gedächtnis hängen? Was davon verfolgen Sie weiter? Was bedeutet dies für Ihren Wunsch, zukunftsfähig zu sein und zu handeln? Und wie selbstwirksam fühlen Sie sich bei diesem Gedanken? Und Vieles mehr. Diese Beobachtungen fangen ein, dass systemische Verhaltensweisen mitbestimmt werden durch …

- strikt rationale Lösungsansätze (Abschn. 11.2);
- kulturell evolutionäre Sichtweisen (Abschn. 11.3);
- kognitiv zugängliche Darstellungen (Abschn. 11.4).

Lassen Sie uns das Ganze wieder zum Teil einer Erlebnisreise machen! Ihr Ausgangspunkt: Sie stellen sich gedanklich eine Situation vor, in der Sie aus Ihrem Alltagsleben aussteigen und eine **Alternativwelt betreten**. Darin können Sie frei assoziieren. Jede Überlegung und Entscheidung, sei sie konservativ, innovativ, riskant oder unbequem ist möglich. Hierzu folgende Hinweise:

- **Stellen Sie sich Ihre Welt vor (imagine the world):**
    - Sie haben sich auf Ihrer INSEL eingelebt und zahlreiche Regeln, Mechanismen und Wertevorstellungen sind verankert worden.
    - Dabei sind auf der INSEL allerdings so viele Einzelansätze entstanden, dass die ganzheitliche Sicht bei der Steuerung verlorengegangen ist. Es knirscht an den Schnittstellen und einzelne Gruppen finden Entscheidungen nicht länger nachvollziehbar oder glaubwürdig.
    - Sie und die Anderen arbeiten konzeptionell an einer INSEL-Steuerung, deren Elemente reibungsloser ineinandergreifen sollen.
- **Achten Sie auf die Spielregeln Ihrer Welt (design the world):**
    - Hierbei gilt, dass Ihr INSEL-System komplex geworden ist. Es sind diverse Gruppen zu koordinieren und damit auch unterschiedliche Vorstellungen des Miteinanders.
    - Auch haben Sie und Andere in der Zwischenzeit Güter oder Artefakte erworben, die Ihnen eine politökonomische Sonderposition auf der INSEL verschaffen. Dadurch sind viele Verhaltensweisen, die Sie alltäglich beobachten, durch das ,eingefärbt', was Sie oder Andere haben.
    - Hinzukommen zahlreiche externe und zum Teil unberechenbare Faktoren, die sich aus der geographischen und klimatischen Lage der INSEL erklären und Ihnen erst jüngst bewusst geworden sind. Dies steht symbolisch dafür, dass unsere planetaren Ressourcen erschöpflich und Zukunftsentwicklungen teilweise unvorhersehbar sind.
- **Lernen Sie sich und andere in Ihrer Welt kennen (explore the world):**
    - Jetzt geht es darum, dass Sie für sich ausloten, wie die einzelnen Steuerungsansätze wechselwirken. Es geht um Perspektivwechsel und Skalierbarkeit und Vieles mehr. Ein Beispiel: Alles beginnt mit der Entscheidung, wie Etwas institutionalisiert wird ...
        - Wir brauchen einfach nur Regeln und Sanktionen, damit Jede:r weiß, wo es in Zukunft lang geht, sagen die Regierenden.
        - Nein, sagen die Betroffenen vor Ort. Solche Vorgaben haben doch mit unserem Alltag nichts zu tun und müssen lebensweltlich passfähig gemacht werden.
        - Nein, sagen Dritte. Wenn Vorgaben unterschiedlich ausgelegt werden dürfen, fühlen sich die meisten Menschen überfordert und machen doch nur, was sie wollen.

- Es braucht also ein ganzheitliches Verständnis, damit das Drehen an einer Schraube andere Schrauben nicht so verstellt, dass dadurch das Eine und/oder das Andere weniger wirksam wird. Für den Einsatz von Regulierung, Kulturentwicklung und Nudging bedeutet dies, dass sie zusammengedacht werden müssen, um die INSEL-Gesellschaft zukunftsfähig zu machen. Doch welche Zukunftsausrichtung soll dominieren? Wie werden die Instrumentenarten und ihre Maßnahmen darauf abgestimmt? Und wie wird dies entschieden?
- Ziel ist, dass Sie komplexe Zusammenhänge erkunden und darin Muster erkennen. Dies soll Ihnen helfen, sich der Steuerung von Wissens- und Lernnetzwerken und der Plausibilisierung unterschiedlicher Zukünfte assoziativ anzunähern. Den eigenen Reflexionsraum finden Sie am Ende des 11. Kapitels.

Wir starten in das Folgekapitel frei nach Kant mit der Frage: Was kann ich hoffen?

Literatur

Allen, Cameron, Malekpour, Shirin, und Mintrom, Michael (2023): Cross-scale, cross-level and multi-actor governance of transformations toward the Sustainable Development Goals: A review of common challenges and solutions, in: Sustainable Development, 31 (3), S. 1250–1267, https://onlinelibrary.wiley.com/doi/full/10.1002/sd.2495, Zugriff 24.12.2024

Bilz, Kenworthey, und Nadler, Janice (2014): Law, Moral Attitudes, and Behavioral Change, in: Zamir, Eyal, und Teichman, Doron (Hrsg.), Behavioral Economics and the Law, Oxford University Press, New York, S. 241–268

Blanc, Florentin, und Faure, Michael (2020): Smart enforcement in the EU, in: Journal of Risk Research, 23(3), S. 1–19, https://www.researchgate.net/publication/340164441_Smart_enforcement_in_the_EU/link/5e7b8f87a6fdcc139c0178f9/download?_tp=eyJjb250ZXh0Ijp7ImZpcnN0UGFnZSI6InB1YmxpY2F0aW9uIiwicGFnZSI6InB1YmxpY2F0aW9uIn19, Zugriff 06.06.2024

Börzel, Tanja A., und Panke, Diana (2007/2008): Network Governance: Effective and legitimate?, in: Sorensen, Eva, und Torfing, Jacob (Hrsg.), Theories of Democratic Network Governance, Palgrave Macmillan, Basingstoke, Hampshire, S. 153–166

Bundeskanzleramt (2023): Open Government Deutschland – Vierter Nationaler Aktionsplan 2023 – 2025, Berlin, https://www.open-government-deutschland.de/resource/blob/1567548/2216312/16ce8eade8c0662c85ccd56d9ea7f5c5/vierter-nap-data.pdf?download=1, Zugriff 21.12.2024

Bundesregierung (2016) Deutsche Nachhaltigkeitsstrategie 2016, https://www.bundesregierung.de/resource/blob/975274/318676/3d30c6c2875a9a08d364620ab7916af6/2017-01-11-nachhaltigkeitsstrategie-data.pdf?download=1, Zugriff 13.08.2019

Burger-Menzel, Bettina (2023): Wirtschaftsförderung und E-Governance: Von der Resilienz zur Transformation? in: Korn, Thorsten, Lempp, Jakob, van der Beek, Gregor (Hrsg.), Wirtschaftsförderung in der Krise, Springer Gabler, Wiesbaden, S. 171–196

Currall, Steven C., und Inkpen, Andrew C. (2006): On the complexity of organizational trust: a multi-level co-evolutionary perspective and guidelines for future research, in: Bachmann, Reinhard, und Zaheer, Akbar (Hrsg.), Handbook of Trust Research, Edward Elgar, Cheltenham, UK, S. 235–246

D'Alisa, Giacomo, Demaria, Frederico, und Kallis, Giorgos (2015): Degrowth – A Vocabulary for a New Era, Routledge, New York, https://www.researchgate.net/profile/Federico-Demaria/publication/309291920_DEGROWTH_A_Vocabulary_for_a_New_Era_E-BOOK/ links/5808829f08ae63c48fec833e/DEGROWTH-A-Vocabulary-for-a-New-Era-E-BOOK.pdf, Zugriff 05.07.2024

Döring, Thomas (2019): Alternativen zum umweltschädlichen Wachstum, in: Analysen und Bericht – Umweltpolitik, ZBW-Leibniz-Informationszentrum Wirtschaft, DOI: 10.1007/ s10273-019-2481-1, Zugriff 05.05.2022

EC (European Commission) (2013): A vision for public services, Generaldirektion für Kommunikationsnetzwerke, Inhalte und Technologien der Europäischen Kommission, Entwurfsfassung. https://digital-- strategy.ec.europa.eu/en/news/vision-public-services, Zugriff 17.12.2021

Gisselquist, Rachel M. (2012): Good Governance as a Concept, and WhyThis Matters for Development, Universität der Vereinten Nationen UNU-WIDER, Arbeitspapier Nr. 2012/30, Helsinki, https://www.researchgate.net/publication/239810900_Good_Governance_as_a_Concept_and_ Why_This_Matters_for_Development_Policy, Zugriff 06.06.2024

Grindle, Merilee S. (2010): Good Governance: The Inflation of an Idea, Center for International Development, Harvard University, CID Working Paper, Nr. 202, https://www.hks.harvard.edu/ sites/default/files/centers/cid/files/publications/faculty-working-papers/202.pdf,   Zugriff 23.05.2023

Gottschlich, Daniela, Hackfort, Sarah, Schmitt, Tobias, und von Winterfeld, Uta (2022) (Hrsg.): Handbuch Politische Ökologie – Theorien, Konflikte, Begriffe, Methoden, Open-Access-Publikationsförderung der Humboldt-Universität zu Berlin und Universität Kassel, transcript Verlag, Bielefeld, https://www.transcript-verlag.de/shopMedia/openaccess/pdf/oa9783839456279.pdf, Zugriff 05.07.2024

Herrmann-Pillath, Carsten (2002): Grundriß der Evolutionsökonomik, Wilhelm Fink Verlag, München

Klijn, Erik-Hans, und Koppenjan, Joop F. M. (2020): Debate: Strategic planning after the governance revolution, in: Public Money and Management, Jg. 40, Nr. 4, S. 260–261, https://www.researchgate.net/publication/338751672, Zugriff 24.12.2024

Klijn, Erik-Hans, und Koppenjan, Joop F. M. (2012), Governance network theory: past, present and future, Policy and Politics, Jg. 40, Nr. 4, S. 187–206, https: https://www.researchgate.net/publication/260266376, Zugriff 24.12.2024,

Klijn, Erik-Hans, und Koppenjan, Joop F. M. (2000): Public management and policy networks: foundations of a network approach to governance, Public Management, Jg. 2, Nr. 2, S. 135–158, https://www.researchgate.net/publication/257921984, Zugriff 24.12.2024

Kirsch, Guy (1974/1997): Neue Politische Ökonomie, Werner Verlag, Düsseldorf

Ladwig, Bernd, Jugov, Tamara, und Schmelzle, Cord (2007): Governance, Normativität und begrenzte Staatlichkeit, DFG Sonderforschungsbereich Governance, Arbeitspapier, Nr. 4, Freie Universität Berlin, Berlin, https://refubium.fu-berlin.de/handle/fub188/18286, Zugriff 05.05.2022

Lahusen, Christian, Maggetti, Martino, und Slavkovik, Marija (2024): Trust, trustworthiness and AI governance, Scientific Reports, Springer Nature, https://doi.org/10.1038/s41598-024-71761-0, Zugriff 14.01.2025

Levi-Faur, David (2011): Regulation and regulatory governance, in: Levi-Faur, David (Hrsg.), Handbook on the Politics of Regulation, Edward Elgar Publishing, Cheltenham, UK, S. 3–24

Lischer, Suzanne (2014): Fernsehen als Service public. Eine Analyse der Qualität der SRG- Fernsehprogramme, Springer VS, Wiesbaden

Luhmann, Niklas (1968/2014): Vertrauen, 5. Auflage, UVK Verlagsgesellschaft, Konstanz und München

Luhmann, Niklas (1996): Soziale Systeme: Grundriß einer allgemeinen Theorie, Suhrkamp, Frankfurt am Main

Meuleman, Louis (2019): A Metagovernance Approach to Multilevel Governance and Vertical Co-ordination for the SDGs, Routledge, New York, NY, https://www.ps4sd.eu/wp-content/uploads/2023/09/2023-Metagovernance-for-multilevel-gov-chapter.pdf, Zugriff 23.05.2024

OECD (Organisation for Economic Cooperation and Development) (2023): Open Government for Stronger Democracies: A Global Assessment, Paris, https://www.oecd.org/content/dam/oecd/en/publications/reports/2023/11/open-government-for-stronger-democracies_88aa0131/5478db5b-en.pdf, Zugriff 23.05.2024

Ostrom, Elinor (2009): Beyond Markets and States: Polycentric Governance of Complex Economic Systems, Prize Lecture, 05.12.2009, https://www.nobelprize.org/uploads/2018/06/ostrom_lecture.pdf, Zugriff 06.05.2015

Partiti, Enrico (2020): Trust and Global Governance: Ensuring Trustworthiness of Transnational Private Regulators, T.M.C. Asser Institute, The Hague, https://www.nyujilp.org/wp-content/uploads/2020/07/NYI202.pdf, Zugriff 12.01.2025

Petschow, Ulrich, Ferdinand, Jan-Peter, Dickel, Sascha, Flämig, Heike, Steinfeldt, Michael, und Worobel, Anton (2014): Dezentrale Produktion, 3D-Druck und Nachhaltigkeit - Trajektoren und Potenziale innovativer Wertschöpfungsmuster zwischen Maker-Bewegung und Industrie 4.0, Institut für ökologische Wirtschaftsforschung, Berlin

Randers, Jorgen (2012): 2052. A Report to the Club of Rome Commemorating the 40th Anniversary of The Limits to Growth, Chelsea Green Publishing, White River Junction, Vermont

Reinert, Erik S. (2006): Institutionalism Ancient, Old and New – A Historical Perspective on Institutions and Uneven Development, Forschungspapier Nr. 77, UNU-WIDER, United Nation University, https://hdl.handle.net/10419/63562, Zugriff 12.09.2023

Rosenau, James N., und Czempiel, Erst-Otto (1992) (Hrsg.): Governance without Government. Order and Chang in World-Politics, Cambridge

Schmelzer, Matthias, und Vetter, Andrea (2019): Degrowth /Postwachstum zur Einführung, Junius Verlag, Hamburg

Sorensen, Eva, und Torfing, Jacob (2018): Governance on a bumpy road from enfant terrible to mature paradigm, in: Critical Policy Studies, 12(3), S. 350–359, https://doi.org/10.1080/19460171.2018.1437461, Zugriff 23.05.2020

Sorensen, Eva, und Torfing, Jacob (2007/2008): Introduction – Governance Network Research: Toward a Second Generation, in: Sorensen, Eva, und Torfing, Jacob (Hrsg.), Theories of Democratic Network Governance, Palgrave Macmillan, Basingstoke, Hampshire, S. 1–20

Sunstein, Cass R. (2014): Why Nudge? The Politics of Libertarian Paternalism, Yale University Press, New Haven, Connecticut

Trappel, Josef, Büchner, Jana, Gadringer, Stefan, Gerard-Wenzel, Corinna, Holzinger, Roland, und Nening, Isabella (2018): Erfolgsfaktor Glaubwürdigkeit: Über die Sicherstellung von Glaubwürdigkeit und Unabhängigkeit der Presse, Kurzbericht, Universität Salzburg, Salzburg, https://www.rtr.at/medien/was_wir_tun/foerderungen/pressefoerderung/forschungsprojekte/veroeffentlichungen/Kurzbericht2018_Erfolgsfaktor_Glaubwuerdigkeit.pdf, Zugriff 11.01.2025

Tyler, Tom R., und van der Toorn, Jojanneke (2013): Social Justice, in: Huddy, Leonie, Sears, David O., und Levy, Jack S. (Hrsg.), The Oxford Handbook of Political Psychology, Oxford University Press, Oxford, S. 627–661

UBA (Umweltbundesamt) (2020) (Hrsg.): Ansätze zur Ressourcenschonung im Kontext von Postwachstumskonzepten, Abschlussbericht, Dessau-Roßlau,https://www.umweltbundesamt.de/sites/default/files/medien/479/publikationen/texte_98-2020_powares_endbericht.pdf

UBA (2014) (Hrsg.): Integrierte Szenarien im Rahmen der nationalen Nachhaltigkeitsstrategie, Dessau-Roßlau, https://www.umweltbundesamt.de/publikationen/integrierte-szenarien-im-rahmen-der-nationalen, 04.05.2019

UN (United Nations) (2024): The Sustainability Development Goals Report 2024, New York, https://unstats.un.org/sdgs/report/2024/The-Sustainable-Development-Goals-Report-2024.pdf, Zugriff 08.01.2025

Vetter, Andrea, und Schmelzer, Matthias (2022): Degrowth, in: Gottschlich, Daniela, Hackfort, Sarah, Schmitt, Tobias, und von Winterfeld, Uta (Hrsg.), Handbuch Politische Ökologie – Theorien, Konflikte, Begriffe, Methoden, Open-Access-Publikationsgeförderung der Humboldt-Universität zu Berlin und Universität Kassel, transcript Verlag, Bielefeld, S. 331–339, https://www.transcriptverlag.de/shopMedia/openaccess/pdf/oa9783839456279.pdf, Zugriff 05.07.2024

Weber, Max (1976): Wirtschaft und Gesellschaft. Grundriß der verstehenden Soziologie, Mohr, Tübingen

Weber, Max (1966): Die drei reinen Typen der legitimen Herrschaft, Duncker und Humblot, Berlin

Weber, Max (1956): Wirtschaft und Gesellschaft, 5. Auflage, Mohr, Tübingen

Williamson, Oliver E. (1979): Transaction Cost Economics: The Governance of Contractual Relations, in: Journal of Law and Economics, Nr. 22, S. 233–61, https://www.journals.uchicago.edu/doi/10.1086/466942, Zugriff 24.09.2020

Homepages

Council of Europe (Homepage): 12 Principles of Good Democratic Governance, https://www.coe.int/en/web/centre-of-expertise-for-multilevel-governance/12-principles, Zugriff 11.01.2025

EC (European Commission) (Homepage): The European Green Deal, https://commission.europa.eu/strategy-and-policy/priorities-2019-2024/story-von-der-leyen-commission/european-green-deal_en, Zugriff 03.05.2022

EU (Europäische Union) (Homepage): EU Taxonomie Grundlagen; https://eu-taxonomy.info/de/info/eu-taxonomy-grundlagen, Zugriff 03.07.2024

Komplexitätsökonomik: Wenn es um Ideen für die Steuerung komplex adaptiver Systeme geht

„Because its assumptions are a widening of the neoclassical ones, complexity economics is neither a special case of equilibrium economics nor an addition to it. On the contrary, it is economics done in a more general way. This broadening of principles is not due to a shift in ideology. It is due, I believe, to new tools becoming available to economics: methods to think about decision making under fundamental uncertainty and to deal with nonlinear dynamics and nonlinear stochastic processes. Above all, it is due to computation, which makes it possible to model arbitrarily more complicated and more realistic behavior.

It would be naïve to say that this widening of scope will be a pancea for economics, but it certainly releases economics from the strictures of its neoclassical assumptions. I see this shift in economics as part of a larger shift in science itself. All the sciences are shedding their certainties, embracing openness and process, and asking how structures or phenomena come into being. There is no reason that economics should differ in this regard. Complexity economics sees the economy not as mechanic, static, timeless and perfect but as organic, always creating itself, alive and full of messy vitality".

Brian W. Arthur (2021, S. 143): Foundations of complexity economics

Lernkontext

Das vorherige Kapitel hat in die westlich geprägte Systemsteuerung der netzwerkbasierten Governance eingeführt. Nun geht es um deren instrumentellen Mix aus Regulierung, Kulturentwicklung und Nudging. Wir klären für jede Instrumentenart, mit welchen Einflussgrößen sie arbeitet und wodurch sie legitim und glaubwürdig erscheint. Der hohe Komplexitätsgrad zeigt sich darin, dass wesentliche Herausforderungen einschließlich instrumenteller Wechselwirkungen berücksichtigt werden (ganzheitliche Sichtweise). Indem all dies für beispielhafte Anwendungsbezüge diskutiert wird, entsteht zudem ein Transfer in Richtung Steuerungspraxis. Das ge-

B. Burger-Menzel, *Multiperspektivische Ökonomik*, https://doi.org/10.1007/978-3-658-48617-4_11

wonnene Verständnis bezieht sich auf Kohärenzsteigerungen im Politikdesign und in der leitbildbezogenen Narration sowie auf den Umgang mit narrativen Heuristiken, die fest in der eigenen Wirtschaftskultur verankert sind. Im Ergebnis muss eine netzwerkbasierte Governance politisch, normativ und praktisch Sinn ergeben und Vertrauen wecken. Sonst gehen den Akteuren die Leitplanken verloren, an denen sie ihr Handeln ausrichten können und wollen. Wir ordnen diesen Diskussionsraum der Komplexitätsökonomik zu.

Kapitel 11 …

- klärt, was die Evolutions- und Komplexitätsökonomik eint (Abschn. 11.1);
- vertieft den Instrumentenmix aus Regulierung, Kulturentwicklung und Nudging, indem die jeweiligen Einflussgrößen dargestellt sowie beispielhafte Herausforderungen, Steuerungsideen und Anwendungsbezüge diskutiert werden (Abschn. 11.2, 11.3 und 11.4);
- zieht ein (Zwischen-)Fazit zur heuristischen Steuerung komplex adaptiver Systeme (Abschn. 11.5);
- bietet mit Hilfe des INSEL-Experiments an, die neuen Erkenntnisse persönlich zu reflektieren (Abschn. 11.6).

Schlüsselbegriffe: Komplexitätsökonomik, Regulierung, Kulturentwicklung, Nudging

11.1   Wie erklärt sich der Übergang von der Evolutions- zur Komplexitätsökonomik?

Zusammenfassung

Für die Evolutionsökonomik und die Komplexitätsökonomik ist der Umgang mit einer unsicheren Zukunft der Normalfall. Und beide analysieren diverse Netzwerke und selbstorganisierte Prozessketten. Die Komplexitätsökonomik interessiert sich allerdings stärker dafür, was ein System instabil und sogar chaotisch werden lässt. Es geht dann um Phänomene wie Versickerungs- und Kaskadeneffekte, systemische Risiken und unumkehrbare Entwicklungen. Nichtsdestotrotz ist die Abgrenzung beider Schnittstellen-Ökonomiken in der Literatur unscharf. Wir verwenden die Komplexitätsökonomik begrifflich als Anker. Dadurch wird betont, dass die Vorschläge zur Steuerung komplex adaptiver Systeme, die wir in diesem Kapitel diskutieren, über die innovationssystemischen Zusammenhänge des vorherigen Buchteils hinausreichen.

Im dritten Buchteil arbeiten wir mit einem ganzheitlichen Steuerungsansatz, den wir als netzwerkbasierte Governance bezeichnen (vgl. Abschn. 10.1). Wir diskutieren diesen Kontext als Sichtweise der Komplexitätsökonomik. Was ist unter dieser Schnittstellen-Ökonomik begrifflich zu verstehen? Und wie erklärt sich der Übergang von der Evolutions-ökonomik zur Komplexitätsökonomik?

Die Evolutionsökonomik und die Komplexitätsökonomik gehören beide zu „der Vielfalt an Forschungsparadigmen, welche die Wirtschaftswissenschaft in Gänze zu bieten hat", woraus sich eine **Plurale Ökonomik** ableitet (Piétron et al. 2020, S. 190). Definitorisch ist die Grenze zwischen der Evolutionsökonomik und Komplexitätsökonomik unscharf. Wir können den Begriff der Komplexitätsökonomik daher als Anker nutzen, um zu betonen, dass die Diskussion der Instrumentenarten konzeptionell über das hinausreicht, was wir als innovationssystemischen Zusammenhang kennengelernt haben (vgl. Kap. 9). Wir klären dennoch kurz, was in der Literatur als Komplexitätsökonomik beschrieben wird.

Die **Komplexitätsökonomik** „beschäftigt sich disziplinübergreifend mit der Erforschung komplexer (adaptiver) Systeme, sucht nach gemeinsamen Prinzipien solcher Systeme und stellt geeignete Forschungsmethoden bereit. Ihre Ursprünge hat sie unter anderem in der Kybernetik (Wiener 1948), der Künstlichen-Intelligenz-Forschung (vgl. Shapiro 1992), der Chaostheorie (vgl. Lorenz 1963, May 1976) und der soziologischen Systemtheorie (Luhmann 1984)", erklärt Roos (2015, S. 381). Um komplex adaptive Systeme zu analysieren, nutzt die Komplexitätsökonomik unter anderem methodische Werkzeuge der naturwissenschaftlichen Forschung (z. B. Mathematik nicht-linearer Systeme).

- Wichtig ist vor allem die grundsätzliche Annahme, dass in einem Wirtschaftssystem Ungleichgewichte endogen, also aus dem System heraus entstehen. Arthur (2013, S. 3–5) vom US-amerikanischen Santa Fe Institute, das diese Forschung seit vielen Jahren mitprägt (z. B. Durlauf 1997), begründet dies mit zwei Arten der Unsicherheit:
  - Erstens gibt es eine **fundamentale Unsicherheit**, die mit der Knightschen Idee des Nichtwissens zusammenhängt. Dadurch wird es unmöglich, Hypothesen über Ursache-Wirkungs-Beziehungen zu formulieren, so Arthur (2013, S. 4): „To the degree, that outcomes are unknowable, the decision problem they pose are not well-defined. It follows that rationality – pure deductive rationality – is not well-defined either, for the simple reason that there cannot be a logical solution to a problem that is not logically defined. It follows that in such situations deductive rationality is not just a bad assumption; it cannot exist." An die Stelle deduktiver Rationalität tritt die Induktion, die kontextbezogen angelegt ist und aus ständigem Erkunden, Lernen und Adaptieren besteht. Für einige Entscheidungen sind Wissen und Erfahrungen nützlich (z. B. realistische Wahrscheinlichkeiten). In vielen Situationen sind die Akteure jedoch nicht-wissend und entscheiden unter den Bedingungen einer vollständigen Unsicherheit (vgl. Abschn. 3.2 und 3.3).
  - Zweitens gibt es eine **technologische Unsicherheit**, wenn radikale Neuerungen auftreten und Energien freisetzen, die im Schumpeterschen Sinne disruptiv wirken. Solche Disruptionen verursachen Unsicherheiten, indem sie weitere technologische

Neuerungen nach sich ziehen, wie die Beispiele von Computertechnik, Internet of Things und künstlicher Intelligenz zeigen (vgl. Abschn. 9.1).

- Die Komplexitätsökonomik will vor allem aufdecken, warum **Übertragungsprozesse zwischen den Akteuren (de-)stabilisierend** ablaufen können (Arthur 2013, S. 9–12; Arthur 2021, S. 140): Dabei beeinflusst die Art der Netzwerkstrukturen und -verbindungen, ob ein Übertragungsimpuls (z. B. Beeinflussung einer Machtstruktur) schnell versickert und abstirbt oder – im Gegenteil – sich kaskadenförmig ausbreitet, was sich unter anderem mit Hilfe agentenbasierter Computermodellierungen aufzeigen lässt (z. B. Miller und Page 2007).
  - Die (Nicht-)Übertragung hängt mit dem allgemeinen **Phänomen des Schwellenwerts** zusammen (z. B. kritischer Wert bei Kaufzurückhaltung). Gelingt es einem Netzwerkknoten bzw. Akteur, einen anderen zu ‚infizieren‘ bzw. zu überzeugen oder zu begeistern, dann wird der Schwellenwert überschritten und der infizierte Akteur wird aktiv. Kaskaden können weitere Ereignisse und dadurch anormale Schwankungen auslösen.
  - Bei großen gegenseitigen Abhängigkeiten kann sogar ein **Einzelereignis zum systemischen Risiko** werden. Letzteres zeigt das Beispiel der Finanzkrise (2007/2008), als aus der Bankeninsolvenz von Lehman Brothers zunächst das Platzen der US-Immobilienblase und – in einer weiteren Kettenreaktion – eine schwere globale Finanzkrise folgt. Daher ist es für die Komplexitätsökonomik spannend, neben Kettenreaktionen auch Ereignis-zu-Ereignis-Übertragungen besser zu verstehen (z. B. Verzweigung mit und ohne Konformitätseffekt). Die Komplexitätsökonomik schaut folglich darauf, wie eine intelligente Selbstorganisation aussehen kann, die adaptiv, resilient und organisch funktioniert, so Arthur (2021, S. 142).
  - Nach Ross (2015, S. 389) hat die Komplexitätsökonomik auch „das Potential, einige **gravierende Probleme der Mainstream-Makroökonomie zu lösen**". Denn sie erkennt an, dass Entwicklungen zwar stabil erscheinen können (z. B. bei Pfadabhängigkeiten). Häufig oszillieren sie jedoch oder verlaufen chaotisch und es sind multiple Gleichgewichte denkbar.

▶ **Komplexitätsökonomik** ist eine Sichtweise der Volkswirtschaftslehre, die sich mit der Wirtschaft als komplex adaptivem System beschäftigt. Dies hat eigene theoretische und methodische Forschungsansätze hervorgebracht, deren Interdisziplinarität die Naturwissenschaften einschließt.

Die Übergänge zwischen Komplexitätsökonomik und Evolutionsökonomik (vgl. Kap. 9) sind fließend:

- Beide Ökonomiken verbindet die **Akzeptanz von Zukunftsunsicherheit**. Zwar dringt die Komplexitätsökonomik in tiefere Unsicherheitsbereiche vor als die Evolutionsökonomik. Sie eint jedoch der technologische Unsicherheitsbereich. Und sie eint die Akzeptanz, dass evolutionäre Prozesse mit Komplexität und Nicht-Linearitäten einhergehen (z. B. Dosi 2022, S. 4).

- Beide Ökonomiken analysieren **Netzwerke, Interaktionen und Diffusionsprozesse**, so dass Pfadabhängigkeiten und Schwellenwerte, Selbstverstärkungsmechanismen und Unumkehrbarkeiten auch für die Evolutionsökonomik vertraute Phänomene sind. Zudem gehen weite Teile der Evolutionsökonomik davon aus, dass Präferenzbildung, technologische und institutionelle Lernprozesse und Teile des Wirtschaftswandels aus dem System heraus, also endogen entstehen, sofern die Akteure fähig und motiviert genug sind, in diesem Sinne zu lernen und zu innovieren (Witt 2006, S. 2); dies kann wiederkehrende Muster hervorbringen, die sich für die Hypothesenbildung eignen. Allerdings hält sich die empirische Evolutionsökonomik mit der Annahme grundsätzlicher Ursache-Wirkungs-Beziehungen zurück. Denn für sie sind Wirtschaftsstandorte aufgrund unterschiedlicher Merkmalsausprägung kaum oder nicht zu vergleichen.

Wir nutzen den fließenden Übergang zwischen den beiden Schnittstellen-Ökonomiken, um dieses Kapitel der Komplexitätsökonomik zuzuordnen. Dabei geht es um Steuerungsideen für **komplex adaptive Systeme**, also um mögliche Instrumentierungen, erhoffte Wirkungen und verbleibende Wirkungsunsicherheiten. Hier noch einmal unser Ausgangspunkt (vgl. Kap. 9 und 10):

- Wir gehen von einem Gesamtsystem aus, das **multiple Subsysteme** hat (z. B. Wissenschaft, Wirtschaft, Politik, Gesellschaft), in denen sich die Akteure innovationssystemisch organisieren und interagieren (z. B. techno-ökonomisches Lernen, sozioinstitutionelles Lernen). Die Handlungsweisen können von materiellem Eigeninteresse (z. B. Gewinnoptimierung) ebenso motiviert sein wie von moralischen Normen (z. B. soziale Innovationen) und/oder von Selbstverwirklichungskräften im Sinne von Agency (z. B. institutionelles Unternehmertum).
- Die ganzheitliche Systemsteuerung (**netzwerkbasierte Governance**), wie sie hier verstanden wird, akzeptiert diese Komplexität. Sie hat mehrere Ebenen (vertikale und horizontale Subsidiarität) und arbeitet heuristisch, also mit Arbeitsweisen, die auf vorläufigen Annahmen basieren, um – in einer Welt der Zukunftsunsicherheit – temporär zufriedenstellende Lösungen zu produzieren.
- In dieser heuristischen Arbeitswelt lässt sich Komplexität nur kontrollieren, indem **Ordnungsprinzipien** vorgegeben bzw. vereinbart werden, die über ihre Mechanismen das Miteinander regeln (z. B. wettbewerbliche Koordination). Diese werden weiter unten als ‚ordnungsbedeutsame‘ bzw. ‚gestaltungswesentliche‘ Verbindlichkeiten hervorgehoben. Um welche Verbindlichkeiten es sich dabei konkret handelt, bleibt allerdings – über das Bisherige hinaus (vgl. Kap. 6, 7, 8 und 9) – weitgehend offen. Denn wie sich eine Marktwirtschaft und eine Demokratie weiterentwickeln, ist nicht normiert. Es hängt davon ab, welche (machtvollen) Akteure den Aushandlungsprozess beeinflussen können und wollen (z. B. grünes Wachstum versus Degrowth; vgl. Abschn. 10.2).
- Im Folgenden geht es um die Funktionsweise der Instrumentenarten **(i) Regulierung, (ii) Kulturentwicklung und (iii) Nudging**, um deren Wechselwirkungen und potenziellen Gelingensfaktoren (siehe Abb. 11.1). Für die entsprechenden Antworten bzw. Antwortversuche öffnet sich die Volkswirtschaftslehre erneut anderen Disziplinen.

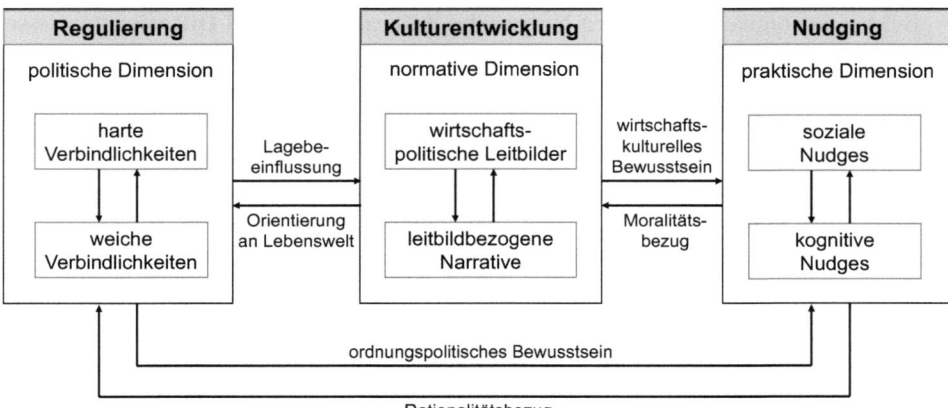

Abb. 11.1 Instrumentelle Wechselwirkungen der netzwerkbasierten Governance

Dabei handelt es sich um die Politikwissenschaft (ad Regulierung) sowie um die Soziologie, Psychologie, Kognitionswissenschaft und die kulturhistorische Narrativforschung (ad Kulturentwicklung und Nudging). Das Ganze wird vorwiegend aus der Perspektive von Akteuren betrachtet, die eine systemische Steuerungsverantwortung übernehmen.

11.2   Wie funktioniert netzwerkbasierte Regulierung und wann ist sie gelungen?

Zusammenfassung

Zur Instrumentenart der Regulierung gehören die hoheitliche Regel(durch)setzung ebenso wie hybride Regulierungsarten. Gearbeitet wird mit harten und weichen Verbindlichkeiten. Letztere sind nicht rechtsverbindlich, jedoch flexibler und besser an Problemlösungserfordernisse anpassbar. Auch lassen sie sich bei Bedarf ‚aushärten‘, um ein regelkonformes Verhalten einfordern zu können. Im Sinne politischer Legitimität wirkt die Regulierung wie ein funktionales Steuerungsversprechen, das transaktionskostenminimal umzusetzen ist und – je nach Fehlverhaltensgrad – Sanktionen auslöst. Politisch glaubwürdig wirkt eine Regulierung, wenn deren Vertreter:innen als kompetent, vertrauenswürdig und steuerungsberechtigt gelten. Eine Maßnahme, welche die Wirksamkeit von Regulierung unterstützt, ist die Politikkohärenz, wenn sie konsequent umgesetzt wird. Dabei wird ein strategisches und langfristiges Werteziel (z. B. Nachhaltigkeit) politisch vereinbart und genutzt, um zwischen verschiedenen Politikfeldern einen möglichst widerspruchsfreien und synergetisch wirkenden Arbeitszusammenhang herzustellen.

Handlungskontexte zu regulieren, ist das ‚Brot- und Buttergeschäft' jeder netzwerk-basierten Governance (politische Steuerungsdimension): Welche Regulierungsarten gibt es? Mit welchen Einflussgrößen wird gearbeitet? Welche Herausforderungen müssen im Handlungskontext komplex adaptiver Systeme überwunden werden, bevor Regelsetzungen als legitim und glaubwürdig gelten? Und warum eignet sich die Politikkohärenz als Maß-nahmenbeispiel?

Zur Erinnerung (vgl. Kap. 3, 7 und Abschn. 10.3): Die **Regulierung** setzt Vorschriften, die das Zusammenleben und -arbeiten innerhalb einer Gemeinschaft verbindlich regeln und für alle Akteure gültig und in ihrer Deutung nachvollziehbar sind. Den Akteuren wird also durch positive Gebote wie ‚du sollst …' und durch negative Gebote wie ‚du darfst nicht …' signalisiert, was sie zu tun und zu lassen haben. Zudem werden Anreize gesetzt, um die Akteure zu motivieren, die wesentlichen Gebote einzuhalten. Die negative Sankti-onierung arbeitet mit Strafandrohungen und der Bestrafung selbst (z. B. Bußgelder). Die positive Sanktionierung arbeitet mit einem in Aussicht gestellten Nutzenzuwachs, der auch eine Kosteneinsparung sein kann (z. B. veräußerliche Emissionszertifikate). All dies verknüpft die Regulierung mit der sogenannten Compliance, die Grundsätze und Maß-nahmen umfasst, um Verhaltensweisen regelkonform auszurichten. In der Gesamtschau gleicht die Regulierung einem funktionalen und damit auf Risikonutzenüberlegungen ba-sierenden Steuerungsversprechen.

Bei der **netzwerkbasierten Regulierung** liegt die Steuerungsverantwortung in staat-licher und privater Hand. Es gibt also neben dem hoheitlichen Raum einen regulativen Interaktionsraum, in dem auch private Akteure Informationen und Wissen austauschen, konfliktgeprägte Auseinandersetzungen führen und sich auf Regelungen verbindlich eini-gen. Dies lässt sich auf die Verschränkung von vertikaler und horizontaler Subsidiarität zurückführen (vgl. Abschn. 10.1). Levi-Faur (2011, S. 11) unterscheidet daher zwischen der staatlichen Regulierung und hybriden Regulierungsarten; zu Letzteren zählen die Co-Regulierung, unter die wir hier öffentlich-private Partnerschaften fassen, die Selbst-regulierung, die Metaregulierung und die Mehrebenen-Regulierung.

- **Öffentlich-private Partnerschaften**: Bei öffentlich-privaten Partnerschaften (public private partnerships) erbringen private Partner staatliche Dienstleistungen (z. B. Was-serversorgung), deren Quantität und Qualität angemessen sein sollen, wobei privatwirt-schaftliche Gewinnorientierung und Risikobewusstsein Raum finden (OECD 2008, S. 21). Solche Partnerschaften haben viele Erscheinungsformen (z. B. langfristige Dienstleistungsverträge, gemeinsame Joint-Venture-Unternehmen). Dennoch gilt für alle, dass lokale, regionale und überregionale Regulierungen zu berücksichtigen sind (z. B. Qualitätsstandards) und die Regulierung in Extremfällen (z. B. bei Sicherheits-bedenken) erlauben muss, dass der Staat die Aufgabenerfüllung wieder selbst über-nimmt (OECD 2008, S. 127–128).
- **Selbstregulierung**: Diese Art der Regulierung ist ausschließlich in privater Hand. Pfeilschifter et al. (2019, S. 12) beschreiben sie als Formen der „lokalen Vergemein-schaftung" und verstehen darunter „die Ordnung eines Gruppenzusammenhangs, die

aus der Gruppe heraus erfolgt, also von allen Gruppenmitgliedern oder ihren Vertreter*innen festgelegt und ausgeführt wird; die auf sozialen Normen beruht, welche Ausfluss geteilter Werte aller Gruppenmitglieder sind; die auf Dauer angelegt ist; die für alle Gruppenmitglieder, aber auch nur für sie gültig ist; die autonom funktioniert, ohne Steuerung von außen". Beispiele liefern unternehmerische Selbstverpflichtungen im Sinne von Corporate Social Responsibility (CSR). Die Selbstregulierung ist für das ‚offene Regierungshandeln' wichtig, da sie Partizipation im Sinne von Selbstwirksamkeit (agency) bedeutet (vgl. Abschn. 8.2).

- **Metaregulierung**: Bei der Metaregulierung handelt der Staat zwar in Teilen nicht direkt hoheitlich (Levi-Faur 2011, S. 11); er kann jedoch Interaktionsregeln setzen, indem er beispielsweise eine unabhängige Aufsichtsbehörde einsetzt (z. B. BaFin als deutsche Bundesanstalt für Finanzdienstleistungsaufsicht). Ziel ist, die Compliance bei der Selbstregulierung zu stärken.
- **Mehrebenen-Regulierung**: Die Mehrebenen-Regulierung ist vielfältig. Wie sie sich ausprägt, hängt davon ab, welche Ebenen einbezogen sind (lokal, regional, national, international) und auf welche Weise. Wir beschränken uns hier auf den Hinweis, dass bei einer Mehrebenen-Regulierung unterschiedliche Grade an Eigenständigkeit möglich sind, was sich auf der Länderebene in Begriffen wie Föderalismus (begrenzte Eigenständigkeit) und Intergouvernementalität (vollständige Eigenständigkeit) ausdrückt. So sind beispielsweise die Unterzeichnerstaaten der Vereinten Nationen vollständig souverän.

▶ **Regulierung** als Instrumentenart arbeitet mit Regelsetzungen, deren Wirkkraft durch Sanktionierungen gestärkt werden kann, um Verhaltensweisen regelkonform auszurichten (Compliance). Die netzwerkbasierte Regulierung besteht aus der hoheitlichen Regulierung und hybriden Regulierungsarten, zu denen öffentlich-rechtliche Partnerschaften, die Selbstregulierung, die Metaregulierung und weitere vertikale Varianten zählen.

Regulierer gleich welcher Art sind – bildlich vereinfacht – die Architekten eines Ordnungsgebäudes. Sie schaffen einen Grundriß und Nutzungspläne und versuchen über mehr oder minder verbindliche Hausregeln, möglichst alle Bewohner:innen dazu zu bewegen, kooperativ und produktiv unter einem Dach zu leben und zu arbeiten. Die netzwerkbasierte Regulierung muss, um weiter im Bild zu bleiben, allerdings ständig die Statik des Gebäudes überprüfen, dessen Lage am Hang absichern, Umbauten realisieren, das Zusammensein neu ausrichten und so weiter, um die Existenz aller auf möglichst zukunftsoffene Weise zu sichern. Dies erfolgt auf arbeitsteilige und vielstimmige Weise. Gerade die **Transformation der Nachhaltigkeit** scheint von solch diversen Handlungslogiken und deren Widersprüchlichkeiten betroffen (vgl. Abschn. 9.3). Was all dies aus Sicht der Steuerung komplex adaptiver Systeme konkret bedeutet, hängt davon ab, (i) ob Verbindlichkeiten hart oder weich ausgestaltet werden, (ii) ob im jeweiligen Steuerungskontext auf politische Legitimität und Glaubwürdigkeit geachtet wird und (iii) ob Regulierer bereit sind, transparent und widerspruchsfrei zu handeln, was wir mit Hilfe einer beispielhaften Maßnahme veranschaulichen (hier: Politikkohärenz).

Harte und weiche Verbindlichkeiten

Steuerungsverantwortliche, die **Handlungsräume gestalten** wollen, müssen mit harten Verbindlichkeiten arbeiten. Was diese von weichen Verbindlichkeiten unterscheidet, findet sich bei Abbott und Snidal (2000 in Karlsson-Vinkhuyzen 2011, S. 605–608, 611). Der Unterschied zwischen dem anglo-amerikanischen Rechtsraum (common law) und der römisch-germanischen Rechtstradition (civil law) wird hier ausgeblendet.

- Merkmale einer harten Verbindlichkeit (**hard law**) sind, dass (i) sie verpflichtend ist, (ii) präzise formuliert ist und (iii) dass die Regelung es dritten Parteien (z. B. Gerichten) ermöglicht, sie zu interpretieren und zu implementieren; dies schließt Konfliktregelungen und Regelungsfortschritte mit ein. Systemisch wichtig sind vor allem (transformativ) ordnungsbedeutsame Verbindlichkeiten, über die Strukturen und Prozesse für die Akteure erklärlich werden (z. B. Haftungsregelungen). Harte Verbindlichkeiten sind – im verfassungsgemäßen Ordnungsrahmen – das Gestaltungsergebnis der Legislative und – nach Maßgabe von Recht und Ordnung – das Gestaltungsergebnis von Exekutive und Judikative. Hierunter fallen vor allem:
  - Gesetzliche Vorgaben (z. B. Regelung von Privat- und Gemeineigentum);
  - Verbote (z. B. Verwendungsverbot für ozonabbauende Kältemittel (H-FCKW));
  - Gebote (z. B. Minderungspflicht der Mineralölwirtschaft für Treibhausgase in Kraftstoffen gegenüber fossilem Basiswert);
  - rechtsverbindliche Standards (z. B. risikogewichtete Eigenkapitalquote bei Banken nach BASEL IV);
  - privatwirtschaftliche Verträge (z. B. Rechte und Pflichten durch Lizenzabkommen).
- Eine weiche Verbindlichkeit (**soft law**) liegt vor, wenn sie in einem oder mehreren der ,harten Merkmale' abgeschwächt ist. Solche Bestimmungen sind also im Grundsatz nicht rechtsverbindlich. Dies führt zu Kontroversen, inwieweit sie tatsächliche Pflichten begründen. Zu weichen Verbindlichkeiten zählen beispielsweise:
  - Normen (z. B. DIN-Vorschriften, sofern ihre Einhaltung nicht gesetzlich oder vertraglich vorgeschrieben ist);
  - Verhaltenskodizes (z. B. Prinzipien des UN Global Compact zu Menschenrechten, Arbeitsnormen, Umweltschutz und Korruptionsbekämpfung);
  - Aktionspläne (z. B. soziale Innovationen);
  - Empfehlungen (z. B. FATF-Empfehlungen zur internationalen Bekämpfung der Geldwäsche);
  - allgemeine Erklärungen (z. B. UNESCO-Deklaration zur Bioethik).
- Harte und weiche Verbindlichkeiten beeinflussen sich **wechselseitig**. So ist eine harte Verbindlichkeit in der Praxis gegebenenfalls durch weiche Verbindlichkeiten zu ergänzen. Eine weiche Verbindlichkeit kann wiederum Gewohnheitsrechte und das Prinzip von Treu und Glauben ausprägen. Eine weiche Verbindlichkeit kann sich auf unteren Ebenen ,verhärten', wenn sie lokal ausgestaltet wird. Oder eine weiche Verbindlichkeit wird durch eine harte Verbindlichkeit ersetzt, da es zu nachlässigen Verhaltensweisen

kommt, wie dies bei Selbstverpflichtungen mit Regulierungsandrohung der Fall ist. Ein Beispiel hierfür ist das EU-Verbot des ‚Greenwashing' (Europäisches Parlament; Homepage): Danach ist seit Anfang 2024 untersagt, dass Unternehmen Produktbezeichnungen wie ‚nachhaltig' oder ‚klimaneutral' verwenden, wenn sie deren Voraussetzungen nicht nachweisen können; damit soll eine gängige Praxis unterbunden werden, die das Vertrauen der Konsumenten in solche Attribute schädigt (vgl. Abschn. 7.3).

In der westlichen Tradition gilt vor allem die Rechtsstaatlichkeit als unverzichtbar, wenn es um eine **nachhaltige Entwicklung** geht.

- Der Index der **Rechtsstaatlichkeit** erfasst dann länderbezogen, wie erfolgreich private und staatliche Verbindlichkeiten vor Gericht durchgesetzt werden können, ob Rechtssystem und Polizei als fair wahrgenommen werden, wie relevant der Schwarzmarkt und das organisierte Verbrechen (z. B. Clan-Kriminalität) sind und Vieles mehr (WJP; Homepage); auch aus der Sicht von Investoren ist Rechtsstaatlichkeit wichtig; denn diese wollen auf die Fairness, Konsistenz, Transparenz und Ethik rechtsstaatlicher Spielregeln vertrauen.
- **Internationale Abkommen** bleiben solange weich, bis sie von den Unterzeichnerstaaten im jeweiligen Heimatland ratifiziert und compliance-tauglich ausgestaltet werden. Dies gilt auch für die Nachhaltigkeit. Dabei geht es vor allem um Abkommen, die von den Vereinten Nationen und ihren Unterorganisationen mitverantwortet werden. So sind über die Jahre unter anderem die Weltcharta für die Natur (1982) entstanden, die Rio-Erklärung für Umwelt und Entwicklung (1992), das Übereinkommen zur biologischen Vielfalt (1993) und die UN-Agenda 2030 für nachhaltige Entwicklung (2015), deren Ziele als SDGs (Sustainable Development Goals) bekannt geworden sind (vgl. Abschn. 6.3). Die Wirkmechanismen dieser Verbindlichkeiten bestehen nach Ahmed und Mustofa (2016, S. 14) vor allem aus diplomatischen Verhandlungen, öffentlichen Diskussionen und medialer Aufmerksamkeit. Vor diesem Hintergrund schlussfolgern die Autoren, dass weiche Verbindlichkeiten in der Regel zwar keine Pflichten begründen, deren Nicht-Einhaltung sanktioniert werden kann; sie wirken jedoch auf indirekte Weise, indem sie den Umweltschutz international immer stärker normieren. Dem gegenüber steht der Einfluss machtvoller Interessengruppen, wie das Beispiel des Tiefseebergbaus zeigt (vgl. Abschn. 7.3).

Nachhaltigkeit und die westliche Tradition der Rechtsstaatlichkeit

Um zu untersuchen, was Rechtsstaatlichkeit zu einem tragfähigen System macht, erhebt das Weltgerechtigkeitsprojekt (World Justice Project; WJP 2023, S. 12) Daten; dies erfolgt durch eine repräsentative Stichprobe von etwa 1000 Personen in jedem erfassten Land und Gesetzesraum (jurisdiction) sowie durch fragebogenbasierte Interviews mit Rechtspraktiker:innen und Expert:innen. Das Grundverständnis wird über **vier universelle Prinzipien** abgebildet (WJP 2023, S. 14):

- **Rechenschaftspflicht** (accountability): Regierung und private Akteure sind beide rechenschaftspflichtig.
- **Gerechte Gesetze** (just law): Das Gesetz ist klar, veröffentlicht und stabil und wird für alle gleich angewendet; es schützt Menschenrechte ebenso wie Eigentum, Verträge und Verfahrensrechte.
- **Offene Regierung** (open government): Die Prozesse, mittels derer ein Gesetz angenommen, verwaltet, entschieden und durchgesetzt wird, sind zugänglich, fair und effizient.
- **Zugängliche und unparteiische Justiz** (accessible and impartial justice): Die Rechtsprechung erfolgt zeitnah durch kompetente, ethische und unabhängige Vertreter:innen und neutrale Dritte, die zugänglich und mit adäquaten Ressourcen ausgestattet sind und die Zusammensetzung der Gemeinschaften reflektieren, denen sie dienen.
- Daraus werden 8 Indikatoren abgeleitet, die wiederum in 44 Subindikatoren aufgespalten werden (WJP 2013, S. 15–16). **Deutschland** liegt im Jahr 2023 auf Platz 5 von 142 erfassten Ländern (WJP 2023, S. 86), was sich aus den 8 Indikatoren und deren aggregierten Werten ergibt:
  - Beschränkung staatlicher Gewalt: Platz 4;
  - Abwesenheit von Korruption: Platz 12;
  - Offene Regierung: Platz 13;
  - Grundrechte: Platz 5;
  - Ordnung und Sicherheit: Platz 21;
  - Regulative Durchsetzung: Platz 8;
  - Ziviljustiz: Platz 4;
  - Kriminaljustiz: Platz 6.

Ist Rechtsstaatlichkeit gegeben, kann sie von der **naturwissenschaftlichen Attributionsforschung** profitieren, auf die Brasche (2023, S. 124) verweist. Diese ist immer besser in der Lage, den Zusammenhang von Ursache und Umweltschädigung nachzuweisen. Die Nachweise lassen sich in Gerichtsverfahren nutzen, bei denen von Klimaschäden Betroffene klagen, weil sie Regulierungsergebnisse als unzureichend bewerten. Der Autor nennt beispielhaft den erfolgreichen Musterprozess von 2021 gegen den Ölkonzern Shell (Revision: 2024); die Klageseite bilden niederländische Umweltschutzorganisationen und 17.000 Bürger:innen, die von zahlreichen Spender:innen unterstützt werden, um die Prozesskosten zu decken. ◄

Bedeutsame Herausforderungen der Systemsteuerung

Gleich, mit welcher Art von Verbindlichkeit Steuerungsverantwortliche arbeiten: Sie treffen Entscheidungen in einer Welt, in der die meisten Probleme ein Mix aus Ungewissheiten und berechenbaren Risiken sind (vgl. Abschn. 3.2). Wir machen uns daher noch einmal die wichtigsten **Steuerungsherausforderungen** bewusst, bevor es um Ideen für eine gelungene Steuerung geht. Die Aufzählung startet mit der innovationssystemischen Überlegung, dass jede transformative Steuerung zur Zukunftsfähigkeit der Akteure beitragen muss:

- **Innovationssysteme brauchen Regulierungsvielfalt**: Gibt es ein Portfolio aus verschiedenen Regulierungsarten, kann diejenige ausgewählt werden, die für den jeweiligen Netzwerk- und Problemkontext geeignet ist (z. B. regulatives Reallabor). Dies schafft eine Ermöglichungswelt für diverse Lern- und Lösungsgemeinschaften, um transformationsfähige Geschäftsmodelle und Innovationen zu entwickeln und sich so zu organisieren, dass vielversprechende Nischenlösungen (breit) diffundieren können (vgl. Abschn. 9.1). Ziel ist, die Leistungs- und Zukunftsfähigkeit von Wissenschaft und Wirtschaft, Gesellschaft und Staat sicherzustellen. Neben dem technologischen Lernen ist hierfür allerdings auch das institutionelle Lernen unverzichtbar (vgl. Abschn. 9.2).
- **Weiche Verbindlichkeiten haben Vor- und Nachteile**: Weiche Verbindlichkeiten können schneller entstehen, da bei ihnen die Prozessanforderungen geringer sind als bei harten Verbindlichkeiten; und sie sind flexibler und besser an Problemlösungserfordernisse anpassbar (Hartlapp 2019, S. 194): Akteure, die durch eine weiche Verbindlichkeit ihre Interessen verletzt sehen (z. B. Freiheits- und/oder Einkommensverluste), tendieren jedoch dazu, deren Legitimität anzuzweifeln; und nehmen weiche Verbindlichkeiten in Zahl und Vielfalt zu, rufen sie eine Intransparenz und Ungewissheit hervor, welche die Prinzipien der Rechtssicherheit und Transparenz gefährden und ein effektives Problemlösen erschweren können. Im Bedarfsfall sind weiche Verbindlichkeiten folglich ‚auszuhärten‘, soweit dies rechtlich zulässig ist.
- **Staatsauftrag wandelt sich mit Offenheitsgrad und Transformationsbedarfen**: Die Diskussion der netzwerkbasierten Governance zeigt, dass sich die Rolle des Staats wandelt.
  - Denn mit der Akzeptanz von ‚open innovation‘ und ‚open government‘ beschneidet der Staat offiziell seine Eingriffsmöglichkeiten (vgl. Abschn. 10.1), während er zugleich technologische Lösungswege und dynamische Wandlungsmechanismen infrastrukturell und sozial verträglich unterstützen soll (vgl. Abschn. 8.2 und 9.2).
  - Zudem ist der Staat Manager arbeitsteiliger Prozesse und diverser Erwartungen, für die Zukunftsbilder zu plausibilisieren und eine Missionsorientierung zu entwickeln sind (vgl. Abschn. 10.2). Bei der großen Transformationslinie der Nachhaltigkeit bedeutet dies im Sinne des WBGU (2016, S. 2; vgl. Abschn. 6.2), dass der Staat auch bei offenem Regierungshandeln einen Gestaltungsauftrag hat, „also ein Staat [ist], der einerseits aktiv Prioritäten setzt und diese deutlich macht, und andererseits verbesserte Mitsprache-, Mitbestimmungs- und Mitwirkungsmöglichkeiten der Bürger bereitstellt". Dabei muss der Staat von möglichst vielen Akteuren als konsistent Handelnder wahrgenommen werden und Erwartungen und Interaktionen stabilisieren (vgl. Abschn. 9.2 und 9.3). Er muss also ‚Leitplanken‘ setzen und dafür sorgen, dass diese im Dickicht weiterer harter Verbindlichkeiten (z. B. Straßenverkehrsordnung)

und über die Ebenen hinweg sichtbar sind und eingehalten werden. Wir bezeichnen solche Leitplanken weiter unten als (transformativ) ordnungsbedeutsame bzw. gestaltungswesentliche Verbindlichkeiten.

- **Partizipation verlangt Übernahme von Verantwortung und Umgang mit Macht:** Zur hybriden Regulierungswelt gehört die Selbstregulierung.
  - Allerdings können zwischen den Regulierten (accountancy holders) und denen, die regulieren und damit rechenschaftspflichtig sind (accountancy holdees), die Grenzen verschwimmen, so Esmark (2007/2008, S. 282–283): Dies betrifft vor allem zivilgesellschaftliche Gruppen, die sich selbst organisieren (z. B. soziale Innovationen; vgl. Abschn. 9.2). Deren Vertreter:innen werden nicht immer ernannt oder demokratisch gewählt. Im Extremfall ist anzunehmen, dass jede:r rechenschaftspflichtig ist. In solch einem modular komplexen Regelungsumfeld ist es schwierig, Regelkonformität zu überprüfen und zu korrigieren. Dies schließt selbst die Festlegung mit ein, wem die Aufsichts- und Korrekturverantwortung übertragen wird.
  - Hinzukommt, dass organisierte und machtvolle Interessenvertretungen politisch offene Räume aktiver besetzen als bis dahin nicht-organisierte Bürger:innen (vgl. Abschn. 8.3). Werden dadurch machtvolle Einflussträger zu Entscheidungsträgern, ohne durch die übrigen Betroffenen hierfür einen Auftrag zu erhalten, wird der Partizipationsgedanke im Sinne von Selbstwirksamkeit (agency) ausgehöhlt (z. B. Einflussnahme durch Großspender). Agency und Macht müssen also zusammengedacht werden (vgl. Abschn. 8.1). Oder in den Worten von Giddens (1984, S. 9): „Agency refers not to the intentions people have in doing things but to their capability of doing those things in the first place (which is why agency implies power)".
- **Compliance erfordert funktionale Distanz**: In eingespielten Netzwerken kann es passieren, dass die Regulierer nicht länger funktionale Distanz zu den Regulierten wahren (regulatory capture). Fehlt diese Distanz, werden Compliance-Mechanismen potenziell vernachlässigt (vgl. Abschn. 8.3). Zu einer solchen Identifikation kommt es nach Kwak (2013 in Benoit 2019, S. 20–21) umso eher, je stärker sich ein Regulierer als Teil einer Gruppe wahrnimmt, je höher vor allem der soziale, ökonomische und intellektuelle Status der Regulierten ist und je mehr ein Regulierer dem Einfluss des sozialen Netzwerks ausgesetzt ist. Ein extremes Beispiel hierfür liefert der Nuklearunfall im japanischen Fukushima. Dort stehen sich Energieindustrie, Aufsichtsbehörden und Ministerium nahe (groupthink mindset), was Kritik und Widerrede unerwünscht macht; dies hat zur Folge, dass Betreiberpflichten (hier: Sicherheitsstandards) und damit gesamtgesellschaftliche Fürsorgepflichten verletzt werden (Kurokawa und Ninomiya 2018, S. 60).
- **Regulierungsvielfalt erhöht Bürokratieaufwände**: Die Compliance der netzwerkbasierten Regulierung hat sich mit einer Vielfalt an Regulierungsmodalitäten, Akteurkonstellationen und Verhaltensweisen auseinanderzusetzen, was ihre (Bürokratie-)Aufwände tendenziell erhöht (vgl. Abschn. 8.3). Nach Levi-Faur (2011, S. 14–15) kann eine enorme Zahl an Regelungen und die Art und Frequenz ihrer Änderungen Akteure so überfordern, dass sie für ein regelkonformes Handeln auf Rechtsbeihilfe angewiesen sind (z. B. (nicht-)finanzielle Berichtspflichten): Hohe Transaktionskosten verringern

dann nicht nur die Motivation, sondern auch die Fähigkeit der Regulierten regelkonform zu handeln; wird eine Regulierung zudem als regulatorisch formalistisch und ihre Kosten als unnötig wahrgenommen, kann das Verhältnis zwischen Regulierten und Regulierern sogar potenziell feindselig werden (adversial relations).

- **Netzwerkbasierte Regulierung hat Kommunikationsbesonderheiten**: Bei der Regelsetzung und Rechenschaftslegung entsteht ein spezifischer Kommunikationskontext. Dabei werden Regulierer nicht alleine über ihre Leistungsergebnisse wahrgenommen. Sie werden auch über die Art und Weise bewertet, wie sie Leistung erbringen. Dabei treffen die Regulierer auf multiple Zuhörerschaften, denen sie in einem fortwährenden Balanceakt adressatengerechte Kernelemente ihrer Reputation präsentieren, so Benoit (2019, S. 16); Gleiches macht ihr jeweiliges Publikum: „Regulatory agencies present different faces to different actors, engaging in a constant balancing of their core reputational assets – and the same applies to their multiple audiences". Anstelle einer einheitlichen Außendarstellung, entstehen Teilsichten, die (medial) verzerrt sein können.

Ideen für (mehr) politische Legitimität und Glaubwürdigkeit

Eine netzwerkbasierte Regulierung ist gelungen, wenn sie als legitim und glaubwürdig wahrgenommen wird. Bei der Legitimität geht es eher um objektbezogene Bewertungen (Aufgabenbezogenheit). Bei der Glaubwürdigkeit geht es eher um subjektbezogene Zuschreibungen (Personenbezogenheit). Dies betrifft den Umgang mit harten und weichen Verbindlichkeiten gleichermaßen. Die Hypothesen hierfür lauten (vgl. Abschn. 10.4):

- **Hypothese zu Legitimität**: Eine netzwerkbasierte Governance legitimiert sich dadurch, dass sie über den lebensweltlichen Ausschnitt der Betroffenen hinaus als sinnhaft wahrgenommen und in diesem Sinne wirksam wird.
- **Hypothese zu Glaubwürdigkeit**: Glaubwürdigkeit verlangt, dass die Steuerungsverantwortlichen – möglichst über die verschiedenen Steuerungsebenen hinweg – als vertrauenswürdig, kompetent und handlungsberechtigt wahrgenommen werden.

Regulierer haben – wie oben erkennbar – allerdings deutliche Herausforderungen zu meistern. Welche Ideen gibt es, an denen sie sich orientieren können, um ihre Steuerungsergebnisse zu verbessern? Aus dem bisherigen Diskussionsstand lassen sich **beispielhafte Vorschläge** ableiten, die hier auch tabellarisch zusammengefasst sind (siehe Tab. 11.1 und 11.2). Dabei gilt: In komplex adaptiven Systemen sind Steuerungsunsicherheiten die Regel und nicht die Ausnahme.

Grundgedanke zu politischer Legitimität: Zukunftsunsichere Entwicklungen brauchen flexible Regelungsräume. Gilt dies jedoch für den gesamten Handlungsraum, gibt es keine Erwartungsverlässlichkeit mehr, kein transaktionskostenminimales Miteinander und

Tab. 11.1 Maßnahmen zur Stärkung der politischen Legitimität netzwerkbasierter Governance

Eindeutiger Handlungsauftrag	Compliance-gerechte Formulierung harter, vor allem (transformativ) ordnungsbedeutsamer Verbindlichkeiten
Gezielte Erwartungsverlässlichkeit	Strikte Einhaltung harter, vor allem (transformativ) ordnungsbedeutsamer Verbindlichkeiten
Smarte Bürokratie	Transaktionskostenminimale Umsetzung durch Verwaltung
Sanktionierung durch mandatiertes Organ	Sanktionierung nach objektbezogenem Fehlverhaltensgrad

Tab. 11.2 Maßnahmen zur Stärkung der politischen Glaubwürdigkeit netzwerkbasierter Governance

Vorbildfunktion	Rechtsstaatliche Vertreter:innen als sichtbarer Ausdruck von Moral und Moralität
Institutionelles Lernen	Sicherstellung des (infrastrukturellen) Lernumfelds und Unterstützung der Lernmotivation
Reputationale Sanktionierung	Sanktionierung nach subjektbezogenem Fehlverhaltensgrad

keine wirksame Haftung. Steuerungsverantwortliche müssen daher Verbindlichkeiten identifizieren, die (transformativ) ordnungsbedeutsam bzw. gestaltungswesentlich sind, und diese strikt im Sinne harter Verbindlichkeiten umsetzen. Gelingt dies, treten solche Verbindlichkeiten aus der Fülle der verschiedenen Regulierungen hervor und können als Erfahrungswerte über lebensweltliche Netzwerkgrenzen diffundieren und von den Akteuren als wiedererkennbar geteilt werden.

- **Eindeutiger Handlungsauftrag**: Systemisch Bedeutsames zu ordnen und zu gestalten bedeutet, ausgewählte harte Verbindlichkeiten so zu setzen, dass ihre Regelungsinhalte unmissverständlich sind. Dadurch wird eine persönliche Haftung erklärlich und Selbstwirksamkeit (agency) unterstützt. Dies setzt als Umgang mit harten Verbindlichkeiten voraus (Kelemen 2018, S. 208–209; Garben 2018, S. 218–221), dass …
  - keine Widersprüche zwischen verschiedenen Rechtsakten bestehen;
  - Rechtsakten keine undefinierten Ansätze zu Grunde liegen, da deren Vieldeutigkeit einen präzisen Umgang ausschließt;
  - Rechtsakte keine Vielzahl von Ausnahmen enthalten, was Unbestimmtheit und Schlupflöcher produziert.
  - Zudem ist die Angemessenheit bestehender Gesetze und Verordnungen regelmäßig zu überprüfen. Dies setzt eine überschaubare Zahl an Rechtsakten voraus, was sich durch (automatische) Laufzeitbegrenzungen erreichen lässt (Bannas und Herrmann-Pillath 2020, S. 85).
- **Gezielte Erwartungsverlässlichkeit**: Harte und vor allem (transformativ) ordnungsbedeutsame Verbindlichkeiten sind rechtskonform einzuhalten. In der Folge treten Verbindlichkeitsdefizite deutlicher zutage und können durch Dritte und die Rechtsprechung sanktioniert werden.

- **Smarte Bürokratie**: Rechtsakte sind im Behördenhandeln so umzusetzen, dass Bürokratieaufwände und das Risiko von Informationsasymmetrien und multiplen Prinzipal-
Agenten-Problemen reduziert werden (vgl. Abschn. 7.3 und 8.3). Hierfür sind Methoden
wie die SMART-Methode zu verwenden, die ein spezifisches, messbares, attraktives,
realistisches und terminiertes Handeln ermöglichen. Diese sind zu institutionalisieren
(z. B. als Organisationshandbuch) und in der Bürokratie einzuüben (z. B. über Weiter-
bildungen). Dabei ist wichtig, dass alle Beteiligten „ein gemeinsames Verständnis für
die einzelnen SMART-Kriterien der formulierten Ziele haben" (BMI; Homepage).
- **Sanktionierung durch mandadiertes Organ**: Verletzen Regulierte harte Verbindlichkeiten, sind sie stärker zu sanktionieren als bei einem Fehlverhalten, das sich auf weiche Verbindlichkeiten bezieht. Auch Regulierer, deren politisches und bürokratisches
Handeln zielverbindlich erfolgt, müssen einer angemessenen Haftungsregelung unterliegen. Die Sanktionierung muss rechtskonform erfolgen (z. B. durch Aufsichtsbehörde, Peer-Organ). In einem partizipativen Umfeld ist auf Inklusion zu achten und auf
die Klärung von Rechenschafts- und Haftungspflichten.

Grundgedanke zu politischer Glaubwürdigkeit: Steuerungsverantwortliche verlieren
an Handlungswirksamkeit, wenn sie als unglaubwürdig gelten. Sie müssen also darauf
achten, vorbildlich aufzutreten und – vor allem im Bereich gestaltungswesentlicher Regulierungen – ihre Kompetenzen ständig weiterzuentwickeln. Denn ihr reputationales Kapital hängt – als Teil ihres Sozialkapitals – von der Bewertung durch Dritte ab.

- **Vorbildfunktion**: Regulierungsinhalte und diejenigen, die (sich) regulieren, müssen zu
Quellen moralischer Orientierung werden, um darüber die Compliance-Bereitschaft in
der jeweiligen Gruppe bzw. Gesellschaft zu stärken (Bilz und Nadler (2014, S. 245–246)).
- **Institutionelles Lernen**: Unsichere Zukunftsentwicklungen können selbst (transformativ) ordnungsbedeutsame Regelungen teilweise obsolet machen. Welche Regelung
auf welche Weise anzupassen oder aufzuheben ist, gehört zum institutionellen Lernen
(vgl. Abschn. 9.2). Steuerungsverantwortliche brauchen folglich ein adäquates Lern-
umfeld. Hierzu zählen kritische (Infra-)Strukturen und Weiterbildungskapazitäten
(z. B. zu digitaler Mündigkeit), die Akzeptanz experimenteller Lösungswege (z. B. An-
erkennungskultur) sowie die Fähigkeit und Formate, um interne und externe Dialoge zu
führen. Der Zeitbedarf hierfür ist zu berücksichtigen (z. B. in Arbeitsplatzbeschreibungen).
- **Reputationale Sanktionierung**: Da Glaubwürdigkeit reputationales Kapital braucht,
muss es zu reputationalem Schaden kommen, wenn jemand ihrem bzw. seinem Ruf
‚nicht gerecht' wird. Bei einer weichen Verbindlichkeit fällt der reputationale Schaden
meist geringer aus als bei starken Verbindlichkeiten (Karlsson-Vinkhuyzen 2011,
S. 611). Was dies medial bedeuten kann, diskutieren wir gegen Ende des Kapitels.

Ungelöst an dieser Stelle bleibt die Selbstmotivation der verschiedenen Regulierer, sich
durch eigene rechtsstaatliche Vorschriften (stärker) der Haftung und damit der potenziellen Sanktionierung zu unterwerfen. Indirekt hilft zumindest, wenn für den Gestaltungsauf-

trag (z. B. **Nachhaltigkeit**) ein transparenter und möglichst widerspruchsfreier Arbeitszusammenhang hergestellt wird. Ein solches Design wird politikkohärent genannt. Wir vertiefen dies beispielhaft, wobei sich die Bürokratiekohärenz – analog zur Literatur – aus der Politikkohärenz ableitet.

Politikkohärenz als Gelingensmaßnahme?

Ein **Politikdesign ist kohärent**, wenn es einen Grad an Arbeitszusammenhang hat, der es möglichst frei von Widersprüchen und gegenseitiger Beeinträchtigung macht (Politikkohärenz). In der Folge werden auf systematische Weise Konflikte reduziert und Synergien genutzt, um über die erzielten Wirkungen (outcomes) gemeinsam vereinbarten Politikzielen zuzuarbeiten, so die internationale Dachorganisation der Obersten Rechnungskontrollbehörden (INTOSAI 2021, S. 4, 7):

- Inkohärenzrisiken bestehen bei jedweder **internen Zusammenarbeit**, wenn beispielsweise Ministerien abgeschottete Silostrukturen bilden; dadurch werden Maßnahmen nicht miteinander abgestimmt, was diese sogar unwirksam machen kann.
- Zudem bestehen Inkohärenzrisiken bei jedweder **vertikalen und horizontalen Zusammenarbeit** politischer (Teil-)Systeme und internationaler Organisationen.
- In der **Folge** werden Ziele weniger oder nicht erreicht, knappe Ressourcen verschwendet und (kritische) Nebeneffekte übersehen. Dies wird durch ein elektronisches Behördenhandeln verstärkt, dessen „rechtliche Regelungen und technisch organisatorische Standards für Datenschnittstellen, Nutzeroberflächen und eine cybersichere Umgebung" nicht ausreichend vereinheitlicht sind (Burger-Menzel 2023, S. 187); wird dies von den Adressaten des Behördenhandelns als (digitale) Inkompetenz wahrgenommen, geht zudem politische Glaubwürdigkeit verloren.

Damit sich Akteure politikkohärent verhalten, muss zwischen einzelnen Politikfeldern ein gemeinsamer Arbeitszusammenhang hergestellt werden. Eine Option bieten **langfristig gültige Werteziele (z. B. Nachhaltigkeit)**, die politisch vereinbart werden, um anschließend Strukturen, Prozesse und Handlungsweisen (grenzüberschreitend) darauf auszurichten. Was bedeutet solch ein Politikdesign anwendungspraktisch?

- Anschauliche Hinweise liefert der Rechnungshof, der den US-Kongress bei Untersuchungen unterstützt (Government Accountability Office; GAO 2015): Liegt ein Oberziel fest, dem mehrere Politikfelder kohärent zuarbeiten sollen, wird diese **Zuarbeit auf Strukturdefizite überprüft**; denn Strukturdefiziten wohnt das Risiko inne, dass Normen wie Rechenschaftspflicht, Integrität und Verlässlichkeit verletzt werden. Die Folge ist Missmanagement. Strukturelle Defizitarten nach dem DFOG-Ansatz (Duplication, Fragmentation, Overlap, Gap) sind (siehe Abb. 11.2, leicht abgewandelt nach INTOSAI 2021, S. 12):

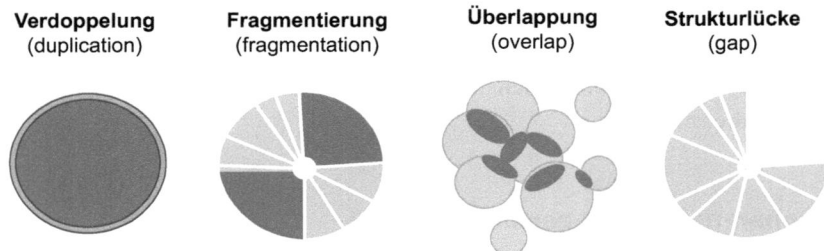

Abb. 11.2 Strukturdefizite als Ursache von Politikinkohärenz

- **Verdoppelung**: Zwei oder mehrere Behörden oder Programme beschäftigen sich mit den gleichen Aktivitäten oder erbringen die gleichen Dienstleistungen für die gleichen Zielgruppen.
- **Fragmentierung**: Mehr als eine Behörde oder mehr als eine Verwaltungseinheit innerhalb einer Behörde befasst sich getrennt voneinander mit der gleichen (nationalen) Herausforderung und es ist möglich, die Dienstleistung zu verbessern.
- **Überlappung**: Multiple Behörden oder Programme haben ähnliche Ziele, engagieren sich in ähnlichen Aktivitäten oder Handlungen, um diese Ziele zu erreichen, oder haben ähnliche Zielgruppen.
- **Strukturlücke**: Der oberste brasilianische Rechnungshof ergänzt die Aufzählung des US-amerikanischen Rechnungshofs um die sogenannte Strukturlücke, wenn ein wesentlicher Handlungsauftrag – mit Blick auf ein langfristig strategisches Ziel – strukturell und/oder prozessual unberücksichtigt bleibt (INTOSAI 2021, S. 12).

• Aus der GAO-Handreichung erfahren Analysten, die ein Handeln nach dem Kohärenzprinzip untersuchen, auf was sie methodisch achten müssen, welche Daten sie brauchen, wie sie diese Daten erfassen und diskursiv hinterfragen können und was potenziell aus den Ergebnissen folgen kann. **Mögliche Konsequenzen** sind (GAO 2015, vor allem S. 23–24, 30–31, 47–48):
- Behördliche Restrukturierungsmaßnahmen (z. B. Klärung von Verantwortlichkeiten);
- Prozessverbesserungen (z. B. Initiierung einer querlaufenden Koordinierung);
- Programmanpassungen (z. B. Programmkonsolidierungen einschließlich -streichungen);
- behördliche Kompetenzsteigerung (z. B. Führungskräftetraining zu Finanzen, Humankapital und Informationstechnologien).
- Auch müssen Lösungen entwickelt werden, um gemeinsame Ergebnisse vergleichbar messen zu können.
- Für eine Politikkohärenz, die sich auf das Oberziel der Nachhaltigkeit ausrichtet, lassen sich zusätzlich die Empfehlungen (inter-)nationaler Organisationen nutzen (z. B. UN 2018; WWF et al. 2019; GIZ 2019, 2021; OECD 2019, 2023, 2024).

Ein Mehr an Politikkohärenz macht **Koordinationsmechanismen beteiligungs- und zukunftsoffener**, so die OECD (2023, S. 52); denn die Wirksamkeit von Maßnahmen wird ‚querverlaufend und über alle Ebenen hinweg' für das ‚Hier und Jetzt', für das ‚Anderswo und Später' überprüft; folglich entsteht ein systematischer Eindruck, ob und wie kohärente Politikfelder synergetisch oder konfliktär wechselwirken und was es bedeutet, wenn sich unverbundene Politikfelder positiv oder negativ darauf auswirken. Dies ist vor allem in einem Handlungsumfeld relevant, in dem verschiedene Regulierungsarten Geltungsansprüche produzieren, die miteinander konkurrieren, und Steuerungsverantwortliche immer mit einem gewissen Maß an Inkohärenz konfrontiert sind.

Voraussetzung ist allerdings, dass Versprechen der Politikkohärenz konsequent umgesetzt werden. Dies ist in der Realität häufig nicht der Fall. Ein Beispiel liefert die Europäische Kommission, die in ihrer aktuellen Richtlinie für eine bessere Regulierung (**better regulation**) Politikkohärenz zu ihrem Handlungsprinzip erklärt (EC 2021, S. 5–6, 14, 27):

- Mit ihrer Richtlinie verpflichtet sich die Europäische Kommission, nur dort tätig zu werden, wo dies erforderlich ist, und auf eine Weise, die **nicht über die Lösung des adressierten Problems hinausgeht**. Angesichts eines beschleunigten technologischen, gesellschaftlichen und ökologischen Wandels sei ihr zudem wichtig, dass die Regulierung von der breiten Bevölkerung unterstützt werde und zweckmäßig, zukunftstauglich und innovationsoffen sei. Um all dies zu gewährleisten, sollen Konsultationsprozesse und Analysen, Bewertungsprozesse und Qualitätskontrollen über alle Dienstleistungen hinweg widerspruchsfrei sichergestellt werden.
- Für ihre Politikkohärenz nennt die Europäische Kommission **Oberziele wie die Digitalisierung, das EU Klimagesetz und die nachhaltigen Entwicklungsziele (SDGs)** der Vereinten Nationen (vgl. Abschn. 6.3).
- Dass die Europäische Kommission ihr Kohärenzversprechen schwerlich einlösen kann, liegt nicht nur daran, dass laut WWF et al. (2019, S. 26) ihre Verantwortlichen in mehr als einer Richtung ‚unterwegs' sind. In einer gemeinsamen Auswertung kommen World Wide Fund for Nature, BirdLife, European Youth Forum, European Environmental Bureau (2019, S. 8–10) zudem zu dem Schluss: Solange die Europäische Kommission sich **allein auf das Setzen strategischer Prioritäten konzentriert**, erweckt sie in den Mitgliedsstaaten den Eindruck, dass diese keine Standards erfüllen müssen und davonkommen können, wenn Betroffene sich beschweren. Um Regelkonformität durchzusetzen, braucht es folglich auch den effektiven und effizienten Umgang mit Beschwerden und Vor-Ort-Überprüfungen, die im Bedarfsfall in ein zügiges und transparentes Verfahren überführt werden, wofür die Europäische Kommission weder Budget noch eigene Zuständigkeiten hat. An dieser Stelle sei zudem noch einmal betont, dass weiche Verbindlichkeiten nicht compliance-tauglich sind.
- Kurzum: Die Europäischen Kommission weckt große Erwartungen. Zwischen ihrem Anspruch und der Wirklichkeit klafft allerdings eine **deutliche Lücke**, die ihre Glaubwürdigkeit beschädigt.

Eine **kohärent praktizierte Regulierung** erhöht ihre Wirksamkeit, wie die tabellarische Übersicht zeigt (siehe Tab. 11.3 mit Verweis auf Tab. 11.1 und 11.2). In komplex adaptiven Systemen lassen sich Inkohärenzen allerdings nie vollständig beseitigen (siehe rechte Spalte). Wie dies mit der Wechselwirkung zwischen Regulierung und Kulturentwicklung zusammenhängt, vertiefen wir im nächsten Unterkapitel.

Tab. 11.3 Politikkohärenz als potenzielle Gelingensmaßnahme

Netzwerkbasierte Regulierung	Verbesserungen durch Kohärenzmanagement, u. a.	Verbleibende Inkohärenzrisiken, u. a.
Politische Legitimität		
– Eindeutiger Handlungsauftrag	Politische Festlegung auf langfristig gültiges Werteziel sowie Kodifizierung der Politikkohärenz als Handlungsprinzip für zusammenhängende Politikfelder	(Lokale) Stakeholder mit unterschiedlicher sozioökonomischer Interpretation des Handlungsauftrags und mit eigenen Flexibilisierungsbedarfen
– Gezielte Erwartungs-verlässlichkeit	Stärkung der Compliance durch klare Adressatenbezüge und eine transparente, integrative und möglichst widerspruchsfreie Umsetzung	Pfadabhängiges Ressortdenken mit tendenziellem Ausblenden grenzüberschreitender Politikfolgen
– Smarte Bürokratie	Transaktionskostensenkung durch verbesserte Regelungspraxis sowie durch adäquate Organisationsstrukturen und Prozesse mit querlaufenden Entscheidungs- und Handlungsebenen	Ausstattungslücken bei finanziellen Mitteln und menschlichen Kapazitäten und fehlende schnittstellenkompatible Informationsverfügbarkeit
– Sanktionierung durch mandatiertes Organ	Überprüfung von Rollen, Verantwortlichkeiten und Budgetzuweisungen sowie verbesserte Beschwerdemöglichkeiten	Potenziell unklare Ergebniszuordnung in gemeinsamem Arbeitszusammenhang und ungenügende Durchsetzbarkeit von Sanktionen
Politische Glaubwürdigkeit		
– Vorbildfunktion	Klares und öffentliches Bekenntnis der Regulierungsverantwortlichen zur Politikkohärenz als politische Selbstverpflichtung mit Praxisnachweis	Je nach Partizipationsgrad unterschiedliche Mindsets der (Selbst-)Regulierer von eigennütziger Haltung bis hin zu partnerschaftlicher Einstellung
– Institutionelles Lernen	Ganzheitliche Erkenntnisgewinnung zu Erwartungsmanagement, Koordinationsmechanismen und Kohärenzeffekten als Grundlage für Weiterbildung und adäquate Arbeitsausstattung	Mangel an Kooperationskultur und an Veränderungsbereitschaft in Netzwerkteilen sowie Informations- und Wissensdefizite bei Akteuren, auch durch Zukunftsunsicherheit
– Reputationale Sanktionierung	Bandbreite an Maßnahmen von Weiterbildungsempfehlungen bis zum öffentlichen Mandatsentzug	Soziokulturelle Wahrnehmungsunterschiede, ob Sanktionierung gerechtfertigt ist

11.3 Wie funktioniert netzwerkbasierte Kulturentwicklung und wann ist sie gelungen?

Zusammenfassung

Die Kulturentwicklung ist eine Instrumentenart der netzwerkbasierten Governance, die in der Volkswirtschaftslehre meist ausgeblendet ist. Ausnahmen bilden die Alte Institutionenökonomik und die Evolutionsökonomik. Unsere Diskussion konzentriert sich auf die Arbeit mit wirtschaftspolitischen Leitbildern, die nach dem Kriterium der Handlungswirksamkeit in propagierte und praktizierte Leitbilder unterschieden werden. Ziel ist, über die Mittel der politischen Partizipation und Kommunikation (hier: Narrative) möglichst gemeinsame Einstellungen und neue soziokulturelle Routinen entstehen zu lassen. Hierfür müssen Leitbilder eigene Besonderheiten aufweisen. Die Leitbildarbeit gilt als normativ legitim, wenn sie die neue Werteorientierung sinnhaft vermitteln und kulturelle Inhalte identifizieren kann, die über Gruppengrenzen hinweg Resonanz erzeugen. In der Praxis ist selbst die Systemtransformation mit ihren Governance-Stilen eine kulturelle Aufgabe. Um normativ glaubwürdig zu wirken, braucht die Leitbildarbeit vielfältige Narrative, divers zusammengesetzte und stabile Diskurskoalitionen und einen emotionalen ‚Nährboden‘.

Eine weitere Instrumentenart der netzwerkbasierten Governance ist die Kulturentwicklung. Warum dürfen Regulierer diese normative Dimension nicht außer Acht lassen? Wie arbeitet die Kulturentwicklung mit wirtschaftspolitischen Leitbildern und Narrativen? Was macht diese Arbeit legitim und glaubwürdig? Und warum eignet sich die narrative Kohärenz als Maßnahmenbeispiel?

Werden harte und weiche Verbindlichkeiten wirksam, verändern sie Lebenswelten und Einstellungen. Das Ergebnis schlägt sich in soziopsychologischen/-kulturellen Einflussgrößen nieder, die Witte (1989, S. 400–426) in Lage- und Orientierungsvariablen unterscheidet:

- **Lagevariablen:** Es geht um Faktoren aus dem Meso- und Makrosystem, die sich auf gruppenspezifische Handlungsmöglichkeiten und Kulturinhalte auswirken. Hierzu zählen unter anderem der Stand der Technologie (z. B. Digitalisierung), die Verteilung der ökonomischen Ressourcen (z. B. Einkommensschichten) und die Bevölkerungsdichte (z. B. ländlicher Wohn- und Arbeitsraum). Das Ergebnis sind lebensweltliche Perspektiven, aus denen heraus Akteure ihre gesellschaftlichen Bedingungen einschätzen (z. B. Machtunterschiede durch Exklusion).
- **Orientierungsvariablen**: Entwickeln sich Lebenswelten auseinander, fühlen sich Individuen gegebenenfalls nicht länger der Gesellschaft zugehörig. Wir haben dies als das Risiko einer Systemfragmentierung diskutiert, die eintritt, wenn Gruppen ‚sozial dichtmachen‘ und es zu ausdifferenzierten und teilweise unversöhnlichen Ansprüchen an

den Staat kommt (vgl. Abschn. 8.1 und 8.3). Das Gruppenverständnis selbst orientiert sich an Merkmalen, in denen sich Menschen als ähnlich empfinden (vgl. Abschn. 4.1). Witte kategorisiert solche Orientierungsvariablen in Ideologien, interindividuell ähnliche Werte und Handlungsformen:

- **Ideologien** wirken, indem sich ähnliche Wahrnehmungs- und Erklärungshypothesen in Gruppen herausbilden und gesellschaftliche Spannungsverhältnisse erklären (z. B. Rechts versus Links). Dabei gilt vor allem das Prinzip, die einzig richtige Weltanschauung zu vertreten. Solche Hypothesen können im menschlichen Bewusstsein so wirken, dass eine bedrohte Identität gewahrt werden kann, selbst wenn es sich dabei um Fehlinterpretationen der Wirklichkeit handelt (z. B. bei gezielter Desinformation).
- **Interindividuell ähnliche Werte** bringen Ordnung in das kognitiv-emotionale Subsystem des Menschen. Denn sie helfen, soziale Inhalte unterschiedlich zu gewichten, also auf- oder abzuwerten, und ihnen damit für die eigene Identität mehr oder minder Bedeutung zu geben (z. B. grüner Lebensstil). Es geht also um Lebenseinstellungen, die sich aus Wertehaltungen ableiten lassen. Hierunter fallen auch Stereotypisierungen und Abwertungsmechanismen gegenüber Fremdgruppen.
- **Handlungsformen** leiten sich unter anderem aus der politischen Kultur ab, in die sie eingebettet sind. Diese Kultur beeinflusst, inwieweit sich Bevölkerungsteile aktivieren, organisieren und gezielt ausrichten (lassen), um soziale Ordnungen zu verändern (z. B. Demonstrationsbereitschaft).
- **Lage- und Orientierungsvariablen beeinflussen sich gegenseitig**. So werden Beziehungen hinterfragt, wenn sich Lagevariablen verändern. Dies ist beispielsweise der Fall, wenn sich Konstellationen durch die Ankunft neuer Gruppen verändern (z. B. Migration) oder wenn durch den Klimawandel neue regulative Eingriffe erforderlich werden (z. B. einkommensschwache Haushalte und gestiegene Energiekosten). Beziehungen reagieren auch auf sich verändernde Orientierungsvariablen, wenn sich beispielsweise eine Unzufriedenheit mit bestimmten Identitätsmotiven einstellt oder neue Akteure die Identitätsdynamik verändern (z. B. US-republikanische Parteianhängerschaft und Donald Trump). Die Zeitperspektive kann dies verstärken, wenn aus Sicht von Individuen und Gruppen die Zukunftsperspektive ,klebrig' ist, weil die Betroffenen in ihrer oder der nächsten Generation beispielsweise nicht aufsteigen können, also am gesellschaftlichen Boden ,festkleben' (sticky floors) und sich eine Ungleichheitsaversion herausbildet (vgl. Abschn. 8.1).

Ob eine Regulierung moralisch geboten erscheint, hängt somit von **soziokulturellen Wahrnehmungsfiltern** ab. Denn erst, wenn die Betroffenen es als wertig empfinden, regelkonform zu handeln (Compliance), wird aus Moral Moralität (vgl. Abschn. 8.1). Dies zu vermitteln, ist vor allem bei hoheitlichen Regelungseingriffen schwierig, die häufig über den Lebenswelten ,schweben'. Hybride Regulierungsarten sind zwar partizipativ angelegt. Nichtsdestotrotz besteht das Risiko, dass es Betroffene gibt, für die das angestrebte Handeln (z. B. CO_2-armer Konsum) normativ bedeutungslos bleibt oder die sogar ein gegenteiliges Handeln moralisch aufwerten, indem sie es neu normieren (z. B. durch Betonung der Klimalüge). Aus diesem Verständnis heraus macht es für Regulierer Sinn, ihre Arbeit mit einer Kulturentwicklung zu unterfüttern. In der volkswirtschaftlichen Diskussion bleibt dies – bis auf die Alte Institutionenökonomik und die Evolutionsökonomik – meist ausgeblendet.

Zur Erinnerung (vgl. Kap. 4, 8 und Abschn. 10.3): Die Instrumentenart der **Kulturentwicklung** bezieht sich auf den Teil im Menschen, der Werte und Verhaltensweisen gemeinschaftlich erschafft und tradiert. Denn die soziale Identitätsbildung vollzieht sich als kulturelle Prägung, durch die eine identifizierbare Gruppe von Personen eine bestimmte Sicht auf die Beziehungen zueinander und auf die sie umgebende Welt miteinander teilt. Kulturelle Einflüsse entscheiden somit darüber, in welche ‚Schubladen‘ jemand andere Menschen und seine Umwelt (z. B. die Natur) einordnet, was wiederum Handlungsweisen beeinflusst.

Bei der **netzwerkbasierten Kulturentwicklung** wollen Steuerungsverantwortliche die moralische Haltung von Individuen und Gruppen durch eine eher indirekte Steuerung verändern.

- Einem Steuerungsinhalt wird eine neue moralische Bedeutung zugeschrieben, so dass er kulturell akzeptabel oder sogar wünschenswert erscheint. Im besten Fall wird er zu einem identitätsbildenden Merkmal, in dem die Individuen einer Gesellschaft übereinstimmen (Homophilie), so dass es deren Zusammenhang stärkt. Bilz und Nadler (2014, S. 250) nennen dies einen ‚**social meaning change**‘.
- Aus Sicht einer hybriden Regulierungswelt ist vor allem die Selbstorganisation wichtig. Denn, so Pfeilschifter et al. (2019, S. 12–13): „Während Selbstregulierung auf die Ordnungsdimension zielt, verweist **Selbstorganisation** auf die Prozessdimension. Selbstorganisierung wird hierbei als ein offener Kollektivierungsprozess verstanden, durch den in sozialen Beziehungen, Netzwerken und häufig in geteilter lebensweltlicher ‚Lokalität‘ gemeinsame Interessen und Positionen stabilisiert und Gruppen mittels der Mechanismen von Solidarität und/oder Hierarchie institutionalisiert werden". Für die Systemsteuerung bedeutet dies, dass sie bei ihrer Normierungsarbeit das soziokulturelle kleine-Welt-Phänomen stärker in den Blick nehmen und möglichst überwinden muss (vgl. Abschn. 4.3).
- Die Kulturentwicklung selbst bildet ein weites Forschungs- und Aktivitätsfeld (z. B. Museen als agile Kulturorganisationen).
  - Wir verengen die Diskussion im Rahmen des Buchs auf den **Umgang mit wirtschaftspolitischen Leitbildern und deren Narrativen**. Beide transportieren – im Sinne von Orientierungsvariablen – Werte und Handlungsformen, die eine ‚Wir-Identität‘ stärken können. Und beide nutzen hierfür Sprache und Kommunikation.
  - Auch für **komplex adaptive Systeme** wird die Bedeutung der Kommunikation betont. Oder in den Worten von Miller und Page (2007, S. 242): „Communication among agents can have a profound effect on the behavior of a complex system. The ability to communicate expands the behavioral repertoire of the agents, introducing a variety of new opportunities ranging from the creation of abstract agreements to the opportunity to mimic and deceive. Communication can radically alter the performance of a social system".

▶ **Kulturentwicklung** als Instrumentenart nutzt wertende Zuschreibungen, damit sich die moralische Haltung von Akteuren gegenüber einem Steuerungsinhalt positiv verändert und möglichst identitätsstiftend wirkt. Die netzwerkbasierte Kulturentwicklung arbeitet mit Leitbildern und sucht über Mittel der politischen Partizipation und Kommunikation Personen dazu zu bewegen, gemeinsame Einstellungen und soziokulturelle Routinen zu entwickeln.

Sind Regulierer gleich welcher Art – bildlich vereinfacht – die Architekten eines Ordnungsgebäudes, dann sind Kulturentwickler gleich welcher Art deren Vermittlungsagenten. Sie machen publik, welche Wohnangebote und architektonischen Weiterentwicklungen es gibt und was diese jeweils angemessen attraktiv macht. Die netzwerkbasierte Kulturentwicklung muss, um weiter im Bild bleiben, dabei ständig Perspektivwechsel vornehmen. Sie muss die Wahrnehmungsfilter der Interessierten nachvollziehen, um besser zu verstehen, warum bestimmte Angebote (un)attraktiv scheinen und zudem Sprach- und Kommunikationsmuster begreifen, um Botschaften so codieren zu können, dass sie von den Adressaten adäquat decodiert werden und bei Letzteren Wirkkraft entfalten. Dabei ist der jeweilige Steuerungsverantwortliche gegebenenfalls nicht selbst Mitglied der soziokulturellen Gemeinschaft, in der die Kulturentwicklung stattfinden soll, was das Ganze zusätzlich herausfordernd macht. Dies betrifft auch die **Transformation der Nachhaltigkeit** mit ihren vielfältigen Erzählstrategien und Appellen. Was all dies aus Sicht der Steuerung komplex adaptiver Systeme konkret bedeutet, hängt davon ab, (i) auf welche Weise wirtschaftspolitische Leitbilder genutzt werden, (ii) ob die Leitbildarbeit normativ legitim und ihre Welt aus Narrativen und Narrateuren normativ glaubwürdig erscheinen und (iii) ob sich aus dem Geschichtenerzählen ein widerspruchsfreier Zusammenhang ergibt, was wir mit Hilfe einer beispielhaften Maßnahme veranschaulichen (hier: narrative Kohärenz als Mehrebenen-Ansatz).

Propagierte und praktizierte Leitbilder

Ein **Leitbild** artikuliert grundsätzliche Vorstellungen über eine bestimmte Entwicklung, wobei wir uns für das Folgende an Pardo-Puhlmann et al. (2016, S. 1–17, mit Verweis auf Giesel 2007) orientieren.

- Zunächst **Grundlegendes**:
  - Ein Leitbild verdeutlicht, was seine **Besonderheiten** ausmacht und bietet seinen jeweiligen Adressaten Ansatzpunkte, um Aktivitäten darauf abzustimmen. Steuerungsverantwortliche konstruieren damit eine Vorstellung, warum und auf welche Weise individuelle Handlungsweisen, Interaktionen und daraus resultierende Sozialbeziehungen (technisch) ablaufen sollen (z. B. ‚Wir als Organisation stehen für Innovationsoffenheit‘; ‚Alle Regionen brauchen die Chance, sich wettbewerbs- und zukunftsfähig zu entwickeln‘).

- Leitbilder haben einen **breiten Geltungsbereich**, der „sich von einer allgemeinen Gültigkeit in einer bestimmten Gesellschaft bis hin zur Gültigkeit für eine spezifische Subkultur oder eine bestimmte Organisation [erstreckt]", so Pardo-Puhlmann et al. (2016, S. 7); auch können sich Leitbilder auf Einzelobjekte (z. B. Leitbild einer Einzeltechnologie wie künstliche Intelligenz) oder auf komplexe Zusammenhänge (z. B. Leitbild einer nachhaltigen Wirtschaft) beziehen; dabei werden zukunftsgerichtete Zielsetzungen meist so beschrieben, „dass sie auch unter sich verändernden Bedingungen ihre Legitimität behalten".
- Die Aneignung eines Leitbilds findet in der Regel in einem **Spannungsverhältnis zwischen Machbarkeit und Wünschbarkeit** statt. Denn je nach Leitbild, ist es mehr oder minder im Bewusstsein verankert, mehr oder minder konkretisiert, mehr oder minder deutungsvielfältig, mehr oder minder historisch geprägt (z. B. Erhalt eines erwünschten Status quo) sowie – in der mittleren oder langen Frist – mehr oder minder visionär (z. B. intergenerationale Gerechtigkeit).
• Leitbilder lassen sich nach dem **Kriterium der Handlungswirksamkeit** in propagierte und praktizierte Leitbilder unterscheiden:
  - **Propagierte Leitbilder** sind artikulierte Vorstellungen (explizite Leitbilder). Sie stellen lediglich einen Handlungsanspruch dar.
  - **Praktizierte Leitbilder** sind verinnerlicht und prägen das Handeln der Akteure (mentale bzw. implizite Leitbilder). Dies drückt sich in Sprache, Artefakten und Handlungsweisen aus (manifeste bzw. explizierte Leitbilder). Wird ein regulatives Leitbild gelebt (z. B. Nachhaltigkeit), geht es letztlich in die Selbstorganisation über (z. B. CSR-orientierte Organisationskultur).
  - Kontrovers wird diskutiert, ob ein fremdgesetztes Leitbild als Leitbild gilt. Wir gehen – im Sinne der netzwerkbasierten Governance – vereinfachend davon aus. Denn nach Pardo-Puhlmann et al. (2016, S. 3) müssen sich Individuen und Gruppen ihre **Orientierung umso eher selbst entwickeln, je unsicherer ihr Umfeld** ist (z. B. technologisch dynamisches Umfeld und Auflösung traditioneller Sozialnormierungen). Unter diesen Bedingungen kann selbst ein fremdgesetztes Leitbild Ansatzstellen für eine Aneignung bieten.
• Letztlich wird ein propagiertes Leitbild erst dann als Steuerungsinstrument handlungswirksam, wenn es zu einem praktizierten Leitbild wird. Das ‚Warum' eines Leitbilds und seiner Werte wird in der Regel **mit Hilfe von Geschichten (Narrativen) vermittelt** (vgl. Abschn. 4.3). Diese sollen Zugänge zu den Adressatengruppen schaffen und – dort – das jeweilige Leitbild zum Leben erwecken.

Steuerungsverantwortliche, die mit Leitbildern arbeiten, erschaffen ein ‚Leitsystem'. Dies gilt auch für **wirtschaftspolitische Leitbilder**, auf die wir uns hier konzentrieren. Es soll Individuen und Gruppen eine mittel- oder langfristige Orientierung bieten, um sich in der politökonomischen Wirklichkeit zurechtzufinden. Dadurch lassen sich Handlungsweisen besser koordinieren, gemeinsam ausrichten und Motivationskräfte freisetzen, während die

Komplexität nicht aus dem Auge geraten darf. Hier alle Leitbildfunktionen (definiert nach Pardo-Puhlmann et al.) im Überblick:

- **Orientierungsfunktion** als Ausrichtung auf einen gemeinsamen Zukunftshorizont und realisierbare und sachbereichsübergreifende Zustände:
  - In Deutschland beschreibt das verfassungsrechtlich verankerte Leitbild der sozialen Marktwirtschaft als seine Besonderheit, dass die wirtschaftliche Freiheit im Rahmen eines funktionsfähigen Wettbewerbs zu schützen und die marktwirtschaftliche Leistung für einen breiten Wohlstand und sozialen Fortschritt zu nutzen sind (vgl. Abschn. 6.2, 7.1 und 8.1).
  - Damit ein Leitbild über die Zeit Orientierung bietet, muss es sich allerdings aktuellen Diskursen stellen. Denn Ordnungsprinzipien werden immer wieder durch Kontextentwicklungen und neue wissenschaftliche Erkenntnisse herausgefordert. Im Blick stehen dann Diskurse, die das bis dahin dominante Leitbild ‚befruchten‘, also zu seiner Weiterentwicklung und Stärkung beitragen können (z. B. was ist ein gutes Leben in Zeiten der Nachhaltigkeit?; vgl. Abschn. 6.3). Wird das Leitbild der sozialen Marktwirtschaft beispielsweise als Leitbild der sozialökologischen Marktwirtschaft modernisiert, muss für die Adressaten erkennbar werden, was das Ganze zu einem tragfähigen neuen Ordnungsansatz macht. Was dies bedeuten kann, zeigen die 30 Thesen, die Bannas und Herrmann-Pillath (2020) zur Transformation der deutschen Wirtschaftsordnung zur Diskussion stellen.
- **Koordinations- und Kohäsionsfunktion** als Synchronisierung der Wahrnehmungs- und Handlungsorientierung der sozialen Akteure und Angebot eines gemeinsamen Identifikationsobjekts:
  - Ein Leitbild hilft bei der Koordinierung, wenn ersichtlich wird, wer auf welche Weise aktiv werden soll. So ist für die Umsetzung des Leitbilds der sozialen Marktwirtschaft unter anderem die Rolle der Wettbewerbsbehörden unverzichtbar und Unternehmen und Verbraucherschutzorganisationen haben sich darauf eingestellt.
  - Themenübergreifende Leitbilder eignen sich, einen (inter-)organisationalen Arbeitszusammenhang herzustellen. Damit gehen politische Kohärenzanforderungen in die Entwicklung einer entsprechenden Organisationskultur über. So arbeiten beispielsweise Bundeskartellamt und Bundesnetzagentur zusammen, um die Marktmacht im Energiesektor vor dem Hintergrund von Energiewendebedarfen gemeinsam zu beurteilen (vgl. Abschn. 7.2).
- **Motivationsfunktion** als Verstärker von gedanklicher Kreativität, Emotionen und Willenskraft mittels der jeweiligen Darstellungsform (ebenfalls UBA 2017, S. 23–24):
  - Leitbilder wirken motivierend, wenn Dringlichkeit und Ambitionsniveaus erkennbar werden (z. B. Ausmaß des Umstiegs auf erneuerbare Energien).
  - Und sie wirken motivierend, wenn sich Steuerungsverantwortliche (z. B. in Behörden) emotional angesprochen fühlen, weil ihre Adressaten klar erkennbar sind.
- **Funktion des Umgangs mit Komplexität** als geordnete Wirklichkeit mit Angebot an bestimmten Deutungen und Bewertungsmaßstäben: Diese Funktion erfordert, dass

komplexe Problematiken in zugänglicher Form visualisiert werden, also „eine Mischung aus Komplexitätsbewahrung und Komplexitätsreduzierung" gelingt (Pardo-Puhlmann et al. 2016, S. 8). Dass die Komplexität bewahrt wird, ist wichtig. Denn es sollen keine relevanten Kontextfelder aus dem Blick geraten, für deren Umgang die Akteure eine Haltung brauchen. So wird beispielsweise anders mit der Natur umgegangen, wenn sie im Leitbild auf eine nutzbare Ressource reduziert wird (Naturkapital) oder wenn sie als existenzieller und spiritueller Lebensraum, als kulturelle Mensch-Umwelt-Beziehung erscheint und dies von den Akteuren internalisiert wird.

Wirtschaftspolitische Leitbilder sollen in die Breite wirken, indem sie die Denk-, Erklärungs- und Interpretationsmuster verändern, die das Handeln von Akteuren und Gruppen bestimmen. Hierfür braucht es leitbildbezogene **Narrative**, die erfolgreich (weiter-)erzählt werden (vgl. Abschn. 4.3).

- Dies gilt auch für die **Nachhaltigkeit** mit ihren Leitbildern und Dimensionen (ökologisch, sozial, ökonomisch). So betont beispielsweise die deutsche Bundesregierung (Homepage) in ihrem Leitbild der Nachhaltigkeitsstrategie vier Leitlinien, die den Weg aufzeigen, „in welche Richtung sich unser Land bewegen muss, um nachhaltiger zu werden" und benennt diese als ‚Generationengerechtigkeit', ‚Lebensqualität', ‚sozialen Zusammenhalt' und ‚internationale Verantwortung'. Es wird also das Menschliche und das menschliche Überleben betont. Die ökologische Dimension wird als „intakte Umwelt" der Lebensqualität zugeordnet oder geht in Strategien auf, die den globalen Nord-Süd-Konflikt mindern sollen.
- Doch gleich, was Leitbilder der Nachhaltigkeit beschreiben: Sie scheinen es **besonders schwierig** zu haben, die sozioökonomischen und -kulturellen Wahrnehmungsfilter bestimmter Gruppen zu durchdringen und moralische Bewertungen zu verändern, wie das folgende Illustrationsbeispiel zeigt.

Können ‚nicht-grüne' Gruppen überhaupt ‚grün' werden?

Ein spannendes Projekt im Auftrag des Umweltbundesamtes, an dem auch die Freie Universität Berlin mitwirkt, „entwickelt und erprobt **innovative Beteiligungs- und Kommunikationsformate** für und mit Bürger:innen, die einer ambitionierten Umwelt- und Klimapolitik derzeit (noch) ablehnend oder skeptisch gegenüberstehen" (UBA 2024, S. 5).

- Für das Forschungsteam ist dabei herausfordernd, dass die Auswahl der Formatbeteiligten nicht die gesamte Bevölkerung repräsentiert und besonders engagierten Akteuren eine Bühne bieten kann; dabei stehen nachhaltigkeitsskeptische und rechtspopulistische **Orientierungen** „in einem engen Wechselverhältnis zueinander und haben das Potenzial, sich gegenseitig zu verstärken", so das Forschungsteam (UBA 2024, S. 55–56).

- Im Ergebnis ist eine skeptische oder ablehnende Haltung immer dadurch motiviert, dass „reale oder vermeintliche, materiell-finanzielle oder symbolisch-kulturelle **Verluste**" abgewehrt werden (UBA 2024, S. 43).

Schätzungen zufolge liegt der Anteil der Menschen, die eine **ambitionierte Umwelt- und Klimapolitik skeptisch sehen oder ablehnen**, bei etwa einem Drittel der Grundgesamtheit (deutschsprachige Wohnbevölkerung in Privathaushalten ab 14 Jahren mit Internetanschluss; UBA 2024, S. 67). Diese gesellschaftlichen Gruppen werden in einer Synopse idealtypisch (und hier auszugsweise) wie folgt beschrieben (UBA 2024, S. 36–42):

- **Nationalliberal-Konservative**:
  - **Haltung zur Nachhaltigkeit**: „Wirtschaftliches Wachstum und die Bewahrung des eigenen privilegierten Lebensstandards sind wichtiger als Nachhaltigkeitsziele"; „Abwehr von ‚Alarmismus' und ‚Panikmache'".
  - **Handlungsoptionen für Beteiligungs- und Kommunikationsformate**: Es besteht eine Affinität zu Beteiligungsprozessen, um „gegen ‚überzogene' (Umweltschutz-)Maßnahmen zu agieren, insbesondere wenn diese im eigenen Umfeld geplant sind". Daraus folgt: „Chancen für technische Innovationen und Standortvorteile durch ‚Green Growth' aufzeigen".
- **Abstiegsbedrohte Skeptische**:
  - **Haltung zur Nachhaltigkeit**: Es gibt ein „[e]her geringes Umwelt- und Klimabewusstsein. Durch weitgehende Nachhaltigkeitsmaßnahmen werden Verschlechterungen der eigenen (ohnehin oft schwierigen) materiellen Existenzbedingungen befürchtet".
  - **Handlungsoptionen für Beteiligungs- und Kommunikationsformate**: „Für Beteiligungsprozesse ist dieser Typus schwer erreichbar, da einerseits Kommunikations- und Lebensstilbarrieren, andererseits aber auch Zeitnot (den Alltag mit wenig finanziellen Mitteln bewältigen) dem entgegenstehen. Zudem ist man überzeugt, dass sich für die eigenen Probleme und Anliegen ‚ohnehin niemand interessiert'". Daraus folgt: „Angstfreiheit im Wandel" unterstützen; „Beschäftigungschancen und neue Berufsbilder durch die sozialökologische Transformation aufzeigen".
- **Radikal-Individualistische**:
  - **Haltung zur Nachhaltigkeit**: Diese Menschen „[i]gnorieren, leugnen oder verdrängen die ökologische Krise"; es kommt zur „Abwehr jeglicher Einschränkungen der individuellen Wahl- und Konsumfreiheit".
  - **Handlungsoptionen für Beteiligungs- und Kommunikationsformate**: „Beteiligungsverfahren steht dieser Typus äußerst ablehnend gegenüber: Zum einen besteht kaum Interesse an den zu behandelnden Themen, zum anderen fremdelt man stark mit den rationalen, ‚entkörperlichten' Diskussionsformen; und nicht zuletzt ist man überzeugt, dass die eigenen Anliegen bei derartigen Verfahren

‚ohnehin keine Rolle' spielen". Daraus folgt: „Anerkennungserfahrungen möglich machen, Entfaltungsmöglichkeiten in der Transformation darlegen, vorhandenes kreatives Potenzial aktivieren".

- **Traditionell-Heimatbezogene:**
  - **Haltung zur Nachhaltigkeit:** Diese Menschen sind „[b]esorgt angesichts der ökologischen Krise; zu nachhaltigem Verhalten im Privaten bereit, jedoch skeptisch gegenüber weitreichenden Reformanliegen, die gewohnte gesellschaftliche Strukturen (‚Ruhe und Ordnung') zu sprengen drohen"; gewünscht ist „‚Pragmatismus' bei Nachhaltigkeitsstrategien".
  - **Handlungsoptionen für Beteiligungs- und Kommunikationsformate:** „Gegenüber politischen Beteiligungsprozessen ist man insgesamt eher skeptisch. [...] Wenn es sich aber um Mitgestaltung im eigenen (lokalen oder regionalen) Umfeld handelt, ist Aufgeschlossenheit – die auf einem im lokalen verwurzelten Verantwortungsgefühl beruht – durchaus vorhanden. Dabei ist zu gewärtigen, dass sich die Angehörigen dieses Typs (beispielsweise bei einem Konflikt um Windkraftanlagen oder Stromtrassen) oft leicht für den Vorrang lokaler Interessen gegenüber übergeordneten Zielen gewinnen lassen". Daraus folgt: „Fokussierung des Erhaltend-Bewahrenden. Mündliche Kommunikation (Peer-to-Peer) relevant".
- **Neoliberale Performer:**
  - **Haltung zur Nachhaltigkeit:** „Ökologie darf nicht auf Kosten der Ökonomie gehen; Vorrang für Wachstum und Wettbewerbsfähigkeit der (deutschen) Wirtschaft. Umwelt- und Klimaschutz als ‚Zukunftsaufgabe', deren Kosten nur bezahlbar sind, wenn die Wirtschaft prosperiert. Glauben an technische Lösungen. Abwehr ‚grüner Ideologie'. Geringe Bereitschaft zu nachhaltigem Verhalten".
  - **Handlungsoptionen für Beteiligungs- und Kommunikationsformate:** „Gegenüber Beteiligungsprozessen besteht eine große Distanz, da viele berufliche und private anderweitige Verpflichtungen und anderweitige Interessen dem entgegenstehen (Zeitmangel)". Daraus folgt: „Nachhaltigkeit als Teil von Modernität darstellen (LOHAS-Lifestyle, Öko als Beitrag zu Gesundheit, Wellness und Distinktion bei Qualität und Design). Hohe Zahlungsbereitschaft für klimaneutrale Produkte: Energieeffizienz als wichtiges Argument nutzen".
- **Veränderungsoffene Prekäre:**
  - **Haltung zur Nachhaltigkeit:** „Anerkennen der ökologischen Herausforderungen – und ihre Bewältigung muss Vorrang vor wirtschaftlichen Zielsetzungen haben, im Zweifel aber Vorrang für soziale Gerechtigkeit. Persönlich glaubt man, wenig bewirken zu können"; „wenig umweltfreundliches Verhalten im Alltag, jedoch [ist man] Verhaltensänderungen gegenüber nicht grundsätzlich abgeneigt".
  - **Handlungsoptionen für Beteiligungs- und Kommunikationsformate:** Gegenüber Beteiligungsverfahren „sehr distanziert eingestellt: Es bestehen Ängste, verbal und intellektuell ‚nicht mithalten' zu können; außerdem befürchtet man, dass ‚solche wie wir' dort nicht willkommen wären; nicht zuletzt herrscht große

Skepsis, ob derartige Verfahren überhaupt etwas bewirken können". Daraus folgt: In der Kommunikation ökologischer Politik Letztere „als Abwehr von Bedrohungen" betonen. „Soziale Belange ausreichend berücksichtigen. Latente Engagement-Bereitschaft aktivieren: Wunsch, sich als aktiv und handlungsfähig zu sehen. Mehr Berührungspunkte zu Gruppen/Menschen, die sich für Umwelt- und Klimaschutz einsetzen, ermöglichen. Selbstwirksamkeit, Einfachheit und Entschleunigung als attraktive Leitbilder – sofern materielle Existenz gesichert ist (,Angstfreiheit')".

Werden diese Gruppen in **gesamtgesellschaftlichen Milieus** verortet, zeigt sich, „dass es ablehnend-skeptische Gruppen in ganz verschiedenen Bevölkerungssegmenten gibt. Sowohl hohe als auch mittlere und niedrige soziale Lagen sind vertreten, ebenso wie jüngere und ältere Milieus. Es zeigt sich auch, dass es zwischen den ‚Abstiegsbedrohten Skeptischen', den ‚Radikal-Individualistischen' und den ‚Veränderungsoffenen Prekären' lebensweltliche Ähnlichkeiten gibt (und aufgrund der generationalen Prägung insbesondere zwischen den beiden letztgenannten). Hieraus kann gefolgert werden, dass Personen des einen Musters häufiger auch Einstellungen eines der anderen Muster teilen und Übergänge zwischen diesen ‚Sozialfiguren' möglich sind. […] Zum anderen deutet sich an, dass eine Bereitschaft sich an partizipativen politischen Verfahren zu beteiligen stärker bei Älteren ausgeprägt ist und in den jüngeren Altersgruppen abnimmt"; hierbei muss in der Erkenntnislage derzeit noch offenbleiben, ob es sich um ein altersspezifisches Phänomen (also beteiligungsbereiter im Alter) oder ein generationenspezifisches Phänomen handelt (UBA 2024, S. 45–46). ◄

Bedeutsame Herausforderungen der Systemsteuerung

Arbeiten Regulierer mit wirtschaftspolitischen Leitbildern und Narrativen, kann dies die kulturelle Akzeptanz ihres Regulierungsansatzes stärken. Dies liegt an den Funktionen, die Leitbilder erfüllen, und an der lebensweltlichen Plausibilisierung, die Narrative anbieten. Allerdings ist der entsprechende Handlungskontext von einem Mix aus Ungewissheiten und berechenbaren Risiken geprägt (vgl. Abschn. 3.2). Wir machen uns daher noch einmal die wichtigsten Steuerungsherausforderungen bewusst, bevor es um Ideen für eine gelungene Steuerung geht. Die Aufzählung startet mit der innovationssystemischen Überlegung, dass Zukunftsfähigkeit – selbst als leitbildliche Orientierung – einen neuen Denkansatz und hierfür Lernbereitschaft und Lernfähigkeit braucht:

- **Neue Werteverortungen brauchen eine neue Denkweise**: Ein neues Leitbild muss sich vom bisherigen Leitbild unterscheiden und diese Unterschiede müssen anerkannt werden, damit sie eine neue Werteverortung bewirken können. Gelingt dies nicht, hinkt das Leitbild seinem Anspruch hinterher.
  - Diese Problematik trifft nach Brocchi (2015, S. 47–48) beispielsweise auf das Leitbild der Nachhaltigkeit zu, dessen mehrdimensionales Verständnis des ‚guten Le-

bens' sich nicht in den entsprechenden Nachhaltigkeitsdebatten spiegelt. So werden Positionen eingenommen, die technologische Lösungen wie Elektroautos und neue Marktinstrumente wie Klimazertifikate betonen und „das Potenzial haben, der dominanten gesellschaftlichen Ordnung neue Legitimation zu verleihen". „Es herrscht der Glaube, dass Wirtschaftswachstum und Naturbelastung voneinander abgekoppelt werden können […]. Strategische Ansätze, die Selbstbegrenzung und einen Verzicht auf den Überfluss predigen […], werden hingegen in Politik und Wirtschaft marginalisiert". Der Autor schlussfolgert: „Die ‚Große Transformation' benötigt eine Kulturkritik, die ideologische Mechanismen und Prozesse sichtbar macht und hinterfragt"; denn: „Probleme kann man nicht mit derselben Denkweise lösen, durch die sie entstanden sind".

– Soziale Systeme leben allerdings davon, dass ihre Mitglieder wissen, was sie zu erwarten haben, wie sie Erwartungen bewerten und wie sie handeln sollen. Ein Wertewandel, der deutliche institutionelle Reformen erwarten lässt, stört diese Erwartungsverlässlichkeit und kann Individuen und Gruppen verunsichern und Ablehnung hervorrufen (vgl. Abschn. 9.2). Auch Störereignisse und aktuelle Entwicklungen können Zweifel an bestimmten Leitbildaussagen hervorrufen.

- **Governance ist selbst Ausdruck von Kultur**: Governance-Stile sind selbst kulturwirksam, wie die Diskussion institutionellen Unternehmertums zeigt (vgl. 9.2). Denn: Hat sich eine Steuerungskultur ausgeprägt, (inter-)agieren Betroffene auf eine bestimmte Art, was Strukturen und Prozesse verfestigt und Sozialbeziehungen normiert (z. B. proprietäre versus offene Innovationskultur). Wandel braucht folglich eine steuerungskulturelle Normierung, die den Umgang mit Veränderungen erleichtert und transitionsbedingte Rollenkonflikte auflösen kann (vgl. Abschn. 9.1). Gibt es solch eine Normierung nicht, werden Pfadabhängigkeiten verstärkt. So zeigt die Umsetzung der Nachhaltigkeit, die bisher stärker von oben nach unten vorangetrieben worden ist, dass sie in eine „Sackgasse" führt, wenn „neue Formen der Regierung, der Organisation und der Kommunikation" unterbleiben (Brocchi 2015, S. 48). Um solche Effekte ursächlich zu erkennen, müssen sich die Akteure jedoch der eigenen Steuerungskultur bewusst sein, was in einem komplexen Steuerungsumfeld herausfordernd ist.

- **Selbstorganisation braucht Umgang mit Macht**: Über den Prozess der Selbstorganisation entwickeln Betroffene kulturelle Routinen, wenn propagierte Leitbilder in die Praxis überführt werden. Wieviel Selbstwirksamkeit (agency) dabei möglich ist, Betroffene also informiert und angehört werden, mitentscheiden und Eigenverantwortung übernehmen dürfen, hängt von den jeweiligen Machtverhältnissen ab. Solch eine Macht kann sich über politökonomische Zwänge ausdrücken (hard power) oder über die Fähigkeit, andere in ihren Präferenzen ohne Zwang zu beeinflussen (soft power), was beispielsweise bei Personen mit Meinungsführerschaft der Fall ist.

- **Soziale Realitäten werden narrativ konstruiert**: Bei der Kulturentwicklung werden Steuerungsverantwortliche zu Erzählenden, die Inhalte kodieren und auf Adressaten treffen, die diese Inhalte decodieren. Was ein Narrativ transportieren soll, muss folglich entschlüsselt werden, bevor es in Handlungen übersetzt werden kann.

– In solch einem Steuerungskontext werden Narrative zur politischen Praktik. Bei dieser Praktik wird nach Gadinger et al. (2014, S. 4, 10, 21) Sprache zum technischen Werkzeug (z. B. rationale Argumentation, Emotionalisierung, Polarisierung); zudem wird linguistisch enthüllt, wie kulturell gedacht und gehandelt wird. Steuerungsverantwortliche, die den adressierten Gruppen selbst nicht angehören, lösen dadurch gegebenenfalls Missverständnisse aus, was sich bildlich als ‚Lärm im Kommunikationskanal' beschreiben lässt.

– Ob ein Leitbild anerkannt wird, hängt zudem davon ab, wer auf welche Weise die Produktion der entsprechenden Diskurse „zugleich kontrolliert, selektiert, organisiert und kanalisiert" (Foucault 2012, S. 10–11, in Brocchi 2015, S. 47). Dabei ist zu berücksichtigen, dass sich in einer „Wissens- und Informationsgesellschaft" Bürger:innen nicht zwangsläufig adäquat informieren. „Gegen Ängste, Gewohnheiten oder sogenannte ‚Gruppeneffekte' bleibt Nachhaltigkeit als moralischer Aufruf deshalb oft wirkungslos", so Brocchi (2015, S. 48–49).

– Macht ein Narrativ aus Sicht der Adressaten keinen Sinn, wird es verändert oder ersetzt. Dabei durchläuft es einen Prozess der wiederholten Rekonstruktion und des Weitererzählens, wobei Erzählende Letzteres nicht vollständig kontrollieren können. Auch ist nicht (vollständig) entscheidend, „ob das, was das Narrativ ausdrückt, in einem empirischen Sinne ‚zutrifft'", so Di Gulio und Defila (2022, S. 16).

• **Emotionen sind entscheidungsrelevant**: Inhalte werden von diversen Adressaten nicht nur unterschiedlich interpretiert. Sie werden auch unterschiedlich emotional bewertet. Die Wirkung von Narrativen kann also durch emotionalisierende Elemente verstärkt werden (UBA 2020, S. 11): Gerade „in einer immer komplexer werdenden Welt entscheiden Menschen auch deshalb emotional, weil rationale Entscheidungen unter Abwägung aller Fakten immer schwieriger werden". In der Folge helfen Emotionen, soziale Situationen zu strukturieren und zur Zusammenarbeit zu motivieren. Doch aus Sicht von Individuen und Gruppen haben bestimmte soziale Werte nur für bestimmte Inhalte Relevanz; für andere Inhalte sind sie irrelevant (vgl. Abschn. 4.2). Es ist somit herausfordernd, über die Emotionalisierung den affektiven Teil von Einstellungen gezielt anzusprechen.

• **Kulturentwicklung erfordert Bewusstsein für Zeit(bedarfe)**: Für die netzwerkbasierte Kulturentwicklung ist der Umgang mit der Zeit herausfordernd (vgl. Abschn. 9.3).

– So denken Politiker:innen in Demokratien überwiegend kurzfristig, also in Wahlterminen und Amtszeiten; dies gilt selbst bei langfristig wirkenden Krisen (z. B. Klimawandel), was wir als Präventionsparadox kennengelernt haben (vgl. Abschn. 8.3). Auch in der Wirtschaft sind Anteilseigner:innen meist nicht geduldig (shareholder value) und reagieren unmittelbar auf Kurswertentwicklungen und sich verändernde Ausschüttungserwartungen.

– Ist ein soziales Umfeld hingegen vertraut, denken Akteure durchaus längerfristig und in Generationen, wenn die benötigten Ressourcen vorhanden sind, so dass sich Vorhaben verstetigen lassen (z. B. soziale Innovationen; vgl. Abschn. 9.2).

– In der Gesamtschau ist der Wandel hin zur Nachhaltigkeit bisher eher eine „Reaktion auf empirische Erfahrungen und Missstände" als das Ergebnis eines vorbeugenden Lernens, also eines Lernens, das „nicht durch die Notwendigkeit erzwungen wird" (Brocchi 2015, S. 49). Im Handeln der Akteure fehlt somit ein antizipatives Momentum, das den Umgang mit der Zeit verändert (vgl. Abschn. 10.2).

Ideen für (mehr) normative Legitimität und Glaubwürdigkeit

Die Kulturentwicklung (hier: Leitbildarbeit) hat ein eigenes Spannungsfeld. Wenn wir erste Ideen für eine gelungene Kulturentwicklung diskutieren, müssen wir den Blick allerdings weiten und die **Regulierung mitdenken**. Denn eine netzwerkbasierte Governance ist erst dann gelungen, wenn sie neben ihrer politischen Legitimität und Glaubwürdigkeit auch normativ als legitim und glaubwürdig wahrgenommen wird. Dies bedeutet:

• Im Kern geht es um den Unterschied zwischen der formellen Institutionalisierung (z. B. rechtsverbindliche Regelsetzung) und der **informellen Institutionalisierung** (vgl. Abschn. 6.1 und 9.2). Beide Institutionalisierungsarten sind strukturwirksam, auf der einen Seite über die Regelsetzung, auf der anderen Seite über Interaktionen, durch die soziokulturelle Institutionen (re-)produziert werden (z. B. Sitten und Gebräuche).
• Regulierer müssen **formalisierte Spielregeln daher kulturell unterfüttern**, damit diese Spielregeln und die darunter liegende Steuerungsrichtung möglichst breit akzeptiert und regelkonform umgesetzt werden. Denn: In einem soziokulturell diversen Handlungsraum können (transformativ) ordnungsbedeutsame bzw. gestaltungswesentliche Regeln auf kulturelle Zustimmung ebenso stoßen wie auf kulturelle Ablehnung.

Aus dem bisherigen Diskussionsstand lassen sich **beispielhafte Vorschläge** ableiten, die hier auch tabellarisch zusammengefasst sind (siehe Tab. 11.4 und 11.5). Dabei gilt: In komplex adaptiven Systemen sind Steuerungsunsicherheiten die Regel und nicht die Ausnahme.

Grundgedanke zu normativer Legitimität: Eine reine funktionale Steuerung geht ‚ins Leere', wenn sie ohne Kulturentwicklung stattfindet. Letztere muss – leitbildbasiert – eine neue Werteverortung, soziokulturelle Perspektivwechsel und eine positive Kultur der Lösungsorientierung hervorbringen, die zugleich geduldig und störungsbewusst ist.

Tab. 11.4 Maßnahmen zur Stärkung der normativen Legitimität netzwerkbasierter Governance

Wertehaltige Leitbildunterschiede	Leitbildunterschiedlichkeit als Voraussetzung einer neuen Wertenormierung, vor allem mit Blick auf (transformativ) ordnungsbedeutsame Verbindlichkeiten
Wertedialog mit Multiperspektivität	Berücksichtigung der attributiven Diversität von Netzwerken und Akteuren bei der Suche nach gesellschaftlich resonanten Kernwerten (Wir-Identität)
Transformation als kulturelle Aufgabe	Zeitbewusste Politik mit Betonung neuer und kulturell attraktiver Problemlösungsansätze (can-do attitude)

Tab. 11.5 Maßnahmen zur Stärkung der normativen Glaubwürdigkeit netzwerkbasierter Governance

Vielfältige Narrative	Soziokulturell passfähige Erzählungen
Geeignete Narrateure	Auswahl von anerkannten, glaubwürdigen und ressourcenstarken Erzähler:innen, auch in Gestalt von Diskurskoalitionen
Herstellen emotionaler Beteiligung	Verwendung positiv emotionalisierender Diskurselemente

- **Wertehaltige Leitbildunterschiede:** Um transformativ wirken zu können, müssen Regulierer in ihrem wirtschaftspolitischen Leitbild verdeutlichen, warum die ‚alte Kultur' von der ‚neuen Kultur' abgelöst werden soll und was künftig unter einem guten Leben und Lebenszufriedenheit zu verstehen ist (z. B. Nachhaltigkeit als Mut zum Verzicht). Dieses Deutungsschema muss sich im (jeweiligen Vorschlag zum künftigen) Regelwerk spiegeln. Es muss also leitbildbezogen nachvollziehbar sein, welche Regeln gestaltungswesentlich sind und daher zu harten Verbindlichkeiten werden.
- **Wertedialog mit Multiperspektivität:** Um das Leitbild zu vermitteln und in der Praxis zu verankern, müssen Steuerungsverantwortliche mit soziokulturellen Perspektivwechseln arbeiten.
  - Dabei gilt es, in einer möglichst breiten und respektvollen Auseinandersetzung die Werte und sozialen Inhalte zu identifizieren, die über Gruppengrenzen hinaus Resonanz erzeugen und das Zusammenwirken prägen können (z. B. zur Alltagsrelevanz ökologischer Nachhaltigkeit). Solch eine Auseinandersetzung braucht Verständnis für die kulturellen Attribute der adressierten Netzwerke und Akteure, sofern diese Attribute erkennbar und aussagekräftig sind (vgl. 4.1. und 9.1). Denn die Adressaten eines Leitbilds bewerten Neues, indem sie dies mit der eigenen Lebenslage (z. B. materieller Lebensstandard) und der damit zusammenhängenden Orientierung (z. B. Chancengleichheit als Wert) abgleichen. Die jeweilige Lebenswelt muss also auf eine Weise von Steuerungsverantwortlichen verstanden werden, dass in ihr Sinn gedeutet und auf Sinnsetzungen eingewirkt werden kann.
  - Über die Zeit sind Deutungs- und Sinnzusammenhänge immer wieder dialogisch zu überprüfen. Nur so lassen sich Störereignisse und aktuelle Diskurse auf eine Weise mit den Leitbildinhalten abgleichen, dass sinnstiftende Zusammenhänge nicht verlorengehen (z. B. Anforderungen an Resilienzdimensionen, Umgang mit künstlicher Intelligenz).
- **Transformation als kulturelle Aufgabe:** Um ein praktiziertes Leitbild diffundieren zu lassen, muss vor allem aufgezeigt werden, was neue und kulturell attraktive Problemlösungsansätze sein können (can-do attitude).
  - Es gilt daher, – über die praktizierte Leitbildarbeit – diverse Netzwerkstrukturen und -beziehungen aufzubauen, die neben inhaltlichen auch normative Gemeinsamkeiten betonen und Reziprozität erwartbar machen (z. B. Good-Practice-Gemeinschaften). Dabei ist zu überprüfen, welche sozialen Praktiken sich nutzen lassen, um Prozesse zu skalieren.

– Dem Zeitbedarf der jeweiligen Steuerungskultur ist Rechnung zu tragen. Da auch die Steuerungskultur der Regulierer kulturwirksam ist, muss diesen bewusst sein, dass sie eine Vorbildrolle in der Leitbildumsetzung ausüben (z. B. Praxis der Partizipation, Politikkohärenz als Kulturverständnis). Solch eine Vorbildfunktion wirkt sich auch auf die Glaubwürdigkeit der Leitbildarbeit aus, was wir hier auf die Arbeit mit Narrativen verengen.

Grundgedanke zu normativer Glaubwürdigkeit: Jede Leitbildarbeit schafft Situationen, die aus diversen soziokulturellen Perspektiven wahrgenommen werden. Daraus entstehen Deutungs- und Sinnzusammenhänge, die in die Bewertung von Folgesituationen eingehen. Leitbilder brauchen folglich Narrative, die Inhaltliches in eine bestimmte Erzählform bringen und darüber soziale Realitäten mitkonstruieren, von anerkannten Akteuren repräsentiert werden, negative Emotionen anerkennen und positive Emotionen aufrechterhalten.

- **Vielfältige Narrative:** Die Leitbildpraxis braucht soziokulturell passfähige, also vielfältige Narrative, um ihre diversen Gruppen ‚erzählerisch abzuholen‘, was Dachler und Hosking (1995, S. 6) ‚multiloguing‘ nennen. Zudem sollen die Erzählungen helfen, Koalitionen zu schmieden, indem sie die Glaubwürdigkeit bestimmter Handlungsweisen und Machtbeziehungen (z. B. durch die betonte Wertigkeit bestimmter Führungsrollen) strategisch stärken.
- **Geeignete Narrateure**: Narrative brauchen geeignete Narrateure. Diese sind in ihren und über ihre Gruppen hinaus anerkannt und glaubwürdig, so dass sie dem eigenen Narrativ einen Wettbewerbsvorteil verschaffen können. Solche Narrateure sind möglichst ressourcenstark, haben also „Fähigkeiten der Inszenierung, Ausstrahlung und Charisma ebenso wie finanzielle Mittel, gesellschaftspolitische Macht und [eine adäquate] Grösse des zur Verfügung stehenden Netzwerkes, in das hineingewirkt und aus dem für Diskurskoalitionen geschöpft werden kann" (Di Gulio und Defila 2022, S. 19). Aus Kommunikationsaspekten sind vor allem Meinungsführer:innen attraktiv, da sie über diese Netzwerkrolle beeinflussen können, wie ein bestimmtes Narrativ aufgegriffen und weiterentwickelt wird (vgl. Abschn. 4.1).
- **Herstellen emotionaler Beteiligung**: Steuerungsvorhaben werden von Motivationskräften getragen, brauchen also Emotionen, die über den ganzen Transformationsprozess hinweg aufrechterhalten werden (UBA 2020, S. 16–19): Hierfür müssen Leistungen anerkannt und Ängste und Hoffnungen sichtbar gemacht werden. Regulative Verbindlichkeiten werden nach Gächter (2014, S. 40–51) vor allem durch Werte gestärkt, die als prosoziales Verhalten (z. B. Hilfeleistungen) und als Orientierung am Anderen (z. B. Wohlfahrt der Referenzgruppen) erlebbar sind und stark genug wirken, um sanktionierende Emotionen auszulösen; so sanktioniert beispielsweise Scham das eigene Fehlverhalten und Ärger ein fremdes Fehlverhalten (vgl. Abschn. 4.2).

Komplex adaptive Systeme zu steuern, bedeutet Diversität zu steuern und Nähe zu den Zielgruppen herzustellen. In der Summe müssen sich kulturelle Muster, Symbole und kognitive Leitbilder (frames) herausbilden, die als Institutionen Sinn stiften, Orientierung geben und das Handeln strukturieren (Pfeilschifter et al. 2019, S. 14). Die Deutsche UNESCO-Kommission (DUK 2016, S. 1–2) hat der Bundesregierung daher nahegelegt, dass eine gesellschaftliche Transformation und Innovationen „vor allem eine kulturelle Aufgabe [sind]. Dazu ist die kollektive Entwicklung neuer Narrative ebenso Voraussetzung wie die Überprüfung von Deutungs- und Sinnzusammenhängen". Die Kommission ergänzt: „Die **Vielfalt kultureller Ressourcen unserer Gesellschaft ist Wegweiser zur Stärkung einer nachhaltigen Entwicklung**. Sie sollte gezielt angesprochen, gewürdigt und genutzt werden. Gemeint sind unterschiedliche kulturelle Ressourcen wie (post-)migrantische Gemeinschaften, Religionsgemeinschaften, Vereine und Verbände, organisierte und unorganisierte ‚Sub-Kulturen'".

Die Leitbildarbeit wird gestärkt, wenn aus den vielfältigen Narrativen ein gemeinsamer Erzählzusammenhang entsteht. Diese Gelingensmaßnahme der **narrativen Kohärenz** soll erschweren, dass Leitbildnarrative aus dem gesellschaftlichen Langzeitgedächtnis verschwinden und/oder narrative Bruchstellen entstehen. Ohne Lösungsidee bleibt an dieser Stelle allerdings die Herausforderung, dass Kulturen sich nicht in machtfreien Räumen entwickeln. Wir greifen diesen Aspekt am Ende des Kapitels noch einmal auf.

Narrative Kohärenz als Gelingensmaßnahme?

Leitbildverantwortliche und ihre Narrateure können den Prozess des Erzählens nicht vollständig kontrollieren. Auch sind die Narrative, die ein Leitbild begleiten, vielfältig. Was, wenn sich daraus ein dichtes und (teilweise) widersprüchliches ‚Stimmengewirr' ergibt? Hier setzt die narrative Kohärenz an, die in diesem Buchteil in einem weiten Sinne verstanden wird. Es geht also nicht primär um den stimmigen Erzählzusammenhang eines Einzelnarrativs. Stattdessen geht es – analog zur Politikkohärenz – um einen **leitbildbasierten Erzählzusammenhang, der sich über mehrere Narrative und Ebenen hinweg** möglichst wiedererkennbar und widerspruchsfrei aufspannt (**narrative Kohärenz**). Ansatzstellen bietet die interdisziplinäre Narrativforschung, die umfängliche Erkenntnisse zu Erzähltechniken, Plot-Mustern und Vielem mehr hervorbringt (z. B. Gadinger et al. 2014; Hermwille 2015; Klein 2018, 2019; Di Gulio und Defila 2022). Wir gehen zwangsläufig eklektisch vor und skizzieren beispielhaft: (i) Saliente Sätze und (ii) die Verknüpfung von Narrativebenen. Während saliente Sätze Aussagen wiedererkennbar machen, lassen sich durch die Verknüpfung von Narrativebenen Widersprüche im Deutungs- und Sinnzusammenhang verringern.

Ad saliente Sätze:
Narrative lassen sich eher im gruppenspezifischen und gesellschaftlichen **Langzeitgedächtnis** verankern, wenn ‚saliente', also sichtbare politische Sätze verwendet werden. Diese haben nach Klein (2019, S. 124–125) besondere sprachliche und außersprachliche Eigenschaften.

- Zu den **sprachlichen Eigenschaften salienter Sätze** zählt, dass sie sprachlich kurz, strukturell einfach, rhetorisch schematisch, in Reden markant platziert und mit einer Wertung und einem kategorischen Geltungsanspruch versehen sind; auch der kontextuell erschließbare Bezug auf Gegnerschaften oder abgelehnte Positionen schafft Aufmerksamkeit.
- Als **außersprachliche Eigenschaft salienter Sätze** gelten deren Narrateure, verkörpert durch eine Person oder Gruppe, die politisch oder anderweitig bedeutend ist. Hinzukommt, dass sich das Erzählte meist auf gesellschaftlich relevante und umstrittene Themen bezieht, die von der Öffentlichkeit aufmerksam verfolgt werden und in latent konfliktäre oder sogar zugespitzte Situationen eingebettet sind.
- Ein vielbeachtetes Beispiel, das beide Eigenschaften salienter Sätze aufweist, ist Greta Thunbergs Rede vor den Vereinten Nationen im Jahr 2019, die vor allem mit dem Satz in Erinnerung geblieben ist, mit dem sie – aus Sicht ihrer ‚Fridays for Future'-Generation – mit Politikvertreter:innen abrechnet: **„Wie könnt ihr es wagen!"**.
- Saliente Sätze haben eigene **Herausforderungen**. So muss ein Satz, bevor er zu einem weithin bekannten Zitiersatz wird, erst einmal „Resonanz in den prägenden Medien der jeweiligen Zeit und später" finden (Klein 2019, S. 126): Ist dies geschafft, können derartige Zitiersätze aktuelle und künftige Diskurse und Kontroversen beeinflussen, diese also auslösen, legitimieren, (um-)steuern, in ihrem Ausgang beeinflussen oder stoppen; saliente Sätze können allerdings auch zum bloßen Bildungswissen werden oder zum Standardzitat verblassen, das „als Textbaustein fast beliebig verwendbar" wird.

Ad Verknüpfung narrativer Systemebenen:
Saliente Sätze können Narrative sichtbar machen. Inwieweit ein Narrativ transformativ wirksam wird, hängt allerdings von der Systemebene ab, auf der es angesiedelt ist. Bei Di Gulio und Defila (2022, S. 26–39) werden literaturgestützt drei **narrative Systemebenen** unterschieden.

- **Mikro-Ebene -> individuelle Narrative** (individual narratives):
  - Individuelle Narrative helfen, die eigene soziale Realität zu erfassen und Vorgänge darin zu plausibilisieren. Dabei geht es um „Veränderungen auf der Ebene des unmittelbaren Handelns, Denkens u. Ä. von Individuen/ Gruppen sowie von Unternehmen/ Branchen" (Di Gulio und Defila 2022, S. 27).
  - Solch ein Narrativ geht gezielt mit Einzelbegriffen um. Die Veränderungen beziehen sich auf die tieferen Ebenen, zu denen Wertesysteme, Zielvorstellungen und Narrative zählen, die als relativ schwer veränderbar gelten. Narrative liefern dann beispielsweise identitäre Elemente, die Individuen helfen, ein nachhaltiges Verhalten sich selbst und den eigenen Gruppen gegenüber zu rechtfertigen (z. B. „‘Konsumieren beansprucht zu viel Zeit und geistige Energie' (the fool)"; „‘Beim Konsumieren wird man leicht manipuliert' (the hero)"; „‘Konsumieren lenkt ab von dem, was wirklich Genuss und Freiheit verschafft' (the sage)"; Di Gulio und Defila 2022, S. 31–32).
  - Fazit: Das narrative Transformationspotenzial wird als eher gering angenommen.

- **Meso-Ebene -> Meta-Narrative** (movement narratives; issue narratives):
  - Meta-Narrative beziehen sich auf „Veränderungen auf der Ebene des sozio-technischen Regimes, gesellschaftlicher Organisation, Abläufe, Regeln und Infra-strukturen u. Ä." (Di Gulio und Defila 2022, S. 27).
  - Solch ein Narrativ erzeugt und behandelt Begriffsnetze. Es geht um dezentrale und kollektive Veränderungen, deren Narrative sich eignen, von weiteren Gruppen auf-gegriffen zu werden. So zeigt beispielsweise das Narrativ ‚Ökologische Modernisie-rung' Potenziale und Wege auf, wie Kollaborationsgemeinschaften aus Wissen-schaft und Wirtschaft nachhaltig wirkende Innovationen hervorbringen können (z. B. zur Steigerung der Energieeffizienz). Wir haben diese Anwendungsbezüge als Reallabore für eine grüne Wirtschaft diskutiert (vgl. Abschn. 9.2).
  - Fazit: Das narrative Transformationspotenzial wird als eher mittelgroß angenommen.
- **Makro-Ebene -> Master-Narrative** (master narratives; grand narratives):
  - Master-Narrative handeln von „Veränderungen auf der Ebene der ‚Landschaft' des Regimes, gesellschaftlicher Ziele und Werte, kollektiven Wissens, Narrativen u. Ä." (Di Gulio und Defila 2022, S. 27).
  - Solch ein Narrativ zeigt allgemeine Zusammenhänge auf und macht Individuen und Gruppen kollektiv geteiltes Wissen verfügbar. Damit löst es sich teilweise von be-stimmten sprachlichen Strukturen und kann – im Sinne einer gesellschaftlichen Re-sonanz – unmittelbar sichtbar werden. Ein Beispiel ist das Narrativ ‚Postwachstum' (vgl. Abschn. 10.2), das erzählerisch darauf hinwirkt, dass die Vorstellung von Lebensqualität und gesellschaftlichem Miteinander und die Bedeutung materiellen Wachstums neu gedacht werden.
  - Fazit: Das narrative Transformationspotenzial wird als eher hoch angenommen.
- **Kognitive Brückenfunktion von Narrativen**: Erzählebenen lassen sich narrativ ver-knüpfen, sei es vom Abstrakten zum Lebensweltlichen (world-to-mind) oder vom Lebensweltlichen zum Abstrakten (mind-to-world).
  - **Verknüpfung zweier Ebenen** (z. B. Mikro- und Meso-Ebene): Narrative wie das Narrativ ‚kleine Schritte' zeigen, wie aus zahlreichen Individualhandlungen (z. B. we-niger Autofahrten, weniger Fleischkonsum) eine Transformationswirkung entsteht, selbst wenn dem Individuum seine Einzelhandlung nicht relevant erscheint.
  - **Verknüpfung aller Ebenen**: Für eine umfängliche Verknüpfung eignen sich ‚themenspezifische Narrative'. Diese bilden eine eigene Kategorie und behandeln Themen, die – wie die Ernährung – im Lebensalltag eine wichtige Rolle spielen. Ein Beispiel: Im Narrativ ‚Suffizienz und Ressourcenschutz' geht es um die Übernut-zung von Ökosystemen durch die wachsende Nachfrage nach Lebensmitteln und Agrarrohstoffen (Makro-Ebene), was sich über den strukturellen Bezug zur land-wirtschaftlichen Wertschöpfung und den Bezug zu individuellen Verbrauchsmustern auf die unteren Ebenen herunterbrechen lässt. Oder anders herum: Das Narrativ er-möglicht es Individuen und Gruppen, sich eine bestimmte Idee vom ‚guten Leben' anzueignen und zugleich den Bezug zur Makro-Ebene zu erkennen. Di Gulio und Defila (2022, S. 38) weisen bei diesem Narrativ allerdings darauf hin, dass „die in der Literatur vorgelegte Evidenz streng genommen nicht ausreichend zeigt, dass es sich um ein gesellschaftliches Narrativ handelt".

Narrativebenen zu verknüpfen, muss nicht zwangsläufig gelingen. Hier ausgewählte Aspekte:

- **(Un-)gewollte narrative Schnittmengen**: Narrative werden mit jeder höheren Ebene abstrakter. Sie entfernen sich also vom lebensweltlich Konkreten. Daher kann „ein und dasselbe abstraktere Narrativ die Schnittmenge zwischen verschiedenen konkretisierten Narrativen bilden", so Di Gulio and Defila (2022, S. 16), und dies auf durchaus ungewollte Weise.
    - So wird das Erzählbeispiel der ‚globalen Verschwörung' sowohl für das Leugnen der SARS-CoV-2-Pandemie als auch für das Leugnen des menschengemachten Klimawandels genutzt (z. B. Narrativ ‚Propagierung von Umweltschutz-Maßnahmen ist eine Verschwörung der Eliten').
    - Selbst das Master-Narrativ ‚Grünes Wachstum' (vgl. Abschn. 10.2) kann ungewollte kognitive Brücken schlagen, indem es auf den unteren Ebenen Genügsamkeitsnarrative überschreibt. Denn Wirtschaftswachstum zu betonen, ist – wie oben erwähnt – ein dominantes Narrativ. Und es wirkt auf viele Menschen attraktiv, indem es ausblendet, dass sich die Menschheit in einer menschenvollen Welt (Verbrauchs-) Obergrenzen setzen muss, die sich an den planetaren Belastungsgrenzen orientieren.
- **(Un-)gewollte Narrativdynamiken:** Der Diffusionsprozess von Narrativen vollzieht sich dynamisch und ist nur eingeschränkt steuerbar.
    - Leitbildbasierte Narrative lassen sich schnell aktivieren. Ihre Ausbreitung hingegen braucht einen langen Atem, auch seitens der Narrateure. Dies gilt vor allem für Aussagen, die in einem Umfeld getätigt werden, in dem bereits konkurrierende Narrative im Umlauf sind, auch solche, die einen leitbildbasierten Wandel behindern wollen.
    - Breiten sich individuelle oder gruppenbezogene Narrative aus, können sie zu gesellschaftlichen Narrativen werden (z. B. Fridays for Future). Gesellschaftliche Narrative können in ihrer Bedeutung allerdings auch (un-)erwartet schrumpfen (Di Gulio und Delfia 2022, S. 17); dabei können Ereignisse eine Rolle spielen, die ein Narrativ relativ zu einem anderen Narrativ in seiner Wirkmacht deutlich verändern (diskursive Kipppunkte).
    - Di Gulio und Defila (2022, S. 54) stellen zudem fest: „In Narrativen, die den Wandel Richtung Nachhaltigkeit thematisieren, hat der Staat auffallend selten die Rolle des ‚Helden'", obwohl dies für die Leitbildvermittlung durchaus wichtig ist und eigene Dynamiken entwickeln kann. Denn in Narrativen, in denen der Staat sogar mit dem Bösen gleichgesetzt wird, geht es um den Niedergang, den verhinderten Fortschritt, den vermeintlichen Wandel oder um Hilflosigkeit und Kontrolle, woraus Foren entstehen, in denen Narrateure und Zuhörerschaft sich darüber streiten, wie ihre Welt wieder ins (vermeintliche) Lot gerät (Gadinger et al. 2014, S. 75). Dabei gerät das eigentliche Steuerungsziel aus dem Blick (hier: Zukunftsfähigkeit).
- **Ethisch (in-)korrekte Narrativverwendung**: Damit ein Narrativ als glaubwürdig wahrgenommen wird, ist für jede Erzählebene aufzuzeigen, wo die Grenzen der Lösung liegen, die mit Hilfe des jeweiligen Narrativs transportiert werden. Ethische Grenzen sind in einer Demokratie dort erreicht, wo Narrative manipulativ verwendet wer-

den, um politische und ökonomische Partikularinteressen durchzusetzen oder eine Person zu inszenieren, so Di Gulio und Delfia (2022, S. 45): „Eine Manipulation kann verschiedene Formen annehmen, eine davon ist die gezielte Desinformation (vornehmlich über Soziale Medien […]), und das Inszenieren entsprechender Kampagnen. Im Kontext staatlichen Handelns kann die Manipulation aber auch mehr umfassen als dass staatliche Akteure gezielt Informationen vorenthalten oder falsche Informationen in Zirkulation setzen. Es kann auch so weit gehen, dass staatliche Akteure Ereignisse aus der Geschichte des eigenen Landes aus dem öffentlichen Narrativ über die Geschichte und Identität der Nation ‚tilgen'". Die Autor:innen bewerten diese Form narrativen Arbeitens als „keine legitime Mitwirkung an einem gesellschaftlichen Diskurs", sondern als „ethisch verwerflich".

Di Gulio und Defila (2022, S. XII) kommen zu dem Schluss, dass staatliche Akteure den gesellschaftlichen Diskurs mitprägen; daher müssen sie der Bedeutung gesellschaftlicher Narrative mehr Beachtung schenken und auch reflektieren, welche davon ihr eigenes Handeln prägen, was wir mit Blick auf narrative Heuristiken noch einmal aufgreifen. Die Autor:innen (2022, S. 46) ergänzen: „Mit Blick auf eine **gesellschaftliche Nachhaltigkeitstransformation** wäre das Ziel dann erreicht, wenn gesamtgesellschaftlich gesehen diejenigen Narrative erfolgreich wären, die einer Nachhaltigen Entwicklung und entsprechenden Politiken, Handlungen und Entscheidungen zuträglich sind, wenn Nachhaltigkeitsthemen Eingang fänden in gesellschaftlich erfolgreiche Narrative oder selbst zu solchen geworden sind, und wenn die Narrative in den Hintergrund rücken würden, die eine Transformation Richtung Nachhaltigkeit behindern".

Eine narrativ kohärente Leitbildarbeit erhöht ihre Wirksamkeit, wie die tabellarische Übersicht zeigt (siehe Tab. 11.6 mit Verweis auf Tab. 11.4 und 11.5). In komplex adaptiven Systemen lassen sich Inkohärenzen allerdings nie vollständig beseitigen (siehe rechte Spalte). Wie dies mit der Wechselwirkung zwischen Regulierung, Kulturentwicklung und Nudging zusammenhängt, vertiefen wir im nächsten Unterkapitel.

Tab. 11.6 Narrative Kohärenz als potenzielle Gelingensmaßnahme

Netzwerkbasierte Kulturentwicklung	Verbesserungen durch narrative Kohärenz, u. a.	Verbleibende Inkohärenzrisiken, u. a.
Normative Legitimität		
- Wertehaltige Leitbildunterschiede	Erzählzusammenhang als Spiegelung einer transformativen Leitbildarbeit	Pluralistisches Nebeneinander von Narrativen im Wettbewerb um Sichtbarkeit
- Wertedialog mit Multiperspektivität	Durch narrative Ebenen stärkeres Bewusstsein für Wertehierarchien und Stellenwert bestimmter Werte im Sinne eines gemeinsamen Identitätsverständnisses	Bedrohung identitätsstiftender Gemeinsamkeiten durch zeitlich bedingten Wertewandel

(Fortsetzung)

Tab. 11.6 (Fortsetzung)

Netzwerkbasierte Kulturentwicklung	Verbesserungen durch narrative Kohärenz, u. a.	Verbleibende Inkohärenzrisiken, u. a.
- Transformation als kulturelle Aufgabe	Eignung narrativer Ebenen für das Platzieren unterschiedlich aggregierter Handlungsappelle	Großer Zeitbedarf für Durchsetzung von Narrativen mit Risiko ihrer Dekonstruktion durch machtbedingte Auseinandersetzungen
Normative Glaubwürdigkeit		
- Vielfältige Narrative	Leitbildbasierter Deutungsrahmen für diverse lebensweltliche Problemlagen und Handlungsweisen	Veränderung der narrativen Anschluss- und Anpassungsfähigkeit durch Ereignisse (diskursive Wendepunkte) und neuen (technischen) Zeitgeist
- Geeignete Narrateure	Mehrstimmigkeit beim Erzählen als Ausdruck von Komplexität und zur Vermeidung ,autoritärer' Stimmen	Begrenzte Verweildauer geeigneter Narrateure und Diskreditierung leitbildgerechter Narrative durch manipulierende Narrateure
- Herstellen emotionaler Beteiligung	Emotionalisierende Gedächtnisbestände durch saliente politische Sätze	Abnutzung emotionaler Narrativelemente und emotionalisierte Ablenkung in Krisenzeiten

11.4 Wie funktioniert netzwerkbasiertes Nudging und wann ist es gelungen?

Zusammenfassung

Nudging arbeitet mit ,sanften Schubsern', um Individuen und Gruppen zu einem wohlfahrtsverträglichen Handeln zu bewegen. ,Sanft' bedeutet dann, dass weder Handlungsoptionen eingeschränkt noch Anreize gesetzt werden, die sich substanziell auf den Risikonutzen auswirken. Es kann sanft sozial geschubst werden (z. B. kollaboratives Filtern). Und es kann sanft kognitiv geschubst werden (z. B. Standardvorgaben). Im Sinne praktischer Legitimität ist wichtig, dass sanft geschubste Individuen über das eigene Fehlverhalten aufgeklärt werden. Im Sinne praktischer Glaubwürdigkeit müssen sich Steuerungsverantwortliche ihrer ethischen Verantwortung stellen. Denn Nudging ist manipulierend, wenn es den Betroffenen nicht bewusst ist. Technische Weiterentwicklungen wie die künstliche Intelligenz brauchen daher eine eigene Aufmerksamkeit (z. B. Datenschutz). Nudging als Steuerungsaufgabe bedeutet, (Infra-)Strukturen, Prozessabläufe und Kompetenzen beständig zu professionalisieren und zu modernisieren. Hierzu gehört auch, dass Steuerungsverantwortliche sich eigener kognitiver Verzerrungen bewusst werden (z. B. bei narrativen Heuristiken). Fazit: Um Ursachen und Folgen richtig zu erkennen, darf das Nudging nicht isoliert von der Regulierung und Kulturentwicklung diskutiert werden.

Dritte und letzte Instrumentenart der netzwerkbasierten Governance ist das Nudging: Warum dürfen Steuerungsverantwortliche diese praktische Dimension nicht vernachlässigen? Welche sanften Schubser stehen ihnen zur Verfügung? Wann wirkt ein Nudging-Ansatz legitim und glaubwürdig? Und warum ist ein Bewusstsein für die eigene Wirtschaftskultur hilfreich?

Selbst wenn sie von der Kulturentwicklung unterstützt werden, können Regulierer transformativ scheitern. Vor allem Erzählstrategien, die mit Ängsten arbeiten (z. B. Katastrophismus), scheinen wenig geeignet zu sein, um Menschen zu mittel- bis langfristig wirksamen Verhaltensänderungen zu bewegen. Denn haben Menschen das Gefühl, dass sie die eigene Welt, also die eigenen Beziehungen, Annahmen, Träume, Sicherheit und Identität verlieren (ecological distress), kann dies Demotivation und Erschöpfung auslösen, so Verlie (2022, S. 50); in Verursacherländern des Klimawandels mischt sich dies oft mit Schuldgefühlen, wenn mit dem eigenen Verhalten auch das Selbstbild ins Wanken gerät, ein moralisch kompetenter Mensch zu sein. Vor diesem Hintergrund macht es Sinn, wenn Regulierung und Kulturentwicklung versuchen, ihr jeweiliges Steuerungsergebnis durch die Nutzung **psychologischer Wirkmechanismen** zu verbessern. Hierfür bietet sich das Nudging an.

Zur Erinnerung (vgl. Kap. 5, 9 und Abschn. 10.3): Die Instrumentenart des sanften Schubsens (**Nudging**) bezieht sich auf den Teil im Menschen, dessen kognitive Aufnahmebereitschaft und Verarbeitungskapazität begrenzt sind, während eine komplexe Innen- und Außenwelt viel Aufmerksamkeit erfordern. Nudging arbeitet daher mit sensorischen Signalen und mentalen Referenzpunkten, um bestimmte Merkmale sichtbar hervorzuheben und Orientierungen zu verändern, die für das Individuum und für die Gemeinschaft wünschenswert sind (z. B. Überwindung mentaler Reformblockaden). Im Ergebnis sollen sich Steuerungssignale kognitiv so verarbeiten lassen, dass aus Sicht des Individuums Sinnzusammenhänge und adäquate Motivationskräfte entstehen. Um ,sanft' zu wirken, müssen die Grundsätze der Wahl- und Zwangsfreiheit gewahrt sein.

Nudging ist die weichste, also **unaufdringlichste Instrumentenart der netzwerkbasierten Governance**. Es wird ,sanft geschubst', was sich aus dem Englischen ,to nudge' ableitet, eine Begrifflichkeit, die sich auch in der deutschen Sprache eingebürgert hat. Wenn im Folgenden von Schubsern die Rede ist, sind damit also keine Schubser gemeint, die einen Akteur einem harten Druck aussetzen (to shove).

- Der Ansatz des sanften Schubsens ist durch Thaler und Sunstein (2008) bekannt geworden. Er basiert auf verhaltensökonomischen Erkenntnissen (z. B. Kahneman und Tversky 1974, 1981; Tversky und Kahneman 2002/2014). Wir haben diese Erkenntnisse – vereinfacht – als das ‚Denken in zwei Systemen' kennengelernt (vgl. Abschn. 2.2). Nudging ist im **System 1** verortet, in dem der Mensch automatisch, intuitiv, assoziierend und unbewusst denkt, während das zweite System reflektierend, deduzierend, bewusst und regelgeleitet funktioniert.
- Im Ergebnis werden Entscheidungen allein davon beeinflusst, wie Optionen präsentiert werden (choice architecture). Wird über Nudges die **Entscheidungsarchitektur** verändert, können kleine und unaufwendige Politikmaßnahmen durchaus bemerkenswerte Wirkungen in Arbeitsfeldern wie Gesundheit, Energie, Umwelt, Sparen und Anderen mehr erzielen, kommentiert Sunstein (2014, S. 719). Dahinter steckt die Idee, dass Nudging hilft, die Komplexität einer Entscheidungssituation so zu zerlegen, dass der jeweilige Akteur seine Präferenzen neu (kollektiv) ausrichten kann.
- Nudging nimmt in diesem Buch eine **Sonderstellung** ein. Es bedient sowohl die Regulierung als auch die Kulturentwicklung und sensibilisiert dafür, wer von beiden ein Steuerungsdefizit auslöst. Denn als Ursache ist eine beschränkte Rationalität ebenso denkbar wie eine beschränkte Moralität, was wir weiter unten vertiefen.

▶ **Nudging** ist eine (kognitions-)psychologisch wirkende Instrumentenart. Die netzwerkbasierte Governance nutzt ‚sanfte Schubser', um Individuen zu Verhaltensweisen zu aktivieren, die für sie und die Gesellschaft wünschenswert sind. ‚Sanft' bedeutet, dass weder Handlungsoptionen eingeschränkt noch Anreize gesetzt werden, die sich substanziell auf den Risikonutzen auswirken.

Sind Regulierer – bildlich vereinfacht – die Architekten eines Ordnungsgebäudes und Kulturentwickler deren Vermittlungsagenten, dann gleichen Nudging-Verantwortliche psychologischen Beratern, die für beide tätig werden. Als solche machen sie sich mit den Psychogrammen der jeweiligen Zielgruppen vertraut. Sie analysieren, an welchen Stellen es ‚hakt', wenn Regelungen vorgegeben werden, aber nicht normierend wirken, und leitbildbasierte Narrative platziert werden, aber motivational kraftlos bleiben. Ziel ist herauszufinden, bei welchen Aktivitäten sich welche Individuen an welchen sozialen Referenzgruppen orientieren und welche kognitionspsychologischen Hilfestellungen sich eignen, um mentale Störbilder aufzulösen und darüber Präferenzen zu verändern. Nudging wird in demokratischen Politiksystemen ebenso genutzt wie in totalitären Politiksystemen, wie der chinesische Ansatz ‚Guter Bürger : Schlechter Bürger' (social scoring) zeigt, der bei bürgerlichem Fehlverhalten unter anderem mit der öffentlichen Beschämung (public shaming) arbeitet (vgl. Abschn. 6.2). Allerdings wird der Umstand, dass Nudging manipulierend wirken kann, in demokratischen Ländern kritischer bewertet (z. B. EC 2015). Auch dort wird seit der Jahrtausendwende vermehrt Nudging eingesetzt. In den angelsächsischen Ländern und Skandinavien passiert dies eher sektorübergreifend, in kontinentaleuropäischen Ländern wie Deutschland eher ressortbezogen. Beispiele liefern – aus Sicht der **Nachhaltigkeitstransformation** – Nudges, die ein umweltbewusstes Verhalten unterstützen sollen (z. B. ‚Greening‘ von Investitionen). Auf welche Weise Nudges wirken, hängt davon ab, (i) ob soziale oder kognitive Nudges verwendet werden, (ii) ob die entsprechenden Nudges im jeweiligen Entscheidungskontext legitim und deren Verantwortliche glaubwürdig erscheinen und (iii) ob Steuerungsverantwortliche in der eigenen ‚kognitiven Falle‘ sitzen, während sie Nudging-Entscheidungen treffen, was wir beispielhaft diskutieren (hier: Bewusstsein für die eigene Wirtschaftskultur).

Sozial und kognitiv sanfte Schubser

Als Einflussgrößen des **Nudging** werden hier das sozial und das kognitiv sanfte Schubsen unterschieden. Diese Differenzierung ist in der Literatur eher untypisch. Das Sozial- und das Kognitionspsychologische zu betonen, ist in unserem Steuerungskontext jedoch hilfreich, da es sich besser mit dem Stufenansatz der ersten beiden Buchteile verbindet und darüber auch mit Instrumentenarten wie der Regulierung und Kulturentwicklung.

Sozial sanfte Schubser (social nudges) arbeiten mit dem Phänomen, dass Menschen eine soziale Identität haben und oft gruppenorientiert handeln (vgl. Kap. 4). Ziel ist, das Nachahmen von Verhaltensweisen zu aktivieren, die aus individueller und Gemeinwohlsicht attraktiv sind. Hier Beispiele für wesentliche Wirkmechanismen:

- **Verstärkung prosozialen Verhaltens** (social benefitting): Solche Nudges sollen Menschen zu Aktionen bewegen, die ein prosoziales Handeln stärken. Nagatsu (2015, S. 7) verweist auf Studien, die nahelegen, dass Menschen durchaus kooperationsbereit sind, wenn sie davon ausgehen, dass ausreichend Andere ebenfalls dazu bereit sind (conditional cooperators). Dies wird beispielsweise bei Matching-Funds genutzt. Spender:innen sind sich dann bei ihrer Spende bewusst, dass diese durch andere verdoppelt wird, was wiederum auf weitere Spender:innen attraktiv wirkt. Auch prosoziale Botschaften (z. B. ‚Wie Spenden dein Leben und das Leben deiner Gemeinschaft verändern‘) verfolgen diese Wirkrichtung.
- **Arbeit mit Vorbildern** (role modelling): Bestimmte soziale Normen werden von glaubwürdigen Vorbildern beworben. Ein Beispiel liefert die erfolgreiche Kampagne ‚Don't mess with Texas‘, bei der es darum geht, den Abfall auf texanischen Highways zu reduzieren. Hierfür werben unter anderem bekannte Football-Spieler der Dallas Cowboys und damit Idole der 18- bis 35-jährigen Zielgruppe, die – statistisch gesehen – zu den relevanten Verschmutzern von Autobahnen zählt. Die Kampagne arbeitet mit Selbstbildern, auf die eine bestimmte Gruppe konditioniert ist. In diesem Fall soll das Image einer rauhbeinigen und betonten Männlichkeit (machismo) auch für solche kreiert werden, die Autobahnen nicht verschmutzen; dabei sollen Emotionen aktiviert werden, die mit der Verschmutzung selbst nichts zu tun haben (Hausman und Welch 2010 in Nagatsu 2015, S. 12).

- **Kollaboratives Filtern** (collaborative filtering): Bei dieser Art des Filterns kann sich ein Individuum mit seinem unmittelbaren Umfeld vergleichen. Dies ist beispielsweise der Fall, wenn Stromrechnungen einen Stromverbrauch nach Postleitzahl ausweisen (z. B. eigener 1-Personen-Haushalt im Durchschnittsvergleich mit nachbarschaftlichen 1- und Mehr-Personen-Haushalten); daraus kann der Betroffene erkennen, ob er sich innerhalb oder außerhalb der Gruppennorm verhält (UBA 2016, S. 27–29). Liegt er deutlich außerhalb der Norm, kann dies die Bereitschaft auslösen, dass er seinen Verbrauch absenkt, sich also der Norm anpasst, was allerdings von verschiedenen Faktoren abhängt (z. B. Umweltbewusstsein).
- **Sozialer Druck** (social pressuring): Es werden Möglichkeiten geschaffen, über die sich Individuen freiwillig sozialem Druck aussetzen können. So können sich Personen gegenüber einer Kontrollgruppe (z. B. auf einer sozialen Plattform) zu einer bestimmten Handlung selbst verpflichten (z. B. mehr Sport zu treiben) und sich darüber disziplinieren, was auch aus der SARS-CoV-2-Pandemiezeit bekannt ist. Dies kann beispielsweise die Belastung des Gesundheitssystems reduzieren (z. B. weniger Folgeerkrankungen von Bewegungsarmut).

Kognitiv sanfte Schubser (cognitive nudges) nutzen, dass der Mensch tendenziell diejenige Handlungsalternative wählt, die eine geringere kognitive Dissonanz auslöst. Er interpretiert also Informationen auf eine Weise, die mit seinem bestehenden Verständnis kompatibel ist. Dies geschieht auf Basis zahlreicher Annahmen. Je ungenauer diese Annahmen sind, desto stärker kann es zu einer verzerrten Selbstbestätigung kommen. Kognitive Nudges brauchen also ein Verständnis dafür, wie unser Gehirn arbeitet und wodurch es zu systematischen Irrtümern kommen kann (vgl. Kap. 5). Hier Beispiele für wesentliche Wirkungsmechanismen, wobei wir uns an Kahneman (2002) orientieren:

- **Bahnender Reiz** (neudeutsch: Priming): Zunächst einmal muss ein Reiz (z. B. Wort, Bild, Geruch, Geste) sinnlich wahrgenommen werden und sich seinen Weg in das Gehirn bahnen, um Letzteres zu aktivieren (vgl. Abschn. 5.3). Priming zählt zwar im engen Sinne nicht zum sanften Schubsen, lässt sich mit diesem jedoch kombinieren. So aktivieren landschaftliche Hintergrundbilder (z. B. Bergwelt) und Farbcodierungen (z. B. Grasgrün) kognitive Referenzen, die das Dargestellte unbewusst mit einer ‚gesunden' Natur verknüpfen, was im negativen Fall zum Greenwashing genutzt werden kann (vgl. Abschn. 7.3).
- **Sichtbares Merkmal** (salience): Die menschliche Aufnahmebereitschaft und -kapazität sind begrenzt. Daher ist es hilfreich, bestimmte Merkmale sichtbarer hervorzuheben als andere. Ein Beispiel hierfür ist, wenn im Kassenbereich Obst anstelle von Schokolade oder Zigaretten platziert wird; oder wenn eine Person bereits zu Beginn eines Dokuments und nicht erst an dessen Ende unterschreiben muss, dass sie sich zu ehrlichen Auskünften verpflichtet. Dies lenkt die Aufmerksamkeit dorthin, wo die eigene Wohlfahrt zu schützen ist (z. B. Gesundheits- oder Haftungsfolgen).

- **Vereinfachung** (simplification): Da im Gehirn Referenzpunkte entstehen, ist es wichtig, dass in der Kommunikation die wichtigsten Botschaften vereinfacht und betont werden, damit sich diese kognitiv leichter verankern können (Sunstein 2014, S. 742). Beispiele liefern Kaufinformationen auf einen Blick (z. B. Energieeffizienz-Label für Kühlschränke) oder Dokumente, die lesefreundlich gestaltet werden. So liefert ein Leitfaden des Umweltbundesamts (UBA 2018, S. 4) Hinweise für Umweltprüfer:innen, damit diese ihr „Vorhaben bürgernah – also verständlich, freundlich und respektvoll – und dennoch fachlich zutreffend darstellen können".
- **Standardvorgabe** (default): Standardvorgaben können helfen, die kognitive Wahrnehmung zu entlasten (choice overload), indem sie diese auf eine Empfehlungsoption ausrichten. Die Standardvorgabe ist immer wieder bei der Organspende im Gespräch. Denn in Ländern wie Deutschland, in denen jede:r das Feld ‚Ich bin mit der Organspende einverstanden' erst ankreuzen muss (Zustimmungsrecht), um die Bereitschaft zur Organspende aktenkundig zu machen, ist die Zahl der Organspender:innen deutlich geringer als in Ländern, in denen ein vorangekreuztes Feld deaktiviert werden muss (Widerspruchsrecht). Solche Standardvorgaben nutzen das kognitive Trägheitsmoment des Menschen aus, der tendenziell einen Standard beibehält, um Such-, Informations- und Evaluierungsaufwände zu reduzieren.
- **Rahmung** (neudeutsch: Framing): Wir haben bereits das menschliche Bedürfnis diskutiert, Geschichten zu erzählen, um die eigene Entscheidungswelt zu plausibilisieren. Nun geht es darum, wie Informationen gerahmt werden, um subjektive Deutungsraster anders auszurichten. So wird auf negative Formulierungen wie ‚zusätzliche Belastungen durch Klimakrise' eher mit Angst und Besorgnis reagiert. Positive Formulierungen wie ‚Klimawandel löst Investitionen in die Zukunft aus' suggerieren hingegen Hoffnung und Handlungsmöglichkeiten. Wird beispielsweise der gleiche Sachverhalt in Politik und Medien immer wieder auf eine bestimmte Weise gerahmt, führt die Heuristik der Verfügbarkeit dazu, dass durch Weglassen von Details und hervorhebende Rahmung diese Häufung als wahrscheinlich gilt (vgl. Abschn. 5.3). Dies beeinflusst auch moralische Bewertungen, was die Kulturentwicklung für sich nutzen kann.

Sozial und kognitiv sanfte Schubser haben Wechselwirkungen. So kann ein kognitiver Nudge eine Verhaltensweise auslösen, die sozial nachgeahmt wird. Als Folge sind Informationskaskaden denkbar, „as people rely on, and thus, amplify, the informational signals produced by the actions of their predecessors", so Sunstein (2014, S. 740). Zudem werden soziale und kognitive Nudges häufig miteinander kombiniert, so dass sich deren Wirkungen verzahnen (z. B. Rahmung eines sozial sanften Schubsers).

Bei der folgenden Illustration zum Thema **Nachhaltigkeit** geht es um ‚grüne Nudges'. Eine anschauliche Literaturauswertung hierzu findet sich bei Beermann et al. (2022).

Sanfte Schubser für mehr Nachhaltigkeit (green nudges)

Das Umweltprogramm der Vereinten Nationen (UNEP) und GRID-Arendal, ein gemeinnütziges Zentrum für Umweltkommunikation mit Sitz in Norwegen, haben gemeinsam mit einem verhaltensökonomischen Expertenteam eine Praxisanleitung erstellt (UNEP et al. 2020). Sie soll Studierenden Hilfestellungen geben, die **auf dem Campus mit grünen Nudges arbeiten** wollen. Hierfür gibt es 8 Zieloptionen:

- Sparsamer Umgang mit Energie;
- sparsamer Umgang mit Wasser;
- nachhaltige Ernährung;
- reduzierter Materialverbrauch;
- nachhaltiger und reduzierter Transport;
- reduzierter Lebensmittelabfall;
- mehr Recycling;
- Engagement und Unterstützung von Wandel.

Das Design der sanften Schubser orientiert sich an den Kategorien **Leicht – Attraktiv – Sozial – Zeitnah** (EAST; Easy-Attractive-Social-Timely), was UNEP et al. anhand von 40 grünen Nudges veranschaulichen. Wir nutzen hiervon nur Beispiele, die unserer Definition der Wahl- und Zwangsfreiheit zweifelsfrei entsprechen und sich den obigen Kategorien zuordnen lassen:

- Leicht durch …
    - **Standardvorgaben ohne Friktion**: Aufmerksamkeit auf eine Empfehlungsoption ausrichten, wenn niemand nach Alternativen fragt (z. B. zweiseitiges Bedrucken von Papier als Standard einstellen, Veranstaltungsgästen das nachhaltigste Essensangebot reichen);
    - **Standardvorgaben mit Friktion**: Kleine Barrieren einbauen, die ein Verbrauchsverhalten anstrengender machen (z. B. Druckknopfhahn, der Wasserzulauf nach bestimmter Zeit einstellt und neu gedrückt werden muss, um mit Wassernutzung fortzufahren; kleinere Teller in der Mensa verwenden und Nachschlag zulassen).
- Attraktiv durch …
    - **bahnende Reize**: Auffallende Sinnesreize verwenden (z. B. Abfalleimer für die Mülltrennung auf dem Campus augenfällig gestalten);
    - **Rahmung**: Positive Botschaften herausstellen (z. B. nachhaltiges Essen als schmackhaft und genussvoll bewerben);
    - **Sichtbarkeit**: Bestimmte Fortschritte bedarfsgerecht und auf einen Blick visualisieren (z. B. Grafik-Dashboard zu auf dem Campus erzielten Recyclingerfolgen in öffentlichem Raum platzieren).

- Sozial durch …
  - **kollaboratives Filtern**: Nachhaltiges Verhalten von Anderen hervorheben, um soziale Normierungen anzuregen (z. B. Energieverbräuche der Fachbereiche miteinander vergleichen);
  - **Arbeit mit Vorbildern**: Botschaften über Menschen verbreiten, mit denen sich Andere identifizieren (z. B. Mitstudierende oder Alumni, die mit der Zielgruppe in relevanten Merkmalen übereinstimmen und von dieser positiv wahrgenommen werden, als Peer-Influencer nutzen);
  - **sozialen Druck**: Über soziale Beziehungen Konformitätsverhalten erzeugen (z. B. eine Gruppe etablieren, die gegen Lebensmittelverschwendung aktiv ist und Food-Sharing praktiziert).
- Zeitnah durch …
  - **(frühzeitige) Vereinfachung**: (Erstsemester-)Studierende mit ‚Hinweisen auf einen Blick' versorgen (z. B. Tips für ‚grünes Einkaufen', Checkliste für reduzierten Wasserverbrauch im Studentenwohnheim);
  - **Verstärkung prosozialen Verhaltens**: Gegen Semesterende Sozialbörse zur Müllreduktion oder -vermeidung veranstalten (z. B. Studierende können bei Event u. a. nicht länger benötigte Studienmaterialien untereinander verschenken oder tauschen). ◄

Bedeutsame Herausforderungen der Systemsteuerung

Bei der heuristischen Steuerung, die wir in diesem Buchteil diskutieren, ist das Nudging eng mit der Regulierung und der Kulturentwicklung verknüpft. Dies wirkt sich auf seine **Steuerungsherausforderungen** aus, von denen wir uns einige bewusst machen, bevor es um Ideen für eine gelungene Governance geht (praktische Dimension):

- **Nudging braucht Zielgruppenverständnis**: Können menschliche Präferenzen ‚sanft geschubst' werden, sind sie wohl nicht so stabil geordnet, wie es die Betonung bürgerlicher Vernunft suggeriert (vgl. Abschn. 2.2 und 3.6). Amartya Sen (1995, S. 17–18 in Kuenzler und Kysar 2014, S. 772) spricht von ‚alternativen Präferenzordnungen', die kontextspezifisch aktiviert oder passiviert werden.
  - So drückt nach Kuenzler und Kysar (2014, S. 768) die individuelle Zahlungsbereitschaft für Umweltausgaben – je nach Kontext – einerseits aus, ob Akteure der künftigen Generation normativ eine Stimme geben (z. B. Höhe des Abdiskontierungsfaktors) und welche Rolle Einkommensverhältnisse spielen (z. B. Reichtum begünstigt Schutz vor Klimafolgen); andererseits kommt kognitionspsychologisch zum Ausdruck, dass Menschen eine Verlustaversion haben, und sozialpsychologisch, dass sich Individuen an ihrer Referenzgruppe orientieren, wenn sich ihr Status quo verändert.

– Wenn dies so ist, so die Autoren (2014, S. 771), muss sich die Politik damit beschäftigen, auf welche Weise Individuen identifizieren, was sie wollen; es geht also um soziale Skripte, Akteure, Institutionen und andere Komponenten, durch die Präferenzen, Haltungen und Überzeugungen entstehen.

• **Nudging erfordert Fachkenntnisse**: Kognitive Verzerrungen lösen systematische Fehlentscheidungen aus. Dies liegt unter anderem daran, dass leicht oder zuerst angebotene Informationen intuitiv heuristisch genutzt und Wahrscheinlichkeiten überbewertet werden. Oder der Mensch überschätzt sich selbst in dem, was er tut, und lässt sich zusätzlich durch Gruppendruck fehlleiten (vgl. Abschn. 4.2 und 5.3).

  – (Kognitions-)psychologische Ursachen zu identifizieren und in entsprechende Lösungen umzusetzen, braucht daher umfängliche Fachkompetenzen. Auch der sorgfältige Umgang mit methodischen Standards ist wichtig, um (Beobachtungs-)Ergebnisse nicht zu verfälschen (vgl. Abschn. 5.5).

  – Werden Nudges miteinander kombiniert, um die psychologische Hilfestellung zu verbessern, erhöht sich die Komplexität, die es zu verstehen gilt. Ein Beispiel liefern Costa et al. (2024), die mit sozialem Einfluss (social influence), Gewohnheiten (habits), Gefühlen (emotions), begrenzter Informationsverarbeitungskapazität (limited cognitive processing) und begrenzter Selbstdisziplin (limited willpower) arbeiten (SHELL approach). Zudem untersuchen die Autoren, wie sich hierbei die künstliche Intelligenz nutzen lässt.

• **Wirkungsdauer von Nudges ist unklar:** Für die Nachhaltigkeitstransformation sind vor allem kognitive Verzerrungen relevant, welche die Sicht auf die Zukunft stark verkürzen. Denn dadurch werden der Status quo als Referenz bevorzugt und Verluste überbewertet. Nudging bietet hierzu Lösungen an. Doch ein Nudge, der einmal wirkt, kann ein anderes Mal selbst zu einem ‚Hintergrundgeräusch‘, also unwirksam werden, so Sunstein (2014, S. 727). Wichtig ist daher zu verstehen, ob und über welche Zeit bestimmte Nudges wirken können (z. B. Brandon et al. 2017). Und es geht darum zu erkennen, welche Merkmalskombinationen die Wirkungsdauer von Nudges potenziell stärken (z. B. bestimmte Persönlichkeitsmerkmale). So untersuchen beispielsweise Palmucci und Ferraris (2023), inwieweit Manager weniger kognitiv verzerrt handeln, wenn sie Nachhaltigkeit als moralisch wichtig bewerten und zu (umweltbezogener) Empathie in der Lage sind, wodurch sie tendenziell proaktiv werden.

• **Nudging braucht Professionalisierung und ethische Grenzen**: Nudging ist manipulierend, wenn es den Betroffenen nicht bewusst ist und diese dadurch Wahlfreiheiten ausblenden, die ihnen eigentlich offenstehen. Auch kann es bewusst irreführend genutzt werden (z. B. Framing). Der Umgang mit Nudging erfordert daher, dass ethische Grundsatzfragen geklärt und (technische) Machbarkeiten verstanden werden.

  – Die Manipulationsgefahr wächst, wenn Nudging algorithmisch erfolgt und mit künstlicher Intelligenz (KI) arbeitet. Denn die Unverzerrtheit der KI-Einflussnahme hängt vom Algorithmus ab und davon, mit welchen Daten die künstliche Intelligenz trainiert wird. Hinzukommen die Bedenken, dass personalisierte Daten unrechtmäßig gesammelt und verwendet werden.

– Zudem laufen Nuding-Verantwortliche selbst Gefahr, kognitiv verzerrte Entscheidungen zu treffen und/oder selbst sanft geschubst zu werden. Zamir (2014, S. 287) hinterfragt daher, wie sehr die Regulierungswelt einschließlich der Rechtsprechung davon beeinflusst ist, dass die Verantwortlichen einer Moralität intuitiv folgen, die den scheinbar ‚gesunden‘, also kognitv verzerrten Menschenverstand spiegelt (commonsense morality); in diesem Sinne spielen Verlust, Unglücklichsein, negativer Nutzen und Beschädigungen bei der Gesetzesentwicklung (notions which shape law) eine größere Rolle als Gewinne, Glücklichsein, positiver Nutzen und Wohltaten.

Ideen für (mehr) praktische Legitimität und Glaubwürdigkeit

Nudging-Verantwortliche müssen darauf achten, dass ihre Arbeit als legitim und glaubwürdig wahrgenommen wird. Doch: Was macht sanftes Schubsen legitim, wenn es in einer inneren psychologischen Welt wirkt, die starken emotionalen Schwankungen unterliegt und wissenschaftlich noch nicht vollständig verstanden ist? Und was macht sanftes Schubsen in der westlichen Welt glaubwürdig, wo es sich – angesichts bürgerlicher Freiheitsrechte – leicht dem Vorwurf der (kognitions-)psychologischen Manipulation aussetzt? Aus dem bisher erreichten Diskussionsstand lassen sich **beispielhafte Ideen** für eine weiterführende Diskussion ableiten (siehe Tab. 11.7 und 11.8). Dabei gilt: In komplex adaptiven Systemen sind Steuerungsunsicherheiten die Regel und nicht die Ausnahme.

Grundgedanke zu praktischer Legitimität: Damit das Nudging die Regulierung und Kulturentwicklung wirksam unterstützen kann, braucht es eine eigene Erkenntnisforschung. So müssen die richtigen Ursache-Wirkungszusammenhänge erkannt und ein Bewusstsein für potenzielle Wirkungsgrade und Abweichungsspannen entwickelt werden.

Tab. 11.7 Maßnahmen zur Stärkung der praktischen Legitimität netzwerkbasierter Governance

Klärung der Verhaltensursache	Klärung der Ursache einer Verhaltensverzerrung (beschränkte Rationalität versus beschränkte Moralität)
Bewusstsein für Wirkungspotenziale	Effektives Nudging durch kritischen Umgang mit Zielgruppen- und Kontextmerkmalen
Aufklärung über Verhaltenslücken	Bewusstseinsbildung in Zielgruppen für eigenes widersprüchliches Verhalten (intention-behavior gap)

Tab. 11.8 Maßnahmen zur Stärkung der praktischen Glaubwürdigkeit netzwerkbasierter Governance

Ethische Grundsätze	Ethisches Grundverständnis beim Nudging klären und kodifizieren
Professionalisierung	(Weiter-)Entwicklung von Kompetenzen, Prozessen und (Infra-)Strukturen
Datenschutz, vor allem bei algorithmisierten Nudges	Sicherstellung des Schutzes privater Daten bei Nudging-Maßnahmen

Zudem erfordert ein auf Selbstwirksamkeit (agency) basierender Ansatz, dass die jeweilige Zielgruppe über ihr widersprüchliches Verhalten aufgeklärt wird.

- **Klärung der Verhaltensursache**: Jedem Nudging muss vorausgehen, dass die Verantwortlichen klären, worauf sich identifizierte Verhaltensverzerrungen zurückführen lassen. Ist die Ursache eine eingeschränkte Rationalität (bounded rationality), ist beispielsweise auf eine kognitiv zugängliche Darstellung zu achten; bei eingeschränkter Moralität (bounded ethicality) hingegen muss überprüft werden, ob gegebenenfalls Rechtsformulierungen mehrdeutig sind, was ein unvernünftiges Verhalten begünstigt, so Feldman (2014, S. 227–228). Vor allem (transformativ) ordnungsbedeutsame bzw. gestaltungswesentliche Verbindlichkeiten sind dann so aufzubereiten, dass sie keine ineffektiven, verwirrenden und potenziell irreführenden Wahrnehmungen produzieren.
- **Bewusstsein für Wirkungspotenziale**: Nudging-Maßnahmen haben unterschiedliche Wirkungsgrade. So wirken einige Nudges bei bestimmten Zielgruppen, bei anderen Zielgruppen wiederum nicht. Und wirkt ein Nudge, kann dessen Wirkungsdauer je nach Zielgruppe variieren. Denn Menschen haben voneinander abweichende persönliche und kulturelle Präferenzen, wozu der Umgang mit der Zeit gehört. Und sie unterscheiden sich darin, wie sehr sie sich – zumal über die Zeit – des eigenen Wissensstands bewusst sind und darauf vertrauen. Nudging-Maßnahmen müssen demnach auf die Attribute der jeweiligen Zielgruppe und deren (zeitabhängige) Kontextfaktoren ausgerichtet sein.
- **Aufklärung über Verhaltenslücken**: Gerade die Nachhaltigkeitstransformation erfordert, dass sich Nudging-Zielgruppen der eigenen Widersprüchlichkeiten bewusst werden. So kann beispielsweise in einer Person eine ,grüne Zufriedenheit' entstehen, wenn sie mit einem Elektroauto zum Umweltschutz beiträgt. Zugleich kann dies ihr Gewissen beruhigen und zu mehr Fahrleistung führen, was den Energieverbrauch im Vergleich zu früher erhöht (rebound). Es besteht folglich eine Verhaltenslücke (intention-behavior gap). In der westlichen Welt muss das netzwerkbasierte Nudging dann zusätzlich der Aufklärung dienen.

Grundgedanke zu praktischer Glaubwürdigkeit: Nudging wirkt psychologisch und potenziell manipulierend. Dies macht ethische Spielregeln, Professionalisierung und Datenschutz erforderlich.

- **Ethische Grundsätze**: In der westlichen Welt, die sich der Rechtsstaatlichkeit verpflichtet sieht, darf das sanfte Schubsen nicht mit bewusst manipulierenden oder sogar irreführenden Absichten einhergehen. Daher müssen Nudging-Verantwortliche ihr ethisches Grundverständnis klären und das Ergebnis kodifizieren (z. B. veröffentlichter Verhaltenskodex). Der entsprechende Dialog hilft, Menschenbilder und Wertehaltungen aufzudecken, die (un-)bewusst vorhanden sind, und diese auf den Prüfstand zu stellen (vgl. Abschn. 2.1). Nudging-Verantwortliche müssen demnach bereit sein, ihr eigenes Selbstbild zu korrigieren.

- **Professionalisierung**: Um Nudging auf eine ethisch vertretbare Weise zu nutzen, müssen (methodische) Kompetenzen entwickelt und (technische) Organisationsstrukturen und -prozesse professionalisiert und lern- und veränderungsoffen ausgerichtet werden. Dies ist zudem erforderlich, um das Nudging mit den anderen Instrumentenarten der netzwerkbasierten Governance (Regulierung und Kulturentwicklung) möglichst friktionsfrei verzahnen zu können.
- **Datenschutz, vor allem bei algorithmisierten Nudges**: In demokratischen Ordnungen ist der Schutz privater Daten unverzichtbar. Dies gilt vor allem, wenn bei einer verhaltensökonomischen Einflussnahme künstliche Intelligenz verwendet wird (z. B. Costa et al. 2024, S. 24).

Wer mit Nudging arbeitet, akzeptiert, dass Menschen verzerrt wahrnehmen, Informationen intuitiv heuristisch verarbeiten und emotionalisiert Richtungen einschlagen können, die der eigenen Wohlfahrt und der gesellschaftlichen Wohlfahrt schaden. Auch Steuerungsverantwortliche können von kognitiven Verzerrungen (un-)bewusst betroffen sein, wie das folgende Beispiel zeigt, bei dem es um narrative Heuristiken geht.

Bewusstsein für die eigene Wirtschaftskultur als Gelingensfaktor?

Die Instrumentenart des Nudging setzt an den (kognitions-)psychologischen Schwachstellen menschlicher Entscheidungsfindung an und versucht, die Betroffenen zu deren eigenem Wohl und zum Wohl der Allgemeinheit sanft zu schubsen. Was jedoch, wenn auch **Steuerungsverantwortliche kognitiv verzerrte Deutungsmuster und Präferenzen** haben und dies ihre Entscheidungsfindung ‚ungünstig' beeinflusst? Wir diskutieren als potenziellen Gelingensfaktor und am Beispiel narrativer Heuristiken daher, dass Steuerungsverantwortliche ein Bewusstsein für dieses Phänomen brauchen. Dies ist in den eben diskutierten Ideen für ein gelungenes Nudging nur unzureichend abgebildet.

Ein Frame, der genutzt wird, um systematisch verzerrten Entscheidungen entgegenzuwirken, kann selbst verzerrten Ursprungs sein. Küsters (2020, S. 2, 3, 5) nennt als Verzerrungsursache **Narrative, die „sich fest in nationalen Wirtschaftskulturen etabliert haben"**, wodurch sie „die Präferenzen der jeweiligen Politiker, Ökonomen und Bevölkerungen beeinflussen"; letztlich geht es um „solche mentalen, aber falliblen ‚Ordnungsvorstellungen'", die „nicht nur auf der Ebene individueller Akteure, sondern auch kollektiv wirksam werden können". Der Autor hält es daher für „dringend geboten, diese Problematik systematisch und auf größerer Datenbasis zu analysieren, wofür sich insbesondere wirtschaftsgeschichtliche Fallbeispiele und neue Methoden aus den ‚Digital Humanities' eignen". Von einer inhaltlichen Diskussion der wirtschaftskulturellen Bezüge (z. B. Wirksamkeit bestimmter Geldpolitiken) und von methodischen Kontroversen (z. B. Henke 2007 zu Memetik und Rechtsevolution) wird hier abgesehen.

Narrative Heuristiken lösen **intuitive Bewertungen** aus und lassen sich in Verfügbarkeits-, Repräsentativitäts-, Anker- und Affektheuristiken unterscheiden. Um das Ganze zu konkretisieren, nutzen wir die Beispiele, die Küsters (2020, S. 6–11) literaturgestützt anbietet, und verzahnen diese mit unseren definitorischen Grundlagen aus dem ersten Buchteil (vgl. Abschn. 5.3).

- **Verfügbarkeitsheuristik** (availability heuristic):
  - **Definition**: Diese Art von Heuristik bevorzugt alles, was uns leicht in den Sinn kommt. Begegnet uns Etwas häufiger in den Medien, halten wir es für wahrscheinlicher als Etwas, das weniger häufig genannt wird und doch – empirisch gesehen – relevanter sein kann.
  - **Beispiel narrativer Heuristiken**: Als Verfügbarkeitsheuristik lässt sich die deutsche Inflationsangst diskutieren, die sich aus der kollektiven Erinnerung an die Hyperinflation der Weimarer Republik speist und zu einer kollektiven Erinnerung geworden ist, die bis heute fortlebt. Solch eine Intergenerationalität macht aus einem Narrativ ein ‚Memen‘, also ein im Menschen internalisiertes Interpretationsmuster, das kommuniziert und imitiert und damit über die Zeit ‚kulturell vererbt‘ wird. Allerdings ist diese Erinnerung verzerrt, da sie die Zeit der Weltwirtschaftskrise einzuschließen scheint. So zeigt nach Kösters eine repräsentative Umfrage, „dass heutzutage nur einer von 25 Deutschen weiß, dass die Preise zur Zeit der Weltwirtschaftskrise sanken", die Zeit der Großen Depression nach 1929 also deflationär gewesen ist im Gegensatz zur Hyperinflation von 1923. Als Memen wirkt sich das Inflationsnarrativ allerdings heute noch aus und beeinflusst – so die Vermutung – das „tiefe Misstrauen" der Deutschen, wenn es um die Geldpolitik der Europäischen Zentralbank geht. „Die wirtschaftspolitischen Präferenzen der Bürger innerhalb einer langlebigen Kultur werden somit nicht nur von zeitgenössischen Ideen oder fundamentalen ökonomischen Interessen, sondern auch von langlebigen Memen geprägt", so der Autor. In der heutigen Zeit wird der ‚Meme‘-Begriff allerdings zunehmend für Internetinhalte verwendet, die viral gehen.
- **Repräsentativitätsheuristik** (representative heuristic):
  - **Defintion:** Bei dieser Heuristik wird kognitiv überprüft, ob ein Ereignis oder eine Person in ein kognitives Schema passt. Je größer die Passfähigkeit scheint, desto eher wird eine Gesetzmäßigkeit angenommen.
  - **Beispiel narrativer Heuristiken:** Ein Bezug zur Repräsentativitätsheuristik scheint bei der Euro-Krise zu bestehen, bei der „die Menschen ihre Erwartungen an die Zukunft auf der Ähnlichkeit der Umstände mit einer idealisierten Geschichte aufbauen". Hierbei spielen – länderbezogen – unterschiedliche Wirtschaftstraditionen und Denkschulen eine wichtige Rolle (z. B. Deutschland im Vergleich mit Frankreich). Für die deutsche Seite verweist Küsters beispielhaft auf den ideengeschichtlichen und politischen Einfluss der Freiburger Schule, wodurch Narrative begünstigt werden, durch die bestimmte wirtschaftspolitische Parameter wie Preiswertstabilität, Sparsamkeit oder Haushaltsüberschüsse positiv belegt sind. Es gibt somit einen wirtschaftspolitischen Diskurs, der in Deutschland „wie im Prinzip jeder wissenschaftliche Diskurs in einem bestimmten Sprachraum – gewisse national-kulturelle

Idiosynkrasien wie das von Tribe (1995) dargestellte ‚Denken in Ordnungen' [auf-weist]". Solch psychologisch verstärkte Interpretationen beeinflussen die öffentli-che Meinung und das Handeln zentraler politischer Entscheidungsträger:innen.

- **Ankerheuristik** (anchoring heuristic):
  - **Definition**: Durch diese Heuristik werden Urteile an einen vorhandenen Anker an-gepasst. Die Ankerheuristik ist vor allem als Rahmung bzw. Framing bekannt ge-worden, also als die Art, wie Entscheidungsprobleme formuliert werden.
  - **Beispiel narrativer Heuristiken**: Eine Anker- bzw. Anpassungsheuristik wird bei der Wahrnehmung der expansiven Geldpolitik der Europäischen Zentralbank ver-mutet, die 2012 mittels dieser Politik die Euro-Zone zusammenzuhalten versucht. Dabei gibt es eine Kluft zwischen den Datenauswertungen und Narrativen der Europäischen Zentralbank und der medialen Kritik, die sich in Deutschland „enorm verschärft". Dies lässt auf narrative Heuristiken rückschließen, so Küsters. Als Anker dienen geldpolitische Phänomene, die „immer wieder emotional in den deut-schen Medien diskutiert werden" und dadurch einen „allgemein akzeptierten Bezugspunkt oder ‚Anker'" festlegen, an den Bewertungen unbewusst angepasst werden. Zu solch negativ besetzten Narrativen gehören beispielsweise die „‚Enteig-nung' der deutschen Sparer durch ‚Strafzinsen'" und die „durch unkonventionelle geldpolitische Instrumente hervorgebrachte ‚Geldschwemme'" und somit Inflati-onsgefahr (z. B. durch den Aufkauf von Staatsanleihen), welche mit den zuvor be-nannten Narrativen wechselwirken. Die Europäische Zentralbank (EZB) äußert hierzu laut Küsters als Bedenken, dass „die von den nationalen Narrativen verzerrte Kritik an der EZB nicht nur das Vertrauen in die gemeinsame Geldpolitik, sondern langfristig den Zusammenhalt in Europa [bedroht]".
- **Affektheuristik** (affect heuristic):
  - **Definition:** Bei dieser Heuristik gibt es einen (un-)bewussten Gefühlszustand mit einer positiven oder negativen Stimulusqualität, der sich schnell und automatisch auswirkt.
  - **Beispiel narrativer Heuristiken**: Shiller (2017, S. 33–34 in Küsters 2020) verweist hierzu auf die große US-Depression der 1930er-Jahre, als die wirtschaftliche Misere durch einen Konsumboykott gegen imaginierte Profiteure verschärft wird. Dahinter steckt das Narrativ, das potenzielle Profiteure der Depression „zu Schurken erklärt", was sich „über Zeitungen im ganzen Land rasant verbreitet". Es kommt zu der „ir-rationalen Entscheidung, den Kauf aufzuschieben (und damit die Rezession zu ver-stärken)"; die Rezession wird also „durch ein Gefühl der Rache gegen Profiteure an-getrieben, die man austricksen wollte – aber niemals selbst kennengelernt hatte". Shil-ler sieht den Konsumboykott durch weitere emotionsgeladene Narrative untermauert, „die im Zusammenhang mit dem Weltkrieg, der kommunistischen Revolution, der da-mals grassierenden Grippeepidemie, den Rassenunruhen und dem Ölschock standen" und den emotionalen Resonanzboden für den Konsumboykott vorbereitet haben.

Narrative Heuristiken schaffen Deutungsmuster, in die sich wirtschaftspolitische Präfe-renzen einbetten. Akteure, darunter Steuerungsverantwortliche, müssen daher dem eigenen Prägungszusammenhang nachspüren. Fehlt ihnen ein solches Bewusstsein, kann dies ihre Entscheidungen intuitiv verzerren. Vor allem grenzüberschreitende Kooperationen sind davon potenziell betroffen, wenn wirtschaftskulturelle Prägungsunterschiede unversöhnlich scheinen (Küsters 2020, S.13): Kommt es in der Folge zu ökonomischen Zuschreibungen, können diese wiederum „moralisierende mediale Diskurse" auslösen und verstärken. All dies lässt erkennen, dass das Phänomen der narrativen Heuristiken alle Verantwortlichen einer netzwerkbasierten Governance betrifft, gleich ob sie regulieren, leitbildbasiert Kultur entwickeln oder sanft schubsen. Gerade bei wirtschaftspolitischen Entscheidungen, die in **Stresszeiten wie Wirtschaftskrisen** getroffen werden, kann eine Anfälligkeit für narrative Heuristiken bedeutsam werden, so Küsters (2020, S. 3). Die Aussage unterstreicht, dass systemische Diskussionen ohne ein tiefergehendes Verständnis menschlicher Denk- und Verhaltensweisen unvollständig sind. Dies gilt vor allem für komplex adaptive Systeme, die aus sich heraus große Steuerungsherausforderungen haben.

11.5   (Zwischen-)Fazit zur heuristischen Steuerung komplex adaptiver Systeme

Zusammenfassung

Komplex adaptive Systeme werden heuristisch gesteuert (netzwerkbasierte Governance). Immer im Blick: Die Zukunftsfähigkeit der Systemelemente bzw. Akteure, die mit unsicheren Entwicklungen adaptiv erfolgreich umgehen müssen. Solch eine Steuerung braucht Flexibilität und Kontrolle zugleich. Die Steuerung mittels der Instrumentenarten Regulierung, Kulturentwicklung und Nudging ermöglicht den entsprechenden Handlungsraum. Sie muss allerdings von einer kritischen Masse an Akteuren als legitim und glaubwürdig wahrgenommen werden, um wirksam zu werden. Zu alldem ist in diesem Kapitel ein Grundverständnis entstanden. Es zu vertiefen, geht allerdings über den Rahmen des Buchs hinaus, so dass das Folgende eher einem Zwischenfazit als einem Fazit gleicht. Dennoch soll in diesem (Zwischen-)Fazit zumindest ‚angerissen' werden, welche Themen sich für eine tiefergehende Auseinandersetzung eignen. Im Blick stehen zwei aktuelle Diskurse, die sich um das Grundverständnis unserer freiheitlichen Ordnung ranken: Die Forderung, die persönliche Haftung aller Akteure nach dem Verursacherprinzip konsequenter auszugestalten, sowie die Notwendigkeit, die Kontrollqualität der Medien zu verbessern und zu sichern. Beides hängt zusammen. Denn in unserer digital schnelllebigen und globalen Welt fällt es aus Steuerungssicht immer schwerer, Haftung(sfolgen) adäquat zu überprüfen und zu sanktionieren. Und (sozial) mediale Narrative beeinflussen maßgeblich, welche Werte in einer Gesellschaft befürwortet oder verdammt werden, und darüber auch die Haltung, die jeweils eigene Haftung anzuerkennen und zu einer offenen Lern- und Veränderungskultur beizutragen.

In diesem Kapitel geht es um ein Grundverständnis zur Steuerung komplex adaptiver Systeme (netzwerkbasierte Governance). Es ist der Vorstoß in eine Welt, deren volkswirtschaftliche Teile noch nicht vollständig zusammengefügt oder noch unerforscht sind. Daher sind die Untersuchungsfragen als Hypothesen formuliert und die Handlungsempfehlungen als Diskussionsvorschläge. Was ist in einem (Zwischen-)Fazit noch einmal zu betonen? Hierzu ausgewählte Aspekte:

Grundsätzliches

- Steuerungsverantwortliche können Teile eines komplexen Handlungskontextes durchaus ausblenden, was sich in entsprechenden Organisationsstrukturen (z. B. Einzelbehörde) und Prozessabläufen (z. B. Zusammenarbeit in Kleingruppen) abbildet. Dies genügt bei einfachen Herausforderungen. Bei **systemischen und vor allem transformativen Herausforderungen** ist ein Mehr an Komplexität bei der Steuerung zu berücksichtigen. Es braucht zukunftsorientierte Kompetenzen (z. B. Future Skills), modernisierte (Infra-)Strukturen (z. B. E-Governance) und Prozessabläufe, die möglichst widerspruchsfrei und synergetisch auf einen gemeinsamen Arbeitszusammenhang ausgerichtet sind (z. B. Politikkohärenz). Welche Entwicklungsrichtung attraktiv erscheint, wird in Zukunftsbildern beschrieben (z. B. nachhaltige Wirtschaft und Gesellschaft) und als Strategieraum vereinbart (z. B. grünes Wachstum). Systemisch muss auf diesem Weg eine kritische Masse an Akteuren mitgenommen werden, damit vielversprechende Anstrengungen nicht in Nischen ‚versanden‘. Denn Transformationen bedeuten auch, mit Ängsten und Blockaden, mit Fehlanpassungen und Instabilität umzugehen.
- Als **westlicher Steuerungsansatz** werden üblicherweise – als getrennte Ansätze – die Regulierung (harter Paternalismus) und das Nudging (weicher Paternalismus) diskutiert. Dies ist in der systemischen Gesamtschau unzureichend. Erstens fehlt das, was Wertezuschreibungen prägt, also Mechanismen der Kulturentwicklung. Hierzu zählt das Geschichtenerzählen, das die Volkswirtschaftslehre noch immer vernachlässigt, so Shiller (2017, S. 5): „We have lagged behind other disciplines in attending to the importance of narratives […], and while all disciplines use narratives more since 2010, economics (and finance) remain laggards". Zweitens laufen zwischen den drei Instrumentenarten vielfältige Wechselwirkungen ab, die nicht ignoriert werden dürfen.
  - **Ad Regulierung**: Harte Verbindlichkeiten geben den Akteuren eine sinnhafte Orientierung, wie sie miteinander umgehen und welche transformative Richtung sie einschlagen sollen. Als Leitplanken sind vor allem (transformativ) ordnungsbedeutsame Verbindlichkeiten unverzichtbar. Daher müssen für deren regulative Ausformung und Durchsetzung hohe Anforderungen gelten. Wissens- und Lernnetzwerke brauchen hingegen kreative und experimentelle Freiräume, um sich adaptiv in die Zukunft hineintasten zu können. Hierfür sind weiche Verbindlichkeiten geeigneter. Die Regulierung nutzt sowohl harte als auch weiche Verbindlichkeiten, um dem innovationssystemischen Bedarf an Kontrolle und Flexibilität zu genügen, sei es im hoheitlichen Regulierungsraum oder in der Praxis hybrider Regulierungsarten. Allerdings steigen mit der Dichte, Diversität und Anpassungsdynamik der Verbindlichkeiten die Transaktionskosten der Steuerung.

– **Ad Kulturentwicklung**: Die Folgen der Regulierung schlagen sich in Lagevariablen nieder, über die Akteure ihre lebensweltlichen Bedingungen einschätzen, und in Orientierungsvariablen, zu denen Ideologien, interindividuell ähnliche Werte und politkulturelle Handlungsformen gehören. Es entstehen Deutungs- und Handlungsmuster, welche die Regulierung aus der Perspektive der Regulierten mehr oder minder normativ legitim und glaubwürdig erscheinen lassen. Um diese Muster zu beeinflussen, müssen Regulierung und Kulturentwicklung zusammenarbeiten. Ansatzstellen bieten wertebasierte Dialoge zu propagierten Leitbildern (für eine neue Werteorientierung) und zu praktizierten Leitbildern (Anpassung an aktuelle Diskurse), um identitätsstiftende Gemeinsamkeiten zu finden. Die Kulturentwicklung muss hierfür Öffentlichkeit entwickeln, was über Kommunikationsmechanismen und Narrative abläuft, deren (Re-)Produktion Steuerungsverantwortliche nicht vollständig kontrollieren können.

– **Ad Nudging**: Das sanfte Schubsen unterstützt die zuvor genannten Instrumentenarten, indem es auf die Orientierungen der jeweiligen Zielgruppe psychologisch einwirkt. Sunstein (2014, S. 740–741), der von 2009 bis 2012 in der US-Regierung von Präsident Barack Obama die Umsetzung von Nudging verantwortet hat, sieht vor allem die regulative Compliance durch Nudging gestärkt, ohne dass das betreffende Recht aktiv durchgesetzt werden muss. Er nennt das Ganze daher ‚Nudges.Gov‘ mit ‚.Gov‘ als Hinweis auf die Internet-Domäne einer Exekutive. Auch die Kulturentwicklung ist ohne Nudging schwer denkbar. Dies liegt einerseits daran, dass die wirtschaftspolitische Kommunikation oft mit Nudges arbeitet (z. B. Framing). Andererseits kommt es zu potenziellen Wirkungsverkettungen. So wirken sanfte Schubser zwar zunächst auf der Mikro-Ebene. Ist ihr Effekt jedoch in soziokulturelle Feedbackschleifen und Nachahmungseffekte eingebunden, ist die Meso-Ebene und darüber die Kulturentwicklung berührt. In westlichen Ländern, die dem Grundsatz der bürgerlichen Eigenverantwortung verpflichtet sind, bewegen sich Steuerungsverantwortliche vor allem dort ‚auf dünnem Eis‘, wo Nudging kognitionspsychologisch manipuliert bzw. aufklärende Maßnahmen unterbleiben. Auch können Steuerungsverantwortliche selbst von kognitiven Verzerrungen betroffen sein. Ein Beispiel liefern Narrative, welche fest in der nationalen Wirtschaftskultur wurzeln und intuitive Bewertungsheuristiken auslösen. Steuerungsverantwortliche müssen sich folglich ihrer (narrativ) wirtschaftskulturellen Prägung bewusst werden. Solch eine geschichtliche Suche hilft zugleich, das eigene Wirtschaftssystem – auch als Handlungsraum – sinnhaft neu zu entdecken und zu nutzen (psychologische Wirtschaftspolitik).

Spezifisches

Im Rahmen **komplex adaptiver Systeme** (hier: menschengemachte Systeme) fallen nur wenige Handlungsempfehlungen eindeutig aus, was eine Auseinandersetzung erfordert, die über den Rahmen des Buchs hinausgeht. Was dies – auch angesichts aktueller Entwicklungen – umfassen kann, soll hier zumindest verankert werden. Der Blick richtet sich auf die Bedeutung der persönlichen Haftung, auf die Rolle der Medien und auf das, was in Demokratien zwischen beidem liegt: Die individuelle und kollektive Lernkultur.

Zur persönlichen Haftung: Nach Levi-Faur (2011, S. 6, mit Verweis auf Hood 2010) scheint unser organisatorisches, soziales und politisches Verhalten mehr und mehr davon dominiert, dass die Nachfrage nach Rechenschaftspflicht und Transparenz regulatorischen Spielen und die politischen und bürokratischen Antworten darauf Schuldzuschreibungen gleichen. Daraus lässt sich die Forderung ableiten, den **Grundsatz der persönlichen Haftung nach dem Verursacherprinzip zu stärken**, der zu den marktwirtschaftlichen Kernprinzipien gehört.

- Bannas und Herrmann-Pillath (2020, S. 80–81, 111–113) argumentieren, dass die verbindliche Geltung der persönlichen Haftung den privatwirtschaftlichen Anreiz absenkt, die Kosten risikoreicher Handlungen auf die Gesellschaft zu überwälzen; aus diesem Grund sei es sinnvoll, so die Autoren, jede **privatwirtschaftliche Haftungsbeschränkung zu einem Privileg** zu machen, „das durch eine Leistung an die durch den Staat repräsentierte Gesellschaft ausgeglichen werden muss". In diesem Sinne ist auch zu klären, wie mit solchen Akteuren umgegangen wird, die von einem Standort zwar privatwirtschaftlich profitieren (z. B. durch Verkäufe), sich dessen Transformationsauflagen jedoch durch (Produktions-)Verlagerung entziehen (z. B. Grenzabgaben).
- Auch der gestaltende Staat muss haftbar gemacht werden können (**Amtshaftung**). Die bürokratische Haftung setzt beispielsweise in Deutschland voraus, dass ein „Beamter gehandelt hat", die Schädigung „zudem in Ausübung eines öffentlichen Amtes" erfolgt ist und ein „Drittbezug zu dem jeweils Geschädigten" bei der Amtspflichtverletzung stattgefunden hat, für die eine Kausalität und Fahrlässigkeit nachweislich ist (z. B. beim Erlass von Bebauungsplänen); „deswegen besteht grundsätzlich keine Haftung für den Erlass rechtswidriger Normen (sogenanntes legislatives Unrecht)" (Deutscher Bundestag 2022, S. 4–5). Daraus folgt, dass Parlamentarier:innen zwar die Gesetzesregelungen erlassen, nach denen die Bürokratie handeln muss; für die Haftung dieser Politiker:innen gibt es jedoch (noch) keine konkrete gesetzliche Grundlage und deren Voraussetzungen und Ausmaß sind stark umstritten (Özer 2024, S. 7). Eindeutige und transparente Haftungsregelungen sind jedoch sinnvoll, wenn es um transformativ ordnungsbedeutsame Verbindlichkeiten geht. Denn sie motivieren Parlamentarier:innen, Perspektivwechsel vorzunehmen und sich legislativer Folgeprozesse und diverser Umsetzungsrealitäten besser bewusst zu werden, was die Rechtsklarheit fördert. Kommt es zu einem Reputationsschaden, können nach Özer (2024, S. 7) eindeutige und transparente Haftungsregelungen „auch dazu beitragen, dass der ‚Ton' und die Darstellungsart von politischem Fehlverhalten in den Medien und die Reaktionen in der Öffentlichkeit kontrollierbarer werden oder zumindest dem altbekannten ‚Schubladendenken' im Sinne von ‚alle Politiker sind gleich' entgegenwirken".
- In transformativen Zeiten braucht es zudem die Klärung, welche Verfassungspflichten zu den **nicht abtretbaren Umsetzungspflichten des Staates** zählen. So stellt der WGBU (2016, S. 21) mit Blick auf die Nachhaltigkeit fest, dass der Staat in Ländern wie Deutschland zwar zum Schutz der natürlichen Lebensgrundlagen und Tiere verpflichtet ist (Art 20a Grundgesetz); trotz dieser Umweltgrundrechtsverpflichtung haben

sich viele G20-Staaten jedoch „durch Entstaatlichung und Privatisierung öffentlicher Aufgaben in den letzten Jahrzehnten der Erfüllung wesentlicher staatlicher Umwelt- schutzaufgaben z. B. im Abfall-, Wasser- und Energiebereich entzogen". Der Staat unterliegt folglich selbst regulativen Verbindlichkeiten (hier: verfassungsmäßige Ver- bindlichkeiten). Kann er diese auslagern, entzieht er sich indirekt der Haftung, über seine Gemeinwohlverpflichtung einen überprüfbaren Transformationsbeitrag zu leis- ten. Es braucht somit eine Neubewertung, welche verfassungsmäßigen Verpflichtungen der Staat regulierungshybride abtreten darf. Werden nicht-abtretbare Verpflichtungen festgestellt, ist zu klären, was erforderlich ist, damit der Staat diese transformativ wirk- sam umsetzen kann (z. B. Einrichtung und Finanzierung eines Transformationsfonds).

Zur Rolle der Medien: Gerade die parlamentarische Amtshaftung scheint eine Wunsch- vorstellung zu sein, die an der Realität vorbeigeht. Denn solch eine Amtshaftung muss den normalen Gesetzgebungsweg durchlaufen. Dies setzt voraus, dass sich Politiker:innen freiwillig regulieren, um sich einem höheren Arbeits- und Haftungsdruck und darüber einem größeren Reputationsrisiko auszusetzen. Dies gilt auch für die Bereiche der harten Rechtssetzung, die für machtvolle Interessengruppen und die politökonomische Renten- umlenkung (regulatory capture) attraktiv sind (vgl. Abschn. 8.3). Entsprechende Zweifel nähren die Forderung, die **demokratische Kontrollfunktion** der Medien zu stärken, die wir bisher weitgehend ausgeblendet haben.

- Die Medien zählen zu den demokratischen Kontrollkräften, solange sie wirtschaftlich und rechtlich unabhängig und vielfältig sind. Dies macht sie – neben der Legislative, Exekutive und Judikative – begrifflich oft zur ‚vierten Gewalt im Staat‘, obwohl ihre Vertreter:innen weder demokratisch gewählt noch ernannt werden. Dahinter steckt die Annahme, dass eine Demokratie von Kontrollkräften lebt, die den Wahrheitsgehalt von Tatsachen überprüfen und darüber auch die Motive einer politischen Rahmung (Fra- ming) aufdecken.
- Wir starten also mit dem Framing, das als Nudge in einer Demokratie von den Steuerungsverantwortlichen derart zu nutzen ist, dass es dem Wohl der Betroffenen und dem Gemeinwohl dient. Was aber, wenn Politiker:innen das Framing nur verwenden, um den eigenen Nutzen zu mehren, indem sie die Aufmerksamkeit potenzieller Wäh- ler:innen auf sich lenken (politisches Framing)? Angestrebt wird dann nicht, eine inhaltliche Auseinandersetzung zu führen, durch die Betroffene ihre Entscheidungs- architektur selbst verändern. Angestrebt wird vielmehr, bei einem Thema die Deu- tungshoheit zu erlangen. Die eigene Interpretation (frame) soll als wichtiger wahrge- nommen werden als die Interpretation politischer Konkurrent:innen und beeinflussen, wie die öffentliche Debatte zu dem entsprechenden Thema geführt wird. Allerdings ist – im Gegensatz zu Fake News – die Grenze unscharf, ab wann Framing zur eigen- nutzorientierten Manipulation wird. Der Grund: „Die **Tatsachenwahrheit ist von Natur politisch**", so Hannah Arendt (1972/2013, S. 57–58); die Autorin schlussfolgert: „Tatsachen sind der Gegenstand von Meinungen, und Meinungen können sehr ver-

schiedenen Interessen und Leidenschaften entstammen, weit voneinander abweichen und doch alle noch legitim sein, solange sie die Integrität der Tatbestände, auf die sie sich beziehen, respektieren. Meinungsfreiheit ist eine Farce, wenn die Information über die Tatsache nicht garantiert ist". Arendt ergänzt (1972/2013, S. 72): „Im Unterschied zu Vernunftwahrheiten, deren Gegensätze Irrtum, Illusion oder bloße Meinung sind, die alle nicht mit der subjektiven Wahrhaftigkeit zu tun haben, ist der Gegensatz der Tatsachenwahrheit die bewußte Unwahrheit oder Lüge. Natürlich gibt es auch hier Irrtum, aber er ist nicht spezifisch".

- An diesem Kontext setzt die idealtypische Rolle der Medien an. Denn Medien bilden **wichtige Verständnisbrücken**. Gerade in entwickelten und komplexen Gesellschaften kommunizieren öffentliche Entscheidungsträger:innen nur eingeschränkt mit der Zivilgesellschaft. Diese wird dann durch die Medien vertreten, die Informationen, Entscheidungen und Handlungsweisen anzweifeln, kritisch hinterfragen und in den Diskurs mit Politikvertreter:innen gehen (z. B. Interviews in Print-Medien, Talk-Shows, Podcasts). Brosda (2007) nennt dies einen „diskursiven Journalismus". Medien bilden in der Narrativwelt zudem ein Gegengewicht zum politischen Geschichtenerzählen. Sie betonen bestimmte Phänomene stärker als die übrigen Akteure und machen sie prominent. Dies zwingt nach Espinosa et al. (2017, S. 27, in Di Gulio und Defila 2022, S. 19) zentrale Akteure wie Politiker:innen dazu, „die rhetorische Macht dieser Narrative anzuerkennen und nicht mehr in öffentlichen Debatten und Diskussionen teilnehmen [zu] können, ohne Bezug auf diese Narrative zu nehmen".

- Ist eine mediale Diversität vorhanden, können **Narrative erfolgreicher in verschiedene Gruppen getragen** und Diskurskoalitionen beschleunigt werden. Denn wichtige Eigenschaften von Narrateuren wie die Vertrauenswürdigkeit sind „relative Eigenschaften, d. h., Akteure haben diese nur jeweils bezogen auf die Gruppe(n) von Menschen, die ihnen diese Eigenschaften zuschreiben", so Di Gulio und Defila (2022, S. 19). Die Autor:innen verweisen auf Lakoff (2010, S. 75), der in seiner Analyse zum ‚konservativ moralischen System' in den USA folgert, „dass Konservative die den Berichten über den Klimawandel zugrunde liegende Wissenschaft deshalb anzweifeln und ablehnen, weil sie diese Wissenschaft dem Personenkreis zurechnen, den sie negativ wahrnehmen als ‚the tax-and-spend, sushi-eating, latte-drinking, Birkenstock-wearing, do-gooder, know-it-all-liberals'".

- Allerdings können die Medien selbst an **Glaubwürdigkeit** verlieren, wie die Hintergrundinformationen des Edelman-Vertrauensbarometers andeuten.

Ethik oder die Frage, wer ‚wahr'haftig kommuniziert

Edelman ist ein US-amerikanisches Unternehmen, das weltweit Dienstleistungen zu Marktforschung und Kommunikation anbietet. **Seit dem Jahr 2000 gibt es eine globale Vertrauensstudie**, die jährlich veröffentlicht wird. Anlass der ersten Studie sind die Anti-Globalisierungsproteste von 1999 bei der Welthandelskonferenz in Seattle, um die Beweggründe und Macht der Zivilgesellschaft besser zu verstehen. Das Barometer liefert Auswertungen, wie sich das gesellschaftliche Vertrauen in Regierungen, Unternehmen, Nicht-Regierungsorganisationen (NGOs) und Medien entwickelt. Dies wird durch wissenschaftliche Forschung ergänzt.

- Die **repräsentative Befragung** von 2024 bezieht sich auf rd. 1.150 Personen pro Land bei 28 Ländern, einschließlich Deutschland (Edelman Trust Institute 2024, S. 2). Dabei wird zwischen der informierten Öffentlichkeit unterschieden (zwischen 25 bis 64 Jahren, akademisch ausgebildet, zu der obersten 25-prozentigen Einkommensschicht gehörig, mit signifikantem Konsum von Medieninformationen, Politik- und Wirtschaftsnachrichten) und der nicht-informierten Massenbevölkerung, auf welche die genannten Merkmale nicht zutreffen.
- Zu den Aussagen zählen, dass die Befragten mehrheitlich die **Moralität von Führungspersonen** aus Politik, Wirtschaft und den Medien anzweifeln (Edelman Trust Institute 2024, S. 9): Auf die Aussage, ob Führungspersonen gezielt versuchen, Menschen in die Irre zu führen, indem sie Dinge sagen, von denen sie wissen, dass sie falsch oder grobe Übertreibungen sind, halten dies für zutreffend:
  - 63 % der Befragten (2023: 62 %) bei **Regierungsverantwortlichen**;
  - 61 % (2023: 59 %) bei **Unternehmensleitungen**;
  - 64 % (2023: 61 %) bei **Journalist:innen und Reporter:innen**.

All dies macht Forschungsansätze relevant, die sich aus Sicht der Medien- und Kommunikationswissenschaft mit der Erfassung von Medienvertrauen beschäftigen (z. B. Kohring und Matthes 2004, 2008). Wir konzentrieren uns abschließend auf folgende Fragen: Können die Medien – **in einer digitalen und künstlich intelligenten Welt** – überhaupt noch die Erwartung erfüllen, als demokratische Kontrollkräfte zu fungieren? Und welche Ansätze können helfen, diese Rolle wieder zu stärken?

Wie alle Akteure bilden Medien eigene Netzwerkstrukturen und Netzwerkflüsse heraus. Stern et al. (2020, S. 3) werten für den Zeitraum von Mai bis Dezember 2016 etwa 113 Mio. Artikel aus 34.000 Nachrichtenquellen aus und fokussieren sich auf Artikel, die sie als relevant kategorisieren (bestimmte Länge und Top Story). Sie stellen unter anderem fest, dass …

- es auch in der Medienlandschaft **Agenda Setter und Torhüter** gibt (vgl. Abschn. 4.1 und 9.1), die einen disproportional großen Einfluss auf die Auswahl von ‚Stories' ausüben;
- die Stimmung, die eine Nachrichtenverbreitung begleitet, von der **Dichte eines Netzwerks** abhängt (vgl. Abschn. 4.2 und 9.2);
- es **kleine Welten** gibt, die für eine schnelle Verbreitung sorgen, und dabei die Rahmung einer Geschichte beeinflussen (vgl. Abschn. 4.3);
- Medien **virale Mechanismen** nutzen, um die eigene Bedeutung durch die Weitergabe kulturell kodierter Bilder, Ideen und Impulse zu stärken.
- Es geht somit um Inhalte, die den Diskurs prägen, und um Prozesse, die diese Prägung ermöglichen. Durch die Digitalisierung und sprachlichen Werkzeuge der künstlichen Intelligenz ist dabei die **Umschlagsgeschwindigkeit von Informationen und Narrativen gestiegen**. So stellt Köhler (2020, S. 14) fest, dass „im Jahr 2018 die acht erfolgreichsten Fake News auf Facebook mehr Interaktionen [hatten] als fast alle Artikel der größten Nachrichtenseiten in Deutschland. Dabei sind Desinformationen in der Regel nicht (sofort) als solche erkennbar, was das Misstrauen in die Glaubwürdigkeit und Qualität von Quellen ebenso steigert wie die Medienskepsis. Diese Glaubwürdigkeits-

und Vertrauensverluste bekommen auch etablierte Medien zu spüren. Sie äußern sich in Lücken-, Lügenpresse- und Fake-News-Vorwürfen oder in eher pauschaler Kritik an den ‚Mainstream-Medien', der ‚Systempresse' und dem ‚Staatsfunk'". All dies hat nach Köhler (2020, S. 15–16) folgende Auswirkungen auf den Nachrichtenjournalismus:

– Nachrichtenorganisationen und -redaktionen müssen sich **an die digitale Welt anpassen**: „Sie reorganisieren Redaktionsstrukturen und -prozesse, entwickeln neue Ansprache- und Anwendungsformen, verändern Workflows und Arbeitsroutinen, experimentieren mit neuen Verbreitungsformen und Angebotsstrukturen und setzen zunehmend auf künstliche Intelligenz, Daten und Algorithmen in allen Bereichen der Nachrichtenproduktion".

– Plattformspezifische Entwicklungen lassen die **Grenzen zwischen journalistischen Darstellungsformaten verschwimmen**: „Nachrichten unterscheiden sich zwar weiterhin von meinungs- und unterhaltungsbetonten Darstellungsformen (wie Kommentaren oder Features) durch ihre strikt tatsachenorientierte Berichterstattung; sie variieren aber weitaus stärker in Aufbau und Länge als in der Vergangenheit, wodurch beispielsweise die Unterscheidung zwischen Meldung und Bericht an Trennschärfe verliert". Auch werden bei einem ‚digitalen Journalismus' die Unterschiede kleiner, „ob Nachrichten in einer Print-, Hörfunk- oder Fernsehredaktion entstehen".

– Mit der Digitalisierung hat sich der **Wettbewerbsdruck verschärft**. Denn klassische Finanzierungsquellen (z. B. Anzeigenerlöse) trocknen aus, was den Spardruck erhöht: „Zeitdruck und mangelnde Ressourcen sind in vielen (Nachrichten-)Redaktionen inzwischen Alltag und wirken sich auf die Qualität und die nachrichtenjournalistische Arbeit aus. Qualitätsjournalismus aber ist im digitalen Zeitalter für funktionierende Demokratien wichtiger denn je, weil er Bürgerinnen und Bürgern mit vertrauenswürdigen Nachrichten Orientierung bieten kann in einem schier endlosen Meer aus Informationen und Desinformationen".

• Die Gesamtentwicklung macht Steuerungsideen bedeutsam, welche die **medialen Korrektivkräfte stärken**, was den Blick auf die Sorgfaltspflichten der öffentlich-rechtlichen Medien einschließt.

– Beispielhafte Ansatzstellen liefert ein Positionspapier des Wissenschaftsrats. Darin geht es um die Wissenschaftskommunikation, die der Wissenschaftsrat (2021, S. 13–14, 51) in eine „Verwissenschaftlichung der Gesellschaft" und eine „Vergesellschaftung der Wissenschaft" eingebettet sieht; beide Prozesse werden „durch die Digitalisierung weiter vorangetrieben", wobei Entwicklungen wahrgenommen werden, „die fakten- und wissensbasierte Informationen in Frage stellen". Aus Sicht des Wissenschaftsrats müssen gerade „[i]n gesellschaftlichen Krisensituationen, in denen die Wissenschaft als Akteur gefordert ist, die Anforderungen an die Qualität und Integrität der Kommunikation besonders sorgfältig beachtet werden, um das **Vertrauen in die Wissenschaft** zu erhalten". Das Beratungsgremium (2021, S. 53–54, 61, 64) empfiehlt unter anderem, die Wissenschaftskommunikation als Forschungsfeld und den Wissenschaftsjournalismus als öffentliches Gut zu stärken und – in unserer digitalen Welt – die öffentliche Debattenkultur regulativ zu schützen.

- **Wissenschaftskommunikation als Forschungsfeld**: Es geht um „die Entwicklung und forschende Begleitung von Formaten, Methoden sowie Wirkungsbedingungen von Wissenschaftskommunikation. Das Forschungsfeld soll darüber hinaus konzeptionelle und empirische Befunde liefern, die die Reflexion der unterschiedlichen Akteure der Wissenschaftskommunikation (in der Wissenschaft, der Presse- und Öffentlichkeitsarbeit und im Wissenschaftsjournalismus) über die Problemlagen im Verhältnis von Wissenschaft und Öffentlichkeit unterstützen".

- **Wissenschaftsjournalismus als öffentliches Gut**: Der Wissenschaftsrat unterstreicht, dass in einer Demokratie ein hochwertiger (Wissenschafts-)Journalismus und seine Leistungen als „essenzielles öffentliches Gut" zu betrachten sind (vgl. Abschn. 7.3). Da der Wissenschaftsrat den Wissenschaftsjournalismus wirtschaftlich unter Druck sieht, spricht er sich für eine Förderpraxis aus, die „staatsfern organisiert" ist und deren Mittelvergabe nach meinungsneutralen Kriterien erfolgt (z. B. Science Media Center). Die öffentlichen Mittel sollen eingesetzt werden, „z. B. zur Förderung von Rechercheverbünden, zur Stärkung des datenbasierten Journalismus und zur Erweiterung der fachlichen Orientierung".

- **Öffentliche Debattenkultur im digitalen Raum**: Der Wissenschaftsrat sieht Beiträge von journalistischen Laien (z. B. Blogger, Science Influencer) als „Teil des dialogischen Austauschs von Wissenschaft und Gesellschaft. Als solche sind sie grundsätzlich wertvoll, auch wenn hier naturgemäß keine Qualitätsstandards angelegt werden. Es liegt bisher an der Zivilgesellschaft, durch kritische Beobachtungen und Kommentare Falschinformationen entgegenzutreten und so eine gewisse Qualitätskontrolle auszuüben. Die gravierenden gesellschaftlichen Folgen von ‚Fake News', ‚Hate Speech' und anderen negativen Begleiterscheinungen von ‚Social Media'-Plattformen für die öffentliche Debattenkultur machen aber medienpolitische Regulierungsmaßnahmen aus Sicht des Wissenschaftsrats dringend erforderlich".

– Ein weiterer Ansatz ist mit der Idee der sozialen Innovationen verbunden (vgl. Abschn. 9.2). Im Kern geht es um einen **investigativen Journalismus, der sich als gemeinwohlorientiert versteht**. Beispiele sind Medienhäuser, die sich maßgeblich durch private Spenden und Zuwendungen von Stiftungen und Organisationen finanzieren, um frei von politischer und wirtschaftlicher Abhängigkeit zu sein, sowie durch eigene wirtschaftliche Aktivitäten (z. B. Workshops). So zählt beispielsweise das Medienhaus CORRECTIV (Homepage) langfristig angelegte Recherchen im Sinne einer essenziellen Kritik- und Kontrollfunktion ebenso zu seiner Mission wie die Stärkung der demokratischen Zivilgesellschaft durch einen faktenbasierten Diskurs und medienkompetenzbezogene Schulungsangebote.

Zur individuellen und kollektiven Lernfähigkeit: Komplex adaptive Systeme sind im ständigen Wandel, was der Faktor Mensch mitverursacht. Akteure brauchen folglich eine ständige Lern- und Veränderungsbereitschaft und entsprechende Fähigkeiten, um ihr wie auch immer geartetes ‚gutes Leben' zu sichern. Gerade die Nachhaltigkeitstransformation stellt viele eingeübte Verhaltensweisen und Moralitäten in Frage. Dies macht die Arbeit mit wirtschaftspolitischen Leitbildern zum Ausgangspunkt einer Kulturentwicklung und die Kulturentwicklung selbst zu einem Prozess der Übergänge, so Brocchi (2015, S. 55): Aus der „Nachhaltigkeit als mentale[m] Programm" entsteht die „Nachhaltigkeit als mentale Programmierung", bei der es um die Frage geht, „wie eine kulturelle Strategie des Wandels in Richtung Nachhaltigkeit aussehen kann und welche Rolle dabei Massenmedien, Bildung und Künste spielen"; am Ende geht es um die „Nachhaltigkeit als kulturelle Evolution", was nicht nur das Erreichen eines Soll-Zustands meint; es geht vor allem um eine Art „Beweglichkeit, sprich: um individuelle und kollektive Lernfähigkeit. Betroffen sind hier auch die Kommunikations- und Organisationsformen, weil sie die Fähigkeit des sozialen Systems hemmen oder fördern können, sich an neue Umweltbedingungen anzupassen". Dies macht – im innovationssystemischen Sinne – die Kulturentwicklung für jeden Steuerungsansatz unverzichtbar, der die Stärkung von Zukunftsfähigkeit betrifft.

Damit schließt sich der Kreis, der uns von der Sicht auf den Menschen über die Systembetrachtung bis hin zum Steuerungsansatz für komplex adaptive Systeme geführt hat. Was noch aussteht, ist im Schlusskapitel Lernziele und Erreichtes miteinander abzugleichen, dabei vorhandene blinde Flecken zu benennen und zu begründen, warum die Volkswirtschaftslehre viele Gründe hat, weiterhin forschungsoptimistisch zu sein (vgl. Kap. 12).

11.6   Siebte Etappe: Konzeptionieren Sie Ihren Steuerungsansatz – Der neue Lösungsraum

Willkommen zurück zum siebten und letzten Teil des INSEL-Experiments (vgl. Abschn. 10.6). Stellen Sie sich dabei zusätzliche Handlungsbedingungen vor:

- Sie haben sich auf der INSEL für eine politökonomische Ordnung aus wettbewerblichen, umverteilenden und lernorientierten Elementen entschieden.
- Seit der Staatsgründung sind Jahre vergangen und Ihr INSEL-System ist komplex geworden. Es sind diverse Gruppe zu koordinieren, die unterschiedliche Vorstellungen vom Miteinander entwickelt haben. Und einige Gruppen haben lautere bzw. machtvollere Stimmen als andere, wenn sie etwas einfordern. Zudem gibt es unberechenbare Faktoren, die sich aus der geographischen und klimatischen Lage Ihrer INSEL erklären.
- Da Ihre politökonomische Ordnung nicht in einem ‚Guss', sondern als Stückwerk entstanden ist, wollen Sie Ihre **INSEL-Steuerung reformieren. Hierfür sollen die Instrumentenarten Regulierung, Kulturentwicklung und Nudging ganzheitlich gedacht und miteinander verzahnt werden**, um besser mit langfristigen Steuerungsherausforderungen umgehen zu können. Innerhalb der nächsten drei Jahre sollen – über Dialoge mit allen gesellschaftlichen Gruppen – die Voraussetzungen hierfür geschaffen werden.

Sie haben also genug Zeit, um herauszufinden, wie bestimmte **Wechselwirkungen Ihre INSEL-Steuerung** beeinflussen. Hierzu erhalten Sie jetzt anregende Reflexionsfragen und Denkanstöße:

1. Welche harten Regeln sind Ihrer Meinung nach unverzichtbar, um Ihre INSEL-Steuerung zu legitimieren? Wie begründen Sie als Entscheidungsträger:in, dass diese Regeln keinen Auslegungsspielraum zulassen?
2. Wie kommunizieren Sie dieses Regelwerk? Wie stellen Sie sicher, dass es bei allen gesellschaftlichen Gruppen kommunikativ ankommt und in Ihrem Sinne entschlüsselt wird?
3. Wie arbeiten Sie bei Ihrer INSEL-Steuerung mit politökonomischer Macht? Was bedeutet dies für eine Steuerung, die auf Selbstwirksamkeit setzt?
4. Welche technischen und sozialen Innovationen brauchen Sie, um den Übergang zu umweltschonenden Konsum- und Verhaltensweisen zu unterstützen? Wie regeln Sie die entsprechenden Experimentierräume?
5. Mit welchen Methoden wirken Sie auf die diversen INSEL-Gruppen kulturell ein, damit sich Lebensstile und Konsummuster verändern?
6. Welche Nudging-Maßnahmen finden Sie am attraktivsten, um welches Ziel zu erreichen?
7. Wie erreichen Sie, dass Sie bei all diesen Steuerungsvorhaben von den INSEL-Bewohner:innen als glaubwürdig wahrgenommen werden (politische, normative und praktische Glaubwürdigkeit)?
8. Wie bewerten Sie die Rolle von Emotionen im gesellschaftlichen Diskurs, wenn es um Fragen wie Zukunftsfähigkeit geht? Wie unterstützen Sie als Entscheidungsträger:in, dass eine gesellschaftliche Aufbruchstimmung entsteht und erhalten bleibt?
9. Welchen systemischen INSEL-Zustand wollen Sie der nachfolgenden INSEL-Generation hinterlassen?
10. Welche Erklärungsansätze nutzen Sie als Entscheidungsträger:in, um Zukunftsvorstellungen zu plausibilisieren, die ein Überleben sichern sollen?
11. Was muss passieren, damit die Mehrheit der INSEL-Gesellschaft akzeptiert, dass ökologische Nachhaltigkeit einen bewussten Konsumverzicht bedeutet und den Umbau von Wirtschaft und Gesellschaft braucht? Wie stellen Sie fest, ob dies in Ihrer INSEL-Steuerung ausreichend berücksichtigt ist?

Literatur

Abbott, Kenneth W., und Snidal, Duncan (2000): Hard and soft law in international governance, in: International Organization, Nr. 54 (3), S. 421–456

Ahmed, Arif, und Mustofa, Jahid (2016): Role of soft law in environmental protection: An overview, in Global Journal of Politics and Law Research, Jg. 4, Nr. 2, S. 1–18, https://eajournals.org/gjplr/vol-4-issue-2-march-2016/role-of-soft-law-in-environmental-protection-an-overview/, Zugriff 31.01.2025

Arendt, Hannah (1972/2013): Wahrheit und Lüge in der Politik – Zwei Essays, Piper Verlag, München

Arthur, Brian W. (2021): Foundations of complexity economics, in: Nature, Vol. 3, Februar, S. 136–145, https://www.nature.com/articles/s42254-020-00273-3, Zugriff 11.07.2024

Arthur, Brian W. (2013): Complexity Economics: A Different Framework for Economic Thought, SFI Working Paper: 2013-04-012, Santa Fe Institute, Santa Fe, https://www.santafe.edu/research/results/working-papers/complexity-economics-a-different-framework-for-eco/, Zugriff 11.05.2020

Bannas, Stephan, und Herrmann-Pillath, Carsten (2020): Marktwirtschaft: Zu einer neuen Wirklichkeit Schäffer-Poeschel Verlag, Stuttgart

Benoît, Cyril (2019): The new political economy of regulation, Working Paper, http://cyrilbenoit.com/wp-content/uploads/2020/02/CB_NPR.pdf, Zugriff 13.09.2023

Beermann, Vincent, Rieder, Annamina, und Uebernickel, Falk (2022): Green Nudges: How to Induce Environmental Behavior Using Technology, Konferenzpapier, 43. Internationale Konferenz zu Informationssystemen, Kopenhagen, https://www.researchgate.net/publication/364309658, Zugriff 26.06.2024

Bilz, Kenworthey, und Nadler, Janice (2014): Law, Moral Attitudes, and Behavioral Change, in: Zamir, Eyal, und Teichman, Doron (Hrsg.), Behavioral Economics and the Law, Oxford University Press, New York, S. 241–268

Brandon, Alec, Ferraro, Paul J., List, John A., Metcalf, Robert D., et al. (2017): Do The Effects of Nudges Persist? Theory and Evidence from 38 Natural Field Experiments, NBER Working Paper, Nr. 23277, Cambridge, https://www.nber.org/system/files/working_papers/w23277/w23277.pdf, Zugriff 07.05.2023

Brasche, Ulrich (2023): Auf dem Weg zu mehr Klimagerechtigkeit, Oekom Verlag, München

Brocchi, Davide (2015): Nachhaltigkeit als kulturelle Herausforderung, in: Steinkellner, Vera (Hrsg.), CSR und Kultur, Springer, Berlin, S. 41–70

Brosda, Carsten (2007): Diskursiver Journalismus – Journalistisches Handeln zwischen kommunikativer Vernunft und mediensystemischem Zwang, Dissertation, Universität Dortmund, Verlag für Sozialwissenschaften, Dortmund, https://download.e-bookshelf.de/download/0000/0166/45/L-G-0000016645-0002371606.pdf, Zugriff 12.02.2025

Burger-Menzel, Bettina (2023): Wirtschaftsförderung und E-Governance: Von der Resilienz zur Transformation? in: Korn, Thorsten, Lempp, Jakob, van der Beek, Gregor (Hrsg.), Wirtschaftsförderung in der Krise, Springer Gabler, Wiesbaden, S. 171–196

Costa, Samuel, Mills, Stuart, Duyck, Wouter, und Dirix, Nicolas (2024): Advancing Applied Behavioral Science: The GAP Framework, Social Science Research Network (SSRN), https://papers.ssrn.com/sol3/papers.cfm?abstract_id=4724758, Zugriff 26.06.2024

Dachler, Peter H., und Hosking, Dian-Marie (1995): The primacy of relations in socially constructed organizational realities, in: Hosking, Dian-Marie, Dachler, Peter H., Gergen, Kenneth J. (Hrsg.), Management and Organisation: Relational Perspectives, Ashgate, Avebury, S. 1–23, http://www.geocities.com/dian_marie_hosking/dandh95.html, Zugriff 19.01. 2015

Deutscher Bundestag (2022): Grundsätze der Staatshaftung, Sachstand, Wissenschaftlicher Dienst, WD 3-3000-028/22, Berlin, https://www.bundestag.de/resource/blob/894398/4e7d1e9bf4dbc8254d6c5aeb57e2bacd/WD-3-028-22-pdf.pdf, Zugriff 30.01.2025

Di Giulio, Antonietta, und Defila, Rico (2022): Die Bedeutung von Narrativen für Umwelt und Nachhaltigkeit, Universität Basel, Studie im Auftrag des Bundesamtes für Umwelt, https://edoc.unibas.ch/88066/1/Di_Giulio_Defila_Narrative_Umwelt_Nachhaltigkeit.pdf, Zugriff 14.11.2023

Dosi, Giovanni (2022): The agenda for evolutionary economics: Results, dead ends, and challenges ahead, LEM Working Paper Series, Nr. 2022/24, Scuola Superiore Sant' Anna, Laboratory of Economics and Management (LEM), Pisa, http://hdl.handle.net/10419/273626, Zugriff 23.12.2023

DUK (Deutsche UNESCO-Kommission) (2016): Die kulturelle Dimension der Nachhaltigkeit stärken!, Stellungnahme der Deutschen UNESCO-Kommission zum Regierungsentwurf der Deutschen Nachhaltigkeitsstrategie, 31. Mai 2016, https://www.unesco.de/sites/default/files/2018-03/NachhaltigkeitsstrategieDUKKommentar2016.pdf, Zugriff 27.05.2024

Durlauf, Steven N. (1997): What should policymakers know about economic complexity? Washington Quarterly 21(1), S. 155 – 165, https://www.researchgate.net/publication/23740460, Zugriff 08.05.2020

Esmark, Anders (2007/2008): Democratic Accountability and Network Governance – Problems and Potentials, in: Sorensen, Eva, und Torfing, Jacob (Hrsg.), Theories of Democratic Network Governance, Palgrave Macmillan, Basingstoke, Hampshire, S. 274–296

EC (European Commission) (2021): Better Regulation Guidelines, https://commission.europa.eu/system/files/2021-11/swd2021_305_en.pdf, Zugriff 13.07.2024

EC (2015): Seven Points to Remember when Conducting Behavioural Studies in Support of EU Policy-making, JRC Scientific and Policy Report, Sevilla, Spanien, https://ec.europa.eu/jrc/en/institutes/ipts, Zugriff 22.05.2017

Edelman Trust Institute (2024): Edelman Trust Barometer Global Report, https://www.edelman.com/sites/g/files/aatuss191/files/2024-02/2024%20Edelman%20Trust%20Barometer%20Global%20Report_FINAL.pdf, Zugriff 12.11.2024

Espinosa, Cristina, Pregernig, Michael, und Fischer, Corinna (2017): Narrative und Diskurse in der Umweltpolitik: Möglichkeiten und Grenzen ihrer strategischen Nutzung, Texte 86/ 2017, Umweltbundesamt (Hrsg.), Dessau-Roßlau, https://www.researchgate.net/publication/320445211, Zugriff 14.11.2023

Feldman, Yuval (2014): Behavioral Ethics Meets Behavioral Law and Economics, in: Zamir, Eyal, und Teichman, Doron, The Oxford Handbook of Behavioral Economics and the Law, Oxford University Press, New York, S. 213–240

Foucault, Michel (2012): Die Ordnung des Diskurses, Fischer Verlag, Frankfurt am Main

Gächter, Simon (2014): Human Prosocial Motivation and the Maintenance of Social Order, in: Zamir, Eyal, und Teichmann, Doron (Hrsg.), The Oxford Handbook of Behavioral Economics and the Law, Oxford University Press, New York S. 28–60

Gadinger, Frank, Jarzebski, Sebastian, und Yildiz, Taylan (2014): Politische Narrative. Konturen einer politikwissenschaftlichen Erzähltheorie, in: Gadinger, Frank, Jarzebski, Sebastian, und Yildiz, Taylan (Hrsg.), Politische Narrative. Konzepte – Analysen – Forschungspraxis, Springer, Wiesbaden, S. 3–38

Garben, Sacha (2018): An 'Impact Assessment' of EU Better Regulation, in: Garben, Sacha, und Govaere, Inge (Hrsg.), The EU Better Regulation Agenda – A Critical Assessment, Bloomsbury Publishing, London, S. 217–242

GAO (Government Accountability Office) (2015): Fragmentation, Overlap, and Duplication: An Evaluation and Management Guide, GAO-15-49SP, Washington, https://www.gao.gov, Zugriff 25.02.2022

Giddens, Anthony (1984): The Constitution of Society – Outline of the Theory of Structuration, University of California Press, Berkeley and Los Angeles

Giesel, Katharina D. (2007): Leitbilder in den Sozialwissenschaften. Begriffe, Theorien und Forschungskonzepte, Springer Nature, Wiesbaden

GIZ (Deutsche Gesellschaft für Internationale Zusammenarbeit) (2021): Coherence as the process of joint and integrated policy making, im Auftrag des BMU, Bonn und Eschborn, https://www.giz.de/de/downloads/2101_giz_Policy%20coherence_a%20German%20case%20study.pdf, Zugriff 25.02.2022

GIZ (2019): Towards policy coherence, im Auftrag des BMU, Bonn und Eschborn, https://sd-strategies.com/wp-content/uploads/2017/12/tool_analysis_120320_web_2.pdf, 25.02.2022

Hausman, Daniel M., und Welch, Brynn (2010): Debate: To Nudge or Not to Nudge, in: Journal of Political Philosophy, Jg. 18, Nr. 1, S. 123–136, https://doi.org/10.1111/j.1467-9760.2009.00351.x, Zugriff 12.02.2025

Hartlapp, Miriam (2019): Soft law implementation in the EU multilevel system: legitimacy and governance efficiency revisited, in: Behnke, Nathalie, Broschek, Jörg, und Sonnicksen, Jared (Hrsg.), Configurations, Dynamics and Mechanisms of Multilevel Governance. Comparative Territorial Politics, Springer International Publishing, Berlin, S. 193–210

Henke, Christoph (2007): Memetik und Recht, in: Die juristische Zeitschrift an der Humboldt-Universität-zu-Berlin, HFR, Nr. 2, S. 13–26, https://www.rewi.hu-berlin.de/de/lf/oe/hfr/deutsch/2007-02.pdf, Zugriff 22.07.2024

Hermwille, Lukas (2015): The Role of Narratives in Socio-Technical Transitions, Wuppertal Institut für Klima, Umwelt, Energie, akzeptiertes Manuskript, Energy Research and Social Science, Vol. 11, S. 237–246, https://epub.wupperinst.org/frontdoor/deliver/index/docId/6106/file/6106_Hermwille.pdf, Zugriff 22.07.2024

Hood, C. (2010): The Blame Game: Spin, Bureaucracy and Self-Preservation in Government, Princeton University Press, Princeton, NJ

INTOSAI (International Organization of Supreme Audit Institutions) (2021): Policy coherence and sustainability transition – inspiration for auditors and evaluators, Working Group on Environmental Auditing – VTV (Hrsg.), Helsinki, Finnland

Kahneman, Daniel (2002): Maps of bounded rationality: A perspective on intuitive judgment and choice, Prize Lecture, Princeton University, Princeton, New Jersey, December 8, https://www.nobelprize.org/uploads/2018/06/kahnemann-lecture.pdf, Zugriff 03.09.2017

Kahneman, Daniel, und Tversky, Amos (1974): Judgment under Uncertainty: Heuristics and Biases, in: Science, New Series, Vol. 185 (4157), S. 1124–1131

Kahneman, Daniel, und Tversky, Amos (1981): The Framing of Decisions and the Psychology of Choice', in: Science, New Series, Vol. 211 (4481), S. 453–458

Karlsson-Vinkhuyzen, Sylvia I. (2011): Global regulation through a diversity of norms: comparing hard and soft law, in: Levi-Faur, David (Hrsg.), Handbook on the Politics of Regulation, Edward Elgar Publishing, Cheltenham, UK, S. 604–614

Kelemen, R. Daniel (2018): Eurolegalism and the Better Regulation Agenda, in: Garben, Sacha, und Inge Govaere, Inge (Hrsg.): The EU Better Regulation Agenda. A Critical Assessment, Bloomsbury Publishing. London, S. 205–215

Klein, Josef (2019): Politik und Rhetorik – Eine Einführung, Springer VS, Wiesbaden, https://doi.org/10.1007/978-3-658-25455-1, Zugriff 23.07.2024

Klein, Josef (2018): Frame und Framing: Frametheoretische Konsequenzen aus der Praxis und Analyse strategischen politischen Framings, in: Ziem, Alexander, Inderelst, Lars, und Wulf, Detmer (Hrsg.), Frames interdisziplinärer Modelle, Anwendungsfelder, Methoden, DUP, Düsseldorf, S. 289–330, DOI: 10.1515/9783110720372-010, Zugriff 23.07.2024

Köhler, Tanja (2020): Fake News, Framing, Fact-Checking: Nachrichten im digitalen Zeitalter, transcript Verlag, Bielefeld, https://www.bpb.de/system/files/dokument_pdf/leseprobe_koehler_10671.pdf, Zugriff 11.02.2025

Kohring, Matthias, und Matthes, Jörg (2008): The Content Analysis of Media Frames: Toward Improving Reliability and Validity, in: Journal of Communication, 58, Nr. 2, S. 258–279, https://www.researchgate.net/publication/263232822, Zugriff 12.02.2025

Kohring, Matthias, und Matthes, Jörg (2004): Revision und Validierung einer Skala zur Erfassung von Vertrauen in Journalismus, in: Medien & Kommunikationswissenschaft, Jg. 52, Nr. 3, Januar, S. 377–385, https://www.researchgate.net/publication/269781996, Zugriff 12.02.2025

Kuenzler, Adrian, und Kysar, Douglas A. (2014): Environmental Law, in: Zamir, Eyal, und Teichmann, Doron (Hrsg.), The Oxford Handbook of Behavioral Economics and the Law, Oxford University Press, New York S. 748–806

Küsters, Anselm (2020): Warum eine gute Geschichte nicht immer gut sein muss, DNGPS Arbeitspapier A-02-2020A, Deutsche Nachwuchsgesellschaft für Politik- und Sozialwissenschaft, Max-Planck-Institut für Europäische Rechtsgeschichte, Verlag Barbara Budrich GmbH, Leverkusen und Opladen, https://www.dngps.de/wp-content/uploads/2020/09/36012-37868-1-PB.pdf, Zugriff 22.07.2024

Kurokawa, Kiyoshi, und Ninomiya, Andrea R. (2018): Examining Regulatory Capture: Looking Back At The Fukushima Nuclear Power Plant Disaster, Seven Years Later, in: University of Pennsylvania Asian Law Review, Jg. 13, S. 47–71, https://scholarship.law.upenn.edu/cgi/viewcontent.cgi?article=1034&context=alr, Zugriff 04.05.2022

Kwak, James (2013): Cultural Capture and the Financial Crisis, in: Carpenter, Daniel und Moss, David A. (Hrsg.), Preventing regulatory capture: Special interest influence and how to limit it, Cambridge University Press, New York, S. 71–98

Lakoff, George (2010): Why it Matters How We Frame the Environment, in: Environmental Communication, 4(1), S. 70–81, https://doi.org/10.1080/17524030903529749, Zugriff 14.11.2023

Levi-Faur, David (2011): Regulation and regulatory governance, in: Levi-Faur, David (Hrsg.), Handbook on the Politics of Regulation, Edward Elgar Publishing, Cheltenham, UK, S. 3–24

Lorenz, Edward N. (1963): Deterministic Nonperiodic Flow, in: Journal of the Atmospheric Sciences, 20(2), S. 130–141

Luhmann, Niklas (1984): Soziale Systeme. Grundriß einer allgemeinen Theorie, Suhrkamp, Berlin

May, Robert M. (1976): Simple Mathematical Models with Very Complicated Dynamics, in: Nature, 261, S. 459–467

Miller, John H., und Page, Scott E. (2007): Complex Adaptive Systems, Princeton University Press, Princeton, NJ

Nagatsu, Michiru (2015): Social Nudges: Their Mechanisms and Justification, in: Journal of Philosophy and Psychology, DOI 10.1007/s13164-015-0245-4, S. 1–15, https://www.researchgate.net/publication/277582062

OECD (Organisation for Economic Cooperation and Development) (2024): Unleashing Policy Coherence to Achieve the SDGS – An Assessment of Governance Mechanisms, Paris, https://doi.org/10.1787/a1c8dbf8-en, Zugriff 18.07.2024

OECD (2023): Driving Policy Coherence for Sustainable Development: Accelerating Progress on the SDGs, Paris, https://doi.org/10.1787/a6cb4aa1-en, Zugriff 18.07.2024

OECD (2019): Recommendation of the Council on Policy Coherence for Sustainable Development, OECD/LEGAL/0381, http://www.oecd.org/gov/pcsd/oecd-recommendation-on-policy-coherence-for-sustainable-development.htm, Zugriff 18.07.2024

OECD (2008): Public-Private-Partnerships: In Pursuit of Risk Sharing and Value for Money, Paris, https://www.oecd.org/content/dam/oecd/en/publications/reports/2008/05/public-private-partnerships_g1gh8c7d/9789264046733-en.pdf, Zugriff 26.01.2025

Özer, Ulay (2024): Das verfassungsrechtliche Gebot der Verantwortung deutscher Politiker im Bundestag sowie deren Haftung im Zivilrecht, Dissertation, Universität Göttingen, Cuvillier Verlag, Göttingen

Palmucci, Dario N., und Ferraris, Alberto (2023): Climate change inaction: Cognitive bias influencing managers' decision making on environmental sustainability choices. The role of empathy and morality with the need of an integrated and comprehensive perspective, in: Frontiers in Psychologie, Nr. 14:1130059, S. 1–10, doi: https://doi.org/10.3389/fpsyg.2023.1130059, Zugriff 25.06.2024

Pfeilschifter, Rene, Lauth, Hans-Joachim, Fischer, Doris, et al. (2019): Lokale Selbstregulierung im Kontext schwacher Staatlichkeit in Antike und Moderne. Ein Forschungsprogramm für einen Perspektivwechsel, DFG Forschungsgruppe 2757, LoSAM Arbeitspapiere, Nr. 1, Julius-Maximilians-Universität Würzburg, DOI 10.25972/ OPUS-19347, Zugriff 24.05.2024

Piétron, Dominik, Porak, Laura, und Thieme, Sebastian (2020): Gastbeitrag: Plurale Ökonomik – eine kurze Einführung, in: Thielscher, Christian, Wirtschaftswissenschaften verstehen, Springer Fachmedien, Wiesbaden, S. 189–205, https://www.researchgate.net/publication/341515285, Zugriff 12.07.2024

Pardo-Puhlmann, Margaret, Bischoff, Stefanie, und Betz, Tanja (2016): Leitbilder, Systematisierungen und begriffliche Klärungen aus sozialwissenschaftlicher Perspektive, Educare Diskussionspapier, Nr. 3, Goethe-Universität, Frankfurt am Main, https://doi.org/25656/01:20118, Zugriff 08.03.2025

Ross, Michael W. M. (2015): Komplexitätsökonomik und ihre Implikationen für die Wirtschaftspolitik, in: Perspektiven der Wirtschaftspolitik, De Gruyter, 16 (4), S. 379–392, https://doi.org/10.1515/pwp-2015-0024, Zugriff 12.07.2024

Sen, Amartya (1995): Rationality and Social Choice, in: American Economic Review, 85, S. 1–24

Shapiro, Stuart C. (1992), Artificial Intelligence, in: Shapiro, Stuart C. (Hrsg.), Encyclopedia of Artificial Intelligence, John Wiley, Hoboken, NJ, S. 54–57

Shiller, Robert (2017): Narrative Economics, Diskussionspapier Nr. 2069, Cowles Foundation, https://projects.iq.harvard.edu/files/pegroup/files/shiller2017.pdf, Zugriff 23.05.2021

Stern, Samuel, Livan, Giacomo, und Smith, Robert E. (2020): A network perspective on intermedial agenda-setting, Applied Netwok Science, Springer Open, 5: 31, https://doi.org/10.1007/s41109-020-00272-4, Zugriff 15.11.2023

Sunstein, Cass R. (2014): Nudges.gov: Behaviorally Informed Regulation, in: Zamir, Eyal, und Teichmann, Doron (Hrsg.), The Oxford Handbook of Behavioral Economics and the Law, Oxford University Press, New York, S. 719–747

Thaler, Richard H. und Sunstein, Cass R. (2008): Nudge: Improving decisions about health, wealth, and happiness, Yale University Press, New Haven

Tribe, Keith (1995): Strategies of Economic Order: German Economic Discourse, S. 1750–1950 (Ideas in Context), Cambridge University Press, New York

Tversky, Amos, und Kahneman, Daniel (2002/ 2014): Extensional versus Intuitive Reasoning: The Conjunction Fallacy in Probability Judgement, in: Gilovich, Thomas, Griffin, Dale W., und Kahneman, Daniel (Hrsg.), Heuristics and Biases – The Psychology of Intuitive Judgement, Cambridge University Press, Cambridge, S. 19–48

UBA (Umweltbundesamt) (2024) (Hrsg): Umweltpolitik im Dialog – Umwelt/ Populismus/ Demokratie, Zwischenbericht, Nr. 45, Dessau-Roßlau, https://www.umweltbundesamt.de/sites/default/files/medien/11850/publikationen/45_2024_texte_umweltpolitik_im_dialog_v2.pdf, Zugriff 23.09.2024

UBA (2020) (Hrsg.): Veränderungen berühren uns alle – Die Rolle von Emotionen in Nachhaltigkeitstransformationen, Teilbericht von adelphi consult GmbH, Texte 87/ 2020, Dessau-Roßlau, https://www.umweltbundesamt.de/sites/default/files/medien/479/publikationen/texte_87-2020_veraenderungen_beruehren_alle_-_die_rolle_von_emotionen_in_nachhaltigkeitstransformationen.pdf, Zugriff 17.12.2023

UBA (2018) (Hrsg.): Lesefreundliche Dokumente in Umweltprüfungen, erstellt von TU Berlin, Dessau-Roßlau, https://www.umweltbundesamt.de/sites/default/files/medien/421/publikationen/20180927_lesefreundliche_dokumente_in_umweltpruefungen.pdf, Zugriff 22.11.2018

UBA (2017) (Hrsg.): Nachhaltigkeit 2.0 – Modernisierungsansätze zum Leitbild der nachhaltigen Entwicklung, Texte 94/ 2017, erstellt von adelphi research gGmbH und Institut für Zukunftsstudien und Technologiebewertung, Dessau-Roßlau, https://www.umweltbundesamt.de/publikationen/nachhaltigkeit-20-modernisierungsansaetze-leitbild-3, Zugriff 06.03.2025

UBA (2016) (Hrsg.): Verhaltensökonomische Erkenntnisse für die Gestaltung umweltpolitischer Instrumente, Texte 83/ 2016, erstellt von Universität Kassel und adelphi research gGmbh, Dessau-Roßlau, https://www.umweltbundesamt.de/sites/default/files/medien/1968/publikationen/2017-01-05_endbericht_incent_ii_final_v2.pdf, Zugriff 22.11.2018

UN (United Nations) (2018): Working Together: integration, institutions and the sustainable Development Goals, World Public Sector Report 2018, United Nations Department of Economic and Social Affairs, New York. https://www.local2030.org/library/437/Working-Together-Integration-Institutions-and-the-Sustainable-Development-Goals-World-Public-Sector-Report-2018.pdf, Zugriff 25.02.2022

UNEP, GRID-Arendal et al. (2020): The Little Book of Green Nudges – 40 Nudges to Spark Sustainable Behaviour on Campus, Nairobi und Arendal, https://www.unep.org/explore-topics/education-environment/what-we-do/little-book-green-nudges, Zugriff 13.05.2022

Verlie, Blance (2022): Learning to Live with Climate Change – From Anxiety to Transformation, Routledge, New York, https://www.researchgate.net/publication/352531837_Feeling_the_climate_crisis, Zugriff 15.05. 2024

WBGU (Wissenschaftlicher Beirat der Bundesregierung Globale Umweltveränderung) (2016): Entwicklung und Gerechtigkeit durch Transformation: Die vier großen I, Sondergutachten, Berlin, https://www.wbgu.de/fileadmin/user_upload/wbgu/publikationen/sondergutachten/sg2016/pdf/wbgu_sg2016.pdf, Zugriff 23.05.2018

Wiener, Norbert (1948): Cybernetics, or Control and Communication in the Animal and the Machine, MIT Press, Cambridge, MA

Wissenschaftsrat (2021): Wissenschaftskommunikation, Positionspapier, Kiel, https://www.wissenschaftsrat.de/download/2021/9367-21.pdf?__blob=publicationFile&v=4, Zugriff 23.05.2023

Witt, Ulrich (2006): Evolutionary economics, Papers on Economics and Evolution, Nr. 0605, Max Planck Institute of Economics, Jena, http://hdl.handle.net/10419/31834, Zugriff 30.01.2020

Witte, Erich H. (1989): Sozialpsychologie. Ein Lehrbuch, Psychologie, Verlagsunion, München

World Justice Project (2023): World Justice Project Index 2023, Washington D. C., https://worldjusticeproject.org/rule-of-law-index/downloads/WJPIndex2023.pdf, Zugriff 10.06.2024

WWF, BirdLife, European Youth Forum, European Environmental Bureau und SDG Watch (2019): Sustainable Development Goals, Recommendations to the European Commission, Subgroup on Governance, Coherence and Rule of Law, Paper II – Expanded version, 26.04.2019

Zamir, Eyal (2014): Law's Loss Aversion, in: Zamir, Eyal, und Teichman, Doron (Hrsg.), The Oxford Handbook of Behavioral Economics and the Law, Oxford University Press, New York, S. 268–299

Homepages

BMI (Bundesministerium des Innern und für Heimat) (Homepage): SMART-Regel / SMART-Methode, https://www.orghandbuch.de/Webs/OHB/DE/OrganisationshandbuchNEU/4_MethodenUndTechniken/Methoden_A_bis_Z/SMART_Regel_Methode/SMART_Regel_Methode_node.html, Zugriff 30.01.2025

Bundesregierung (Homepage): Leitbild der Nachhaltigkeitsstrategie, https://www.bundesregierung.de/breg-de/schwerpunkte-der-bundesregierung/nachhaltigkeitspolitik/eine-strategie-begleitet-uns/leitbild-der-nachhaltigkeitsstrategie-392374#tar-1, Zugriff 09.03.2025

CORRECTIV (Homepage): Wofür wir stehen, https://correctiv.org/ueber-uns/, Zugriff 12.02.2025

EP (European Parliament) (Homepage): MEPs adopt new law banning greenwashing und misleading product information, 17.01.2024, https://www.europarl.europa.eu/news/en/press-room/20240112IPR16772/meps-adopt-new-law-banning-greenwashing-and-misleading-product-information, Zugriff 15.03.2024

WJP (World Justice Project) (Homepage): World Bank Leader: Rule of Law is „Essential" to Sustainable Development, Stand 18.04.2024, https://worldjusticeproject.org/news/world-bank-leader-rule-law-essential-sustainable-development, Zugriff 10.06.2024

Touch-down: Über die Volkswirtschaftslehre in transformativen Zeiten

12

„The only recourse we have against bad ideas is to be vigilant, resist the seduction of the ‚obvious', be skeptical of promised miracles, question the evidence, be patient with complexity and honest about what we know and what we can know.

Without the vigilance, conversations about multifaceted problems turn into slogans and caricatures and policy analysis gets replaced by quack remedies.

The call to actions is not just for academic economists – it is for all of us who want a better, saner, more humane world. Economics is too important to be left to economists".

Abhijit Banerjee und Esther Duflo (2019, S. 326): Good Economics for Hard Times

12.1 Über Erkenntnisgewinne und blinde Flecken

Es ist soweit: Wir sind am Ende des Buchs angelangt.

*   In diesem Buch geht es um das volkswirtschaftliche **Erkenntnisziel**, die Komplexität menschengemachter Systeme im ‚Hier und Jetzt' und für das ‚Morgen und Überall' besser zu verstehen. Gelingt dies, können wir als Einzelakteur, Gruppe und Gesamtgesellschaft Fehlanpassungen besser identifizieren und unsere Zukunftsfähigkeit stärken, so die Erwartung.
*   Die **Vorgehensweise** ist konzeptionell eklektisch, also strikt auf das Erkenntnisziel ausgerichtet. Den ersten beiden Buchteilen liegt jeweils ein 3-Stufen-Ansatz zugrunde, der ausgewählte Mainstream- und Schnittstellen-Ökonomiken aufbauend verknüpft. Und ein Set aus Merkmalskategorien hilft, die jeweiligen Ergebnisse zu Menschenbildern (Teil 1) und Systemansätzen (Teil 2) am Ende vergleichend zu rastern. Der dritte Buchteil setzt an der letzten Stufe an und damit am Verständnis komplex adaptiver Systeme. Er entwickelt Hypothesen und Handlungsvorschläge für die Steuerung

menschengemachter Systeme. Modellbezogene Annahmen und Kontroversen bleiben weitgehend ausgeblendet, um den Rahmen des Buchs einzuhalten.

Welche Erkenntnisse haben wir gewonnen? Wir fassen das Wesentliche hier noch einmal zusammen. Dadurch lassen sich die **Erwartungen abgleichen**, die im ersten Kapitel geweckt werden.

In Teil 1 lauten die Ausgangsfragen: Wer bin ich? Oder: Wie denkt und entscheidet der Mensch?

- Hierzu haben wir erkundet, wie mit **Menschenbildern** gearbeitet wird und sich die Sicht auf den Menschen ändert, wenn sich die Volkswirtschaftslehre Disziplinen wie der Soziologie, Psychologie und Kognitionswissenschaft öffnet. Im Ergebnis liegen Menschenbilder vor, die von einem reduzierten Verständnis des Menschen (ECON) bis hin zu einer realitätsnahen Beschreibung (HUMAN) reichen. Ein Menschenbild, das in ein Verhaltensmodell eingebunden ist, hilft dann, menschliches Verhalten in einem bestimmten Handlungsumfeld konsistent zu erklären und gegebenenfalls zu steuern. Dies macht auch die vereinfachende Dichotomie aus zwei Denksystemen relevant (System 1: Intuition; System 2: Ratio).
- Aus Sicht der **entscheidungstheoretischen Mainstream-Ökonomik** geht es um ein rationales Verhalten, auf das sich unterschiedliche Informationsgrade auswirken (Homo oeconomicus; eingeschränkt rationaler Mensch).
  - Denken und Entscheiden finden per Annahme ausschließlich im Denksystem 2 statt. Dabei fällen Akteure präferenzielle Urteile. Sie müssen sich also über die relative Wünschbarkeit von Optionen und die Konsequenzen ihrer jeweiligen Wahlentscheidung Gedanken machen. Eine Präferenzordnung setzt dann alle verfügbaren Optionen zur Bedürfnisbefriedigung möglichst widerspruchsfrei in Relation zueinander. Bei Entscheidungen ist das Gut, das einen höheren Nutzenbeitrag leistet, dem Gut mit einem niedrigeren Beitrag vorzuziehen.
  - Entscheidungsprobleme sind Informationsprobleme. Sind alle Informationen in Quantität und Qualität verfügbar, die wir für unsere Entscheidungsfindung brauchen, sprechen wir von einer Entscheidung bei Sicherheit. Verschlechtert sich die Informationslage, haben wir es entweder mit Entscheidungen bei Risiko zu tun, bei denen wir Wahrscheinlichkeitsaussagen über den Eintritt von Umweltlagen machen können. Oder es handelt sich um Entscheidungen bei Ungewissheit, bei denen dies nicht der Fall ist. Grundsätzlich gilt, dass die methodischen Herausforderungen beim Kontext der Ungewissheit am größten und seitens der Forschung teilweise noch ungelöst sind. Vorgeschlagen werden Methoden, in denen die rationale Lösungssuche einem wissensbasierten Herantasten gleicht, in das Erfahrungs- und darüber Fachwissen einfließt (intelligente Heuristiken).
- Aus Sicht der **Identitätsökonomik** wird das menschliche Verhalten zusätzlich von Netzwerkstrukturen und -prozessen, Rollenerwartungen und sozioökonomischen Machtkonstellationen beeinflusst (Homo socialis).

– In die Entscheidungsfindung gehen nun auch Elemente ein, die mit der sozialen Identität zusammenhängen. Das Denksystem 1 öffnet sich, wird also bei der Entscheidungsfindung ,dazugeschaltet'. Denn der Mensch übt neben instrumentellen Beziehungsarten normative und affektive Beziehungsarten ein. Dabei kommt es zu Rollenerwartungen und Rollenkonflikten. Und es kommt zu sozial festgelegten Emotionen, die sich auf die sozial vorhersehbaren Konsequenzen einer Handlungsweise beziehen, bereits tatsächlich gefühlt werden und – als subjektive Grundstimmung – von gesellschaftlichen Stimmungsbildern beeinflussbar sind.

– Die Realität wird nicht länger nur formal logisch erfasst. Sie wird auch über Geschichten konstruiert. Dies hilft dem Menschen, persönliche Erfahrungen und diejenigen anderer Menschen als sinnstiftende Episoden einzuordnen. In der Folge gibt es keine absolute Wahrheit mehr. Es gibt nur noch diejenige Wahrheit, deren Bedeutung sich soziokulturell in der jeweiligen Lebenswelt plausibilisieren lässt (kleine-Welt-Phänomen).

• Aus Sicht der **Verhaltensökonomik** werden zusätzlich das eigene Selbst, innere Motivationskräfte und kognitive Funktionsweisen bedeutsam (multiples Selbst).

– Der Mensch hat – neben der sozialen Identität – eine personale Identität, die sich über die Selbstwahrnehmung und -bewertung realisiert und in Selbstkonzepten auslebt. Dieses Selbst besteht im Normalfall aus mehreren Ichs, die – je nach Kontext – unterschiedlich stark sensorisch aktiviert werden. Es kommt zu vielfältigen Übergängen zwischen System 1 und System 2. Der Wahrnehmungsausschnitt der Welt wird im Gehirn dabei auf eine Weise abgebildet, die das kognitive Lernen erleichtert.

– Das menschliche Verhalten wird mehrdeutig, sogar widersprüchlich. Dies liegt zum Teil an widerstreitenden Motivationskräften, die sich in Einflussfaktoren von außen (extrinsische Motivation) und Einflussfaktoren von innen (intrinsische Motivation) unterscheiden lassen. Es kommt zu unterschiedlich intensiven Erlebnisqualitäten und emotionalen Episoden, so dass nur Selektives im Gedächtnis abgespeichert wird. Die kognitiven Prozesse selbst können systematisch fehlerhaft, also verzerrt ablaufen (intuitive Heuristiken).

In Teil 2 lauten die Ausgangsfragen: Wer sind wir? Oder: Wie leben und arbeiten wir Menschen zusammen?

• Hierzu haben wir ausgeleuchtet, wie Menschenbilder und **Systemansätze** – auch ideengeschichtlich – miteinander verknüpft sind und warum ein System Ordnung bzw. Koordinationsmechanismen braucht, damit seinen Akteuren klar ist, wie Strukturen, Prozesse und Verhaltensweisen sinnhaft zusammenwirken. Zudem wandelt sich die Vorstellung von einem guten Leben, wenn die Volkswirtschaftslehre ihr zugrundeliegendes Werteverständnis variiert und sich von Disziplinen wie der Politikwissenschaft und Evolutorik befruchten lässt. So kann sich ein ,gutes Leben' auf rein Materielles beziehen, zudem menschliche Entwicklungsbedarfe berücksichtigen oder eine

Lebenszufriedenheit betonen, die aus gemeinschaftlichem Vertrauen und nachhaltigem Verhalten erwächst (Glücksforschung).

- Aus Sicht der **einzelmarktbezogenen Mainstream-Ökonomik** lässt sich der Kernmechanismus eines Wirtschaftssystems als wettbewerbliche Koordination beschreiben (Systemansatz der Marktwirtschaft).

  - Der funktionsfähige Wettbewerb dient als Mittel zum gesellschaftlichen Zweck. Denn findet auf einem Produktmarkt Wettbewerb statt, gibt es mehr Angebotsoptionen und somit Wahl- und Handlungsfreiheiten, wodurch Nachfrager eine Korrektivkraft entwickeln können (z. B. Präferenz für ethische Produktattribute). Zudem setzt Wettbewerb Entdeckungs- und Fortschrittskräfte frei, da er beständig Druck auf Kosten, Preise und somit Gewinne ausübt. Zugleich regt er an, dass Produktionsfaktoren in ihre produktivste Verwendung gelenkt werden, also bei gleichem Output sorgsamer mit knappen Ressourcen umgegangen wird. Als Leistung wird nur belohnt, wer sich auf dem jeweiligen relevanten Markt erfolgreich durchsetzt, was weitere Leistungsanstrengungen auslöst.

  - Die wettbewerbliche Koordination kann jedoch versagen. Versagend wirken natürliche Monopole, wenn ihre Marktmacht zur Ausbeutung der Gegenseite genutzt wird. Bei asymmetrischen Informationsmängeln sind die Informationen zwischen zwei Marktteilnehmern so ungleich verteilt, dass es opportunistische Verhaltensweisen begünstigt. Externe Effekte wiederum bewirken eine volkswirtschaftlichen Über- oder Unterproduktion von Produkten, wobei der jeweilige Verursacher die Folgen für Dritte in seinem rationalen Kalkül ignoriert (Haftungs-/Vergütungsdefizite). Und bei öffentlichen Gütern kommt es zu gesellschaftlichem Trittbrettfahren und bei Allmende-Gütern zu (globaler) Übernutzung.

- Aus Sicht der **Politökonomik** wird der Kernmechanismus der wettbewerblichen Koordination mit dem Ergänzungsmechanismus der umverteilenden Koordination verzahnt (z. B. Systemansatz der sozialen Marktwirtschaft), wobei Politsystemisches an Bedeutung gewinnt (z. B. Systemansatz der repräsentativen Demokratie).

  - In der Folge werden Marktergebnisse auf eine sozial erwünschte Weise korrigiert. Positive Wirkungen entfalten sich über die Chancengleichheit, da sie Menschen erlaubt, ihr produktives Potenzial zu entwickeln und auszuüben (Beispiel: Bildungspolitik). Risikogemeinschaften wiederum haben eine höhere Kooperationsbereitschaft, wodurch sie robuster mit den Folgen widrigkeitsbedingter Notfallsituationen und Schocks umgehen können (Beispiel: Konjunkturpolitik). Und bei adaptivem Kollektivhandeln wirkt eine Verteilungsnorm, die Individuen und Gruppe(n) in die Lage versetzt, mit den Folgen von mittel- und längerfristigen Veränderungen (temporär) erfolgreich umzugehen (Beispiel: Strukturpolitik). Analog zum marktlichen Wettbewerb wird in Demokratien zudem angenommen, dass ein politischer Wettbewerb leistungssteigernd wirkt, was sich unter anderem in Wahlen und Föderalismusansätzen ausdrückt.

  - Negative Wirkungen gehen vom Staatsversagen aus. Einerseits kann das Anwachsen diskretionärer, also fallbezogener Staatsaufgaben deutliche Steuerungsprobleme und unverhältnismäßig hohe Bürokratiekosten verursachen (technisches Staatsversagen). Andererseits kann ein Regulierungs‚markt‘ entstehen, auf dem staatliche Akteure ihre Leistungen eigennutzorientiert anbieten. Als Nachfrager sind vor allem machtvolle und gut organisierte Interessengruppen aktiv, die dadurch Renten auf sich umlenken können (anreizbedingtes Staatsversagen). In der Gesamtschau müssen Staatsausgaben finanziert werden. Dies schließt Zins- und Tilgungszahlungen ein, die der Staat teilweise künftigen Generationen aufbürden kann. Bei einem hohen Schuldenstand ist der Handlungsspielraum des Staates eingeschränkt.

- Aus Sicht der **Evolutionsökonomik** gibt es zusätzlich eine selbstlernende Koordination, die sich den diversen Akteuren in ihrem jeweiligen Handlungskontext innovationssystemisch sinnhaft erschließt (z. B. soziale Marktwirtschaft und repräsentative Demokratie als komplex adaptives System).
  - So lassen sich Systemergebnisse verbessern, wenn Wissensnetzwerke technologisch und institutionell lernen. Das technologische Lernen reicht von neuen Grundlagenerkenntnissen bis hin zu marktlichen Produktverbesserungen. Es funktioniert umso besser, je vertrauensvoller miteinander kooperiert wird und je passfähiger, kodifizierbarer und werthaltiger das neue Wissen ist. Dies betrifft auch neuartige Praktiken, die als soziale Innovationen entstehen. Beim institutionellen Lernen konfigurieren die Akteure den (in-)formellen Regelungskontext neu, der ihr innovationssystemisches Handeln bestimmt. Letztlich ist jeder Standort institutionell konfiguriert, wozu die Regelung geistiger Eigentumsrechte ebenso gehört wie die Denkmuster, die eine vorherrschende Wirtschaftskultur ausprägt.
  - Negativ wirken innovationssystemische Fehlanpassungen. Diese verringern die Zukunftsfähigkeit und – mit ihr – die Widerstandskraft und transformative Leistungsfähigkeit von Wissenschaft, Wirtschaft, Gesellschaft und Staat. Ursachen sind vor allem Netzwerkdefizite (z. B. Infrastrukturprobleme, fehlende Organisations- und Rollentypen, Netzwerklöcher), unzureichend qualifizierte und verfügbare Akteure (z. B. fehlende Future Skills, Fachkräftemangel) sowie institutionelle Defizite (z. B. widersprüchliche Anreize, fragmentierte Governance). Aus Sicht der Transitionsforschung spielt zudem der Faktor Zeit eine entscheidende Rolle (z. B. Halbwertszeiten von Wissensbestandteilen, menschlich diverses Zeitempfinden). Setzt eine globale Systemkonkurrenz den nationalen Standort und seine Akteure unter Druck, verstärkt dies in der Regel Schutzbedarfe, Ängste und kognitive Verzerrungen.

In **Teil 3** haben wir aus alldem Schlussfolgerungen für die Steuerung komplex adaptiver Systeme abgeleitet (netzwerkbasierte Governance). Die Ausgangsfragen lauten: Was macht unser Miteinander zukunftsfähig? Oder: Wie muss ein komplex adaptives System gesteuert werden, damit Akteure aus Wissenschaft, Wirtschaft, Gesellschaft und Staat vor allem unbekannte Herausforderungen besser meistern können?

- Wir ordnen die entsprechende Sicht der **Komplexitätsökonomik** zu, die in diesem Buch konzeptionell fließend aus der Evolutionsökonomik hervorgeht. Beide Schnittstellen-Ökonomiken eint die Akzeptanz der Zukunftsunsicherheit und ein Netzwerkdenken in vielfältigen Interaktions- und Diffusionsprozessen. Der heuristische Steuerungsansatz der netzwerkbasierten Governance geht jedoch – auch politökonomisch – über das hinaus, was wir zuvor als innovationssystemischen Zusammenhang kennengelernt haben.
  - Ziel ist, die Zukunftsfähigkeit aller Akteure zu stärken. Hierfür arbeitet die netzwerkbasierte Governance in regierungsoffenen Handlungsräumen und verhandelt die Aufgaben- und Machtverteilung zwischen staatlichen und nicht-staatlichen Akteuren in Teilen neu. Zudem nutzt sie mehr als eine Instrumentenart, wobei der Mix aus Regulierung, Kulturentwicklung und Nudging unsere bisherigen Erkenntnisse aus Mainstream- und Schnittstellen-Ökonomiken integriert. Für eine ganzheitliche Sichtweise sind die Bewertungskriterien (hier: Legitimität und Glaubwürdigkeit) dann auf alle Instrumentenarten gleichermaßen anzuwenden, was im Buch über eine politische, normative und praktische Dimension der netzwerkbasierten Governance abgebildet wird.
  - Aufgrund der Zukunftsunsicherheit ist bei der Steuerung komplex adaptiver Systeme von ständigen Korrekturbedarfen auszugehen, die teilweise erheblich ausfallen können (z. B. bei zunehmender Klimavulnerabilität). Strategiefestlegungen wie das ‚grüne Wachstum' sind daher ständig zu hinterfragen und Ergebnisse auf den Prüfstand zu stellen. Die Diskussion der entsprechenden Steuerungspfade zeigt, dass Vieles inhaltlich, methodisch, ethisch und realpolitisch noch offen ist.
- Die **netzwerkbasierte Governance** spiegelt die Komplexität ihres Steuerungskontextes.
  - So gibt es neben der hoheitlichen Regulierung hybride Regulierungsarten; beide nutzen harte Verbindlichkeiten (z. B. Gesetze), die verpflichtend und präzise sind und rechtskonforme Kontrollen und Sanktionen erlauben, ebenso wie weiche Verbindlichkeiten (z. B. Verhaltenskodizes), die schnelle und flexible Lösungswege darstellen. Die Kulturentwicklung versucht Steuerungsinhalten eine neue moralische Bedeutung zuzuschreiben, damit sie soziokulturell passfähig erscheinen (z. B. Leitbildarbeit); hierfür bedient sie sich vielfältiger Ausdrucksformen (z. B. Narrative), deren Auswahl und Ausgestaltung sich nach der jeweiligen Lebenswelt aus Lage- und Orientierungsvariablen richten. Das Nudging wiederum arbeitet mit sozial und kognitiv sanften Schubsern, bei denen weder Handlungsoptionen eingeschränkt noch Anreize gesetzt werden, die sich substanziell auf den Risikonutzen auswirken (z. B. stärkere Sichtbarkeit bestimmter Merkmale); im Ergebnis werden Individuen und Gruppen (kognitions-)psychologisch zu wünschenswerten Verhaltensweisen motiviert. Jede Instrumentenart hat über ihre jeweiligen Einflussgrößen interne Wechselwirkungen (z. B. Aushärten weicher Verbindlichkeiten). Zudem sind alle drei Instrumentenarten miteinander wirkungsverbunden

(z. B. Selbstregulierung als Kulturausdruck; Nudge als regulativer oder gruppennormierender Verstärker).

– Die Anforderungen an die netzwerkbasierte Governance sind hoch. Sie soll regulativ, soziokulturell und (kognitions-)psychologisch erfolgreich wirken, also in all ihren Dimensionen legitim und glaubwürdig sein. Zugleich soll sie korrekturoffen heuristisch sein, um transformationsfähige Einzelanstrengungen nicht zu blockieren. Letztere sind in ihrer Bedeutung in einen transformativen Gesamtzusammenhang einzuordnen. Denn die Steuerung komplex adaptiver Systeme braucht ordnungsbedeutsame Leitplanken und – daraus abgeleitet – angemessene (Infra-) Strukturen, möglichst widerspruchsfreie Prozesse und zukunftsfähige Kompetenzen dort, wo sie eine Transformation richtungsweisend gestalten soll. Und sie braucht – als Gegengewicht zur Macht – demokratische Kontrollkräfte, die über Wahlen und den Rechtsweg (z. B. über Haftungsansprüche) Ausdruck finden und von qualitätsgesicherten Medien vertreten werden.

Immer mitgedacht und anwendungsbezogen illustriert: Die **Nachhaltigkeit**, weil sie relevant ist. Denn ihr Bezugsraum hilft, …

- … menschliches Handeln in einem systemischen Miteinander weitgehend ‚modellneutral' auszuleuchten;
- … alle Inhalte als Anwendungsrealität greifbar zu machen;
- … darauf hinzuweisen, dass auch das planetare System komplex und seitens der Wissenschaft in großen Teilen noch unverstanden ist (z. B. Klimawandel, Biodiversitätsverluste, Folgen des Tiefseebergbaus);
- … zu betonen, dass wir auf einem menschenvollen Planeten leben, also im Zeitalter des Anthropozäns. Damit stößt unsere Ressourcennutzung an planetare Belastungsgrenzen, die selbst dynamisch vielschichtig sind. Zu den entsprechenden Phänomenen gehören eine sich langsam aufbauende Klimakrise ebenso wie die Häufung von Schockereignissen (z. B. Extremwetterlagen) und der unvorhersehbare Eintritt von Kipppunkten.

Das Buch hat **drei blinde Flecken**:

- Größter blinder Fleck ist das **Geld- und Finanzsystem**. Es wird nur punktuell erwähnt, beispielsweise im Rahmen der Konjunkturpolitik (vgl. Abschn. 8.2), als Hinweis auf die Investitionsbedarfe einer Transformation (z. B. geduldiges Kapital; vgl. Abschn. 9.3) oder als Absichtserklärung der Evolutionsökonomik, sich stärker mit den Übertragungsmechanismen zwischen Finanz- und Realwirtschaft zu befassen und mit den Folgen der sich dramatisch öffnenden Einkommens- und Vermögensschere (vgl. Abschn. 9.5). Damit bleibt eine bedeutsame Forschungsrichtung der Volkswirtschaftslehre weitgehend ausgeblendet, die auf Geld- und Finanzmärkte spezialisiert ist. Auch hat sich ein Teil der Makroökonomik verhaltensökonomisch auf den Weg gemacht (behavioral macroeconomics), was wir durch den Hinweis auf Keynes und Minsky nur gestreift haben (vgl. Abschn. 2.3); es geht um die Preisbildung auf den Finanzmärkten, die auch von nicht-ökonomischen Faktoren beeinflusst wird, also von Soziologischem (z. B. Nachahmungseffekten) und Kognitionspsychologischem (z. B. übermäßigem Selbstvertrauen). Die Geldpolitik ist davon potenziell betroffen, da sie über die Finanzmärkte wirkt.

- Zweiter blinder Fleck ist das **Geostrategische** mit seinen Bewegungen und Gegenbewegungen. Zwar ist die Diskussion der Nachhaltigkeit ohne globale Bezüge undenkbar (vgl. Kap. 8). Was dies aus Sicht Europas und Deutschlands strategisch bedeutet, bleibt jedoch auf Hinweise beschränkt, die sich auf die systemische Konkurrenz der Volksrepublik China beziehen (vgl. Abschn. 6.2) und auf die Diskussion der strategischen Industriepolitik (vgl. Abschn. 9.3). Doch die internationale Ordnung, die marktwirtschaftlichen Prinzipien folgt, wankt. Denn Politikkoalitionen des ,globalen Südens' erstarken (z. B. Erweiterung des BRIC-Raums) und neue Blockbildungen sind denkbar. Dies wird Export- und Importmöglichkeiten verändern und die Diffusion neuer Technologien beeinflussen. Und es kann vielfältige Lieferstörungen auslösen und Themen der strategischen Autonomie Auftrieb verleihen (z. B. bei Industrierohstoffen), auch mit Blick auf eine wachsende Weltbevölkerung.

- Kleinster blinder Fleck ist die **politische Macht**. Ihr wurde aus Sicht der Neuen Politikökonomik ein eigener Abschnitt gewidmet (vgl. Abschn. 8.3). Und nicht nur dort wurde sie erwähnt. Dennoch blieb sie der ,Geist im Raum', anwesend und doch unsichtbar. Dies spiegelt sich in großen Teilen der Volkswirtschaftslehre.

  – Die Neue Institutionenökonomik analysiert die politische Macht zumindest als Prinzipal-Agenten-Problem (PA-Problem; vgl. Abschn. 8.3). Die Staatsangehörigen (Prinzipale) haben hohe Transaktionskosten, während sie das Handeln ihres demokratisch gewählten Führungspersonals (Agenten) wirksam zu kontrollieren suchen. Dies gibt den Agenten „Gelegenheiten für ex ante und ex post Opportunismus einschließlich offener ,Raubüberfälle'", so Richter und Furubotn (1996/2003, S. 516–517), was den Grundsatz der Gewaltenteilung und das Rechtsstaatsprinzip bedeutsam macht: „Aber wie wir wissen, ist die Information nicht nur asymmetrisch verteilt, sie ist unvermeidlicherweise unvollständig – insbesondere im Hinblick, darauf, was die Zukunft bringen wird". Die Autoren stellen daher fest: „Es muss etwas Ermessensspielraum für die Agenten bleiben, denen ihre Prinzipale (die Staatsangehörigen) bis zu einem gewissen Grad vertrauen müssen. […] Das Problem der Glaubwürdigkeit des Staates bezüglich seiner Geld- und Finanzpolitik gehört hierher". Es braucht also auch Institutionen, welche die Selbstverpflichtung der Agenten glaubhaft machen (z. B. Amtshaftung; vgl. Abschn. 11.5). Und es braucht eine staatliche Organisationskultur, die das Problem der Transaktionskosten entschärft (z. B. Politikkohärenz; vgl. Abschn. 11.2). Richter und Furubotn (1996/2003, S. 519) verweisen hierzu auf Vereinbarungen, die sich selbst durchsetzen und auf einem „klaren, genügend allgemeinen Prinzip beruhen", dessen Annahme allerdings „einiger Überredung oder erzieherischer Einwirkungen ex-ante" bedarf.

– In der Realität ist Skepsis angebracht, ob sich gewählte Agenten in diesem Sinne ‚überreden‘ oder ‚erziehen‘ lassen; wir haben dies berücksichtigt, indem wir gegen Ende des vorherigen Kapitels aktuelle Diskurse zur Stärkung der Staatshaftung und zur Rolle unabhängiger Medien aufgegriffen haben. Zudem fehlt in der Neuen Institutionenökonomik und anderen Teilen der Volkswirtschaftslehre noch weitgehend die Akzeptanz bestimmter menschlicher Attribute; hierzu zählen Emotionen (z. B. Angst) und kognitive Verzerrungen (z. B. politisches Framing), mit denen ein per se immoralisch agierender Populismus arbeitet. Beides paart sich in Entwicklungen, wie wir sie in einigen Ländern sehen und grenzüberschreitend spüren; dabei geht es um die enorme Marktkapitalisierung einiger Tech-Konzerne und deren Verzahnung mit einer politischen Macht, die Moral zu einem ‚Deal‘ entleert. Auch vor diesem Hintergrund ist es sinnvoll, Systemtransformationen und den Faktor Mensch volkswirtschaftlich neu zu denken.

12.2 Über integrativen Forschungsoptimismus

Die Gesamtschau zeigt: Der Erkenntnisreichtum der Volkswirtschaftslehre ist immens und vielfältig mit ihren Theorien und Methoden, ihren Werteverortungen und Menschenbildern, ihren staatsphilosophischen Ideen und systemischen Ansätzen (vgl. Abschn. 6.2). Doch noch fehlt ihr ein **wissenschaftliches Paradigma, das ganzheitlich angelegt** ist. Fehlt solch ein Paradigma in den Sozialwissenschaften und damit in der Volkswirtschaftslehre, kommt es bei der Erforschung komplex adaptiver Systeme nach Miller und Page (2007, S. 26–27) zu folgenden Phänomenen:

- Einige wichtige Fragen werden nicht beantwortet oder schlichtweg ignoriert.
- Manchmal fallen wichtige Fragen durch die ‚Ritzen‘, weil sie entweder einer anderen Forschungsdomäne zugerechnet werden (was falsch oder wahr sein kann) oder an der Schnittstelle zweier Bereiche liegen und einfach in beiden verlorengehen.
- Öfter als gedacht sind Fragen einfach zu schwierig, so dass sie ignoriert oder (aus einer durchaus verworrenen Argumentation heraus (some convoluted reasoning)) als unwichtig abgetan werden.
- Häufig fehlt das Werkzeug, um Antworten auf besondere wissenschaftliche Fragen zu finden. Über ein gegebenes Set an Werkzeugen lassen sich Probleme dann schnell in solche aufteilen, die sich lösen lassen, und solche, bei denen dies nicht der Fall ist. Verändern sich die Werkzeuge, verändern sich auch die möglichen Fragestellungen.

Zehn Jahre nach Miller und Page sieht Gräbner (2017, S. 214, 216) die Institutionalisierung des Wissenschaftssystems weiterhin als unzureichend, um dem Forschungsanliegen der Komplexitätsökonomik zu genügen. Er sieht die wissenschaftliche Selbstorganisation vielmehr in die Gegenrichtung tendieren (intellectual lock-ins) und fordert ‚pluralistische Interventionen‘, um eine **plurale Volkswirtschaftslehre auch kulturell im**

Wissenschaftsbetrieb zu verankern. Dies ist wenig überraschend. Wie alle menschlichen Teilsysteme bildet auch die Wissenschaft kleine Welten heraus. Sie braucht also das, was sie den anderen Akteuren innovationssystemisch selbst vorschlägt (vgl. Abschn. 9.2): Sie muss technologisch lernen (z. B. neue Theorien und Methoden). Und sie muss institutionell lernen, braucht also ein institutionelles Unternehmertum, um das eigene Umfeld neu zu konfigurieren (z. B. Kriterien zur Bewertung von Forschungsleistungen). Daraus lässt sich Folgendes ableiten:

- Im Sinne einer Transformationsforschung und transformativen Forschung braucht die Volkswirtschaftslehre einen entwicklungsoffenen Dialog zwischen disziplinären Denkschulen und zwischen Disziplinen (vgl. Abschn. 2.1 und 2.3).
- Darüber hinaus benötigt der Teil ihrer Erkenntnisforschung mehr institutionelle Teilhabe, der von vertrauten Pfaden abweicht. Hierzu zählen Ansätze, die ganzheitlich angelegt sind (z. B. Komplexitätsforschung) und durchaus Vorgehensweisen mit sich bringen, die der Praxis intelligenter Heuristiken gleichen (vgl. Abschn. 3.3).
- Zugleich ist als Praxis einzuüben, sich mit den vielfältigen Wertevorstellungen auseinanderzusetzen, die von einer Problemstellung berührt werden (z. B. Inwertsetzung von Biodiversität), sowie mit den „wissenschaftsexternen Werten und Normen, die implizit in ökonomischen Theorien enthalten sind" (Rogowski 2023, S. 29; vgl. Abschn. 2.2 und 6.3).
- Im Sinne einer Transformationsbildung und transformativen Bildung muss die Volkswirtschaftslehre die entsprechenden Erkenntnisgewinne in die Lehre einbringen und dort mit einer Didaktik verzahnen, die epistemologische und ethische Reflexionen unterstützt (vgl. Abschn. 2.1 und 6.2).
- Hinzukommt kommt ein Transfer, der – kommunikativ und anwendungspraktisch – diese neue Sicht- und Herangehensweise diffundieren lässt. Die Erfahrung zeigt, dass die Transition aus einer Nische hin zu einem neuen Paradigma gelingen kann. Allerdings braucht es hierfür Gelegenheitsfenster, den (wissenschafts-)politischen Willen und adäquate (institutionelle und allokative) Handlungsvoraussetzungen, zu denen auch die Synchronisierung von Zeitvorstellungen zählt (vgl. Abschn. 9.1, 9.3 und 10.1).

Zugleich ist unbestreitbar: Die Volkswirtschaftslehre ist in Bewegung, ist es immer gewesen, mal langsamer, mal schneller. Und: Die Volkswirtschaftslehre ist vielstimmig, ist es immer gewesen, wobei einige Stimmen andere eine Zeit lang übertönen. Im Ergebnis verschiebt sich das, was Mainstream ist, wie das Beispiel der Verhaltensökonomik zeigt, die dem Mainstream mehr und mehr zugerechnet wird. Das vorliegende Buch macht diesen volkswirtschaftlichen Entwicklungsraum in einer ausschnitthaften Momentaufnahme sichtbar und gibt den verschiedenen Richtungen eine gleichberechtigte Stimme. Es steht somit für einen **Forschungsoptimismus, der wertschätzend integrativ ist** und sich – im Sinne von Miller und Page – als ganzheitlich versteht.

- Dies liegt einerseits an der Nachhaltigkeitstransformation und ihrer ökonomischen, ökologischen und sozialen Dimension, die es global und intergenerational zu lösen gilt. Sie ist die **drängende Herausforderung unserer Zeit**, die uns alle zu Suchenden macht. In diesem (Untersuchungs-)Kontext kann durch Interaktionen und Ereignisse – selbst in Teilsystemen – überraschend schnell Komplexität entstehen. Dabei dürfen Komplexität und Kompliziertheit nicht miteinander verwechselt werden. Denn komplizierte Zusammenhänge lassen sich für ein besseres Verständnis zerlegen; und haben wir die Einzelteile verstanden, lässt sich auch eine Weltsicht konstruieren, so Miller und Page (2007, S. 9, 27); Komplexität hingegen ist eine Systemeigenschaft, die sich für ein besseres Verständnis nicht vereinfachen lässt. Wir haben uns diesem Verständnis im Buch über die Auswahl der Erkenntnisbausteine angenähert.
- Andererseits löst nach Miller und Page (2007, S. 231) das Erkunden komplex adaptiver Systeme auch eine wissenschaftliche Freude aus, die der Jagd auf Regenbogen gleicht. Dabei bringt jede neue Entdeckung weitere Fragen hervor, so dass die schwer fassbare Beute entschlüpft, wann immer sie greifbar scheint, und die Jagd beginnt erneut. Dass die Jagd nicht endet, hängt – wie bereits benannt – mit der Existenz brennender Fragen zusammen. Für Sedlacek (2011, S. 318) braucht solch eine wissenschaftliche Neugierde Enthusiasmus, also intrinsische Motivationskräfte, und Inspiration, also die Existenz kreativer Momente. Vor allem Letztere lässt sich nicht erzwingen, so der Autor. Er fordert daher die volkswirtschaftlichen Denkschulen auf, ihre Erkenntnisse ideologiefrei fließen zu lassen, damit die **Inspiration aus den (Phantasie-)Quellen** schöpfen kann, die sie für das wissenschaftliche Entdecken braucht: „Let us use economic schools according to how they fit given matters and not according to which axiomatic system is closer to our worldview. Let us give up efforts to find one school that is ‚right‘ or is ‚closer to the truth‘, and rather let us order them according to their usefulness for a particular reality. Inspiration comes involuntarily; there is neither a scientific nor rigorous method for it. Revel in it. Our education teaches us to apply rigorousness, but at the same time we neglect the other side of knowledge, which is cognition itself, discovering mysteries, fleeting inspiration, openness to the muses, the fineness and sensitivity of the spirit. [...] Without inspiration, burning questions, and enthusiasm for the issue, there is no discovery". Das INSEL-Experiment des Buchs ist ein Schritt in diese Richtung. Es bietet ein Innehalten, um sich einzelnen Erkenntnisbausteinen assoziativ zu nähern und sich in der eigenen Reflexionswelt zu Antworten oder einer Antwortsuche inspirieren zu lassen.

Hier endet unsere volkswirtschaftliche Entdeckungsreise zum ‚Faktor Mensch in komplex adaptiven Systemen‘. Was sich daraus ergibt, ist im Sinne des Buchs zukunftsoffen.

Literatur

Banerjee, Abhijit V., and Duflo, Esther (2019): Good Economics for Hard Times, Penguin Random House, Vereinigtes Königreich

Gräbner, Claudius (2017): Complexity of Economies and Pluralism in Economics, in: Journal of Contextual Economics 137, S. 193–226, https://doi.org/10.3790/jce.137.3.193, Zugriff 18.07.2024

Miller, John H., und Page, Scott E. (2007): Complex Adaptive Systems - An Introduction to Computational Models of Social Life, Princeton University Press, Princeton und Oxford

Richter, Rudolf, und Furubotn, Eirik G. (1996/2003): Neue Institutionenökonomik, 3. Auflage, Mohr Siebeck, Tübingen

Rogowski, Wolf (2023): Ideale ohne Ideologie in der Ökonomik. Evidenzbasierte Verbindung positiver und normativer Ökonomik als Mittel der Ideologiekritik, in: Zeitschrift für Wirtschafts- und Unternehmensethik, Jg. 23, Heft 1, S. 57–92, Nomos, doi: https://doi.org/10.5771/1439-880X-2022-1-57, Zugriff 20.02.2025

Sedlacek, Tomas (2011): The Economics of Good and Evil, Oxford University Press, Oxford

Stichwortverzeichnis

A

Abhängigkeit, wohlfahrtsstaatliche 235
Affekt 105
Anthropozän 7, 323, 449
Armutsgefährdungsschwelle 216
Attentismus 222
Attributionsforschung 381

B

behavioral macroeconomics 449
Belastungsgrenze, planetare 7
Betrug
    Sozialleistungs- 235
    Subventions- 235
Bildungskette 217
Bildungspolitik 217
Biodiversität 187
Biokunststoff 174
Bioökonomie 312
Biopiraterie 314
Biotechnologie 174
Bundeskartellamt 179
Bundesnetzagentur 182
Bürokratiekosten 242

C

Chancengleichheit 215
Compliance 152, 377
Corporate Social Responsibility (CSR)
    219, 243, 290

D

Daseinsvorsorge 191
Deal, grüner 345
Defizit, institutionelles 304
Degrowth 348
Dichotomie aus zwei Denksystemen 24
Digitalisierung 175
Dominanz des Freiwilligenprinzips 133
dual licensing 305

E

Effizienz 175
Eigenschaft 16
Eigentum, geistiges 187, 286, 304
Einkommen
    bedingungsloses
        Grundeinkommen 212
    Primär- 177, 207
    Sekundär- 207
E(lectronic)-Government 241
Emissionshandel 187
Emotion
    moralische 80
    sozial festgelegte 78
Emotionssoziologie 78
Entscheiden
    intuitives 24
    rationales 23
Entscheider, eingeschränkt
    rationaler 60
Entscheidungsarchitektur 413

Entscheidungsproblem
    bei Ungewissheit 52
    deterministisches 47
    stochastisches 49
Entscheidungstheorie 43
Episode, emotionale 105
Erkenntnisforschung (Epistemologie) 15
Erwartungsnutzentheorie, neue (prospect
        theory) 110
Ethik 208
Evolutorik 151
Externalität
    negative 186
    positive 186, 286

F
Fachkräftemangel 303
Fake News 230, 362, 431
Fehlanpassung 299
Föderalismus 232, 378
Forschung und Bildung,
        transformative 20
Fragilität, staatliche 212
Framing, politisches 429
Freiheit 169
    formale 259
    materielle 259
    Wahl- und Handlungs- 171
Fusionskontrolle 179

G
Gefangenendilemma 51
Gerechtigkeit 169
    Bedarfs- 209
    Leistungs- 177
    Steuer- 252
Gesellschaftsvertrag 136
Gesellschaftsvertrag,
        intergenerationaler 225
Glaubwürdigkeit 362, 384
Globalisierung 308
Governance 248, 341
    ausreichend gute 358
    fragmentierte 306
    gute 357
    KI-gestützte 362
    netzwerkbasierte 342

    polizentrische 341
    smarte 358
Greenwashing 184, 380
Gut
    Allmende- 191
    Club- 190
    öffentliches 189, 287, 433
    privates 165
    Umwelt- 189
    unreines öffentliches 190

H
Haftung
    für legislatives Unrecht 428
    Amts- 428
    privatwirtschaftliche 428
Handlungsspielraum, diskretionärer 239
Heuristik 54
    Affekt- 110
    Anker- 110
    Bewertungs- 109
    intelligente 55
    intuitive 108
    narrative 422
    Repräsentativitäts- 109
    Verfügbarkeits- 109
    wissensbasierte 54
Holismus
    methodologischer 25
    normativer 27
Homo
    narrans 82
    oeconomicus 57
    socialis 86
    sustinens 18
Homophilie 73
Humankapital 216, 280

I
Identität
    personale 99
    soziale 73
Identitätsnutzen 91
Ignoranz, rationale 246
Index
    Bruttoinlandsprodukt 142
    Glücks- 145

Korruptions- 248
menschliche Entwicklung 144
nachhaltige Entwicklungsziele 146
Individualismus
methodologischer 22, 91
normativer 26, 136
Industriepolitik, strategische 228, 306
Informationsgrad 47
infrastruktur, kritische 300
Infrastrukturdefizit 300
Innovation
Produkt- 173
Prozess- 175
soziale 288
transformative 276
verkörperte 300
Innovationssystem 272
Institution 132
Institutionenökonomik
alte (AIÖ) 152, 322
neue (NIÖ) 152, 197, 259
Interdisziplinarität 28
Intergouvernementalität 378

J
Journalismus
digitaler 432
diskursiver 430
gemeinwohlorientierter 433
Qualitäts- 432
Wissenschafts- 433

K
Kapital
Finanz- 209
geduldiges 301
Human- 209
Natur- 209
Sach- 209
Sozial- 209
Wagnis- 301
Kapitalismus 3, 235
Kartellverfolgung 179
Katastrophismus 102, 412
Kausalität 148

KI (Künstliche Intelligenz) 119, 176, 277, 285,
419, 431
Kleine-Welt-Phänomen 85
Kognition 100
Kognitionsforschung 32
Kohärenz, narrative 406
Kollektivhandeln, adaptives 225
Kommunikation,
Wissenschafts- 433
Kommunikationsformat 285
Kompetenz 17
generische 280, 285
Medien- 85
Multiperspektivitäts- 322
Risiko- 49
zukunftsorientierte 302
Kompetenzdefizit 302
Komplexität 3, 453
Kompliziertheit 453
Kondratjew-Zyklus 275
Konjunkturpolitik 222
antizyklische 224
Konjunkturzyklus, politischer 244
Konkurrenz
potenzielle 166
substitutionale 166
tatsächliche 166
Koordination
selbstlernende 316
umverteilende 255
wettbewerbliche 194
Korrektivfunktion 171
Korrelation 148
Kreislaufwirtschaft 227
Kulturentwicklung 354, 394
netzwerkbasierte 393
Kulturwissenschaft 152
Künstliche Intelligenz (KI) 119, 176, 277, 285,
419, 431

L
Lagevariable 391
Leben, gutes 141
Legitimität 360, 384
Leitbild 394
kognitives 405
praktiziertes 395

propagiertes 395
wirtschaftspolitisches 395
Lernen 279
   institutionelles 280, 293
   kollaboratives 281
   kompetitives 281
   prozessuales 283
   soziales 289
   technologisches 279
   wertiges 286
Lobbygruppe 246
Lobbyismus 233

M
Macht, institutionelle 312
Markt 131
   bestreitbarer 167
   Produkt- 165
   relevanter 167
marktbeherrschend 167
Marktversagen
   allokatives 181
   externer-Effekt- 186
   Informationsasymmetrie 183
   natürliches Monopol- 181
   öffentliches-Gut- 188
Marktwirtschaft
   soziale 3, 137, 396
   sozialistische 138
Mechanismus,
       kognitionspsychologischer 100
Medien 362, 429
Menschenbild 16
Mesoökonomie 207
Missbrauchskontrolle 179
Moral 26, 208
Moralität 208
   beschränkte 413
   intuitive 420
Motivation 17, 104
   extrinsische 17
   intrinsische 17, 106
Multiplexität 74
Multipolarität, konfrontative 308
multi-stakeholder environment 342
Mündigkeit
   bürgerliche 67, 93
   des Verbrauchers 22
   digitale 67

N
Nachhaltigkeit 7
Narrativ 82
Narrativforschung 406
Neoliberalismus 137
Netzwerk, Diffusions- 272
Netzwerkattribut 272
Netzwerkdefizit 300
Netzwerkeffekt 287
Netzwerkloch 273
Netzwerkrolle 272
Netzwerkrollenkonflikt 273
   Inter- 76
   Intra- 76
Netzwerkrollentyp 301
Neue politische
       Ökonomie (NPÖ) 243
Neurowissenschaft 106
Norm 74
   Verteilungs- 208
Nudge
   algorithmisierter 422
   Framing- 416
   grüner 416
   kognitiver 415
   kollaborativ-filternder 415
   Merkmalssichtbarkeits- 415
   Priming- 415
   prosozial-verstärkender 414
   sozialen Druck nutzender 415
   sozialer 414
   Standardvorgabe- 416
   Vereinfachungs- 416
   vorbildbezogener 414
Nudging 355, 413

O
Ökonomik
   Evolutions- 151
   heterodoxe 30
   Identitäts- 31
   Institutionen- 152
   Komplexitäts- 374
   Mainstream- 22
   orthodoxe 30
   plurale 373, 451
   Politik- 151
   Schnittstellen- 23
   Verhaltens- 32

Ökosystem, digitales 287
Open Source 189
Open-Source-Hardware 283
Open-Source-Lizenz 287
Open-Source-Software 283
Opportunismus 183
Option, dominante 45
Ordnungskonformität 132
Orientierungsvariable 391

P
Paradigma, wissenschaftlich
          ganzheitliches 451
Paradigmenwechsel 30
    techno-ökonomischer und sozio-
          institutioneller 276
Paradox
    eingebettetes Handlungsfähigkeits- 296
    Glücks-Einkommens- 229
    Präventions- 245
    Starker-Staat- 249
Paternalismus
    harter 356
    weicher 356
Pfadabhängigkeit 304
    politökonomische 275
    wissenschaftliche 30
Phänomen Zeit 310
Plattform
    digitale 287
    Kooperations- 284
Polarisierung
    affektive 230
    politische 230
Politikkohärenz 306, 387
Politiksystem
    repräsentativ demokratisches 137
    totalitäres 138
Politikwissenschaft 150
Präferenz
    Arten- 44
    Gegenwarts- 245
    Höhen- 44
    Sicherheits- 44
    Zeit- 44
Präferenzordnung 44
    alternative 418
Priming 110, 185

Prinzipal-Agenten-Problem 184
Prinzipal-Agenten-Problem,
          zweistufiges 247
Produktheterogenität 166
Produkthomogenität 166
Psychologie 32

R
rational choice economics 22
Rationalität, beschränkte 413
Reallabor 290
    regulatorisches 294
Rechtsstaatlichkeit 212, 232, 380
Referenzpunkt, kognitiver 100
Reform, institutionelle 295
Regierungshandeln, offenes 218, 342
Regulierung 353, 378
    medienpolitische 433
    Mehrebenen- 378
    Meta- 378
    netzwerkbasierte 377
    öffentlich-privat-partnerschaftliche 377
    Selbst- 377
Regulierungsart, hybride 377
Regulierungsmarkt 247
Rente, künstliche 178, 243
Rentenumlenkung 248
Resilienz 221, 225
Reziprozität, indirekte 221
Risikogemeinschaft 221
Risikohaltung 49
Risikonutzen 49

S
Sachkapital 280
Satz, salienter 406
Schuldenbremse 251
Schwellenwert 272, 374
Selbst, multiples 114
Selbstorganisation 393
Selbstverstärkungsmechanismus 211
Selbstwirksamkeit (agency) 218
Sharing Economy 227, 283
Singularisierung 236
social scoring 139, 413
Sorgfaltspflicht 184, 219, 432
Sozialkapital 76, 273

Sozialneid 212, 237
Soziologie 31
Spieltheorie 50
Staat 132
Staat, gefangengenommener 248
Staatseinnahme 251
Staatsquote 240
Staatsversagen 238
   anreizbezogenes 238
   subjektiv empfundenes 238
   technisches 238
Staatsverschuldung 251
Standortkonfigurierung 295
Start-up 177
Strukturpolitik 227
Strukturwandel 225
Subsidiarität
   horizontale 343
   vertikale 342
Suffizienz 46
System 129
   fragmentiertes 236, 391
   komplex adaptives 375
Systemebene, narrative 407
Systemkomplexität 130
Szenariotechnik 349

T
Tal des Todes 301
Taxonomie, grüne 345
Technologie
   Basis- 275
   Schlüssel- 275, 307
   Schrittmacher- 275
Tiefseebergbau 192
Tragik der globalen Allmende 192
Transaktionskosten 132, 172, 175, 219,
   232, 383
Transformation 226
Transformationsforschung
   und -bildung 20
Transformationslinie 226
Transition 274
Transitionsmanagement, erfolgloses 310
Trittbrettfahrerproblem 189

U
Überlebensfitness 274

Umsetzungspflicht, staatliche, nicht
   abtretbare 428
Umweltgrundrechtsverpflichtung 428
Ungleichheitsaversion 211
Unternehmertum
   institutionelles 296
   ökonomisches 173
   politisches 244
   soziales 289

V
Verbindlichkeit
   harte 379
   weiche 379
Verhaltensmodell 18
Verlustaversion 111
Vernunft 22
Verstand 22
Vertrauen 361
   Medien- 431
   politökonomisches 430
   Wissenschafts- 432
Verzerrung, kognitive 108

W
Wahrheit
   Tatsachen- 430
   Vernunft- 430
Wettbewerb, funktionsfähiger 170
Wettbewerbsdruck 166
Wettbewerbspolitik 309
(Wirtschafts-)Ordnung 131
Wirtschaftswachstum
   angemessenes 223
   grünes 345
   karbonisiertes 344
   nachhaltiges 344
Wissen
   passfähiges 282
   unkodifiziertes 286
Wohlfahrt 169
Wohlfahrtsstaat 3

Z
Zerstörung, schöpferische 173, 225
Zukunft, multiple 348
Zukunftsfähigkeit 24, 363